方李邦琴北京大学人文学科文库出版基金赞助

北京大学人文学科文库 | 北大外国哲学研究丛书

具体和可能的"是"
——海德格尔思想重探

Being of Concreteness and Possibility:
A Restudy of Heidegger's Thought

唐士其 著

图书在版编目(CIP)数据

具体和可能的"是":海德格尔思想重探/唐士其著.—北京:北京大学出版社,2024.1

(北京大学人文学科文库.北大外国哲学研究丛书)

ISBN 978-7-301-34451-4

Ⅰ.①具… Ⅱ.①唐… Ⅲ.①海德格尔(Heidegger,Martin 1889—1976)—哲学思想—研究 Ⅳ.①B516.54

中国国家版本馆 CIP 数据核字(2023)第 179513 号

书　　　名	具体和可能的"是"——海德格尔思想重探
	JUTI HE KENENG DE "SHI"——HAIDEGE'ER SIXIANG CHONGTAN
著作责任者	唐士其　著
责 任 编 辑	陈相宜
标 准 书 号	ISBN 978-7-301-34451-4
出 版 发 行	北京大学出版社
地　　　址	北京市海淀区成府路 205 号　100871
网　　　址	http://www.pup.cn
新 浪 微 博	@北京大学出版社　@未名社科-北大图书
微信公众号	北京大学出版社　北大出版社社科图书
电 子 邮 箱	编辑部 ss@pup.cn　总编室 zpup@pup.cn
电　　　话	邮购部 010-62752015　发行部 010-62750672
	编辑部 010-62753121
印 刷 者	北京中科印刷有限公司
经 销 者	新华书店
	650 毫米×980 毫米　16 开本　39.25 印张　710 千字
	2024 年 1 月第 1 版　2024 年 1 月第 1 次印刷
定　　　价	162.00 元

未经许可,不得以任何方式复制或抄袭本书之部分或全部内容。

版权所有,侵权必究

举报电话:010-62752024　电子邮箱:fd@pup.cn

图书如有印装质量问题,请与出版部联系,电话:010-62756370

总 序

袁行霈

人文学科是北京大学的传统优势学科。早在京师大学堂建立之初，就设立了经学科、文学科，预科学生必须在五种外语中选修一种。京师大学堂于1912年改为现名，1917年，蔡元培先生出任北京大学校长，他"循思想自由原则，取兼容并包主义"，促进了思想解放和学术繁荣。1921年北大成立了四个全校性的研究所，下设自然科学、社会科学、国学和外国文学四门，人文学科仍然居于重要地位，广受社会的关注。这个传统一直沿袭下来，中华人民共和国成立后，1952年北京大学与清华大学、燕京大学三校的文、理科合并为现在的北京大学，大师云集，人文荟萃，成果斐然。改革开放后，北京大学的历史翻开了新的一页。

近十几年来，人文学科在学科建设、人才培养、师资队伍建设、教学科研等各方面改善了条件，取得了显著成绩。北大的人文学科门类齐全，在国内整体上居于优势地位，在世界上也占有引人瞩目的地位，相继出版了《中华文明史》《世界文明史》《世界现代化历程》《中国儒学史》《中国美学通史》《欧洲文学史》等高水平的著作，并主持了许多重大的考古项目，这些成果发挥着引领学术前进的作用。目前北大还承担着《儒藏》《中华文明探源》《北京大学藏西汉竹书》的整理与研究工作，以及《新编新注十三经》等重要项目。

与此同时，我们也清醒地看到：北大人文学科整体的绝对优势正在减弱，有的学科只具备相对优势了；有的成果规模优势明显，高度优势还有待提升。北大出了许多成果，但还要出思想，要产生影响人类命运和前途的思想理论。我们距离理想的目标还有相当长的距离，需要人文学科的老师和同学们加倍努力。

我曾经说过：与自然科学或社会科学相比，人文学科的成果，难以直接转化为生产力，给社会带来财富，人们或以为无用。其实，人文学科力求揭示人生的意义和价值，塑造理想的人格，指点人生趋向完美的境地。它能丰富人的精神，美化人的心灵，提升人的品德，协调人和自然的关系以及人和人的关系，促使人把自己掌握的知识和技术用到造福于人类的正道上来，这是人文无用之大用！试想，如果我们的心灵中没有诗意，我们的记忆中没有历史，我们的思考中没有哲理，我们的生活将成为什么样子？国家的强盛与否，将来不仅要看经济实力、国防实力，也要看国民的精神世界是否丰富，活得充实不充实，愉快不愉快，自在不自在，美不美。

一个民族，如果从根本上丧失了对人文学科的热情，丧失了对人文精神的追求和坚守，这个民族就丧失了进步的精神源泉。文化是一个民族的标志，是一个民族的根，在经济全球化的大趋势中，拥有几千年文化传统的中华民族，必须自觉维护自己的根，并以开放的态度吸取世界上其他民族的优秀文化，以跟上世界的潮流。站在这样的高度看待人文学科，我们深感责任之重大与紧迫。

北大人文学科的老师们蕴藏着巨大的潜力和创造性。我相信，只要使老师们的潜力充分发挥出来，北大人文学科便能克服种种障碍，在国内外开辟出一片新天地。

人文学科的研究主要是著书立说，以个体撰写著作为一大特点。除了需要协同研究的集体大项目外，我们还希望为教师独立探索、撰写、出版专著搭建平台，形成既具个体思想，又汇聚集体智慧的系列研究成果。为此，北京大学人文学部决定编辑出版"北京大学人文学科文库"，旨在汇集新时代北大人文学科的优秀成果，弘扬北大人文学科的学术传统，展示北大人文学科的整体实力和研究特色，为推动北大世界一流大学建设、促进人文学术发展做出贡献。

我们需要努力营造宽松的学术环境、浓厚的研究气氛。既要提倡教师根据国家的需要选择研究课题，集中人力物力进行研究，也鼓励教师按照自己的兴趣自由地选择课题。鼓励自由选题是"北京大学人文学科文库"的一个特点。

我们不可满足于泛泛的议论，也不可追求热闹，而应沉潜下来，认真钻研，将切实的成果贡献给社会。学术质量是"北京大学人文学科文库"的一大追求。文库的撰稿者会力求通过自己潜心研究、多年积累而成的优秀成果，来展示自己的学术水平。

我们要保持优良的学风，进一步突出北大的个性与特色。北大人要有大志气、大眼光、大手笔、大格局、大气象，做一些符合北大地位的事，做一些开风气之先的事。北大不能随波逐流，不能甘于平庸，不能跟在别人后面小打小闹。北大的学者要有与北大相称的气质、气节、气派、气势、气宇、气度、气韵和气象。北大的学者要致力于弘扬民族精神和时代精神，以提升国民的人文素质为己任。而承担这样的使命，首先要有谦逊的态度，向人民群众学习，向兄弟院校学习。切不可妄自尊大，目空一切。这也是"北京大学人文学科文库"力求展现的北大的人文素质。

这个文库目前有以下17套丛书：
"北大中国文学研究丛书"（陈平原 主编）
"北大中国语言学研究丛书"（王洪君 郭锐 主编）
"北大比较文学与世界文学研究丛书"（张辉 主编）
"北大中国史研究丛书"（荣新江 张帆 主编）
"北大世界史研究丛书"（高毅 主编）
"北大考古学研究丛书"（沈睿文 主编）
"北大马克思主义哲学研究丛书"（丰子义 主编）
"北大中国哲学研究丛书"（王博 主编）
"北大外国哲学研究丛书"（韩水法 主编）
"北大东方文学研究丛书"（王邦维 主编）
"北大欧美文学研究丛书"（申丹 主编）
"北大外国语言学研究丛书"（宁琦 高一虹 主编）
"北大艺术学研究丛书"（彭锋 主编）
"北大对外汉语研究丛书"（赵杨 主编）
"北大古典学研究丛书"（李四龙 彭小瑜 廖可斌 主编）
"北大人文学古今融通研究丛书"（陈晓明 彭锋 主编）
"北大人文跨学科研究丛书"（申丹 李四龙 王奇生 廖可斌 主编）[1]

---

[1] 本文库中获得国家社科基金后期资助或入选国家哲学社会科学成果文库的专著，因出版设计另有要求，我们会在丛书其他专著后勒口列出的该书书名上加星号注标，在文库中存目。

这 17 套丛书仅收入学术新作，涵盖了北大人文学科的多个领域，它们的推出有利于读者整体了解当下北大人文学者的科研动态、学术实力和研究特色。这一文库将持续编辑出版，我们相信通过老中青学者的不断努力，其影响会越来越大，并将对北大人文学科的建设和北大创建世界一流大学起到积极作用，进而引起国际学术界的瞩目。

2020 年 3 月修订

"北大外国哲学研究丛书"序言

北京大学是中国最早系统开设外国哲学课程,从事外国哲学研究的教育和学术机构。而在近代最早向中国引进和介绍外国哲学的先辈中,北大学者乃属中坚力量。自北大开校以来一百二十多年的历史中,名家辈出,成绩斐然,不仅有功于神州的外国哲学及其他思想的研究,而且也有助于中国现代社会的变迁。自20世纪80年代以降,北大外国哲学研究进入了一个新时期,学术领域不断拓展,学术视野日趋开阔,不同观点百家争鸣,学术风气趋向自由。巨大的转变,以及身处这个时代的学者的探索与努力带来了相应的成果。一大批学术论文、著作和译著陆续面世,开创了新局面,形成了新趋势。

21世纪初,在上述历史成就的背景之下,有鉴于北大外国哲学研究新作迭出,新人推浪,成果丰富,水平愈高,我们决定出版"北大外国哲学研究丛书",计划陆续推出北大外国哲学研究领域有价值、有影响和有意义的著作,既展现学者辛勤劳作的成果,亦使读者方便获得,并有利于与国内外同行交流。

中国的外国哲学研究是一项巨大的学术事业,国内许多大学和科学院的哲学机构都大力支持和促进这项事业的发展,使之在纵深和高度上同时并进。而在今天,中国的外国哲学研究亦越来越国际化,许多一流的国际学者被请至国内各大学开设课程,做讲演,参加各种会议和工作坊。因此,研究人才的水平迅速提高,研究成果的质量日益升华。在这样一个局面之下,北京大学的外国哲学研究虽然依然保持领先地位,但要维持这个地位并且更上层楼,就要从各个方面加倍努力,本套丛书正是努力的一个体现。

"北大外国哲学研究丛书"第一辑在商务印书馆出版,发行之后,颇得学界肯定。第二辑移至北京大学出版社出版，亦得到学界好评。此套丛书只是展现了北大外国哲学研究的一个侧面，因为它所收录的只是北京大学外国哲学研究者的部分著作，许多著作因为各种原因未能收入其中。当时的计划是通过持续的努力，将更多的研究著作汇入丛书，以成大观。

北京大学人文学部于 2016 年启动了"北京大学人文学科文库"，"北大外国哲学研究丛书"被纳入了这个文库之中，进入了它第三辑的周期。与前二辑不同，按照"北京大学人文学科文库"的准则，本辑只收录著作，而不包括论文集。我们希望，通过这个文库，有更多的外国哲学研究的优秀著作在这个丛书中出版，并在各个方面都更上层楼，而为北京大学的外国哲学研究踵事增华。

韩水法
2019 年 6 月 1 日

目　录

前　言　时代的使命与思想的任务 ··· iii

第一章　"是"的问题 ·· 1
第一节　海德格尔的"是"问题及其现象学方法 ············· 1
第二节　形而上学的本质与历史 ··································· 29
第三节　西方的危机——虚无主义的问题 ····················· 65

第二章　人之所是 ·· 81
第一节　人与"是" ·· 81
第二节　此间之是与人的心境 ······································ 92
第三节　时间与空间 ·· 145

第三章　重新定义"真" ··· 163
第一节　传统的真 ··· 163
第二节　"去蔽" ·· 174
第三节　大地与天空 ·· 207

第四章　玄同——"是"的发生 ·· 225
第一节　人与物 ··· 225
第二节　是与玄同 ··· 239
第三节　"是"与"真" ··· 273

第五章　语言与思想 ·· 319
第一节　语言中的思想 ·· 319

第二节　语言乃是之家 ……………………………………… 331
　　第三节　玄同与语言 ………………………………………… 349

第六章　民族、历史、国家与政治 …………………………… 357
　　第一节　历史与天命 ………………………………………… 357
　　第二节　建基 ………………………………………………… 382
　　第三节　海德格尔的政治 …………………………………… 389

第七章　对技术时代的批判 …………………………………… 427
　　第一节　科学技术与现代社会 ……………………………… 427
　　第二节　技术的本质 ………………………………………… 448
　　第三节　集置与玄同 ………………………………………… 467

第八章　未来的思想 …………………………………………… 486
　　第一节　另一个开端 ………………………………………… 486
　　第二节　"有""无"相生 …………………………………… 511
　　第三节　思想的因应 ………………………………………… 548

余　论 …………………………………………………………… 573

术语对照表 ……………………………………………………… 589

后　记 …………………………………………………………… 591

只有当其本质被问及之物已经模糊不清，同时人与此物的关系也变得不确定甚至已经被动摇，这个时候，关于此物之本质的问题才会觉醒。[1]

如果是于其本质中需要人之本质呢？如果人之本质就在于思考是之真呢？那么思想就应为是之谜而吟唱。这个谜才把思之晨曦带到所思之物的近旁。[2]

人们不可也不能因思想与信仰在一段漫长的历史中没有获得它们所追求之物而将其放弃；同时，人们也不能因人之本质的有限性而放弃这种思想和信仰：因为按其本质而言，人必须走向常新的试验！[3]

---

[1] 参见海德格尔：《这是什么——哲学？》，载《海德格尔文集·同一与差异》，孙周兴、陈小文、余明锋译，商务印书馆2014年版，第9—10页。Martin Heidegger, *What Is Philosophy?*, trans. by Jean T. Wilde and William Kluback, Rowman & Littlefield, 2003, p. 43.

[2] 参见海德格尔：《阿那克西曼德之箴言》，载《海德格尔文集·林中路》，孙周兴译，商务印书馆2015年版，第86页。Martin Heidegger, "Anaximander's Saying," in *Off the Beaten Track*, ed. and trans. by Julian Young and Kenneth Haynes, Cambridge University Press, 2002, p. 281.

[3] 参见海德格尔：《摘自与一位佛教和尚的对话》，载《海德格尔文集·讲话与生平证词（1910—1976）》，孙周兴、张柯、王宏健译，商务印书馆2018年版，第703页。

前　言　时代的使命与思想的任务

对"是"[1]的研究是贯穿海德格尔整个学术生涯的一条主线。按照海德格尔自己的说法，早在中学时代，他就对亚里士多德关于"是"的理论产生了浓厚的兴趣："我的哲学训练始于高中时期对亚里士多德的研究，这一研究后来又恢复了。在此基础上，τί τὸ ὄν（何为是）的问题始终是我的哲学研究的主导问题。"[2] 可以认为，海德格尔对"是"问题的关注最初完全来自一种学术兴趣，或者说学术直觉，而这种关注决定了他后来全部哲学思想的基本走向，也为他的历史和政治判断奠定了基础。他最著名的哲学著作《存在与时间》，可以说就是这种兴趣的一项重要成果。

在所有的西方语言中，"是"不过是一个表示判断的系动词。这么一个"小词"，为何值得海德格尔为之付出一生的努力，并且决定了他一生的轨迹？原因很简单，因为"何为是"在西方哲学史上绝非一个无足轻重的问题，而是关系到这一哲学的核心，牵涉到这一哲学的根基，或者说事关对整个西方哲学及其历史的理解和判断，关系到它的成就与缺失，甚至它的生死存亡的根本问题。至于海德格尔本人，也只是随着自身对"是"问题不间断的、从不同角度和不同层面的探究，才渐次加深对这一问题本身及其意义的理解和认识。

当然，进入大学以后，海德格尔思想的发展就越来越明显地受到社会环境的影响，他的哲学思考与他的时代判断日益紧密地耦合起来。这种耦合在《存在与时间》中有明显的体现。海德格尔对他的时代判断有不同的

---

[1]　在本书中，海德格尔最基本的哲学概念"Sein"被译为"是"，而不是传统的"存在"，具体原因正文会加以解释；但 Sein und Zeit 这部著作的标题，由于流传甚广，所以还是按习惯称为《存在与时间》。

[2]　参见海德格尔：《什么是存在本身？》，载《海德格尔文集·讲话与生平证词（1910—1976）》，孙周兴、张柯、王宏健译，商务印书馆 2018 年版，第 489 页。Martin Heidegger, "The Basic Question of Being as Such," trans. by Parvis Emad and Kenneth Maly, *Heidegger Studies*, No. 2, Duncker & Humblot, 1986, p. 4.

表述，主要包括思想贫乏的时代、技术统治的时代、虚无主义的时代、感觉不到痛苦的痛苦的时代等。尽管表述不同，但它们有一个共同的核心——这是一个思想沉沦的时代。用海德格尔自己的话来说，就是："当今人类在逃避思想。这种对思想的逃避是无思想的根源，其表现之一就是，人既不愿看到，也不愿承认这种逃避。"[1] 后者所指，就是感觉不到痛苦的痛苦。"在这促人思考的时代最促人思考的事情就是我们尚未思考。"[2] 换言之，"地球上的精神衰落到如此程度，以致所有民族都已经处于失去其最后一丝精神力量的边缘，无法意识到这种衰落并对其加以判断"[3]。

因此，海德格尔的思想虽然让很多人感到晦涩难懂，但实际上他具有深切的现实关怀。他的工作虽然表面上看远离生活，但恰恰是从西方思想的根底处发掘现实问题（包括虚无主义、大众文化的盛行，以及技术统治和思想的贫瘠等）的根源，并且试图找到解决这些问题的方案。因此，海德格尔呼唤的，恰恰是面向现实的思想。正是在这个意义上，他指出："面向现实的激进思想，必须从一开始就确保能够勇敢地坚持建立一种现实之真，以在今天给我们提供标准与尺度，从而克服意见与观念的混乱状态。"[4] 也就是说，海德格尔把扭转时代风潮视为他的哲学思想的根本任务，因为"哲学的一切根本性发问必定是不合时宜的"，哲学不能迎合时尚，而是"要把时代置于自己的准绳之下"[5]。

海德格尔当然非常清楚，"任何思想，始终都只不过是某种历史性的此间之是的形式的体现及其结果，都只不过是对是以及是者的显现方式即

---

[1] 参见海德格尔：《泰然任之》，载《海德格尔文集·讲话与生平证词（1910—1976）》，第621页。Martin Heidegger, "Memorial Address," in *Discourse on Thinking*, ed. and trans. by John M. Anderson and E. Hans Freund, Harper & Row, 1966, p. 45.

[2] 参见海德格尔：《海德格尔文集·什么叫思想?》，孙周兴译，商务印书馆2017年版，第7页。Martin Heidegger, "What Calls for Thinking?," in *Basic Writings*, ed. by David Farrell Krell, Routledge, 1993, p. 371.

[3] 参见海德格尔：《海德格尔文集·形而上学导论》，王庆节译，商务印书馆2017年版，第45页。Martin Heidegger, *Introduction to Metaphysics*, trans. by Gregory Fried and Richard Polt, Yale University Press, 2000, p. 40.

[4] 参见海德格尔：《论真理的本质》，《海德格尔文集·路标》，孙周兴译，商务印书馆2014年版，第208页。Martin Heidegger, "On the Essence of Truth," in Martin Heidegger, *Pathmarks*, ed. by William McNeill, Cambridge University Press, 1998, p. 136.

[5] 参见海德格尔：《海德格尔文集·形而上学导论》，第10页。Martin Heidegger, *Introduction to Metaphysics*, p. 9.

真的基本立场"[1]。因此，思想不仅不可能自外于自身所处的时代，而且必须作用于这一时代。"作为沉思的哲学的必然性在于这一事实，即它也许不能消除（时代的）苦境，而必须承受它、为之建基，并使之成为人类历史的基础。"[2] 尽管哲学不可能像工艺与技术一样，使人们直接受益，直接改变社会，但它可以为改变社会提供思想上的准备。因此，思想固然应该以现实为基准而自我调适，但更重要的是遵循思想自身的逻辑以改变现实。"如果思想试图追随某种向其提出要求之事，那么在途中它就可能发生变化。因此……可取的做法是，关注思想道路而少注意其内容。"[3] 海德格尔明确意识到，哲学与其所处的社会环境的关系，同苏格拉底时代相比并没有什么变化，而哲学家的功能也一如既往，那就是作为"社会机体上的牛虻"，去刺痛、警醒、批判社会与流俗，从最深处推动社会的变化。

作为哲学家，海德格尔更关心的是没有思想或者说逃避思想的思想根源而非社会根源。他指出："我们仍未思考，这决不只是因为人尚未充分关注那个本源上内在地需要思考的东西，就其本质而言，它必然会得到思考。相反，我们至今尚未思考，是因为那个必须得到思考之物已经抽身而去，早就离人而去了。"[4] 这个"必然会得到思考"却又"离人而去"之物，就是"是"。海德格尔认为，西方哲学对"是"的长期忽视，或者说对"是"的遗忘，是西方进入20世纪以后最终陷入深刻的精神危机即虚无主义的根本原因。出于这种遗忘，西方整个哲学的历史一直关注"是者"而非"是"本身，即关注物的本质而非这一本质发生的条件。这个判断换一种形式，就是海德格尔提出的问题："为何有有而无无？"——西方哲学只承认"有"即是者，而不关注或者说不承认"无"即是，结果就是没有"无"的"有"，最终陷于虚无主义之"无"的深渊。

---

[1] 参见海德格尔：《现代科学、形而上学和数学》，载孙周兴选编：《海德格尔选集》下，上海三联书店1996年版，第873页。Martin Heidegger, "Modern Science, Metaphysics, and Mathematics," in *Basic Writings*, pp. 294–295.

[2] 参见海德格尔：《海德格尔文集·哲学论稿（从本有而来）》，孙周兴译，商务印书馆2014年版，第57页。Martin Heidegger, *Contributions to Philosophy (Of the Event)*, trans. by Richard Rojcewicz and Daniela Vallega-Neu, Indiana University Press, 2012, p. 37.

[3] 参见海德格尔：《同一律》，载《海德格尔文集·同一与差异》，孙周兴、陈小文、余明锋译，商务印书馆2014年版，第31页。Martin Heidegger, *Identity and Difference*, trans. by Joan Stambaugh, Harper & Row, 1969, p. 23.

[4] 参见海德格尔：《海德格尔文集·什么叫思想？》，第10页。Martin Heidegger, "What Calls for Thinking?," in *Basic Writings*, p. 372.

因此,西方思想中出现了一种对"是"的极度迫切的需要。"在这个是者陷入暗昧的时代,在我们这个纷乱的时代,这个人类文化充满暴力与绝望的时代,作为被掩蔽又达于极致的是之急需的表达,恰恰体现为无所欲求的状态。虽然无尽的痛苦和无形的悲哀既公开又隐蔽地表明了我们这个世界的贫乏状态,但从其历史根基而言,它仍然一无所需。然而,在是之历史中,这却是它最高的,同时也是最隐蔽的急需,即对是本身的急需。"[1]

海德格尔正是在这个意义上认为,对"是"的意义(包括真的意义)的追问不仅是哲学的事情,而且关系到西方精神的命运。他表示,关于"是的情形"的问题是"为何是者是而非者非"这个根本问题的先行问题或者说准备性的问题。虽然这个问题原则上应先于后者得到解决,但是它并不外在于根本问题,而是"在追问根本问题时发出亮光的炉中之火,根本问题则是处于一切追问的核心的火炉。这就意味着,当我们追问根本问题的时候,一切都取决于我们在追问先行问题时所采取的决定性的、根本性的立场,以及是否赢得并确保了在此具有根本意义的结论"。海德格尔这段晦涩的话,指的其实就是人们对现实的根本判断与对哲学根本问题的解决密切相关;反过来,对哲学根本问题的回答,也决定了人们对现实的基本态度。因此,首先必须澄清的是:"是仅仅是一个单纯的语词,其含义不过是一团轻雾,还是这个词命名的东西掌控着西方精神的命运?"[2]

可见,对"是"的探寻,既是海德格尔一生的哲学追求,也是他自觉承担的一项时代使命。他表示:"'精神'不是空洞的聪明才智和漫无目的的智力游戏,也不是理性思维的任意漂浮,更不是世界理性。精神是被预先校准的、对是之本质的自知的果敢。"[3] 之所以称为"果敢",是因为海德格尔认为:"对追问的焦虑笼罩着西方世界。它迫使各民族继续走在陈旧而衰败的道路上,将它们匆忙驱赶回其业已腐朽的硬壳之中。对于

---

[1] 参见海德格尔:《海德格尔文集·尼采》下卷,孙周兴译,商务印书馆 2015 年版,第 1091 页。Martin Heidegger, *Nietzsche Volume IV: Nihilism*, trans. by Frank A. Capuzzi, Harper & Row, 1991, p. 245.

[2] 参见海德格尔:《海德格尔文集·形而上学导论》,第 50 页。Martin Heidegger, *Introduction to Metaphysics*, p. 44. "是"的含义不过是一团轻雾,这是尼采的说法。

[3] 参见海德格尔:《德国大学的自身主张》,载《海德格尔文集·讲话与生平证词(1910—1976)》,第 143 页。Martin Heidegger, "The Self-Assertion of the German University," in *Martin Heidegger: Philosophical and Political Writings*, ed. by Manfred Stassen, Continuum, 2003, p. 6.

任何实际发生的断裂,它们都宁愿将其视为单纯的国内政治事务的变体。"[1] 这种果敢因此意味着不再自欺欺人,而是直面现实的困境,其具体内容又包括两个方面:一是在对哲学根本问题的追问中,面对知识无底深渊的勇气[2];二是在精神层面上,面对"诸神遁去"[3] 的局面的坦然。二者可以归结为同一件事,那就是通过思想的激荡,搅起人们的不安,使他们无论在智识上还是精神上都摆脱麻木昏睡的状态,同时克服对思想和自由的恐惧,从而实现一种"本真"的精神生活。海德格尔明确表示,为此每一个人都应负起自己的责任:"每一个人都要进一步有所担当,并且担负起对青年的责任,青年们站在时代……前面。这个时代必须准备变革,否则在其中首先实现的就只会是将地球欧洲化的可怕进程。"[4]

不过,进入晚年,海德格尔从这种激进的思想立场上有所后退,但应该说他始终没有放弃思想的任务与时代的责任。一方面,他表示:不可能要求一个人看透世界的整体,并在此基础上提供"实践的指示"。这种要求无论对个人,还是对思想本身,都显得太艰难。尤其是在科学技术高度发达的时代,技术的成就已经使人们普遍安于现状,对哲学日益陌生。"思想因其使命而使自身陷入困境。"因此,只能拒绝回答那些每日必需所提出的实践性及普遍性的问题。[5] 但另一方面,他也始终没有放弃对思想的期待:"就我们同时代的人来说,有待思考的东西是如此伟大,但我们也许能够修筑一段并不太长的狭窄小径,作为走向未来的过渡。"[6] 也许情况正是如此,降低了思想的目标,却能够保证思想的敏锐。

---

[1] 参见海德格尔:《海德格尔文集·荷尔德林的颂歌〈日耳曼尼亚〉与〈莱茵河〉》,张振华译,商务印书馆2018年版,第160页。Martin Heidegger, *Hölderlin's Hymns "Germania" and "The Rhine"*, trans. by William McNeill and Julia Ireland, Indiana University Press, 2014, p. 119.

[2] Martin Heidegger, "Ansprache am 11 November 1933 in Leipzig," in *Reden und andere Zeugnisse eines Lebensweges*, GA(Martin Heidegger Gesamtausgabe, 德语版海德格尔全集)16, Vittorio Klostermann, 2000, p. 192.

[3] "诸神遁去"是荷尔德林的说法,简单讲就是指人类信仰缺失与精神失落的状态。详见后文。

[4] 参见海德格尔:《海德格尔文集·讨论班》,王志宏、石磊译,孙周兴、杨光校译,商务印书馆2018年版,第522页。

[5] 参见海德格尔:《〈明镜〉记者与马丁·海德格尔的谈话(1966年9月23日)》,载《海德格尔文集·讲话与生平证词(1910—1976)》,第809—810页。Martin Heidegger, "Der Spiegel Interview with Martin Heidegger," in *The Heidegger Reader*, ed. by Günter Figal, trans. by Jerome Veith, Indiana University Press, 2009, p. 332.

[6] 参见同上书,第811页。Ibid., p. 333.

对海德格尔语言和思想的解读

海德格尔对语言的使用非常独特。表现之一就是，他自创了一系列术语、概念和表达方式，而且是有意为之。海德格尔曾经解释说：对"是"的追问，常常显得"词句笨拙""有欠优美"，其原因在于"以讲述方式谈论是者是一回事，而在其是中把握是者则是另一回事。对后一项任务来说，缺乏的不仅仅是词汇，首先缺乏的就是'语法'"[1]。他认为，由于西方思想传统的影响，西方"语言从其习性上来说更适合于表达是者而非是本身。如果说在此不得不引入一些笨拙而且也许不那么优雅的表达，那么这并非出于我个人心血来潮，或者自创术语的特殊癖好，而完全是出自现象本身的逼迫。那些曾经探索过此类课题并且堪称比我们更为影响深远的人，在这个领域同样不能免于寻找恰当表达的困难。……在科学中，或者至少在哲学中，不存在优美这样的事情"[2]。

海德格尔面临的实际困难是，他不可能完全摆脱既有的哲学语汇，为自己的思想创造一整套让人们感到完全陌生而不知所云的表述。所以，"为了让思想的尝试在现有哲学的范围内为人所知并为人所识，它最先只能在现有哲学的视域内并且使用当下的术语加以传达"[3]。然而，如何在现有哲学的视域内使用通行的术语表达出与通常理解不同的含义，同时又不至被人误解，实在是思想和文字上的一项巨大挑战。这样做的结果是，产生了一批似旧而新、似是而非的表达，比如是、是者、通透（Lichtung，一般译为"澄明"）、玄同（Ereignis，一般译为"本有"）等。这些表达不至让读者完全陌生，却又很可能让人望文生义，误入歧途。这正是人们在阅读海德格尔的作品时常常发生的事情。

当然，海德格尔自己曾经表示，哲学家的写作必须保护思想中"那些

---

[1] 参见海德格尔：《海德格尔文集·存在与时间》，陈嘉映、王庆节译，熊伟校，陈嘉映修订，商务印书馆2016年版，第55页。Martin Heidegger, *Being and Time*, trans. by Joan Stambaugh, revised and with a Foreword by Dennis J. Schmidt, State University of New York Press, 2010, p. 36.

[2] 参见海德格尔：《海德格尔文集·时间概念史导论》，欧东明译，商务印书馆2014年版，第230—231页。Martin Heidegger, *History of the Concept of Time: Prolegomena*, trans. by Theodore Kisiel, Indiana University Press, 1985, pp. 151-152.

[3] 参见海德格尔：《关于人道主义的书信》，载《海德格尔文集·路标》，第423页。Martin Heidegger, "Letter on 'Humanism'," in *Pathmarks*, p. 271.

最基本词语的力量免受平庸理解之害,这归根到底就是哲学的事业。因为平庸的理解把这些词语敉平为不可理解之物,而此种不可理解的状态复又作为伪问题的根源发挥作用"[1]。这似乎是在提醒读者,不能以通常的含义来理解哲学术语,而必须对它们特殊的含义保持警觉,并在此基础上尽可能捕捉作者通过它们表达的不同寻常的思想。这个提醒当然尤其适合对海德格尔本人作品的阅读和理解。

具体来说,海德格尔用以表达自己独特思考的方法,除了为一些旧有的语词赋予新的含义之外,还常常给一些常用词加上不同的前缀,或者通过使用连字符,有时候把一个常用词分开,有时候则是把几个词连在一起,甚至出现过在一个词上面打叉的情况。这也算是实践了他"用当下的术语加以表达"的主张。不过,需要指出的是,海德格尔的这种做法,一方面固然是他出于表达的需要有意为之,但另一方面往往也是他被自己的思想所强制。有不少人指出,海德格尔的写作几乎是一个完全不受他自己的意识控制的过程,换言之,在写作中,不是他控制了语言,而是语言控制了他。海德格尔的研究者萨弗兰斯基提到:"乔治·皮希特曾回忆到,海德格尔完全被下述'意识'所充满,'他已被思维的任务所压倒'。他感到受到'他自己所思考的东西'的威胁。另一个同代人汉斯·A. 费舍尔-巴尼科尔……写道:'在我看来,思维像控制媒介一样左右着这个老人。思维在借他来讲话。'赫尔曼·海德格尔,也就是海德格尔的儿子,证实了这一点。他曾讲述,父亲有时候说,'思维在我里头活动,我也拿它没办法'。"[2] 实际上,语言对写作的这种支配不仅体现在语词的构造上,而且更多体现在海德格尔语言的表达风格方面。

海德格尔表达风格上这种思想被语言支配的特点,在其"转向"之后的写作中表露得更为明显。《哲学论稿》的英译者之一瓦莱加-诺伊鲁指出:阅读类似《哲学论稿》这样的著作时,一定要注意它们作为语言行动的一面,即它们反映的是作者自己的思想历程与思想行动,而不是对某种已完成的思想的系统表达。在语言学中,这被称为语言表达的"施为"特征。因此,《哲学论稿》的语言并不是陈述性的,而是创造性或者"带出性"(poietic)的。"《哲学论稿》中的语言在两重意义上具有'带出性'

---

[1] 参见海德格尔:《海德格尔文集·存在与时间》,第305页。Martin Heidegger, *Being and Time*, p. 211.

[2] 参见吕迪格尔·萨弗兰斯基:《来自德国的大师——海德格尔和他的时代》,靳希平译,商务印书馆2008年版,第398页。

的特点：首先，它让是之玄同如其在思想中显现那样呈现；其次，它反过来也让语言和思想作为是之玄同而呈现。"[1] 这实际上是海德格尔后期作品的一个基本特征，它特别体现为语言中的跳跃，即对于思维习惯和逻辑习惯的超越。"在这种跳跃中，思想在思考被给予之物时体验了它自身的玄同。思想在此发现其自身归属并回应于是之召唤，它从是之离弃的压倒性的苦痛中被唤向是之思考。思想在为时间—空间建基并且揭示是之真的过程中历史性地回应于是之召唤。"[2]

总之，海德格尔在语言和表达风格方面有自觉的一面，但同时也存在他为自己的思想和语言所"俘获"的一面，因此，他的表达方式的确构成了人们理解他的思想的巨大障碍，而且他的做法也未能得到所有人的认同。一位海德格尔的研究者就表示："对很多人来说，他的关切，而且更重要的是，他思考和表达这些关切的方式，体现出来的无非是矫饰、神秘和故作高深。"[3] 当然，在其思想的中后期，海德格尔的语言风格有明显的变化，尤其是大大减少了对哲学术语的运用。他自己承认："《存在与时间》的语言缺少可靠性（Sicherheit）。大多数时候这种语言还凭借从形而上学中借来的表述说话，并且借助新造词语的方法来寻找那想要说出来的东西。"他表示，自己是"通过荷尔德林才发现铸造新词是多么的无用；在《存在与时间》之后才明白诉诸本质纯朴的语言的必要性"。[4] 话虽如此，但他仍然没有完全放弃"创造性"地使用语词的习惯，因此，他的后期作品中那些看上去简单质朴、颇具散文诗风格、读上去也显得意蕴深远的文字，实际上更具欺骗性，因为它很容易让人忽视简单表达后面细微而深刻的思想。所以，曾经与海德格尔过从甚密的雅斯贝尔斯认为，没有人能够懂得他所说的那个是，那个秘密是什么。他甚至认为，海德格尔晚年"使语言独立化。语言只关心自己，于是变成了杂耍；

---

[1] Daniela Vallega-Neu, *Heidegger's Contributions to Philosophy: An Introduction*, Indiana University Press, 2003, p. 3.
[2] Ibid., p. 41.
[3] 参见 S. 马尔霍尔：《海德格尔与〈存在与时间〉》，亓校盛译，广西师范大学出版社 2007 年版，第 2 页。Stephen Mulhall, *Routledge Philosophy Guidebook to Heidegger and Being and Time*, 2nd edition, Routledge, 2005, p. viii.
[4] 参见海德格尔：《海德格尔文集·讨论班》，第 424 页。Martin Heidegger, *Four Seminars*, trans. by Andrew J. Mitchell and François Raffoul, Indiana University Press, 2003, p. 51.

或者语言把自己装扮成是的启示录,于是变成了巫术"[1]。

以上问题在对海德格尔著作的翻译中显得更为突出。海德格尔本人对翻译的困难深有体会。虽然他不专事翻译,但在试图用现代德语表达古代希腊思想的时候,明显感觉到力不从心。另外,他常常表达的一个观点就是,罗马人对希腊作品的翻译,往往简单地使用一些罗马文化中固有的语词来表达那些罗马经验无法涵盖的概念,从而严重地扭曲了后者。这种被罗马化、表达着与希腊思想非常不同的内涵的概念被后来的思想家继承,结果使西方哲学走上了一条与希腊人所开启的方向根本不同的道路。那么,有什么方法可以保证翻译的准确性吗?海德格尔的回答应该是没有,因为不同的语言反映的是使用这些语言的人群各不相同的生活经验与思想历程,具有相当不同的文本相关性,所以它们不可能具有完全对应的语汇与意义系统,它们各自的语汇单元之间更不存在完全对等的关系。海德格尔自己表示:"没有任何一种翻译可以使两种语言的词汇完全吻合",任何权威的词典都不能为翻译者提供准确的答案。[2] 所以,他在翻译古希腊哲学文本的时候,也就干脆大大突破了"词典"的束缚,根据自己对相关概念和语句的理解"自由地"表达。这方面最典型的例子就是他对希腊文中的 ἀλήθεια 这个传统上被翻译为"真"的概念的理解、解释和翻译。海德格尔将其翻译为"去蔽",而这一理解和翻译也构成他本人对"真"的全部重新解释的核心。所以,有意思的是,虽然海德格尔对罗马人的翻译思想与实践堪称深恶痛绝,但他对希腊概念的处理方式在很多人看来恰恰与罗马人的做法如出一辙,即把翻译变成了"再创作",从而为不少学者所诟病。

海德格尔那些独创的表达,如果说在德语表述中因为存在文本相关性还多少能够让读者领会其含义,在被翻译为其他语言之后,由于这种相关性基本上不复存在,所以它们必然变得更加晦涩难解。翻译的语词仅能部分表达原来语词的含义,不是比后者更多,就是更少,或者在某些方面表达出原来语词意义的同时,又加入了一些本来没有的意义。这种由翻译导致的语言表达上的困难自然会带来意义理解上的困难。当思想家面对一个需要通过翻译了解其思想的人的时候,也许最能真切地感觉到这种困难的

---

[1] 参见吕迪格尔·萨弗兰斯基:《来自德国的大师——海德格尔和他的时代》,第 486 页。Rüdiger Safranski, *Ein Meister aus Deutschland: Heidegger und seine Zeit*, Fischer Taschenbuch Verlag, 2015, p. 429.

[2] Martin Heidegger, *Hölderlins Hymne "Der Ister"*, GA 53, Vittorio Klostermann, 1984, p. 75.

存在。在海德格尔自己写成的一篇与一位日本学者的对话[1]中,他就通过后者之口明确表示:"对话的语言不断地摧毁去述说所讨论的内容的可能性。"[2]

为了尽可能完整准确地表达原著的思想,同时使文本更具可读性,翻译中的各种变通手段不可避免。尤其是对海德格尔特有的那些表达,如果不进行某种技术性的处理,那么要通过译文理解他的思想几乎是一件不可能的事情。一位海德格尔的研究者指出:"每一种语言都把它的哲学锁进了一个由语义封印的系统之中,因此只能进行间接的翻译。"[3] 所谓"间接"的翻译,不仅意味着对原著语言多方面的理解,也意味着对目标语言的意义和表达可能性的各种探索乃至丰富和扩展。海德格尔自己也表示:"翻译是通过与异国语言打交道而对自身语言的唤醒、澄清和拓展。"[4] 当然,这种"间接"的翻译也存在一定的风险,那就是有可能曲解和错误地传达作者的思想,正如海德格尔对一些古希腊文本的"间接"翻译,虽然在创造性地解释希腊思想方面有重大突破,但这种翻译本身又不为学术界普遍认可。所以,也有海德格尔的翻译者和研究者认为:海德格尔的语言就是他的思想的自由流动,是"是"的发生,如果把这种语言从对"是"的呈示中强行拽出,将其变成一种似乎比原文更可理解的语言,反而成了一件无聊且有害的工作。[5] 这样的观点不无道理,但如果翻译让人无法理解,那它就失去了存在的价值。这里的确存在某种两难困境。两害相权,只能取其轻了。

中国与西方的思想传统存在着巨大差异,两者的思维和概念体系处于两条相当不同的轨道上。它们各自拥有大量独有的观念以及反映这些观念的表达方式,都很难在对方的思想和语言库中找到简单直接的对应物。因此,有学者提出:"如果说形而上学是关于是的科学的话,那么一种中国的形而上学就不可能了(印度和伊朗也许还有形而上学,因为梵语和波斯

---

[1] 1954年3月,日本哲学家手冢富雄拜访海德格尔,后者根据他们的谈话写成了这篇对话,但并非对话实录。

[2] 参见海德格尔:《从一次关于语言的对话而来》,载《海德格尔文集·在通向语言的途中》,孙周兴译,商务印书馆2015年版,第90页。Martin Heidegger, "A Dialogue on Language," in *On the Way to Language*, trans. by Peter D. Hertz, Harper & Row, 1971, p. 5.

[3] Christopher Macann, "Introduction," in *Martin Heidegger: Critical Assessments*, Vol. III, ed. by Christopher Macann, Routledge, 1992, p. 11.

[4] Martin Heidegger, *Hölderlins Hymne "Der Ister"*, GA 53, p. 75.

[5] Parvis Emad, *On the Way to Heidegger's Contributions to Philosophy*, University of Wisconsin Press, 2007, p. 155.

语属于印欧语系）。"[1] 还有学者认为："希腊语不仅具有动词'是'（它绝对不是每一种语言都必需的），而且……从这个动词中派生出了各种相当独特的用法……只有在某种特殊化的语言环境下，希腊整个关于是的形而上学才可能诞生和发展。"[2]

以上两位学者都提到了一个非常关键的问题，即在汉语中缺乏以"是"为中心的那么一群概念及其所体现的思考，而它们恰恰是西方哲学，当然同样是，甚至特别是海德格尔哲学最基本的思想工具和表达手段。因此，用汉语表达西方思想，特别是海德格尔的思想，就是对汉语表达手段和表达能力的特殊考验。在汉语世界，海德格尔是一位知名度很高的思想家，他的很多作品得到了翻译。但应该说，在对海德格尔作品的翻译与研究中，表达方面的问题始终存在，或者说仍然没有得到比较好的解决，一些概念和术语的译法也尚未确定，从而产生了一定程度的混乱。这种状况可能在短时间内难以完全改观。

从某种意义上说，在翻译中，一位外国思想家的思想，特别是表达这种思想的基本概念，只有与目标语言有机地融为一体——或者通过与这种语言中固有的思想产生本质性的联系，或者为这种语言带来了新的元素——，也就是如海德格尔所说，对目标语言进行了"唤醒、澄清和拓展"，才能真正被使用这种语言的人所理解。为达此目标，本书也力图进行一些初步的尝试，即在对海德格尔的思想进行介绍和分析的时候，尽可能对其语言进行一些技术性的处理，以提高可理解性。需要特别指出的是，本书对海德格尔那些特殊的表达，都尽可能做了简约化的处理，即不再在汉语中重复他对德语语词的各种"加工"，如加前缀、使用连字符、打叉、改写等（这么做可能破坏了汉语语词表达的完整性，使译文比原文更难解），而是通过使用具有完整意义的中文语词，大致表达相应观念的意义方向，至于它们更确切的含义，则有待读者在具体的语境中一点一点加以明确。另外，对于书中涉及的海德格尔自创的表述，考虑到讨论的连续性，一般不会在第一次出现时予以特别的解释和说明，而会在适当的时候加以展开。希望读者第一次接触它们时，能够从语境中对它们的含义有一定的把握。至于它们更为完整的含义，同样会在讨论的进程中渐次显明。当然，这么做也仅仅是一种尝试，是否有效，需要接受读者的阅读和

---

[1] 参见让-弗朗索瓦·马特：《海德格尔与存在之谜》，汪炜译，华东师范大学出版社2011年版，第4页。

[2] 同上。

前　言　时代的使命与思想的任务 | xiii

思考实践的检验。

最后谈一谈对海德格尔思想本身的理解问题。一个人的思想能够在多大程度上被其他人理解，而所谓的"理解"又意味着什么？在这些问题上，学者们一直争论不休。不过，对此海德格尔本人倒是有明确的立场。最根本的就是，他拒绝了思想理解中所谓的"正确性"或者"客观性"标准，即否认人们能够如一位思想家那样理解其思想。这不仅是因为任何理解都会给被理解的思想带来一些新的东西或者减少某些原有的东西，更重要的是根本就没有一位思想家能够真正"理解"自己。"要求我们根据其自身来理解一位思想家，这是不可能的。因为没有一位思想家——诗人亦然——能理解自己。既如此，为何还有人胆敢声称他理解了某位思想家，甚至比他自己更好地理解了他呢？"[1]

因此，在海德格尔看来，理解一位思想家并不意味着原原本本地重复其思想，而是去发现他为其他人提供的思想的可能性。海德格尔强调："试图以一位思想家自身的方式理解他的思想是一回事；努力追随思想家的追问，并将之逼入其思想中成问题的部分的核心，则完全是另一回事。前者是而且永远是不可能的；后者则是极为少见的，而且是一切思想中最艰难的。"[2] 海德格尔显然倾向于后者。这样一种对思想家的理解，一方面要求人们紧紧追随思想家的思考，从而避免了思想理解中的随意性；另一方面也避开了"如实理解"或者"客观理解"这一不切实际的目标，为研究者提供了通过思想理解进行新的思想创造的可能性。

实际上，针对自己常常因对古代文献的"过度"解释而遭人诟病这一点，海德格尔是有所说明的："不仅任何解释都必须从文本中抓取实质性的内容，而且它也必须从这种实质出发为文本增加一些内容，在这么做的时候既没有必要使众人周知，也不必过于执着。外行人往往会把这种添加视为对他所理解的文本内容的篡改，并且自以为是地把这种情况指责为任意独断。事实上，任何适当的解释都不可能比作者对文本的理解更好，但肯定是一种不同的解释。然而这种解释上的不同有一个前提，就是它同样切中了被解释的文本所深思的东西。"[3] 看起来，对文本的理解中内容上

---

[1] 参见海德格尔：《海德格尔文集·什么叫思想？》，第 213 页。Martin Heidegger, *What Is Called Thinking?*, trans. by Fred D. Wieck and J. Glenn Gray, Harper & Row, 1968, p. 185.

[2] 参见同上。Ibid.

[3] 参见海德格尔：《尼采的话"上帝死了"》，载《海德格尔文集·林中路》，孙周兴译，商务印书馆 2015 年版，第 245 页。Martin Heidegger, "Nietzsche's Word: 'God is Dead,'" in *Off the Beaten Track*, ed. and trans. by Julian Young and Kenneth Haynes, Cambridge University Press, 2002, p. 160.

的损益,应该说是一个不可避免的过程,区别只在是否有意为之,以及如果有意,是否有足够的根据。这一切都没有绝对的标准,解释者的慎重是根本性的决定因素;同时也没有所谓的"正确"理解,只有好的和不那么好的理解。这些都只能交给读者自己来判断。

海德格尔称这种理解方式为与思想家的对话,而对话的前提就是倾听。他认为,从根本上说,人们与思想家的对话只有两种可能:"一是迎合,二是背逆。如果想要迎合其所思,那么我们就必须进一步放大其伟大之处。于是我们就能进入其思想的未被思及之物。如果我们只意愿背逆其所思,那么通过这样一种意愿,我们必定已经预先矮化了其伟大之处,而且实际上已经将其思想移入我们无所不知的假定。"[1] 迎合是为了倾听,意味着需要把"每一位思想家的思想视为独一无二、无可匹敌、不可穷尽之物"[2]。但倾听的目的却并非迎合,而是去发现思想家未曾思及之物,因为"未被思及之物是思想必定给予的最高馈赠"[3]。因此,与思想家的对话意味着准备接受被赋予的洞见,并在其启迪下前行。

迎合与倾听最好的结果,是对思想的理解本身失去了解释的痕迹。当然,这并不是因为理解者与思想家完全达成了一致,因为上文已经指出这种一致根本不可能,而是出现了与被理解的思想圆融一致的新的思想创造。所以海德格尔说,好的解释"就像教堂的脚手架,它的存在只是为了被再次拆除"[4]。他曾就一首诗的理解指出:"为了保存被写入诗歌中的东西,解释必须尽力使自己成为多余之物。任何解释最后的但也是最艰难的一步在于:随着诗的纯粹呈现,解释本身及其所有的说明都一并销声匿迹。"[5] 就此而言,甚至理解者所面对的文本也只是一种中介,他不仅要超越自己的理解,甚至要超越被理解的文本,因为他真正需要关注的是文本所论及之物本身。"我们研究的目的是问题所涉及的事。事才是唯一的

---

[1] 参见海德格尔:《海德格尔文集·什么叫思想?》,第 90—91 页。Martin Heidegger, *What Is Called Thinking?*, p. 77.

[2] 参见同上书,第 89 页。Ibid., p. 76.

[3] 参见同上书,第 90 页。Ibid.

[4] 参见海德格尔:《海德格尔文集·荷尔德林的颂歌〈日耳曼尼亚〉与〈莱茵河〉》,第 29 页。Martin Heidegger, *Hölderlin's Hymns "Germania" and "The Rhine"*, p. 24.

[5] 参见海德格尔:《海德格尔文集·荷尔德林诗的阐释》,孙周兴译,商务印书馆 2014 年版,第 239—240 页。Martin Heidegger, *Elucidations of Hölderlin's Poetry*, trans. by Keith Hoeller, Humanity Books, 2000, p. 222.

权威。在文本的基础上,关键是触及事以及被事所触及。"[1] 本书的尝试就是,以海德格尔理解其他思想家的方式来理解海德格尔,即与他进行一场思想的对话。在此过程中,一方面尽可能"迎合"海德格尔,去倾听他的述说,为的是发现他未曾思考的问题;另一方面尽可能超越他的文本,直击他所言之事本身。

有几个问题需要进行一点简单的说明。首先是对海德格尔作品的理解方式。在讨论尼采的《查拉图斯特拉如是说》中的一个情节,即查拉图斯特拉在小镇上被众人嘲笑并因之认识到隐微的必要性时,海德格尔指出:查拉图斯特拉"不得不认识到,马上径直说出至高的和未来的东西,不仅时机尚未成熟,而且并非正确的方法。适当的做法是间接地说,甚至在眼下要反着说"[2]。隐微表达除去"间接地说"和"反着说"之外,还有在应该表达的时候选择沉默,海德格尔称之为"恰当的沉默":"完全一言不发的人会背叛他的沉默,而在隐秘的交流中偶尔透露一两句话的人才真正隐藏了沉默。"[3] 海德格尔甚至认为:"一位思想家的'学说',就是在他已说出之物中尚未说出之物,我们应该面向这种东西,让自己因它而丰富。"[4]

这类表达方式类似于中国人所熟知的"春秋笔法",即司马迁在《史记》中所说的"《春秋》推见至隐,《易》本隐之以显,《大雅》言王公大人而德逮黎庶,《小雅》讥小己之得失,其流及上。所以言虽外殊,其合德一也"[5]。这说的是各种隐微的方式。对于隐微的处理也有讲究。海德格尔在解读荷尔德林的诗时说过:"我们从来不是通过揭示或者透彻分析某个神秘之事,而是让其保持神秘而了解神秘之事。"[6] 也就是说,对于一些隐微表达,最好的办法是不去揭穿它们。

---

[1] 参见海德格尔:《海德格尔文集·讨论班》,第 346 页。Martin Heidegger, *Four Seminars*, p. 10.

[2] 参见海德格尔:《海德格尔文集·什么叫思想?》,第 74 页。Martin Heidegger, *What Is Called Thinking?*, p. 65.

[3] 参见海德格尔:《海德格尔文集·尼采》上卷,孙周兴译,商务印书馆 2015 年版,第 276 页。Martin Heidegger, *Nietzsche Volume II: The Eternal Recurrence of the Same*, trans. by David Farrell Krell, Harper & Row, 1991, p. 15.

[4] 参见海德格尔:《柏拉图的真理学说》,载《海德格尔文集·路标》,第 236 页。Martin Heidegger, "Plato's Doctrine of Truth," in *Pathmarks*, p. 155.

[5] 司马迁:《史记·司马相如列传》。

[6] 参见海德格尔:《海德格尔文集·荷尔德林诗的阐释》,第 25 页。Martin Heidegger, *Elucidations of Hölderlin's Poetry*, p. 43.

海德格尔本人是否也使用了这些表达方式？答案是肯定的。海德格尔针对莱布尼茨的一句话提出了一种说法，即所谓的"思之勇敢和思之矜持"："对于通往根据的道路，对于在原理与原则之地带中的逗留，同时需要两种东西：思之勇敢和思之矜持——但二者也应各当其位。"[1] 也就是说，思想与表达的犀利和克制是一位思想家必须兼顾的事情，这类似于《中庸》中所说的"极高明而道中庸"。海德格尔曾经表示，他在《存在与时间》之后再没有写过研究性专著，也再没有公开表明自己的观点，但他仍然一再通过各种不同的方式表达自己的立场。因此，我们在对海德格尔的解释中，必须同时高度关注他说出来的东西和尚未说出的东西，以及"隐之以显"或者"显之以隐"的东西，并对其予以尽可能恰当的处理。

其次，对海德格尔思想的理解，除文本之外，还涉及他所处的环境。海德格尔承认，任何思想家都不可避免地会受到其所处时代的影响，就连"那些最伟大的同时也最孤独的思想家也并非安身于某个与世隔绝的空间中，他们也总是被同时代的和传统的习惯所包围、影响和触动"。但问题是，应该如何判断和分析环境对思想家的影响，即"是根据环境和他们实际的'生活'处境的影响，甚至主要以这种方式来阐明他们的真实思想，还是基于实质上不同的起因即最先开启并作为其思想基础的具体因素理解他们独一无二的思想"。[2] 在泛泛地把思想家的思想还原为环境因素与具体分析思想家思想的起源及其独特性之间，显然存在着一个选择或者说平衡的问题。这种选择与平衡对理解海德格尔的思想来说十分必要，这就意味着在关注环境因素的同时，又不夸大其影响，以至忽视一些纯粹个人性的因素。

再次，不少海德格尔的研究者乐于指出其思想历程中的变化甚至前后矛盾。海德格尔本人对这种变化其实并不讳言。包括对于所谓的"转向"说，他也部分认可。事实上，他一生都在寻找一种对"是"的恰当的理解和表达方式，确定"是"在哲学或者思想中的确切位置，并为此进行不断的尝试和调整。就此而言，变化的是他的思想道路及他对思想的表达，而思想的基本追求并没有根本性的改变。海德格尔自己说："我离开了前期

---

[1] 参见海德格尔：《根据律》，载《海德格尔文集·根据律》，张柯译，商务印书馆2016年版，第24页。Martin Heidegger, *The Principle of Reason*, trans. by Reginald Lilly, Indiana University Press, 1991, p. 12.

[2] 参见海德格尔：《海德格尔文集·尼采》上卷，第521—522页。Martin Heidegger, *Nietzsche Volume III: The Will to Power as Knowledge and as Metaphysics*, ed. by David Farrell Krell, Harper & Row, 1991, p. 23.

的某个立足点,但并非为了用另一个立足点取而代之,而是因为前者不过是行进道路上的一处逗留。思想中的持存者乃道路本身。思想之路包含某种神秘特性,我们既可向前,亦可往后行走,而且事实上返回的道路才引导我们前行。"[1]

因此,人们既不能简单地根据时间顺序来理解海德格尔思想的变化,也不能在他的思想与一些具体的历史事件之间建立起简单的联系,更重要的是去追随他本人思想的轨迹,与他一同在思想之路上行进,因为"根据思想道路上一条小径开始的位置、根据道路所穿越的距离、根据对途中开启的值得追问之物的不同远眺,思想的道路总是不断变化"[2]。海德格尔《沉思录》的英译者和研究者埃玛德因此认为:"不仅因为海德格尔本人在《沉思录》和其他著作中否认了人们掌握是的可能性,而且因为对是的思考根本就不可能被掌握,所以人们永远只是行走在这一思考的路上。"[3]

最后一点是,在海德格尔去世后收入德文版《海德格尔全集》的大多数作品,都是海德格尔生前并未公开发表的。当然,不能否认这些作品对于理解海德格尔的思想进程具有重要意义,但需要注意的是,与他希望呈现给世人的思想相比,这些作品应该处于类似背景和参考的位置。海德格尔本人其实已经澄清过这一点。"如果说我的书信或者类似作品具有什么重要性的话,那么恰恰就不应该把它们收集出版。因为这种收集只能满足那些试图逃避思考'思想之实事'的人的猎奇心和舒适感。"因此,"在已经出版的作品之外任何的添加都不过是徒劳无功的事情"[4]。我们有必要认真对待海德格尔的这一忠告,更多从他生前经深思熟虑出版的作品中寻找他的思想轨迹。值得庆幸的是,这些作品绝大多数已经翻译为中文,并且作为《海德格尔文集》出版。本书主要根据这套文集收录的作品呈现海德格尔的思想。不过,由于文集中的不同作品涉及多位翻译者,他们对作

---

[1] 参见海德格尔:《从一次关于语言的对话而来》,载《海德格尔文集·在通向语言的途中》,第 97 页。Martin Heidegger, "A Dialogue on Language," in *On the Way to Language*, p. 12.

[2] 参见海德格尔:《科学与沉思》,载《海德格尔文集·演讲与论文集》,孙周兴译,商务印书馆 2018 年版,第 71 页。Martin Heidegger, "Science and Reflection," in *The Question Concerning Technology and Other Essays*, trans. by William Lovitt, Garland Publishing, 1977, p. 181.

[3] Parvis Emad, *On the Way to Heidegger's Contributions to Philosophy*, p. 17.

[4] Martin Heidegger, *Mindfulness*, trans. by Parvis Emad and Thomas Kalary, Bloomsbury Academic, 2016, pp. 365-366.

品的理解、对相关术语的翻译各不相同，表达风格也非常不一致，所以本书作者在引用文集中的作品时都参照原文和英文译文对中译文进行了不同程度的调整。由于文集页边附有德文版海德格尔全集的对应页码，所以本书注释只标出了中文版和英文版的出处。作者在此对中文版文集的编者和各位译者的付出表示衷心的感谢，他们的工作是本书研究的重要基础之一。

第一章 "是"的问题

第一节 海德格尔的"是"问题及其现象学方法

从"是者"到"是"

海德格尔哲学的核心概念是"是"（Sein/Being，通常译为"存在"或者"有"）。[1] "是"是什么，这个问题需要由这一整部书来回答，这里仅仅引出这个概念。

在西方言语中，"是"首先是一个表示判断的系动词，用以引出陈述对象的性质、状态、属性等，所以可以出现在"人是会说话的动物"这类表达某一事物性质的命题中，也可以出现在"天空是蓝色的"这样表达事物状态的陈述中，还可以出现在"这是一所学校"这种表达事物属性的判断中。这个简单的、在汉语中甚至有时略去也不会影响语言表达的词，在西方哲学思想中却成为具有核心地位的概念，这完全要归因于古代希腊人独特的思想方式及其思想道路。

古希腊哲学起源于对物的定义。希腊人定义物的方式是属加种差，即通过某物所属的类别及其与同类其他物的区分，来对其本质即其所"是"

---

[1] 有一段时间，海德格尔也使用 Seyn 来表达"是"，他自己进行了如下说明："是者是，Seyn 发生。"（参见海德格尔：《海德格尔文集·哲学论稿（从本有而来）》，孙周兴译，商务印书馆 2014 年版，第 92 页。Martin Heidegger, *Contributions to Philosophy* (*Of the Event*), trans. by Richard Rojcewicz and Daniela Vallega-Neu, Indiana University Press, 2012, p. 59.）也就是说，Seyn 更具动态性。这与他曾用在 Sein 上面打叉的办法来表示"是"中之"不是"类似。本书把这几个概念都概称为"是"而不做区分，因为"是"的动态特征其实是海德格尔始终坚持的，不管他用什么样的表达方式。只要读者注意这一点即可。

(Seiendheit/Beingness)[1]加以规定。例如，在"人是会说话的动物"这个定义中，动物是人所属的类别，而会说话则是人与其他动物的区别性特征。希腊思想家们又认为，定义必须反映物的共性，比如会说话是人的共性，这被称为"多"中的"一"，而他们用以表达这个"一"的概念，就是"是"。当然，严格地说，希腊人追问的其实是"所是之物"或者"所是者"，这一点是海德格尔的一个重要发现。[2]进入古罗马时代之后，物之所是也被称为物之"本质"。认识物之所是，即物之本质，成为西方哲学的根本任务。

在"A是B"这样一个陈述中，A被称为"是者"，即是的主体，B则被称为"所是"，即是者之呈现。西方传统哲学关注的焦点乃是者之所是，即是者是什么或是者之本质的问题。"是者之所是即是者的特性，而这种特性，亦即呈现（οὐσία），柏拉图称之为型相（ἰδέα）[3]，亚里士多德则称之为现实性或实现（ἐνέργεια）。"[4]需要注意的是，"所是"其实是"所是者"，从而也是一种物即是者，至于是本身则长期没有得到思想家的关注。[5]海德格尔思想真正的起点，就在于他发现了是与是者之间的根本性差异。正如他自己所说："在逐渐清晰的与整个古代哲学的争辩中，有一天我认识到，在西方哲学的开端，因而也在整个后继的哲学中，尽管'什么是是者'这个问题是主导性的，但从未追问过的是：什么是是本身，

---

[1] 英语一般译为Beingness，指是者的特性，所以本书偶尔也译为"是者性"。

[2] 这被海德格尔视为形而上学的根本特征，即它追究的是物之"所是"，从而也就是某种"是者"，而非"是"本身。

[3] Ιδέα（阴性）和εἶδος（中性）中文通常译为理念、观念，也有译为相的。在古希腊语中，这个词的原意是物之外观，即一物让人看上去即可区分于他物的特征，柏拉图把这种特征抽象为物的根本特性。将其译为理念和观念之所以有不妥之处，是因为它并非主观的、心理的东西，反而是最"客观"之物；译为相之所以不妥，则是因为在汉语中相往往具有变动不居的含义，而柏拉图的ἰδέα恰恰是确定不变之物。本书尝试把这个概念译为"型相"，有三个方面的考虑。首先，这个概念在柏拉图哲学中指的就是后来被称为"本质"的东西，即使一物成为一物的决定因素，具有"范型"的含义；其次，它是一类物的共性，因而具有"共相"的含义；最后，它是从外观方面对物的规定，因而也具有"相"的含义。

[4] 参见海德格尔：《这是什么——哲学?》，载《海德格尔文集·同一与差异》，孙周兴、陈小文、余明锋译，商务印书馆2014年版，第14页。Martin Heidegger, *What Is Philosophy?*, trans. by Jean T. Wilde and William Kluback, Rowman & Littlefield, 2003, p.55.

[5] 因为汉语的便利，我们可以使用"是者"来翻译Seiende；而在其他语言，比如英语中，人们通常使用Being来翻译Sein，而用being来翻译Seiende。同样，为了避免可能的误解，也为了表达的简洁，本书有时候也简单地用"物"来替代"是者"。

是的开放性，以及它与人类的关系何在、奠基于何处。"[1]

海德格尔的以上发现表明，他已经敏锐地捕捉到是与是者的二重性乃"真正哺育思想的东西"[2]，因为"只有当我们从是与是者的差异中思考是和从是者与是的差异中思考是者时，我们才严格地思考是"[3]。在后面的讨论中可以看出，海德格尔之所以强调是的两重含义及其区别，根本原因是他看到了是的可能性与条件性，即是者为何是和如何是的问题，而这一点是他在思想上超越形而上学的根本条件。

海德格尔指出了是之含义的二重性对西方哲学的根本性影响。"在这种二重性的领域中，一个有待追问的问题便突显出来，这就是：那些是着的具体的是者是什么？这种'是着的是者'的二重性决定了所有西方—欧洲哲学的风格，而其他哲学，无论是中国哲学还是印度哲学，都不受这种风格的影响。柏拉图对二重性的解释决定性地影响了哲学在此二重性中的进程。但是，仅仅把二重性理解为事物对型相的分有，这绝不是不言自明的。"[4] 在此，重点是最后一句话，即把二重性理解为事物对型相的分有，即柏拉图的思想，并非"不言自明"。海德格尔在此表达了三个方面的思想：第一，对是与是者之间这种所谓的二重性即一物为何是其所是的关切，是西方哲学所特有的，在其他哲学体系中并不存在；第二，决定是者之所是的到底是什么，这是一个尚未得到深入思考的问题；第三，柏拉图对此二重性的解释是物之所是在于某一具体的物对其型相的分有，但海德格尔认为，这个解释大有可追问之处。

以上三点，也可以被视为海德格尔对西方哲学史上"是"问题的基本判断。在海德格尔看来，柏拉图的型相论之所以决定了后来西方形而上学的进程，就在于他用型相替代了是。但是，由于型相也是一种所是

---

[1] 参见海德格尔：《什么是存在本身？》，载《海德格尔文集·讲话与生平证词（1910—1976）》，孙周兴、张柯、王宏健译，商务印书馆2018年版，第489页。Martin Heidegger, "The Basic Question of Being as Such," trans. by Parvis Emad and Kenneth Maly, *Heidegger Studies*, No. 2, Duncker & Humblot, 1986, p. 4.

[2] 参见海德格尔：《海德格尔文集·什么叫思想？》，孙周兴译，商务印书馆2017年版，第288页。Martin Heidegger, *What Is Called Thinking?*, trans. by Fred D. Wieck and J. Glenn Gray, Harper & Row, 1968, p. 244.

[3] 参见海德格尔：《形而上学的存在—神—逻辑学机制》，载《海德格尔文集·同一与差异》，第74页。Martin Heidegger, *Identity and Difference*, trans. by Joan Stambaugh, Harper & Row, 1969, p. 62.

[4] 参见海德格尔：《海德格尔文集·什么叫思想？》，第262页。Martin Heidegger, *What Is Called Thinking?*, p. 224.

即某个是者，所以形而上学就变成一连串对处于不同位阶或者不同抽象等级的是者的追问，最后上升到一个终极性的是者，比如自然、一、善、第一因、自因等，或者上帝和神。也就是说，传统形而上学把对"是"的追问变成了对是者的追问，又把对是者的追问归结为对最高的是者的探寻。

海德格尔对西方哲学从一开始就出现的这种转向进行了以下说明和解释："形而上学并未从是值得追问的开放性出发，而是从是者出发又归结到是者。因为是的含义与概念具有最高的普遍性，Meta-physik（形而上学）作为一种'物理学'，在对其加以更准确的定义方面已经走到尽头，不可能再提升一步。它剩下的只有一条路，即离开普遍者而转向具体的所是。使用这种方式来填塞是概念中的空虚。"[1] 就是说，由于"是"已经是最抽象的概念，所以不可能用比它更抽象的概念来对其进行属加种差式的定义，于是形而上学又回转过来，通过某种超越性的是者来对是加以规定。[2] 这个解释可能简单甚至粗暴，只能说是对思想史的某种"建构"，这一点在此不作讨论。但正是在这个意义上，海德格尔认为，形而上学必然具有某种神学特征[3]，原因就在于"形而上学的本质结构基于是者在普遍性中的统一，也就是最高的是者"[4]。

海德格尔以亚里士多德关于自然[5]的思想为例，来说明希腊哲学中是者对是的替代。他指出，在亚里士多德看来，自然即支配者，它的支配作用决定了一物之为一物。因为在希腊语中，使是者成其所是的东西也被称

---

[1] 参见海德格尔：《海德格尔文集·形而上学导论》，王庆节译，商务印书馆2017年版，第102页。Martin Heidegger, *Introduction to Metaphysics*, trans. by Gregory Fried and Richard Polt, Yale University Press, 2000, p. 90.

[2] "形而上学从一开始就只以一种方式追问是者本身，即通过一个具有特权地位的是者——最高的或者神圣的是者——把是者把握为一个整体。" Cf. Otto Pöggeler, "Being as Appropriation," in *Martin Heidegger: Critical Assessments*, Vol. I, ed. dy Christopher Macann, Routledge, 1992, p. 298.

[3] 参见海德格尔：《形而上学的存在—神—逻辑学机制》，载《海德格尔文集·同一与差异》，第71—72页。Martin Heidegger, *Identity and Difference*, pp. 59-60.

[4] 参见同上书，第73页。Ibid., p. 61.

[5] 海德格尔曾经明确指出："我们如果把远古的希腊思想家用的 φύσις 这个词翻译为'自然'，那么就把它的示喻弄得模糊不清了。"（参见海德格尔：《根据律》，载《海德格尔文集·根据律》，张柯译，商务印书馆2016年版，第120页。Martin Heidegger, *The Principle of Reason*, trans. by Reginald Lilly, Indiana University Press, 1991, p. 57.）因为这个词源的含义是"涌出"。

为οὐσία（本质、呈现）[1]，所以，对亚里士多德来说，自然就具有了两重含义。第一重把自然理解为物之整体，第二重把自然理解为οὐσία即物之本质。这表现在他把关于物之整体的问题与物之本质的问题，即它们之所是的问题，称为第一哲学（πρώτη φιλοσοφία）的问题，把这种追问视为第一位的即真正的哲学活动。[2] 因此，在亚里士多德的思想中，所谓"第一哲学既是'是者之为是者（ὄν ᾗ ὄν）的知识'，又是是者的最高类别的知识，是者整体（καθόλου）就从这一最高类别得到规定"[3]。

海德格尔指出，希腊哲学的这种倾向导致人们认为，最高的是者或者"是者整体就是最具是之特性者"[4]。当然，他认为这种情况的出现并不令人意外。在思想史的早期阶段，是与是者的二重性"很容易被忽略。因为思想在开端处首先必须穿越一条决定性的道路，它的首要目标是关注呈现者之呈现，然后才能指明使呈现在其中显现自身之物"[5]。但问题在于，"在西方思想的开端处，二重性这种东西已经失落"[6]。而且在以后西方思想的历程中，这一失落的二重性再也没有被思想家们重新拾起。海德格尔因而指出："何为是者？提出这一问题，并且在其被提出和确认之后为之寻找答案，这就是哲学最初和最本职的任务，也就是所谓的第一哲学。在其开端处，西方哲学就以何为是者这个问题规定了哲学的探

---

[1] "呈现"（Anwesen, present/Anwesenheit, presence）这个词，中文一般译为"在场"，但从海德格尔对这个词的使用来看，他试图表达的意思要更多，而且有明显的"呈现"的含义。海德格尔本人明确指出："本质发生（wesen，进入呈现）与持续和持久是同一个词。我们把呈现（Anwesen）思考为已经在去蔽中到达之物的持续，在此驻留。"（参见海德格尔：《科学与沉思》，载《海德格尔文集·演讲与论文集》，孙周兴译，商务印书馆2018年版，第48页。Martin Heidegger, "Science and Reflection," in *The Question Concerning Technology and Other Essays*, trans. by William Lovitt, Garland Publishing, 1977, p. 160）。实际上，将这个词译为"当下呈现"或许更能准确地表达海德格尔的意图，但为了简洁，还是译为"呈现"，但请读者注意其中"当下"的含义。

[2] 参见海德格尔：《海德格尔文集·形而上学的基本概念：世界—有限性—孤独性》，赵卫国译，商务印书馆2017年版，第50页。Martin Heidegger, *The Fundamental Concepts of Metaphysics: World, Finitude, Solitude*, trans. by William McNeill and Nicholas Walker, Indiana University Press, 1995, p. 33.

[3] 参见海德格尔：《海德格尔文集·康德与形而上学疑难》，王庆节译，商务印书馆2018年版，第15页。Martin Heidegger, *Kant and the Problem of Metaphysics*, trans. by Richard Taft, Indiana University Press, 1991, p. 5.

[4] 参见海德格尔：《海德格尔文集·什么叫思想？》，第299页。

[5] 参见同上书，第311页。

[6] 参见同上书，第300页。

究。在这个开端中西方哲学已经达到了它的本质性的终结。"[1] 西方哲学在开端处已经终结，因为它确立了是者的支配地位。作为其结果，就是"传统上，哲学把是问题理解为是者之为是者的问题。这就是形而上学的根本问题。虽然任何情况下对此问题的回答都要依据某种对是的理解，但后者是在从未被追问的情况下为形而上学准备了基础和土壤。形而上学并未回归自身的基础"[2]。

正是从是与是者的二重性问题出发，海德格尔对赫拉克利特和巴门尼德进行了一番颇有意思的评价：他们都还不是哲学家，因为他们是更伟大的思想者。之所以更伟大，就是因为"他们依然与逻各斯（λόγος）相契合，亦即与一即一切（Ἓν Πάντα）相契合"。[3] 也就是说，他们尚未忘记是与是者之间的二重性，也尚未离开具体的是者而追求最高和最普遍的是者。但是经过智者学派的酝酿，到了柏拉图和亚里士多德那里，哲学出现了，二重性却失落了。

是与是者的二重性，以及两者的实际关系状态表明，它们在一定程度上可以分离，即是者可以在被是"离弃"的情况下而是。对此海德格尔有非常明确的说明："是者是，是本质性地发生。是（作为玄同）需要是者，这样它方可本质发生。是者并不以这种形式需要是。是者在被是抛弃的情况下也依然可以'是'，因为在这种被抛弃状态的支配下，是者直接的可把控性、可用性、各种类型的可支配性（比如所有东西都必须由人所支配）典型地构成了是者之所是与所不是。"[4] 海德格尔的言下之意，即是者的可把控性、可用性、可支配性僭越了是的地位。在此情况下，是者固然"是"，但已并非本真的是者。这一思路为海德格尔的技术批判思想奠定了基础。

是与是者之间的这种关系表明，不仅是者可以单独是，而且是也可以

---

[1] 参见海德格尔：《海德格尔文集·尼采》上卷，孙周兴译，商务印书馆 2015 年版，第 474 页。Martin Heidegger, *Nietzsche Volume II: The Eternal Recurrence of the Same*, trans. by David Farrell Krell, Harper & Row, 1991, pp. 187-188.

[2] 参见海德格尔：《面向存在问题》，载《海德格尔文集·路标》，孙周兴译，商务印书馆 2014 年版，第 457 页。Martin Heidegger, "On the Question of Being," in *Pathmarks*, ed. by William McNeill, Cambridge University Press, 1998, p. 291.

[3] 参见海德格尔：《这是什么——哲学？》，载《海德格尔文集·同一与差异》，第 13 页。Martin Heidegger, *What Is Philosophy?*, p. 53.

[4] 参见海德格尔：《海德格尔文集·哲学论稿（从本有而来）》，第 39 页。Martin Heidegger, *Contributions to Philosophy (Of the Event)*, p. 26.

在人们无所知觉的情况下发生,因为是的本质发生方式就是自我遮蔽,此即是者在形而上学思想中获得显赫地位的原因。"只有当是自我遮蔽而抑制自身的时候,是者方可走上前台,支配一切,并且表现为对无的唯一限制。然而这一切都基于是之真。"[1] 因此,从根本上说,对是的理解要先于一切对是者的把握,虽然这种理解本身完全有可能以遗忘的方式体现出来。"当我们谈及是者的'意义',就意味着它们已经在其是中被通达了,而这个是,被投射的是,才是首先'真正''有意义'之物。是者'有'意义,只因为在是预先被揭示之后,它们在这个是的投射中,即从被投射的意义来说,具有了可理解性。"[2] 就此而言,对是者的任何认识,包括形而上学性质的认识,都以对是的某种特定的理解即是的意义投射为前提。

海德格尔认为,只有到形而上学终结之时,西方思想才有可能重新聚焦于是者之是。"随着形而上学之完成过程的肇始,也就开始了是与是者的二重性最初显现的准备过程。但对形而上学来说,这个过程不可察知,而且从根本上说也不可理解。"[3] 换言之,形而上学始于是与是者二重性的失落,而要认识并克服这种失落,则超出了形而上学的可能。这就意味着,对是的思考需要不同的思想方式。海德格尔在为《形而上学是什么?》一书日文版撰写的前言中表示,他已经非常清楚地认识到,自己的思想任务就是"把西方形而上学传统的主导问题即'何为是者?',更为本源地加工成为那个承载并引导着西方形而上学的基本问题即'什么是是本身?'",以及探究认识是的可能性和必要性的基础是什么。[4] 海德格尔相信:"是本身势必把我们从是者那里抽离出来,因为我们已经被是者淹没,

---

[1] 参见海德格尔:《海德格尔文集·哲学论稿(从本有而来)》,第300—301页。Martin Heidegger, *Contributions to Philosophy (Of the Event)*, p. 201.

[2] 参见海德格尔:《海德格尔文集·存在与时间》,陈嘉映、王庆节译,熊伟校,陈嘉映修订,商务印书馆2016年版,第442页。Martin Heidegger, *Being and Time*, trans. by Joan Stambaugh, revised and with a Foreword by Dennis J. Schmidt, State University of New York Press, 2010, p. 310.

[3] 参见海德格尔:《形而上学之克服》,载《海德格尔文集·演讲与论文集》,第81页。Martin Heidegger, "Overcoming Metaphysics," in *The Heidegger Controversy: A Critical Reader*, ed. by Richard Wolin, MIT Press, 1993, p. 73.

[4] 参见海德格尔:《〈形而上学是什么?〉日译本前言》,载《海德格尔文集·讲话与生平证词(1910—1976)》,第79页。海德格尔把"何为是者""这一西方哲学传统的'主要问题'"称为"主导问题",而把"什么是是本身"这个问题称为"哲学的基本问题"——"在这个问题中,哲学首先把是者的基础作为基础来追问,同时也追问它自身的基础,并且由此为自身建基。"(参见海德格尔:《海德格尔文集·尼采》上卷,第76页。Martin Heidegger, *Nietzsche Volume I: The Will to Power as Art*, trans. by David Farrell Krell, Harper & Row, 1991, p. 67.)

被它们围困。是势必把我们解放出来,让我们从这种围困中获得自由。"[1]

相应地,海德格尔把是者的统治地位的确立与是的支配地位的回归分别称为西方思想的"第一个开端"和"另一个开端",并且对两者进行了下述比较:"通过西方形而上学的所有变化和世俗化,人们可以再次认识到,尽管是作为原因似乎具有支配者的地位,但它依然效力于是者。……在另一开端中,一切是者皆被供奉于是,由之而获得是者之真。"[2]

"是"的意义

海德格尔把"是"问题视为哲学的基本问题。他借用柏拉图的比喻,把对是的思考说成是一道照亮一切的光,是超越一切思想与行动的思想,是思想的根本,也是真正的思想本身:"它超越一切沉思,因为那样一束光,作为理论的观看才能在其中逗留和活动。思想关注是之通透,并把它的述说置入作为绽出之家的语言。因此思想是一种行动,是一种同时超越一切实践的行动。"[3]

在西方思想传统中,人被规定为"理性的动物",也就是具有思想的动物。海德格尔更是把人的思想提升为对是的思考,并且认为这才是人之为人的根本标志。并且,对是的思考还意味着对人的可能性的发掘、探索与尝试,这也是他强调这种思考是超越一切实践的行动的根本原因。海德格尔指出:"我们对是的理解不仅是事实,而且出于必然。没有是的开启,我们根本不可能成为'人'。"[4] 人们可以想象,如果这个毫不起眼的小小的"是"不能被思考,会是什么样的情形。"如果这个坚定的、一再被确认的'是'拒绝了我们,我们在世界上将如何逗留?"[5]

对于有关是的思想的内涵,海德格尔有如下简单的提示:"我们追问的乃是者之是,以及是其所是的根据,而并非一无所是的根据。我们在根

---

[1] 参见海德格尔:《海德格尔文集·哲学论稿(从本有而来)》,第570页。Martin Heidegger, *Contributions to Philosophy (Of the Event)*, p. 379.

[2] 参见同上书,第269—270页。Ibid., p. 181.

[3] 参见海德格尔:《关于人道主义的书信》,载《海德格尔文集·路标》,第429页。Martin Heidegger, "Letter on 'Humanism,'" in *Pathmarks*, p. 274.

[4] 参见海德格尔:《海德格尔文集·形而上学导论》,第100页。Martin Heidegger, *Introduction to Metaphysics*, p. 88.

[5] 参见海德格尔:《海德格尔文集·什么叫思想?》,第264页。Martin Heidegger, *What Is Called Thinking?*, p. 225.

基处追问是。"[1]海德格尔因此把"是"问题视为哲学的基本问题。"是作为哲学基本问题之所问,并非是者之一,但却关涉每一是者。应在更高维度寻求是的'普遍性'。是及其结构超越了一切是者以及是者一切可能的现有规定。是乃地地道道的超越者。"[2]

海德格尔之所以强调是超越一切是者,是因为他发现,在整个西方形而上学的历史上,是都被理解为最高的、最普遍的是者,而这种理解乃当下西方思想中一切困境和危机的根源。海德格尔指出,甚至在形而上学的开端,在当时为人所熟知的对是的称谓即οὐσία中,就已经体现出人们如何思考是。因为οὐσία指是者的特性,即是者中的普遍物。因此,是者性就是普遍物中最普遍之物,即一切事物中最一般之物、最高的种、最普遍者。"与这个最普遍者相对,即与是相对,是者是在某个方面的'特殊的'、'个体的'、'特定的'东西。"[3]虽然如此理解的"是"与具体的是者相对,但这显然并没有从是本身出发加以把握。

海德格尔列举了历史上一些具有代表性的、被理解为"最普遍者"的"是":赫拉克利特的逻各斯、柏拉图的型相、亚里士多德的隐特莱希(ἐντελέχεια)、基督教的上帝、笛卡尔的直观,等等。"对每一种哲学思想来说,对是者之是的基本经验规定了什么是给出尺度的是者。康德那里是'自然',对黑格尔来说就是'精神',在绝对意识这个意义上的精神。"[4]"对马克思而言,是就是生产过程。"[5]"在现代形而上学语言中,

---

[1] 参见海德格尔:《海德格尔文集·形而上学导论》,第38页。Martin Heidegger, *Introduction to Metaphysics*, p. 35.

[2] 参见海德格尔:《海德格尔文集·存在与时间》,第54页。Martin Heidegger, *Being and Time*, pp. 35-36.

[3] 参见海德格尔:《海德格尔文集·尼采》下卷,孙周兴译,商务印书馆2015年版,第899页。Martin Heidegger, *Nietzsche Volume Ⅳ: Nihilism*, trans. by Frank A. Capuzzi, Harper & Row, 1991, p. 156.

[4] 参见海德格尔:《海德格尔文集·讨论班》,王志宏、石磊译,孙周兴、杨光校译,商务印书馆2018年版,第378页。Martin Heidegger, *Four Seminars*, trans. by Andrew J. Mitchell and François Raffoul, Indiana University Press, 2003, pp. 26-27. 海德格尔曾经引用黑格尔对"是"的规定:"'只有绝对理念是是,是不消逝的生命,是自我认识的真并且是全的真理。'黑格尔本人因此明确地把这样一个凌驾于西方思想之上的名称赋予了他的思想,即是(Sein)。"(参见海德格尔:《形而上学的存在—神—逻辑学机制》,载《海德格尔文集·同一与差异》,第55页。Martin Heidegger, *Identity and Difference*, p. 43.)

[5] 参见海德格尔:《海德格尔文集·讨论班》,第426页。Martin Heidegger, *Four Seminars*, p. 52.

'意志'……成为表示是者整体之所是的名称。"[1] 海德格尔总结道:"在形而上学及其传统中,'是'指的是决定了某一是者作为是者的东西。因此,就形而上学而言,是问题就意味着把是视为是者的问题,换言之,就是有关是者之根据的问题。"[2] 总之,对形而上学来说,是若不是被理解为事物的"外观"(idea),就是被理解为范畴性的表象。是之真对形而上学来说完全被遮蔽起来。[3]

海德格尔就形而上学历史上对是的把握方式指出:"人最先总是而且始终仅仅执着于是者。但当思想把是者表象出来之时,它毫无疑问已经把自身关联于是。只不过实际上思想始终只思考是者,而恰恰没有并且从来没有思考是之为是。'是问题'始终只是追问是者的问题。"[4] 这表明:"从开始到终结,形而上学的各种命题都令人惊奇地陷入持续的对是与是者的混淆之中。"[5] "在我们这个时代,人们对是仍然一无所知。"[6] 在是的意义没有被揭示出来的情况下,"日常的可理解性事实上不过是不可理解性。它表明,在是与是者的关系中先天地包含了一个谜。我们已经生活在对是的某种理解中的事实,以及是的含义又被包裹在黑暗中的事实同时证明,重提关于'是'之意义的问题具有根本的必要性"[7]。

与形而上学的传统相反,海德格尔拒绝把是理解为最高者、最普遍者和绝对者。他一方面的确把是理解为超越一切是者的"绝对的超越者",但与此同时,这个"超越者"又具有高度的个体性。[8] 在《存在与时间》中,海德格尔在指出是的超越性之后,马上又指出:"人之所是的超越性

---

[1] 参见海德格尔:《海德格尔文集·什么叫思想?》,第108页。Martin Heidegger, *What Is Called Thinking?*, p. 95.

[2] 参见海德格尔:《海德格尔文集·讨论班》,第393—394页。Martin Heidegger, *Four Seminars*, p. 35.

[3] 参见海德格尔:《关于人道主义的书信》,载《海德格尔文集·路标》,第393页。Martin Heidegger, "Letter on 'Humanism'," in *Pathmarks*, pp. 252-253.

[4] 参见同上书,第392页。Ibid., p. 252.

[5] 参见海德格尔:《〈形而上学是什么?〉导言》,载《海德格尔文集·路标》,第439页。Martin Heidegger, "Introduction to 'What Is Metaphysics?'," in *Pathmarks*, p. 281.

[6] 参见海德格尔:《海德格尔文集·存在与时间》,第1页。Martin Heidegger, *Being and Time*, p. xxix.

[7] 参见同上书,第8页。Ibid., p. 3.

[8] 大致可以认为,海德格尔讲了两层意义上的是,一层意义是每一个具体的是者之是,而另一层意义则是玄同之是,后者当然也并非普遍者意义上的是,但它亦非个体意义上的是,而是一切是的开启者。

独一无二，因为其中包含了最极端的个体化的可能性和必然性。"[1] 他因此强调："什么是是呢？就是它本身。未来的思想必须学会去体验和说出是。是既非上帝之眼，亦非世界的根据。是本质上比一切是者更遥远，但又比任何一个是者更切近……是乃最切近者。但这种近依然离人最远。"[2]

那么，在"绝对的超越者"与"独一无二"的个体性之间，在最遥远与最切近之间，究竟如何把握是的意义？海德格尔针对源自亚里士多德的四种关于是的理解，即作为特性的是、作为可能性和现实性的是、作为真理的是，以及在范畴图式中的是，追问："这四个名称中，何种是的意义在说话呢？它们如何才能达成某种可理解的协调呢？"也就是，"遍在于是的多重含义中的支配性的、简单的、统一的规定性是什么？这个问题唤起其他问题——是的含义是什么？在何种程度上（为何以及如何），是者之是展开为被亚里士多德始终强调而对其共同本源他又不置一词的四种方式？"[3] 质言之，"是的多重含义中的统一性是什么？'是'本身的含义又是什么？"[4]

尽管如此直接地提出了问题，但海德格尔还是承认，是的含义的确有其复杂性。一方面，他坚持是的意义并非"一团轻雾"："如果我们对这个词做更进一步的思索，那么最终会发现，虽然它的含义显得模糊不清、无所不包，但我们还是用它来意指某种确定的东西。此一含义以其自身的方式如此确定且如此独一无二，以至我们甚至必须承认，这个与每一个是者相伴，从而弥漫于最普通的事物中的是，乃一切中最独一无二者。"[5] 是的含义之确定性就在于："是本身作为至上者被开启，并且在开放域中作为永远不可支配者出发。是乃一切是者首次进入它们之真（庇护、设置和对象性）的基础，是是者沉入其中的基础（无极之基），亦是它们可以在其中宣称其无所关切和自明性的基础（被扭曲的基础）。是的确以建基的

---

[1] 参见海德格尔：《海德格尔文集·存在与时间》，第 54 页。Martin Heidegger, *Being and Time*, p. 36.

[2] 参见海德格尔：《关于人道主义的书信》，载《海德格尔文集·路标》，第 392 页。Martin Heidegger, "Letter on 'Humanism'," in *Pathmarks*, p. 252.

[3] 参见海德格尔：《一个序言——给理查森的信》，载《海德格尔文集·同一与差异》，第 152 页。William J. Richardson, *Heidegger: Through Phenomenology to Thought*, Fordham University Press, 2003, p. x.

[4] Martin Heidegger, *Zollikoner Seminare*, GA 89, Vittorio Klostermann, 1987, p. 155.

[5] 参见海德格尔：《海德格尔文集·形而上学导论》，第 93 页。Martin Heidegger, *Introduction to Metaphysics*, p. 83.

方式本质发生这一事实表明了它的唯一性和至上性。"[1] 但另一方面他也承认,是的含义又存在可变性、多义性和复杂性,即具有不确定的特点:"虽然我们确定地知道'是'是什么,但这个词的含义又是如此不确定。'是'意味着绝对确定,又完全不确定。"[2] 因此,"要抽象出一个共同的含义作为普遍性的属概念,以囊括'是'的这些不同形式,始终是困难的,甚至也许是不可能的,因为这么做违背了是之本质"[3]。

应该说,海德格尔对"是"的含义的把捉经历了一个变化演进和艰难探索的过程。他自己也承认,虽然我们确确实实知道"是"是什么,但又无法对其加以定义。[4] 他指出,从逻辑的角度来看,要指明"是"是什么面临着几乎无法逾越的障碍:因为"是"是最高的类,它不再属于任何的"属",所以无法用通常的属加种差的方法加以定义。后来他又进一步意识到,问题不是那么简单。在1941年名为"基本概念"的课程中,海德格尔指出:"我们面临着两道同样不可逾越的障碍。一方面,当我们思考并说出'是'是什么的时候,马上就把是变成了是者,从而否认了专属于是的作用。是被我们拒绝了。另一方面,只要我们经验是者,我们就不能否认'是'的存在。"[5] 海德格尔因此讽刺说:逻辑规则对是的拒绝使现实变得简单可控,而控制者也因此变得更安全,然而是就沦为逻辑的牺牲品,虽然形而上学思想家们毫不奇怪地把这种损失称为收获。[6]

1973年,海德格尔在回顾《存在与时间》中对"是"的讨论时,再次指出了此处存在的逻辑困难:"《存在与时间》中提出的问题并非'何为是者',而是什么是这个'是'。但一提出这个问题,人们立即陷入困境。事实上,如果这个'是'是,那么它就是一个是者!另一方面,如果它'不是',那么它就成为一个赤裸、空洞的判断中的系词!我们必须走出这个困境。从纯粹的语法角度来看,'是'不仅是一个动词,还是一个助动词。但如果人们超越语法进行思考,那么问题就是:仅仅把作为不定式的

---

[1] 参见海德格尔:《海德格尔文集·哲学论稿(从本有而来)》,第94—95页。Martin Heidegger, *Contributions to Philosophy (Of the Event)*, p. 61.

[2] 参见海德格尔:《海德格尔文集·形而上学导论》,第93页。Martin Heidegger, *Introduction to Metaphysics*, p. 82.

[3] 参见同上书,第109页。Ibid., p. 90.

[4] Cf. Kenneth Maly, "Reading and Thinking: Heidegger and the Hinting Greeks," in *Martin Heidegger: Critical Assessments*, Vol. Ⅱ, ed. by Christopher Macann, Routledge, 1992, pp. 38-39.

[5] Martin Heidegger, *Grundbegriffe*, GA 51, Vittorio Klostermann, 1981, p. 80.

[6] Ibid., p. 40.

是视为对'是'的抽象,还是只有当是已经被开启和显现的时候,人们才有可能说'是'?"[1] 这是上一个问题的变体,但也是海德格尔思想中的根本问题,即到底是把"是"作为最高的类,还是当人们面对具体的是者时方才向人敞开之物。

针对这一困难,海德格尔反复强调对"是"的思考始终面临着"中欲言而忘其所欲言"[2] 的处境:"此中有真意,欲辩已忘言"[3]。他指出:"(是)这个名称所命名的,是我们在说'是'以及'曾是'和'将是'时所指之物。我们获得的和寻找的一切,都贯穿着这个被说出的或者未被说出的'它是'。这是一个我们无处逃避也无可逃避的事实。'是'以一切明显的或者隐蔽的方式为我们所知晓。但是,一旦'是'这个词传入我们的耳朵,我们还是认为,我们无法想象这个词之所指。我们尽管使用它,却无法对其进行任何思考。"[4]

是与是者的关系看上去就如同光与物的关系。光让人们看到物,而当人们试图捕捉光的时候,它却抽身而去,给人们留下的只有物。[5] 海德格尔最终认识到:"对于基本问题来说,是并非答案或者答案栖身的领域,而是最值得追问的问题。"[6] 一旦把"是"作为问题来对待,人们对"是"已经具有的"前知识"马上就可以发挥作用,因为这个问题具有一个基本的方向。"有一个确定而统一的特性贯穿所有这些不同的含义。它使我们对'是'的理解指向某个确定的领域,而这种理解由此得到充实。围绕'是'的意义标画的边界就处在当前与呈现、生存与实体、驻留与涌现的区域之内。"[7] 换言之,"是并非对具体'是'的抽象,相反,只有在是所开启的区域中我才有可能说某物'是'"[8]。这就意味着不应从不

---

[1] 参见海德格尔:《海德格尔文集·讨论班》,第 403—404 页。Martin Heidegger, *Four Seminars*, p. 40.

[2] 《庄子·知北游》。

[3] 陶渊明:《饮酒》。

[4] 参见海德格尔:《康德的存在论题》,载《海德格尔文集·路标》,第 526 页。Martin Heidegger, "Kant's Thesis about Being," in *Pathmarks*, p. 337.

[5] Kenneth Maly, "Reading and Thinking: Heidegger and the Hinting Greeks," in *Martin Heidegger: Critical Assessments*, Vol. II, p. 41.

[6] 参见海德格尔:《海德格尔文集·哲学论稿(从本有而来)》,第 94 页。Martin Heidegger, *Contributions to Philosophy (Of the Event)*, p. 61.

[7] 参见海德格尔:《海德格尔文集·形而上学导论》,第 109 页。Martin Heidegger, *Introduction to Metaphysics*, p. 90.

[8] 参见海德格尔:《海德格尔文集·讨论班》,第 365 页。Martin Heidegger, *Four Seminars*, p. 19.

变性、普遍性和确定性这些形而上学的角度，而是在生成变化、涌现持存等领域去捕捉"是"的含义，"是"的这种动态性与可能性，海德格尔称之为"是之真"。"是之真"这个表述，在《存在与时间》之后替代了"是"的含义（意义）的说法，它体现了海德格尔对"是"的理解的进一步深化。是的，"更好的表达是是之真。在此，真被理解为庇护，在其中是作为是得以保存"[1]。

"是论差异"以及对是的遗忘

海德格尔曾经让人产生一种错觉，以为对是的研究无所不包，既涉及是者，也涉及是，从而成为某种"大全"之学。比如在1935年的《形而上学导论》中，他就针对是的问题指出："这个问题覆盖面最广，任何是者都落入它的范围之内。它涵括所有是者，这意味着不仅包括在最广泛意义上当下呈现的是者，而且包括曾经的与未来的是者。这个问题的疆域只能被绝对的非—是即无限定。无之外的一切，最后包括无本身都被这个问题所包含。无之所以被纳入这个问题，并非因为它是某物，而是因为它'是'无。我们的问题广泛到我们无法超越的程度。我们将要探讨的并非此一是者或者彼一是者，亦非轮番探究所有的是者，我们要探究的是是者的整体。"[2]

那么，对是者，或者说对是者整体的研究，与对是的研究是什么关系呢？在一场半虚拟的对话中，针对一位日本学者的评论，即海德格尔对是的概念使用"含混不清"，从而引起了一些理论上的混乱，并且使关于是的争论无法进入正轨，海德格尔表示："您说得对。不过，背后的事实是，这场混乱是事后被归咎于我本人的思想尝试的。在这一尝试的过程中，我非常清楚地区分了作为'是者之所是'的'是'和作为'是'的'是'，后者乃是之本义，它涉及是之真（通透）。"针对日本学者关于为何不放弃是这个称谓的提问，他的回答则是并非名称本身有问题，而是他还没有

---

[1] 参见海德格尔：《海德格尔文集·讨论班》，第451页。Martin Heidegger, *Four Seminars*, p. 65.

[2] 参见海德格尔：《海德格尔文集·形而上学导论》，第3页。Martin Heidegger, *Introduction to Metaphysics*, pp. 2–3.

真正找到这个名称所命名的对象。[1]

海德格尔认为，对于"作为是者之是"与"作为是之是"的区分，即是的二重性的问题，古希腊思想家早已有所直观。他以亚里士多德为例指出，后者意识到了是概念的独特性，因此"已经把这个超越性的'普遍者'之统一性视为类比的统一性，以与关乎实事内容的最高属概念即多中的一相对照"[2]。所谓"类比的统一性"，指的是"作为是的是"既没有种也没有属，但同时又出现在一切关于是者的陈述与判断中的情况。在此意义上，的确可以认为"'是'的概念是一切概念中最为晦涩不明者"[3]。只不过，随着西方思想的流变，被希腊思想家意识到的是的二重性被淡忘了。为了重新明确这种二重性，海德格尔把被理解为共性的是称为"物论"（ontic）意义上的是，而把是本身称为"是论"（ontological）[4]意义上的是。

相应地，海德格尔把科学也划分为两大类，即物论的科学与是论的科学（即哲学）。"物论意义上的科学以某一给定的是者作为课题，它在科学研究之前已经以某种方式得到了揭示。""是论的或者关于是的科学则要求根本性的视域变换，即从是者转向是。"[5]就两者的关系而言，是论的科学即哲学具有更基础的地位，因为对每一类是者的认识都或隐或显地以某种关于此物之所是以及如何是的前概念的理解为基础，即"每一种物论的解释都以某种是论为基础，虽然这一点最初而且在很大程度上不为人知"[6]。一句话，"只有是的被揭示状态才使是者之可敞开状态成为可能。

---

[1] 参见海德格尔：《从一次关于语言的对话而来》，载《海德格尔文集·在通向语言的途中》，孙周兴译，商务印书馆2015年版，第107页。Martin Heidegger, "A Dialogue on Language," in *On the Way to Language*, trans. by Peter D. Hertz, Harper & Row, 1971, p. 20.

[2] 参见海德格尔：《海德格尔文集·存在与时间》，第6—7页。Martin Heidegger, *Being and Time*, p. 2.

[3] 参见同上书，第7页。Ibid.

[4] 按照海德格尔自己的说法，是论（ontology，通常译为本体论）这个概念是17世纪才出现的，这标志着传统上关于是者的学说成为哲学的一个分支或者哲学体系的一部分。（参见海德格尔：《海德格尔文集·形而上学导论》，第48页。Martin Heidegger, *Introduction to Metaphysics*, p. 43.）另外，在海德格尔早期思想中，"是论"虽然以其强调对是的研究而区别于对是者的研究的"物论"，但是论也常常与形而上学这个概念不加区别地混同使用。

[5] 参见海德格尔：《现象学与神学》，载《海德格尔文集·路标》，第55页。Martin Heidegger, "Phenomenology and Theology," in *Pathmarks*, p. 41.

[6] 参见同上书，第69页。Ibid., p. 50.

这种被揭示状态作为是之真,被称为是论之真"[1]。

比如康德所谓的"超越性的知识",即"不涉及对象,而是一般涉及我们关于对象的认知方式"的知识,就属于是论的知识,这种知识"并不研究是者本身,而是研究对是的先行领会的可能性"[2]。海德格尔强调,这种"是论的知识,是人们与是者的关系(物论的知识)成为可能的前提"[3]。他指出,从近代科学的发展史中可以看出,对自然的先行领会决定了每一门实证科学中是者之是的构成,并被置入相关科学的基本概念与原理。因此,是论知识不仅在某个特定的时代为人们认识世界提供基本的视角、框架与视野,而且提供了基本的认识原则和概念体系。就此而言,哪怕"是"的含义始终难以确定,是论知识始终是物论知识的基础和前提。[4] 总之,"是者的显明性(物论之真)取决于是者之是的结构之被揭示状态(是论之真)。单纯的物论知识不可能与其对象相符,因为如果没有是论知识,甚至不存在所谓可能的'对象'"[5]。

当然,是论知识的基础地位并不意味着物论知识只是从属性的知识。对于两者的关系,海德格尔进行了如下论述:"是之真,总是是者之是的真,无论这些是者是否实际存在。反过来,是者之真中总是包含了它们之是的真。物论与是论之真始终以不同的形式各自涉及是中之是者,以及是者之是。基于它们与是者和是之区别(是论差异)的关系,两者在本质上共属一体。"[6] 物论之真与是论之真互为条件,而且共同构成一般意义上的真。不过,这个一般意义上的真,只有在对物论与是论加以区分的基础上才有可能把握。这就是"是论差异"这个概念在海德格尔思想中的重要意义。

海德格尔晚年对于是论差异或者说是与是者之间的关系有一段非常细

---

[1] 参见海德格尔:《论根据的本质》,载《海德格尔文集·路标》,第155—156页。Martin Heidegger, "On the Essence of Ground," in *Pathmarks*, pp. 103-104.

[2] 参见海德格尔:《海德格尔文集·康德与形而上学疑难》,第24页。Martin Heidegger, *Kant and the Problem of Metaphysics*, p. 10.

[3] 参见同上书,第18页。Ibid., p. 7.

[4] 参见海德格尔:《海德格尔文集·形而上学导论》,第97页。Martin Heidegger, *Introduction to Metaphysics*, p. 86.

[5] 参见海德格尔:《海德格尔文集·康德与形而上学疑难》,第21页。Martin Heidegger, *Kant and the Problem of Metaphysics*, pp. 8-9.

[6] 参见海德格尔:《论根据的本质》,载《海德格尔文集·路标》,第158页。Martin Heidegger, "On the Essence of Ground," in *Pathmarks*, pp. 105-106.

致的表述。他指出，是者之是中的是"用作及物动词，有过渡之意。是在此作为向是者之过渡而呈现。但是，是并未离开自身的位置趋向是者，仿佛是者原本没有是，随后才能为是所接近。是行进，在去蔽中袭来，击中因这一击打方才作为自行去蔽者而到达之物。到达意味着在无蔽中的自行遮蔽，在持存中呈现，亦即成为是者"。这一对是与是者之间关系的理解类似于亚里士多德关于动力因与目的因之间关系的理论，区别只在于海德格尔强调是并不会在去蔽中转变为是者。是表现为去蔽的力量，是者则在去蔽中遮蔽自身，两者之间显现出相互矛盾和相互成就的关系。"在去蔽中袭来的是与在遮蔽的持存中到来的是者，作为同一者和差异者而呈现并相互区别。此一区别保证并维持着那个'之间'。是的袭来与是者的到达相互激荡，彼此分离。"[1] "相互分离者被维持在持存的紧张关系中，不仅是作为是者的基础为其建基，而且是者也以其自身的方式为是建基，引发是。"[2]

强调"是论差异"，实际上也就突显了传统形而上学存在的一个根本问题，即物论知识对是论知识的替代。海德格尔指出："传统上，哲学把是问题理解为是者之为是者的问题。此乃形而上学的根本问题。"[3] 因此，形而上学"着眼于是，但思考的却是是者。在本该以是作为根本答案的问题中，得到追问的始终是是者。是本身并没有得到追问。"[4] 换言之，"在西方思想史上，人们自始就着眼于是而思考是者，但是之真始终未被思及。它作为可能的经验不仅向思想隐藏起来，而且西方思想本身还以形而上学的形态特别地，虽然是无意识地，掩盖了这一隐瞒事件"[5]。海德格尔在其他地方也提到，虽然在西方思想的开端，是本身的确得到了思考，但是之真还是被忽略了，而且形而上学的发展多少掩盖了这一拒绝

---

[1] 参见海德格尔：《形而上学的存在—神—逻辑学机制》，载《海德格尔文集·同一与差异》，第76—77页。Martin Heidegger, *Identity and Difference*, p. 64.

[2] 参见同上书，第81—82页。Ibid., pp. 68-69.

[3] 参见海德格尔：《面向存在问题》，载《海德格尔文集·路标》，第457页。Martin Heidegger, "On the Question of Being," in *Pathmarks*, p. 291.

[4] 参见海德格尔：《海德格尔文集·尼采》下卷，第1039页。Martin Heidegger, *Nietzsche Volume Ⅳ: Nihilism*, p. 207.

[5] 参见海德格尔：《尼采的话"上帝死了"》，载《海德格尔文集·林中路》，孙周兴译，商务印书馆2015年版，第243页。Martin Heidegger, "Nietzsche's Word:'God is Dead'," in *Off the Beaten Track*, trans. by Julian Young and Kenneth Haynes, Cambridge University Press, 2002, p. 159.

思考是的事实。[1]

海德格尔指出，是本身的在场是形而上学能够思考是者的前提，虽然它自身并没有意识到这一点。在形而上学回答关于是者之问题时，它依然从是的未经注意的呈现而述说。是之真因此可以被视为形而上学的土壤，形而上学作为哲学之根深入其中并由此获取营养。[2] 因此，当形而上学思考是者之时，是必定已经进入其视野。形而上学表象把这一视野的存在归因于是之光，但这种光本身却并未进入其思考的视野。[3]

这一现象被海德格尔称为是之遗忘。他认为，虽然是之遗忘在西方思想史的开端就已经显露端倪，但并非其必然的结果。"当亚里士多德将是规定为实现（ἐνέργεια）或柏拉图将是规定为型相（εἶδος）的时候，ἐνέργεια 和 εἶδος 都并非是者。"[4] 但另一方面，"在赫拉克利特的思想中，是者之是（呈现）体现为逻各斯（λόγος），即采集着的置放，而是的这一闪光被遗忘了。随着逻各斯概念的深化，这种遗忘状态本身亦不再被觉察"[5]。总之，自亚里士多德以后，"何者为是"的问题就陷入沉默，"以致人们甚至连这种沉默都意识不到了"[6]。海德格尔进一步指出，古希腊思想家曾经把是理解为呈现，并把是者理解为呈现者。"在最早的时候，呈现和呈现者似乎还有所区分。但不知不觉地，呈现本身变成了一个呈现者，即超越其他一切呈现物的最高呈现者。""呈现的本质，连同呈现与呈现者之间的区别，都被忘却。对是的遗忘就是对是与是者之间区别的遗忘。"[7]

---

[1] 参见海德格尔：《海德格尔文集·尼采》下卷，第951页。Martin Heidegger, *Nietzsche Volume Ⅲ: The Will to Power as Knowledge and as Metaphysics*, ed. by David Farrell Krell, Harper & Row, 1991, pp. 189-190.

[2] 参见海德格尔：《〈形而上学是什么?〉导言》，载《海德格尔文集·路标》，第434页。Martin Heidegger, "Introduction to 'What Is Metaphysics?'," in *Pathmarks*, p. 278.

[3] 参见同上书，第433—434页。Ibid., p. 277.

[4] 参见海德格尔：《海德格尔文集·讨论班》，第373页。Martin Heidegger, *Four Seminars*, p. 24.

[5] 参见海德格尔：《逻各斯》，载《海德格尔文集·演讲与论文集》，第255页。Martin Heidegger, "Logos," in *Martin Heidegger: Early Greek Thinking*, trans. by David Farrell Krell and Frank A. Capuzzi, Harper & Row, 1984, p. 76.

[6] 参见海德格尔：《海德格尔文集·时间概念史导论》，欧东明译，商务印书馆2014年版，第197页。Martin Heidegger, *History of the Concept of Time: Prolegomena*, trans. by Theodore Kisiel, Indiana University Press, 1985, p. 129.

[7] 参见海德格尔：《阿那克西曼德之箴言》，载《海德格尔文集·林中路》，第416页。Martin Heidegger, "Anaximander's Saying," in *Off the Beaten Track*, pp. 274-275.

在他生前未公开发表的《哲学论稿》中，海德格尔更明确地指出，人对是的遗忘及人被是所抛弃就是形而上学的基本特征。"关于是者的形而上学就是对是的持续逃避的证明。'形而上学'乃未被承认的对是的茫然无措，也是是对是者的断然离弃的基础。"[1] 海德格尔认为，在形而上学的历史中，人们不仅遗忘了是，而且遗忘了这种遗忘本身。"如果我们从追问是的角度来思考是问题，那么与我们一道思考的所有人都会看清，恰恰是是本身一直处于被遮蔽、被遗忘的状态之中，这一对是的遗忘如此彻底，甚至连这种遗忘也遭到遗忘。正是这一点，成为人们置疑形而上学的持续而又未被意识到的根源。"[2]

海德格尔认为，形而上学对是的遗忘并非出于偶然，而是其自身特性及是的特征共同导致的结果。首先，"形而上学本身，哪怕是被颠倒了的柏拉图主义，都把是视为先天性，而这一点恰恰使之对是不假思索"[3]。换句话说，形而上学能够存在的前提就是对是的确定性理解，即是的非问题性，因此形而上学本质上就排斥了对"是"进行任何思考的可能。反过来，当"是"成为问题，形而上学的根基就被动摇了。

其次，从是的角度来看，由于是的本质特征是拒绝，即在去蔽的同时又遮蔽自身，是之显现必定以是之遗忘的形式体现出来。因此，海德格尔认为，对是论差异的"遗忘绝非思想健忘的结果。是之遗忘属于是之本质，而这一本质也隐而不显。它本质性地归属于是之天命，因而在呈现者之呈现被遮蔽的同时，这一天命也随之降临。也就是说，是之天命与是之遗忘同时发生，结果是连同其本质，以及它与是者的区别，都一同隐而不显。差异坍塌了，被遗忘了。……随着呈现被视为某种呈现者，被视为呈现着的最高是者，甚至差异的最初痕迹也荡然无存"[4]。总之，"是"始终具有拒绝人、离人而去的一面。但也只有如此，"是才让人思之不尽，而是的思考者也才成其所是"[5]。

---

[1] 参见海德格尔：《海德格尔文集·哲学论稿（从本有而来）》，第 501 页。Martin Heidegger, *Contributions to Philosophy (Of the Event)*, p. 335.

[2] 参见海德格尔：《海德格尔文集·形而上学导论》，第 23 页。Martin Heidegger, *Introduction to Metaphysics*, p. 20.

[3] 参见海德格尔：《海德格尔文集·尼采》下卷，第 1040 页。Martin Heidegger, *Nietzsche Volume IV: Nihilism*, p. 208.

[4] 参见海德格尔：《阿那克西曼德之箴言》，载《海德格尔文集·林中路》，第 416 页。Martin Heidegger, "Anaximander's Saying," in *Off the Beaten Track*, p. 275.

[5] Martin Heidegger, *Mindfulness*, trans. by Parvis Emad and Thomas Kalary, Bloomsbury Academic, 2016, p. 187.

但是，是能够让人对其"思之不尽"，又说明它并没有完全抛弃人，真正离人而去，而人也不可能完全忘却是。海德格尔就此写道："就其往往只是把是者表象为是者而言，形而上学并不思及是本身。哲学并不把自身汇聚于它的基础。哲学总是通过形而上学离开它的基础。但是，哲学又不可能逃脱这一基础。只要思想开始经验形而上学的基础，只要思想尝试去思考是之真，而不仅仅把是者表象为是者，那么，思想就已经以某种方式离开形而上学。……据此看来，就连形而上学的本质，也是某种不同于形而上学的东西。"[1]

尽管可以说，在形而上学的历史上，是并未真正舍人而去，但海德格尔仍然认为，是之遗忘，同时也是对是论差异的遗忘，仍然是当今西方思想必须克服的根本难题。"也许，是之遗忘——这团不可见的遗忘之迷雾——笼罩着整个地球及人类，在其中被忘记的不是这个或那个是者，而是是本身。任何飞行器，即使飞到高度的极限，都不能够穿越这团迷雾。当然，也许在某个适当的时候，会出现一种对是之遗忘的体验，它作为困厄出现，因而也具有其必然。可能针对是之遗忘，某种回忆得以被唤醒，这是对是的思考而非其他，思及的乃真正的是，即是之真，而不像形而上学那样只思考是者之所是。"[2] 不过，在当今世界，"我提出的是之问题尚未得到理解"[3]，所以人们仍然需要追问："什么叫思想？"[4]

现象学及其超越

海德格尔认为，科学研究的方法取决于研究对象的性质以及研究所需达到的目标，因此并不存在适合所有研究的方法。也就是说，"方法不可能任意强加到某个对象领域之上，而是要根据认识的目标，以及知识的某个特定领域的基本的区域性特征，形成自身的结构性内容。因此不能完全

---

[1] 参见海德格尔：《〈形而上学是什么？〉导言》，载《海德格尔文集·路标》，第435—436页。Martin Heidegger, "Introduction to 'What Is Metaphysics?'," in *Pathmarks*, pp. 278-279.

[2] 参见海德格尔：《海德格尔文集·巴门尼德》，朱清华译，商务印书馆2018年版，第40—41页。Martin Heidegger, *Parmenides*, trans. by André Schuwer and Richard Rojcewicz, Indiana University Press, 1992, p. 28.

[3] 参见海德格尔：《马丁·海德格尔在谈话中（1969年9月17日）》，载《海德格尔文集·讲话与生平证词（1910—1976）》，第841页。

[4] 参见海德格尔：《什么叫思想?》，载《海德格尔文集·演讲与论文集》，第156页。Martin Heidegger, *What Is Called Thinking?*, trans. by Fred D. Wieck and J. Glenn Gray, Harper & Row, 1968, p. 136.

脱离问题谈方法"[1]。显然，对是的理解和研究需要与之相应的方法。海德格尔对此高度重视。他对研究方法的探索，涉及几个关键性的词——现象学、解构、解释学，它们体现了海德格尔的是论在方法论层面不同的探索。

首先且最重要的是现象学。海德格尔自己表示，他恰恰是通过现象学的原则真切地感受到什么是"事情本身"以及是问题的重要性。"依据现象学原理，那种必须作为'事情本身'被体验到的东西在哪里，又是如何被确定的？它是意识和意识的对象性，还是在无蔽和遮蔽中的是者之是？""由此，我被带上了对是加以追问的道路。"[2]

虽然黑格尔在其《精神现象学》一书中就使用了"现象学"这个概念，但现象学作为具有特定内涵并且在一段时间内广为流行的认识方法，还要归功于海德格尔的老师胡塞尔。现象学的核心可以归结为"面向事实本身"这一基本诉求，其含义是超越传统形而上学对现象与本质的区分，径直把人的感知作为认识对象。因此，需要注意的是，现象学的"现象"恰恰并非物本身，而是人对物的感知，包括意识中出现的所有内容，而胡塞尔意义上的现象学研究，就是对意识进行严格的审查。它并不试图对现象进行解释与说明，只是力图对其加以描述，以及揭示它们如何显现自身。海德格尔强调："面向事实本身"这一原则，"反对一切飘浮无据的虚构与偶然的发现，反对采纳貌似经过证明的概念，也反对任何类似的伪问题，虽然它们往往在很长时间内作为'问题'广为人知。"[3] 就此而言，海德格尔认为，现象学不具学派性质，而是体现了思想本身应该具有的品质，因此完全有可能在进行适当调整之后适合各种研究的需要。[4] 也可以

---

[1] 参见海德格尔：《现象学与先验的价值哲学》，载《海德格尔文集·论哲学的规定》，孙周兴、高松译，商务印书馆2015年版，第195页。Martin Heidegger, "Phenomenology and Transcendental Philosophy of Value," in *Toward the Definition of Philosophy*, trans. by Ted Sadler, Continuum, 2002, p. 152.

[2] 参见海德格尔：《我进入现象学之路》，载《海德格尔文集·面向思的事情》，陈小文、孙周兴译，商务印书馆2014年版，第112页。Martin Heidegger, *On Time and Being*, trans. by Joan Stambaugh, Harper & Row, 1972, p. 79.

[3] 参见海德格尔：《海德格尔文集·存在与时间》，第40页。Martin Heidegger, *Being and Time*, p. 26.

[4] 参见海德格尔：《我进入现象学之路》，载《海德格尔文集·面向思的事情》，第115页。Martin Heidegger, *On Time and Being*, p. 82.

说,"'现象学'乃科学的哲学之一般方法的名称"[1]。

海德格尔的上述认识,显然与他提出的方法必须与问题相适应的观点相矛盾。现象学除了作为所谓的"一般性方法"之外,实际上还是代表了特定的学派立场,即反映了某种独特的哲学观念。"面向事实本身"这个原则宣称现象之后一无所有,从而使现象学明确区别于传统形而上学,这体现在它终于摆脱了从柏拉图开始的思想传统,不再对世界进行"现象"与"本质"的划分,并把追究"本质"作为自己的根本任务。[2] 海德格尔就此指出:"现象学的现象概念,作为自我显现,指的是是者之所是,包括其意义、变化和衍化物。……是者之所是'后面'绝不可能存在某种其他东西,某种'尚未表现出来'的东西。"[3] "在现象那里并不存在任何指涉关系,它特有的结构就是自身显现。"[4] 当然,这里存在一个问题:如果现象自身显现,那么人们直接接受即可,为何还需要通过现象学来进行复杂的学习和训练呢?海德格尔对此有一个解释:"本质上看,在现象学的现象'背后'没有任何东西,但是应该成为现象的东西仍可能被遮蔽。恰恰因为现象最初而且在大多数情况下并不会直接给出,所以才需要现象学。遮蔽状态是'现象'的对立概念。"[5]

当然,海德格尔本人理解和实践的现象学,与一般而言的现象学,包括胡塞尔的现象学,存在比较大的差别。胡塞尔现象学的几个关键概念是意向状态、先天性和范畴直观。就它们之间的关系,海德格尔进行过如下概括:"意向状态为我们提供了(现象学)适当的课题领域,先天性为我们提供考虑意向状态结构的视角,而范畴直观作为理解这些结构的基本方式,体现了一种处理研究对象的模式,以及研究的方法。"[6] 三者之间,

---

[1] 参见海德格尔:《海德格尔文集·现象学之基本问题》,丁耘译,商务印书馆 2018 年版,第 3 页。Martin Heidegger, *The Basic Problems of Phenomenology*, trans. by Albert Hofstadter, Revised Edition, Indiana University Press, 1982, p. 3.

[2] 参见吕迪格尔·萨弗兰斯基:《来自德国的大师——海德格尔和他的时代》,靳希平译,商务印书馆 2008 年版,第 103 页。

[3] 参见海德格尔:《海德格尔文集·存在与时间》,第 51 页。Martin Heidegger, *Being and Time*, p. 33.

[4] 参见海德格尔:《海德格尔文集·时间概念史导论》,第 123 页。Martin Heidegger, *History of the Concept of Time: Prolegomena*, p. 82.

[5] 参见海德格尔:《海德格尔文集·存在与时间》,第 51 页。Martin Heidegger, *Being and Time*, p. 34.

[6] 参见海德格尔:《海德格尔文集·时间概念史导论》,第 119 页。Martin Heidegger, *History of the Concept of Time: Prolegomena*, p. 80.

意向状态具有根本性的地位，所以海德格尔曾经表示："现象学就是关于先天的意向状态的分析性描述。"[1]

意向状态（Intentionalität）这个概念字面上的含义让人感到难以把握，实际上指的就是人们所感知的现象。海德格尔对此有明确的说明："现象学探究的是先天的意向状态。先天的意向状态结构就是现象，它限定了在这一研究中自身显现以及在其显现中需得到解释的对象的范围……据此，所谓'现象的'，就是一切在此照面方式中变得明白可见的东西及属于此一意向状态结构环境的东西。"[2] 海德格尔对胡塞尔的现象学进行改造并使之适应自己对是的研究，核心就在于把意向状态替换为现象，而把范畴直观替换为对现象的直观。海德格尔指出："现象学的座右铭'面向事实本身'无非就是对现象学这个名称的翻译。"[3] 这实际上是以极其简明的方式指出了现象学的性质。

海德格尔多次通过对现象学这个词的词源分析说明其基本含义。他指出，在希腊语中作为动词的现象，指的是使某物进入光亮中并显现出来。"Φαίνεσθαι 的动态含义是显现，而 φαινόμενον 则是其分词式，因此 φαινόμενον（现象）就是自身显现者。作为中动态的动词的 φαίνεσναι 则源自 φαίνω，后者指把某物带入光亮，让其自身可见，将其置于光亮之中。Φαίνω 的词根是 φα-φῶς，意即光照、光亮，在其中某物方可显现，成为自身可见之物。我们需要牢牢抓住现象的这一含义：现象即自身显现者。至于 φαινόμενα 就构成了自身显现者的全体，希腊人也简单地将其等同于 τὰ ὄντα 即实体。"[4] 因此，现象"显现自身。这意味着它在此是，无需经由某种方式被表象或者以间接的方式被观察，也无需以某种方式被重构"[5]。

海德格尔现象学所提到的光、显现等语词，他终其一生持续不断地大量使用，由此可见现象学方法对他的深刻影响。另外需要说明的是他关于

---

[1] 参见海德格尔：《海德格尔文集·时间概念史导论》，第117页。Martin Heidegger, *History of the Concept of Time: Prolegomena*, p. 79.

[2] 参见同上书，第129页。Ibid., p. 86.

[3] 参见同上书，第128页。Ibid., p. 85.

[4] 参见同上书，第121页。Ibid., p. 81. 并参见海德格尔：《海德格尔文集·存在与时间》，第41—42页。Martin Heidegger, *Being and Time*, p. 27.

[5] 参见海德格尔：《海德格尔文集·存在论（实际性的解释学）》，何卫平译，商务印书馆2016年版，第83页。Martin Heidegger, *Ontology—The Hermeneutics of Facticity*, trans. by John van Buren, Indiana University Press, 1999, p. 53.

希腊人把现象等同于实体的看法这一点。大致上说,海德格尔认同希腊人把现象作为自身显现者这样的观念,但他本人对此有一个重大改造,即把自身显现者由实体(是者)替换为是本身。这就使他的现象学从根本上区别于胡塞尔的现象学,也使现象学对他来说成为研究是者之是而非是者本身的科学。海德格尔就此指出:"是即显现。显现并非不时与是相遇的某种派生物。是本质上展开为显现。"[1] 因此,"当某物成为是论的课题,现象学就是通达此物的方式,就是可以得到证明的规定此物的方式。是论只有作为现象学才是可能的"[2]。反过来说,"除了现象学之外,就不存在什么是论,科学的是论无非就是现象学本身"[3]。

在海德格尔思想的早期阶段,他把现象学作为通过是者把握是的方法。这种方法的第一步,他称之为现象学的还原。"是总是是者之是,因此只有首先从某一是者出发,是才变得可以通达。在此进行理解的现象学目光必须直接投向是者,其方式是使该是者之是被带出并凸显出来。……研究目光从被素朴把握的是者向是的回引或者回归即现象学的还原。我们在此只是在字面意义上采用了胡塞尔现象学的一个核心概念,在实质内容上则与之完全不同。"[4] 第二步则是现象学的建构:"是与是者不同,我们无法直接通达,与之直接面对。……它必须通过自由的投射而被带入我们的视野。这样一种对预先给出的是者之是及它的是之结构的投射,我们称为现象学的建构。"[5]

当然,在建构之前,还有一个所谓的"解构"步骤。解构即拆除,其对象是形而上学历史上生发出来的一系列传统理论与概念。海德格尔指出:"对是及其结构的概念性阐释,即对是的还原性建构,必然包含某种解构,这是一个批判性的过程,借此把传统的、首先必然得到应用的概念加以拆除,直至它们的来源。只有通过解构,是论才能以现象学的方式充

---

[1] 参见海德格尔:《海德格尔文集·形而上学导论》,第121页。Martin Heidegger, *Introduction to Metaphysics*, p. 107.

[2] 参见海德格尔:《海德格尔文集·存在与时间》,第51页。Martin Heidegger, *Being and Time*, p. 33.

[3] 参见海德格尔:《海德格尔文集·时间概念史导论》,第107页。Martin Heidegger, *History of the Concept of Time: Prolegomena*, p. 72.

[4] 参见海德格尔:《海德格尔文集·现象学之基本问题》,第27页。Martin Heidegger, *The Basic Problems of Phenomenology*, p. 21.

[5] 参见同上书,第28页。Ibid., pp. 21-22.

分保证其概念的纯正性。"[1]

现象学要求面向事实本身,因此海德格尔的现象学还原与解构具有内在的一致性。正如他所说:"一种方法概念愈真切地发挥作用,愈广泛地规定了一门科学的基本行为,它也就愈本源性地植根于对事实本身的分析,愈远离我们称之为技术装置的东西,此类装置大量充斥于各种理论。"[2] 因此,对海德格尔来说,现象学的解构需要拆除的,就是是之含义之上的各种覆盖物,那些层层叠叠,已经使是本身变得无法识别的构造。"解构的意思并不是摧毁,而是拆解、肃清和撤开那些关于哲学史的纯粹历史学的陈述,解构意味着开启我们的耳朵,倾听在传统中作为是者之是向我们述说之物。"[3] 海德格尔表示,他的现象学解构最大的成就,就是恢复了是的原初含义,即(当下)呈现。"这个含义贯通并支配了希腊人对是的全部理解,虽然他们并不清楚这一点。"[4]

海德格尔详加探讨并予以实践的另一种重要的研究方法是解释学。解释学源于德国哲学家狄尔泰,是一门不以追求共同性和普遍性为目标,而是对与人相关的知识加以理解和把握,即"通过把人类有意义的行止置于具体的社会与历史环境中加以'理解'"的科学。如果说"自然科学的目标是普遍性,那么人文科学的研究则注重对环境的敏感性"[5]。海德格尔认为,是论、现象学和解释学三者可以有机统一起来。他就三者的关系指出:"是论与现象学并非两门不同的、与其他哲学分支并列的学科。它们从对象与处理方式两个方面对哲学加以描述。哲学是普遍的现象学是论,它从对人的解释学,即对人的生存分析出发,把一切哲学探究的指导方针牢牢维系于它由以出发和向其回归之处。"[6] 换言之,研究是必须以研究人之是作为出发点,而对人之是的理解就是解释学的任务,或者说,关于人的现象学就是解释学。由于解释学是对人以外一切是者之是进行理解的

---

[1] 参见海德格尔:《海德格尔文集·现象学之基本问题》,第29页。Martin Heidegger, *The Basic Problems of Phenomenology*, pp. 22–23.

[2] 参见海德格尔:《海德格尔文集·存在与时间》,第40页。Martin Heidegger, *Being and Time*, p. 26.

[3] 参见海德格尔:《这是什么——哲学?》,载海德格尔:《海德格尔文集·同一与差异》,第18—19页。Martin Heidegger, *What Is Philosophy?*, pp. 71–73.

[4] 参见海德格尔:《海德格尔文集·讨论班》,第407—408页。Martin Heidegger, *Four Seminars*, p. 42.

[5] William Blattner, *Heidegger's Being and Time*, Continuum, 2006, p. 4.

[6] 参见海德格尔:《海德格尔文集·存在与时间》,第54页。Martin Heidegger, *Being and Time*, p. 36.

基础,所以它也具有为是论建基的使命。[1]

海德格尔的名著《存在与时间》就是这种现象学解释学的集中实践,是内容与方法的高度统一。但有意思的是,海德格尔本人一直认为"《存在与时间》这本书总是不被人理解"[2]。也有不少研究者认为,海德格尔在该书中的确使用现象学方法非常深刻地揭示了人的基本生存状态,也引发了读者对是本身的思考,但直观、解构、还原这些方法到底是不是认识是的恰切手段,则是一个值得商榷的问题。海德格尔后来也意识到了这一点,所以他说:"《存在与时间》尚未具备有关是之历史的真切知识,所以才会出现'是论解构'这样笨拙的,严格来说是幼稚的行动。从那以后,这种新手难以避免的幼稚才让位于真正的知识。"[3]

"真正的知识"即关于"是之历史"的知识。这种知识是否能够用现象学的方法加以把握,或者是否等同于现象学和解释学的知识,海德格尔对此并没有明确的回答。大致可以认为,《存在与时间》之后,海德格尔在对是的把握中还是保持了现象学的直观、先天和现象等几个基本要素,但更多的是在原则层面,而基本不在技术层面了。

首先,让是自行显现是海德格尔始终坚持的一项基本原则。特别是通过对希腊思想的再发现,对无蔽概念的深入阐发,他对"面向事实本身"这一现象学口号有了新的理解。"通过对无蔽(ἀλήθεια)和呈现(οὐσία)的尝试性澄清,'面向事实本身'这一现象学原则的意义和范围也就清楚了。"[4]海德格尔对此进一步解释道:"我认识到一件事情,当然最初更多是通过猜想而非有根据的洞察。这就是:对于意识行为现象学来说,作为现象的自我显现而发生的东西,曾作为ἀλήθεια,即呈现者的去蔽、其被揭示的状态、其自行显现,被亚里士多德以及整个希腊思想和实存进行了更本源的思考。现象学探究重新发现的思想的基本态度,不过是希腊思想的根本特征,如果并非哲学本身的特征的话。"[5]

其次,海德格尔坚持认为,现象学的先天认识或者范畴直观是对是加

---

[1] 参见海德格尔:《海德格尔文集·存在与时间》,第53—54页。Martin Heidegger, *Being and Time*, p. 35.
[2] 参见海德格尔:《海德格尔文集·讨论班》,第393页。Martin Heidegger, *Four Seminars*, p. 35.
[3] 参见同上书,第475页。Ibid., p. 78.
[4] 参见海德格尔:《一个序言——致理查森的信》,载《海德格尔文集·同一与差异》,第154页。William J. Richardson, *Heidegger: Through Phenomenology to Thought*, p. XII.
[5] 参见海德格尔:《我进入现象学之路》,载《海德格尔文集·面向思的事情》,第112页。Martin Heidegger, *On Time and Being*, p. 79.

以把握的基本方法与恰切手段。他表示："当我们问及是的意义时，是这一有待确定者已经在某种意义上被我们所知。所谓某种意义，指的是依据完全不确定的前理解，其性质可以多多少少以现象学的方式加以把握的不确定性。我们（'任何人'）都不清楚'是'之所指，然而每一个人在某种意义上又都能够理解这一表达。"[1]

这种"前理解"或者"前概念"在海德格尔对是的认识和阐释中发挥着不可替代的作用。如果说在写作《存在与时间》的阶段海德格尔还认为对是的认识需要从是者开始的话，那么到了后期，他越来越清晰地把这两者区分开来，强调对是的把握的直观性质。这种立场的变化，除方法上的考虑之外，一个重要的原因是海德格尔对现实的批判态度。正如他所说："真正是的东西，那从一开始就召唤和决定着一切是者之是，根本不可能通过查明事实、诉诸特定的是者得到把握。"也就是说，他意识到从是者出发不可能真正理解是。在一般的生活实践与思考中为人们提供标准的所谓"健全的常识"，实际上"不过是作为18世纪启蒙时代最终产品的观念形成方式的浅薄产物"，而且"为适应某种关于何者是、何者该是，以及何者能是的概念而被修剪"。人们所面对的现实是"社会生活的组织化、伦理问题的重构、文化产业的花哨，凡此种种都已经远离是。尽管有良好的意图和不懈的努力，但这些尝试都只不过是权宜之计，只能为一时之用"[2]。

因此，海德格尔对是的思考，并非对现实之物即是者的确认，而是力图实现对它们的超越与突破，这与他的社会政治立场完全一致。如此理解是，需要超越性的思考。由此，他在《时间与存在》中指出："我们希望探讨这样一种思考是的方式，即不考虑作为其基础的是者。之所以有必要尝试在不考虑是者的情况下思考是，是因为在我看来，非此则不可能把当今世界上一切是者之是明确地呈现出来，更谈不上充分地规定至今为止人与被称为'是'的东西的关系。"[3] 所以，"这种思想在是者中找不到支撑，因为它思考是。这种思想在所思之物中找不到范型，因为所思之物无

---

[1] 参见海德格尔：《海德格尔文集·时间概念史导论》，第219页。Martin Heidegger, *History of the Concept of Time: Prolegomena*, p. 143.

[2] 参见海德格尔：《海德格尔文集·什么叫思想？》，第77—78页。Martin Heidegger, *What Is Called Thinking?*, pp. 65-66.

[3] 参见海德格尔：《时间与存在》，载《海德格尔文集·面向思的事情》，第4页。Martin Heidegger, *On Time and Being*, p. 2.

非是者。与诗的词语不同，思之述说无形无相"[1]。

海德格尔曾经以自问自答的方式指出："是否真的有可能不以是者作为出发点，只从是的本质发生中对其加以思考？是否一切对是的提问都不可避免地要回溯到是者？……人们'依据逻辑'确信无疑，是作为普遍者，只能在是者的基础上获得，即便人们试图像对待是者那样抓住是的不变性时，也是如此。然而，是并不'是'普遍和虚空，是之真必须被创造性地思考。是作为唯一者和无极之基而发生，在此发生中，某种历史上不可重复的东西将得到决定。"[2] 海德格尔在此强烈暗示，在是与是者之间存在着某种鸿沟，是并非是者的普遍性和统一性。为把握是，需要思想上的"跳跃"，需要"创造性"地思想是的唯一性和可能性。

到海德格尔思想晚期，他对是的思考从现象学的直观发展到对是的因应："思考'是'意味着因应是之显现的吁求。它来自是并朝向是之吁求。因应是面对此一吁求的回退，但因此也是对吁求之语言的进入。""人们如若想听到是之吁求，因应就必须……聚精会神，侧耳倾听。但恰恰在此因应也会听错。在对是的思考中，极有可能误入歧途。这种思想永远不可能像数学知识那样显示自身正确的凭据。但另一方面，尽管它从不具备像命题那样的强制性，但也并非任意而为，而是维系于是之根本天命。"[3] 总之，晚年的海德格尔强调不能把是像某种实物那样作为思考的对象，同时人也不再将自身视为思想的主体。[4] 正是在这个意义上，他对《存在与时间》的性质进行了新的规定："《存在与时间》的目的并不在于提供全新的是之意义，而是去敞开对是这个语词的倾听，让这一工作自身为是所拥有。"[5]

---

[1] 参见海德格尔：《暗示》，载《海德格尔文集·从思想的经验而来》，孙周兴、杨光、余明锋译，商务印书馆2018年版，第31页。

[2] 参见海德格尔：《海德格尔文集·哲学论稿（从本有而来）》，第507—508页。Martin Heidegger, *Contributions to Philosophy（Of the Event）*, p. 339. 关于"本质发生"，海德格尔有如下的说明："'本质发生'命名了是本身是的形式。也就是说，它命名了是。是'的'示喻。"（同上书，第573页。Ibid., p. 381）。

[3] 参见海德格尔：《〈物〉后记》，载《海德格尔文集·演讲与论文集》，第199页。Martin Heidegger, "The Thing," in *Poetry, Language, Thought*, trans. by Albert Hofstadter, HarperCollins, 2013, pp. 181-182.

[4] 参见同上书，第198页。Ibid., p. 181.

[5] 参见海德格尔：《海德格尔文集·讨论班》，第418页。Martin Heidegger, *Four Seminars*, p. 47.

海德格尔在20世纪30年代曾说过,在对是的思考中,"思想把自身设置到是的对面,以便是能够向思想呈现出来,如被抛物一般与之相对"[1]。主体性和对象化的思维方式在其中清晰可见。但在对是的因应中,思想与是已经融为一体。在他思想的后期,海德格尔更是从思想与是的同一性来看待两者的关系。与此相应,他明确表示,对是问题的研究没有特别的方法,只有一条通道。"通道特别强调的是'行进'和'道路',意味着对道路的委身。道路与行进相互涵有,同时它们也被是所涵有。"[2] 海德格尔使用了一个新的词,即玄同,来表达这种对是的思想过程。玄同意味着对对象性和表象性思维的根本拒绝。[3] 由此,对是的追问本身也就从属于是的本质发生的历史。"是问题追问的是如何是,它属于是之真的发生,这一发生乃是之本源性的历史。因此,从该问题出发的一切思想都具有是之历史性。"[4]

第二节　形而上学的本质与历史

形而上学中的是

伴随着海德格尔思想的发展,他对形而上学这个概念的使用发生过一些变化。在早期,他基本上把形而上学与哲学视为同义语。他认为"哲学即形而上学。形而上学着眼于是,着眼于是者与是的共属,把是者作为整体,比如世界、人类和上帝加以考察"[5]。有的时候他甚至把对是问题的追问视为形而上学。[6] 但到后期,他更倾向于把迄今为止的哲学称为形而上学,将其视为哲学的一种形态,即那种以是者和是者之所是而非是本身

---

[1] 参见海德格尔:《海德格尔文集·形而上学导论》,第140页。Martin Heidegger, *Introduction to Metaphysics*, p. 123.
[2] Martin Heidegger, *Mindfulness*, p. 297.
[3] Ibid., p. 302.
[4] Ibid., p. 291.
[5] 参见海德格尔:《哲学的终结和思想的任务》,载《海德格尔文集·面向思的事情》,第81页。Martin Heidegger, "The End of Philosophy and the Task of Thinking," in *Basic Writings*, ed. by David Farrell Krell, Routledge, 1993, p. 432.
[6] 参见海德格尔:《海德格尔文集·康德与形而上学疑难》,第249页。Martin Heidegger, *Kant and the Problem of Metaphysics*, p. 161.

作为根本认识目标的哲学,从而把他自己的思想与之区分开来,所以他对形而上学的另一个定义是:"形而上学是一种超出是者的追问,以求回过头来获得对是者之为是者以及是者整体的理解。"[1] 这个定义强调的是形而上学从是者出发又回到是者的性质。正因此,海德格尔才说"形而上学根据是者对于是的优先地位来思考是者整体。从古希腊直至尼采,全部西方思想都是形而上学的思想"[2]。本书主要采用海德格尔对形而上学的后一个定义。

关于形而上学的起源[3]与性质,海德格尔与绝大多数哲学家持同样的看法,即这种源自古希腊的思想传统以事物的本质和共相作为根本的认识目标。"形而上学即是者本身及是者整体的问题。"[4] 海德格尔的这个定义当然有其深意,那就是暗示形而上学从来没有认真对待过是问题。在这个意义上,他又指出:"关于 ἀρχή(本原)的追问,亦即对 τί τὸ ὄν(何为是者)这个问题的追问,就是形而上学。或者反过来讲,形而上学就是那样一种追问和探究,其核心问题是何为是者。因此,我们把这个问题称为形而上学的主导问题。"[5] 这种形而上学主要是经过柏拉图的思想工作而得以确立。海德格尔认为,虽然柏拉图之前的希腊思想还包含了其他的可能性,但经柏拉图之后,这些可能性根本上完全断绝了。[6]

海德格尔指出,经苏格拉底、柏拉图、亚里士多德等人,发展出了一套提问方式,即追问某物之所是。比如,美德是什么?知识是什么?自然是什么?哲学是什么?如此等等。[7] 这种提问方式不可避免地涉及是与是者。但从原则上说,判断一物之所是,有两个正好相反的方向:一个是抽

---

[1] 参见海德格尔:《形而上学是什么?》,载《海德格尔文集·路标》,第138页。Martin Heidegger, "What Is Metaphysics?," in *Pathmarks*, p. 93.

[2] 参见海德格尔:《海德格尔文集·尼采》上卷,第503页。Martin Heidegger, *Nietzsche Volume Ⅲ: The Will to Power as Knowledge and as Metaphysics*, pp. 6-7.

[3] "在希腊语中,'越过'、'超出'被称为 μετά。关于是者本身的哲学发问超出了物理学(μετά τά φυσικά),问及是者之外,这就是形而上学。"参见海德格尔:《海德格尔文集·形而上学导论》,第21页。Martin Heidegger, *Introduction to Metaphysics*, p. 18.

[4] 参见海德格尔:《形而上学的存在—神—逻辑学机制》,载《海德格尔文集·同一与差异》,第67页。Martin Heidegger, *Identity and Difference*, p. 54.

[5] 参见海德格尔:《海德格尔文集·尼采》上卷,第476—477页。Martin Heidegger, *Nietzsche Volume Ⅱ: The Eternal Recurrence of the Same*, pp. 189-190.

[6] 参见海德格尔:《海德格尔文集·尼采》下卷,第910页。Martin Heidegger, *Nietzsche Volume Ⅳ: Nihilism*, p. 164.

[7] 参见海德格尔:《这是什么——哲学?》,载《海德格尔文集·同一与差异》,第8页。Martin Heidegger, *What Is Philosophy?*, pp. 37-39.

象化的方向,即通过把一物归于某一类别而对其性质加以断定,这是古希腊思想遵循的方向;另一个则是具体化的方向,即通过找到此物不同于同类物的个体性和独特性而对其性质加以认识,可以说,中国古代思想大体上遵循的就是这一方向。另外,从动态的角度来看,在对某物之所是的判断中,是涉及所是的条件,而所是则是是的结果。这同样意味着哲学思想另外两个可能的行进方向。海德格尔对此说过一句简单而深刻的话:"对是与是者的区分不仅包含着形而上学思想的一种学说,也指示着是之历史中的一次玄同。"[1]这句话的意思是,是与是者的区分是一次历史性的抉择。综上所述,在第一重区分中,希腊人选择的是从抽象的方向对事物的性质进行把握,而在第二重区分中,希腊人选择的则是对物之所是加以判断。只有这两重选择叠加,才决定了形而上学的奠基。

海德格尔通过下面的语句,非常简洁地概括了西方整个形而上学的历史特性:"是问题首先是关于是者的问题,这种情况贯穿了从阿那克西曼德到尼采的漫长历史。这一问题指向被问及的是者,问的是它们之所是。探问的目标被规定为一切是者共有之物。是具有所是的特征。在从是者出发而又回到是者的这个探问过程中,所是不过是是者身上的某种附加物。"[2]虽然海德格尔多次通过对巴门尼德和赫拉克利特思想的解释,探讨西方哲学在其起源处的另外一种可能性,但他同时也认为,西方思想从一开始,就以对事物(是者)整体的关注作为基本特征:"哲学追问本原(ἀρχή)。人们把这个希腊词语翻译为 Prinzip。……通过对是者本原的追问,一切是者作为全体和整体就受到了探寻。"[3]

海德格尔特别强调柏拉图在形而上学奠基过程中的作用。虽然在柏拉图之前,古希腊人也曾把自然、逻各斯等理解为"本原",但只有经过柏拉图,型相才最终替代了自然和逻各斯,真正成为形而上学的核心概念。海德格尔认为,在柏拉图的思想中,型相不仅是最纯粹的是者,而且还具有其他两个方面的基本作用。一方面,型相赋予某物外观,使之得以成为一物,即使是者成其所是。"在观看中进入视野的是型相,它就是某物的外观。正是通过外观,个别事物呈现为这样那样的物即呈现者。

---

[1] 参见海德格尔:《海德格尔文集·尼采》下卷,第1103页。Martin Heidegger, *The End of Philosophy*, trans. by Joan Stambaugh, University of Chicago Press, 2003, p. 4.

[2] 参见海德格尔:《海德格尔文集·哲学论稿(从本有而来)》,第503页。Martin Heidegger, *Contributions to Philosophy (Of the Event)*, p. 336.

[3] 参见海德格尔:《海德格尔文集·尼采》上卷,第473页。Martin Heidegger, *Nietzsche Volume Ⅱ: The Eternal Recurrence of the Same*, p. 187.

希腊人把呈现称为 παρουσία，简称 οὐσία，其含义就是是。某物是，就意味着它被呈现，或者更准确地说，它自身呈现。外观，即型相，给出的是某物之所呈现，即一物之所是，它的所是。"[1] 型相之所以能够发挥如此这般类似灵魂的作用，是"由于最高型相同时被理解为善（ἀγαθόν），一切型相的本质因此得到决定性的解释。型相，是者之所是，获得了善的型相（ἀγαθοειδές）……也就是使是者成其所是的性质。所是由此获得了赋予可能性的本质属性"[2]。

另一方面，由于型相是最纯粹的是者，所以它又体现为个性中的共性或者多中的一。"以希腊方式来思考，某一是者，比如一座房子的'外观'，即房子的模样，乃这一是者得以显露，即呈现，亦即是其所是之物。此'外观'并非'现代'意义上某个'主体'的'外表'，而是某物（房子）因之得以持存，由之得以继续之物，因为它始终在此，即在此是。因此，从单个是着的房子的角度来看，房子的模样，其型相，就是个性中的'共性'，这样型相也就马上具有了共性（κοινόν）的性质。"[3] 海德格尔指出，由于柏拉图把是者之所是理解为型相，又把型相理解为共性，是者之所是就变成了共性，是本身就成为"最一般者"。是问题因此被归结为关于共性的问题。[4] 当然，共相意义上的型相并非肉眼可见之物的外观，而是要靠人的"心灵之眼"，即智性直观（νοῦς），才能把握的"扩展意义上的"型相。[5]

这样，在柏拉图的思想中，型相既是物的"塑形者"，又是物的共性。最高的型相即"善"就是包含一切是者，又使一切成其所是的是者。这个最高的是者也就是"是"本身，海德格尔称之为"不是一种属"的那个"是"。当然，型相之所以成为物之所是，还因为它具备了另一项条件，即它同时是永恒不变者。海德格尔指出："与变易相对并作为其反面的是持

---

[1] 参见海德格尔：《论真理的本质——柏拉图的洞喻和〈泰阿泰德〉讲疏》，赵卫国译，华夏出版社 2008 年版，第 50—51 页。Martin Heidegger, *On the Essence of Truth*, trans. by Ted Sadler, Continuum, 2002, p. 38.

[2] 参见海德格尔：《海德格尔文集·尼采》下卷，第 920 页、第 917 页。Martin Heidegger, *Nietzsche Volume Ⅳ: Nihilism*, p. 173.

[3] 参见同上书，第 907 页。Ibid., pp. 162-163.

[4] 参见海德格尔：《海德格尔文集·哲学论稿（从本有而来）》，第 243 页。Martin Heidegger, *Contributions to Philosophy (Of the Event)*, pp. 161-162.

[5] 参见海德格尔：《海德格尔文集·形而上学导论》，第 218 页。Martin Heidegger, *Introduction to Metaphysics*, p. 193.

续的留存；与类似、相像相对的是被确实看到之物，即型相。作为真正的是者，型相与可变的相似性相比，具有最高的持续性。"[1] 换言之，在柏拉图看来，"变易者尚不足是，已是者不必再变。'是'者将一切变易者抛在身后，尽管它也曾变易，或者曾经能够变易。本真意义上的'是'者，抵抗着一切来自变易的侵袭"[2]。

把最高者和最普遍者理解为不变者，这也许是人们在一个变易的世界中出于自然的反应，但如此就需要把是理解为某种是者。"人们可能会认为，有关流转、生成与消逝的经验，导致人们用持续和呈现与之相对。但生成者和已逝者是如何被视为非是者的呢？这种情况要发生，前提是'是'已经被理解为持续性和呈现性。因此，并非从是者或非是者得出所是，相反，只有把是者投射到这一所是之上，才能在此投射产生的开放域中显示自身为是者或者非是者。"[3] 也就是说，只有把所是即型相预先理解为持存者和不变者，分有这一型相的个体物方始获得其自身的持存性和不变性。因此，形而上学的历史体现了一个基本倾向，就是"把是等同于是者的对象性，即是者一般的被表象状态"，从而"最终阻断了通往是之真的每一条道路"[4]。海德格尔因此断定，"从'唯心主义'严格的历史性概念上说，柏拉图根本就不是'唯心主义者'，而是一位'实在论者'"[5]。

总之，在海德格尔看来，形而上学的核心就在于把是理解为所是，从而使之成为某种是者。"形而上学思想未能进入是本身，是因为它已经思考了是，即就是者是而言思考了作为是者的所是。"[6] 由此导致的结果就是，形而上学把是或者表象为最普遍但也最空洞的是者，或者归结为作为主体的人的思维产物即观念。"所有的形而上学思想都在这两者之间来回摆动，试图寻找一条避免使是或者成为一物，或者只是单纯的主观构想的途径。但根本上说，是始终没有能够摆脱这两种身份。这意味着，是者一

---

[1] 参见海德格尔：《海德格尔文集·形而上学导论》，第 233 页。Martin Heidegger, *Introduction to Metaphysics*, p. 208.

[2] 参见同上书，第 114 页。Ibid., p. 101.

[3] 参见海德格尔：《海德格尔文集·哲学论稿（从本有而来）》，第 230 页。Martin Heidegger, *Contributions to Philosophy (Of the Event)*, p. 153.

[4] 参见同上书，第 539 页。Ibid., p. 359.

[5] 参见同上书，第 254—255 页。Ibid., p. 168.

[6] 参见海德格尔：《海德格尔文集·尼采》下卷，第 1044 页。Martin Heidegger, *Nietzsche Volume Ⅳ: Nihilism*, p. 211.

旦被锁定在持续呈现之中，它们就拥有了支配地位，并毫不迟疑地把是之特性视为机巧。"[1]

与这一思想进程相伴，人的观念中一切现存物的地位也发生了根本性的变化。由于型相是纯粹的、真实的是者，是原型，所以人们在现实世界中遭遇的一切，变化中的一切，都只因其对型相的分有或者模拟而具有不同程度的真实性。[2] 海德格尔就此写道："一旦是的本质被视为物之所是（型相），那么所是，即是者之是，就成为纯粹的是者。一方面，所是现在成为真实的是者，即是本身（ὄντως ὄν）。作为型相的所是被推向真实是者的宝座，而原先那些实实在在的是者，则下降到被柏拉图称为无所是者（μὴ ὄν），即不该是而且也的确不是的地位，因为它们总是在体现型相，使之物化的同时也扭曲了型相，即纯粹的外观。另一方面，型相变成了范型（παράδειγμα），同时也必然成为完美的典范。出于模仿的制作品并不真'是'，而只是对是的分有（μέθεξις）。裂隙终于被撕开，作为真实的是者，原型和典范的型相在一边；并不真的是的东西，模仿者和相似者在另一边。"[3]

除了真与"似"的对立之外，柏拉图的型相论还导致了另外一重对立，即形式与内容的对立。"柏拉图把是者之所是解释为型相，这不仅意味着把是者经验为自然（φύσις），而且也意味着以技艺（τέχνη）为引线对问题的展开。在此，技艺既作为自然的对立形态，同时又受到自然的驱使。此后，特别是在亚里士多德那里，技艺发挥了先导作用，以便把所是理解为形式（μορφή）和质料（ὕλη）的合体（σύνολον）。由此便产生了一种区分（形式与质料、形式与内容），这种区分从一开始就作为支配性的主导问题，影响了所有的形而上学思想。"[4]

柏拉图型相论的最后一个结果就是使形而上学从根本上成为某种神学。因为型相论认为，虽然人们可以通过眼睛看到诸事物，但各种事物的型相却具有超感官的性质。在这个超感官的领域中处于最高位的是一切型相的型相，它同时也是一切是者是和显现的原因。"由于这个'型相'造

---

[1] Martin Heidegger, *Mindfulness*, pp. 335–336.

[2] 参见海德格尔：《海德格尔文集·形而上学导论》，第 221—222 页。Martin Heidegger, *Introduction to Metaphysics*, p. 197.

[3] 参见同上书，第 221 页。Ibid., pp. 196–197.

[4] 参见海德格尔：《海德格尔文集·哲学论稿（从本有而来）》，第 224 页。Martin Heidegger, *Contributions to Philosophy (Of the Event)*, p. 150.

成一切，所以它也是被称为'善'的'型相中的型相'。柏拉图和亚里士多德命名了这个最高和最初的原因，称之为 τὸ θεῖον，即神性。自从是被解释为型相，对是者之所是的思考就成为形而上学，而形而上学就是神学。神学在此意味着把是者之'原因'解释为神，同时把是安置于这一'原因'之中，后者把是包含于自身，又从自身中向外释放是，因为它是是者中最纯粹的是者。"[1] 显而易见，在柏拉图和亚里士多德的思想体系中，那个最高的是者作为一切原因的原因，客观上已经具备了世界的创造者与主宰者的地位和权能。

海德格尔通过西方语言中神学（theology）概念的源起及其语义的演变，从一个侧面证明了"形而上学就是神学"这一论断。[2] "形而上学总是从是着手思考是者，但同时又基于并参考是者思考是，因此它必然在最高存在根据的意义上论说（λέγειν）神（θεῖον）。"[3] 这里，海德格尔点出了"神学"一词的希腊语起源，即对最高的、最普遍的是者即神（θεῖον）的述说（λέγειν）。他正是在这个意义上表示："实际上，西方思想史并非始于对最可思虑者的思考，而是始于对它的遗忘。就是说，西方思想始于某种疏漏，甚至可以说是失误。"[4]

如前所述，海德格尔多次表明，罗马人对希腊思想的翻译与解释，大大强化了希腊思想的形而上学特征，并且决定性地影响了此后西方思想的基本方向。他说："从希腊语到拉丁语的翻译进程不是随意和无害的，而是希腊哲学的本源本质被隔断、被异化的第一阶段。罗马人的翻译对基督教和基督教化的中世纪具有决定意义。中世纪哲学又把自己翻译为近代哲学，后者就在中世纪哲学的概念世界中徜徉，并且创造出那些为人们所熟知的表象性和概念性词语，人们甚至在今天还借助它们来了解西方哲学的起源。"[5] 因此，海德格尔认为，希腊思想的"拉丁化是作为真和是的本质转变而发生的。这个转变的特别之处在于，它虽然隐而不彰，但却预先

---

[1] 参见海德格尔：《柏拉图的真理学说》，载《海德格尔文集·路标》，第 273 页。Martin Heidegger, "Plato's Doctrine of Truth," in *Pathmarks*, pp. 180-181.

[2] Cf. Martin Heidegger, *Mindfulness*, p. 320.

[3] 参见海德格尔：《海德格尔文集·尼采》下卷，第 1041 页。Martin Heidegger, *Nietzsche Volume IV: Nihilism*, p. 209.

[4] 参见海德格尔：《海德格尔文集·什么叫思想？》，第 173 页。Martin Heidegger, *What Is Called Thinking?*, p. 151.

[5] 参见海德格尔：《海德格尔文集·形而上学导论》，第 16 页。Martin Heidegger, *Introduction to Metaphysics*, p. 15.

决定了一切。真与是的本质转变是真正的历史性事件"[1]。这里先讨论拉丁化所带来的是之问题上的变化。

与柏拉图的型相类似，亚里士多德用来表达是的概念是ἐνέργεια，这个词可以理解为"实现"，但其具有目的论的含义。然而，罗马人把这个词翻译为actus（实际），这个来自agere的拉丁文单词根本无法表达希腊语ἐνέργεια的含义，从而大大压缩了本来已经变得狭窄的理解是的空间，并且把是彻底转变为是者。[2] 海德格尔对这一转变的发生进行了如下解释：罗马人用拉丁文翻译了希腊人的思想，但是由于罗马人并没有与希腊人同样的思想经验，所以这些拉丁语的词语表达的仍然是罗马人的所思所想，或者说只能导致他们以罗马的方式理解希腊思想，从而使经他们流传下来的希腊思想发生了根本性的变化。"罗马思想接受了希腊的词语，但是，不用希腊词汇，就无法表达这些词包含的相应的、本源性的经验。西方思想的无根基状态即始于这种翻译。"[3]

同时发生变化的还有οὐσία（呈现）的含义。Οὐσία是希腊人用来表达是者之是的主要概念，其含义是持续呈现。经过罗马人的翻译，οὐσία的这一基本含义以及它对是的解释所留下的痕迹全都荡然无存。"Οὐσία被轻率地重新解释为substantia（实体），这一含义经过中世纪和近代一直流行到现在。在实体这一支配性概念的基础上，希腊哲学得到反方向的即本末倒置的解释。"[4] 海德格尔提到的希腊概念的拉丁化还包括ἐνέργεια（实现）被译为actualitas（现实性），ἀλήθεια（无蔽）被理解为adaequatio（符合），ὑποκείμενον（基体）被译为subiectum（一般主体），等等。[5]

在希腊思想拉丁化的过程中，本质的概念替代了是的概念，从而使希腊思想中是所包含的实体性和普遍性的含义得到了最大程度的强化。如海德格尔所说，本质（Wesen）是共相，是某物中一般性的东西。[6] "适合

---

[1] 参见海德格尔：《海德格尔文集·巴门尼德》，第62页。Martin Heidegger, *Parmenides*, p. 42.

[2] Martin Heidegger, *Mindfulness*, pp. 165–166.

[3] 参见海德格尔：《艺术作品的本源》，载《海德格尔文集·林中路》，第8—9页。Martin Heidegger, "The Origin of the Work of Art," in *Off the Beaten Track*, p. 6.

[4] 参见海德格尔：《海德格尔文集·形而上学导论》，第233页。Martin Heidegger, *Introduction to Metaphysics*, pp. 207–208.

[5] 参见海德格尔：《海德格尔文集·尼采》下卷，第1136—1137页。Martin Heidegger, *The End of Philosophy*, p. 28.

[6] 参见海德格尔：《论真理的本质——柏拉图的洞喻和〈泰阿泰德〉讲疏》，第1页。

于每个事物的普遍性的东西,人们称之为本质。根据通行的观点,思想的基本特征,就是对一般性的东西进行一般性的表达。"[1] 对现象之后的本质的追求,成为迄今为止西方各种思想的基本任务。

逻各斯与理性

在西方思想史上,理性指人的思想能力、思想原则和方法,也是一种对待是者的方式,同时又是事物的根本依据,理性主义则是形而上学的基本特征。特别是经过启蒙运动,当人与上帝在思想上的关系被解除之后,人的理性便取得了绝对统治的地位。海德格尔表示:"因为是者是上帝创造的,而且是事先被理性思考出来的,所以一旦被造物与创造者的关系被解除,随之而来的就是人的理性占据上风,甚至把自己置于绝对的位置。"[2]

海德格尔指出,与人们的表面印象相反,理性这个概念的历史充满了错乱,其内涵也含混不清。"什么是理性?在何处、通过谁来决定什么是理性?理性已经自封为哲学的主人了吗?如果是,那么凭借何种权利?如果不是,那它又是从何处获得其使命与角色的?如果被当作理性的东西只是通过哲学,并且在其历史进程中才得以确定,那么预先宣布哲学是理性的事情,就不是一个好的判断。"[3] 海德格尔在此揭示,理性与哲学相互支撑、互为表里,两者互相为对方提供正当化的根据:哲学把理性视为正确思想的方式,理性使哲学成为正确的思想。理性的命运,也就成为哲学,特别是形而上学的命运。因此,"西方形而上学,即对是者整体的反思,预先并且在其整个历史进程中都把是者规定为理性和思想可以理解和界定之物。……也就是说,理性能够认识并确保真实之物与真理。西方形而上学就建立在理性的这种优先地位的基础之上"[4]。

理性在西方思想中的统治地位表现为:"只有被理性思维表象和确证

---

[1] 参见海德格尔:《语言》,载《海德格尔文集·在通向语言的途中》,第1页。Martin Heidegger, "Language," in *Poetry, Language, Thought*, pp. 187–188.

[2] 参见海德格尔:《海德格尔文集·形而上学导论》,第232页。Martin Heidegger, *Introduction to Metaphysics*, p. 207.

[3] 参见海德格尔:《这是什么——哲学?》,载《海德格尔文集·同一与差异》,第5页。Martin Heidegger, *What Is Philosophy?*, p. 25.

[4] 参见海德格尔:《海德格尔文集·尼采》上卷,第554页。Martin Heidegger, *Nietzsche Volume III: The Will to Power as Knowledge and as Metaphysics*, p. 50.

的东西才能宣称具有是的资格。理性是唯一的和最高的上诉法庭,它的眼界和判词决定了所是为何,或者一无所是。正是在理性中我们看到了对是的含义的最极端的先行决定。"理性规定了人们对现实世界的基本态度,为他们提供了最高的思想法则和行为规则。"甚至对唯智主义,即没有根据、没有目标的思想堕落的拒绝,也总是诉诸'健全的'常识,也就是诉诸'理智',最终还是诉诸'理性主义'来实现。在此,理性依然是是、能是和应是的尺度。"[1]

海德格尔梳理了理性概念在西方形而上学历史上的演变。他指出,拉丁语中首次出现的理性(ratio)概念,源自罗马人对两个希腊概念——λέγειν(言说,置放)和νοεῖν(看,智性直观)的"耦合"。"Ratio 源自动词 reor。Reor 的意思是把某物看作某物,即 νοεῖν,同时也是把某物表述为某物,即 λέγειν。"也就是说,罗马人用 ratio 同时表达了希腊文中看和说的两重含义,即对事物本性的观察及表达。"然而,λέγειν 和 νοεῖν 的原始本质却在 ratio 中消失了。随着 ratio 占据统治地位,一切关系都被颠倒过来。"[2] "Λόγος(λέγειν 的名词形式——引者)并不指理性,并且也并不具有 νοεῖν 的意义,它只不过是对知觉的表述。"[3] 也就是说,逻各斯在希腊思想中并不表示人的发现能力。因此,在罗马人把 νοεῖν 和 λέγειν 翻译为 ratio 之后,希腊思想中人发现物之本性的途径被完全遮蔽了。

当然,罗马人把 λέγειν 和 νοεῖν 一并翻译为理性也并非完全没有根据。在希腊语中,λέγειν 原本的含义是采集、聚集,但也有"让是者自身呈现"的含义。[4] 海德格尔对这个词的语义进行过一些考证:"因为 λόγος 的功能在于让某物间接被看到,让是者被理解,所以 λόγος 也具有 ratio 的含义。另外,由于 λόγος 不仅指谈论,而且也可以表示 λεγόμενον(被谈论者),而后者恰恰就是 ὑποκείμενον(作为一切言谈与讨论的基础已经呈现

---

[1] 参见海德格尔:《海德格尔文集·尼采》上卷,第 556 页。Martin Heidegger, *Nietzsche Volume III: The Will to Power as Knowledge and as Metaphysics*, p. 51.

[2] 参见海德格尔:《海德格尔文集·什么叫思想?》,第 246 页。Martin Heidegger, *What Is Called Thinking?*, p. 210.

[3] 参见海德格尔:《海德格尔文集·柏拉图的〈智者〉》,熊林译,商务印书馆 2015 年版,第 278 页。Martin Heidegger, *Plato's Sophist*, trans. by Richard Rojcewicz and André Schuwer, Indiana University Press, 2003, pp. 139-140.

[4] 参见海德格尔:《海德格尔文集·存在与时间》,第 220 页。Martin Heidegger, *Being and Time*, p. 149.

之物），所以λεγόμενον意义上的λόγος也可指基础、根据，即ratio。最后，因为作为λεγόμενον的λόγος还可指被谈论者，即某种因与其他某物的关系或者说'相关性'而变得可见之物，λόγος甚至获得了关系与相关性的含义。"[1] 这表明，在希腊语的语境中，逻各斯原本就具有被理解为ratio的可能性。海德格尔在另一个地方写道："λόγος，以及与之相随的ὑποκείμενον（基体），进入了译名ratio（rheo, rhesis——言谈；ratio——根据、理性；reor——表述、认为、证明）的意义领域。Ratio因而成为subiectum即基底的别名。这样，一个表示人类（陈述）行为的名称上升到了概念的地位，以表示构成在其真实所是中的是者之物，使其得以持续保存自身之物，以及支撑一切是者而不论它们如何是之物，即substantia。这样，在后世的形而上学中，被视为一切是者之所是的本质基础的东西，就获得了一个远非不言自明的名称，即ratio（理性）。"[2]

虽然理性这个概念是古罗马人从古希腊思想中翻译而来，但海德格尔认为，在理性主义的发展中，柏拉图的型相论也发挥了一定的作用。型相的本质在于其照亮和被看见的能力。这种能力带来呈现，特别是在给定场景中对是者之所是的呈现。是者总是呈现其所是，因为呈现乃是者之本质。柏拉图因此认为是者之本质在于其所是。后来的术语也透露出这一点：quidditas（何所是、本体）而非existentia（实存）才是真正的esse（是），即essentia（本质）。"在这一柏拉图带来的革命中，νοεῖν（直观）和νοῦς（直观）才首次与'型相'关联起来。型相的这一取向决定了理解的本质，随后又决定了理性的本质。"[3]

由此可见，理性主义的根源部分来自柏拉图赋予νοῦς这个原本简单的词的特定含义，即人"看到"型相的能力。看到物之外观即型相就是理解物之所是。因此，νοῦς即直观就成为狭义的理智。"柏拉图把巴门尼德的νοεῖν理解为对型相、对善、对ἐπέκεινα τῆς οὐσίας（事物的那一面）的看。康德也清楚明确地说：'理性'是'观念'的能力。当然，他是在比柏拉图更宽泛，同时也更狭窄的意义上使用'观念'一词。对型相的看，即对

---

[1] 参见海德格尔：《海德格尔文集·存在与时间》，第49页。Martin Heidegger, *Being and Time*, p. 32.

[2] 参见海德格尔：《海德格尔文集·尼采》下卷，第1136—1137页。Martin Heidegger, *The End of Philosophy*, p. 28.

[3] 参见海德格尔：《柏拉图的真理学说》，载《海德格尔文集·路标》，第261页。Martin Heidegger, "Plato's Doctrine of Truth," in *Pathmarks*, p. 173.

何所是与如何是,亦即是的理解,使人能够识别是者之所是。除非我们同时看到了'型相',否则单凭肉眼我们无法看到是者。"[1] 海德格尔认为,柏拉图对直观功能的理解,加上亚里士多德关于逻各斯的认识能力即思想能力的观点,为西方理性主义奠定了基础。"披上现代外衣的型相论确实实是一种柏拉图主义,因为现代观念论同样认为必须通过'表象'(直观,νοεῖν),也就是(在亚里士多德的影响之下)通过作为思想的逻各斯来把握是,这种思想被康德视为对普遍物的表象(范畴和判断表,以及黑格尔的范畴和理念的自我认识)。"[2]

当然,从根本上推动理性主义发展的,还是逻各斯这个概念的含义和地位的变化。海德格尔认为,通过亚里士多德,逻各斯与形而上学的关系被建立起来。"亚里士多德以独特的方式将遮蔽和去蔽这两个要素指派给了被理解为陈述之规定的逻各斯。他首先采取了这种语言上的用法。"[3] 按照海德格尔的理解,去蔽与遮蔽,是希腊人对真与非真的原始表达。因此,这一论断所指,就是亚里士多德开始把真与非真视为语言陈述的特性,并把逻各斯视为语言陈述之正确性的保证,逻各斯由此变身为逻辑学。逻各斯在理性主义中的支配地位,以及逻辑与理性的等同,就是随着这一转变实现的。

海德格尔认为,逻各斯变身为逻辑学是范畴学说导致的结果。所谓范畴(κατηγορεῖν,原意为区分),即对是者状态的描述,比如大小、长短、关系等。范畴学说产生之后,范畴就被视为决定是者之是的根本要素,范畴学说也因此成为是论的一种形式[4]。"逻各斯,即陈述,现在意味着作为基础的东西,以及自身呈现的东西,因而成为一切肯定和否定的根据。从此以后,是者的一切本质规定,是者所是的特征,就由κατάφασις(断言、命题)亦即范畴所决定。"[5]

---

[1] 参见海德格尔:《论真理的本质——柏拉图的洞喻和〈泰阿泰德〉讲疏》,第51—52页。Martin Heidegger, *On the Essence of Truth*, p. 39.

[2] 参见海德格尔:《海德格尔文集·哲学论稿(从本有而来)》,第255页。Martin Heidegger, *Contributions to Philosophy (Of the Event)*, p. 168.

[3] 参见海德格尔:《论真理的本质——柏拉图的洞喻和〈泰阿泰德〉讲疏》,第131页。Martin Heidegger, *On the Essence of Truth*, p. 99.

[4] 参见海德格尔:《海德格尔文集·形而上学导论》,第224—225页。Martin Heidegger, *Introduction to Metaphysics*, pp. 199-200.

[5] 参见海德格尔:《海德格尔文集·尼采》下卷,第1136页。Martin Heidegger, *The End of Philosophy*, pp. 27-28.

在范畴学说中，逻各斯成为某种"获得与确保作为正确性的真的手段。这种获取真的手段很容易被理解为某种 ὄργανον（工具），通过适当的方式它易于被掌握。……通过讨论、讲授和规定，被理解为正确性的真传布得越来越广，当然也越来越平淡无奇。逻各斯必须作为工具为此做好准备，逻辑学的诞生之日终于来临"[1]。简言之，逻辑学的产生是思想失去活生生的内容，走向僵化的结果。"逻辑学是什么时候开始形成的呢？当希腊哲学走向终结，并且变为学院、组织和技术之事的时候。自从 ἐόν，即是者之所是成为型相，而型相又成为科学知识（ἐπιστήμη）的对象，逻辑学就开始了。逻辑学最初出现在柏拉图—亚里士多德学派的学院活动中，是学院教师而非哲学家的发明。"[2]

逻各斯的原意是聚集与呈现，而随着逻辑学的诞生，其派生意义即阐明与陈述越来越喧宾夺主。[3] "逻各斯变为命题陈述，变为作为正确性的真的处所，变为范畴之起源，变为决定是之可能性的基本法则。'型相'与'范畴'成为两个标签，在它们之下是西方的思想、行动与价值，西方的一切此间之是在其庇护下安身。"[4] "逻各斯由此被塞进了'逻辑学'的狭小视域中。"[5] "逻各斯决定了思想，陈述规定了思想的基本特征"[6]，形而上学也因此成为"命题式的思想"[7]。海德格尔就此认为，"如果揭示性和决定性的理性能够，而且事实上必须被称为'逻辑学'的话，那么可以说西方'形而上学'就是'逻辑学'"[8]。

---

[1] 参见海德格尔：《海德格尔文集·形而上学导论》，第225—226页。Martin Heidegger, *Introduction to Metaphysics*, p. 201.

[2] 参见同上书，第145页。Ibid., pp. 127—128.

[3] 参见海德格尔：《思想的基本原则：1957年的弗莱堡演讲》，载《海德格尔文集·不莱梅和弗莱堡演讲》，孙周兴、张灯译，商务印书馆2018年版，第171—172页。Martin Heidegger, "Basic Principles of Thinking: Freiburg Lectures 1957," in Martin Heidegger, *Bremen and Freiburg Lectures*, trans. by Andrew J. Mitchell, Indiana University Press, 2012, p. 135.

[4] 参见海德格尔：《海德格尔文集·形而上学导论》，第226页。Martin Heidegger, *Introduction to Metaphysics*, p. 201.

[5] 参见海德格尔：《思想的基本原则：1957年的弗莱堡演讲》，载《海德格尔文集·不莱梅和弗莱堡演讲》，第195页。Martin Heidegger, "Basic Principles of Thinking: Freiburg Lectures 1957," in *Bremen and Freiburg Lectures*, pp. 77—78.

[6] 参见海德格尔：《海德格尔文集·什么叫思想？》，第187—188页。Martin Heidegger, *What Is Called Thinking?*, p. 163.

[7] Martin Heidegger, *Mindfulness*, p. 217.

[8] 参见海德格尔：《海德格尔文集·尼采》上卷，第554—555页。Martin Heidegger, *Nietzsche Volume III: The Will to Power as Knowledge and as Metaphysics*, p. 50.

逻辑虽然被视为正确思想的保证，但海德格尔却对之提出了多方面的批评。人们通常认为，逻辑规定了思想的方式，从而是超越思想的东西，任何对这些规则的思考都已经是其规范之下的结果。[1] 但是，海德格尔并不认可这种观点。他怀疑，逻辑到底是必须无条件采用的思想原则，还是某种特定思想的反映："关于是者的问题，尚不能确定的是逻辑及其基本规则是否能够提供某种尺度。情况可能相反。我们熟知的、被视为上天馈赠的全套逻辑，恰恰基于是者问题的某种十分确定的答案，因而任何单纯遵循这些逻辑规则的思想根本就不可能理解有关是者的问题，遑论在事实上展开这一问题并导向某种答案。"海德格尔举例说，按照逻辑规则，一切关于无的思想和讨论都不能成立，但这只能证明逻辑构成了思想的障碍。[2] 他指出，从某种意义上说，逻辑本身乃思想僵化，即思想无法突破自身的结果，因而往往成为思想的桎梏。海德格尔提请人们思考这样一个问题：如果逻辑不过是思想失落的结果、思想无能的残余，而思想只有在"对问题的回避中无过错地导出结论时才能保持其有效性"，思想还有何存在的价值呢？[3]

海德格尔因此认为，由于作为呈现的逻各斯不为人知地退隐和消失，"某种可怕的事情发生了"，"作为计算、论证和推理的思想的发展轨迹清晰地显现出来"。[4] 随着逻辑的出现及其在思想中统治地位的确立，最终体现为技术思维的理性主义已经呼之欲出。逻辑的统治不仅牺牲了思想本身，而且也牺牲了作为思想"基质"的是。在其统治下，"人们按照与思想格格不入的尺度来评判思想，这与根据鱼能够在旱地上活多久来评价鱼的本质和能力毫无二致。思想被困在旱地上已经太久了"[5]。

海德格尔明确表示，逻辑只是某种对是者（也是对是）的特定的且未

---

[1] 参见海德格尔：《思想的原则》，载《海德格尔文集·同一与差异》，第 133 页。Martin Heidegger, "Basic Principles of Thinking: Freiburg Lectures 1957," in *Bremen and Freiburg Lectures*, pp. 152-153.

[2] 参见海德格尔：《海德格尔文集·形而上学导论》，第 30 页。Martin Heidegger, *Introduction to Metaphysics*, p. 27.

[3] 参见海德格尔：《海德格尔文集·哲学论稿（从本有而来）》，第 198—199 页。Martin Heidegger, *Contributions to Philosophy (Of the Event)*, p. 134.

[4] 参见海德格尔：《思想的基本原则：1957 年的弗莱堡演讲》，载《海德格尔文集·不莱梅和弗莱堡演讲》，第 173 页。Martin Heidegger, "Basic Principles of Thinking: Freiburg Lectures 1957," in *Bremen and Freiburg Lectures*, p. 136.

[5] 参见海德格尔：《关于人道主义的书信》，载《海德格尔文集·路标》，第 371—372 页。Martin Heidegger, "Letter on Humanism,' in *Pathmarks*, p. 240.

必恰切的理解的体现。他因此强调:"为何思想要在命题陈述的基础上被规定? 这绝不是不言自明的。……'逻辑'和'合逻辑性'并非无需前提的唯一的、好像除此之外别无他途的思想方式。"在他看来,"无论如何,诉诸逻辑来规定思想的本质这件事殊为可疑,因为逻辑本身,而不仅是关于它的个别学说和理论,仍然是某种值得怀疑之事。所以,'逻辑'这个词应该被加上引号。这么做并非因为我们想要放弃那些'合乎逻辑的东西'(在正确思维的意义上)。为了服务思想,我们恰恰希望获得那种决定思想本质的东西,即无蔽与自然。因逻辑而失去的,恰恰就是作为无蔽的是"。[1]

海德格尔认为,逻各斯,包括逻辑,是建立在物之区分的基础上的,因而并非谈论本原即未区分者的恰当方式。他借用亚里士多德的术语和思想指出:"本原(ἀρχή),尤其如果它是终极的、最后的本原,不可能作为某物加以谈论。只要逻各斯是区分(διαίρεσις),那么它就不是谈论本原的恰当形式。只能就本原自身而不能视之为其他东西予以把握。本原是不可区分者(ἀδιαίρετον),其所是不能被分解。因此,明智(φρόνησις)包含着对本原进行直接把握的可能,是一种超越逻各斯揭示本原的方法。明智作为最佳的品质(βελτίστη ἕξις),必定高于单纯的逻各斯。这恰好与我们为智慧(σοφία)保留的地位相对应。智慧同样关注本原,因此在其中存在着某种像纯粹的智性直观(νοεῖν)那样生动的东西。本原作为不可分之物,只能通过智性直观而非言谈来加以揭示。"[2] 这好比是说"道可道,非常道"。道不可言,可言者非道。在这个问题上,王弼的一段话说得更为透彻。他指出:"名必有所分,称必有所由。有分则有不兼,有由则有不尽。不兼则大殊其真,不尽则不可以名,此可演而明也。"[3] 这也典型地说明了逻各斯及言语的局限性。

因此,要对逻辑加以思考,就需要能够超越逻辑的方式,重新回到思想的起点。海德格尔指出:只有对是、对是之真的思考才能通达逻各斯的原始本质,但这种思考在逻辑学的创始人柏拉图和亚里士多德那里已经被埋没因而丧失了。超越逻辑的思考并不意味着要站到逻辑的反面,而只是

---

[1] 参见海德格尔:《海德格尔文集·形而上学导论》,第145页。Martin Heidegger, *Introduction to Metaphysics*, p. 127.

[2] 参见海德格尔:《海德格尔文集·柏拉图的〈智者〉》,第201页。Martin Heidegger, *Plato's Sophist*, pp. 99–100.

[3] 王弼:《老子微旨例略》。

在思考中追随思想开端处显现出来的逻各斯及其本质。"如果不真正了解它们的本质,不真正了解它们的作用,不了解它们面对追问逻各斯的本质这一简单工作时的无所作为,那么再完善的逻辑体系对我们又有何价值呢?"[1] 海德格尔在其思想后期,终于与无极之基一同发现了这种思考方式,他称之为"同一性反复的思想"。

理性的统治体现为理性与非理性的区分。这种区分始自柏拉图思想中的型相与物、亚里士多德思想中形式与质料的两分。类似区分为一切现实和观念之物划界,从而形成一个分裂的世界,具体体现为内容与形式、真理与意见、超感性与感性、灵魂与肉体之间的各种对立。它们以各式可能的伪装、打着各色相互矛盾的旗号一直持续到今天。海德格尔一针见血地指出:"形而上学思想基于真正是的东西与相比之下并非真正是的东西之间的区分。……这种区分就像一道张开的鸿沟,不仅具有根本意义,而且横贯一切。"[2] 在此区分之下,"无论何物都可以归入形式与内容这两个笼统概念。只要把形式关联于理性而把物质关联于非理性,或者把理性关联于逻辑而把非理性关联于非逻辑,最后,把形式与物质同主体与客体这两对概念关联在一起,人们手里就有了一套无往而不胜的概念机制"[3]。

海德格尔指出,理性与非理性的两分在造成前者对后者的压制的同时,也导致了后者对前者的各种反叛和对抗。但是,所有"非理性主义不过是理性主义之懦弱无能与彻底失败的公开化,因此它自身还是理性主义。非理性主义试图逃离理性主义,但它不仅没有把我们带向自由,反而让我们更深地与理性主义纠缠,因为它导致了一种幻想,以为只要对理性主义说一声不就能对其加以克服"[4]。海德格尔揭示,由于这些反叛无非是希望颠倒理性主义,所以说到底不过是它的某种"镜像"。它们不仅是理性主义定义的结果,而且它们用以反对理性的仍然是理性主义的基本工

---

[1] 参见海德格尔:《关于人道主义的书信》,载《海德格尔文集·路标》,第413—414页。Martin Heidegger, "Letter on 'Humanism'," in *Pathmarks*, p. 265.

[2] 参见海德格尔:《谁是尼采的查拉图斯特拉?》,载《海德格尔文集·演讲与论文集》,第131—132页。Martin Heidegger, "Who Is Nietzsche's Zarathustra?," in Martin Heidegger, *Nietzsche Volume Ⅱ: The Eternal Recurrence of the Same*, p. 230.

[3] 参见海德格尔:《艺术作品的本源》,载《海德格尔文集·林中路》,第13页。Martin Heidegger, "The Origin of the Work of Art," in *Off the Beaten Track*, p. 9.

[4] 参见海德格尔:《海德格尔文集·形而上学导论》,第215页。Martin Heidegger, *Introduction to Metaphysics*, pp. 190-191.

具,即逻各斯和逻辑。它们的目标不过是以这种工具证明理性主义的缺欠和错误,以获得对整个世界的一种更为全面和融贯的理解和说明。

总体而言,海德格尔对理性与非理性的区分不仅不以为然,而且认为它阻挠了人们真正了解世界的进路。他指出,理性主义用以证明自身的现代技术的巨大成果,虽然能够表明技术的有效性,但并不足以证明理性本身就是揭示世界的唯一或者说最好的方式,更不能证明与理性原则不符的认知方式没有意义。海德格尔写道:"我返回到这样的问题:ratio、νοῦς、νοεῖν 和 Vernehmen 这些词指的是什么?根据和原则,特别是所谓一切原则的原则,指的又是什么?……只要理性和合乎理性之物的特质还是可疑的,对非理性的谈论就没有根据。支配着现时代的科学技术的理性化每天都在惊人地以它的巨大成果证明自身,但根本无法说明最初使理性和非理性得以可能之物。效果证明了科学技术理性化的正确性,但可证明之物已经穷尽了是者的典型特征吗?执着于可证明之物难道没有阻挡通达是者的道路吗?"[1]

正因为理性窒息了思想,所以海德格尔表示:"只有我们终于认识到,千百年来一直被人们颂扬不绝的理性才是思想最顽固的敌人,这时候,思想方能启航。"[2] 从对理性主义的批判出发,海德格尔更注重"非理性"的感觉与情绪的作用。在对物的认识问题上,他指出:"偶尔我们会感觉到,长期以来物之物性一直受到强暴,而思想亦参与其中,结果不是让思想更加深刻,而是导致了对思想的拒绝。然而,如果要对物加以定义,而语言仅为思想专属的话,无论多么强烈的感觉,其作用何在呢?但也有可能,在这里和在其他地方,被我们称为感觉或者情绪的东西要比思想更合理,我指的是更具感受性。之所以说更合理,是因为与'理性'相比,它对是者更开放。"[3] 当然,注重感觉,这仅是海德格尔思想发展中的一个阶段,特别是写作《存在与时间》那个阶段的特征。在其思想后期,他的关注进一步扩展到被理性排斥的另外一些方面,即个体性、具体性和可变性的方面。

---

[1] 参见海德格尔:《哲学的终结和思想的任务》,载《海德格尔文集·面向思的事情》,第 103 页。Martin Heidegger, "The End of Philosohpy and the Task of Thinking," in *Basic Writings*, p. 448.

[2] 参见海德格尔:《尼采的话"上帝死了"》,载《海德格尔文集·林中路》,第 301 页。Martin Heidegger, "Nietzsche's Word: 'God is Dead'," in *Off the Beaten Track*, p. 199.

[3] 参见海德格尔:《艺术作品的本源》,载《海德格尔文集·林中路》,第 10 页。Martin Heidegger, "The Origin of the Work of Art," in *Off the Beaten Track*, p. 7.

同一性

逻辑体现为一套思想规则,其根本目标是保证思想的同一性。对形而上学而言,同一性意味着事物的本质具有不变性;对逻辑学而言,建立在同一性基础上的同一律是另外两条逻辑规律即矛盾律和排中律的基础,因此同一律又"被认为是最高的思想规律"[1]。当然,同一律也被视为关乎是者之是的根本原则。海德格尔指出:"同一律讲的是是者之是。作为思想的原则,其有效性的前提是它规定任何是者都具有同一性,即与自身的一致性。""同一律所说出的正是整个西方—欧洲思想所思之物,即同一性之统一性乃是者之是的基本特征。"[2]

同一律之所以成为"最高的思维规律"甚至是者之是的规律,并非因为它体现了宇宙万物的实态,而是因为它集中反映了形而上学对物的根本理解,是其宇宙观的经典表述。形而上学对同一性的执着源自古希腊人。他们认为,本原之物即最真实、完美之物理应为永恒不变之物。海德格尔指出:在希腊人看来,最初的,同时也是永存的东西,才是"真正是的东西。希腊人所谓的是意味着呈现,在呈现中是。因此那永远处于呈现中的东西就是真正的是者,是其他是者的本原。如果有必要的话,是者的所有规定性都可以回溯到一个永存的是者,并基于它得到理解"[3]。

永恒不变者就是自身同一者,而真正的知识只能是关于始终不变者的知识。海德格尔写道:"关于能够改变的是者,我没有知识。这就是人们认为历史性的东西不可能真正被认识的原因。知识的这种去蔽方式是完全确定的,而对希腊人来说则是科学之可能性的唯一基础。科学后来的全部发展,以及当今关于科学的理论,都以这种知识概念为指导。"[4] 简言之,"知识关乎始终是的是者,因为只有始终是的东西才能被认识"[5]。关于始终不变者的知识,其本身也必然具有不变性和自身同一性。"因此,认识是揭示,亦是对被揭示的知识的保持。……如此被认识的是者永远不可

---

[1] 参见海德格尔:《同一律》,载《海德格尔文集·同一与差异》,第31页。Martin Heidegger, *Identity and Difference*, p. 23.

[2] 参见同上书,第34页。Ibid., p. 26.

[3] 参见海德格尔:《海德格尔文集·柏拉图的〈智者〉》,第41页。Martin Heidegger, *Plato's Sophist*, p. 23.

[4] 参见同上书,第40页。Ibid.

[5] 参见同上书,第39页。Ibid.

能被隐藏，也不可能悄悄变成其他模样，否则知识就不成其为知识。"[1] 是者的不变性与知识的不变性之间形成了相互保证，甚至相互锁定的关系。

海德格尔指出，从某种意义上说，对同一性和同一律的坚持是为了防止陷入相对主义，因为后者的特点就在于看不到或者不承认不变的本质。[2] 他同时也认为，同一性保证了科学研究的可能性。"如果科学不能预先保证任何情况下其对象的同一性，它就不可能成其所是。通过这种保证，研究工作才真正有可能。"[3] 反过来，科学的发展也恰恰是发现并消除矛盾的结果。[4] 当然，亚里士多德早就发现了这一点。在亚里士多德对科学的定义中，就包含科学的研究对象必须是物之本质即不变者这一项。[5] 海德格尔认为："科学从第一步直到最后一步，都必须满足对象之同一性的要求，而不论它们是否正确地理解了这个要求。"[6] 就此而言，对形而上学传统来说，任何对可变物的研究，会立即失去科学的资格。韦伯提倡科学研究要价值中立，也正因为他看到了价值的可变性和不确定性，因此不过是在现代思想环境下实施了亚里士多德对科学的要求。

当然，严格地说，同一性并不意味着事物在任何方面一成不变，它指的实际上是物的同质性，即在变易的现象之下本质的同一性。海德格尔写道："统一性构成是者之所是，而统一性在此指的是一致性，是持续不变的呈现者本源性地汇聚于其中的自身同一性。这种对所是之思的独特的规定性（同质性），后来相应地体现为'我'思的同质性、先验统觉的同质性、我的自我同质性，莱布尼茨则在更深刻和更丰富的意义上把这两者结合进了单子之中。"[7] 同质性也可以被理解为单一性。对同质性的追求自

---

[1] 参见海德格尔：《海德格尔文集·柏拉图的〈智者〉》，第 39 页。Martin Heidegger, *Plato's Sophist*, p. 22.

[2] 参见海德格尔：《海德格尔文集·尼采》上卷，第 176 页。Martin Heidegger, *Nietzsche Volume Ⅰ: The Will to Power as Art*, p. 148.

[3] 参见海德格尔：《同一律》，载《海德格尔文集·同一与差异》，第 34 页。Martin Heidegger, *Identity and Difference*, p. 26.

[4] 参见海德格尔：《根据律》，载《海德格尔文集·根据律》，第 64 页。Martin Heidegger, *The Principle of Reason*, p. 30.

[5] 参见亚里士多德：《形而上学》，苗力田译，苗力田主编：《亚里士多德全集》第七卷，中国人民大学出版社 2016 年版，第 255 页。

[6] 参见海德格尔：《思想的基本原则：1957 年的弗莱堡演讲》，载《海德格尔文集·不莱梅和弗莱堡演讲》，第 141 页。Martin Heidegger, "Basic Principles of Thinking: Freiburg Lectures 1957," in *Bremen and Freiburg Lectures*, p. 110.

[7] 参见海德格尔：《海德格尔文集·哲学论稿（从本有而来）》，第 232 页。Martin Heidegger, *Contributions to Philosophy (Of the Event)*, p. 155.

然意味着对复杂性和多样性的排斥,这构成了西方形而上学传统的一项重要特征。

确定性

形而上学以获得对世界的正确认识即真为目标,因此,什么是真,如何保证知识之真,就成为贯穿形而上学的根本问题。

首先是什么是真的问题。海德格尔认为,这个问题的答案并不是自明的。相反,在西方思想史上,对真的问题的认识发生过巨大变化。这个变化同样是由柏拉图带来的。在他之前,希腊人理解的真主要是一个与物相关的概念,即物如其自身显现在人面前(去蔽);而在他之后,真变成了一个与人相关,更确切地说,是与人的语言性陈述相关的概念,成为陈述的正确性。在中世纪,真又成为上帝启示的根本特征。启蒙运动之后,"当人们从启示与教会学说的束缚下获得自由,第一哲学的问题就成为:'人通过何种途径能够以自己的方式并且为自己获得第一性的、不可动摇的真,以及什么是根本性的真?'笛卡尔首次清晰而确定地提出了这一问题。他的答案是:'我思故我在(ego cogito, ergo sum)'"[1]。不过,虽然有这些变化,但真作为陈述的正确性这一点却延续了下来。

既然真即陈述的正确性,那么真的问题就成为如何获得并保证正确陈述的问题。逻辑固然是保证陈述正确性的一套思维规则,但人们从一开始就知道,逻辑只能规范陈述之间的关系而不涉及陈述与物的关系,因此它不能保证那些作为知识基础的基本陈述的正确性。海德格尔认为,这个问题一直到笛卡尔才以某种方式得到解决。笛卡尔的工作就是为陈述的正确性提供一个替代标准,即确定性。这样,正确的知识,即真的知识,就是确定的知识。

所谓的确定性,就是"确保一切被表象之物建立在自身本质的基础上,并且只能建立在这一基础上"[2]。确定性要求"任何一个真的是者,都必须是一个具有确定性的是者(ens certum)"[3]。应该说,在一个充满各种不确定的世界,对确定性的追求出自人类的本能。在西方,这种追求

---

[1] 参见海德格尔:《海德格尔文集·尼采》下卷,第 818—819 页。Martin Heidegger, *Nietzsche Volume IV: Nihilism*, p. 89.

[2] 参见同上书,第 1133 页。Martin Heidegger, *The End of Philosophy*, p. 26.

[3] 参见同上书,第 1131 页。Ibid., p. 24.

有其具体的表现方式。首先是希腊哲学中对不变者与确定者（如世界的运动法则和基本的构成元素，如泰勒斯的水、德谟克利特的原子，以及柏拉图的型相等）的探讨，随后是基督教对上帝的信仰。"在信仰中确定性具有支配地位"[1]。对基督教而言，信徒对上帝的确信是信仰的前提，并且替代理性的证明成为人接受这一宗教的基础。海德格尔认为："在现代历史进程中，基督教信仰的世界经过多种方式的转变，对（文化意义上）现实物的组织与发展仍然保有其权威性，在对现实物之现实性的解释（现代形而上学）方面同样也保有权威性。现代文化即便失去了信仰也还是基督教性质的。"[2]

但基督教信仰存在一个根本性的问题，即它一方面要求信仰的绝对确定，但另一方面却又主张个人救赎的高度不确定。每一个信徒都被要求绝对地、无保留地信奉上帝，但他是否能够得救，却完全不在他的掌控之中，而且完全不可能为他所预先了解。这种极度的不确定感导致中世纪西方精神生活中高度的内在紧张。海德格尔认为，现代人对确定性异乎寻常的执着，以及他们身上体现出来的超乎想象的对一切加以控制的欲望，都是对救赎问题上这种极度不确定感的反弹。"现代历史就是现代人的历史。在此过程中，人普遍地而且一直独立地试图使自己获得核心性的、具有尺度意义的支配地位，即确保这种支配的确定性。为此目标，他必须为自己获取越来越多的支配能力与手段，并且持续性地将其置于绝对服从的地位。现代人的这种历史，虽然其内在机制直到20世纪才以某种无可争议的、完全可理解的形式充分展示出来，但早已由基督教的信奉者们做好了准备，他们追求的目标就是救赎的确定性。"[3]

另外，西方思想史上还有一个因素间接地导向对确定性的追求，那就是罗马人对真的独特理解。海德格尔通过对拉丁文中"真"（veritas）这个词的构成的分析指出："Ver 即保持自身，是高高在上的状态，因而也是下降的反面。Verum 是持存、直立，它指向优势者，因为它是来自上方的指示。Verum 又是 rectum（regere，'政权'），正当性，iustum（正义）。……在帝国的影响下，verum 直接变成了'在上者'，即关于何为正当的指示；veritas 随后也变成了 rectitudo，即'正确性'。这种真之本源性

---

[1] 参见海德格尔：《海德格尔文集·尼采》下卷，第1130页。Martin Heidegger, *The End of Philosophy* p. 23.

[2] 参见同上书，第1131页。Ibid., p. 24.

[3] 参见同上书，第831页。Martin Heidegger, *Nietzsche Volume IV: Nihilism*, p. 100.

的罗马烙印,深刻影响了真之本质在西方的基本特征,它与从古希腊开始展开的真之本质相结合,同时也标志着西方形而上学的开端。"[1]海德格尔的这一分析表明,由于受到罗马文化的影响,真具有了某种主宰物的特性。"在西方,真被称为 veritas。真者即在各各不同的基础上的自我主张者,保持在上者,自上而来者,总之就是行令者。不过,'上方'、'最高者'以及行统治权的'主人'可以通过不同形式表现出来。对基督教来说,'主'是上帝。但'主'也是'理性',是'世界精神',是'力量意志'。"[2]

海德格尔简要总结了中世纪以来西方思想史上不同形式的对确定性的追求:它"首先出现在信仰领域,体现为对救赎之确定性的追求(路德),然后出现在物理学领域,体现为对自然的数学确定性的追求(伽利略),而这种追求在语言领域早就由唯名论者对词语和事物的区分准备好了(奥卡姆的威廉)。奥卡姆的形式主义清除了实在概念,从而使以数学方式理解世界的投射成为可能"。海德格尔认为,数学和宗教中对确定性(可操控性、便利性、安全性)的追求把这两种表面上看似彼此独立的力量结合在一起。"在对数学确定性的追求中,人们找寻的是人在自然界、在感性之物中的自信;在对救赎确定性的追求中,人们找寻的则是人在超感性世界中的自信。"[3]

当然,对以确定性为标准的知识体系的建立发挥决定作用的,是以笛卡尔为代表的近代理性主义者。海德格尔对笛卡尔带来的变化进行了如下总结:"在近代形而上学的开端,传统形而上学的主导问题'何为是者?'转变为方法问题,一个人们为自身寻求绝对的确定者和安全者的手段的问题,一个真之本质得以确定的途径的问题。'何为是者?'的问题转变为关于真的绝对的、不可动摇的基础的问题。这种转变是一种新思想的开端,由此,旧秩序变为新秩序,后继的时代变成近现代。"[4]

笛卡尔转变了西方政治思想史的思想路径,他把传统形而上学对于是

---

[1] 参见海德格尔:《海德格尔文集·巴门尼德》,第 70—71 页。Martin Heidegger, *Parmenides*, pp. 48-49.

[2] 参见同上书,第 77 页。Ibid., p. 53. 由海德格尔的这一段解释,倒也可以反过来推断他在校长就职演说中所谓的"自我主张"所包含的意义。

[3] 参见海德格尔:《海德格尔文集·讨论班》,第 353—354 页。Martin Heidegger, *Four Seminars*, pp. 13-14.

[4] 参见海德格尔:《海德格尔文集·尼采》下卷,第 827—828 页。Martin Heidegger, *Nietzsche Volume IV: Nihilism*, p. 97.

者本质的研究，转变为对于如何获得有关是者的确定的知识的研究。这个转变意味着用方法论替代了是论即传统意义上的本体论。同时，对于确定性的来源，笛卡尔也提供了明确的答案："我觉得我已经能够把'凡是我们领会得十分清楚、十分分明的东西都是真实的'这一条定为总则。"[1]海德格尔逐字引用的这一原则，对近代形而上学的发展具有重要意义。正如海德格尔所说："人不仅通过信仰与上帝及其所创造的世界打交道，人也借助 lumen naturale（自然之光）与现实物打交道。由于人与现实物的适当关系由确信决定，所以在理性的自然之光中，一种他天生具有的确信就必然体现为权威性的力量。如果根据 gratia supponit naturam（恩典归于自然）的原则，超自然的东西以某种方式植根于自然行为的话，那么人类一切自然的行为与活动就必定完全建立在他为他自己谋得的确定性的基础之上。人类自然行为的本质之真必须是确定性。"[2]

人最自然的行为显然就是人的感知。如果说近代西方哲学与古代希腊罗马哲学之间存在着某些根本对立的话，那么感知即表象的地位变化就是其中之一。前面多次提到，在柏拉图的思想中，型相是最真实、最确定的是者，对型相的认识则依靠努斯（νοῦς），后来的罗马人称之为理性。至于感觉所及，只是具体的物，因而不能成为真正的知识。近代哲学虽然高举理性主义的大旗，但对于感觉的作用却予以毫无保留的肯定。也可以说，近代西方哲学，乃至整个西方思想，都建立在对人的感官知觉无条件认可的基础之上。理性固然保留了它的重要性，但事实上已经沦为确证和维护表象的工具。正是在这个意义上，海德格尔认为，随着近代形而上学的出现，表象即感知上升到了从未有过的重要地位。"表象现在不再仅仅是对是者加以感知的准则，也就是说，它不再是对进入呈现的持存物的感知。表象成为法庭，它对是者之是作出裁决，并且宣告：在此之后，只有在表象中并通过表象被置于这一法庭面前，并且因此对它来说得到保障的东西，方可被视为是者。"[3] 实际上，在近代形而上学中，表象不仅成为是者之是的法庭，而且其本身已经变身为是者之是。表象"之所以能够以此方式对是者之是作出裁决，原因就在于作为法庭，

---

[1] 参见笛卡尔：《第一哲学沉思集》，庞景仁译，商务印书馆1986年版，第35页。并参见海德格尔：《海德格尔文集·尼采》下卷，第1132页。Martin Heidegger, *The End of Philosophy*, p. 24.

[2] 参见海德格尔：《海德格尔文集·尼采》下卷，第1131页。Ibid.

[3] 参见同上书，第986页。Martin Heidegger, *Nietzsche Volume III: The Will to Power as Knowledge and as Metaphysics*, p. 219.

它不仅根据法律进行判决，而且它本身就是是之法律的颁布者。它能够颁布，只因为它已经拥有此一法律。它拥有该法律，则是因为它首先已经使自身成为法律。……呈现的持久性，即是者之是……就是这种表象本身"[1]。可以说，近代形而上学的开端就在于两个方面的变化：一是表象上升为是者之是，二是确定性被视为真。"表象和被表象者的确定性最终成为是者之是。"[2]

在把表象的确定性上升为是者之是的过程中，笛卡尔发挥了不可替代的作用。他以十分独特的方式为这种确定性提供了保障，即通过普遍怀疑，最终找到了一个不可怀疑的事实——我思。我不能怀疑我在怀疑，因而思想是确定之事。虽然从某种意义上说，这是毫无实际意义的逻辑游戏，但在逻辑的地位无可撼动的时代，这个命题却具有无可置疑的真实性。笛卡尔的工作，等于是以逻辑的方式重新巩固了逻辑的地位。

海德格尔针对普遍怀疑这种方法指出："所谓一切思想（cogitare）本质上都是怀疑（dubitare），这无非是说表象是一种保障。思想本质上就是反反复复的质疑与回答。对于那些不能证明自身不可置疑的东西，思想不可能接纳它们为可靠者和确定者，即真实者。这类东西，作为质疑与答辩的思想就可以宣告它们的'终结'，不必再劳心费神。"[3] 因此，"对笛卡尔来说，我思（ego cogito）是在所有思想（cogitationes）中已经被表象和被制作之物，是毫无疑问的呈现者，是无可怀疑的、知识中始终存在之物，是真正确定的、先于一切并固定不变之物，是通过使一切与自身相关并因此与它物'相对'之物"[4]。简言之，对笛卡尔来说，"我思"即对思考的表象，是一切思想，从而也是一切物存在的基础。海德格尔就"我思故我在"这个原则的意义指出："表象，本质上即对自身的表象，把是设定为被表象状态，又把真设定为确定性。是与真的本质由表象决定。人作为表象者的本质，以及这个确定的标准的本质，也由表象决定。就此而

---

[1] 参见海德格尔：《海德格尔文集·尼采》下卷，第987页。Martin Heidegger, *Nietzsche Volume III: The Will to Power as Knowledge and as Metaphysics*, p. 220.

[2] 参见同上书，第993页。Ibid., p. 225.

[3] 参见同上书，第838页。Martin Heidegger, *Nietzsche Volume IV: Nihilism*, p. 106.

[4] 参见海德格尔：《形而上学之克服》，载《海德格尔文集·演讲与论文集》，第76页。Martin Heidegger, "Overcoming Metaphysics," in *The Heidegger Controversy: A Critical Reader*, p. 69.

言，表象是所有事物都向之回归的不可动摇的基础，此即表象的全部本质。"[1]

关于笛卡尔为近代形而上学带来的变化，海德格尔有如下评论："自笛卡尔以来，真的东西，即真者（ens verum）就是确定者（ens certum），就是在确定性中认识自身之物，在知识中呈现之物。"[2] 他还引用黑格尔对笛卡尔的评价即"思想凭借笛卡尔而第一次获得了'稳固的基础'"指出："实际上，笛卡尔真正做的事情是用稳固性来规定这一基础，从而不再让基础因自身而成其为基础。事实上，笛卡尔为稳固性而抛弃了基础。"[3] 黑格尔的评价指的是，思想终于获得了思想自身的支撑，即"我思故我在"成为一切确定性的最后根基。[4] 海德格尔认为笛卡尔抛弃了思想的基础，则是因为他让人的表象成为这种基础。"按照笛卡尔的做法，思想作为'思想'获得了统治地位，出于同一个历史原因，是者在任何情况下都成为被表象者（perceptum），也就是说成为对象"[5]，包括思想者本身。

笛卡尔对确定性的追求为近代形而上学带来了两个方面的重要变化。一是在认识论中对数学方法的强调；二是人的主体性的确立，以及主观和客观世界的两分。

对数学方法的强调来自人们的一种观念，即认为只有通过数学得来的认识才是确定的认识。海德格尔对这种观念进行了如下的表述："形而上学乃具有最高尊荣的科学，是'科学的女王'。因此，它的知识也必须是最严格、最具约束力的知识。这就要求它像'数学'知识一样，接近于知识的典范。数学知识，则因其独立于偶然的经验，乃最高意义上的、理性的和先天的知识，即纯粹理性的科学。"[6] 也就是说，数学能为人们带来

---

[1] 参见海德格尔：《海德格尔文集·尼采》下卷，第849页。Martin Heidegger, *Nietzsche Volume IV: Nihilism*, p. 114.

[2] 参见海德格尔：《黑格尔的经验概念》，载《海德格尔文集·林中路》，第166页。Martin Heidegger, "Hegel's Concept of Experience," in *Off the Beaten Track*, p. 111.

[3] 参见海德格尔：《海德格尔文集·讨论班》，第397—398页。Martin Heidegger, *Four Seminars*, p. 37.

[4] 参见海德格尔：《海德格尔文集·尼采》下卷，第853页。Martin Heidegger, *Nietzsche Volume IV: Nihilism*, p. 117.

[5] 参见海德格尔：《海德格尔文集·哲学论稿（从本有而来）》，第299页。Martin Heidegger, *Contributions to Philosophy (Of the Event)*, p. 200.

[6] 参见海德格尔：《海德格尔文集·康德与形而上学疑难》，第16页。Martin Heidegger, *Kant and the Problem of Metaphysics*, p. 6.

他们所渴望的"精确性"和"必然性"。由此,"是者之是必须在纯粹的数学思想中得以思考。是因此成为可计算者。当是被置入计算,是者也就成为某种由数学建构的现代技术的可控物"[1]。

笛卡尔本人就相信,只有通过数学方式予以规定的东西,才是能够真正被认知的东西,而且只有这种通过数学认知的东西才是真实的是者。[2]数学方式最基本的特点是从数量角度通过测量对事物加以认识。海德格尔指出:"德国物理学家马克斯·普朗克有一句著名的话:'只有可测量的东西才是现实的。'而且,现实只有当它可测量时——在数学化的物理学意义上——才能为人们所理解。这个想法决定着全部技术。因为这个想法首先是由现代哲学的奠基人笛卡尔提出来的,所以现代技术与哲学思想的联系十分清晰。"[3]

不过,数学在近代思想中获得这一殊荣并非仅仅是数学本身的特质使然,亦非数学改变了形而上学,而是形而上学对确定性的追求为数学创造了机会。"我们必须追问的是:什么使数学在近代新晋为权威性的思想形式?这绝不仅仅因为数学是一套成果卓著的方法,也不是因为长期以来尺度、数字和图形一直充当着'解开一切被造物之谜的钥匙'。数学在近代形而上学中获得如此显要的地位,是因为在后者内部发生了某些对其有利的根本性变化,即真的本质转变为确定性。……这并非数学思维影响的结果;相反,这一本质转变首先为数学打开了一个形而上学的空间,使之得以在某个特定的方向上彻底支配现代科学。"[4]

海德格尔指出:笛卡尔相信是就是持续呈现。由于数学的特长正是对持续性的把握,所以能够由数学把握的东西,在他看来就构成了是者之所是。"笛卡尔并没有让世间是者之是自行呈现出来,而是通过一种关于是的观念(是=持续呈现)把它的'真是'指示给世界,但此观念的基础并未得到揭示,其正当性亦未得到证明。因此,首先并非他对某一门偶然间

---

[1] 参见海德格尔:《海德格尔文集·形而上学导论》,第232页。Martin Heidegger, *Introduction to Metaphysics*, p. 207.

[2] 参见海德格尔:《海德格尔文集·时间概念史导论》,第281页。Martin Heidegger, *History of the Concept of Time: Prolegomena*, p. 182.

[3] 参见海德格尔:《摘自与一位佛教和尚的对话》,载《海德格尔文集·讲话与生平证词(1910—1976)》,第703页。

[4] 参见海德格尔:《思想的基本原则:1957年的弗莱堡演讲》,载《海德格尔文集·不莱梅和弗莱堡演讲》,第188页。Martin Heidegger, "Basic Principles of Thinking: Freiburg Lectures 1957," in *Bremen and Freiburg Lectures*, pp. 147-148.

获得特别声望的科学即数学的倚重决定了他关于世界的物论，而是他的物论被其基本的是论偏向所决定。这种是论把是理解为持续的客观呈现，而把握这种东西恰好是数学知识的优势所在。笛卡尔正是以此方式在哲学上从传统的是论转向了现代的数学物理学及其超验基础。"[1]

笛卡尔的世界包括两个基本组成部分：我思和广延。我思的确定性由逻辑提供，广延的确定性则由数学担保。"对非人的是者、无生命的自然来说，数学上能够通达的、能够确认的东西是广延（空间性）……在这种对自然的对象性把握背后，隐藏着我思我在（cogito sum）中表达出来的原则：是即被表象状态。"海德格尔指出，不论笛卡尔这一对自然的解释多么片面、多么令人不满，但它确确实实迈出了"果断的第一步，通过这一步，现代机械技术，以及与之相随的现代世界和现代人类，才首次在形而上学上成为可能"[2]。

关于数学的精确性以及对世界的数学化把握方式，海德格尔有一段发人深省的话。他认为，数学的精确性并不意味着它能给我们带来对世界的正确认识。"我们今天使用的科学一词，其含义与中世纪的 doctrina 和 scientia，以及古希腊的 ἐπιστήμη 都具有本质性的区别。希腊科学从来就不精确，这恰恰是因为就其本质而言，它既不可能，也不需要精确。因此，说当代的科学比古代科学更精确，这根本就毫无意义。同样，我们也不能说伽利略的自由落体理论是正确的，而亚里士多德关于轻的物体力求向上运动的学说是错误的，因为希腊人对于物体和位置的本质及其相互关系的认识，建立在对是者完全不同的理解的基础上，它相应地决定了人们观察和追问自然事件的不同方式。没有人会说莎士比亚的诗比埃斯库罗斯的诗更先进，更不能说当代对是者的理解比希腊人更正确。因此，如果我们希望抓住现代科学的本质，我们就必须放弃仅仅在程度上以进步为标准对现代和古代科学加以比较的习惯。"[3] 更可能的是，在以确定性为标准的正确性中，"真实的东西自行隐匿了"[4]。

---

[1] 参见海德格尔：《海德格尔文集·存在与时间》，第140—141页。Martin Heidegger, *Being and Time*, p. 94.

[2] 参见海德格尔：《海德格尔文集·尼采》下卷，第851—852页。Martin Heidegger, *Nietzsche Volume Ⅳ: Nihilism*, p. 116.

[3] 参见海德格尔：《世界图像的时代》，载《海德格尔文集·林中路》，第84—85页。Martin Heidegger, "The Age of the World Picture," in *Off the Beaten Track*, p. 58.

[4] 参见海德格尔：《技术的追问》，载《海德格尔文集·演讲与论文集》，第29页。Martin Heidegger, *The Question Concerning Technology and Other Essays*, p. 26.

除数学上升至显赫地位之外,方法也在科学研究中获得了前所未有的重要性。启蒙运动之后,人们不再认为真来自启示,而是认为真来自人自己的探求。因此,什么是真的知识、如何获得真的知识就成为首要的哲学问题,作为"第一哲学"的形而上学也成为对知识本身的研究。[1] 与此相关,近代思想中的一个典型现象就是认识方法被视为知识正确性的重要保证而受到高度关注。海德格尔指出:"真即确定性。……为了确保获得本质意义上作为确定性的真,某种程序、某种预先的保证就必不可少。"[2] 于是,"不知不觉中,认识变成手段,它关切的是对自身的恰切使用。一方面,具有根本重要性的是在不同表象模式中加以识别和挑选,以找到那种适合绝对知识的模式,这是笛卡尔的任务;另一方面,一旦关于绝对者的适当知识被挑选出来,就必须对其本质和界限加以测度,这是康德的任务"[3]。

近代形而上学对方法的推崇,其影响绝不仅仅止步于方法本身,更是反过来规定了思想的本质。海德格尔认为:"尤其是在现代科学思维中,方法不是为科学服务的工具;相反,它迫使科学为其服务。"[4] 方法指定了科学的论题,规范了科学的进程,决定了科学的真伪,成了科学的合法性依据。正是在此意义上,海德格尔强调:"关于'方法'的问题,即'道路选择'的问题,也就是获得并建立一种由人自身加以保障的确定性的问题突显出来。这里,'方法'不能在'方法论意义上'加以理解,即视之为研究和探讨的方式,而是应该在形而上学意义上将其理解为只有通过人的努力才能获得的对真之本质的规定。"[5] 这种意义上的方法在近代以后才出现,是近代形而上学的一个基本特征。因此,海德格尔表示:"如果这样理解'方法'的意义的话,那么中世纪的所有思想本质上都没有方法。"[6]

对确定性的追求带来的另一个结果,就是人的主体性的确立,因为在

---

[1] 参见海德格尔:《海德格尔文集·尼采》下卷,第 818—819 页。Martin Heidegger, *Nietzsche Volume IV: Nihilism*, p. 89.

[2] 参见同上书,第 857 页。Ibid., p. 120.

[3] 参见海德格尔:《黑格尔的经验概念》,载《海德格尔文集·林中路》,第 143 页。Martin Heidegger, "Hegel's Concept of Experience," in *Off the Beaten Track*, p. 97.

[4] 参见海德格尔:《语言的本质》,载《海德格尔文集·在通向语言的途中》,第 168 页。Martin Heidegger, "The Nature of Language," in *On the Way to Language*, p. 73.

[5] 参见海德格尔:《海德格尔文集·尼采》下卷,第 818 页。Martin Heidegger, *Nietzsche Volume IV: Nihilism*, p. 89.

[6] 参见同上书,第 858 页。Ibid., p. 120.

笛卡尔看来，是者的确定性来自人的感知的确定性。人即表象者在向其自身呈现的表象中让物呈现。"只要表象持续着，表象着的我思也同样明显地在表象中，并作为表象而呈现。"[1] 因此，"来自 cogito（ergo）sum（我思故我在）或者人的 ego（自我）的不可置疑性，决定了是者之为是者。这样，自我就成为别具一格的 sub-jectum（主体），人的本质也第一次进入了自我意义上的主体性的领域"[2]。海德格尔指出，主体（Subjekt）这个词来自古希腊语的 ὑποκείμενον，指的是基底、基体，是在他物之下、聚集他物的基础。但在近代，Subjekt 成为与对象或者客体相对的主体，成为对象的摆置者、观察者、控制者和支配者。于是，"决定性的事情并非人摆脱以往的束缚而成为自己，而是在人成为主体之际其本质发生了根本变化"[3]。

对于人的这种新地位的确切内涵，海德格尔进行了如下论述："人并非简单地接受了某种信仰学说，也绝不是通过随便一种途径获得关于世界的知识。相反，人绝对地、确定地了解他是这样一种是者，他之所是具有最高的确定性。人因此成为一切确定性和真的自我设定的基础和尺度。""学者们习惯于把笛卡尔的原则与普罗泰戈拉的箴言（即'人是万物的尺度'——引者）联系起来，认为在这个箴言中，而且一般地在希腊智者学派的思想中看到了笛卡尔现代形而上学的先声，因为在两者那里都明确表达了人的优先地位。"[4] 也就是说，因为笛卡尔的工作，人"成为第一性的和真正的主体"，"成为是者的参照物"，[5] "成为是者的尺度和中心"[6]。

当然，近代形而上学思想中人之主体性的确立，还与其基本的发展倾向有关。启蒙运动之后从基督教信仰中解放出来的人，需要重新定位其在宇宙万物中的位置，以及他们之间的相对关系，这在哲学上和政治上意味

---

[1] 参见海德格尔：《海德格尔文集·尼采》下卷，第 1137 页。Martin Heidegger, *The End of Philosophy*, pp. 28-29.

[2] 参见海德格尔：《这是什么——哲学?》，载《海德格尔文集·同一与差异》，第 23 页。Martin Heidegger, *What Is Philosophy?*, p. 87.

[3] 参见海德格尔：《世界图像的时代》，载《海德格尔文集·林中路》，第 96 页。Martin Heidegger, "The Age of the World Picture," in *Off the Beaten Track*, p. 66.

[4] 参见海德格尔：《海德格尔文集·尼采》下卷，第 819 页。Martin Heidegger, *Nietzsche Volume IV: Nihilism*, p. 90.

[5] 参见海德格尔：《世界图像的时代》，载《海德格尔文集·林中路》，第 96 页。Martin Heidegger, "The Age of the World Picture," in *Off the Beaten Track*, pp. 66-67.

[6] 参见海德格尔：《海德格尔文集·尼采》下卷，第 747 页。Martin Heidegger, *Nietzsche Volume IV: Nihilism*, p. 28.

着人迈向新的自由。海德格尔正是在这个意义上指出:"《第一哲学沉思集》从被定义为意识的主体性的角度,提供了一种主体是论的范型。人成为主体。他总是可以根据他之所思和他之所愿,决定和实现主体性的本质。"[1] 简言之,笛卡尔代表的近代思想的使命,就是"为人在体现为自我确认和自我立法的新自由中的解放奠定形而上学的基础"[2]。

  海德格尔并不是一般地反对现代人所获得的自由,但他指出,这种主体性基础上的自由内在地包含自相矛盾的性质。他看到,现代人虽然宣扬并追求自由,但他们对自由却存在着不同的理解。一些人认为自由意味着去除一切约束(消极的自由),另一些人则认为自由基于对必然的把握(积极的自由)。他们之间甚至会因各自不同的自由观相互对立、彼此冲突。海德格尔认为,这源自人们对主体性基础上的自由的片面理解,事实上消极自由和积极自由恰恰是现代自由不可分离的两个面向。"自由现在意味着,人设定了一种确定性,以取代曾经作为一切真之标准的救赎的确定性。依据这种确定性并且在此之中,人可以确信自己作为是者,乃立足于自身基础之上。""新的自由在于这样一个事实,即人为自己立法,也就是通过自己选择规范约束自己。……单纯的放任和专断始终只是自由的阴暗面,其光明面在于它声称掌握了作为约束者与支撑者的必然。当然,这两'面'并未穷尽自由的本质,亦未触及自由的核心。对我们来说,重要的是要看到:从信仰与启示之下解放出来的自由,并不只是要求某种普遍的必然性,而是要求人在每一个问题上独立决定何为必然、何为约束。"[3]

  海德格尔还结合尼采的超人理论讨论了人的主体性的问题。他认为,人的主体性的确立,意味着人们试图取代上帝的位置而不得,转而为人之所是、是者之所是重新建基的尝试。作为其结果,虽然上帝"被谋杀了",但人的本质却未能真正得到重新定义。海德格尔暗示,正是这种状况导致了现代社会的各种危机。"人绝不能取代上帝的位置,因为人的本质根本达不到上帝的本质领域。相反地,与这种不可能性相比较,实际发生的是某种更为可怕的事情,而对其本质我们几乎尚未开始做出思考。"[4] 这个

---

  [1] 参见海德格尔:《世界图像的时代》,载《海德格尔文集·林中路》,第122页。Martin Heidegger, "The Age of the World Picture," in *Off the Beaten Track*, p. 84.

  [2] 参见海德格尔:《海德格尔文集·尼采》下卷,第832页。Martin Heidegger, *Nietzsche Volume IV: Nihilism*, p. 100.

  [3] 参见同上书,第828页。Ibid., pp. 97-98.

  [4] 参见海德格尔:《尼采的话"上帝死了"》,载《海德格尔文集·林中路》,第288页。Martin Heidegger, "Nietzsche's Word: 'God is Dead'," in *Off the Beaten Track*, pp. 190-191.

"更为可怕的事情"就是人既不能僭取上帝的位置,也未能成为超人,却在主体性中失去了自身在这个世界上的安身立命之所。

人的主体性的建立自然带来结果,就是主客体的两分。当作为确定性保障者的人获得了绝对的优先性,成为不可动摇的基础(fundamentum inconsussum)而上升到主体的地位,所有与人相对者便成为"客体"或者"对象",成为"被抛到我面前之物(这是 Objekt 这个词本来的含义——引者)"。[1] 海德格尔对主体与对象两个概念含义的演变进行过如下简洁的说明:"在中世纪,obiectum 的意思是被抛向前,与我们的知觉、想象、判断、愿望和直觉相对之物。另一方面,subiectum,即 ὑποκείμενον (主体、基体)则意味着从自身而来呈现于我们面前(而非通过表象被带到我们面前)之物,比如说实物。Subiectum 和 obiectum 这两个词的含义与它们今天通行的含义正好相反:subiectum 是独立存在的(客观的)东西,而 obiectum 则是仅仅(主观地)被表象的东西。"[2] 就德语世界的情形来看,"'对象'(Gegenstand)一词到 18 世纪才出现,并且是作为对拉丁文'客体'(obiectum)的德语翻译。……无论是中世纪还是古希腊的思想,都没有把呈现者表象为对象"[3]。

当然,这并不意味着"对象"的概念与思想完全是现代人的发明。实际上,现代的对象概念是人们把客体概念嫁接到罗马人的现实性概念之上的结果,而正是这一点决定了近代形而上学思想中对象概念的实质含义。海德格尔揭示了对象化思想的前史,即亚里士多德的实现(ἐνέργεια)被罗马人翻译为现实性(actualitas),进而现实性又被人们理解为对象性,因此,对象性本身具有实在性的内涵。也就是说,一物只有当其成为对象,并且作为对象被表象,才具有实在性,才具有是者的特性。[4] "对象"概念的另一层含义,就是思想把被思想之物视为与思想相对而立者,从而意味着两者的分离与对置。因此,对象化与现代意义上的表象是相互

---

[1] 参见海德格尔:《海德格尔文集·讨论班》,第 354 页。Martin Heidegger, *Four Seminars*, p. 14.

[2] 参见海德格尔:《现象学与神学》,载《海德格尔文集·路标》,第 80 页。Martin Heidegger, "Phenomenology and Theology," in *Pathmarks*, pp. 57–58.

[3] 参见海德格尔:《科学与沉思》,载《海德格尔文集·演讲与论文集》,第 49—50 页。Martin Heidegger, "Science and Reflection," in *The Question Concerning Technology and Other Essays*, pp. 162–163.

[4] 参见海德格尔:《阿那克西曼德之箴言》,载《海德格尔文集·林中路》,第 424 页。Martin Heidegger, "Anaximander's Saying," in *Off the Beaten Track*, p. 280.

定义的关系。它表明现代意义上的表象并不是对物之自我呈现的被动接受,也不是离神弃智的"与物委蛇",而是对物性的摆置、榨取、控制与操纵。

海德格尔因此认为,表象意味着表象者即主体把某物摆置到自己对面,并且在确保被摆置者安于其位的前提下使其向自身呈现。这种确保必然包含算计,因为非此不能预先并始终保证被表象者的确定性。表象因而并非物的自行显现,而是对物的把控。在表象中,占上风的是表象者的进攻态势。表象者即人刚刚获得的自由,其中的一个主要方面就是向着事先已经得到保障和确证的物之领域的进发。[1] 物成为对象,这个过程被海德格尔称为对象化。他指出:在对象化中,我们与物彼此区分,相对而立。"这种对象化的表象虽然表面上看只是使呈现者与我们照面,但在本质上却已经是对向我们接近者的进犯。在与我们相对的客体即对象纯粹呈现的假象中,隐蔽着表象性计算的贪婪。"[2]

对象化因此意味着人对对象即包括自然在内的是者整体的支配。海德格尔写道:"作为主体的人现在得以本质性地支配是者整体,因为他为每一个是者之是赋予尺度。……我们清楚地意识到这一事实,即人在此并非独立的个体'我',而是'主体',这意味着人朝着对是者的无限表象和计算性揭示的方向不断前行。""我们很少注意到,恰恰只有现代的'主体主义'才发现了是者整体,使之成为人类号令和支配的对象,并且使那些不为中世纪所知、同样处于希腊文化视野之外的统治要求和形式成为可能。"[3] 海德格尔因此从主体与对象两个方面把现代历史概括为两个相互联系的基本进程:"一方面,人设定并保障自己作为主体的地位,并以之作为是者整体的枢纽;另一方面,是者整体之是被把握为可制造和可说明之物的被表象状态。"[4]

在此意义上,现代世界就是一个由人自我设定的世界,是人确保其支

---

[1] 参见海德格尔:《世界图像的时代》,载《海德格尔文集·林中路》,第119—120页。Martin Heidegger, "The Age of the World Picture," in *Off the Beaten Track*, p. 82.

[2] 参见海德格尔:《观入存在之物:1949年不莱梅演讲》,载《海德格尔文集·不莱梅和弗赖堡演讲》,第32页。Martin Heidegger, "Insight Into That Which Is: Bremen Lectures 1949," in *Bremen and Freiburg Lectures*, p. 24.

[3] 参见海德格尔:《海德格尔文集·尼采》下卷,第858—859页。Martin Heidegger, *Nietzsche Volume IV: Nihilism*, p. 121.

[4] 参见同上书,第709页。Martin Heidegger, *Nietzsche Volume III: The Will to Power as Knowledge and as Metaphysics*, p. 178.

配地位的世界，是以人为中心的世界。由此可以理解海德格尔对"人道主义"的批判。在人之主体性的确立过程中，"人获取了这一由他自己设立的地位，有意识地将其作为自身的占有物加以维持，并且将其作为人类可能发展的基础予以确保。历史上第一次出现了人的'地位'这种东西。人决定着他与作为对象的是者的相处之道。由此开始了一种人之所是的模式，它使人作为尺度和行动者，以服务于从整体上掌控是者的目标"[1]。

为了实现这个目标，首先必须确保人对作为其生存环境与资源供应者的自然的绝对支配。"确保人类所有能力获得至高的、无条件的发展，使之对整个地球行使绝对统治，这是一种隐秘的刺激，推动着现代人一次又一次走向新的突破，动用一切力量去保证他的行动的安全和他的目标的可靠，虽然这个有意设定的目标以众多形态和伪装表现出来。"[2]

但问题是，在主体性的确立过程中，被对象化的不仅是自然，而且实际上也包括人本身。海德格尔以辩证的方式指出，人的对象化甚至是对象化过程的开端。换言之，人在获得主体性的同时已经被对象化。"最初的对象化就是'我思'，因为'我感知'已经先于一切被感知者呈现并且始终呈现。它就是 subiectum（主体）。在对象先验发生的序列中，主体就是被表象的第一个客体。"[3] 这意味着，人不仅不能免于对象化的命运，而且人的对象化恰恰是对象化本身的前提。这一内在逻辑的实际结果就是，人在成为主体、成为自然的支配者和掠夺者的同时，又落入某种神秘力量，即有组织的技术和社会力量的控制之中。"在通过技术方式组织起来的人的全球性帝国主义中，人的主体性达到了它的至高点，它可以由此降落到组织统一化的扁平性中，并在此确立自身。这种统一成为对地球的总体性即技术性支配最可靠的工具。主体性的现代自由完全消融于相应的对象性之中。人无法自己放弃其现代本质为他决定的这一命运，也不可能通过某种授权取消这一命运。"[4]

---

［1］ 参见海德格尔：《世界图像的时代》，载《海德格尔文集·林中路》，第 100—101 页。Martin Heidegger, "The Age of the World Picture," in *Off the Beaten Track*, p. 69.

［2］ 参见海德格尔：《海德格尔文集·尼采》下卷，第 830 页。Martin Heidegger, *Nietzsche Volume IV: Nihilism*, p. 99.

［3］ 参见海德格尔：《形而上学之克服》，载《海德格尔文集·演讲与论文集》，第 76 页。Martin Heidegger, "Overcoming Metaphysics," in *The Heidegger Controversy: A Critical Reader*, p. 69.

［4］ 参见海德格尔：《世界图像的时代》，载《海德格尔文集·林中路》，第 123 页。Martin Heidegger, "The Age of the World Picture," in *Off the Beaten Track*, p. 84.

总之，在主体性支配的世界，没有什么可以幸免对象化的命运。海德格尔指出："通过人对主体性的僭越，甚至神学意义上的超越性，即是者中的最高者——人们称之为'是'，这足以表明一切——也转变为某种对象性，特别是道德—实践信仰主体性的对象性。人是把这种超越性严肃地当作他的宗教主体性的'天命'，还是仅仅将其视为他自我实现的主体性意志的托词，都不会影响关乎人类本质的这种形而上学根本立场的本质。"[1] 这段话显然是对康德主体哲学的隐微讽刺，暗示人的主体性已经把一切，包括最高的是者对象化，并使之成为人类意欲的对象。海德格尔针对当时流行的"世界观"这个概念指出：它不仅反映了人对世界的体验，而且典型地表明了以人为中心的对世界的观察和理解，"是者只有就其被包含和吸纳到这种生命之中而言，亦即被体验和成为体验而言，才被视为是者"[2]。

价值

海德格尔大致认为，价值来自应当，而应当则是对"是"的超越，也可以视为"是"被降格的结果。就此而言，应当或者价值思维，就是形而上学在人的意志领域的变种或者体现。在这里，海德格尔的潜台词是，并不存在作为正确性的应当，而只有作为可能性的是。就此意义而言，价值只是一种虚无。

海德格尔指出，价值思想的出现乃是者之是，或者说是者之真在近代脱落的最终结果，而这种脱落，则由是者成为表象的对象而失去其独立地位所致，因此是人与是者之间相互关系变化的产物。"要维持系统性的价值哲学，就必须把真视为价值，并且把理论认识作为被某个规范约束的实践行动。"[3] 把理论认识变为受规范约束的实践行动，意味着知识失去了独立性而听命于人的实践目标，这与是者失去自身的是和真是同一个过程的两个侧面。人把价值赋予是者，体现的是人对是者之是的软弱欲求，因

---

[1] 参见海德格尔：《海德格尔文集·尼采》下卷，第 1076 页。Martin Heidegger, *Nietzsche Volume IV: Nihilism*, p. 234.

[2] 参见海德格尔：《世界图像的时代》，载《海德格尔文集·林中路》，第 103 页。Martin Heidegger, "The Age of the World Picture," in *Off the Beaten Track*, p. 71.

[3] 参见海德格尔：《现象学与先验的价值哲学》，载《海德格尔文集·论哲学的规定》，第 168 页。Martin Heidegger, "Phenomenology and Transcendental Philosophy of Value," in *Toward the Definition of Philosophy*, p. 131.

为价值思想的核心在于，人们对是者的态度取决于它们对人而言的"价值"，而非它们自身之所是。海德格尔就此指出："对于现代的是者解释来说，与体系同样具有本质性的是对价值的表象。当是者成为表象的对象，某种意义上是的丧失才会首次发生。为快速弥补这种虽然只是模糊而不确定地感觉到的丧失，人们为对象及如此理解的是者赋予某种价值。一般而言，人们依据价值对是者加以评判，并以此作为一切行动的依据。……由此出发到把价值本身变为对象仅一步之遥。"[1]

海德格尔看到，是之地位的贬低早在柏拉图的型相论中就已经开始，而这也预示了价值思想的产生。"当是被特别地理解为型相，它随身就带有与范型和当为之事的关联；一旦是之特性被锁定于型相，它也会为随之而来的降格做出某种补偿。但现在它能做到的只有在是之上设立某种东西。它不曾是，但始终应该是。"[2] 关于型相与价值的关系，海德格尔进一步指出："型相就是范型，因此它也提供尺度。还有什么比在价值的意义上领会柏拉图的型相，并在有效性的基础上解释是者之是更容易的事情呢？"[3]

因此，型相与价值之间存在天生的关联。但在海德格尔看来，价值有效，但价值不"是"，让价值成为某种是者，或者拥有是，将导致无穷的矛盾。"价值有效。但有效总是让人想起对某个主体而言的有效性。为了再度支撑已被提升为价值高度的应当，人们让价值也成为某种是者。然而，是在根本上不是别的，就是呈现者的呈现。但是，它并不像桌子或者椅子之所是那样呈现得简单明确。在价值之是那里，混乱与无稽达到了登峰造极的程度。"[4] 海德格尔对尼采的一个基本评价，就是他迷失于价值表象之中而不能抓住是本身。"价值思维在19世纪是何等自以为是，甚至尼采，而且恰恰是尼采，也完全从价值表象的角度来展开他的思想。因为他纠缠于价值表象的混乱中不能自拔，也因为他不理解其问题重重的起源，所以他从未触及哲学真正的核心。"[5]

---

[1] 参见海德格尔：《世界图像的时代》，载《海德格尔文集·林中路》，第111—112页。Martin Heidegger, "The Age of the World Picture," in *Off the Beaten Track*, p. 77.

[2] 参见海德格尔：《海德格尔文集·形而上学导论》，第236页。Martin Heidegger, *Introduction to Metaphysics*, p. 211.

[3] 参见同上书，第238页。Ibid., p. 212.

[4] 参见同上书，第238—239页。Ibid., pp. 212-213.

[5] 参见同上书，第239页。Ibid., pp. 213-214.

海德格尔通过结合观念论的历史分析价值思想的演变及其内在矛盾。当是被规定为作为实现性体现的观念（理念），应当就作为应是而未是者即是的对立物出现。康德把自然视为是者的领域，把精神和道德视为应当的领域，即由理性主导、绝对命令发挥作用的领域。费希特则明确地把是与应当的对立作为自己思想体系的基本框架。"随后，在19世纪的历史进程中，康德意义上的是者，即那些可以通过科学，现在也包括历史和经济科学经验的东西获得了决定性的优先地位。由于是者获得了优先地位，作为标杆的应当受到威胁。它不得不宣示其主张，不得不试图在自身中为自己寻找根据。凡是从自身出发宣称应当者，必得在自身基础上证明其正当性。就应当来说，只能出自那些从自身出发提出此类主张的东西，那些自身具有某种价值、其自身就是某种价值的东西。价值现在成为应当的根据。但是，由于价值站在事实意义上的是者之是的对立面，它们自身不可能是。因此人们只能说它们有效。"[1]

海德格尔认为，价值思想的产生，也是人类精神生活的变化，即统一的、具有自身生命力的精神生活分裂为不同领域且被工具化的结果。在这种情况下，精神生活变成了文化，而文化的创造和保存标准就成为价值。"一旦对精神的工具性曲解开始启动，精神性活动的力量，包括诗歌与形象艺术，政治与宗教，都会滑入一个可以被有意规划和照料的领域。与此同时，它们被划分为不同部门。精神世界变成了文化，个人则在文化的创造和保存中获得满足。这些领域成为自由行动的空间，各自根据它们尚可获得的'标准'的意义确立自己的规范。这类生产和使用的有效性标准就被称为价值。文化价值只有将其限制在自身有效性的范围内，才能在整体上保全其意义：为诗歌而诗歌，为艺术而艺术，为科学而科学。"[2]

海德格尔表示，反对价值思想并非否定一切有价值之物，像文化、艺术、科学、人的尊严、世界以及上帝等，而是反对其中包含的主体性思维，即把是者贬低为对人有用之物的倾向，因为给某物标"价"的做法恰恰剥夺了物自身的意义，而一物之对象性，特别是体现为价值的对象性，并不能穷尽一物之所是。海德格尔强调："一切评价，即便是肯定的评价，都是主体性行为。它并不是让是者是，相反，它只让是者有效，而且仅作

---

[1] 参见海德格尔：《海德格尔文集·形而上学导论》，第237—238页。Martin Heidegger, *Introduction to Metaphysics*, pp. 211-212.

[2] 参见同上书，第56页。Ibid., p. 50.

为某一行为的对象有效。试图证明价值客观性的荒诞努力并不清楚它之所为。人们宣称'上帝'是一切价值中的'最高价值',这不过是对上帝本质的贬低。其他场合也是如此。价值思想是可以想象出来的对是最严重的亵渎。因此,反对价值思想并非要敲响非价值和虚无化的战鼓,而是反对把是者主观化为单纯的对象,并希望把是之真的通透带到思想面前。"[1]

如果不了解具体的语境,海德格尔对价值思想的批判会给人以某种偏激的印象。其实他所反对的价值思想并非一般意义上关于价值的理论,而是曾经在德国大行其道的,以文德尔班、李凯尔特等人为代表的价值哲学和文化哲学,以及尼采关于重估一切价值的理论。从某种意义上说,在尼采的思想体系中,价值具有与海德格尔思想中的是一样的核心地位,因此价值与是分别代表了两种对人自身及其可能性的相互对立的理解。在海德格尔看来,尼采哲学恰恰是把人的主体性抬高到无以复加的程度而导致了彻底的虚无主义,这才是他对价值思想采取毫不留情的批判态度的根本原因。另外,无论出于何种考虑,海德格尔常常过于强调甚至夸大他与尼采在思想上的区别与对立,这也是一个不争的事实。

第三节　西方的危机——虚无主义的问题

人对是的遗忘与是对是者的离弃

海德格尔把人们以是者之所是取代是,从而把是理解为某种"是者"这一现象称为是之遗忘。这是从人的角度来说的。从是的角度来说,海德格尔又称之为是对是者的离弃。[2] 是对是者的离弃,意味着是者失去了生命与灵魂,变得僵化而刻板,甚至成为技术控制的对象。正是在这个意义上,海德格尔指出:"被正确地理解的'无神论'就是诸神缺失的状态。

---

[1] 参见海德格尔:《关于人道主义的书信》,载《海德格尔文集·路标》,第414页。Martin Heidegger, "Letter on 'Humanism'," in *Pathmarks*, p. 265.

[2] 当然,离弃的含义还要更复杂一些。下面将会讨论,在海德格尔看来,是原本就具有"拒绝"的性质,所以它离人而去乃自然的趋势。既然如此,那么如果人不能牢牢抓住是,它对人的离弃几乎就是一个不可避免的过程。不过,下面的讨论并不刻意区分这两种含义。

它是自希腊没落以来在西方历史中压倒性的是之遗忘状态,也是西方历史自身的基本特征。"[1] 这是一种没有奇迹也没有意外的状态。

海德格尔指出,是者被是离弃的过程从古希腊时期,特别是从柏拉图的型相论就已经开始:"当 ἀλήθεια(去蔽)转变为是者回退的基本特性,从而为把是者之是规定为型相做好准备时,是就开始离弃是者了。"[2] 是并非是者的特征,而是是者成其所是的条件和时机。当是成为是者的特性,而这种特性又被理解为某种是者,是便离是者而去。因此,海德格尔认为:"是之遗忘通过以下事实间接显现出来,即人们观察和处理的只有是者。但即便如此,由于人们不可能完全放弃是的观念,所以就只能将其理解为'最普遍者',也就是包含一切是者之物,或者这个无限的是者的创造物,或者某个有限主体的制作品。"[3]

海德格尔表示,是对是者的离弃典型地出现在基督教世界。根据基督教教义,上帝是最具确定性的造物者,他的创造乃万物之是的确定根据,因而所有是者都因它们作为受造者这一起源而得到保证。从严格的意义上说,是在基督教思想中已经没有任何位置,在救赎的确定性中,不确定的只是个体在心理上对地狱的恐惧。所以,海德格尔认为,基督教世界这一是被隐藏最深的地方对是者的离弃也最彻底,而是者也因此必然变得最平庸无奇。[4]

当然,在基督教和形而上学的统治下,离是者而去的是并没有完全隐而不现,但它只能以某种曲折的、"自行拒绝"的方式显现自己。"被是离弃基本上就是是的本质性崩坍。是的本质被扭曲,并只能以扭曲的方式把自己带入真,体现为表象、直观(νοεῖν)、思考(διανοεῖν)和型相的正确性。"[5] 总之,"在算计和可制造性的统治下,是的问题消失了,是者

---

[1] 参见海德格尔:《海德格尔文集·巴门尼德》,第 165 页。Martin Heidegger, *Parmenides*, p. 112.

[2] 参见海德格尔:《海德格尔文集·哲学论稿(从本有而来)》,第 133 页。Martin Heidegger, *Contributions to Philosophy (Of the Event)*, p. 88.

[3] 参见海德格尔:《关于人道主义的书信》,载《海德格尔文集·路标》,第 402—403 页。Martin Heidegger, "Letter on 'Humanism,'" in *Pathmarks*, p. 258.

[4] 参见海德格尔:《海德格尔文集·哲学论稿(从本有而来)》,第 131—132 页。Martin Heidegger, *Contributions to Philosophy (Of the Event)*, pp. 87-88.

[5] 参见同上书,第 138 页。Ibid., p. 91.

被是抛弃，而是的发生则表现为自行拒绝"[1]。是对是者的离弃表现为是者对是的遮蔽。[2]

不过，需要指出的是，在海德格尔的晚年思想中，他更强调是之拒绝乃是之呈现的基本形式。因此他也认为：形而上学对是不加思考并非忽略，"而应该被理解为是自我遮蔽的结果。作为对是的褫夺，是的遮蔽属于是的开放。构成形而上学之本质并且成为《存在与时间》之动因的是之遗忘，归属于是的本质自身"[3]。

虚无主义

虚无主义是20世纪西方出现的一种文化和政治现象。按照一般的理解，其实质是价值上的相对主义即对绝对价值的否认。海德格尔对虚无主义的前史进行了如下说明：哲学上对"虚无主义"一词的首次使用可能源自弗里德里希·H.雅可比（Friedrich Heinrich Jacobi），"虚无"（Nichts）一词频繁出现在他致费希特的书信中。此后，"虚无主义"经由屠格涅夫流行开来，主张只有直接作用于人的感官即人亲身经验之物才是真实的。因此，任何建立在传统、权威及其他外在价值基础上的东西都会被否定。海德格尔认为，实际上，人们更常用"实证主义"来指称这种世界观。虚无主义这个概念含义上的重大变化始自尼采。他"用'虚无主义'来命名那种由他本人最先认识到的历史运动，它已经完全支配了之前的一个世纪，而且还决定了之后的一个世纪。对于这种历史运动，尼采用一句简洁的话进行了最本质性的概括：'上帝已死'"[4]。

海德格尔还曾以大众化的语言描绘虚无主义的表现："上帝退位了，取代教会圣职的是良知和强势的理性的权威。社会的本能复又起而反抗这一切。向着超感性领域的遁世为历史的进步取代。永恒幸福的目标自此转

---

[1] Daniela Vallega-Neu, *Heidegger's Contributions to Philosophy: An Introduction*, Indiana University Press, 2003, p. 58.

[2] 参见海德格尔：《海德格尔文集·尼采》上卷，第686页。Martin Heidegger, *Nietzsche Volume Ⅲ: The Will to Power as Knowledge and as Metaphysics*, p. 157.

[3] 参见海德格尔：《一次关于演讲"时间与存在"的讨论课的记录》，载《海德格尔文集·面向思的事情》，第42页。Martin Heidegger, *On Time and Being*, p. 29.

[4] 参见海德格尔：《海德格尔文集·尼采》下卷，第716—718页。Martin Heidegger, *Nietzsche Volume Ⅳ: Nihilism*, pp. 3-4.

变为最大多数人的尘世快乐。对宗教文化的精心呵护被文化创造或文明扩张的热情代替。创造在以前是《圣经》中上帝的特权，现在则成为人类行为的特性，而他们创造性的工作最终转变为交易。"[1]

尼采是第一位使虚无主义作为一种重大的文化和政治现象为世人关注的思想家，也是第一位对其进行全面批判并试图对其加以超越的思想家。海德格尔采用的尼采对虚无主义的定义是"最高价值的自行贬黜"[2]。海德格尔在引用这个定义之后还特地强调："这个回答是加了着重号的，并且还有一个说明性的附注：'没有目标；没有对"为何之故"的回答。'"[3]没有原因，没有目的，以表明"虚无"的彻底性。在尼采看来，"如果作为超感性的根据和一切现实目标的上帝死了，如果超感性的观念世界丧失其约束力，特别是它激发和建构的力量，那么就不再有什么东西能够让人依赖和遵循。……'虚无'在此意味着：一个超感性的、约束性的世界的缺失。虚无主义，'一切客人中最可怕的客人'，[4] 就要到来了"[5]。

但是，海德格尔对尼采超越虚无主义的努力总体上持否定态度。在他看来，恰恰是尼采带来了彻底的虚无主义。当然，这也是很多人共同的看法。因为尼采的方法是首先引入彻底的虚无主义，然后再"重估一切价值"。通常的看法是，尼采前半部分的工作非常成功，而后半部分的工作却归于失败。海德格尔也认为，尼采通过对最高价值的废黜而实现对一切价值的重估这一思想本身就自相矛盾。"尼采所理解的虚无主义是对以往最高价值的废黜。但是，尼采同时也在'重估最高价值'的意义上肯定虚无主义。因此，'虚无主义'这个名称有歧义。极端地说，它从一开始就有两个方面的含义：一方面指以往最高价值的彻底废黜，另一方面又是指

---

[1] 海德格尔：《尼采的话"上帝死了"》，载《海德格尔文集·林中路》，第252页。Martin Heidegger, "Nietzsche's Word: 'God is Dead'," in *Off the Beaten Track*, p. 165.
[2] 尼采：《尼采著作全集·第12卷（1885—1887年遗稿）》，孙周兴译，商务印书馆2010年版，第397页。KSA（尼采考订研究版全集）12, Deutscher Taschenbuch Verlag, 1999, p. 350.
[3] 参见海德格尔：《尼采的话"上帝死了"》，载《海德格尔文集·林中路》，第254页。Martin Heidegger, "Nietzsche's Word: 'God is Dead'," in *Off the Beaten Track*, p. 166.
[4] 这是尼采的说法——"虚无主义站在门口了：我们这位所有客人中最阴森可怕的客人来自何方呢？"（尼采：《尼采著作全集·第12卷（1885—1887年遗稿）》，第147页。KSA 12, p. 125.)
[5] 参见海德格尔：《尼采的话"上帝死了"》，载《海德格尔文集·林中路》，第249页。Martin Heidegger, "Nietzsche's Word: 'God is Dead'," in *Off the Beaten Track*, p. 163.

对这种废黜过程的绝对反动。"[1]

因此,海德格尔对虚无主义起源的认识与尼采完全不同。他对虚无主义有一幅素描,即在"是之遗忘中一味追逐是者"。"真正的虚无主义在何处活动呢?在人们只抓住当下,对是者习以为常,并满足于此的地方,因为如此人们便抛弃了是问题,并把是当作无对待。"[2] "从是之天命来思考,'虚无主义'的虚无(nihil)意味着是就是无。是之本质不可能达乎显现。在是者之显现中,是本身是缺席的。是之真逃离了我们,被遗忘了。"[3] 换言之,"虚无主义的本质是这样一段历史,在其中,是本身一无所是。"[4] 需要说明的是,在海德格尔思想的后期,他本人也提过类似"是就是无"的说法,不过这个无乃没有规定的是,是"无极之基",与虚无主义之"无"具有根本性的区别,后者则是与是完全对立的、绝对的虚无。

就此而言,尼采的问题就不仅仅在于他方法上的错误。按照海德格尔对虚无主义的定义,尼采就是一位典型的虚无主义者。尼采也的确对形而上学采取极度蔑视的态度,当他宣称"上帝已死",同时也就宣布了形而上学的死亡,因为在他看来,基督教无非是大众化的柏拉图主义。[5] 上帝死了,形而上学也没有继续生存的理由。至于传统哲学中的"最高概念"即是,则不过是形而上学制造的"一团轻雾"、"被汽化了实在的最后一缕青烟"。[6] "至今为止,没有任何东西比是问题上的错误更能轻易地让人接受了。"[7] 这表明,尼采把是理解为没有任何实质内容的虚构。但恰恰是这样一种对待是的态度,使海德格尔既把尼采视为彻底的虚无主义者,也把他视为最后一位形而上学思想家,因为在海德格尔看来,尼采对形而

---

[1] 参见海德格尔:《尼采的话"上帝死了"》,载《海德格尔文集·林中路》,第 255—256 页。Martin Heidegger, "Nietzsche's Word: 'God is Dead'," in *Off the Beaten Track*, pp. 167-168.

[2] 参见海德格尔:《海德格尔文集·形而上学导论》,第 243 页。Martin Heidegger, *Introduction to Metaphysics*, p. 217.

[3] 参见海德格尔:《尼采的话"上帝死了"》,载《海德格尔文集·林中路》,第 298 页。Martin Heidegger, "Nietzsche's Word: 'God is Dead'," in *Off the Beaten Track*, p. 197.

[4] 参见海德格尔:《海德格尔文集·尼采》下卷,第 1031 页。Martin Heidegger, *Nietzsche Volume IV: Nihilism*, p. 202.

[5] Friedrich Nietzsche, *Beyond Good and Evil*, trans. by Judith Norman, Cambridge University Press, 2002, p. 17.

[6] Friedrich Nietzsche, *Twilight of the Idols or How to Philosophize with a Hammer*, trans. by Duncan Large, Oxford University Press, 1998, p. 17.

[7] Ibid., p. 19.

上学的批判无非是试图将其"颠倒"[1]过来,但被颠倒了的形而上学依然是形而上学。

不过,在把虚无主义等同于形而上学这一点上,海德格尔与尼采倒是并无二致。他指出:"形而上学就是典型的虚无主义。虚无主义的本质在历史上就体现为形而上学。柏拉图的形而上学并不比尼采的形而上学更少些虚无主义。只不过在前者那里,虚无主义的本质还隐而不显,而在后者那里,它完全展现出来了。"[2]形而上学因为遗忘了是,或者说被是所离弃,而仅关注是者;即便谈到是,其给出的也只是一个空洞概念。海德格尔因此认为:"虚无主义的本质植根于历史,在是者整体的显现中是之真是缺席的;与之相应,如果是本身以及是之真一无所是,空无一物,那么形而上学作为是者本质之真的历史也就一无所是,就是无。"[3]

虽然海德格尔强调虚无主义的实质乃"是之真的逃离",但同时他也与尼采一样,承认虚无主义的基本表现就是普遍的无意义状态,并且认为这是现代性的形而上学表达,因此也可以将此状态理解为现代性本质的实现。带来这种状态的,则是人向主体的转变,以及是者成为被表象与制造的对象。"无意义是现代形而上学从一开始就注定的结局。作为确定性的真以独白的方式被注入是者整体,以服务于人对持久性的追求。人剩下的只有他自己设计的装备。这种独白既非对'自在'的是之真的模仿,亦非与其共鸣,而不过是把是者之是释放为机巧谋划而对其施以算计性和强力压制。""是失去了通透,是者也就失去了意义。"[4]

真被形而上学把握为确定性,而确定性又体现为人通过技术手段对是者施以控制和操纵的可靠性,所以是之真在此过程中完全脱落了。"当关于是者之真的本质问题以及我们对是者的态度问题已经被决定,那么对于是之真的沉思,作为更本源的涉及真之本质的问题,就只能付诸阙如。通过从符合到确信的转变,真已经把自身设立为对是者的保障,即使之处于完全可控、可支配的状态。"真的意义的变化通过技术统治得以实现。通过技术,是者之是转变为一种可塑造性,并以此保证对是者"无条件的

---

[1] 参见海德格尔:《海德格尔文集·尼采》下卷,第889—890页。Martin Heidegger, *Nietzsche Volume IV: Nihilism*, p. 148.

[2] 参见同上书,第1036页。Ibid., p. 205.

[3] 参见海德格尔:《尼采的话"上帝死了"》,载《海德格尔文集·林中路》,第297—298页。Martin Heidegger, "Nietzsche's Word: 'God is Dead'," in *Off the Beaten Track*, p. 197.

[4] 参见海德格尔:《海德格尔文集·尼采》下卷,第711页。Martin Heidegger, *Nietzsche Volume III: The Will to Power as Knowledge and as Metaphysics*, p. 180.

计划与安排"。[1] 就此而言，技术统治是虚无主义的最高体现。

鉴于虚无主义与形而上学的本质联系，海德格尔认为它也体现为一种从西方遍及全球的世界历史运动。只要一个民族被卷入由西方开启的现代化浪潮，虚无主义几乎就是不可避免的天命。"虚无主义是一种历史运动，而并非某些个人的主张或思想。它在西方各民族的天命中作为几乎尚未为人所知的根本进程推动着历史，因此它并非诸历史现象之一，或者西方历史上前后相继的精神智识思潮之一，即基督教、人文主义和启蒙运动的后续。""虚无主义同样也不是个别民族的产物，即便这些民族的思想家和作家专门谈论过虚无主义。那些自以为摆脱了虚无主义的人，恰恰很可能最深刻地推动了它的展开。"[2] 因此，也可以说虚无主义在现代世界无所不在："如果说虚无主义的本质就在于对是的遗忘，那么我们以及我们的整个生存依然活动于虚无主义的境域内。"[3]

因此，类似于基督教信仰的崩溃导致虚无主义这样的判断，在海德格尔看来就完全没有切中要害。他认为，形而上学本质上与一切具有终极意义的东西不相容，从这个意义上甚至可以说，并非基督教信仰的衰落导致了虚无主义，而是形而上学最终导致了基督教信仰的崩溃："虚无主义的本质及其发生领域就是形而上学本身。""形而上学是这样一个历史空间，在其中超感性的世界，包括信念、上帝、道德律、理性权威、进步、最大多数人的幸福、文化、文明等，都注定会丧失其建构力量而归于虚无。""背弃基督教信仰学说意义上的无信仰绝不是虚无主义的本质或基础，而始终只是虚无主义的结果，因为也有可能基督教本身就是虚无主义的一种结果和体现形式。"[4]

上文已经指出，海德格尔的一个基本判断是：对是的遗忘才导致了价值思想的产生，所以价值的赋予和分配反映的是人在不安中试图控制一切是者。他认为，价值思想以及从价值的角度看待世间万物，这种以人的自我为中心的思想本身就是虚无主义的体现。"在价值的设定和分配中，一

---

[1] 参见海德格尔：《海德格尔文集·尼采》下卷，第 705 页。Martin Heidegger, *Nietzsche Volume III: The Will to Power as Knowledge and as Metaphysics*, pp. 174-175.
[2] 参见海德格尔：《尼采的话"上帝死了"》，载《海德格尔文集·林中路》，第 250 页。Martin Heidegger, "Nietzsche's Word: 'God is Dead'," in *Off the Beaten Track*, pp. 163-164.
[3] 参见海德格尔：《面向存在问题》，载《海德格尔文集·路标》，第 500 页。Martin Heidegger, "On the Question of Being," in *Pathmarks*, p. 318.
[4] 参见海德格尔：《尼采的话"上帝死了"》，载《海德格尔文集·林中路》，第 252—253 页。Martin Heidegger, "Nietzsche's Word: 'God is Dead'," in *Off the Beaten Track*, p. 165.

切自在的是者都被杀死,一切自为的是者也都被消除。谋杀上帝的最后一击是由形而上学发出的,作为力量意志的形而上学完成了价值思想意义上的思想。通过这最后一击,是被打倒在地,成了纯粹的价值。"[1] 海德格尔明确指出:"多年以来,正是因为是被估价从而被尊奉,它已经被剥夺了其本质的价值。当是者之是被贴上价值标签,其本质因而被封印之时,在形而上学的范围内,即这个时代是者之真的范围内,所有通往对是本身的体验的道路都被堵死了。"[2] 他因此说:"虚无主义不只是最高价值贬黜的过程,也不只是这些价值的抽身而去。把这些价值置入世界之中,就已经是虚无主义。"[3] 在这个意义上,他甚至主张:"当务之急是以统一的方式把虚无主义把握为估量价值的历史。"[4]

因此,虽然海德格尔本人接受了尼采关于虚无主义的诸多思想和判断,但他还是明确指出:"尼采之所以认识并且经验了虚无主义,是因为他本人以虚无主义的方式进行思考。尼采的虚无主义概念本身就是虚无主义的。出于这一原因,尽管有种种深刻洞见,他并没有能够认识到虚无主义的隐蔽本质,因为他自始就只是从价值思想出发,把虚无主义理解为最高价值的贬黜过程。尼采只能以这种方式来把握虚无主义,则是因为他局限于西方形而上学的轨道和区域内,虽然他把它推向了终结。"[5]

就此而言,在形而上学的基础上,既无法认识,更无法超越虚无主义。"如果虚无主义的本质是这样一段历史,在其中是本身一无所是,那么,只要在思想中并且对思想来说是一无所是,则虚无主义的本质也就不可能得到经验和思考。完成了的虚无主义因而彻底封闭了思考和认识虚无主义本质的可能性。"[6] 这是海德格尔惯用的逻辑推论:如果接受虚无主义,即接受是根本无从被决定这一立场,那么虚无主义是什么的问题自然无从解答。但与此同时,海德格尔又认为,为了超越虚无主义,就必须"忍受"(Verwindung)形而上学。他给出的理由是:"虚无主义的本质并

---

[1] 参见海德格尔:《尼采的话"上帝死了"》,载《海德格尔文集·林中路》,第295—296页。Martin Heidegger, "Nietzsche's Word:'God is Dead'," in *Off the Beaten Track*, pp. 195-196.

[2] 参见同上书,第291—292页。Ibid., p. 193.

[3] 参见海德格尔:《海德格尔文集·尼采》下卷,第768页。Martin Heidegger, *Nietzsche Volume IV: Nihilism*, p. 44.

[4] 参见同上书,第777页。Ibid., p. 53.

[5] 参见同上书,第741页。Ibid., p. 22.

[6] 参见同上书,第1034页。Ibid., p. 203.

非虚无，而且形而上学自身的本质庇护了虚无主义这一事实，并不会减少形而上学古老的价值。"[1] 因此，他提出要转向虚无主义的本质，并以此作为"我们超越虚无主义的第一步"。这种转向是一种"回转"，"'回转'意味着对准那个点（是之遗忘），在这个点上，形而上学得到并保持了它的源头。"[2] 也就是说，海德格尔并不打算采用尼采的办法，即通过颠倒形而上学来克服形而上学；也不想通过把虚无主义推向极端来克服虚无主义，因为这只会导致对力量意志和超人的崇拜。但海德格尔的设想也与尼采有几分相似，那就是在某种意义上接受虚无主义，当然并非它的极端形式，而是从源头上理解虚无主义所包含的积极价值，即对于"无"的接受，以此为西方思想发展探寻另一种可能性。

实际上，海德格尔在对虚无主义的批判中深刻意识到形而上学的一个内在矛盾，即对无的恐惧和回避。他认为，我们可以把形而上学视为是之历史的一个阶段。在这个阶段，无论是，还是无，都处于模糊不清的状态，而这正是面对虚无主义时人们可能既感到不适又感到不安的根本原因。"虚无主义这个名称说的是存在着无，而且以本质的方式存在于它所述说之物中。虚无主义意味着在所有物的所有方面都有无存在。所有的物即是者整体；而一个特定的是者，当它作为特定的是者被体验的时候，表现的是它的所有方面。因此，虚无主义就意味着无与是者整体相伴相生。但是，是者只有基于是，才能是其所是，如其所是。如果说为每一个具体的'是'奠基乃是之责任，那么虚无主义的本质就在于这么一个事实，即是本身就包含了无。"[3] 如何理解是中的无，这是海德格尔哲学的核心问题，也是在他看来超越虚无主义的关键。他对这个问题的深入探讨，是从20世纪30年代以后渐次展开的。

无家可归的贫困时代

尼采呼唤超人，主张"重估一切价值"，为的是给西方文明注入一种

---

[1] 参见海德格尔：《面向存在问题》，载《海德格尔文集·路标》，第 491 页。Martin Heidegger, "On the Question of Being," in *Pathmarks*, p. 313.

[2] 参见同上书，第 501 页。Ibid., p. 319.

[3] 参见海德格尔：《尼采的话"上帝死了"》，载《海德格尔文集·林中路》，第 299 页。Martin Heidegger, "Nietzsche's Word：'God is Dead'," in *Off the Beaten Track*, p. 198.

新的、充满生机与活力的精神生活。海德格尔批判尼采的立场，认为他仍旧是一位形而上学思想家，仍然未能走出虚无主义的窠臼，但对于西方精神正走向衰落这一点，他与尼采的判断完全一致。海德格尔指出："大地上精神已经如此沦落，各民族面临着失去其最后的精神力量，那种使之能够看到这一衰落……并对其加以评判的力量的危险。"他强调："这一简单的观察与文化悲观主义，当然也与任何乐观主义毫无关系。世界的晦暗、诸神的逃离、大地的毁灭、人的平庸化、对一切富于创造和自由之物的仇恨，已经在全世界到处滋生蔓延，以至像悲观主义和乐观主义这类范畴，早已变得幼稚可笑之极。"[1]

在海德格尔看来，西方正陷入一场前所未有的深刻的精神危机，或者说"精神力量的衰竭"。[2] 他借用尼采的话，称之为"地球的荒漠化"："人们发现，世界不仅秩序大乱，而且已经卷入荒诞的虚无之中。早在19世纪80年代，尼采就高瞻远瞩，预见了这一切，并用一个深邃而简明的说法道出将要发生的事情：'荒漠在蔓延'。……破坏不过扫除了至今为止已经成长或者建成的东西，荒漠化则禁阻一切未来的生长和建造。""地球的荒漠化可以与人类最高生活标准的达成结伴而行，同样也很容易地与所有人获得的组织化的千篇一律的幸福状态相安无事。荒漠化与这两者并行不悖，而且以阴森可怕、不为人知的方式四处逡巡。"[3]

海德格尔认为，"时代的荒芜源于痛苦、死亡与爱之本质被遮蔽。荒芜亦复被人遗忘，则是因为痛苦、死亡和爱所共属的那个本质领域已然抽身而去"[4]。这种精神的荒芜，他也称之为人在精神上无家可归的状态。"无家可归意味着是对是者的离弃，乃是之被遗忘的征兆，是是之真未被思及的结果。"[5] 此种状态是形而上学的必然产物。"无家可归成为世界的天命，因此有必要从是之历史的角度来思考这一天命。马克思通过对黑格尔的发挥，在本质而重要的意义上确认为人之异化的东西，其根源就是

---

[1] 参见海德格尔：《海德格尔文集·形而上学导论》，第45页。Martin Heidegger, *Introduction to Metaphysics*, pp. 40-41.

[2] 参见同上书，第53—54页。Ibid., pp. 47-48.

[3] 参见海德格尔：《海德格尔文集·什么叫思想？》，第36—37页。Martin Heidegger, *What Is Called Thinking?*, pp. 28-29.

[4] 参见海德格尔：《诗人何为？》，载《海德格尔文集·林中路》，第309页。Martin Heidegger, "Why Poets?," in *Off the Beaten Track*, p. 205.

[5] 参见海德格尔：《关于人道主义的书信》，载《海德格尔文集·路标》，第402页。Martin Heidegger, "Letter on 'Humanism'," in *Pathmarks*, p. 258.

现代人的无家可归状态。它特别由体现为形而上学的是之天命所导致，复又通过形而上学被巩固和遮蔽。"[1] 按照海德格尔的说法，哲学是一种思乡，从而也是向整全的回归，本真的生活即生存于整全之中的生活。[2] 在精神上无家可归，也就是人失去了思想，失去了与整全的联系，陷入被是所抛弃的状态。

有意思的是，虽然海德格尔似乎并不太喜欢尼采所谓"上帝已死"的说法，但他同样认为，神与人的疏离，正是这种精神危机的根源。他表示："是之遮蔽使是者中一切健康之物渐次消散，而这也带走了至尊者的开放并使之陷于封闭。至尊者的封闭遮住了一切神性的光辉。不断加深的晦暗复又遮蔽了上帝的缺席。莫名的匮乏使一切是者变得陌异。即便它们在无止境的对象化中成为对象，似乎已经被人了如指掌、牢牢把握也无济于事。是者的陌异，使置身于是者整体的历史性的人的无家可归状态昭然若揭。"[3]

海德格尔把"弃神"视为现代社会的基本现象。"这个表述的意思并非简单地驱除神即粗暴的无神论。弃神是一个双重过程。一方面，世界图像的基督教化将自身设定为无限的、无条件的、绝对的世界基础；另一方面，基督教将其教义重新解释为一种世界观（基督教的世界观），以使之现代化并适应于时代。弃神无非是关于上帝和诸神的无决断状态。基督教要为此负主要责任。但弃神并非对宗教的排斥，正相反，因为弃神，与神的关系才转化为宗教体验。到这一步，诸神已经离去，由此产生的空虚则由历史学和心理学的神话研究来填补。"[4] 这段话表达了海德格尔一个多次遮遮掩掩提出的观点，即基督教要为近现代西方的宗教状况负责。因为恰恰是基督教思想，特别是它的现代化，或者说它对近代形而上学的适应，使其信众在保持信仰的同时改变了与诸神的本源性关联。因为本质上信仰不可能是思辨的结果，所以任何使宗教"理性化"的企图，其结果只能是宗教的"弃神"。

---

［1］ 参见海德格尔：《关于人道主义的书信》，载《海德格尔文集·路标》，第403页。Martin Heidegger, "Letter on 'Humanism'," in *Pathmarks*, pp. 258-259.

［2］ 参见海德格尔：《海德格尔文集·形而上学的基本概念：世界—有限性—孤独性》，第9—10页。Martin Heidegger, *The Fundamental Concepts of Metaphysics: World, Finitude, Solitude*, p. 5.

［3］ 参见海德格尔：《海德格尔文集·尼采》下卷，第1094页。Martin Heidegger, *Nietzsche Volume IV: Nihilism*, p. 248. 在海德格尔的语汇中，"至尊者"是一个比具体的神更上位的概念。

［4］ 参见海德格尔：《世界图像的时代》，载《海德格尔文集·林中路》，第84页。Martin Heidegger, "The Age of the World Picture," in *Off the Beaten Track*, p. 58.

在更多的时候，海德格尔借用诗人荷尔德林的说法，把现时代称为"旧神已经逃离而新神尚未来临"的时代。[1]"对于荷尔德林的历史经验来说，随着基督的出现和殉道，神的日子就日薄西山，夜幕降临了。自从赫拉克勒斯、狄奥尼索斯和耶稣基督的'三位一体'弃世而去，世界时代的黄昏趋向暗夜。世界暗夜弥漫着它的黑暗。上帝之离去，'上帝之缺席'，决定了世界时代。"[2]"由于上帝之缺席，世界便失去了它赖以建立的基础。"没有基础，即没有立足之地，即无底深渊。"丧失了基础的世界时代悬浮于深渊中。"[3]

海德格尔关于诸神隐退的这类说法，实际上包含了他对基督教历史作用的某种判断。简言之，就是弃神是造神不可避免的结果。"即便是基督教的上帝也来自某种神化，尽管其神学反对一切出自神化的神灵。犹太教—基督教的上帝不是对一般因果关系中任何特定原因的神化，而是对'原因'本身的神化，即对一般解释性表象之根据的神化。……但事实上，神化恰恰是对最粗糙的解释的美化。因此，当这种解释在近代初期首次转变为对一切是者有计划的追求、表象和体验之后，与神化相反的弃神亦能很好地为之效力。基督教与文化愈益融合无间，虽然表面上排斥，但最终还是与人类发明出来以服务于'生存体验'的一切相妥协。"[4]

因此，造神亦即弃神，是人们在已经没有活生生的宗教体验的情况下试图维持其宗教信仰的结果，从而也就是一种形而上学性质的努力的结果，但形而上学又使神的在场成为不可能。所以海德格尔指出："无神的状态并不在于对神的否认和失去，而在于神之神性不再具有根基。"[5] 在造神和弃神的过程中，都体现出人与是的某种独特关系，即人"对是之遗忘"，却把是者作为最具实在性之物并使之处于显要地位，同时将其视为可表象可制造之物。"当表象和制造达到极限，或者解释遇到不可解释之物的时候，人们必然会借助某种不可解释者来拔高或者解释可解释者。在

---

[1] 参见海德格尔：《荷尔德林和诗的本质》，载《海德格尔文集·荷尔德林诗的阐释》，孙周兴译，商务印书馆2014年版，第52页。Martin Heidegger, "Hölderlin and the Essence of Poetry," in *Elucidations of Hölderlin's Poetry*, trans. by Keith Hoeller, Humanity Books, 2000, p. 64. "诸神逃离"这个说法最先应该是由诗人荷尔德林提出来的。Cf. Daniela Vallega-Neu, *Heidegger's Contributions to Philosophy: An Introduction*, p. 76.

[2] 参见海德格尔：《诗人何为？》，载《海德格尔文集·林中路》，第302页。Martin Heidegger, "Why Poets?," in *Off the Beaten Track*, p. 200.

[3] 参见同上书，第303页。Ibid., pp. 200-201.

[4] Martin Heidegger, *Mindfulness*, pp. 205-206.

[5] Ibid., pp. 203-204.

这两种情况下，表象都会达到一个更高的是者或者超越一切是者的是者的地位。因此，神之神性根本不是来自是之强力，由神化而来的神根本就缺乏神性。"[1] 这一逻辑对于形而上学和基督教来说完全适用，只不过前者诉诸某个最高的是者，而后者则创造出了神。

精神贫乏的一个重要方面当然就是思想的贫乏。海德格尔认为，这种贫乏的本质，并不在于人们没有思想，而在于人没有真正去思想，其原因亦非人在思想上的怠惰，而是有待思想之物已经抽身离去，也就是是离弃了人。"我们说人尚未思想，但这决不是因为人没有充分地朝向有待思想之物，而是因为有待思想之物已经抽身而去。有待思想的东西离人而去，它对人隐匿自身。"[2] 是抽身离去，意味着对是的思考并不单纯取决于人的意愿，亦非单纯的人力所及，而是由是之天命所决定，也可以说体现出某种历史的必然。

海德格尔并不是一开始就得出了这种看似无奈的结论。他曾经相信，对是问题的追问与回答，将直接影响到人类，并首先是德国人精神生活的品质或者精神的力量。他在1935年的课程讲座"形而上学导论"中指出："精神是是者及其整体的力量源泉。在精神占支配地位的地方，是者在任何时候都更能是其所是。反过来，对是者及其整体的追问，对是的追问，就成为唤起精神、创造一个本源的历史性此间之是的世界、战胜使之陷入晦暗的危险，以及让我们这个处于西方中心的民族担当其历史使命的本质条件之一。"[3]

20世纪30年代是海德格尔离政治最近的时期，他深信人只有通过对"特定的是者之是的投射"，"通过对是的领会而产生的内在力量"，才有可能从根本上改变历史进程。[4] 他同样深信，对此他负有不可推卸的义务。另外，对是的追问和回答，本身就改变着人们的精神与实践活动："对是加以规定绝非单纯划定一个词的意义范围。它是那样一种力量，至今仍然支撑并决定着我们与是者整体，与变易、显象、思想以及应当的所

---

[1] Martin Heidegger, *Mindfulness*, p. 206.

[2] 参见海德格尔：《海德格尔文集·什么叫思想?》，第12页。Martin Heidegger, "What Calls for Thinking?," in *Basic Writings*, p. 374.

[3] 参见海德格尔：《海德格尔文集·形而上学导论》，第58页。Martin Heidegger, *Introduction to Metaphysics*, pp. 52-53.

[4] 参见海德格尔：《论真理的本质——柏拉图的洞喻和〈泰阿泰德〉讲疏》，第61—62页。Martin Heidegger, *On the Essence of Truth*, pp. 46-47.

有关系。"[1] 也可以说，是问题之所以不可回避，是因为它让人重新找到安身立命之处。"通过发问，我们才得以进入某种情境。在此情境中成其所是，乃一个历史性的民族重获根基的根本前提。"[2]

海德格尔在人与是的关系，即人的精神困境问题上，思想的变化是显而易见的。这种变化固然与他的政治经历相关，但更多的是他的思想发展、他对整个时代变化趋势的判断的结果，并且前一个方面的变化应该深刻影响了后一个方面的变化，也就是说，与纳粹政权的短暂结合以及这一政治实验的失败，对海德格尔的思想产生了不可忽视的影响。不是使他变得悲观，而是使他对是的问题、对人的精神困境有了更深入的体认。

超越形而上学

对海德格尔而言，要克服西方的精神危机，唯一的出路只有超越形而上学。他自己表示："如果我们只能以形而上学的方式思想，我们就尚未真正思想。"[3] 对超越形而上学，海德格尔还是抱有某种希望。"在无神的时代，首先需要决定的东西尚未决定。黑夜笼罩着过去之神，也遮蔽了未来之神。但在这种笼罩和遮蔽的暗昧中，黑夜并非无。它同样有其广阔的通透，以及在广阔的宁静中对未来者的期备。"[4] 当然，思想家的工作并非传道，也无道可传。他们"并非向陷入困境的人类宣布新学说，而是把人从对困厄的毫无知觉中拽出，并使之进入最极端的困厄，即对困厄无知无觉的困厄"[5]。

海德格尔认为，由费希特、谢林、黑格尔开创的辩证法在原则上已经走出了超越形而上学的第一步。当思想成为辩证的，它就进入一个在此之前一直封闭的领域，而这个领域能够为思想提供决定其本质的基本尺度，借此思想得以思考并返还自身。换言之，由于辩证法，思想的真相被揭露

---

[1] 参见海德格尔：《海德格尔文集·形而上学导论》，第 242 页。Martin Heidegger, *Introduction to Metaphysics*, pp. 216-217.

[2] 参见同上书，第 47 页。Ibid., p. 42.

[3] 参见海德格尔：《海德格尔文集·什么叫思想？》，第 114 页。Martin Heidegger, *What Is Called Thinking?*, p. 100.

[4] 参见海德格尔：《海德格尔文集·荷尔德林诗的阐释》，第 129 页。Martin Heidegger, *Elucidations of Hölderlin's Poetry*, p. 133.

[5] 参见海德格尔：《海德格尔文集·哲学论稿（从本有而来）》，第 275 页。Martin Heidegger, *Contributions to Philosophy (Of the Event)*, p. 185.

出来，那就是"思想的自我思考、自我映射、自我反思不仅可能，而且必然。只有在辩证法的维度内，思想为何是反思以及以何种方式是反思才完全显露出来"[1]。思想能够而且必然反思自身，这是思想能够超越形而上学的基本前提。

不过对海德格尔而言，辩证法的作用只是外在的。从根本上说，要超越形而上学，就必须从对是者的思考转向对是本身的思考。海德格尔指出："要克服笛卡尔，必须克服他本人所建立起来的东西……。在这里，'克服'意味着对是之意义问题，即是之投射领域以及随之而来的是之真的问题的本源性追问——而是之真的问题同时显示自身为真之所是的问题。"[2] 在此，海德格尔明确指出了"克服"形而上学的基本方向。他同时强调，是的意义问题乃这一意义的投射领域的问题而非当下呈现的问题，因此，这个问题必然转变为真之所是，即什么是真的问题。这两个问题是海德格尔哲学的核心问题。

在一些时候，海德格尔甚至认为，即便超越了形而上学，也还是没有完全离开形而上学，因此要真正实现对这种思想的克服，最好的方法是将其置于一边，重启思想的任务。"在不考虑是者的情况下思考是，意味着不借助形而上学思考是。但是，要超越形而上学，就不可能不涉及形而上学。因此，我们的任务是停止一切所谓超越，把形而上学放到一边。"[3] 也就是说，思考是不能像尼采一样，对形而上学来一番"倒置"，而是要实现与形而上学的"切割"，或者说决断[4]。"从是之历史性追问是的问题，并非对形而上学的倒置，而是决断。只有决断才能为是论差异投射基础，即便是倒置，此一基础也必不可少。这样一种投射使追问完全超越了是者与是的差异。"[5]

海德格尔本人对他在写作《存在与时间》前后努力超越形而上学的思

---

[1] 参见海德格尔：《思想的原则》，载《海德格尔文集·同一与差异》，第 137 页。Martin Heidegger, "Basic Principles of Thinking: Freiburg Lectures 1957," in *Bremen and Freiburg Lectures*, p. 81.

[2] 参见海德格尔：《世界图像的时代》，载《海德格尔文集·林中路》，第 110 页。Martin Heidegger, "The Age of the World Picture," in *Off the Beaten Track*, p. 76.

[3] 参见海德格尔：《时间与存在》，载《海德格尔文集·面向思的事情》，第 36 页。Martin Heidegger, *On Time and Being*, p. 24.

[4] 德语中的决断（Entscheidung）的词根 scheiden 本来就有分开、切断的意思，海德格尔有时候还把这个词的两个部分用连字符分开，即写为"Ent-scheidung"，进一步强调其"切断"的含义。

[5] 参见海德格尔：《海德格尔文集·哲学论稿（从本有而来）》，第 516 页。Martin Heidegger, *Contributions to Philosophy (Of the Event)*, p. 344.

想历程有一段总结:"关键性的问题,即意义的问题,亦即投射领域的问题、开放性的问题,是而不仅仅是是者之真的问题,刻意未予展开。表面上看,我们的思想仍停留在形而上学的道路上。但通过一些关键的步骤,即从作为正确性的真到绽出的自由,再由此到作为遮蔽和迷误之真,思想在追问中完成了一个转变,这个转变乃属于对形而上学的克服。……追问的过程就是思想之路,它不提供表象和概念,而是在与是之关联的转变中来经验和检验自身。"[1]

---

[1] 参见海德格尔:《论真理的本质》,载《海德格尔文集·路标》,第235页。Martin Heidegger, "On the Essence of Truth," in *Pathmarks*, p. 154.

第二章　人之所是

第一节　人与"是"

是与人之所是

海德格尔明确反对把是作为自明概念,即假定所有人在使用是的时候都清楚其含义,或者认为是乃最高的因而不可定义的概念的观点。他认为:"就第一种观点而言,必须指出,不论它所宣称的是的含义的普遍性和显明性能否与哲学概念的明晰性相提并论,恰恰是这种所谓的显明性而非其他,才是基本科学的主题。"[1] 实际上,在海德格尔看来,是的含义并非显而易见、不言自明,而是大可追问,因此他多次表示:"是乃哲学真正的和唯一的主题。……反过来说,哲学不是关于是者的科学,而是关于是的科学或者如希腊语所说的是论。"[2]

海德格尔反复强调,是论关注的既非是者,亦非是者之所是,而是是本身。这也就意味着,在他看来,是并非实在的对象,而是某种条件、样态与关系,因此既不能用概念,也不能通过对象性思维来思考是。"你不可把'是'当作某个对象,也不能把思想当作主体单纯的活动。……根本上,'是'既不同于实在,也不同于被准确决定的现实性。另一方面,是

---

[1] 参见海德格尔:《海德格尔文集·柏拉图的〈智者〉》,熊林译,商务印书馆2015年版,第581页。Martin Heidegger, *Plato's Sophist*, trans. by Richard Rojcewicz and André Schuwer, Indiana University Press, 2003, p. 309.

[2] 参见海德格尔:《海德格尔文集·现象学之基本问题》,丁耘译,商务印书馆2018年版,第13页。Martin Heidegger, *The Basic Problems of Phenomenology*, trans. by Albert Hofstadter, Revised Edition, Indiana University Press, 1982, p. 11.

也不与曾经是或者尚未是相对立，因为这两者都属于是之本质。"[1] 海德格尔说这段话，目的是使他的听众放弃从空间性和时间性来对是进行限定的尝试。从某种意义上也可以说，是论研究的是过程而非实体。"我们研究的并非某种对象，而是过程。我们如何知道这种过程在实际发生呢？因为我们自己就是一种过程，生命与生存的过程。"[2]

上面的话实际上暗示了一个对是进行认识的基本方向，即思考人自身之是。对此，海德格尔一方面强调，在对是者的任何理解中，都已经包含了某种对是的先行把握："正如莱布尼茨所指出的，为了获得是的理念，我们必须是。用形而上学的话来说，我们的本质就在于，如果没有是的理念，我们就不可能是我们之所是。对人而言，是之理解是人之所是的一部分。"[3] "我们必须领悟是，借之我们得以被交付给一个鲜活的世界，让我们在其中生存并作为是者成为我们的本己之所是。我们必须能够先于一切现实经验领会现实性。这种对现实性或者最宽泛意义上的是之领会，在某种意义上要早于关于是者的经验。""我们必须领会是：那不能再被称为是者的是，那不再作为是者显露于其他是者之间的是，那无论如何在是之领悟中必须得到而且的确可以得到的是。"[4]

但另一方面，海德格尔也表示，对是的把握只能从是者入手，离开是者的是的确就是"一团轻雾"。他进行过如下的讨论：虽然是不能等同于是者之所是，但只要追问是，又不可能不涉及是者之所是，从而也不可能不涉及是者。要认识是者之所是，从现象学的角度出发就需要让它们"原原本本地展示其所是之性质，它们首先就必须在自在状态下可为人知"。这就出现了两个问题：第一，哪一种是者在其自在状态下能够"原原本本地"展示自身之所是而为人所知？第二，哪一种认识是者的方式能够让人"原原本本地"通达是者？也就是说，"我们应当从哪种是者获取是的意义？我们应当从哪种是者出发去发现是？出发点是随意的吗？还是说在提

---

[1] 参见海德格尔：《物》，载《海德格尔文集·演讲与论文集》，孙周兴译，商务印书馆2018年版，第198页。Martin Heidegger, "The Thing," in *Poetry, Language, Thought*, trans. by Albert Hofstadter, HarperCollins, 2013, p. 181.

[2] Michael Gelven, *A Commentary on Heidegger's Being and Time*, Northern Illinois University Press, 1989, p. 29.

[3] 参见海德格尔：《最后一次马堡讲座节选》，载《海德格尔文集·路标》，孙周兴译，商务印书馆2014年版，第101页。Martin Heidegger, "From the Last Marburg Lecture Course," in *Pathmarks*, ed. by William McNeill, Cambridge University Press, 1998, p. 71.

[4] 参见海德格尔：《海德格尔文集·现象学之基本问题》，第13页。Martin Heidegger, *The Basic Problems of Phenomenology*, p. 11.

出是问题的时候，某种特定的是者具有优先性？这种作为范本的是者是什么？它又在何种意义上具有优先性？"[1] 从康德哲学的意义上说，自在之物的特点就是它们未能为人所知。因此，如何绕开这个"自在"的陷阱就是解答上述问题的关键。海德格尔认为，只有人这种思考是，并且在一定程度上决定着自己之所是的是者，才能满足上述要求。

海德格尔对人作为是者的特殊性进行了如下说明。首先，在物论意义上，人之所是由其生存所决定；其次，在是论意义上，人的生存特性决定了人本身具有"是论性质"，即人之所是取决于人如何生存；最后，人的生存本身就包含对是的理解，而这种理解又构成人之所是的一部分，因此可以为是论提供物论的基础。"由此可以证明，人是在一切其他是者之前需要在是论意义上首先被探究的是者。"[2]

人在物论上的上述优先性，决定了人之所是与是本身的紧密关联，即人之所是向是敞开，人具有是之可能。"人是这样一种是者，它的是有其独特性，即敞开着立于是之无蔽中，从是而来，在是中生存。人的生存论本质使之能够表象是者，并能够意识到这种表象。"[3] 海德格尔强调："我们把人是其所是的形式称为生存。生存只有在对是加以理解的基础上才成为可能。"[4] 由此，海德格尔认为，"人具有某种前是论的是作为他的物论结构。人是其所是的方式在于，他在是中理解是这种东西"[5]。一句话，人是其所是的方式就是理解是并因其理解而是其所是。因此，人对是的理解与是之间就构成连续反馈的关系。后来的解释学研究者非常重视这一特点，进而强调社会科学作为理解的科学不仅解释社会，而且在解释中改变着社会。

海德格尔认为，"是论不可能建立在纯粹是论的基础上。它的可能性要回溯到某种是者，某种物论意义上的是者，那就是人。是论有其物论的

---

[1] 参见海德格尔：《海德格尔文集·存在与时间》，陈嘉映、王庆节译，熊伟校，陈嘉映修订，商务印书馆2016年版，第11页。Martin Heidegger, *Being and Time*, trans. by Joan Stambaugh, State University of New York Press, 2010, pp. 5-6.

[2] 参见同上书，第20页。Martin Heidegger, *Being and Time*, p. 12.

[3] 参见海德格尔：《〈形而上学是什么？〉导言》，载《海德格尔文集·路标》，第445页。Martin Heidegger, "Introduction to 'What Is Metaphysics?'," in *Pathmarks*, p. 284.

[4] 参见海德格尔：《海德格尔文集·康德与形而上学疑难》，王庆节译，商务印书馆2018年版，第241—242页。Martin Heidegger, *Kant and the Problem of Metaphysics*, trans. by Richard Taft, Indiana University Press, 1991, p. 159.

[5] 参见海德格尔：《海德格尔文集·存在与时间》，第26页。Martin Heidegger, *Being and Time*, p. 17.

基础,这一事实在迄今为止的哲学史上一再显现出来。比如,亚里士多德早就有一句名言:第一科学,即关于是的科学,是 theology[1]。哲学作为人的此间之是的自由创造,其可能和命运与人的生存,同时也与时间性和历史性密切相关,而且这种关系比其他任何科学都更具本源性"[2]。哲学本身就是人之所是的根本体现,因此要了解是,就不仅要去认识人之所是,而且要去践行人之所是。

当然,海德格尔这里所说的人,并不是抽象思想的对象,而是思想着或者说探问着是问题的具体的人。因此,对人的研究根本上是人的一种生存体验,而且是现象学和解释学意义上的生存体验,而对人之所是的研究也就是思想对思想自身的研究,以及思想对其与是的关系的研究,从某种意义上说,仍然是笛卡尔的"我思"之思。海德格尔谈论尼采时指出:"思想家之思就是他与是者之是的关联。"[3] 他具体解释道:"审视、领会、把握、选择和通达,都是构成探究活动的组成部分,因而它们本身就是某种特定的是者,即作为探究者的我们这种是者之是的样式。因此,解答是问题意味着使某个是者即发问者在其所是中变得透明。提出是问题,作为某一是者之是的样式,本质上又由其问及之物即它之是所决定。"[4]

在此可以清楚地看到,人之是的一个根本特点就是这种是不仅思考是,而且具有明显的动态特征,即他的思想与是直接在是中相关。海德格尔指出,形而上学热衷于在是者中寻找是,但"思想越是排他性地转向是者,并且试图寻求最显而易见地是的基础……哲学就越是明显地远离是之真"。即要不转向虚无,要不转向神学。那么哲学如何能够"放弃形而上学而不至被虚无所俘获呢?"海德格尔的回答是:"此间之是即是之真的基础。"因此,"人越少地作为是者,越少地执着于他所发现的他之所是,就

---

[1] Theology,通常指神学,但海德格尔对这个词的起源有专门的研究,认为它指的是关于最本源的是者的科学。

[2] 参见海德格尔:《海德格尔文集·现象学之基本问题》,第 25 页。Martin Heidegger, *The Basic Problems of Phenomenology*, pp. 19-20.

[3] 参见海德格尔:《海德格尔文集·什么叫思想?》,孙周兴译,商务印书馆 2017 年版,第 99 页。Martin Heidegger, *What Is Called Thinking?*, trans. by Fred D. Wieck and J. Glenn Gray, Harper & Row, 1968, p. 85.

[4] 参见海德格尔:《海德格尔文集·存在与时间》,第 12 页。Martin Heidegger, *Being and Time*, pp. 6-7.

越接近于是。"他在此特意加了个解释:"并非佛教,恰好相反。"[1] 也就是说,这里对是者的否定并非佛教意义上对虚无的追求,而是对确定性的放弃,对可能性的敞开。人之所是向着是之可能性的敞开,才是海德格尔把人这种是者作为理解是的出发点的根本原因。

因此,人与是的关系就包括四个基本的方面:第一,人乃是之思考者与守护者;第二,人向是敞开;第三,相应地,是也向人敞开;第四,所谓客观性的问题需要得到重新思考。

第一,人乃是之思考者与守护者。

海德格尔强调,人作为一种是者,与其他是者的根本区别在于他思考是,或者说对是的思考构成了人之是的基本部分。通过这种思考,人之所是直接关联于是。"人作为是者不仅仅是诸多是者之一。这一是者在其所是中关注于是本身的事实,使之从物论上与众不同。因此,构成人之所是的,就是在其是中与是具有某种是的关系。这也就意味着,人在其是中以某种方式和某种明晰度理解着他自身。这一是者的本质,就在于他之所是在其是的过程中并通过这种是而向自身敞开。对是的理解本身就是人之所是的规定。人在物论上的与众不同就在于,这种不同具有是论的意义。"[2]

海德格尔认为,与"人是理性的动物"这一传统上对人的定义相比,更深刻的对人的理解是"人是思考是的动物"。虽然西方思想把人规定为拥有语言的动物,从而暗示了人处于与是的关联中,通过因应于是而生存,但这一点一直隐而不彰。"在迄今为止的西方思想史中,这个追问是的问题没有被提出来——或者更确切地讲,在这个角度,是本身对人而言一直被遮蔽。"[3] 换言之,人是什么与是是什么这两个问题密切相关。如海德格尔所说:"人之所是中包含是之理解。理解在理解行动中成其所是。如果世间之是这种是本质性地属于人,那么对世间之是的理解就成为人对是之理解的本质内容。"[4]

---

[1] 参见海德格尔:《海德格尔文集·哲学论稿(从本有而来)》,孙周兴译,商务印书馆2014年版,第199页。Martin Heidegger, *Contributions to Philosophy（Of the Event）*, trans. by Richard Rojcewicz and Daniela Vallega-Neu, Indiana University Press, 2012, p. 134.

[2] 参见海德格尔:《海德格尔文集·存在与时间》,第18页。Martin Heidegger, *Being and Time*, p. 11.

[3] 参见海德格尔:《摘自与一位佛教和尚的对话》,载《海德格尔文集·讲话与生平证词(1910—1976)》,孙周兴、张柯、王宏健译,商务印书馆2018年版,第702—703页。

[4] 参见海德格尔:《海德格尔文集·存在与时间》,第125页。Martin Heidegger, *Being and Time*, p. 84.

当然，在海德格尔看来，人不仅是是的思考者，同时也是是的守护者，或者说是是得以呈现的前提，因为是只有在对它的理解中才向人显现。[1] 海德格尔曾经提出过以下疑问："如果仅有物存在，会有单纯的物这种东西吗？那就不可能有任何物，甚至连无都没有，因为在一个仅由物占据的领域，甚至也不存在'有'。有这个'有'吗？"[2] 这段充满庄子味道的话表明，没有人的理解与守护，就无所谓是与不是。反过来，对是的理解与守护乃人之为人的基础，如果没有对是的理解与守护，人就不成其为人。所以，海德格尔指出："驻足于是之通透与光亮中的我们是被带入时间—游戏—空间的受馈者。这意味着我们卷入并被这个游戏空间所用，为这一是之通透与光亮赋形，在最广泛和多样的意义上对其加以守护。"[3]

第二，人向是敞开。

海德格尔指出：人"作为是者，像石头、树木、雄鹰一样属于是之整体。在这里，'属于'的意思是跻身是者之中。但人的独特性在于，作为思想的是者，他向是敞开，与是面对，因此关联于是并且回应着是"[4]。换言之，"人是理解着是，并且在这种理解的基础上生存的是者，万物之中，它以敞开者的身份面对诸是者。"[5] 人向是敞开，意味着人对是的理解及人之所是因这种理解而具有可变性。在海德格尔思想早期，虽然他还采用"人的形而上学"这样的表述，但也已经明确意识到："人的形而上学不只是有关人的形而上学，而且是作为人之所是必然发生的形而上学。原因在于它不可能像动物学是有关动物的科学一样，成为'有关'人的形

---

[1] 参见海德格尔：《海德格尔文集·现象学之基本问题》，第20页。Martin Heidegger, *The Basic Problems of Phenomenology*, p. 16.

[2] 参见海德格尔：《哲学观念与世界观问题》，载《海德格尔文集·论哲学的规定》，孙周兴、高松译，商务印书馆2015年版，第67页。Martin Heidegger, "The Idea of Philosophy and the Problem of Worldview," in *Toward the Definition of Philosophy*, trans. by Ted Sadler, Continuum, 2002, p. 52.

[3] 参见海德格尔：《根据律》，载《海德格尔文集·根据律》，张柯译，商务印书馆2016年版，第182—183页。Martin Heidegger, *The Principle of Reason*, trans. by Reginald Lilly, Indiana University Press, 1991, p. 86.

[4] 参见海德格尔：《同一律》，载《海德格尔文集·同一与差异》，孙周兴、陈小文、余明锋译，商务印书馆2014年版，第39页。Martin Heidegger, *Identity and Difference*, trans. by Joan Stambaugh, Harper & Row, 1969, p. 31.

[5] 参见海德格尔：《论真理的本质——柏拉图的洞喻和〈泰阿泰德〉讲疏》，赵卫国译，华夏出版社2008年版，第75页。Martin Heidegger, *On the Essence of Truth*, trans. by Ted Sadler, Continuum, 2002, p. 56.

而上学。人的形而上学绝非固定不变供人使用的'工具',随着形而上学的可能性的出现,它必须在观念的变化中不断更新自身。"[1]

海德格尔就《存在与时间》中通过对人的分析通达对是的思想之路径进行了清楚的说明:"如果说对是的理解归属于人,那么就必定可以通过对这个是者的分析来澄清是之理解的结构、条件和可能性。对人的分析试图通过对一些本质性的生存现象(良知、死亡、罪欠)的是论阐释,澄清人之所是的基本结构。它表明,时间性(人的历史性也植根于其中)乃人的生存论机制之可能性的是论条件。""如果人之所是建基于时间性,那么甚至这个是者的本质机制所包含的对是的理解也只有在'时间'基础上才有可能。因此就有必要表明,'时间'如何作为是之理解的视域发挥作用。"在此基础上,全部是论的基本问题,即关于是之一般意义的问题,就有可能获得答案。[2] 这个思路并不复杂,即通过对人之所是的理解,发现时间性在此理解中的核心作用,进而把时间因素引入对是的一般性理解,从而得到对是本身的恰切理解。这里的关键是时间性,而时间性正是人向是的开放的本质体现,因为时间意味着变化与可能,永恒不变之物没有时间。

人对其所是的认识变化本身就是人之所是的变化。海德格尔因而认为:"人本质上就是而且只是这种回应于是的关系。这个'只是'并不意味着限制,而是溢出。对是的归属支配着人,这种归属倾听着是,因为它被是所涵有。"[3] 换言之,人向是敞开,决定了对是的理解即人之所是。"对人之本质的规定绝不会是答案,在根本上说是个问题。""要提出人是谁的问题,必须从本质上关联于他与是的关系如何这个问题。"[4]

海德格尔认为,"人是一种在其所是中自身之是成为问题的实体"[5]。

---

[1] 参见海德格尔:《海德格尔文集·康德与形而上学疑难》,第250—251页。Martin Heidegger, *Kant and the Problem of Metaphysics*, p. 162.

[2] 参见海德格尔:《作者广告:马丁·海德格尔〈存在与时间〉第一部(1927年)》,载《海德格尔文集·面向思的事情》,陈小文、孙周兴译,商务印书馆2014年版,第127—128页。

[3] 参见海德格尔:《同一律》,载《海德格尔文集·同一与差异》,第39页。Martin Heidegger, *Identity and Difference*, p. 31.

[4] 参见海德格尔:《海德格尔文集·形而上学导论》,王庆节译,商务印书馆2017年版,第169页。Martin Heidegger, *Introduction to Metaphysics*, trans. by Gregory Fried and Richard Polt, Yale University Press, 2000, p. 149.

[5] 参见海德格尔:《海德格尔文集·时间概念史导论》,欧东明译,商务印书馆2014年版,第458页。Martin Heidegger, *History of the Concept of Time: Prolegomena*, trans. by Theodore Kisiel, Indiana University Press, 1985, p. 293.

人之是，就在于能够思考自己之所是，并在此基础上改变其所是。这是人之根本，是比逻各斯和理性更深刻的人之本性。正是在此意义上，海德格尔提出："就其本质而言，人只有立身于是之通透与光亮中，才是思想着的是者。在思想史上，这意味着回应是的要求，并在此基础上展开一场关于是者之是的对话。"[1] 在哲学的开端处，希腊人对人的理解是"人之所是建基于是者之是的开启"，而在哲学的终结处，人仅仅被理解为理性的动物。人与逻各斯之间的关系发生了根本变化。[2] 海德格尔不无感慨地说："初看上去，'是'像一个含义飘忽不定的空洞字眼，又像诸多可确定事实之一。但最终，这个看起来无可追问也无法追问之物却被证明为最值得探问之物。是与对是的理解并非现成事实。是乃本质性的发生，有了它，历史性的此间之是才在整体开放的是者中获得了其唯一的基础。"[3]

第三，是向人敞开。

是向人敞开，意味着是需要由人开启，或者说需要人才得以呈现。"只有当是通过对人的索求与人相涉时，才会呈现并逗留于此，因为只有人，向是敞开的人，才会让是到场呈现。呈现需要通透的开启，同时又因此而与人玄同。当然，这并不意味着人而且只有人确立了是，而是说人与是相互涵有。"[4] 海德格尔从根本上认识到，是问题就是人的问题，或者说是一个只对人有意义的问题。他明确表示："是之真（因而也就是是本身），只在有人的地方和时候才本质性地发生。""（1）玄同在自身中为此间之是建基。（2）此间之是为玄同建基。"[5]

因此，人与是之间存在着相互需要的关系。"人之本质归属于是之本质，为是之本质所需要，使是之呈现得以安全地进入是之真。"[6] 海德格尔在一次访谈中表示："是问题以及对此问题的阐明恰恰以某种对人的理

---

[1] 参见海德格尔：《根据律》，载《海德格尔文集·根据律》，第182—183页。Martin Heidegger, *The Principle of Reason*, p. 86.

[2] 参见海德格尔：《海德格尔文集·形而上学导论》，第210—211页。Martin Heidegger, *Introduction to Metaphysics*, pp. 186-187.

[3] 参见同上书，第241页。Ibid., pp. 215-216.

[4] 参见海德格尔：《同一律》，载《海德格尔文集·同一与差异》，第39—40页。Martin Heidegger, *Identity and Difference*, p. 31.

[5] 参见海德格尔：《海德格尔文集·哲学论稿（从本有而来）》，第308页。Martin Heidegger, *Contributions to Philosophy (Of the Event)*, pp. 205-206.

[6] 参见海德格尔：《转向》，载《海德格尔文集·同一与差异》，第122页。Martin Heidegger, "The Turning," in *The Question Concerning Technology and Other Essays*, trans. by William Lovitt, Garland Publishing, 1977, p. 40.

解，即关于人之本质的规定为前提。我的基本想法是，是或者说是之敞开状态需要人，反过来，只有当人置身于是之敞开状态，才成其为人。"[1] 在另一个地方，他讲得更简明扼要："是需要人，方得以本质性地发生，而人归属于是，方得以实现其作为此间之是的终极天命。"[2] 总之，"人与是相互涵有。它们彼此相属"[3]。"如果我们把思想理解成人的独特标志，我们就会意识到人与是之共属一体。"[4]

海德格尔认为，"因为是与人之本质的关系既把是带入显现，又使人之本质得以实现，从而驱动着一切事物，所以这一关系必定已经在西方形而上学的开端处得到表达"[5]。正因为人向是敞开，是也因人而变化，所以他强调："人与是相关联——倒过来说也就是，是及其真与人相关联。"[6] 也就是说，思想不可能从脱开是的人开始，也不可能从脱开人的是开始。换言之，思想不是一条单行线，它既不可能从人之本质出发导向是，亦不可能从是出发导向人。相反，任何一条思想道路都只能穿行于人与是的全部本质联系，否则就不可能是思想。[7] 认识到人的问题与是问题乃同一问题，这也许是海德格尔最终放弃写作《存在与时间》后续部分的基本原因。[8] 因为既然人的问题就是是问题，那么就不存在从人之是再上升到是之一般的余地，脱开人的是原本就不存在。

---

[1] 参见海德格尔：《马丁·海德格尔在谈话中（1969年9月17日）》，载《海德格尔文集·讲话与生平证词（1910—1976）》，第840页。

[2] 参见海德格尔：《海德格尔文集·哲学论稿（从本有而来）》，第295页。Martin Heidegger, *Contributions to Philosophy (Of the Event)*, p. 198.

[3] 参见海德格尔：《同一律》，载《海德格尔文集·同一与差异》，第40页。Martin Heidegger, *Identity and Difference*, pp. 31-32.

[4] 参见同上书，第38页。Ibid., p. 30.

[5] 参见海德格尔：《海德格尔文集·什么叫思想？》，第121页。Martin Heidegger, *What Is Called Thinking?*, pp. 106-107.

[6] 海德格尔：《一个序言——给理查森的信》，载《海德格尔文集·同一与差异》，第158页。William J. Richardson, *Heidegger: Through Phenomenology to Thought*, Fordham University Press, 2003, p. XX.

[7] 参见海德格尔：《海德格尔文集·什么叫思想？》，第93页。Martin Heidegger, *What Is Called Thinking?*, pp. 79-80.

[8] 在1932年9月18日致布洛赫曼的信中，海德格尔明确表示："我不可能再写《存在与时间（Ⅱ）》，也根本不会再写任何专著了。"（参见约阿希姆·W. 斯托克编：《海德格尔与布洛赫曼通信集》，李乾坤等译，南京大学出版社2017年版，第103页。Martin Heidegger and Elisabeth Blochmann, *Briefwechsel, 1918-1969*, ed. by Joachim W. Storck, Deutsche Schillergesellschaft, 1989, p. 54.）

第四，重新思考客观性问题。

海德格尔指出，传统认识论认为，认识不过是由认识者主动发起的，存在于认识者思想内部的过程。这个过程既不会对认识者产生影响，更不会对被认识者产生影响。也就是说，传统认识论并没有深入思考以下问题："进行认识的主体是如何走出其内在'领域'，进入'他者和外部'的？认识到底如何才能有一个对象？以及如何思考对象本身，才能使主体最终在认识对象的同时不至于冒险一跃，进入另一个领域？"[1]

思想与是的关系表明，传统的主客两分不适用于对是的理解，因为这一思想的内容就是思想与是的关系，思想既是认识者又是被认识者。海德格尔针对《存在与时间》中对人与是的关系的处理方式指出："在《存在与时间》中，问题被设置于主体性领域之外，以此同所有的人类学问题保持距离，唯一具有决定意义的是在持续关注是问题的同时对此间之是的体验。""《存在与时间》所追问的'是'不再可能是某种人类主体设定之物。相反，作为由其时间特性所烙印的当下呈现，是向人行进。因此，甚至在《存在与时间》对是问题的最初探讨中，思想已经要求某种转变。"[2]

此外，人向是敞开意味着是改变着人，是向人敞开则意味着人影响着是，这个双向过程拒绝纯粹的主客关系："人已经拥有一个由他自己建构的世界，要'证明'外部世界的存在就否认了在世界中是的超越性。"[3]正是在这个意义上，海德格尔指出："若干个世纪以前，哲学开始置喙于这个问题：我们内部的观念是否对应于我们外部的现实？有人说是，有人说否，还有人说这个问题根本无从解决。我们只能说，世界——在此亦即实在整体——就其为我们所表象而言才在此。"[4]

基础"是"论

海德格尔曾把对人之所是的理解作为把握是之一般的基础，所以在一

---

[1] 参见海德格尔：《海德格尔文集·存在与时间》，第89页。Martin Heidegger, *Being and Time*, p. 60.

[2] 参见海德格尔：《一个序言——给理查森的信》，载《海德格尔文集·同一与差异》，第157页。William J. Richardson, *Heidegger: Through Phenomenology to Thought*, p. XVIII.

[3] Michael Gelven, *A Commentary on Heidegger's Being and Time*, p. 125.

[4] 参见海德格尔：《海德格尔文集·什么叫思想？》，第47页。Martin Heidegger, *What Is Called Thinking?*, p. 39.

段时间里他也称之为"基础是论"。"对人的一般性是论分析就是基础是论。"[1] 他也曾声称基础是论即关于人的形而上学:"它使形而上学本身成为可能。它与所有形式的人类学,甚至哲学的人类学都具有根本性的区别。建立某种基础是论这一想法,意味着揭示对人进行独特的是论分析的必要性,并且阐明为何目的、以何种方式、在何种界限之内,以及需要何种前提,方可提出什么是人这个具体问题。"[2]

基础是论的研究,集中体现为《存在与时间》这部著作。海德格尔表示:"《存在与时间》中的思考尝试在一条本源性的道路上把思想推向前进,以达到是之真。这种思想就是'基础是论'。它力图返回到关于是之真的思想由以产生的本质基础。"[3] 可以看出,海德格尔明确地把对人之所是的研究,视为对是论的一般性研究即形而上学的奠基性工作。"为形而上学奠基的问题,其根本在于人的此间之是的问题,它涉及人最深层的基础,涉及是即本质上的生存有限性这一认识。"[4] "是即本质上的生存有限性",这是海德格尔早期思想中的一个重要观点,也是连接基础是论与是论即形而上学的桥梁。他认为:"是论揭示的是人之所是的结构。因为形而上学可能性的基础在此打下,即建基于人的有限性之上,所以它被称为基础是论。这个名称锁定的是人的有限性问题,此问题对于理解是本身至关重要。"[5] "奠定形而上学的基础在整体上意味着揭示是论的内在可能性。"[6]

海德格尔后来放弃了基础是论这个名称,同时也放弃了为形而上学奠基的企图。他对此做过如下解释:他原本认为,虽然形而上学着眼于是者而忽略了是本身,但是,如果能够让其转向是,就可以为之找到真正的基础。这是基础是论这一思想的来源。但他后来意识到,"问题在于实现从

---

[1] 参见海德格尔:《海德格尔文集·存在与时间》,第 22 页。Martin Heidegger, *Being and Time*, p. 13.

[2] 参见海德格尔:《海德格尔文集·康德与形而上学疑难》,第 9—10 页。Martin Heidegger, *Kant and the Problem of Metaphysics*, p. 1.

[3] 参见海德格尔:《关于人道主义的书信》,载《海德格尔文集·路标》,第 423 页。Martin Heidegger, "Letter on 'Humanism'," in *Pathmarks*, p. 271.

[4] 参见海德格尔:《海德格尔文集·康德与形而上学疑难》,第 247—249 页。Martin Heidegger, *Kant and the Problem of Metaphysics*, p. 161.

[5] 参见同上书,第 251—252 页。Ibid., p. 163.

[6] 参见同上书,第 20 页。Ibid., p. 8.

形而上学到重返是之真的转变。只要这种思想还自称为'基础是论',那它就以这个命名阻碍并且模糊了自己的道路。'基础是论'这个名称暗示着尝试思考是之真,而不是像所有本体论一样关注是者之真。但作为基础是论,依然是某种本体论。事实上,重返是之真的努力,作为向形而上学基础的回归,从它迈出第一步的时候开始,就已经离开一切本体论的领域了。"[1]

不过,在一段时间里,海德格尔对形而上学还是采取了比较暧昧的态度。虽然他不再试图为形而上学重新奠基,但也没有放弃形而上学本身。用他自己的话来说:"这样一种重返是之真的思想不满足于形而上学,但也不反对形而上学,并与之对抗。……它并不把哲学连根拔起,反而为之深耕细耙。形而上学依然是哲学之首,但它并未触及思想之首。当我们思及是之真的时候,形而上学就被克服了。"他还认为,"人既是理性的动物,他就是形而上学的动物",因此"如果我们的思想在返回形而上学的基础方面获得某种成功,就有可能使人的本质伴随形而上学的转变而出现某种变化"。[2] 实际上,直到20世纪40年代以后,海德格尔才彻底放弃了形而上学,以及被理解为形而上学的是论即本体论,转而拥抱单纯的思想,转向对玄同和无的思考,从而真正超越了形而上学。

第二节　此间之是与人的心境

在世界中"是"

海德格尔认为,人之所是最根本的特点,就是"在世界中是",或者说"在世界中是"是对人的一切认识和规定的基本出发点。他非常简明地表达了这一基本立场:"如果要问在对认识的现象学发现中显现出来的是什么,那么我们必须记住的是:认识本身先行奠基于'已经在世界之中

---

[1] 参见海德格尔:《〈形而上学是什么?〉导言》,载《海德格尔文集·路标》,第452页。Martin Heidegger, "Introduction to 'What Is Metaphysics?'," in *Pathmarks*, pp. 288-289. 是论是从海德格尔的意义上对ontology一词的翻译。但在传统形而上学中,ontology指的是对世界本体即最高是者的研究,因而通常被译为"本体论"。

[2] 参见同上书,第436页。Ibid., p. 279.

是',这本质性地构成了人之所是。"[1] 把这句话倒过来说,就是人之所是的本质,即在世界中是,而这又规定了认识的本质。海德格尔因此认为:"把在世界中是作为人之所是的基本构造,意味着对人之本质(作为人最本己的、内在的可能性)的某种判定。……在世界中是这一说法并不出自对人的实际表现的观察,它根本就不是一个物论的陈述。它关切的是一般而言对人具有决定意义的基本事态,因而具有是论论题的特性。"[2]

诚然,亚里士多德早就指出,人是社会的动物。但亚里士多德这个命题的含义,在于人只有在社会生活中,在与他人的联系与互动中,才能实现其本质,即养成人的各种道德品性而使人格臻于完善。与此不同,海德格尔强调的则是人在特定的时间与其周遭世界的天然而具体的联系,这种联系与任何人的意愿无关,人是被"命运"抛入他所处的世界,并且在此世界中,在与他人的各种关联中,在各种牵挂中选择与行动。另外,人之所是的特点也使其既不能自外于,但也不至于完全受制于他所处的世界,这就决定了人作为一种可能性的根本性质,海德格尔称之为"被抛的投射"。

需要注意的是,海德格尔使用世界而非"社会"的表述自有其特定含义。他曾列举四种通常意义上对"世界"的理解:物论意义上的世界,即一切实体的总和,也就是所谓的"客观世界";是论意义上的"世界",即某个实体领域之所是,比如"数学家的世界";物论和生存论意义上的"世界",即某种特定的社会和文化环境,比如"文艺复兴的世界";以及是论和生存论意义上的"世界",即世界属性的先验特征。[3] 但是,他本人的世界观念与以上四种理解都有所不同。海德格尔强调:"世界并非现存实体的总和。非常一般地说,它并不存在。它是对世间之是的规定,是人之所是的结构模式的一个环节。世界是某种类乎人的东西。它不像物那

---

[1] 参见海德格尔:《海德格尔文集·存在与时间》,第 90—91 页。Martin Heidegger, *Being and Time*, p. 61.

[2] 参见海德格尔:《论根据的本质》,载《海德格尔文集·路标》,第 166 页。Martin Heidegger, "On the Essence of Ground," in *Pathmarks*, pp. 110-111.

[3] 参见海德格尔:《海德格尔文集·存在与时间》,第 96—97 页。Martin Heidegger, *Being and Time*, pp. 64-65.

样存在,而是与人一样,与我们一样在此是,也就是说,它生存。"[1]

说世界"生存",意在强调世界与人,即作为此间之是或者说世间之是的人的活生生的关联。海德格尔因此说:"从是论意义上说,'世界'并非对人之外的那些是者的规定,而是人本身的属性。"[2] "相应地,'世间的'指的是人之所是的情形,而不是世界上客观存在的某物之所是。"[3]他对世界的特性进行了如下几个方面的描述:"第一,世界指是者之是的'如何',而不是是者本身。第二,这个'如何'规定了作为整体的是者。在根本上它作为一般性的界限和尺度,决定了每一种'如何'的可能性。第三,这个'如何'作为整体在一定程度上具有投射性。第四,这个投射性的'如何'整体上与人的此间之是相关。因此,世界恰恰属于人的此间之是。"[4] 在某个地方,海德格尔甚至略显极端地表示:"世界通过人本身而被带到他面前,是所有情况下人因之而生存的相应的整体性。"[5]

因此,世界这个概念具有极强的主观性,但它也并非完全的主观之物。海德格尔对世界的含义进行过如下澄清:"它的确是主观性的,即它属于人,但正因此,它不像是者那样落入某个'主观性'主体的范围内。出于同样的理由,如果'客观性'指的是是者的对象性的话,那么世界也不仅仅是客观的。"[6] 简言之,世界超越了主客两分,但又是两者的交汇,世界以它自身的方式生成变化,用海德格尔自创的表达,就是"世界世界着"。[7] 世界并非各种现成物的单纯聚合,亦非通过人的表象加诸现成事物总和的观念中的框架。"世界世界着,它比一切我们安居其中的可触碰和可感知之物更丰满实在。世界绝非立身于我们面前、供我们细细打量的对象。只要诞生与死亡、祝福与诅咒持续地把我们带入是,世界就永

---

[1] 参见海德格尔:《海德格尔文集·现象学之基本问题》,第239—240页。Martin Heidegger, *The Basic Problems of Phenomenology*, p. 166.

[2] 参见海德格尔:《海德格尔文集·存在与时间》,第96页。Martin Heidegger, *Being and Time*, p. 64.

[3] 参见同上书,第97页。Ibid., p. 65.

[4] 参见海德格尔:《论根据的本质》,载《海德格尔文集·路标》,第168页。Martin Heidegger, "On the Essence of Ground," in *Pathmarks*, p. 112.

[5] 参见同上书,第187页。Ibid., p. 122.

[6] 参见同上。Ibid.

[7] 类似的表述还有"物物着""环环着"。海德格尔的这种表达,意在避免用某些普遍化的或者类比化的表达叙述某种特殊的现象。比如说,"物存在""物是","环存在""环是"等,为的是使某事能够得到与之切合的叙述和理解。

远不可能作为被理解为主体的我们所面对的客体。在关于我们历史的本质性决断发生之处，在我们接受或者放弃这些决断之处，在它们变得不可识别或者被重新追问之处，世界世界着。"[1]

这意味着有了人，才有世界。"人之所是的本质就在于形成世界"，而物则只能"进入世界"。[2] 海德格尔认为，传统是论忽略了世界因人而是这个特点，从而把世界理解为客观存在的是者总和即自然。但是，"从是论和范畴论的意义上说，自然乃世界之内可能的是者之所是的极限状况。人把是者发现为自然，只因他以特定的方式在世界中是，而这种发现具有某种使世界'去世界化'的性质。作为在世界中照面的某个特定是者之是的结构性范畴内容，自然绝不能使世界之为世界得到理解。甚至'自然'这一现象，……也只有通过世界的概念，即通过对此间之是的分析，才能在是论上得到把握。"[3]

从以上海德格尔的论述可以看出，他所说的世界更多的是一种关系，即"意蕴的指引整体"[4]。"知识、怀疑和信仰都是人与世界中的特定现象相对而形成的关系。但世界并非知识可能的对象，因为它根本就不是对象，亦非实体或者实体的总和。它是在是论意义上基于某种指引关系整体的领域或视域，实体在其中得以显现。它也是任何世内关系得以成为可能的条件，所以不可能通过任何此类关系得到分析。把世界理解为一个巨大的对象或者对象的集合、一个作为知识可能对象的整体，而不是一切知识的可能对象得以现身之处，这种观点奠定了笛卡尔的主体和世界概念，并因此为怀疑主义打开了方便之门。"[5]

因此，"世界并非是者之全体，亦非是者本身之可通达性，或者作为

---

[1] 参见海德格尔：《艺术作品的本源》，载《海德格尔文集·林中路》，孙周兴译，商务印书馆 2015 年版，第 33 页。Martin Heidegger, "The Origin of the Work of Art," in *Off the Beaten Track*, trans. by Julian Young and Kenneth Haynes, Cambridge University Press, 2002, p. 23.

[2] 参见海德格尔：《论根据的本质》，载《海德格尔文集·路标》，第 188—189 页。Martin Heidegger, "On the Essence of Ground," in *Pathmarks*, p. 123.

[3] 参见海德格尔：《海德格尔文集·存在与时间》，第 97—98 页。Martin Heidegger, *Being and Time*, p. 65.

[4] 参见同上书，第 177 页。Ibid., p. 119.

[5] S. 马尔霍尔：《海德格尔与〈存在与时间〉》，亓校盛译，广西师范大学出版社 2007 年版，第 114 页。Stephen Mulhall, *Routledge Philosophy Guidebook to Heidegger and Being and Time*, 2nd edition, Routledge, 2005, pp. 96-97.

这种可通达性基础的是者之显现状态"[1]。但是者在世中得以显现。"哪里有世界，是者就在哪里显现。"[2] 世界"是一个意义网络，它使实体能够显现自身或者被人所遭遇"[3]。正因为世界是一种关系的整体，所以它也就无所谓客观的存在。"如果没有人的绽出性生存，也就没有世界的在'此'。"[4] 可见，海德格尔的世界观念与传统形而上学具有根本性的差别。从后者的观点来看，人与世界是主体与客体、观察者与观察对象的关系，而在前者看来，人转变为"理解着的此间之是，他总是已经处于某个通过各种符号关系建构起来的世界之中"[5]。

最后，海德格尔强调，并非世界的单纯存在，而是其在时间性的统一视域中的开放性，才构成人在世界中是的根本前提。"当人们事实上在关切中与手边之物共处的时候，当他们关注到呈现者的时候，当他们对后者进行对象化的发现的时候，世界的存在已经预先被设定。也就是说，这一切只有作为世间之是的一种方式才有可能。世界在绽出的时间性的统一视域中具有超越性。它必须已经被绽出地开启，如此人们才能与世内的是者遭遇。时间性已经在其绽放的视域内保持自身绽放，并且在时间化自身的过程中返回在此遭遇的是者。"[6]

一位海德格尔的研究者概括了海德格尔对古希腊人的世界观念的理解，这在很大程度上正是海德格尔本人世界观念的反映。对希腊人来说，世界是一个大舞台，人及其同类与诸物一起在上面活动与互动。人在双重意义上具有呈现的性质。首先是呈现自身，其次他还呈现其他的是者。"现象"并非后来人们所理解的事物表面，而是是本身。只有现象者才是。

---

[1] 参见海德格尔：《海德格尔文集·形而上学的基本概念：世界—有限性—孤独性》，赵卫国译，商务印书馆2017年版，第406页。Martin Heidegger, *The Fundamental Concepts of Metaphysics: World, Finitude, Solitude*, trans. by William McNeill and Nicholas Walker, Indiana University Press, 1995, p. 284.

[2] 参见同上书，第392页。Ibid., p. 275.

[3] Paul Gorner, *Heidegger's Being and Time: An Introduction*, Cambridge University Press, 2007, p. 5.

[4] Cf. Joseph J. Kockelmans, "Heidegger on Time and Being," in *Martin Heidegger: Critical Assessments*, Vol. I, ed. by Christopher Macann, Routledge, 1992, p. 149.

[5] Cristina Lafont, "Hermeneutics," in *A Companion to Heidegger*, ed. by Hubert L. Dreyfus and Mark A. Wrathall, Blackwell, 2005, p. 270.

[6] 参见海德格尔：《海德格尔文集·存在与时间》，第496页。Martin Heidegger, *Being and Time*, p. 348.

观看是最高的感知形式。人作为世界的观看者反过来也被他人观看,被世界观看。整个宇宙中的一切都趋于显现,而人则努力把它们纯粹而清楚地表达出来,并使之达到最高程度的可见性。为此希腊人才发明了话剧,那是第二个世界舞台。对希腊人来说,整个宇宙都是一出舞台事件。人即是的开放之所。[1]

因此,"只是因为有了一个世界,此间之是本身,即最终我们称之为人的那种是,才可能是其所是"[2]。也就是说,人只有在世界中"绽出性地生存,他才是,才成其为人。他前出到是的开放性之中。至于是本身作为抛掷已经把人之本质投射为'牵挂',它就是这种开放性。被如此投射的人则立身于'是'的开放之中。'世界'就是人在其被投射的本质基础上前出于其中的是之通透。'在世界中是'意指绽出生存的本质,因为绽出之'出'就在那个被通透的维度上本质性地展开。从绽出生存的角度来思考,'世界'在某种意义上说就是在绽出生存范围之内并且为之存在的'超越者'"[3]。就此也可以说,"如果没有此间之是生存,也就没有世界在'此'"[4]。

"此间之是"

此间之是(Dasein)是海德格尔思想,特别是其前期思想中的一个关键表述,甚至可以说,对这个表述的全面理解,是解开海德格尔思想的一把钥匙。当然,在海德格尔的晚年,这个词的使用与是一道逐渐减少并且慢慢消失了。但是,这并不意味着它们所体现的思想也随之消失,而是因为海德格尔为其思想找到了更好的表达方式。

Dasein 在哲学中通常具有"实存"的含义。海德格尔有过如下总结:"在形而上学中,'Dasein'表示是者现实所是的途径与方式,其含

---

[1] 吕迪格尔·萨弗兰斯基:《来自德国的大师——海德格尔和他的时代》,靳希平译,商务印书馆 2008 年版,第 373—374 页。

[2] 参见海德格尔:《海德格尔文集·时间概念史导论》,第 316 页。Martin Heidegger, *History of the Concept of Time: Prolegomena*, p. 202.

[3] 参见海德格尔:《关于人道主义的书信》,载《海德格尔文集·路标》,第 415 页。Martin Heidegger, "Letter on 'Humanism'," in *Pathmarks*, p. 266.

[4] 参见海德格尔:《海德格尔文集·存在与时间》,第 495 页。Martin Heidegger, *Being and Time*, p. 348.

义是'单纯在此',或者在更原始的方向上再走一步,指的是'当下呈现'……因此,'Dasein'这个概念在第一开端中完整、真实的含义就是:从自身而来在无蔽状态下(在此)发生。……'Dasein'也指'这个Dasein',即实际存在的是者整体。Dasein因此只不过是拉丁文existentia(实存)一词的德文迻译。"[1]

在日常的德语中,Dasein指的则是人。海德格尔之前的哲学家,如康德、黑格尔,包括尼采等人,也用这个词指人,但同时又分别赋予其一些他们各自的定义。海德格尔曾对比过尼采与他自己对这个词的不同运用:"对尼采来说,'Dasein'与'世界'具有同样宽广的含义,有时他也用'生命'指人的生命和人的Dasein。与之相反,我们仅用'生命'一词指称植物性和动物性的是者,借此把人与这些是者区分开来。人之所是意味着比单纯的'生命'更多且不同的东西。此外,对我们来说,'Dasein'一词的含义与人之所是有明确的区别,也从根本上不同于尼采及其以前的传统对'Dasein'的理解。我们为'Dasein'赋予了一种在以往的哲学史上没有出现过的含义。这种用法上的区别并非出于我们不必要的固执,其中包含了本质性的历史必然。"[2]

一位海德格尔的研究者简要解释了海德格尔采用"此间之是"这个概念的原因:Dasein"从字面上翻译即'此间之是',当然,代之以人这个说法会更自然。海德格尔引入'Dasein'这个表述的理由包括多个方面。首先,在日常德语的用法中,这个术语确实指人,但主要是指人所独具的是之特性,这就使他的研究带上了是论色彩。其次,它可以使海德格尔避开其他一些被哲学家当作'人'的同义词的概念,它们往往与各种复杂且有误导可能性的理论关联在一起。像主体性、意识、精神或灵魂等,这些大词只会给海德格尔的研究带来各种先入为主之见。最后,'Dasein'这样一个不寻常的术语就像一块白板,没有任何能招致误解的内涵,它能够获得的仅仅是海德格尔赋予它的意义"[3]。

---

[1] 参见海德格尔:《海德格尔文集·哲学论稿(从本有而来)》,第349页。Martin Heidegger, *Contributions to Philosophy (Of the Event)*, p. 233.

[2] 参见海德格尔:《海德格尔文集·尼采》上卷,孙周兴译,商务印书馆2015年版,第288页。Martin Heidegger, *Nietzsche Volume Ⅱ: The Eternal Recurrence of the Same*, trans. by David Farrell Krell, Harper & Row, 1991, pp. 26-27.

[3] 参见 S. 马尔霍尔:《海德格尔与〈存在与时间〉》,第16—17页。Stephen Mulhall, *Routledge Philosophy Guidebook to Heidegger and Being and Time*, p. 14.

要之，海德格尔之所以采用此间之是这个表述，是为了避免既有的各种关于人的理论的影响。因此，他特别针对西方关于"人是理性的动物"这一规定进行过具体的说明："人的概念在其所有传统的范畴形式中，从根本上阻碍着我们作为事实性纳入视野之物。"也就是说，人的概念带有太多的先入之见。"这些此间之是一旦被称为人……就会被置入一些确定的范畴形式，因为人们马上就会用传统的定义即'理性的动物'指导他们的研究。"然而，"这个概念事实上早就离开了其本源的土壤，以及对其进行原初把握的可能性"[1]。特别是，用"理性的动物"来规定人的本质，体现了罗马和基督教对人的理解和误解，因为它"没有抓住'人是具有逻各斯的动物'这一规定的决定性意义。在希腊典型的学院派哲学（亚里士多德）中，逻各斯指的绝非'理性'，而是说话、交谈。因此，人是一种以言说方式来拥有他的世界的是者"[2]。

海德格尔之所以拒绝人的传统定义，还因为他认识到，任何对人的概念规定都不可能反映人丰富多变的特性。他曾引用德国哲学家舍勒的观点指出："不可能把各种关于人之本质的规定拼合在一起形成一个通行的定义：'人是如此浩瀚无垠、丰富多彩、复杂多样的东西，因此所有的定义都嫌太少。人有着太多的头绪。'"[3] 因此，海德格尔认为："《存在与时间》首次本质性地为 Da-sein 赋予了特定的含义，这个词不可翻译，也就是说，它与西方历史上由 Da sein 这个术语思考和表达的观点相龃龉。"[4] 所谓不可翻译，就是不可能使用任何其他现存的语词来表达海德格尔为 Dasein 赋予的独特含义。

对此，海德格尔自己有一段说明："对人这一实体，最常见的定义是理性的动物。原则上，我们将立足于由这一定义勾画出来的经验性和探问性的区域之外。需要确定的并非该实体的外观，相反，自始至终，需要理解的只有它是的方式。就是说，不是去了解它如何构成，而是它如何是以

---

[1] 参见海德格尔：《海德格尔文集·存在论（实际性的解释学）》，何卫平译，商务印书馆 2016 年版，第 36 页。Martin Heidegger, *Ontology — The Hermeneutics of Facticity*, trans. by John van Buren, Indiana University Press, 1999, p. 21.

[2] 参见同上书，第 28—29 页。Ibid., p. 18.

[3] 参见海德格尔：《海德格尔文集·康德与形而上学疑难》，第 227 页。Martin Heidegger, *Kant and the Problem of Metaphysics*, p. 147.

[4] 参见海德格尔：《海德格尔文集·哲学论稿（从本有而来）》，第 354 页。Martin Heidegger, *Contributions to Philosophy (Of the Event)*, p. 237.

及这种'如何'的特性。"[1] 换言之,"人的本质在于他的生存。因此,在他身上发现的特性并非某个客观在场、具有某种'外观'的是者当下呈现的'属性',而是他可能是的各种方式,仅此而已。这个是者之所是首先就是'是'。因此,我们用来指示他的'此间之是'这个称呼并不表明他是什么(如桌子、椅子、树),而是表明他是"[2]。

海德格尔强调,把人把握为此间之是,意味着对人及对是的理解方面一种根本性的变化。"如果沉思本身被是所玄同,它就把人转变为此间之是。"[3] 这是思想方向本身从是者朝是转变的结果。他又指出:"此间之是命名了人的是之历史的独特性,在此,它与作为'创造'、'态度'、'举止'等的'人性'无关。""此间之是也是'人',但意味着它要求人进行最本己的转变。""此间之是:能够保证人最本己的特征即作为是之真的守护者的场所。"[4] "此间之是为人的根本转变奠定基础,它是人'之'可能性,但这个所有格的含义完全不同,而且尚需奠基。""此间之是:从是之真奠基之时起就为人保留着的人最本己之处。"[5]

海德格尔就如何把握此间之是的意义给出了如下提示:"要理解此间之是,不能为其设立某些目的或目标,亦不能将其视为'人',或者以某种'人性'的观念去看待它。相反,应该以最切近日常状态的方式,即实际的此间之是事实上'是其所是'的方式,去理解它之所是。"[6] 在此间之是这个表述中,强调人"实际""是其所是"的就是"此"。海德格尔指出:"此"这个简单的指示词在这里具有极为重要的意义,它指的是人之是的具体发生即人之是的无蔽状态。他强调:"生存运动并非某种客观呈现者的移动。它由此间之是的延展所决定。我们称这种延展开来的伸展所特有的运动为此间之是的发生……揭示这一发生的结构及其可能性的生

---

[1] 参见海德格尔:《海德格尔文集·时间概念史导论》,第235页。Martin Heidegger, *History of the Concept of Time: Prolegomena*, p. 154.

[2] 参见海德格尔:《海德格尔文集·存在与时间》,第64页。Martin Heidegger, *Being and Time*, pp. 41-42.

[3] Martin Heidegger, *Mindfulness*, trans. by Parvis Emad and Thomas Kalary, Bloomsbury Academic, 2016, p. 38.

[4] Ibid., p. 278.

[5] Ibid., p. 115.

[6] 参见海德格尔:《海德格尔文集·时间概念史导论》,第235页。Martin Heidegger, *History of the Concept of Time: Prolegomena*, pp. 154-155.

存及时间性条件，意味着对历史性进行是论意义上的把握。"[1]

所以，"此"表达的首先是时间性。"此"即当下，是现时的每一个瞬间。海德格尔强调："此间之是的结构包含着特定的时间段。我需要'在每一个特定的瞬间是'，在此间之是这一根本特征中，我们获得了对人加以理解的出发点。"[2] 他进一步指出："与我自己所是的是者的这种是的关系，就把'是'刻画为'每一个瞬间的我之所是'。无论我是否明确了解这一点，也无论我是否在我之所是中迷失自己而混同于任何人，'是'的方式在本质上就是在每一特定瞬间成为我自己。因此，此间之是的本质特征就可以通过如下规定而得到充分把握：它是一种在切己的当下是其所是的实体。"[3] 海德格尔也把在每一个瞬间是其所是称为人之所是的"当前化"。"只有能够在这寂静漫长的道路上反复穿行的人，才适合成为未来的思想者。至于那些从未走上这样的道路，没有哪怕短暂地承受过站立在人向此间之是转变的当口所产生的根本性'时空'震颤的人，是不知道何谓'思想'的。"[4]

人之所是的时间性并非其特性的全部。在一次讨论班中，海德格尔和参与者关于此间之是的一段对话表明：此间之是意味着当下呈现，但又不能像法语常用的翻译那样，将其理解为"在此是"，因为它指的并非具体地在此时或者彼时是。在《存在与时间》中，此间之是被写成 Da-sein（此间—是），这个此（Da）指的就是人所呈现的通透与开放状态，也就是说，它并非单纯地在此是，而是通透地是。[5] 海德格尔指出："人本身就是这个'此'，即对他敞开的这个区域，他负责对这个敞开域的守护，

---

[1] 参见海德格尔：《海德格尔文集·存在与时间》，第 508 页。Martin Heidegger, *Being and Time*, p. 358. 海德格尔一般用两个德语词表达"发生"，一个是 geschehen，另一个是 vorkommen。通常他用前者指与人有关的"发生"。另外，在德语中历史一词为 Geschichte，与 geschehen 字形相似，而且在词源上有联系，所以海德格尔实际上也把 Geschichte（历史）当作 geschehen（发生）的名词形式，就此而言，geschechen 也可以译为"历史化"。Cf. John Macquarrie, "Heidegger's Language and the Problems of Translation," in *Martin Heidegger: Critical Assessments*, Vol. III, ed. by Christopher Macann, Routledge, 1992, pp. 53-54.

[2] 参见海德格尔：《海德格尔文集·时间概念史导论》，第 234 页。Martin Heidegger, *History of the Concept of Time: Prolegomena*, p. 154.

[3] 参见同上书，第 233 页。Ibid., p. 153.

[4] Martin Heidegger, *Mindfulness*, p. 31.

[5] 参见海德格尔：《海德格尔文集·讨论班》，王志宏、石磊译，孙周兴、杨光校译，商务印书馆 2018 年版，第 243—245 页。Martin Heidegger and Eugen Fink, *Heraclitus Seminar, 1966/1967*, trans. by Charles H. Seibert, University of Alabama Press, 1979, p. 126.

并在守护中将其展开。"[1] "是必须被理解为在通透中是。此用来表示敞开的广袤。"[2]

因此,"此"指的是人与世界之间的具体关系,是世界因人而呈现的敞开状态,也是人向世界开启自身的状态。就此而言,"此"并非单纯的时空位置,人也并非中立的观察者,而是世界的参与者[3]。海德格尔就此指出:"只有某种类似'此'的东西存在,才称得上'这里'和'那里'。这个'此',是当存在一种供人选择目标的境遇性整体的时候,我们趋于共同是之是。世界上存在的物质性的东西永远不可能成为'此',它只能在'此'被遭遇。对于我们称之为人的那样一种实体来说,他自身就是他的'此'。""此间之是,作为世间之是,作为在远方显现的是,就是这个此本身。此间之是这样的实体,从一开始就带有它的此,由此一个世界才能得到揭示。说此间之是从一开始就带有它的此,这指的并非不变意义上的所有物,而是生成,即成为它的此,这才是此间之是的本真意义所在。"[4] 所谓"在远方显现",指的就是某种可能性。这意味着,人并非作为某种具有既定性质的主体进入世界,而是在世界中,通过各种形式与世界互动,包括观察、思考与行动,在世界中成其所是[5]。

人只有在"此",方成其所是。"此"乃人之所是的基础[6]。所以,此间之是也意味着人与是之间的具体关系。海德格尔表示:"为了用一个单独的词同时表示是与人之本质的关系以及人与是之敞开状态(即'此')的本质关系,我们选择了'此间之是'这个称谓,来指人之为人所置身其中的那个本质领域。"[7] "'此间之是'命名的是某种场所,即是

---

[1] 参见海德格尔:《海德格尔文集·讨论班》,第 500 页。Martin Heidegger, *Four Seminars*, trans. by Andrew J. Mitchell and François Raffoul, Indiana University Press, 2003, p. 88.

[2] 参见同上书,第 458 页。Ibid., p. 69.

[3] Cf. Paul Gorner, *Heidegger's Being and Time: An Introduction*, pp. 5-6.

[4] 参见海德格尔:《海德格尔文集·时间概念史导论》,第 395—396 页。Martin Heidegger, *History of the Concept of Time: Prolegomena*, p. 253.

[5] 参见海德格尔:《时间概念》,载孙周兴选编:《海德格尔选集》上,上海三联书店 1996 年版,第 13 页。Martin Heidegger, *The Concept of Time*, trans. by William McNeill, Wiley-Blackwell, 1992, p. 7E.

[6] 参见海德格尔:《海德格尔文集·哲学论稿(从本有而来)》,第 391 页。Martin Heidegger, *Contributions to Philosophy (Of the Event)*, p. 261.

[7] 参见海德格尔:《〈形而上学是什么?〉导言》,载《海德格尔文集·路标》,第 442 页。Martin Heidegger, "Introduction to 'What Is Metaphysics?'," in *Pathmarks*, p. 283.

之真的处所,我们首先经验它,随后思考它。"[1] "'此'本质地发生,而且作为本质性的发生,它同时必定采取某种是的形式:此间之是。由此带来是之真的本质发生的坚定性。这一相互冲突的二重性本身就是一个谜。此间之是乃一种'居间'——是与是者之间。"[2]

海德格尔使用"此间之是"这个表述,还有一层用意是强调人之所是之被抛与投射的特征,即人的天命与可能。海德格尔表示:"我称之为此间之是的东西,本质上与我们仅仅以精神或者生命加以描述的东西有所不同。这个概念依赖人的原初的统一性与相关性的内在结构。人在一定程度上被肉体束缚,而且在此束缚中,体现出他与其他存在物之间紧密相连的是的状态。他在此状态中发现自身,不是居高临下的精神式的发现,而是作为此间之是,被抛入是者之间。他自由地突入那始终是精神性的,而且在终极意义上具有偶然性的是。这种是如此偶然,以至于此间之是生存的最高形式只能被回溯到他在生死之间逗留的极短暂的片刻。它如此偶然,以至于人只有在某些罕见的瞬间才在他的本己可能性的顶尖上生存,除此之外不过混迹沉浮于他周遭的是者之间。"[3]

当然,"此"的意义远不止让人成其所是。上文指出,海德格尔把对人之所是的研究作为对是之一般的研究的出发点。这一想法更深的理由在于,人之所是,即世间之是,即是敞开自身的"此"。离开人之所是,人们再没有其他途径可以认识是本身。"是之本质的问题与人是谁的问题密切相连。但要决定这里探问的人之本质,不能依赖虚无缥缈的人类学,因为本质上人类学对人的把握与动物学对动物的把握并无二致。关于人的问题,提问的方向与问题的范围只能通过是问题加以决定。根据开端处的隐秘指引,在是问题中,人的本质应当被把握并奠基为是为自身敞开而必需的场所。人就是那个自行敞开的'此'。是者立身于'此'并开始行动。因此我们说:人之所是,就其严格意义来说,就是'此间之是'。是开放自身的前景,必须原初地建立在此间之是的本质基础上。它才是是的敞开之所。"[4]

---

[1] 参见海德格尔:《〈形而上学是什么?〉导言》,载《海德格尔文集·路标》,第443页。Martin Heidegger, "Introduction to 'What Is Metaphysics?'," in *Pathmarks*, p. 283.

[2] 参见海德格尔:《海德格尔文集·哲学论稿(从本有而来)》,第408页。Martin Heidegger, *Contributions to Philosophy (Of the Event)*, p. 271.

[3] 参见海德格尔:《海德格尔文集·康德与形而上学疑难》,第314—315页。Martin Heidegger, *Kant and the Problem of Metaphysics*, p. 203.

[4] 参见海德格尔:《海德格尔文集·形而上学导论》,第245—246页。Martin Heidegger, *Introduction to Metaphysics*, pp. 219-220.

因此，对此间之是的把握，是人关于世界及自身的认识得以发生的枢机。"此间之是并非某种可以简单发现的、与某个客观呈现的人一同给出的东西。相反，此间之是乃是之真的基础，它因对作为玄同的是的基本经验而成为必然。"正是在这个意义上，海德格尔认为，对此间之是的把握亦是未来之人的建基。"此间之是乃未来之人的基础，此基础在建基中本质性地发生。""在这一此间之是基础上的人是：第一，（玄同的）寻求者；第二，是之真的守护者；第三，最后之神掠过之宁静的看护者。"[1]

在本书中，为了阅读方便，我们在一般情况下还是把 Dasein 简单地译为人，因为汉语中并不像西方传统那样，充满对人的概念的各种不同的定义和理论，相反，从某种意义上说，中国古典思想恰恰是在"此"把握人，所以从不对人进行定义。在需要强调海德格尔赋予这个表述的上述含义时，则译为"此间之是"。另外，海德格尔在其后期思想中还用这个表述指具体在"此"的时—空："（此间之是）作为时—空，并非通常的时间和空间概念，而是是之真建基的时机。"[2] 有时候也指某种具体的生活状态，比如"只要您不能在日本人的此间之是中生活"[3]。对于这些情况，本书将根据具体的语境进行灵活处理。

心境与生存表达

海德格尔主张，对人之所是的把握，不可能以本质论的方式，即通过回答人是什么这个问题进行，因为既然人是一种可能性，那么他就不存在不变的"本质"。因此，理解人之所是，只能通过所谓的"生存论"的方法，即通过描述他的生存状态进行。"人的生存作为历史的可能性，在某个特定的时间、某个具体的情境是确定的。但如果人们以为可以将其对象化并为哲学的好奇心提供一幅明晰的人生图画，那么它就已经被毁掉了。生存决不可能成为'对象'，它只能是。作为活生生的是者，他就在此是。"[4]因此，"即便一番粗略的考察也足以表明，我们自身所是的是者，

---

[1] 参见海德格尔：《海德格尔文集·哲学论稿（从本有而来）》，第 347—348 页。Martin Heidegger, *Contributions to Philosophy (Of the Event)*, p. 232.

[2] 参见同上书，第 384 页。Ibid., p. 255.

[3] 参见海德格尔：《从一次关于语言的对话而来》，载《海德格尔文集·在通向语言的途中》，孙周兴译，商务印书馆 2015 年版，第 105 页。

[4] 参见海德格尔：《海德格尔文集·存在论（实际性的解释学）》，第 25 页。Martin Heidegger, *Ontology—The Hermeneutics of Facticity*, p. 15.

即此间之是，根本不可能通过'这是什么？'的提问方式加以探究。只有通过提出'他是谁？'的问题，我们才得以接近这一是者。"[1]"这是什么"问的是本质，是人之一般，而"他是谁"问的则是人的生活样态，即人实际如何是。

这样一种对人的研究即所谓的"生存论"分析，一度构成海德格尔是论的基础。海德格尔强调："对人的生存论分析工作先于任何心理学、人类学，更不用说生物学。"[2] 生存论分析通过揭示人的实际生存状态，来具体回答人之所是的问题，因为人"这一是者的'本质'就在于去是，这一是者之所是必须通过他之是（生存）加以理解"[3]。

海德格尔对人的生存论分析当然并不是描绘人的方方面面，而是力图把握其"日常相"；也不是针对人类生存的某个特殊发展阶段，而是聚焦其生活中一些特殊的构成因素，这些因素即便人拥有了更发达的生活方式或者差异性的文化亦无从摆脱。[4] 当然，此类因素应该包括两个大的方面，即精神与行为，但海德格尔予以重点关注的是前者。为何如此，他并没有进行明确的说明。一种可能的解释是，如果关注行为因素，那么很难把人与其他动物明确区分开来。另外，他关注的精神因素亦非西方传统上强调的"理性"，而恰恰是一些"前理性"的"情绪"。这种选择一方面可以使他的分析摆脱关于人的各种既有理论的影响，另一方面也能够使之超越人的生存方式与文化方面的差异。

人在世界中生存，与物辩，与物交，自然会对身处其间的环境有所认识和判断，并且在精神上对其有所反应。这种反应，海德格尔称之为Befindlichkeit。他对此进行过如下说明："我们在是论上用Befindlichkeit这个术语所指的东西，在物论层面上就是人们最熟知和最日常的东西，即情绪，陷于某种情绪。在建立任何关于情绪的心理学（这是一片尚待耕耘的土地）之前，我们应把此现象视为一种基本的生存表达，并勾画出它

---

[1] 参见海德格尔：《海德格尔文集·现象学之基本问题》，第170页。Martin Heidegger, *The Basic Problems of Phenomenology*, pp. 119-120.

[2] 参见海德格尔：《海德格尔文集·存在与时间》，第68页。Martin Heidegger, *Being and Time*, p. 44.

[3] 参见同上书，第63—64页。Ibid., p. 41.

[4] 参见海德格尔：《海德格尔文集·时间概念史导论》，第236页。Martin Heidegger, *History of the Concept of Time: Prolegomena*, p. 155.

的结构。"[1] 我们可以把这一"生存表达"试译为"心境"。[2]

海德格尔如此规定心境这个表述的内容:"从积极的角度来看,心境是作为人而是的基本方式。……心境不是某种变动不居的纯主观之物,它是每一个人是其所是的本源性方式。它亦非最不稳定的东西,而是根本上给予人以持存和可能性之物。""心境是我们以不同方式自处的根本形式,是人'如何'是的基本方式。""心境即'某人处于某种状态'。它不是,而且从来不是我们的思想、行动和实践单纯的结果或者伴随现象。不太严格地说,它是人的思想、行动与实践的前提,是它们发生于其中的'媒介'。"[3] "在它们中,我们作为此间之是首次与自己相遇。"[4]

综上可见,海德格尔把心境规定为人自身显现的基本方式,也是人与是者之间特定的关联形式。"心境不仅仅是带上了主观色彩的经验,或者心理生活的附带现象的表达,而且是此间之是的基本方式,人以之自我调适,并以各种方式为自身所知……我们处于不同的心境,这意味着恰恰是心境让是者作为整体显现出来,也让我们在这些是者中向我们自身显现。心境与心境的变化并非关于某种心理状态的知识,而是人在所有情况下面对是者整体之特殊显现的方式,而这也就意味着此间之是在此整体中的自身显现。"[5]

心境是人在是者之间即在与世界的关系中是其所是的基本方式,从而也就是人与世界之间相互呈现的方式,是人的"此"。"人'拥有'他的世界。在将其作为一个被开启的世界而拥有的同时,人发现自身即拥有某种心境。"[6] 由此可见,心境这个表述具有比较明显的被动色彩,所以有海德格尔的研究者在指出它与英语的"精神状态"(state of mind)的区别

---

[1] 参见海德格尔:《海德格尔文集·存在与时间》,第193页。Martin Heidegger, *Being and Time*, p. 130.

[2] 中文习惯上译为"现身情态",英语翻译则有"attunement"、"disposition"和"state of mind"等。

[3] 参见海德格尔:《海德格尔文集·形而上学的基本概念:世界—有限性—孤独性》,第101页。Martin Heidegger, *The Fundamental Concepts of Metaphysics: World, Finitude, Solitude*, pp. 67-68.

[4] 参见同上书,第102页。Ibid., p. 68.

[5] 参见同上书,第403—404页。Ibid., p. 283.

[6] 参见海德格尔:《海德格尔文集·时间概念史导论》,第398—399页。Martin Heidegger, *History of the Concept of Time: Prolegomena*, p. 255.

时认为:"看来最好把'Befindlichkeit'解释为人受到世界的影响,以及发现他所遭遇的实体与环境将对其产生影响,而他无论如何对此都没有完全的控制能力的可能性。"[1] 另有研究者指出:"通过心境,人发现自身的处境。我是,以及我拥有我之所是,是我发现,而非选择的结果。"[2] 海德格尔自己也表示:"在心境中,人总是把自己带到自己面前,总是已经发现自己,不是感知到自己在此,而是发现自己处于某种心境之中。作为一个被置送至他之所是的是者,他也被置送至这么一个事实,即他必须始终已经发现自己,发现自己处于发现中,这种发现并非来自直接的寻找,而是来自某种逃避。"[3] 海德格尔因此认为,"心境揭示的是人的被抛状态,因而自始而且在大多数情况下体现出对其躲避的姿态"[4]。

虽然心境具有躲避的姿态,但却是在被抛中对避无可避之事的因应,因而成为连接人与世界的关键环节,也是人对世界进行理解的起点。海德格尔指出:"理解从来不会自由飘浮,它总是在某种心境之下的理解。那个'此'总是本源性地由情绪所揭示或者掩盖。心境把人带向他的被抛状态,因为这种状态并不是通过认识被发现,而是通过一种更原始的方式在'人如何是'中被感知。被抛在生存论的意义上意味着发现自身被置于某种状态。因此,心境乃被抛的结果。"[5]

人的心境有很多种,这些不同的心境,海德格尔在是论意义上称之为生存表达。"生存表达在生存状态上最令人熟知的表现形式就是情绪现象。沮丧、厌烦和欣喜、快乐和恐惧都是人之性情的情感反映。"[6] 海德格尔在《存在与时间》中对一系列"生存表达"进行过非常精辟的分析,而这部著作在当时之所以产生巨大的反响,这些分析功不可没。书中重点分析的"生存表达"包括牵挂、被抛、共同是、沉沦、理解、投射、死亡、焦虑、罪欠、良知等。当然,除此之外,也还有海德格尔未曾讨论的其他

---

[1] 参见 S. 马尔霍尔:《海德格尔与〈存在与时间〉》,第 88 页。Stephen Mulhall, *Routledge Philosophy Guidebook to Heidegger and Being and Time*, p. 76.

[2] Paul Gorner, *Heidegger's Being and Time: An Introduction*, p. 72.

[3] 参见海德格尔:《海德格尔文集·存在与时间》,第 195 页。Martin Heidegger, *Being and Time*, p. 132.

[4] 参见同上书,第 196 页。Ibid., pp. 132-133.

[5] 参见同上书,第 463 页。Ibid., pp. 324-325.

[6] 参见 S. 马尔霍尔:《海德格尔与〈存在与时间〉》,第 88 页。Stephen Mulhall, *Routledge Philosophy Guidebook to Heidegger and Being and Time*, p. 76.

"生存表达",比如喜欢、爱、忠诚等。正如有研究者指出:"《存在与时间》中没有关于狂欢、关于爱情的文字。其实从这些确定的情绪出发也可以激出对是之意义的发问。"海德格尔之所以选择这些相对负面的生存表达,不仅因为"只有通过这些确定的情绪,才可以在哲学上有根有据地勾画生存着的人;而且主要与作者本人有关,与他的实际情绪、他对某种情绪的偏爱有关"[1]。另外,当时欧洲,特别是德国,普遍的精神状态也不可忽视。"可以简单地说,海德格尔是把统治着他自己的基本情绪和魏玛危机时期的公众情绪拿来做基础。"[2] 最后,还有克尔凯郭尔的影响,这种影响超出了人们的一般印象。"为了成功地进入纯粹的内在性,克尔凯郭尔推出反讽、无聊、忧伤、绝望和恐惧的内容丰富的'系统'(Apparat),推出了虚无。"[3]

需要指出的是,我们不必过于严格地在心理学意义上看待海德格尔对生存表达的处理和分类。"海德格尔对情绪的说明并不完整也不清晰,他并没有区分情绪与情感,他的一些分析显得生硬(比如情绪的三分结构)。不过他的基本指向是清楚的,即在我们的经验中,世界被揭示状态的基本面之一,就是我们面向那些对我们并非无关紧要的东西时的心境。"[4]

牵挂

牵挂(Sorge)被海德格尔视为人之心境的整体表现。他认为,人在是者整体中生存,"他并非单纯地'是',相反,他会以各种方式接纳、承载和引导一切的是,即便冷漠与遗忘也是人将自身交付给是的不同方式。人的此间之是的根本特征在于,只要他是,他就必定要以这样那样的方式与是打交道。我们把这种特征称为牵挂"[5]。这个比较简单的定义强调的是人与是之间剪不断、理还乱的关系。

海德格尔指出:"我们已经找到了……世间之是的基本构成,其本质

---

[1] 吕迪格尔·萨弗兰斯基:《来自德国的大师——海德格尔和他的时代》,第 195 页。
[2] 同上书,第 205 页。
[3] 参见克里斯蒂安·格拉夫·冯·克罗科夫:《决定——论恩斯特·云格尔、卡尔·施米特·马丁·海德格尔》,卫茂平译,上海人民出版社 2016 年版,第 7 页。
[4] William Blattner, *Heidegger's Being and Time*, Continuum, 2006, p. 84.
[5] 参见海德格尔:《荷尔德林的颂歌〈日耳曼尼亚〉与〈莱茵河〉》,张振华译,商务印书馆 2018 年版,第 168 页。Martin Heidegger, *Hölderlin's Hymns "Germania" and "The Rhine"*, trans. by William McNeill and Julia Ireland, Indiana University Press, 2014, pp. 124-125.

结构的核心就是心境，而其整体性则体现为牵挂。人之所是包含在牵挂中。"[1] 这意味着牵挂囊括了人之所是的所有内容。"在物论的意义上，'世界'显然并非像其中的人那样的实体，而是人在其中获其所是的实体，是人所趋向的实体。这种趋向，这种趋向世界之是，……具有牵挂的特征。"在对世界的关切中，"人总是已经发现了他的世界，而这一发现并非理论式的把握，这种'已经寓于某物'就是关切中的牵挂"。[2] 海德格尔结合《存在与时间》的研究指出："'牵挂'在本研究中指的是一种可能的世间之是。之所以选用这个表述，并不是因为人在一般意义上是经济性和'实践性'的，而是因为人之所是须作为'牵挂'而为人所知。此外，我们应将其理解为是论的结构概念……牵挂这个表述与任何人身上都可以发现的物论意义上的'焦虑'、'忧伤'和'生计操劳'无关。只有当人在是论上被理解为牵挂的情况下，上述情绪以及像'无忧无虑'和'快乐'这样与之相反的情感反应在物论意义上方有可能。"[3]

上面对牵挂的描述，强调的是人在是论意义上为其所处的世界所影响，以及人对这种影响的关切。海德格尔从另一个角度说："我们把人的此间之是最内在的匮乏性的超验结构之整体称为'牵挂'。"[4] 内在匮乏指的是人本质上不能自足的状态，超验则强调先天性，即这种匮乏状态并非偶然的外部因素所致，而是人之所是的内在结构，即人先天地处在对外界感到不安及有所需要的状态之中。因此，海德格尔指出：牵挂的形式特征就是"在寓于某物中是之际先于自身而是"。这里的"先于"还包括"外在于"的含义。"这种外在于自身之是的是，与自身不同的是，因置身于与自身纠缠的世界而发生。"[5] 对其所不是之物的不安与惦念是人之所是的基本特征，因此，"人之所是就是牵挂。牵挂的含义之一就是为某物而外于其所是；……为某物而外于其所是，就是向着他尚且不是者是。人作为牵挂，本质上处在走向某物的途中；在牵挂中他向着尚且不是

---

[1] 参见海德格尔：《海德格尔文集·存在与时间》，第 322 页。Martin Heidegger, *Being and Time*, p. 221.

[2] 参见海德格尔：《海德格尔文集·时间概念史导论》，第 258—259 页。Martin Heidegger, *History of the Concept of Time：Prolegomena*, p. 168.

[3] 参见海德格尔：《海德格尔文集·存在与时间》，第 85 页。Martin Heidegger, *Being and Time*, p. 57.

[4] 参见海德格尔：《海德格尔文集·康德与形而上学疑难》，第 256 页。Martin Heidegger, *Kant and the Problem of Metaphysics*, p. 165.

[5] 参见海德格尔：《海德格尔文集·时间概念史导论》，第 461—462 页。Martin Heidegger, *History of the Concept of Time：Prolegomena*, p. 295.

的自己而是。他自身对是的意识就是永远存在着他尚且不是且在他之外的某种是"[1]。

人之所是与不是之间的距离引出了时间性的问题:"牵挂建立在时间性基础上。"[2] 但是,牵挂又是流俗的时间观念的基础,人正是在牵挂中感觉到时间的存在与流逝。"如果时间性构成了人之所是的本源性含义,而这一是者在其是中又关切他之所是,那么牵挂就需要'时间',并且需要认真考虑'时间'。人的时间性导致了某种形式的'计时'。在'计时'中所经验的'时间'是与时间性最切近的现象。由此又产生了日常流俗的时间理解,这最终导致了传统的时间概念。"[3] 同时,牵挂这样一种趋向某物而是即能是的特点,又产生了自我持存性这一生存表达,而正是在持存中,人的自我才得以显现。"从生存论的角度来看,自我持存的含义就是前瞻性的决断,它的是论结构呈现出个人自我性的生存表达。"[4]

海德格尔在《存在与时间》中对牵挂的基本结构进行了充分阐释。他指出:"从是论的角度来看,人原则上有别于一切真实的客观呈现物。人之所是的'内涵'并不基于某种实体的实体性,而是基于生存着的自我的'自身持续性',我们把这种自身持续性理解为牵挂。"[5] 就是说,人之所是的基础并非物质性的因素,而是人自身的心境,其中最基本的就是对自身匮乏的持续不断的关注,即牵挂。海德格尔因此认为,牵挂是人作为世间之是最基本的结构。"因为在世本质上就是牵挂,所以……与上手事物的共处也可以被理解为对它们的牵挂,而与在世内照面的他人的共同是也可以被把握为对他们的关切。"[6]

为了说明牵挂乃人之所是的本质,海德格尔在《存在与时间》中甚至不吝笔墨,引述了一大段古罗马关于人类的诞生及命名的神话,佐证人与牵挂之间与生俱来的联系:人是牵挂的造物,一生受其支配。"只要他活着,'牵挂'就可以占有他。"[7] 他在此基础上指出:"人将自身理解为牵

---

[1] 参见海德格尔:《海德格尔文集·时间概念史导论》,第484页。Martin Heidegger, *History of the Concept of Time: Prolegomena*, p. 308.

[2] 参见海德格尔:《海德格尔文集·存在与时间》,第517页。Martin Heidegger, *Being and Time*, p. 364.

[3] 参见同上书,第327页。Ibid., p. 225.

[4] 参见同上书,第439页。Ibid., p. 308.

[5] 参见同上书,第415页。Ibid., p. 290.

[6] 参见同上书,第269—270页。Ibid., p. 186.

[7] 参见同上书,第276—277页。Ibid., p. 191.

挂。因此，牵挂乃人之所是的结构最初的整体。作为这一整体，它又总是接受这样或者那样特定的能是的形式。这一是之整体总体性地体现在人之所是的所有方面。"[1]

一位研究者对比了笛卡尔的"我思"与海德格尔的"我牵挂"。"自我并非孤立的主体，亦非与其他实体一样处于世界之内。相反，自我是一个'牵挂着的我'。因此，适当的研究路径就是如其所是地揭示我之是，这是是论的研究而非物论的研究。自我结构性地被牵挂这一现象包裹。这就意味着研究者不能从'我思'出发，这只能导向一个独立自足的主体；而要从'我牵挂'出发，把自我作为已然在世者加以描绘。"[2] 海德格尔自己也说："恰恰是那种非理论的行止，不仅揭示着世界，而且揭示了人本身。作为人之所是的结构，牵挂揭示着世界。"[3] 牵挂的根本重要性，在于它决定了人之所是，在某种意义上也决定了物之所是。"对是的理解决定了是而非是者，也就是说，牵挂决定了实在而非事实。"[4]

海德格尔曾对牵挂的本质进行如下说明：生存"指的是一种是的方式，特别是这样一个是者之是，他向是之开放敞开自身，并且置身于这种开放中，承受着它。这种承受以牵挂之名得到经验。人绽出的本质就通过牵挂而得到思考，反过来，牵挂也只有在人绽出的本质中才能得到充分的体现。"[5] 从根本上看，牵挂是人在其生存中向是敞开而必然带来的可能性和不确定性的结果，它与人绽出的生存其实是一枚硬币的两面。"牵挂之所以作为人的根本特征，就因为人要成为（是的）寻求者、保存者和守护者。"[6]

---

[1] 参见海德格尔：《海德格尔文集·时间概念史导论》，第480页。Martin Heidegger, *History of the Concept of Time: Prolegomena*, p. 305.

[2] Michael Gelven, *A Commentary on Heidegger's Being and Time*, p. 176.

[3] 参见海德格尔：《海德格尔文集·时间概念史导论》，第259页。Martin Heidegger, *History of the Concept of Time: Prolegomena*, pp. 168-169.

[4] 参见海德格尔：《海德格尔文集·存在与时间》，第295页。Martin Heidegger, *Being and Time*, p. 204.

[5] 参见海德格尔：《〈形而上学是什么?〉导言》，载《海德格尔文集·路标》，第444页。Martin Heidegger, "Introduction to 'What Is Metaphysics?'," in *Pathmarks*, pp. 283-284.

[6] 参见海德格尔：《海德格尔文集·哲学论稿（从本有而来）》，第23页。Martin Heidegger, *Contributions to Philosophy (Of the Event)*, p. 16.

被抛、沉沦与共同是

被抛（Geworfenheit）指的是世中之人的基本状态，即在不由自身控制的情况下被放置于某个具体环境当中。海德格尔以之强调世间之人被动的、不由自主的特征。"人之所是具有这样的特点，它的来历与去往都隐而不显，而它本身即'它在此'却因此更加昭然若揭。我们称这个特点为此一是者被抛入它的此。所谓被抛，指他的世间之是即在此之是。该表述意在提示人被置送的事实性。"[1]换言之，"具有人之特性的是者就是它的此，因为无论是否言明，它都发现自己处于被抛状态"[2]。因此，"被抛状态属于人之所是的结构，是其被揭示状态的一部分。被抛状态表明，人作为此间之是在任何情况下都是我之所是，而且它总是已经处于某个确定的世界中，与一系列确定的世内之物相伴"[3]。

当然，人之被抛并非某种完成的、不变的状态。事实上，世间之人始终面临着难以自主、被周遭的人和事所左右的可能，因而也就始终面临着不断被抛的可能。如海德格尔本人所说："被抛并非'已完成的事实'，亦非已定论的实际情形。人的事实性就在于，人，只要是其所是，就总是在他人非本真状态的旋涡中沉浮。"[4]

"在他人非本真状态的旋涡中""沉浮"，即混迹于众人之间随波逐流的状态，被海德格尔称为沉沦。他认为，世界本身具有一种引人沉沦的力量。"在世间是本身就充满引诱。"[5]所以，"人拥有自身的本质，而这就意味着该本质时刻处于被丧失的危险中"[6]。沉沦包括清谈、猎奇与含混三个环节，它们共同"刻画出人日常状态中在'此'的方式，是其在世间是的心境。作为生存性的规定，这些特点并不在人身上客观呈现，它们构成他之所是。通过它们以及它们之间的关联，人之日常所是的一种基本

---

[1] 参见海德格尔：《海德格尔文集·存在与时间》，第194—195页。Martin Heidegger, *Being and Time*, pp. 131-132.
[2] 参见同上书，第195页。Ibid., p. 132.
[3] 参见同上书，第307页。Ibid., p. 212.
[4] 参见同上书，第252页。Ibid., p. 172.
[5] 参见同上书，第250页。Ibid., p. 170.
[6] 参见海德格尔：《海德格尔文集·哲学论稿（从本有而来）》，第580页。Martin Heidegger, *Contributions to Philosophy (Of the Event)*, p. 385.

形式表露出来,我们称之为沉沦"[1]。

简单讲,沉沦就是"人在其日常所是中偏离自身"[2]。海德格尔指出:"人一开始就在大多数时候迷失于他的'世界'。""人被众人吸纳,意味着他被公共性意见支配。清谈、猎奇、含混使被揭示和展开之物处于伪装和封闭之中。朝向是者之是虽未被清除,但已被连根拔起。是者并未完全遮蔽,但被掩盖和扭曲。众人显现自身,但并不以真相示人。原先已被揭示之物,又回落到假象和晦蔽之中。因为人在本质上沉沦于世,所以依其所是的构成,他处在'不真'中。"[3]沉沦作为是论——生存论意义上的结构,意味着它是人类生活的常态,而非"坏的、可悲的物论状态",因而亦不可能"因为人类文化发展到更高阶段而被消除"。[4]

沉沦意味着人失去原本的可能性。"人原本具有本真的可能成为他自己,但从一开始就已经从自身脱落并沉沦于世。沉沦意味着人完全被共同是所吸纳。"沉沦体现的是人的非本真性。"但失去本真或非本真并不意味着'真的不是',仿佛人在这种是的方式中完全丧失了自己之所是。非本真状态并非不再在世间是,相反,它恰恰构成了一种独特的在世方式,即完全被世界以及被在众人中与他人共同是所攫获。非本己之是作为那些被世界吸纳的是者的积极可能性发挥作用,本质上就是在世的操劳。"[5]

要理解沉沦的意义,一个重要的表述是"众人"(das Man)。众人在是论意义上指虽然也可能是我自己,但又与我无关的所有人。海德格尔以之表示世人非本真的、集体沉沦的状态。"'众人'指的并非除我之外的任何人,或者区别于我的所有人。相反,众人恰恰是我们无法与之区别的人,我们同样身处其中。"[6]众人虽然并非某个或者某些具体的人,但又像空气一样无所不在,影响着所有人的行动。"众人也与此间之是一样,并非客观的呈现者。众人越是抛头露面,就越是不可捉摸,同时也越是不可忽视。对于不带先人之见的物论和是论意义上的观察者而言,众人就是

---

[1] 参见海德格尔:《海德格尔文集·存在与时间》,第247页。Martin Heidegger, *Being and Time*, p. 169.

[2] 参见海德格尔:《海德格尔文集·时间概念史导论》,第428页。Martin Heidegger, *History of the Concept of Time: Prolegomena*, p. 274.

[3] 参见海德格尔:《海德格尔文集·存在与时间》,第308页。Martin Heidegger, *Being and Time*, p. 213.

[4] 参见同上书,第249页。Ibid., p. 170.

[5] 参见同上书,第248页。Ibid., p. 169.

[6] 参见同上书,第171页。Ibid., p. 115.

日常生活中'最实在的主体'。"[1]

海德格尔如此说明众人与每个人之间的关系：因为每一个人的此间之是同时又被彼此共同是所决定，所以在多数情况下他并非自己的此间之是，而是别人。每一个人之所是与何所是都无足轻重。人虽然陷身茫茫人海，周遭却又空无一人。我们自己每天都生活在这种"无足轻重"的人中，他们就是众人。个人此间之是的可能性就如此失陷于众人难以超越的统治。只有摆脱众人的这种敉平作用，人的本己之是方有可能；在多数情况下，"我是"不过就是众人之所是。[2]

因此，众人的存在，是使每个个体失去自我的无形而巨大的力量。与众人共同是具有漠然的倾向，因为它的特点就是庸常性。众人事实上把自己保持在庸常性所允许的范围内，关注什么是它认为有效的，什么是它认为无益的，什么是它许可的，什么是它禁止的。庸常性规定了每一个人可以冒什么样的风险，监视着每一种与众不同的行为。所有的出众之事都被消弭于无形，一切本源性的东西都会被平庸化而变为早已众所周知之事，一切奋斗而来的东西都被贬为唾手可得之物，任何神秘之物都失去其超凡的力量。海德格尔指出："对庸常性的关切揭开了人的一种本质倾向，我们称之为对一切是之可能性的敉平。"[3]

海德格尔把体现众人的冷漠、庸常性和敉平作用的大众文化称为"常识"。"常识从一开始就支配着对世界与人的理解方式，它永远正确，这并非因为它与'物'之所是具有某种突出的、直接的联系，亦非因为它拥有某种对人世的透彻了解，而是因为它根本不会'直击事物的核心'，因为它对位阶与真伪的差异毫无感觉。常识模糊一切，并声称被如此掩盖起来的事物才是人所熟知且人皆可得之物。"[4] 因此，众人如同一道吞噬并消除一切差异的深渊。众人无所不在，但一旦需要有人作出决断，他们却早已溜之大吉。因为众人在任何事情上都自有其判断与决定，所以也就免除了每一个人的责任。这就是沉沦的基本特征。"事情通常都是众人干的，但又可以说没有任何人干过任何事。"[5] 在众人中，"每个人都是他人，没

---

[1] 参见海德格尔：《海德格尔文集·存在与时间》，第184—185页。Martin Heidegger, *Being and Time*, pp. 124–125.

[2] 参见海德格尔：《时间概念》，载孙周兴选编：《海德格尔选集》上，第14页。Martin Heidegger, *The Concept of Time*, pp. 8E-9E.

[3] 参见海德格尔：《海德格尔文集·存在与时间》，第182—183页。Martin Heidegger, *Being and Time*, p. 123.

[4] 参见同上书，第183页。Ibid., pp. 123–124.

[5] 参见同上书，第184页。Ibid., p. 124.

有人是自己。众人，这些为日常生活中的人提供答案之人，同时也是所有人受之摆布的茫茫人海中的无何有之人"[1]。

在沉沦中，众人的舆论能够发挥类似麻醉剂的作用，使每个人安处其中，不思变易。"'众人'关于每一个人自有其完整真实的'生活'并能如此过下去的想象，给人提供某种'担保'。对他们来说，一切都处在'最好的状态'，所有的道路都向他们敞开。沉沦于世是一种诱惑，亦是一种安慰。"[2] 沉沦的这种特点，使所有人远离本真的自我。"沉沦作为逃避，就意味着在现象上不可见。因此，它并非逃离世内之是者，而恰恰是逃向被各种事务牵挂的众人，埋没于众人之中，在相互亲密中获得平静。进入在常识中获得家园之感的纠缠中的逃避，是对陌异状态的逃离，也是人作为被抛者、作为在其所是中独处的世间之是对陌异感的逃离。"[3] 作为沉沦的结果，"我们在每一状态下之所是，从是论的角度来看离我们最远"[4]。就此而言，沉沦也是让人逃避生活中的不确定性，逃避不安，同时也逃避人之可能的一种方式。"沉沦是人从不确定性向确定性的运动。"[5]

海德格尔指出：沉沦就是对是的遗忘。"因其本质未经深思的是者之蜂拥而遗忘是之真，这就是《存在与时间》中所谓'沉沦'的含义。"[6] 在这里很有意思的是，虽然海德格尔对尼采的超人学说没有任何兴趣，但尼采对"末人"的批判却与海德格尔自己关于沉沦的思想十分相似。海德格尔指出，尼采看到了一种危险：末人即"世俗之人将越来越固执于他俗成本质琐碎的表层"，"他不再能够超越自身而观看，不再能够哪怕一次超越自身达到其使命的高度，并且以本质上正当的方式完成这一使命。迄今为止的人做不到这一点，因为他尚未完全进入其本质。尼采声称人的本质尚未被确定，也就是说，它既没有被寻找到，也没有被固定下来"[7]。

---

[1] 参见海德格尔：《海德格尔文集·存在与时间》，第183页。Martin Heidegger, *Being and Time*, p. 124.

[2] 参见同上书，第250页。Ibid., pp. 170–171.

[3] 参见同上书，第265页。Ibid., p. 183.

[4] 参见同上书，第425页。Ibid., p. 297.

[5] 君特·菲加尔：《海德格尔》，鲁路、洪佩郁译，中国人民大学出版社2010年版，第85页。

[6] 参见海德格尔：《关于人道主义的书信》，载《海德格尔文集·路标》，第394页。Martin Heidegger, "Letter on 'Humanism'," in *Pathmarks*, p. 253.

[7] 参见海德格尔：《海德格尔文集·什么叫思想?》，第67页。Martin Heidegger, *What Is Called Thinking?*, p. 57.

人之所以沉沦，是因为人在世间生存的基本形态就是共同是。"人只有与他人共同是时才是其所是。"[1] 就此而言，共同是构成人之所是的前提。"如果人之所是即共同是，那么其中一个本质的方面就是人与他人的关系，这意味着至少部分地，人是通过与其他人的关系并在此关系中确立与他自己的关系的。"[2] 海德格尔强调，共同是乃是论意义上人的基本特征，因此，即便没有他人在场即某人孤独生存，也不会改变共同是对人之所是的影响。"孤独只意味着共同是的缺失——他人的离去——而这正好表明了共同是的积极特性。"[3] "与他人共同是属于人之所是，他在自己之所是中关切于此。人作为共同是，本质上为他人之故而'是'。这一点必须被理解为关于人之本质的一个生存论命题。即便人实际上并未诉诸他人，并且认为自己不需要他人，或者当其离群索居，他也仍然以共同是而是。共同是就是生存论上的'为他人之故而是'。在这样的共同是中，他人的此间之是已经展开了。"[4]

海德格尔强调人共同是的特点，既承袭了亚里士多德关于人作为社会性动物的传统观念，又加进了他自己对人之所是的理解，特别是人互为工具和沉沦于世的一面。他指出：在共同是中，人"与他人共同是，与他人在此拥有同一个世界，彼此相遇，以互为彼此而是的方式与他人一同是。但同时此人对他人来说又是一种当下呈现物，就像一块石头在此一样，既没有世界在此，也不为其烦忙"[5]。也就是说，虽然人们共同是，但他人仅仅作为众人、作为某种工具而存在，这就出现了人被"替代"的可能性。海德格尔指出："一个人可以由另一个人替代，这种情况无可争辩地属于共同是的可能性。"实际上，在共同是中，人的可替代性不仅可能，而且必须，是"共同是的构成性要素。在这里，此人在某些限度内可以而

---

[1] 参见海德格尔：《荷尔德林的颂歌〈日耳曼尼亚〉与〈莱茵河〉》，第170页。Martin Heidegger, *Hölderlin's Hymns "Germania" and "The Rhine"*, p. 126.

[2] 参见 S. 马尔霍：《海德格尔与〈存在与时间〉》，第76—77页。Stephen Mulhall, *Routledge Philosophy Guidebook to Heidegger and Being and Time*, p. 67.

[3] 参见海德格尔：《海德格尔文集·时间概念史导论》，第373页。Martin Heidegger, *History of the Concept of Time: Prolegomena*, p. 238.

[4] 参见海德格尔：《海德格尔文集·存在与时间》，第177页。Martin Heidegger, *Being and Time*, p. 120.

[5] 参见海德格尔：《时间概念》，载孙周兴选编：《海德格尔选集》上，第13页。Martin Heidegger, *The Concept of Time*, pp. 7E-8E.

且必须'成为'彼人"[1]。所有人都具有可替代性，意味着所有人互为工具的状态。这是另一种意义上的沉沦。

理解

理解是认识的一种形式，同时也是人特有的一种生存方式。"人并非单纯地客观呈现，而总是已经理解自己，哪怕是通过神话的或者魔法的解释方式。"[2] 理解有两个方面的基本特征。一是侧重对人，特别是人之所是的认识，"我们之所是触动着我们。如果我们不为其所动，我们就根本不可能是"[3]。二是强调理解者并非中立的观察者，而是置身于理解过程以及与被理解者的关系中。"对是的理解并没有使是变成'主观的'，也没有使之变成'客观的'。它克服了所有的'主体性'，并且把人移入是之敞开状态，使之袒露在是（首先是是之真）面前。"[4] 理解在海德格尔思想中的重要性也表现在两个方面。首先，它是人之所是的一个重要方面，是人的一切思想与行动的基础；其次，理解也是人与自身和世界相接的基本方式，是人认识和对待自身与世界的基本方式，因而构成了海德格尔知识理论的基础。

海德格尔曾经以一段十分拗口的话对理解作出如下定义："在人对世界的关切中，人的被开启状态作为一种是的方式也总是一同得到关切。人就是他的此，并且让我们在此与世界相遇。伴随着人的被开启状态及其心境，不同的可能性也被赋予人，让其在此是，让其以这样那样的方式成为他的被开启状态。我们称之为被开启状态的那些是之可能，当它们在是之层面上被实践的时候，我们就称之为理解。"[5] 这个定义包含三个层面的含义。首先，理解与人的被开启状态有关，它并非人单纯的自我认识，而是人"在此是"的一种方式；其次，被开启状态即是的可能性，也是人的可能性，这种可能性有待付诸实践；最后，人进入被开启状态，实践这些

---

[1] 参见海德格尔：《海德格尔文集·存在与时间》，第333页。Martin Heidegger, *Being and Time*, p. 230.

[2] 参见同上书，第428页。Ibid., p. 301.

[3] 参见海德格尔：《荷尔德林的颂歌〈日耳曼尼亚〉与〈莱茵河〉》，第211页。Martin Heidegger, *Hölderlin's Hymns "Germania" and "The Rhine"*, p. 159.

[4] 参见海德格尔：《海德格尔文集·哲学论稿（从本有而来）》，第359页。Martin Heidegger, *Contributions to Philosophy (Of the Event)*, p. 239.

[5] 参见海德格尔：《海德格尔文集·时间概念史导论》，第402页。Martin Heidegger, *History of the Concept of Time: Prolegomena*, p. 257.

可能性，这就是理解。

这个定义强调人不仅是理解者，也是被理解者，理解的结果改变着人之所是。海德格尔强调："理解更为确切的意思是，把自身投射到某种可能性上去，在投射中使自己始终保有这一可能性。"[1]"在理解中，人将其所是投射到诸种可能性上面。这一理解着的朝向可能之是本身即潜在的是，因为被揭示的可能性又返回人本身。"[2]正因为理解有这样的特点，所以虽然理解类似于认识，但"理解不能被视为认识，当然也不能被认为是初级的认识，即便人们把认识视为人之所是的形式之一时也是如此"[3]。

海德格尔揭示了作为人的根本性生存表达的理解与一般认知活动（虽然有时人们也称之为"理解"）的根本区别："我们把理解把握为根本性的生存表达，也将其视为人之所是的一种基本形式。相反，那种作为可能的认知形式而区别于比如说'说明'的'理解'，则必须像说明一样，被视为构成了一般性在此之是的、本源意义上的理解在生存论意义上的衍生物。"[4]因此，本源意义上的理解，特别是对是的理解，对人之所是具有构成性的意义。"对是之理解属于人的是论结构。人的生存就是在其所是中对自身的开启。心境与理解构成这一开启状态之所是。"[5]

也就是说，理解在生存表达中具有与心境并列的地位，两者同为人发现自身最基本的形式。"生存着的人就是他的此。这个论断意味着世界在'此'，它的此间之是就是'在其中是'。在其中是在'此'，此乃人是的理由。生存着的世间之是在此理由中得以揭示，这种被揭示的状态就是理解。"[6]海德格尔把理解视为人与是之间的联系纽带，是"从形而上学而来，并且试图进入是之真与人之本质的关联中的关系"[7]。它是绽出，一

---

[1] 参见海德格尔：《海德格尔文集·现象学之基本问题》，第409页。Martin Heidegger, *The Basic Problems of Phenomenology*, p. 277.

[2] 参见海德格尔：《海德格尔文集·存在与时间》，第212页。Martin Heidegger, *Being and Time*, p. 144.

[3] 参见海德格尔：《海德格尔文集·时间概念史导论》，第403页。Martin Heidegger, *History of the Concept of Time: Prolegomena*, p. 258.

[4] 参见海德格尔：《海德格尔文集·存在与时间》，第204页。Martin Heidegger, *Being and Time*, p. 138.

[5] 参见同上书，第256页。Ibid., p. 176.

[6] 参见同上书，第204—205页。Ibid., p. 139.

[7] 参见海德格尔：《〈形而上学是什么？〉导言》，载《海德格尔文集·路标》，第448页。Martin Heidegger, "Introduction to 'What Is Metaphysics?'," in *Pathmarks*, p. 286.

种被抛的投射。[1]"任何是者,特别是人之所是,只有在理解中才可被通达,因为理解具有投射的特性。"[2]

理解作为投射,并非随意而为。理解的重要特性之一,就是在其发生之前已经存在某些作为其条件或者前提的东西,海德格尔称之为"视域"(Perspektive)。视域即人们在其所处的位置上目光所及的区域。海德格尔当然是在比喻的意义上使用这个词的,指的是人在进行理解之前所具备的基础性知识或者观念,他也称之为前见(Vorurteil),它们决定了人所能够理解之物以及理解的结果。视域的存在表明,"是不是被随意理解的,对是的特定理解方式行进在一道预先确定的视线上面"[3]。"我们在这道视线上前后滑行。它已经成为我们的血肉的一部分,以至我们根本意识不到它的存在,也不会了解甚至留意关于它的任何问题。我们沉浸(且不说迷失)在前见与前视[4]中,它们支撑并指导着我们对是的理解。这种前见与前视的力量如此强大,同时又如此隐秘,就连希腊人也不曾将这一视线照亮。"[5]

海德格尔也把视域称为对世界的整体性理解。他指出:人在世界中存在,就已经对其有某种整体性的事先把握,从而使之成为可敞开之物。人本质上是一种能够发现自己置身于是者之间并与是者相接的是者。人在其与物辩、与物交的过程中,总是已经发现是者作为整体向其呈现。虽然这种整体呈现并不意味着人在每个细节上把握了世界,而物的整体性的范围也可能随时间有所变化,但"对这种整体性的理解,这种任何情况下都向前延展并且包含世界的理解,就是对世界的超越"[6]。

不过,需要指出的是,海德格尔有时候也在认识的意义上谈论理解,并且将其视为与说明不同的认识方式。他对这两种认识方式进行了如下区分:说明是通过某些相对简单的、已经为人所知的知识解释让人感到难以

---

[1] 参见海德格尔:《〈形而上学是什么?〉导言》,载《海德格尔文集·路标》,第448—449页。Martin Heidegger, "Introduction to 'What Is Metaphysics?'," in *Pathmarks*, p. 286.

[2] 参见海德格尔:《海德格尔文集·康德与形而上学疑难》,第252页。Martin Heidegger, *Kant and the Problem of Metaphysics*, p. 163.

[3] 参见海德格尔:《海德格尔文集·形而上学导论》,第141页。Martin Heidegger, *Introduction to Metaphysics*, p. 124.

[4] 即上文所说的"前见"。

[5] 参见海德格尔:《海德格尔文集·形而上学导论》,第141页。Martin Heidegger, *Introduction to Metaphysics*, p. 124.

[6] 参见海德格尔:《论根据的本质》,载《海德格尔文集·路标》,第185页。Martin Heidegger, "On the Essence of Ground," in *Pathmarks*, p. 121.

把握之事，即对事物的简化表述。理解则相反，"真正说来，根据其源初本质，理解是对不可解之物的认知。这并不意味着理解要说明不可解之物并将其消除，相反，它恰恰要让后者与我们直接面对。因此，理解一个谜并不意味着将其破解，而是把它的全部神秘难解之处展示出来，并且使我们意识到，对于它我们并没有已知的办法，即日常的、计算性的解决手段。我们越是原初地进行理解，事物的未解和不可解之处就越是深远，越是昭然若揭。"[1]

投射

相对于"被抛"即人被置于某种处境，海德格尔把人对未来的设想称为"投射"[2]。他常常把这两个表述连在一起使用，称人之所是为"被抛的投射"。投射与理解之间存在多方面的关联，海德格尔认为，从根本上说，理解即投射。"理解是一种开启，是对自我的投射，是把自己置放到一片开放域中去，人在其中通过理解成为他自己。"[3] "'理解'即对是之真的投射性开启。" "'对是的理解'乃人的摇摆之地，因为他注定要发生某种最本己性的转变。"[4] 这一转变就是被抛与投射之间的改变。投射意味着人虽在世间沉沦，但并非完全随波逐流，他也会设想自己不同的未来，不同的可能。"作为投射的理解即被抛的投射，它在进入开放域（真）时已经发现自己置身于被开启的是者之中，立足于大地，向世界突进。"[5]

海德格尔通过理解来阐释投射："理解意味着能够面对某事，纵览它，看到它的未来。对是的理解意味着预先投射到是者的基本规律和本质结构上去。实施是之投射，就是让是者获得自由，在光中看，[6] 由此，是者的

---

[1] 参见海德格尔：《荷尔德林的颂歌〈日耳曼尼亚〉与〈莱茵河〉》，第299—300页。Martin Heidegger, *Hölderlin's Hymns "Germania" and "The Rhine"*, pp. 223-224.

[2] 中文翻译者通常从这一表述的实际含义出发，把投射译为"筹划""开抛"等。

[3] 参见海德格尔：《海德格尔文集·哲学论稿（从本有而来）》，第305页。Martin Heidegger, *Contributions to Philosophy (Of the Event)*, p. 204.

[4] Martin Heidegger, *Mindfulness*, p. 278.

[5] 参见海德格尔：《海德格尔文集·哲学论稿（从本有而来）》，第305页。Martin Heidegger, *Contributions to Philosophy (Of the Event)*, p. 204.

[6] 这个说法来自柏拉图《理想国》中关于囚徒与洞穴的比喻，海德格尔在《论真理的本质》中集中探讨过相关问题。

图景得到投射并预先呈现,人在观看这一图景的过程中得以建立与是者的关系。"[1] 显然,建立在理解基础上的投射使人获得对世界和自身的某些不同的理解,因而是获得新发现的前提。海德格尔借助三个例子来证明投射在发现中的作用。

第一个例子是伽利略、开普勒和牛顿思想中体现的对自然之所是的投射,即"质点在确定时空中的运动关系"。这种投射体现了对确定性的预期。人们据此"探索自然的规律,发现具体的运动过程,并对其加以检验"。海德格尔指出:从伽利略等人的时代到现在,"纵然发生了各种进步与变化,但原则上这种对自然的投射仍然没有丝毫改变"。至于这种投射是否如实反映了自然,这个问题自然科学本身无法回答。"这种对'自然'的发现及其成果是更接近,还是更远离了自然,是一个自然科学无法做出判断的问题。同样成问题的是:通过这种科学,是者是变得更真实了,还是因为某种东西介入是者与认识者之间而使两者之间的关系被打碎了,对自然本质的直觉被驱逐了,对人之本质的直觉被窒息了?"[2]

第二个例子是历史学家布克哈特对人之可能的投射。海德格尔称布克哈特为伟大的、天才的历史学家,并且认为他之所以伟大,"是由于他对人的命运、人的伟大,以及人的苦难,还有人的行为状态和局限的投射性的本质洞见,对我们称之为历史的事件发生、对特定的是者之是的富于预见性的理解。这种本质性的观点照亮了在他之前很早就已经被其他人描述过的对所谓的事实的研究"[3]。

第三个例子是艺术与诗。海德格尔指出,艺术与诗而非科学使是者更是其所是,因此他明确地把艺术特别是诗视为真的发生之处。他认为,艺术家"对可能之物、对发掘是者之内在可能性,进而对使人看到他原本忙碌其间而忽略的事物之真相,更具本质的洞见。对实在的发现中本质性的部分,以前不是,现在也不是通过科学,而是通过本源性的哲学以及伟大的诗歌(荷马、维吉尔、但丁、莎士比亚、歌德)及其投射发生的"[4]。

正因为投射为人开启新的可能,所以海德格尔说:"是之历史性投射

---

[1] 参见海德格尔:《论真理的本质——柏拉图的洞喻和〈泰阿泰德〉讲疏》,第60页。Martin Heidegger, *On the Essence of Truth*, p. 45.

[2] 参见同上书,第60—61页。Ibid., p. 46.

[3] 参见同上书,第61页。Ibid., pp. 46-47.

[4] 参见同上书,第62页。Ibid., p. 47.

的开放特性既非强制,亦非武断,而是自由,是把基础解放为无极之基。"[1] 更重要的是,投射并非"一阶"的,即只要求改变当下。投射之为投射,是因为它开启出来的,恰恰是可能性之可能性。海德格尔这一观点,从某种意义上说是对黑格尔的现实性思想的回应。现实的可能性由于受此"现实"所限,是有限的可能性,从根本上说就是"现实性"。就此而言,唯有可能性之可能性,方可真正创造出不同的现实。因此,海德格尔强调的是"可能的现实",而非"现实的可能"。"在投射使我们离开原地进入可能之处,即使可能成为可能的可能之处,投射者也就被鼓动起来。投射中被投射者把我们推进到可能的现实之前,也就是说,投射约束着我们不是趋向可能,也不是趋向现实,而是趋向使之可能,即趋向投射的可能性中可能的现实性为使自身成为现实所需要的可能性。"[2]

投射为人们开辟出不同的可能性,但它并非自由的想象。一切投射都是被抛的投射,都要受到某些先在的、人们无法操控的因素左右,"都要由人对作为整体的是的依赖、人自身无法控制的依赖所决定"[3]。这就是所谓的"历史性"。但另一方面,被抛本身又包含投射,是投射的结果。"作为生存表达,心境和理解刻画了世间之是原初的被开启状态。在心境'被调谐'的情况下,人通过他之所是'看到'他的可能性。通过对投射中这些可能性的揭示,人已经被调谐了。对人最内在的可能性的投射由此被传递给被抛向此这个事实。"[4] 因此,被抛与投射连环相套。"被抛状态是这样一种是者之是的状态,因为他在自己的可能性中并且根据这些可能性理解着自己(即把自己投射到这些可能性上面),所以他始终是他自己的可能性。"[5]

在时间维度上,被抛是投射的结果,在被抛中又有新的投射。"人本真性地属于未来,同时又本真性地是他的过去。对最极端、最本己的可能性的预期会在理解中回归某人最本己的曾是。人能够是本真的曾是,只因

---

[1] Martin Heidegger, *Mindfulness*, p. 267.

[2] 参见海德格尔:《海德格尔文集·形而上学的基本概念:世界—有限性—孤独性》,第518页。Martin Heidegger, *The Fundamental Concepts of Metaphysics: World, Finitude, Solitude*, p. 363.

[3] 参见海德格尔:《海德格尔文集·康德与形而上学疑难》,第255—256页。Martin Heidegger, *Kant and the Problem of Metaphysics*, p. 165.

[4] 参见海德格尔:《海德格尔文集·存在与时间》,第211页。Martin Heidegger, *Being and Time*, p. 143.

[5] 参见同上书,第255页。Ibid., p. 175.

为他属于未来。从某种意义上说,曾是来自未来。"[1] 人在投射中承受被抛状态,并以此持存。在另一个地方,海德格尔又以另一套语言表达了被抛与投射的关系:"作为自我发现,人被是者吸纳。在归属于是者的过程中,他已经被它们彻底调谐。超越意味着对世界的投射,但同时那些被超越的是者已经贯穿并调谐了超越者。通过被从属于超越的是者吸纳,人在是者之间赢得了基础,获得了'根据'。"[2]

投射中产生的可能性体现为"是"与"是者"之间的距离。海德格尔指出:"投射的对象既非可能,亦非现实,投射根本没有任何对象,而是对可能性的开启。""投射作为创造可能性的揭示,就是是与是者之差别的真正发生。投射即是向着这种差异性的'之间'的突入,它首次使差异者得以区分。投射揭示了是者之是。我们可以借用谢林的一个词说,一般而言,投射就是一道使可能成为可能的闪光。"[3]

海德格尔从投射的角度描述了人作为"之间"的生存特性。"人不能驻留于原地,却也不可能离开其寓所。在投射中,他的此间之是不断将他抛向可能,并以此使之屈从于现实。如此被抛之人是一种过渡,作为事件发生的本质性的过渡。人是历史,或者更准确地说,历史是人。人在此过渡中沉醉,因而在本质上'缺场'。本质上缺场意味着不仅他的肉体,而且他的本质、他的本质之是的缺场。因为他已经被移入本质性的曾是与未来。在这种本质性的缺场和从不现身中,他又在其本质性缺场中生存。他被转变入可能性中,必定在现实问题上不断犯错。正因为他如此错误百出并被如此转变,所以他才会被恐惧所攫取。又只有生存于被恐惧攫取的危险之中,我们才能感觉到惊奇的赐福。以觉醒的方式沉醉,这就是所有哲学的本质,哲学家中的伟人们称之为癫狂(ἐνθουσιασμός),至于伟人中的最后一位,弗里德里希·尼采,在他的查拉图斯特拉之歌中,则称之为'沉醉之歌'。"[4]

---

[1] 参见海德格尔:《海德格尔文集·存在与时间》,第443—444页。Martin Heidegger, *Being and Time*, p. 311.

[2] 参见海德格尔:《论根据的本质》,载《海德格尔文集·路标》,第196—197页。Martin Heidegger, "On the Essence of Ground," in *Pathmarks*, p. 128.

[3] 参见海德格尔:《海德格尔文集·形而上学的基本概念:世界—有限性—孤独性》,第520页。Martin Heidegger, *The Fundamental Concepts of Metaphysics: World, Finitude, Solitude*, p. 364.

[4] 参见同上书,第521—522页。Ibid., pp. 365-366.

由于投射是人的一种基本的生存表达，同时人又在时间中是，所以投射与其他的生存表达都不同程度地存在某种联系。海德格尔对投射与牵挂、沉沦、共同是、言谈等的关系进行了如下简单的总结："人作为是者生存，在是中牵挂他的是。人本质上先于自身，所以在任何关于自身的单纯考虑之前，他已经把自身投射入可能之是。在投射中他被揭示为被抛者。因被抛和离弃于世，他在为世界牵挂之际沉沦于世间。在牵挂中，在生存于被纠缠的、被抛的投射的统一体中，这一是者被发现在此。他与他人共同是，并且把自己保持在通过言谈表达、通过语言体现出来的庸常的世界解释之中。"[1] 这大概也可以算是海德格尔为他所处的时代，特别是20 世纪初德国的精神状态绘制的一幅素描。

死亡

海德格尔更多是从是论而非物论即生物学的角度谈论死亡。他指出："人作为可能之是，终究不能跨越死亡的可能。死亡是人绝对不再可能的可能。因此，死亡体现为人不可回避的最本己的、无关联性的、不可逾越的可能。"[2] 从是论的意义上说，死亡意味着人不再是，即人的全部可能性的彻底封闭。同时，死亡还具有不可替代性，必须由每一个人自己面对，因此海德格尔强调对死亡的投射不仅使人认识到自己真正个体性的生存，[3] 并且在此投射的基础上本真地生活，成为真正的"能是"。[4]

每个人都确知自己必有一死，但又不能确定自己会在什么时候、以什么方式死去。这会在人的思想上导致自相矛盾的结果，即一方面尽可能逃避，但另一方面又无法从根本上绕开这一如影随形、驱之不去的尚未确定的可能。海德格尔写道："人的此间之是的终结、人的死亡，不是一系列事件的链条突然中断的某个点，而是人以不同方式有所了解的一种可能，

---

[1] 参见海德格尔：《海德格尔文集·存在与时间》，第 548 页。Martin Heidegger, *Being and Time*, p. 387.

[2] 参见同上书，第 347 页。Ibid., p. 241.

[3] 海德格尔认为，在大多数时候，世间之人并非他自己，而是众人中的一员。所以，所谓"本真的自己表明自身为对众人的一种生存论意义上的修正"。参见同上书，第 369 页。Ibid., p. 257.

[4] Cf. Michael Gelven, *A Commentary on Heidegger's Being and Time*, pp. 141 - 142; Otto Pöggeler, "Being as appropriation," in *Martin Heidegger: Critical Assessments*, Vol. I, p. 287.

即他本人最极端的可能。当他面对死亡的时候,可以抓住它、占有它。也就是说,人具有面对他的死亡这一他本人最极端的可能的可能。这种最极端的可能的特点是,它确定地处在某个人之前,而这种确定本身又极端不确定。人关于自己的死亡的解释,是超出其他一切关于确定性和本真性陈述的人的自我解释,涉及他最本己的是之可能已经到达终点的尚未确定的可能。"[1]

因此,海德格尔谈论的死亡,并不简单地指生命终结这一生物现象,而是一种生存的可能,是与人一生相伴的可能,从而是一种生存表达。"只要人是,他就总是他的尚未,但同时也始终已经是他的终结。谈到死亡的时候所说的终结,并非指人的最终之是,而是朝向这一是者终结之是。死亡是人一开始就接受的是的方式。"[2] 也就是说,死亡这种人最本己的、无关联性的和不可逾越的可能,并不是在人的生存过程中偶然产生之物,相反,只要人活着,它就已经被抛入这种可能性。[3]

海德格尔对死亡的讨论,主要的目的也在于让人通过对死亡的投射,寻找不同的生的可能。"只有当牵挂这一此间之是的根本结构与其最极端的可能即死亡'关联'起来,该是者……可能的整全之是的问题才具有合法性。"[4] 牵挂与死亡的"关联",就是可能与极端的不可能的关联,它足以使人面对后者重新思考、调整前者。"人向死而是就是向这一是者之能是的投射,因为投射正是此是者之是的方式。通过在投射中揭示这种能是,人向自身揭示他最极端的可能。但是,把自身投射到最本己的能是上去,就意味着能够在如此揭示的这一一是者之是中理解自身,也就是去生存。投射就是人对其最本己的极端的能是进行理解的可能性,也是本真生存的可能性。"[5] 也就是说,向死而是即人找到自己本真之是的根本途径。

死亡是人最本己的可能,无人可以替代。向死亡的投射,首先就可以把每一个人与他沉沦其间的"众人"区别开来。海德格尔指出:"死亡是人最本己的可能。向死而是向人揭示了他最本己的能是,人之所是在其中

---

[1] 参见海德格尔:《时间概念》,载孙周兴选编:《海德格尔选集》上,第 16—17 页。Martin Heidegger, *The Concept of Time*, p. 11E.

[2] 参见海德格尔:《海德格尔文集·存在与时间》,第 340 页。Martin Heidegger, *Being and Time*, p. 236.

[3] 参见同上书,第 347 页。Ibid., p. 241.

[4] 参见同上书,第 358 页。Ibid., p. 248.

[5] 参见同上书,第 362—363 页。Ibid., pp. 251-252.

得到绝对的关注。对人来说显而易见的是,在此极端的可能中,他被与'众人'分割开来。"[1] "人在每一瞬间的'先行至死',无非就是通过自我选择从众人那里收回自身。"[2] 海德格尔因而把向死而是视为人自我确认的真实的自由:"通过投射向人揭示出他在'众人'中的沉沦,并使之面对自己的可能,这种可能第一次不再受牵挂之累,而是在激情而焦虑不安的向死的自由中成为自身,这是一种摆脱了'众人'之幻象的、实际性的、自我确知的自由。"[3]

其次,向死而是也是对是之真的持守。"对死亡的投射并非通常意义上的意欲虚无。相反,它是至高的此间之是,它把'此'之遮蔽状态一同引入对真的持守。"[4] 在其中,是之真被完全地在最极端状态下揭示出来。[5] 人在这种投射中也才能超脱是者的纷乱而直接把握是本身。海德格尔指出:死亡问题与是之真的问题之间存在着本质性的关联,是之真只有在这种关联中才显出意义,因此不能把死亡视为对是的否定,或者把虚无视为是之本质。恰恰相反,"死亡乃最高和最终的是之见证"[6]。所以,"关键不是把人之所是消解于死亡中,宣称人生不过是一场空。相反,应该把死亡拉入此间之是,从而使人能够把握人生的无限广阔,并且充分探测是之真的可能性的基础"[7]。

对死亡的投射使人从沉沦中脱出,其途径是促人决断。"每个人自身能是的无规定性虽然通常在决断中变得确定,但它始终只有在向死而是中才会完全显现。投射让人直面这样一种可能,即可能将变得不可能,它在任何时候都是确定的,但又是未知的。投射使人看到他被抛入这种其'有限处境'的不确定性,通过对之做出决断,人才能获得本真的整体能是。"[8]

---

[1] 参见海德格尔:《海德格尔文集·存在与时间》,第 363 页。Martin Heidegger, *Being and Time*, p. 252.

[2] 参见海德格尔:《海德格尔文集·时间概念史导论》,第 501 页。Martin Heidegger, *History of the Concept of Time: Prolegomena*, p. 318.

[3] 参见海德格尔:《海德格尔文集·存在与时间》,第 367 页。Martin Heidegger, *Being and Time*, p. 255.

[4] 参见海德格尔:《海德格尔文集·哲学论稿(从本有而来)》,第 387 页。Martin Heidegger, *Contributions to Philosophy (Of the Event)*, p. 257.

[5] 参见同上书,第 336 页。Ibid., p. 222.

[6] 参见同上书,第 337 页。Ibid., p. 223.

[7] 参见同上书,第 338—339 页。Ibid., p. 224.

[8] 参见海德格尔:《海德格尔文集·存在与时间》,第 421—422 页。Martin Heidegger, *Being and Time*, p. 295.

因此，对死亡的投射使人在决断中封闭那些不可能的可能，从根本上驱除一切自欺欺人的逃避，让人去除幻想，付诸行动。投射中的决断并非飘浮于生存可能性之上的期待，而是源自对人的实际处境的清醒认识。这种清醒的牵挂让人直面个体性的能是，并在其中感受切实的快乐。[1]因此，"向死而是乃最高的历史性驱策，亦是对最简捷的路径之决断的基础"[2]。

总的来说，海德格尔对死亡问题的讨论是他的思想中一个颇有特色的部分，也产生过比较广泛的影响。但是，正如某位海德格尔研究者所指出的，"他似乎未经论证就把本真性、整体性和死亡这些概念联系在了一起"，并且认为这是受到克尔凯郭尔影响的结果。[3]海德格尔希望通过对死亡的投射获得对本真的、个体的、整全的人之所是的把握，这是他对自己的生存论的实践，也是对世人的劝诫。这种思想在是论意义上当然可以理解，因为在对死亡的投射中，人会考虑他的人生将是重于泰山还是轻于鸿毛，并且做出相应的选择。但是否如他所说的那样，能够让人回归本真的自己，的确让人置疑。海德格尔如此看待死亡问题，除克尔凯郭尔的影响之外，他的宗教情绪也可能发挥了一些作用。

惶恐

惶恐是人对于世间生存，特别是其不确定性的极度不安，即陌生感和不安全感。惶恐发生之时，人似乎被抛入一个自己对其一无所知的世界，并且孤立无助地面对将要发生的一切。"惶恐是人被赤裸裸地抛入陌异之中的惶恐，它把人带入其最本己的、个体化的被抛之此。"[4]在惶恐中，"我们所惶恐的是被抛的世间之是，我们为之惶恐的是我们在世间的可能之是。惶恐完整的现象显现出人作为事实性的、生存着的世间之是"[5]。

---

[1] 参见海德格尔：《海德格尔文集·存在与时间》，第423—424页。Martin Heidegger, *Being and Time*, p. 296.

[2] 参见海德格尔：《海德格尔文集·哲学论稿（从本有而来）》，第336页。Martin Heidegger, *Contributions to Philosophy (Of the Event)*, p. 222.

[3] 参见S.马尔霍尔：《海德格尔与〈存在与时间〉》，第158页。Stephen Mulhall, *Routledge Philosophy Guidebook to Heidegger and Being and Time*, p. 121.

[4] 参见海德格尔：《海德格尔文集·存在与时间》，第467页。Martin Heidegger, *Being and Time*, p. 328.

[5] 参见同上书，第267页。Ibid., p. 185.

也就是说,惶恐使人直面最本己的被抛状态,在其中日常熟知的一切变得陌异而生疏。[1] 当这种陌生与无助之感臻于极致,人就感觉到自己面对一片虚无。

作为生存表达,惶恐有其独特性,因为"惶恐的对象就是惶恐的原因,即在世间是。惶恐的对象和原因的这种同一性甚至延展到惶恐本身。作为一种心境,惶恐是在世间是的基本形式之一。……惶恐个体化,并且把人揭示为'孤独的自我'。然而,这种生存论意义上的'唯我论'绝不意味着把某个孤立的主体置放入没有世界的无害的真空,而是在极端意义上把人带入他的世界,让他面对作为世间之是的自身"[2]。

海德格尔认为,任何一种心境本质上都能够揭示完整的世间之是所有的构成性因素,比如世界、在其中是和自我等。但是,惶恐能带来不同的揭示的可能性,因为惶恐与对死亡的投射一样具有个体化的特点,事实上,两者之间也存在着某种内在的联系,向死亡的投射,必然带来对虚无的惶恐。惶恐因此也与向死而是一样,能够把人从其沉沦状态中拉回来,并向其展示作为是之可能的本真性与非本真性。因为人最根本的可能性,始终只是其本人的可能性,而这种可能性恰恰在惶恐中展现出来。[3]

惶恐让人警醒的可能性使之成为决断的基础,人只有在惶恐不安中才能摆脱日常的沉沦,获得成为本真自我的自由。"惶恐来自作为被抛的向死而是这一世间之是。……但是,惶恐只能本真性地来自一位能够作出决断的人。能够决断的人并不恐惧,他明白惶恐这种情绪的可能性,它并不会阻碍他,也不会迷惑他。惶恐把他从对可能性的虚无化中解放出来,让他自由地成为本真的自我。"[4] 所以,海德格尔说:"是的历史性思想并不把惶恐理解为形而上学'观念'的匮乏,而是与无一道,将其理解为无极之基——快乐与痛苦的自由。两者不是情绪,而是奠基性的心境。"[5]

因此,惶恐这种生存表达在海德格尔思想中更重要的作用是它让人体会到无,从而成为使人从观念上接近无的入口。"惶恐是这样一种基本心境,它把我们置于无之前。总体而言,只有人在其本质深处向无敞开,是

---

[1] 参见海德格尔:《海德格尔文集·存在与时间》,第466页。Martin Heidegger, *Being and Time*, p. 327.

[2] 参见同上书,第263—264页。Ibid., p. 182.

[3] 参见同上书,第267页。Ibid., p. 184.

[4] 参见同上书,第469页。Ibid., p. 329.

[5] Martin Heidegger, *Mindfulness*, p. 78.

者之是方可得到理解,而超越最深刻的有限性也就存在于此。这里所谓向无敞开并非对无随意的、偶然的'思考',而是一个根本性的事件,它使所有在已经存在的是者中发现自身的努力成为可能……"[1] 关于惶恐与无的关系,以及无本身,将会在本书第八章中予以详细讨论。

罪欠、良知与决断

罪欠并不一定是真正因犯罪而歉疚。从根本上说,罪欠意味着人对当下所是的否定,以及对不同的可能性的寻找。因此,只要人并非完美无缺,这种心境就会存在。海德格尔认为,人作为被抛的投射、作为牵挂中的是者这些特征,无一不体现了人的罪欠状态:"在被抛和投射状态的结构中,本质性地都具有某种否定性,而这就是人得以否定其所陷入的非本真状态的根据,这正是人事实所处的状态。牵挂自身在本质上被否定所渗透。"[2]

揭示人的罪欠状态并非对人之所是的否定,而是"呼唤向前,唤向我原本始终就是的能是。人无须因失败或错失而担上'罪责',他只须以'有罪欠'的方式本真地去是其所是"。呼唤来自牵挂,而罪欠则构成牵挂之是。"人最初在陌异中与自身相伴。陌异让这种是者直接面对无遮蔽的否定性,而后者属于其最本己的能是。当牵挂着的人关切其所是,作为事实上已经沉沦的众人,他将自身从陌异中唤出到他的能是之中。"呼唤让人"在众人的失落中回复自身,而这就意味着罪欠"。[3] 所以,感到罪欠恰恰意味着准备承担责任,而且只要人生存,就能自由地承担责任。

良知是一种与罪欠紧密相连的心境,"是一种呼唤",它"具有唤起人最本己的罪欠,将其唤入最本己的自身能是的性质"[4]。人在世间的缺欠即罪欠使人处于无以排解的漂泊无据中,从根基处感到无法自足。"异乡之感乃世间之是的基本形式,虽然在日常生活中人们常常忘记这一点。"[5]

---

[1] 参见海德格尔:《海德格尔文集·康德与形而上学疑难》,第258页。Martin Heidegger, *Kant and the Problem of Metaphysics*, p. 167.

[2] 参见海德格尔:《海德格尔文集·存在与时间》,第392页。Martin Heidegger, *Being and Time*, pp. 273-274.

[3] 参见同上书,第394—395页。Ibid., p. 275.

[4] 参见同上书,第372页。Ibid., p. 259.

[5] 参见同上书,第382页。Ibid., pp. 266-267.

良知即"牵挂的呼唤，它来自世间之是的异乡之感，召唤人进入其最本己的、潜在的罪欠之是。希望有良知，就是对这一呼唤的理解"[1]。罪欠与良知是最能揭示人的本己之是的两种生存表达，同时也是人之自由的基础。[2]

良知并不要求人采取任何具体行动，而只是呼唤人面对本真的自我。"良知向被召唤者呼唤什么呢？严格地说，什么都没有。呼唤中什么都没有提及，没有任何关于世间之事的信息，没有告知人任何事。但至少它试图开启一场在被召唤者自身中'与自己的对话'。被召唤者没有被要求做任何事，但他被唤向自己，即唤向他最本己的能是。"[3] 海德格尔强调："良知的呼唤没有任何内容，它甚至无须形诸语言，但也绝非模糊不清。良知以沉默的方式单调而持续地表达自己。"[4] 良知是人出自内心的呼唤。"良知揭示自身为牵挂的呼唤。呼唤者是人，他在被抛状态（已经在……之中）为其能是而惶恐。被呼唤者也是人，呼唤其进入最本己的能是（在自己的投射中）。这种呼唤让人从沉沦于众人的状态（已经与被牵挂的世界共同是）脱出。良心的呼唤具有是论的基础，那就是人之所是的根本就是牵挂这一事实。"[5]

良知呼唤人们选择成为自己，这就导向海德格尔思想中的一个关键词，也是一种重要的生存表达，即决断。"与良知的呼唤相应的是可能的听。对召唤的理解揭示自身为愿意有良知，而在此现象中就有我们所寻找的那种生存选择，即选择自身之是。根据其生存论结构，我们称之为决断。"[6] 决断的内容，就是选择良知。"如果人在先行中能够把自己带向这一绝对的决断，就意味着在先行至死中人可以让其在绝对的意义上负起责任。他'能够'选择为自己而是这样一种可能，即他可以选择他自己。"[7]

---

[1] 参见海德格尔：《海德格尔文集·存在与时间》，第 397 页。Martin Heidegger, *Being and Time*, p. 277.

[2] Cf. Michael Gelven, *A Commentary on Heidegger's Being and Time*, p. 158.

[3] 参见海德格尔：《海德格尔文集·存在与时间》，第 376 页。Martin Heidegger, *Being and Time*, p. 263.

[4] 参见同上书，第 377 页。Ibid.

[5] 参见同上书，第 382 页。Ibid., p. 267.

[6] 参见同上书，第 372 页。Ibid., pp. 259-260.

[7] 参见海德格尔：《海德格尔文集·时间概念史导论》，第 501 页。Martin Heidegger, *History of the Concept of Time: Prolegomena*, p. 319.

对良知导向决断的机制，海德格尔还进行了如下表述："人愿意有良知这种被揭示状态是由牵挂的心境、把自己投射到最本己的罪欠之是上的理解，以及体现为沉默的话语构成的。我们把这种人在自身中通过良知见证的显见的、本真的开启状态称为决断，即在沉默中把自身投射到最本己的、让人产生惶恐的罪欠之是当中。"[1] 惶恐、对死亡的投射和良知都是对人的可能性、开放性及不确定性的极端体验，"它们是如此极端，以至可以打破沉沦于确定性、'非本真性'的状况"[2]。

关于死亡、罪欠、良知与决断之间的关系，海德格尔有过如下总结："我们把决断刻画为向人最本己的罪欠之是的沉默的自我投射，以及苛求性的自我惶恐。罪欠属于人，其含义是作为虚无基础的无……既然人本质上有罪欠，他就不是偶尔如此。愿意有良知就是为此罪欠作出决断。只要人作为人，他就有罪欠。决断的内在含义就是把罪欠投射到自己身上。因此，只有当决断在揭示此间之是时已经如此明晰，将其理解为持存之物时，在决断中才能以生存论的方式把'罪欠'担当起来。然而，这种理解要成为可能，又需要人把自身揭示为一种潜在的'走向终结'之是。人的终结之是，从生存论的角度来说乃朝向终结之是。只有当决断能够作为理解着的朝向终结之是，也就是向死亡投射之时，它才是本真性的。"[3]

换言之，罪欠是人对于应做而未做之事，或者应得而未得之物的欠缺感。海德格尔认为，这种欠缺乃人之本质。在此涉及一个根本的问题——人是什么？人之所是的基础或者说根据是什么？海德格尔的回答是"无"："无绝不意味着没有客观呈现或者不存在，而是意味着人之所是即被抛状态中的某种欠缺。无的这一特性是在生存论意义上被决定的。人是其自我，作为自我，是一个被抛的是者。他并非因由自己成为自己，而是从根据被释放到他自己以便作为他自身的根据。人实存的自身并非他之所是的根据，因为这一根据首先来自他的投射，但作为自我，他就是他的根据之是。根据永远只能是这样一种是者的根据，他之所是必得担当根据之是。"[4] 因此，只有人需要根据，但人没有现成的根据，人的根据必须由其为自己提供。这是海德格尔在其思想的早期阶段对"无"的一次深入探

---

[1] 参见海德格尔:《海德格尔文集·存在与时间》，第406—407页。Martin Heidegger, *Being and Time*, p. 284.

[2] 参见君特·菲加尔:《海德格尔》，第86页。

[3] 参见海德格尔:《海德格尔文集·存在与时间》，第417—418页。Martin Heidegger, *Being and Time*, p. 292.

[4] 参见同上书，第391—392页。Ibid., p. 273.

讨。在此，他把"无"理解为欠缺，具体说就是根据的匮乏。这种理解贯穿他的思想之始终，不过后来有所深化。就其关于人之所是的理解而言，把"无"作为根据的观点意味着他已经完全放弃了对人之本质加以规定的形而上学企图，因为人的根据就是人之所是的投射，因而是一种可能。

至于决断，就是断然承担这种罪欠，意识到这种"无"。具体来说，决断首先使人们接受在世间是这一基本事实，即所谓"最本源的真"。"因为它是本真性的。此的被揭示状态显示自身为同样源初的在世间是的整体：世界、在其中是，以及作为'我是'中这一是者的我自己。"[1] 同时，决断也意味着在命运面前安之若素，意味着人"以断然的方式接受命运并生存下来，作为世间之是，人接受'好运'环境的眷顾，也接受残酷时刻的到来"[2]。

决断使人成为本真的自己。海德格尔在时间维度上指出，投射中的决断使人根据未来的可能性调整自身，因此在每一个具体的时间点上，每一个人的未来决定了他的过去。虽然这并不改变人的过去决定他的未来这一基本事实，但作为被抛的投射，人又具有改变自己的未来、为未来创造根据的可能。海德格尔指出："投射的决断在其本质性的罪欠之是中理解此间之是，这意味着在生存中承担罪欠之是，并成为被抛出的基础之无[3]。但是，接受被抛状态即本真性地以其原本已经是的方式成为此间之是。要接受被抛状态，只有未来的此间之是能够是其最本己的'原本已经是'，也就是他的'曾是'才有可能。只有当人一般性地是他之曾是，才有可能在未来以返回的方式走向自己。人本真性地属于未来，但也本真性地是他的曾是。只有当人属于未来，他才是本真的曾是。曾是以某种方式来自未来。"[4] 从某种意义上说，在被抛的投射中，如果一个人通过决断作出最恰切的选择，成为本真的自己，就恰恰达到了尼采永恒重现的思想中所描绘的状态，即我完全愿意此时此刻的一切完全重现，[5] 即便海德格尔表面

---

[1] 参见海德格尔：《海德格尔文集·存在与时间》，第407页。Martin Heidegger, *Being and Time*, p. 284.

[2] 参见同上书，第519页。Ibid., p. 366.

[3] 海德格尔后来的相应表达是"无极之基"（Ab-grund）。

[4] 参见海德格尔：《海德格尔文集·存在与时间》，第443—444页。Martin Heidegger, *Being and Time*, p. 311.

[5] Cf. Michel Haar, "Critical Remarks on the Heideggerian Reading of Nietzsche," in *Martin Heidegger: Critical Assessments*, Vol. II, ed. by Christopher Macann, Routledge, 1992, pp. 291-292; Friedrich Nietzsche, *The Gay Science*, trans. by Josefine Nauckhoff, Cambridge University Press, 2001, p. 194.

上根本不认可这种思想,并称之为最后的形而上学的体现。

作为可能性的人

海德格尔对牵挂、理解、投射、惶恐、罪欠、良知等生存表达的讨论,最终导向与传统形而上学相当不同的对人之所是的理解,即作为可能性的人。人是一种可能,这意味着人之所是即其能是。如海德格尔所言:"生存着的人与自己照面,但与世间的客观存在物不同。被抛状态也不是某种不可通达的人身上的附加物,对其生存无关紧要。作为被抛者,他以其所是和能是而生存。"[1] 因此,"人本身,就其是而言,并非别的,乃一种可能之是"[2]。他还认为,人既然能够沉沦,即让自己向众人看齐,就从另一个方面证明了人能够与之有所不同,即追求属于自己的生活,因此"应该在人可能成为他自己的方式中发现人之所是"[3]。

海德格尔明确指出:"我是意味着我能。正因为人这个实体由'我能'所决定,所以他才能在机会、手段等意义上追求并且关注他的可能性。由牵挂定义的每一种关注和每一个实体先天地意味着'我能'的是之形式。需要特别指出的是,作为人之所是的构成状态的'我能',总是理解中的'我能'。"[4] "我能"意味着人拥有由其支配的可能性,而这种可能性就是人的此间之是的基本结构。[5] 海德格尔以他惯有的笔法,强调人之所是始终是一种能是的基本特点:"在人尚未到达终点之前,如何理解这一实体之所是?毕竟他还与他的所是一同在路上。他依然是某个尚未到达终点之物,而当他抵达终点,谈论他之所是已经没有可能。在此之前,他永远不可能本真地是他的能是;如果他已经是,他就不再是。"[6]

海德格尔认为,只有通过实际观察人如何思想与行动,才能对人是什

---

[1] 参见海德格尔:《海德格尔文集·存在与时间》,第 380 页。Martin Heidegger, *Being and Time*, p. 265.
[2] 参见海德格尔:《海德格尔文集·时间概念史导论》,第 467 页。Martin Heidegger, *History of the Concept of Time: Prolegomena*, p. 298.
[3] 参见同上书,第 387—388 页。Ibid., p. 248.
[4] 参见同上书,第 467 页。Ibid., p. 298.
[5] 参见同上书,第 305—306 页。Ibid., p. 196.
[6] 参见海德格尔:《时间概念》,载孙周兴选编:《海德格尔选集》上,第 16 页。Martin Heidegger, *The Concept of Time*, p. 10E.

么这个问题有所认识。"人因生存而成为自身的根据。"[1] 我们能够真正了解人的唯一方式,是将其视为一种必定要实现其可能、必定要以某种方式开启其自由的空间,并在其中以某种方式成其所是的是者。[2] 正因为人是一种可能,所以海德格尔借阐发柏拉图的教育思想提出,教育是对人的塑造,是对人持续完善的过程。"通过这一过程,人在是者之中自由地选择自身本质的基础,并在此之上锻造自己的本质。"[3]

在海德格尔看来,人作为被抛的是者,具有被限定的一面,而作为向未来投射的是者,又具有能够决定其所是的一面,所以是"被抛的可能"。"人作为成为他自己的潜在可能,总是已经放弃了另一些可能。他不断地接受他的可能性,抓住它们,当然也可能犯错。但这就意味着他被托付给自己的能是,是彻底的被抛的可能。"[4] 海德格尔指出:作为有限的受造者,人在是论意义上又具有某种无限性,但这并不表现为对是者的创造,而是在对是的理解方面不受限定。[5] "人是一种把自己规定为'我是'的实体。'我是'的独特性对于人来说具有构成性。正如人首先是世间之是,同时也是我的此间之是一样。他在任何情况下都是他自己,而且是特殊的他自己。"[6] 无论人是否选择了他的可能,他的生存总是各种可能的结果——无非有的人抓住了,而有的人放弃了他的可能,但在后一种情况下,他实际上是进入了另外一些可能。"人总是从他的生存、从他是否成为自己的可能来领会自身。人或者自己选择这些可能,或者碰巧撞上它们,或者原本就在它们之中成长起来。每个人的生存都取决于他是抓住了还是放弃了这些可能。"[7]

"能是"是理解的真正基础。根据海德格尔的定义,理解并非单纯的

---

[1] 参见海德格尔:《海德格尔文集·存在与时间》,第392页。Martin Heidegger, *Being and Time*, p. 273.

[2] 参见海德格尔:《论真理的本质——柏拉图的洞喻和〈泰阿泰德〉讲疏》,第74页。Martin Heidegger, *On the Essence of Truth*, p. 56.

[3] 参见同上书,第110—111页。Ibid., p. 83.

[4] 参见海德格尔:《海德格尔文集·存在与时间》,第206页。Martin Heidegger, *Being and Time*, pp. 139-140.

[5] 参见海德格尔:《海德格尔文集·康德与形而上学疑难》,第304页。Martin Heidegger, *Kant and the Problem of Metaphysics*, p. 197.

[6] 参见海德格尔:《时间概念》,载孙周兴选编:《海德格尔选集》上,第14页。Martin Heidegger, *The Concept of Time*, p. 8E.

[7] 参见海德格尔:《海德格尔文集·存在与时间》,第19页。Martin Heidegger, *Being and Time*, p. 11.

认识，而是一种面对物、面对世界和面对人自身的本源性的是的方式。理解通过能是成为现实，因为它改变着理解者本身。"'我能'作为关联项必然延展到某物的可理解性；反过来，作为可理解之物得到关切的就是那种可以在牵挂和关切中把捉的东西。"[1] 因此，理解本身具有牵挂的特点。正因为人是一种能是，所以才有理解发生。

进一步说，理解即对可能性的把握。"理解即向着人始终为之而生的能是投射，理解揭示人自身之能是的方式在于，人总是以某种方式理解性地认识自身之所为。"[2] 理解因此是一种能是之是，它总是表现为某种本质上尚未呈现之物，但又总是与人之所是相伴随。人之所是的特点就在于他总是以某种方式理解着自身，包括误解。这种理解并非来自内在的自我感知，而是属于本质上理解着的人之所是。只有在对其能是的理解中，人才获得了重新发现自己的可能。[3] 海德格尔正是在这个意义上重新解释了康德关于实践理性的思想："理性本质上就是'实践理性'。理性意味着对其自身中使生活成为可能的部分的投射性感知。把道德律投射入实践理性，意味着使人有可能被这一律令所约束。"[4]

因此，从生存论的意义上说，可能性也只有通过理解才会发生。"人作为能是，其是的方式在生存论意义上就是理解。人并非被加上了某些行为能力的客观现存之物，人从一开始就是能是。人始终是他之能是以及如何成为他之所能。人的本质可能性涉及我们所说的牵挂'世界'的方式，关切他人的方式，以及在所有这一切中体现出来的成为自身、为其自身之故的方式。……可能性指的是尚未成真和并非总是必然。它刻画的仅仅是可能。从是论上说，它的程度低于实现性和必然性。但是，作为一种生存表达，可能性又是人最源初的和最终极的积极的是论特征。"[5]

理解与可能性之间的关联机制在于：人之所是就是对自身之是的牵挂，而理解则是人对自身能是的投射，投射乃牵挂的结果，亦是牵挂中的

---

[1] 参见海德格尔：《海德格尔文集·时间概念史导论》，第468页。Martin Heidegger, *History of the Concept of Time: Prolegomena*, p. 299.

[2] 参见海德格尔：《海德格尔文集·存在与时间》，第458页。Martin Heidegger, *Being and Time*, p. 321.

[3] 参见同上书，第206页。Ibid., p. 140.

[4] 参见海德格尔：《海德格尔文集·尼采》上卷，第601页。Martin Heidegger, *Nietzsche Volume III: The Will to Power as Knowledge and as Metaphysics*, ed. by David Farrell Krell, Harper & Row, 1991, p. 88.

[5] 参见海德格尔：《海德格尔文集·存在与时间》，第205—206页。Martin Heidegger, *Being and Time*, p. 139.

投射。"人是在是中对其所是有所关切的是者。这种'关切'在理解的构成中变得更清楚了,因为理解就是朝向人最本己的能是的自我投射。能是乃任何人是其所是的目标。人在是中总是已经把自己和他的可能加以对比。自由地向着最本己的能是而是,从而向着本真和非本真的可能性而是,这在惶恐中得到最初的、根本的体现。从是论上说,向自己最本己的能是而是意味着人在是中总是已经先于自身。人总是已经'超越自身',这并非朝向他自身不是之物的行为方式,而是朝向他自己所是的能是之是。"[1]

海德格尔结合时间性讨论理解与可能的关系。因为有时间存在,有未来在等待,人们在理解中生活,可能性才对人展开,而人也对可能性展开。从某种意义上说,人总是已经生存于未来之中,区别只在于是有意还是无意。当人以投射到一种生存可能性的方式来理解自身的时候,未来就作为人始终生活于其中的可能向人走来。有了未来,人才有可能成为通过理解生存于其能是中的是者。"人在理解中总是他的能是。决断原本就是本源性的、本真性的生存。当然,人本来而且在大多数情况下会犹豫不决,也就是说他往往对自身最本己的、永远只能以个体性方式通达的能是封闭。这表明时间性并不会持续地从本真的未来时间化,但是,非持续性并不意味着时间性有时会失却未来,而是指未来的时间化具有可变性。"[2] 也就是说,未来是否真的到来,同样是一个高度个体性的问题。

正是从理解与可能之间这样一种内在的关系出发,海德格尔把哲学视为人之可能的集中体现,因为哲学的使命就是让人成其能是,所以它本身就是人的本质性行为,虽然大多数人对此并不了解。海德格尔表示:"哲学活动是先于一切行为的事业,它构成此间之是的根本发生,是自立自足的、与我们通常活动于其中的行止在本质上完全不同之事。"[3] "哲学的发生是人之超越性最典型的体现。"[4] 事实上,海德格尔这样一种对哲学

---

[1] 参见海德格尔:《海德格尔文集·存在与时间》,第 268 页。Martin Heidegger, *Being and Time*, p. 185.

[2] 参见同上书,第 458—459 页。Ibid., pp. 321-322.

[3] 参见海德格尔:《海德格尔文集·形而上学的基本概念:世界—有限性—孤独性》,第 33—34 页。Martin Heidegger, *The Fundamental Concepts of Metaphysics: World, Finitude, Solitude*, p. 22.

[4] 参见海德格尔:《海德格尔文集·康德与形而上学疑难》,第 263 页。Martin Heidegger, *Kant and the Problem of Metaphysics*, p. 170.

的理解贯穿他自己的哲学活动。他不仅把哲学思考和写作视为人的某种"工作",而且把它视为人的可能,首先是他本人的可能的实现。这一特点是理解海德格尔思想的一条重要线索。正如一位研究者所言:"海德格尔在他自己的写作中始终意识到这样的写作……是人之可能的体现;他同时意识到他是这样一个是者,他是的方式就是他的工作主题,因此其成果必定反过来影响他的行为。"[1]

海德格尔同时从能是的角度,讨论了人的各种生存表达的意义。比如,良知就是人对其可能性的呼唤:"我们把良知称为呼唤,是指它召唤众人成为他们自己。作为呼唤,良知召唤的是自我成为自身的能是,召唤人向前进入他的可能。"[2] 牵挂则意味着人的可能始终没有成为现实,意味着人之所是的整体性欠缺。"牵挂这一构成因素明确告诉我们,在此间之是中总是仍然欠缺某种东西,作为能是,它尚未成'真'。因此,在此间之是的本质构成中,持续地存在着某种未完成的特性。这一总体性的缺乏意味着在人的能是中始终欠缺某种东西。"[3]

事实上,所有的生存表达都从某个特定的角度显现人之生存中存在的不确定性,而不确定恰恰是可能性的前提。这种不确定既来自人本身,更来自人所处的环境,因为生存并非个人独处,而是始终置身于其他是者之间,与由人和物构成的环境相处,这就是被抛状态的含义所在。[4] 海德格尔指出,对于人这种被抛的是者,不确定性根本无法消除。人要成为这一被抛的基础,只有通过把自身投射到他被抛的可能性中。"虽然他永远不可能控制这个基础,但在生存中不得不成为这一基础。成为自身被抛的基础就是能是,牵挂就牵挂于此。"[5] 这也就是海德格尔把牵挂作为人之生存结构的基本特征的原因。

人在世间生存,很容易丧失其可能性。人所面临的环境的非本真性越强,人们越是认可其所处的环境,也就越是远离其能是。随着个人之能是

---

[1] 参见 S. 马尔霍尔:《海德格尔与〈存在与时间〉》,第 37—38 页。Stephen Mulhall, *Routledge Philosophy Guidebook to Heidegger and Being and Time*, p. 31.

[2] 参见海德格尔:《海德格尔文集·存在与时间》,第 378 页。Martin Heidegger, *Being and Time*, p. 264.

[3] 参见同上书,第 328—329 页。Ibid., p. 227.

[4] 参见海德格尔:《论根据的本质》,载《海德格尔文集·路标》,第 200 页。Martin Heidegger, "On the Essence of Ground," in *Pathmarks*, p. 130.

[5] 参见海德格尔:《海德格尔文集·存在与时间》,第 391 页。Martin Heidegger, *Being and Time*, p. 273.

的远离和众人的得势,人很快就陷入对自身的遗忘。人对自身之是的不确定,反过来决定了人只能作为可能在牵挂中生存。因此,人并不拥有任何是论上确定而不可失去的特性。但是,人在一定程度上可以选择获得或者失去这些可能,即选择赢得或者失却自身。人"这一是者在其是中与其所是的关联乃其所是与其最本己之能是的关联。人始终是他的可能"[1]。对于海德格尔来说,牵挂并不导致人的沮丧与放弃,而是促使人超越他的当下之是,去争取成为本真的自己,并为此提供根据。"因为人已失落于众人之中,他首先必须找回自己。为此他就必须在其可能的本真状态中被'显示'给自己。作为他的可能性,人已经是一种能是,但他必须有可能证明这一点。"[2]

把人作为可能性来理解,与认为人的本质就是其生存实际上意义相同。海德格尔表示:"我们把人能够以某种方式与之关联,而且的确与之关联的那个是称为生存。对人这个是者的本质规定,不可能通过把那些指明其物质内容的'什么'归于他而进行,因为他的本质在于这一事实,即任何情况下他都必须成为他本身之所是,所以我们用了此间之是这个名称,一个对是者的单纯表达,来指示这个是者。"[3] 也就是说,人生存,至于人如何生存,却是一种可能,因此"人的本质就在于他的生存"[4]。不过,这一表达中所说的"本质",与这个概念的传统含义正好相反,它指的是"最本己的内在可能性"[5]。

人作为可能,就意味着人拥有自由。海德格尔从可能性的角度,对自由进行了一番康德意义上的讨论。他认为,在所有情况下,世界对人都表现为一个手段和目标的连续整体,但人能够超越这种目标—手段的关系,而与自身的目标关联,这就是人的自由,"向着世界的超越就是自由本身"。作为超越的自由并不仅仅意味着达到某种目标,"相反,自由让'目标'朝向它自身,并以自由的方式做到这一点。人的此间之是就发生在这种让'目标'朝向自身的超越中。这样,在其生存的本质中,他能够为自身负责,也就是使他自由。因此,自由同时揭示自身为让某种约束成为可

---

[1] 参见海德格尔:《海德格尔文集·存在与时间》,第64—65页。Martin Heidegger, *Being and Time*, p. 42.
[2] 参见同上书,第370页。Ibid., p. 258.
[3] 参见同上书,第18—19页。Ibid., p. 11.
[4] 参见同上书,第63页。Ibid., p. 41.
[5] 参见海德格尔:《论根据的本质》,载《海德格尔文集·路标》,第166页。Martin Heidegger, "On the Essence of Ground," in *Pathmarks*, p. 110.

能,实际上就是一般性的义务"[1]。也就是说,既然自由意味着选择某种可能,人就需要承受因为没有选择其他可能而导致的结果。[2] 所以,海德格尔的自由观包括三个方面的内容。首先,自由是一种可能;其次,自由跳出了目标—手段的链条;最后,自由意味着责任即自我约束,因而不同于"免受外来干预"的自由。

在此基础上,海德格尔更进一步,把自由视为根据的"一般性基础"。这意味着人能够自由地为自身之是建基,这是人作为可能的最突出的体现,也是人之为人最根本的条件。"通过把自己从'一个是者'的位置上自由地抛离开去,人才第一次成其为人。"[3] 海德格尔指出:"只有因为自由在于超越,它才能体现为生存着的人的一种独特的因果性。不过,把自由解释为'因果性',首先就以对根据的不同理解为前提。作为超越的自由不仅是'一种'独特的根据,而且是根据的一般性基础。自由就是获得根据的自由。"[4]

海德格尔把自由与根据的这种本源性关系称为"建基"。[5] 人的超越即在投射中对自身可能的发现就是对是的建基,超越性即根据的起源。"作为建基的超越性的发生形成一条通道,此间之是在是者整体中任何事实性的自我维持得以涌入其中。"[6] 根据为自身寻找依据,基础为自身建基。在此意义上,海德格尔也把人向可能性的投射称为自由的抛掷。"我们不能把人理解为由我们所熟知的那些特性构成的、已经被决定的实体,再在这一是者中寻找失去的环节。相反,在我们看来,对这些特性的突破才首先为人之本质奠定基础。"[7] 总之,"人乃为其最本己之能是而自由的可能"[8]。

---

[1] 参见海德格尔:《论根据的本质》,载《海德格尔文集·路标》,第 193—194 页。Martin Heidegger, "On the Essence of Ground," in *Pathmarks*, pp. 125-126.

[2] 参见海德格尔:《海德格尔文集·存在与时间》,第 392 页。Martin Heidegger, *Being and Time*, p. 273.

[3] 参见海德格尔:《海德格尔文集·哲学论稿(从本有而来)》,第 534 页。Martin Heidegger, *Contributions to Philosophy (Of the Event)*, p. 318.

[4] 参见海德格尔:《论根据的本质》,载《海德格尔文集·路标》,第 194—195 页。Martin Heidegger, "On the Essence of Ground," in *Pathmarks*, pp. 126-127.

[5] 参见同上书,第 195 页。Ibid., p. 127.

[6] 参见同上书,第 201—202 页。Ibid., p. 131.

[7] 参见海德格尔:《海德格尔文集·哲学论稿(从本有而来)》,第 536 页。Martin Heidegger, *Contributions to philosophy*, p. 319.

[8] 参见海德格尔:《海德格尔文集·存在与时间》,第 206 页。Martin Heidegger, *Being and Time*, pp. 139-140.

海德格尔把人之可能的实现称为人的绽放的生存。"人之所是,或者传统形而上学语言所说的人之'本质',就在于他的绽放的生存。"[1] "人只有在被是呼唤的时候,人之所是才会在本质上发生。只有在这一'呼唤'中,人才发现他的本质之寓所。又只有在这个寓所中,他才'拥有''语言',后者作为一个家,为其本质保存绽出之物。我把这样一种在是之通透中的站立称为人的绽放的生存。"[2] 何谓绽放? 海德格尔用这个词表达两个方面的含义。一是向外展开,即人向外展开其可能。二是对这种可能性的理解,海德格尔称之为"是之通透",所以绽放的生存即"立身于是之真"[3]。"人之是本质发生的方式就是他在此是,这就意味着是之通透。此之'是',而且只有它,具有绽放的生存的根本特点,即在是之真中具有绽出的内在属性。"[4] 海德格尔因此特别强调:"在人之人性乃绽放的生存这个规定中,本质性的不是人而是是,即绽放的生存中绽出的那个维度。这个维度当然并非习惯意义上某种空间性的东西。相反,一切空间及时空性质的东西本质上都在是的维度内发生。"[5]

绽放并非自然展开,而是可能性的实现。人只有在思考并实践其本质时才达其本质。因此,"'人绽放地生存'这句话,并非对人实际上如何这个问题的回答,而是对人之'本质'的回应"[6]。同时,绽放的生存也并不改变人作为被抛的是者这个基本事实。海德格尔在引入绽放的生存这个表述之后,又将其纳入其他的生存表达:"在绽放的生存中,人作为此间之是把这个'此',即是之通透,作为他的'牵挂'。但是,此间之是本质上作为'被抛'而发生。它在是之投射中本质性地展开为命运般的置送。"[7]

绽放的生存乃人所特有的生存方式,只有人能够绽放地生存,因此它只对人之所是有意义。"如果人命中注定要去思考他之所是的本质,而不只是对他的构成和行为进行自然和历史的说明,那么绽放的生存者也就不能被视为诸生物中一个特殊的类别。就此而言,甚至就连我们通过与'动

---

[1] 参见海德格尔:《关于人道主义的书信》,载《海德格尔文集·路标》,第384页。Martin Heidegger, "Letter on 'Humanism'," in *Pathmarks*, pp. 247–248.

[2] 参见同上书,第382页。Ibid., p. 247.

[3] 参见同上书,第386页。Ibid., p. 249.

[4] 参见同上书,第384—385页。Ibid., p. 248.

[5] 参见同上书,第396页。Ibid., p. 254.

[6] 参见同上书,第386页。Ibid., p. 249.

[7] 参见同上书,第387页。Ibid.

物'相比而归于人的那些动物性的东西,也都建立在绽放的生存的本质基础之上。"[1] 正因为人具有绽放的生存的本质,所以海德格尔虽然同意亚里士多德关于人是介于神与兽之间的是者的观点,但他同时又强调,在这两者之间,人更接近于神。[2]

在人这种可能性,即绽放的生存的极端处,就是人的本真状态。"人的本真性就是构成他最极端的能是的东西。通过这一最极端的能是,人才本源性地得到规定。"对人的认识的困难,也就不在于"我们认知能力的有限性、不确定性和不完整性,而在于有待认识的这个实体本身,在于他之所是的基本可能性"[3]。这种极端的可能是一种冒险,也是一种创造,一种决断,是对是的突破。"只有当人通过反对自身的最终的强力行动打破是过度的暴政,人最陌异的可能性才显露出来。人的这种可能并非一条空洞的出路,他就是这种可能。作为人,他必得在每一次强力行动中打破是本身。"[4] 因此,海德格尔强调:"第一,对人之本质的决定从来不是一个答案,它本质上是个问题。第二,这个问题的提出及其解决是历史性的,并非一般意义上的历史,而是历史的本质。第三,提出人是谁这个问题必须始终联系他与是的关系。人的问题并非人类学的问题,而是历史性的形而上学问题。"[5] 海德格尔承认,他所提出的这种对人的理解"冒着相对主义的危险。但是,对相对主义的焦虑就是对人本身的焦虑"[6]。

总之,人之可能性的实现,就在于人对自身及其他是者的超越。超越构成自我;与此同时,超越又绝非仅仅关注自我,超越者必然同时关注他所不是的那些是者。正是在超越中并且通过超越,人才有可能区分不同的是者,并决定"自我"是谁,以及以何种方式是。海德格尔相信,"只要,也只有人作为自我存在,他才能使'自我'与是者交往,后者在此之前必然已经被超越。虽然人在是者中存在而且被它们所包围,但人作为生

---

[1] 参见海德格尔:《关于人道主义的书信》,载《海德格尔文集·路标》,第 383 页。Martin Heidegger, "Letter on 'Humanism'," in *Pathmarks*, p. 247.

[2] 参见同上书,第 385 页。Ibid., p. 248.

[3] 参见海德格尔:《时间概念》,载孙周兴选编:《海德格尔选集》上,第 16 页。Martin Heidegger, *The Concept of Time*, p. 10E.

[4] 参见海德格尔:《海德格尔文集·形而上学导论》,第 213 页。Martin Heidegger, *Introduction to Metaphysics*, p. 189.

[5] 参见同上书,第 169 页。Ibid., p. 149.

[6] 参见海德格尔:《时间概念》,载孙周兴选编:《海德格尔选集》上,第 24 页。Martin Heidegger, *The Concept of Time*, p. 20E.

存者总是已经超越了自然"[1]。他借助柏拉图的洞穴比喻指出,人的超越,就是超越传统、超越时代、超越众人,即走出洞穴,因此超越不仅仅是个人的事情。"人是什么,在洞穴中不可能得到决定,而只有通过参与解放的整个历史才能得到经验。我们看到,暴力(βία)属于这种解放,因为人需要某种暴力才能追问自己。人必须首先对自身发问,必须面对自己,把自身作为追问的对象,并且因此而感到不安,否则任何人都不可能轻易地获得关于人是什么的知识。人只有进入关于自身的决断,即关于推动与决定他的力量、关于他与这些力量的关系的决断,也就是说,通过人变为他的能是,才能提出关于人之本质的问题。"[2] 这就意味着超越乃历史性的人之解放,而这里就潜伏了海德格尔走向政治的引线。

可以断定,亚里士多德把人类生活视为实践活动的理论,对海德格尔关于人的可能性的思想发生了比较重要的影响。在前者看来,实践的特点就在于人需要思考并且选择自己的生活方式,即获得善的生活,并创造为这种生活所需的条件。人在这个方面的能力,亚里士多德称之为明智,或者说实践的智慧。这也就意味着人负有慎思和选择的责任。海德格尔在分析亚里士多德关于实践的思想时指出:实践需要的思想品质是明智,而明智本身又是实践的产物,或者说明智与实践都是人的可能性的结果。"明智要用于实践,用于人的生活,用于人本身。行动本身就包含了慎思明断,包含了行动本身的透明。"[3] 因此,在实践与明智的连续互动中,人的可能变为现实。

人道主义

人道主义是近代以来西方思想的一项重要传统,也是主流的价值规范。近代的人道主义在与基督教神学的斗争中发展起来,强调对人的地位、人的价值和人的尊严的认可与保障,是人类文明进步的重要体现之

---

[1] 参见海德格尔:《论根据的本质》,载《海德格尔文集·路标》,第163页。Martin Heidegger, "On the Essence of Ground," in *Pathmarks*, pp. 108-109.

[2] 参见海德格尔:《论真理的本质——柏拉图的洞喻和〈泰阿泰德〉讲疏》,第74页。Martin Heidegger, *On the Essence of Truth*, p. 56.

[3] 参见海德格尔:《海德格尔文集·柏拉图的〈智者〉》,第197—198页。Martin Heidegger, *Plato's Sophist*, p. 98.

一。但是，海德格尔却对人道主义提出了明确的批评。当然，他的批评既不是出于宗教立场要求人们返回以神为中心的精神状态，也不是因为他反对人的价值与尊严。他对人的生存表达的分析、对本真性的个人的推崇都充分表明了他对人的关切。他之所以批评人道主义，原因在于他认为这种思想所包含的一些形而上学因素，比如对人的抽象化和本质化的理解、人的主体地位的确立及由此导致的对人的对象化与消极意义上的个人自由等，实际上造成了对人的精神的贬低。

海德格尔简要考察了人道或者人性概念的前史。他发现，在罗马共和国时代，罗马人自称为与野蛮人（homo barbarus）相对的、具有人道的人（homo humanus），这是人道或人性（humanitas）最早的表达。当然，这种把人一分为二的思想来自古希腊，人道的人在很大程度上指的就是希腊意义上受过文明教化的人，而罗马人所谓的 humanitas 也是对希腊文中教化（παιδεία）一词的翻译。在罗马人看来，所谓的人道是罗马人（Homo romanus）之罗马特性（romanitas）的典型体现。海德格尔因此认为，"我们在罗马看到了最初的人道主义，但它本质上是一种特殊的罗马现象"[1]。

在文艺复兴时期，随着希腊罗马文化的复活，所谓的罗马特性，即罗马人理解的人道或者人性概念又被重新拾起，不过与之相对的"非人性"或者"非人道"因素不再是非罗马的因素，而变成了基督教的经院哲学，或者经院哲学中对人的理解。因此，所谓的人道主义（humanitarianism）及由此而来的人文研究（humanism）即对希腊罗马文化的发掘同时也体现了一次重要的价值转向，也就是从以神为中心到以人为中心的世俗化转向。海德格尔指出，这种人道主义在德国也有体现，即"表现在德国十八世纪以温克尔曼、歌德和席勒为代表的人道主义中"。但他又认为，"荷尔德林不属'人道主义'之列，恰恰因为他比'人道主义'所能做到的更为本源地思考了人之本质的命运"。[2]

在海德格尔看来，人道主义是人的主体化和世界的对象化（他也称之为世界的"图像化"，详见第七章第一节）的结果，是由人出发并且以人为归依来说明和评估是者整体的思想动向。他认为，"世界变为图像和人成为主体，这两个过程的交织对现代性的本质具有决定意义，它说明了近代历史初看上去近乎荒诞的建基过程。在此过程中，世界越彻底、越全面

---

[1] 参见海德格尔：《关于人道主义的书信》，载《海德格尔文集·路标》，第 378 页。Martin Heidegger, "Letter on 'Humanism'," in *Pathmarks*, p. 24.

[2] 参见同上书，第 378—379 页。Ibid.

地被征服,被人左右,其对象性就越明显,主体的地位就越是主观性地(即专横地)上升,而关于世界的观察与学说也就越是不可逆转地变成关于人的学说,变成某种'人学'。毫不奇怪,只有在世界成为图像的时候人道主义才开始出现。在希腊人的伟大时代,既不会出现关于世界的图像一类的东西,也不会有人道主义的流行。因此,在狭义的、历史学意义上的人道主义不过是一种道德—审美的'人学'。"[1] 也就是说,人道主义是一种现代现象,是人的主体地位确立的标志,甚至可以说是一种为维护人的主体地位、维护人对自然的统治而形成的意识形态。

除上述"狭义的、历史学意义上的"人道主义之外,海德格尔还揭示了所谓的"广义的人道主义",它通过把人定义为"理性的动物"而使人在是者中占据了某种核心的位置(虽然并非最高的是者)。这种人道主义本质上内含于西方的形而上学,并且与之同步登场,当然也将随形而上学一同衰落。"随着形而上学的完成,'人道主义'(或者以'希腊语'表示的 anthropology[2])也迫向一个最极端的,同时也无条件的'位置'。"[3]

海德格尔的基本判断是,一切人道主义都是形而上学的,而一切形而上学也都是人道主义的,因为它们都基于人是理性的动物这一对人之本质的规定。他认为:每一种人道主义都或者基于某种形而上学,或者作为某种形而上学的基础;而每一种对人之本质的规定都在不问是之真的情况下,以对是者的某种解释为前提,因而都具有形而上学性质。就此而言,人道主义甚至根本不了解什么是人这个问题。"由于其形而上学的起源,人道主义因为或者不承认,或者不了解这个问题而妨碍着对该问题的追问。"[4] 因此,要真正了解什么是人,首先必须了解什么是"是"。为此,首先必须超越形而上学,从而也就必须超越人道主义。

---

[1] 参见海德格尔:《世界图像的时代》,载《海德格尔文集·林中路》,第102页。Martin Heidegger, "The Age of the World Picture," in *Off the Beaten Track*, p. 70. 海德格尔在这里使用的 anthropology 一词,其含义与通常和社会学并称的、作为一门社会科学的"人类学"不同,他用的是这个词的本义,即一般而言"关于人的理论",故译为"人学"。

[2] Anthropology 并非古希腊语原有的概念,而是文艺复兴以后按希腊造词法创造的词,故有此一说。

[3] 参见海德格尔:《柏拉图的真理学说》,载《海德格尔文集·路标》,第274页。Martin Heidegger, "Plato's Doctrine of Truth," in *Pathmarks*, p. 181.

[4] 参见海德格尔:《关于人道主义的书信》,载《海德格尔文集·路标》,第378—380页。Martin Heidegger, "Letter on 'Humanism'," in *Pathmarks*, pp. 245-246.

第三节 时间与空间

海德格尔的时间观念

关于时间的思考，是海德格尔思想，特别是其早期思想中最重要的部分。自他引入时间因素，西方思想才真正流动起来。也可以说，正是因为海德格尔在他的思想中全面注入了时间因素，他才真正终结了传统意义上的西方形而上学。

海德格尔认为，形而上学通过把是规定为"持久的当下呈现"，看似超越了时间，但实际上还是体现出对时间的投射，"因为即便是'永恒'，也只有被理解为'nunc stans'，即'永久的现在'，才能在时间的基础上得到完全的把握"[1]。所以，在形而上学中，人们事实上是从"现在"来理解时间之"所是"。[2] 海德格尔因此对传统形而上学的时间概念进行了如下总结："时间本质中存在内在的超越性；时间不仅使超越成为可能，而且其本身具有视域特征。在将来的、回忆着的行为中，我总是同时拥有包含了普遍意义上的现在、过去和将来的视域。在此可以发现一种超越性的、是论意义上的时间规定，在其中某种像实体的永恒性那样的东西首次被建构出来。"[3]

海德格尔反对这种时间观念："时间只是诸种体验在其中得以发生的背景"。[4] 也就是说，时间并非事件在其中发生的空间化的、与事件本身无关的均质的时间，也不像一条不断向前匀速流淌的河流，亦即上述所谓具有"超越性"的时间。"只有在某个客观呈现之物被抓住并且被确定的地方，才会有在它一旁流淌的'时间'和环绕它的'空间'。"[5]

海德格尔把时间理解为事件本身的进程，即绽出。因此，他的时间观

---

[1] 参见海德格尔：《海德格尔文集·康德与形而上学疑难》，第260页。Martin Heidegger, *Kant and the Problem of Metaphysics*, p. 168.
[2] 参见同上书，第262页。Ibid.
[3] 参见同上书，第306—307页。Ibid., p. 198.
[4] 参见同上书，第307页。Ibid.
[5] 参见海德格尔：《海德格尔文集·哲学论稿（从本有而来）》，第458页。Martin Heidegger, *Contributions to Philosophy (Of the Event)*, p. 302.

念的独特性，在于强调时间带来的变化和不可知性，或者说不确定性，从而是一种非线性的时间。这种理解在海德格尔思想的早期即已形成。在1915年7月27日的高校教职资格授予会上，他进行了题为"历史科学中的时间概念"的教学试讲，选取的文前题词就是艾克哈特的名言："时间就是变化、多样性，永恒性则只是保持。"[1] 不少研究者提到了相对论和量子力学等当时新兴的自然科学对海德格尔关于时间和空间的思想的影响。的确，海德格尔本人也在发表于1927年的《存在与时间》中提到过相对论，[2] 并在1953年一次题为《科学与沉思》的演讲中提到海森堡，[3] 这些都体现了他对同时代自然科学研究最新进程的关注，不过上述事实并不能证明他关于时间的思想主要来自自然科学的发现。

在海德格尔看来，时间性是人在其本真的整体性中、在投射的决断中经验到的原初现象，是从未来到曾是，再到现在的可能性的整体，因此，"时间化并不意味着诸绽出的'前后相随'。未来并不晚于曾是，曾是亦不早于当前，时间性在曾经的过程中时间化自身为当前的未来"[4]。海德格尔所理解的时间现象中关键的因素是投射中的决断，因为"时间性首先通过投射中的决断显现出来"[5]。海德格尔对时间性的惯常表达是：当下呈现预设了未来与曾是，曾是来自未来的方式是未来已经把自身释放为现在。

海德格尔强调曾是、现在和未来之间相互包含、相互影响的关系，因为正是这种关系使人在投射中的决断及在决断中获得的本真的能是成为可

---

[1] 参见吕迪格尔·萨弗兰斯基：《来自德国的大师——海德格尔和他的时代》，第88页。

[2] 参见海德格尔：《海德格尔文集·存在与时间》，第15页。Martin Heidegger, *Being and Time*, p. 9.

[3] 海德格尔：《科学与沉思》，载《海德格尔文集·演讲与论文集》，孙周兴译，商务印书馆2018年版，第48页。Martin Heidegger, "Science and Reflection," in *The Question Concerning Technology and Other Essays*, trans. by William Lovitt, Garland Publishing, 1977, p. 162. 据说，海德格尔很可能在1935年谈到了海森堡发表于1934年的论文《早期精确自然科学基础的变化》。这篇论文强调经典物理学与电动力学的区别，认为"经典物理学建立在某些根本假设的基础之上，它们似乎为所有的精确自然科学提供了一些自明的出发点，这就是物理学是关于事物在空间的行为以及在时间中的演化的研究"。海森堡还提出了如下尖锐的问题："物理学是否应该拒绝客观的时间刻度？"他对这个问题的回答是肯定的，同时认为"客观的时空进程"这样的观念已经毫无意义。(Cf. Catherine Chevalley, "Heidegger and the Physical Sciences," in *Martin Heidegger: Critical Assessments*, Vol. Ⅳ, ed. by Christopher Macann, Routledge, 1992, pp. 350-351.)

[4] 参见海德格尔：《海德格尔文集·存在与时间》，第476页。Martin Heidegger, *Being and Time*, p. 334.

[5] 参见同上书，第451页。Ibid., p. 315.

能。海德格尔指出:"决断通过从未来回到自身而使自身以当前化的方式进入其处境。曾是源自未来,因为曾是的(更准确的说法是在曾是过程中的)未来从自身释放出现在。我们所说的时间性,就是这样一种在曾是进程中当前化的未来的统一现象。只有当人被规定为时间性,我们所说的投射性决断中本真的整体能是对他来说才成为可能。时间性揭示自身为本真的牵挂的意义。"[1] 人通过对未来的预期,或者说投射性的决断,决定着自己的当下,而当下的每一次决断,又通过成为曾是影响未来。时间即人之可能的现实化过程,因而是人的时间。

海德格尔特别辨析了曾是(Gewesenheit)与过往(Vergangenheit)的区别,指出它们具有不同的时间特性。过往指的是不变者所停留的时间领域,而曾是则意味着某种影响着人的、在某种意义上可变的力量。每一种曾是者都是过往者,但并非每一种过往者都是曾是者。真正能够进入时间整体性的是曾是而非过往。曾是影响现在需要通过人的投射。也就是说,"从先前出发而现身者自行开启,让我们进入作为未来之物而被我们所命令之是;它自行展开,其方式是,我们自己根据我们投射中的决断从未来来到我们身上。但是,甚至未来也属于历史性之是吗?的确,未来甚至优先于所有其他的时间规定。但这里的未来不是与过往相对立、与当下相连接的尚且保持锁闭的时间段,而是像曾是一样,是一种力量"[2]。

这里的核心思想包括两个方面。首先,未来是海德格尔时间观念的立足点,这与把人理解为一种可能互为前提。其次,时间对人有意义,是因为人能够在向未来的投射中对当下有所决断,当然,也可以反过来说,人之所以需要在当下有所决断,是因为时间性,因为未来向人敞开。海德格尔指出:"时间的根本现象是未来。"[3] "本源而本真的时间性从本真的未来时间化自身,而且是以这样一种方式,即作为未来的曾是,它首先唤起现在。本源和本真的时间的首要现象是未来。"[4]

海德格尔认为,曾是乃命运之力量,它体现人被抛的一面;未来则是

---

[1] 参见海德格尔:《海德格尔文集·存在与时间》,第 444 页。Martin Heidegger, *Being and Time*, p. 311.

[2] 参见海德格尔:《德国哲学的现状与未来使命》,载《海德格尔文集·讲话与生平证词(1910—1976)》,第 386—387 页。

[3] 参见海德格尔:《时间概念》,载孙周兴选编:《海德格尔选集》上,第 19 页。Martin Heidegger, *The Concept of Time*, p. 14E.

[4] 参见海德格尔:《海德格尔文集·存在与时间》,第 448—449 页。Martin Heidegger, *Being and Time*, p. 314.

使命之力量，它体现人自由的、改变自身命运的一面。每一个当下，就是接受命运，面向未来。"只有当我们知悉我们的命运，向前争取我们的使命，我们才能够真正在当下是。谁仅仅埋头于现成事务，谁就遗忘了命运，也就是说，在计算和利用中伪造使命和命运，他就没有在当前是，而只是迷失于向来的当下之中。……历史既非坠入过去的进程，亦非当前的现成之物，或者两者的结合。历史是某种发生，汇聚了未来、曾是和当下的发生事件，某种置身于命运中、根据使命而克服曾是的当下的发生。……这一发生事件就是时间本身。"[1] 以未来为核心的，曾是、现在和未来的统一整体，就是海德格尔所理解的历史。

与历史相反的是日常性，在其中人的本真之是被埋没，时间失去其曾是、现在与未来的整体性而成为僵化的现在，它看不到过去，而且逃离未来。"此间之是只有作为可能性才会本真地属于我。在多数情况下，人在此不过处于其日常性中。日常性作为特别的、从未来面前逃逸的时间性，只有在与过去的未来之是这一本真的时间的对峙中才能得到理解。众人关于时间所说的都源自日常性。他执着于当下说：过去已经流逝，不可回复。这是日常之当下的过去，它埋没于当下的忙碌不能自拔。被如此规定为当下的人看不到他的过去。"[2]

因此，海德格尔理解的时间性是一个与永恒性、不变性相对的概念，意味着个体性与不确定性。"时间性在本真的人的整体之是中、在投射性的决断中被体验为本源性的现象。……投射性的决断是这种时间性的特殊形式。时间性可以通过不同的可能和不同的方式时间化。生存的根本可能性，人的本真性和非本真性，在是论的意义上就基于时间性可能的时间化。"[3] 就此而言，并不存在属于所有人的"公共时间"，时间是每一个人的时间，是每一个人的生成变化。"正因为在其最内在的本质中自我源初地就是时间本身，所以'我'才不可能作为'时间性的东西'，即在时间内来加以把握。"[4]

---

[1] 参见海德格尔：《德国哲学的现状与未来使命》，载《海德格尔文集·讲话与生平证词（1910—1976）》，第387—388页。

[2] 参见海德格尔：《时间概念》，载孙周兴选编：《海德格尔选集》上，第23页。Martin Heidegger, *The Concept of Time*, p. 19E.

[3] 参见海德格尔：《海德格尔文集·存在与时间》，第416页。Martin Heidegger, *Being and Time*, p. 291.

[4] 参见海德格尔：《海德格尔文集·康德与形而上学疑难》，第212页。Martin Heidegger, *Kant and the Problem of Metaphysics*, p. 136.

需要说明的是，海德格尔自己并不认为他已经窥破了时间的全部奥秘，所以他在晚年的时候表示："什么是时间？——人们可能会认为，《存在与时间?》的作者必定知道这一点。但他其实并不知道，以至于他至今依然在追问。追问意味着：倾听内心的述说。"[1]

时间与是

在海德格尔思想中，"时间性"即在强调意义上的可变性与可能性，从而也就意味着不确定性和不可预知性。试图澄清时间与是的关系，则是海德格尔对时间予以特别关注的根本原因。他曾经提醒："在《存在与时间》这部论著的序言结尾处，有这样的句子：'本书的意图是具体探讨'是'的意义问题。其暂时的目标则是把时间阐释为任何一种对是的理解的可能视域。'"[2] 换言之，《存在与时间》这部著作就是在时间视域中对是的研究。这种立场与传统形而上学适成对比。在后者看来，是即永远是，也就是说，是没有时间，或者是超越时间，不受时间决定。与之相反，海德格尔全部哲学思想的核心，就在于他坚持是本质上具有时间性，因而变动不居，只能由时间决定为当下呈现；反过来，时间也恰恰因为是之变动不居才有意义，才成为真正的时间，甚至可以说，变动不居的是才产生时间。

在海德格尔的早期思想，特别是《存在与时间》中，时间与是的关系是联系人的生存表达而得到阐释的。这些阐释证明，"我们称之为人的这种是者之是的意义就是时间性"。"我们必须把时间凸显出来，并且真正将其作为对是的任何理解和解释的视域加以把握。为澄清这一点，我们又需要把时间性作为理解着是的人之所是。"[3] 也就是说，为了理解是，我们必须首先理解人；而为了理解人，我们又必须首先把人理解为时间性。这里有两个要点。一是强调人之所是的意义就是时间性，而这是对是加以理解的入口。二是强调时间性是对是进行理解的视域："这部关于'存在与时间'的论著为自己提出的基础是论的任务，就是要把对是加以理解的视

---

[1] 参见海德格尔：《什么是时间?》，载《海德格尔文集·从思想的经验而来》，孙周兴、杨光、余明锋译，商务印书馆 2018 年版，第 138 页。

[2] 参见海德格尔：《〈形而上学是什么?〉导言》，载《海德格尔文集·路标》，第 449 页。Martin Heidegger, "Introduction to 'What Is Metaphysics?'," *Pathmarks*, p. 287.

[3] 参见海德格尔：《海德格尔文集·存在与时间》，第 26 页。Martin Heidegger, *Being and Time*, p. 17.

域展露出来。它试图证明'时间'即为这样一种视域。"[1]

首先是第一个方面,即人的时间性乃理解是的起点。海德格尔曾经表示:关于时间的非形而上学思考因"对人的时间性的分析得以可能。这种时间性的本质特征就在于绽出,即在于人对去蔽的根本性决断。事实上,绽出就是人与去蔽的关系,一切时间性由此产生"[2]。他针对《存在与时间》中对人的时间性问题的处理指出:时间解释的首要目标是"人的时间性的时间化特性",是这种时间化所包含的对真、对开放性、对是作为无蔽的绽出这些因素的阐释。"因此,虽然《存在与时间》对时间的解释还局限于我的时间性,而且也根本没有论及是的时间特性,但这部著作从一开始就通过对去蔽和当下呈现的论述,与通常的观念拉开了距离,并且获得了一种新的含义。"[3]

这里所谓的人的时间性的时间化,指的就是诸如牵挂、惶恐、罪欠这些生存表达。用通俗的语言来说,就是它们只有在时间中才有意义。海德格尔特别通过牵挂这一生存表达指出:只有经由时间性,"作为人之所是的结构性整体表达的牵挂才能在生存论意义上得以理解"[4]。"时间性就是牵挂的含义。人的构成与他是的方式从是论上说,只有在时间性的基础上才是可能的,而无论这个是者是否'在时间中'发生。人特有的空间性也必须建立在时间性的基础之上。"[5]

至于第二个方面,即时间作为理解是的视域这一点,海德格尔后来对其有所修正。虽然他在写作《存在与时间》十来年后仍然表示:"'时间'应当可以作为是之真'绽出'的游戏场域得到体验。"[6]但到晚年时,他的表述发生了变化,认为"《存在与时间》中被说成是之意义的时间,其本身既非问题的答案,亦非提问的最终依据,相反,它本身还是对问题的

---

[1] 参见海德格尔:《作者广告:马丁·海德格尔〈存在与时间〉第一部(1927年)》,载《海德格尔文集·面向思的事情》,第127页。

[2] 参见海德格尔:《海德格尔文集·讨论班》,第409—410页。Martin Heidegger, *Four Seminars*, p. 43.

[3] 参见海德格尔:《一次关于演讲"时间与存在"的讨论课的记录》,载《海德格尔文集·面向思的事情》,第41页。Martin Heidegger, *On Time and Being*, trans. by Joan Stambaugh, Harper & Row, 1972, p. 28.

[4] 参见海德格尔:《海德格尔文集·存在与时间》,第326页。Martin Heidegger, *Being and Time*, p. 224.

[5] 参见同上书,第497页。Ibid., p. 349.

[6] 参见海德格尔:《海德格尔文集·哲学论稿(从本有而来)》,第284页。Martin Heidegger, *Contributions to Philosophy (Of the Event)*, p. 190.

命名。'时间'这个名称不过是后来所谓'是之真'的先行词"[1]。他在另外的地方明确指出:"在《存在与时间》中,'是'不是别的什么,就是'时间'。'时间'是作为是之真的先行命名,就是是的本质发生,因而就是是本身。"[2] 这样一来,《存在与时间》这个标题就变成同语反复,但这恰恰体现出海德格尔的思想一直"在路上"的特点。他自己说:"'时间'作为是之'真'的命名,所有这一切作为任务,'仍然在路上',而不是'学说'与教条。"[3] 事实是,在海德格尔的后期思想中,"是之真"的确替代了时间一词,对是的一般性理解也不再与对人的生存表达刻意区分开来,人之所是与是之一般之间的区分越来越淡化了。

如果采用海德格尔本人的说法,那么他对时间与是的把握恰恰经过了一条思想上的"林中路"。他曾就两者的关系指出:"是并非物,因而不具时间性,但仍通过时间被定义为当下呈现。""时间并非物,因而不作为是者呈现,但仍然在流逝中留存,而不像在时间中逝去之物。""是与时间相互定义彼此,但前者即是不可能被视为具有时间性之物,后者即时间也不能被视为是者。"[4] 是不具有时间性,即不像时间那样变动不居;时间不能是是者,即不能像是者一样被规定。"时间绝不能当前化,它根本没有某种确定的是之形式,但它是是之可能的前提,是给出像是这样的东西的前提。时间不像他物那样具有是之形式,时间时间化。"[5]

因此,海德格尔所说的"是不具有时间性",主要是考虑到了时间的本性与作为当下呈现的是之间的矛盾,意在强调在每一个时刻是的不变性。他也曾经试图用将是区别于是者来协调是的不变性与是者的可变性:"每一物都有它的时间。是并非物,所以不存在于时间中。但是,是作为呈现仍然被时间、被时间性的东西定义为当下呈现。"[6] 也就是说,时间

---

[1] 参见海德格尔:《一次关于演讲"时间与存在"的讨论课的记录》,载《海德格尔文集·面向思的事情》,第 41 页。Martin Heidegger, *On Time and Being*, p. 28.

[2] 参见海德格尔:《〈形而上学是什么?〉导言》,载《海德格尔文集·路标》,第 446 页。Martin Heidegger, "Introduction to 'What Is Metaphysics?'," in *Pathmarks*, p. 285.

[3] 参见海德格尔:《海德格尔文集·哲学论稿(从本有而来)》,第 213 页。Martin Heidegger, *Contributions to Philosophy (Of the Event)*, p. 143.

[4] 参见海德格尔:《时间与存在》,载《海德格尔文集·面向思的事情》,第 7 页。Martin Heidegger, *On Time and Being*, p. 3.

[5] Martin Heidegger, *Logik: Die Frage nach der Wahrheit*, GA 21, Vittorio Klostermann, 1976, p. 410; Martin Heidegger, *Logic: The Question of Truth*, trans. by Thomas Sheehan, Indiana University Press, 2010, p. 338.

[6] 参见海德格尔:《时间与存在》,载《海德格尔文集·面向思的事情》,第 6 页。Martin Heidegger, *On Time and Being*, p. 3.

是物的属性，因为是并非物，所以它没有时间，或者说它永远属于当下。如果勉强用汉语来表达，也可以说是有"时"，但是没有"间"。

总的来说，海德格尔对时间与是的思考首先出自对传统形而上学的批判，这使他特别强调是的时间性即可变性。从这个意义上说，是不在时间之外而在时间之中，甚至可以说是乃时间的函数。但与此同时，他显然没有完全超越形而上学对是的规定即持存性的影响；而他自己对时间的理解，即时间拒绝当前化，也阻止他在一段时间内明确地把是等同于时间。因此，海德格尔在是的可变性与是的持存性之间纠缠，而如何调和这一矛盾就成为他后期思想中的一项主要任务。

是需要具有不变性，否则世界对人而言将变得完全不可知晓；但是又具有可变性，否则世界的变化亦将变得不可理解。因此，是既是确定的一刻，又是变动的进程。正是因为看到这一点，海德格尔最终把时间称为"是之真的先行命名"，或者直接把时间称为"是"或者"是之真"。事实上，海德格尔早年提出的"异质的连续性"思想，可能也是一个解决是的变与不变之间矛盾的较好的方案（参见第四章第三节）。

也可以认为，海德格尔对时间与是的关系的认识经历了两个不同的阶段。就此而言，传统的海德格尔研究中所谓的"转向"的确存在。在早期，特别是在《存在与时间》中，他对人之所是的时间性分析表现出某种矛盾。一方面，他肯定时间的连续性，所以让时间的曾是、现在和未来在人的生存表达中连为整体；另一方面，他又刻意强调时间的非连续性即可变性，并且把时间理解为是的变化本身，以此作为决断的前提。也可以说，海德格尔希望他的时间表现出一种连续的可变性，以同时区别于不变性和差异性，但他自己并没有对这个问题给出清晰的处理方案。

出现这种矛盾的原因是，海德格尔思想早期对时间与是的理解都没有完全摆脱传统观念的影响。当然，从某种意义上说，人们也不可能完全摆脱传统去理解时间与是，特别是海德格尔本人关于这两者的思想，因为他的思想本身就是从传统中的突破。晚年海德格尔之所以把是与时间等同，是因为他终于意识到，对是的理解不需要借助时间，因为是本身就标记了时间，甚至是就是时间本身，时间不过是之变化的体现。但如果拆下传统观念的脚手架，说是就是时间的确就成为没有意义的同语反复。

在《存在与时间》之后，海德格尔通过玄同这一新的思想枢纽，把时间和空间都作为所谓的"时间—空间"统一体的衍生物，而"时间—空间则在本源性的、作为玄同之是的本质发生的意义上归属于真"[1]。在此时的海德格尔看来，时间与空间从属于真之本质并由其所决定，进而也就是被建基的"此"的一个环节。这与把时空视为事件发生的框架的观点正好相反，与把时空视为事件的单纯发生也有所区别。[2]"时间—空间是玄同回转之路被涵有的断裂，是归属与召唤、是被是离弃与召唤着的亲近（是本身摇摆着的震颤）之间回转的断裂。切近与遥远、空洞与馈赠、激情与迟疑，所有这一切都是时间—空间之本质的藏身之地，因此，它们都不能在通常的时空表象基础上通过时间或者空间得到把握。"[3]这段读上去颇有诗意的话虽十分晦涩难懂，但其中所表达的一个信息却是清晰的，即时间—空间就是连续与断裂的统一。关于玄同，下文有详细的讨论。这里只需指出，从被理解为玄同的是，即本源性的是的角度来看，时间、空间与真都成为玄同（动词是）的不同侧面。

时间与人

海德格尔讨论的时间并非严格意义上物理性的时间，而是相对于人的各种生存表达的时间，所以极端地讲，在他看来不存在没有人的时间。海德格尔曾经指出："没有什么自然的时间，因为一切时间本质上都属于人。"[4]他还认为，"严格地讲，我们不能说有过一段没有人的时间。在每一段时间，都曾有、有而且将会有人类，因为时间只在有人存在的情况下才成其为时间。没有人就没有时间，这并不是因为人类永恒存在，而是因为时间并非永恒，时间永远只会在某个时候作为人、作为此间之是而成其为时间"[5]。可见，海德格尔这里所说的时间，指的是作为人绽放生存的时间，是只对人有意义的时间。

正因此，有海德格尔的研究者指出："人的时间性以牵挂结构为基础，后者又以时间化的时间性为基础。简言之，得到一台时钟，这并非时间的

---

[1] 参见海德格尔：《海德格尔文集·哲学论稿（从本有而来）》，第444页。Martin Heidegger, *Contributions to Philosophy (Of the Event)*, p. 294.

[2] 参见同上书，第443页。Ibid., p. 293.

[3] 参见同上书，第444—445页。Ibid., p. 294.

[4] 参见海德格尔：《海德格尔文集·现象学之基本问题》，第387页。Martin Heidegger, *The Basic Problems of Phenomenology*, p. 262.

[5] 参见海德格尔：《海德格尔文集·形而上学导论》，第100—101页。Martin Heidegger, *Introduction to Metaphysics*, p. 88.

条件，而人的时间性才是一切钟表度量的时间的前提。"[1] 也有人指出："就时间建基于人本源的时间性而言，时间依赖人。本源的时间性是人之所是的形式结构，因此，在这个意义上，世界时间和自然时间都基于人之所是。""时间属于人之所是。时间并非实体，而是一种是论的结构。"[2] 海德格尔本人也认为：理解着的人之所是就是时间性，人从时间出发理解是，所以时间乃对是加以理解和解释的视域。[3]

海德格尔的一个基本看法是，只有从人植根于时间性的角度，才能洞悉人之是的基本结构，即在世间是这一现象。[4] 人之时间性的核心，就在于人能够本真地先行于自己，并且从未来返回到曾是和现在。"时间性使人本真的整体性成为可能。"[5] "人应该把自己保持在先行之中。"[6] "只要他把自己保持在这种先行中，他就真实地生存。这种先行就是人自己的此间之是本真的、独一无二的未来。在先行中，人就是他的未来。以这种方式，他在其未来所是中返回自身的曾是和现在。被把握为其最极端的可能之是中的人，乃时间本身，而不是在时间之中。……在先行中保持在我的曾是的近旁，我就拥有了时间。……所谓没有时间，指的是把时间投入日常恶俗的当下。"[7]

海德格尔对人与时间的关系有这样一段总结："总之，可以说时间就是此间之是。此间之是乃我的特异性，这种特异性来自通过先行进入确定但尚未被决定的过去而得到的未来。人始终以某种方式是其可能的时间性之是。人就是时间，时间就是时间性。确切地说，此间之是并非时间，而是时间性。因此，时间具有时间性这一根本论断并非同义反复，而是最具本真性的规定，因为时间性意味着非同一的现实性。人是他的过去，是先

---

[1] 参见 S. 马尔霍尔：《海德格尔与〈存在与时间〉》，第 239 页。Stephen Mulhall, *Routledge Philosophy Guidebook to Heidegger and Being and Time*, p. 185.

[2] William Blattner, "Temporality," in *A Companion to Heidegger*, ed. by Hubert L. Dreyfus and Mark A. Wrathall, Blackwell, 2005, p. 318.

[3] 参见海德格尔：《海德格尔文集·存在与时间》，第 26 页。Martin Heidegger, *Being and Time*, p. 17.

[4] 参见同上书，第 477 页。Ibid., pp. 334-335.

[5] Daniela Vallega-Neu, *Heidegger's Contributions to Philosophy: An Introduction*, Indiana University Press, 2003, p. 19.

[6] 参见海德格尔：《时间概念》，载孙周兴选编：《海德格尔选集》上，第 19 页。Martin Heidegger, *The Concept of Time*, p. 14E.

[7] 参见同上。Ibid., pp. 12E-13E.

行到他的过去中的他的可能。在这种先行中，我本真性地成为时间，我有时间。正因为任何情况下时间都是我的时间，所以会有很多时间。"[1] 这段话表达了以下几个层面的思想：第一，时间就是此间之是，也就是每一个具体的个人之是；第二，人之所以是时间，是因为人可以通过"先行进入过去"而得到未来，即可以通过对过去的思考而调整未来的选择，也可以通过投射到未来并返回曾是而改变现在；第三，此间之是是时间，指的是人的时间性，即人在每个具体的时间点上绽出地生存；第四，时间性指的是差异性，即变化，所以是非同一的现实性；第五，每个人都拥有属于自己的时间，所以不存在对所有人无差别的空洞的、公共的时间。

需要指出的是，海德格尔对人之所是的时间性分析强调的是其变化和可能的一面，而这一点与他对是之一般的理解中坚持的持存性产生了某种张力，这是他中止《存在与时间》后续部分的写作的主要原因，也是他在一段时间内在是的时间性问题上逡巡徘徊的原因，直到他在后期思想中通过对是之真的理解和对玄同的把握再次肯定了是的可能性与可变性。

从当下呈现到玄同

在相当长的一段时间里，海德格尔把是定义为当下呈现："是意味着当下呈现。"[2] 呈现即去蔽，进入开放域。在海德格尔的前期思想中，当下呈现这个表述是连接是与时间的枢纽。他说："是什么促使我们把时间与是放在一起？从西方—欧洲思想的黎明直到今天，是指的都是当下呈现。在当下呈现中，呈现道出了当下。按照现行的表述，当下与过去和未来一起，形成了时间的特点。是就通过时间被规定为当下呈现。"[3]

但如前所述，当下呈现这个表述所强调的持续性使其与被理解为变化的时间之间存在着某种张力。所以海德格尔一方面认为它可以让时间关联于是，另一方面又强调，呈现意义上的当下与现在意义上的当下具有根本区别：前者不可能通过后者决定，而相反的情形倒有可能发生。也就是说，"现在"是一个无差别的概念，而"当下"恰恰强调每一个当下的不

---

[1] 参见海德格尔：《时间概念》，载孙周兴选编：《海德格尔选集》上，第24页。Martin Heidegger, *The Concept of Time*, pp. 20E-21E.

[2] 参见海德格尔：《时间与存在》，载《海德格尔文集·面向思的事情》，第10页。Martin Heidegger, *On Time and Being*, p. 5.

[3] 参见同上书，第4页。Ibid., p. 2.

同。"如果情况如此,那么呈现意义上的当下以及归属于这种当下的一切就可以被称为真正的时间,虽然它并不与被理解为一系列前后相继的、可测量的现在的时间直接相关"[1]。

海德格尔指出,从巴门尼德开始,是就被理解为当下呈现(οὐσία)。"言说(λέγειν),或者直观(νοεῖν),作为对某种客观呈现物在其纯粹呈现中的直接把握,具有让某物'当下呈现'的时间结构。这一点已经被巴门尼德作为对是加以理解的指导。"[2] 但他又认为,虽然自亚里士多德以来哲学中的时间规定,都是从作为当下呈现的是出发进行的,但时间总是在现在的基础上得到理解:过去是不再现在,而将来则是尚未现在,时间因此被理解为一条匀速前行的直线。海德格尔就此认为,"传统的时间概念对于探讨是与时间之关系的尝试来说并不充分,我关于时间的问题是从是问题的角度加以规定的"[3]。

海德格尔之所以对传统形而上学的时间概念不满意,主要原因就在于这一概念着眼于现在,却因此错失了当下。对他来说,重要的并非是者"现在"所处的状态,而是其在每一个特定时间点的绽出,即时间的"时间化"。海德格尔对此有如下说明:"举例来说,希腊人把是规定为当下呈现者之当下呈现状态。在这种状态中说话的是当下,在当下中含有时间要素,就是把是规定为与时间关涉的当下呈现状态。""我在《存在与时间》中便试图在绽出的敞开状态的意义上发展出一种新的时间和时间性概念。"[4]

也就是说,海德格尔既希望把当下与现在区别开来,又不可能离开时间定义当下,所以只能把当下规定为某种"与时间关涉的"状态,或者时间的"显现状态"。因此,他特别强调他理解的时间与传统时间概念之间的区别,特别是他对当下呈现的解释的特殊性。"当下呈现不仅包含无蔽状态,也包含当前。这个在当下呈现中起支配作用的当前正是时间的特征。但时间的本质决不能通过传统的时间概念来把握。"[5] 这种非传统的

---

[1] 参见海德格尔:《时间与存在》,载《海德格尔文集·面向思的事情》,第18页。Martin Heidegger, *On Time and Being*, pp. 11–12.

[2] 参见海德格尔:《海德格尔文集·存在与时间》,第38页。Martin Heidegger, *Being and Time*, pp. 24–25.

[3] 参见海德格尔:《论在现象学中与存在问题之思中的时间理解(1968年)》,载《海德格尔文集·面向思的事情》,第142页。

[4] 参见海德格尔:《马丁·海德格尔在谈话中(1969年9月17日)》,载《海德格尔文集·讲话与生平证词(1910—1976)》,第844—845页。

[5] 海德格尔:《什么叫思想?》,载《海德格尔文集·演讲与论文集》,第155—156页。

"时间概念"就是自行解蔽的通透。"当下呈现（是）内在于自行遮蔽的通透（时间），而自行遮蔽的通透（时间）带来当下呈现（是）。"[1] 简言之，是内在于时间，时间带来是，从而时间成为对是进行规定的一种形式。当下呈现就是是，就是时间。

海德格尔如此总结希腊人的时间观念："对希腊人而言，'时间'总是而且只是'适当的'或者'不适当的'时间，适宜的或者不适宜的时间。这意味着，每个是者都有它自己的时间。'时间'总是这件事或那件事发生的时间，即'时间点'，它指的不是'精确的现在'，而是在位置、处所意义上的'点'，每个现象之显现在时间意义上任何时候都属于某个点。"这种时间并非与事件无关的现在的序列。相反，时间以自己的方式承载着是者，释放或者收回它们。[2] 这实际上体现的正是海德格尔自己对时间的理解。他还认为，"按希腊方式理解的'时间'即χρόνος，本质上指向位置（τόπος），我们把这个概念错误地翻译为'空间'了。Τόπος的意思是位置，特别是某物所属的位置，类似'水流湿，火就燥'那样的位置。正如τόπος决定了一物的处所，χρόνος也规定了一物出现和消失的作为天命的'那时'与'何时'。因此，时间也被称为μακρός，'广袤'，意在强调其超乎人力、总是被打上当下时间印记、释放是者进入显现或者将其收回的特征。因为时间具有这种显现或者收回的本质，数字对其无能为力。那种为一切是者分配其出现或者消失之时的东西本质上拒绝一切算计"[3]。所以，"时间总是作为分配着和被分配的时间，把人与一切是者带入它的秩序，并且在所有情况下决定是者的出现与消失。既揭示又遮蔽"[4]。在这里，时间就是事件的发生，是物的产生与消失。

可以用海德格尔思想后期关于时间与时机的一段话重新表述上述他关于时间的思考。在这段话中，当下等于时机的成熟。"时机成熟指一种同时性，曾经、现在和等待着与我们会面的当前即通常所说的未来共处一

---

[1] 参见海德格尔：《一个序言——致理查森的信》，载《海德格尔文集·同一与差异》，第159页。William J. Richardson, *Heidegger: Through Phenomenology to Thought*, p. XX.

[2] 参见海德格尔：《海德格尔文集·巴门尼德》，朱清华译，商务印书馆2018年版，第206页。Martin Heidegger, *Parmenides*, trans. by André Schuwer and Richard Rojcewicz, Indiana University Press, 1992, p. 141.

[3] 参见同上书，第206—207页。Ibid.

[4] 参见同上书，第208页。Ibid., p. 142.

时。时机在其成熟中让我们进入它三重的同时性,推动着我们,又让处于同时者向我们开放,即曾经、现在与等待同我们会面的当前的和谐统一。在推动我们和带向我们的同时,时间以其自身的方式推动着同时产生和向其投射开放者,即时间—空间。"[1] 当下,或者说时机的成熟,就是过去、现在和等待同我们会面的当前的和谐一体,而这就是是,也就是玄同。

被物设置的空间

正如海德格尔把时间理解为绽出、理解为是、理解为物的发生一样,他对空间的理解也独具一格,即并不把空间视为等待物去占据的虚空,而是将其理解为物存在的结果。总的来说,海德格尔关于空间的思想包括两个方面:一是强调物的位置决定了空间;二是认为有人才有空间。

首先是物的位置决定空间。海德格尔指出:"'位置'一词原本的意思是一切事物集中、汇聚之处。"[2] 位置是空间的构成因素。"我们日常穿越的空间是由位置设置的,其本质基于类似房屋这样的物。"[3] 当然,从亚里士多德的观点来看,位置与空间又由运动决定。海德格尔引用亚里士多德的话"如果没有运动,人们也就不会发现位置"[4],指出:"只有存在运动这种现象,我们才会意识到存在着像空间这样的东西。"[5] 然而,从亚里士多德的观点来看,重点不在空间是运动的场所,而是位置表现为某种可能,即某物根据其属性所居之处,如天体在上,地球在下一样。"如果人们意识到,位置具有某种潜能（δύναμις）,它具有各种潜能（ἔχει τινὰ δύναμιν）,那么就可以得到对位置概念最初步的认识,概略

---

[1] 参见海德格尔:《语言的本质》,载《海德格尔文集·在通向语言的途中》,孙周兴译,商务印书馆2015年版,第209—210页。Martin Heidegger, "The Nature of Language," in *On the Way to Language*, trans. by Peter D. Hertz, Harper & Row, 1971, p. 106.

[2] 参见海德格尔:《诗歌中的语言——对特拉克尔诗歌的一个探讨》,载《海德格尔文集·在通向语言的途中》,第29页。Martin Heidegger, "Language in the Poem: A Discussion on Georg Trakl's Poetic Work," in *On the Way to Language*, p. 159.

[3] 参见海德格尔:《筑·居·思》,载《海德格尔文集·演讲与论文集》,第170页。Martin Heidegger, "Building Dwelling Thinking," in *Poetry, Language, Thought*, p. 154.

[4] 参见亚里士多德:《物理学》,徐开来译,载苗力田主编:《亚里士多德全集》第二卷,中国人民大学出版社2016年版,第91页。中译文为"假如没有地点方面的某种运动,人们也就不会发现地点"。

[5] 参见海德格尔:《海德格尔文集·柏拉图的〈智者〉》,第150页。Martin Heidegger, *Plato's Sophist*, p. 74.

性地获得对位置概念的最初理解。位置即是者各当其位的可能。"[1]

因此,在海德格尔看来,空间乃位置的整体性联系的结果,因此必须先有物,然后才有位置与空间。只有拥有位置的物才提供空间。位置对空间的设置被海德格尔称为"空间化":"空间化就是诸位置的开放,在那里,栖居着的人的命运回归到家园之美妙中,或回归到无家可归的陌异中,甚至回归到对有家和无家的美妙与陌异的冷漠状态中。"[2] 海德格尔从空间一词的德语古字 Raum 和 Rum 的原意出发,指出空间原本指的就是被清理或者空出来供人定居或者宿营的场所。"一片空间就是被腾出来、被清理和打扫干净,即在某个边界(希腊人称为 πέρας)之内的地方。边界并非使某物终止,相反,正如希腊人所看到的,边界是某个呈现由此开始的地方,于是才有了 ὁρισμός 这个概念,即边界、视域。空间本质上是为某物留白、让某物进入其界限之内的东西。为其留白之物通常因某个位置被给予和被关联,也就是被聚集起来,比如像一座桥那样的东西。因此,空间从位置而非虚空获得其所是。"[3] 空间是留白、是被开启之处,这使海德格尔对空间的理解与其对开启和通透的理解有了关联性。

海德格尔特别强调人的筑造、栖居通过设置位置创出空间的意义,因为"筑造带来四象[4],使之进入一物(比如桥),并把此物作为位置带出,使之进入已经在此的是者之中,只有这一位置才为此物设置空间"[5]。因此,"筑造的本质在于:它应合于物的特性。这些物就是位置,它们提供空间。正因为筑造创出位置,所以它创建和结合着诸空间。也正因为筑造创出位置,所以这些位置的空间结合也必然一同把空间本身,即空间(spatium)与广延(extensio)带入筑造的物性结构"[6]。

第二个方面是人与空间的关系。海德格尔认为,只有当人在世间栖居,或者说驻留于世,才会有空间这样的东西。人、物、位置与空间,四者关系的核心是人的栖居。"空间并非某种面对人而存在的东西。它也不

---

[1] 参见海德格尔:《海德格尔文集·柏拉图的〈智者〉》,第 152 页。Martin Heidegger, *Plato's Sophist*, p. 75.

[2] 海德格尔:《艺术与空间》,载《海德格尔文集·从思想的经验而来》,第 213 页。

[3] 参见海德格尔:《筑·居·思》,载《海德格尔文集·演讲与论文集》,第 167—168 页。Martin Heidegger, "Building Dwelling Thinking," in *Poetry, Language, Thought*, p. 152.

[4] "四象"是海德格尔发明的一个概念,指天地神人的统一体。详见下文。

[5] 参见海德格尔:《筑·居·思》,载《海德格尔文集·演讲与论文集》,第 173 页。Martin Heidegger, "Building Dwelling Thinking," in *Poetry, Language, Thought*, p. 157.

[6] 参见同上书,第 172—173 页。Ibid., p. 156.

是某个外在的对象，或者内在的体验。并非有了人，然后在他们之上和之外有了空间。因为当我说'一个人'，并且在说出这个词的时候想到一个以人的方式生存即栖居的是者的时候，我已经以'人'这个名称指示在四象之间的驻留。"[1]

因此，在海德格尔看来，空间因其让人进入并栖居于内方被开启出来。说人是，在此间是，指的就是他们在栖居中通过在物与位置之间的驻留而持存于空间之中。人们总是在穿行于诸空间的同时，通过与远远近近的位置和事物共同持续的驻留而保持了它们。"当我走向这个演讲大厅门口的时候，我已经在那里了；倘若我不是已经如此在那里的话，我就根本无法走过去。我从来就不是仅仅作为这个被包裹起来的身体在此存在；相反，我在此，我已经占据了这个空间的留白，只有如此我才能在其中穿行。"[2] 海德格尔这段话的含义，就是人的行动，他们的运动与栖居，才造成了空间，或者说使空间变得有意义。

海德格尔认为，空间性是人的基本属性，或者说人本身就具有空间性，这就意味着人带有自己的空间，而不是进入某个预先已经存在的空间中生存。"空间不在主体之中，世界也不在空间之中。相反，空间在世界之'中'，因为对人来说构成性的世间是已经开启了空间。空间不在主体之中，主体也不把世界放到空间中观察。相反，在是论意义上正确理解的'主体'，即人，在本源的意义上就是空间性的。正因为人是空间性的，所以空间就显现为先天之物。"[3]

因此，空间要成为有意义的空间，前提就是这个空间中有世界，即由人构成、有人牵挂于此的世界。只有当人的当前之物被剥夺了它们的世界属性，即把它们从生活与实践的联系中剥离出来，空间才成为同质的所谓自然空间。因此，在正常的人类生活的世界，不会存在自然空间一类的东西。"当人们仅是无所审视地通过观看而发现空间时，周遭世界的区域便中立化为一些纯粹的维度。原本应得到审视的空间和当前有用物的空间的整体被简化为杂乱无章的事物位置的多样性。……周遭世界便变成自然世界。"[4] 由此，海德格尔强调：只有进入世界才能理解空间，空间亦不会

---

[1] 参见海德格尔：《筑·居·思》，载《海德格尔文集·演讲与论文集》，第 170 页。Martin Heidegger, "Building Dwelling Thinking," in *Poetry, Language, Thought*, p. 154.

[2] 参见同上书，第 171 页。Ibid., pp. 154-155.

[3] 参见海德格尔：《海德格尔文集·存在与时间》，第 161 页。Martin Heidegger, *Being and Time*, p. 108.

[4] 参见同上书，第 162 页。Ibid., p. 109.

因移走此内之物而呈现，"要通达空间，并非通过剥夺周遭之物的世界性来实现。只有在世界的基础上才能发现空间性。事实上，就其作为世间之是的根本构成而言，人具有本质的空间性，空间与其一同构成世界"[1]。总之，"世界并不在空间中客观呈现；相反，只有在世界中才能发现空间"[2]。

海德格尔还从人的时间性的角度强调空间与人的行动之间的关系。因为人作为时间性的是者具有绽出性和视域性，所以总有一片由他开启的空间事实性地伴随着他。这一片空间是人"牵挂所及的近旁有用之物整体性的领域，是一片具有指向性并消除了距离的被开启的领域"[3]。从是论的角度来看，每一个人都本源性地带有一个由他的绽出与视域所及之物构成的空间。海德格尔在此意义上强调时间具有"赋予"空间的特征。"时间作为传送和开启，它本身就是对空间的赋予。它创造了'空间'。"[4]

海德格尔认为时间与空间之间存在着相互归属的关系，他称之为"时—空"的统一体。"时—空命名的是那个在未来的进程、过去和当下的相互自我扩展中开启的开放域。这个开放域唯一地、本源性地提供了那种空间，在其中，我们通常所了解的空间才得以展开。未来、过去和当前的自我展开和开启是前空间的，只有如此，它才能提供场所，即创造空间。"[5] 海德格尔的逻辑在于，空间是由开启和扩展而来，而开启和扩展都具有时间性。海德格尔对于时间与空间的统一性还有另一种表达："时间移动并为我们带来诸物，空间抛掷性地展开，容纳与释放诸物。它们共属那个同一者，即寂静的游戏……那个让空间与时间在其本质中聚集起来并将其容纳于内的同一者，可以被称为自由之境，即为一切赋予自由领域的时—空。同一者在时间化与空间化的过程中推动着世界之四象的相遇，它们就是天地神人。"[6]

关于时间与空间，海德格尔还提出过一种对传统来说颇具颠覆性的思

---

[1] 参见海德格尔：《海德格尔文集·存在与时间》，第163页。Martin Heidegger, *Being and Time*, p. 110.

[2] 参见同上书，第500页。Ibid., pp. 351–352.

[3] 参见同上书，第499—500页。Ibid., p. 351.

[4] 参见海德格尔：《海德格尔文集·哲学论稿（从本有而来）》，第225页。Martin Heidegger, *Contributions to Philosophy（Of the Event）*, p. 150.

[5] 参见海德格尔：《时间与存在》，载《海德格尔文集·面向思的事情》，第22页。Martin Heidegger, *On Time and Being*, p. 14.

[6] 参见海德格尔：《语言的本质》，载《海德格尔文集·在通向语言的途中》，第210页。Martin Heidegger, "The Nature of Language," in *On the Way to Language*, p. 106.

想。他曾指出:"真作为通透—遮蔽而发生。这种发生的框架是从中产生的时—空。时—空是对是之裂隙的测度。作为真的节点,时—空是玄同之瞬间原初的场所。这一瞬间的场所在玄同中,即大地与世界的斗争中本质性地发生。"[1] 这几句话包含了非常丰富的思想。首先,海德格尔所说的时—空并非事件的舞台,而是事件在玄同中的发生;其次,时—空既是真发生的框架,又是真的发生的结果;再次,时—空作为真的节点,是玄同的瞬间发生的场域,而这个场域本身又在玄同中产生;最后,玄同并非单纯的和谐,而是大地与世界的斗争。换言之,时—空就是是本身,而不是一个等待是或者由是者填塞的内洞。

---

[1] 参见海德格尔:《海德格尔文集·哲学论稿(从本有而来)》,第38页。Martin Heidegger, *Contributions to Philosophy (Of the Event)*, p. 26.

第三章　重新定义"真"

第一节　传统的真

作为"符合"的真

海德格尔指出，真"这个崇高的，同时又已经被用滥了的、几近晦暗不明的词，指的是那个使一件真的事物成其为真的东西"[1]。关于真，他提出了以下一连串的问题："为何会有真？真的有真吗？如何才有真？如果没有真，那么甚至这个'为何'的单纯的可能性又基于何处？是否这个为何的问题已经证实了存在着真的事实，即真必以某种方式存在？追问是对真之所从出和所依据的那个基础的寻求。那么这种追问又是从何而来？"[2]

海德格尔当然不是追问这些问题的第一人，历史上人们对这些问题已经给出了各式各样的回答，但对真的追问一直没有停止过。尤其是进入近代以来，更是如此。海德格尔曾经总结过西方思想史上真的观念及其对立观念含义的变迁："真之本质从去蔽（ἀλήθεια）经罗马的真实（veritas），到中世纪的符合（adaequatio）、正确性（rectitudo）和正义（iustitia），再到现代的确定性（certitudo），到作为确定性、有效性和确信的真，真与非真之间对立的本质与特点也在发生变化，……西方数百年历史上真之本质

---

[1] 参见海德格尔：《论真理的本质》，载《海德格尔文集·路标》，孙周兴译，商务印书馆2014年版，第210页。Martin Heidegger, "On the Essence of Truth," in *Pathmarks*, ed. by William McNeill, Cambridge University Press, 1998, p. 137.

[2] 参见海德格尔：《海德格尔文集·哲学论稿（从本有而来）》，孙周兴译，商务印书馆2014年版，第438—439页。Martin Heidegger, *Contributions to Philosophy (Of the Event)*, trans. by Richard Rojcewicz and Daniela Vallega-Neu, Indiana University Press, 2012, p. 290.

的这一转变的结果,是非真的本质从希腊的伪(ψεῦδος)变为罗马的错(falsum)这一事件。这一变化是错误的本质的现代特性的前提。伪变成了错,即由不能正确运用人类肯定和否定的能力所导致的结果。"[1]

在关于真之本质的问题上,笛卡尔因其确立了真的确定性标准而成为一个划时代的人物。但在他之后,甚至因他而起,各种怀疑论和不可知论不仅不绝如缕,而且表现出愈益凌厉的势头。正如海德格尔所说:"有诸多思想家致力于对真的概念的探讨。笛卡尔把真解释为确定性;与这一倾向不无关联,康德区分了经验之真与先验之真;黑格尔重新规定了抽象之真与具体之真,即科学之真与思辨之真的重要区分;尼采则说,'真'就是谬误。所有这一切都是思想追问的进展。但是!它们都并未触及真的本质。"[2]特别是到19世纪末,怀疑论和不可知论似乎渐占上风。当尼采说真不过是一种价值,即对人们有用之物的时候,传统上对真的信念面临着大厦将倾的局面,而这种局面正是海德格尔提出上述疑问的背景。

海德格尔并不否认形而上学传统中对真的认识的确面临着巨大的危机,但他认为,这种危机来自形而上学的特质而并非真本身。简言之,真之所以成为问题,是因为形而上学在错误的方向上追求某种并不存在的真,而真本身则被形而上学的历史所遮蔽。为揭示形而上学对真的追求误入歧途的过程,海德格尔着重讨论了形而上学中两种具有代表性的关于真的规定,即作为"符合"的真和作为"确定性"的真。

海德格尔指出:自罗马人开始,人们就把真定义为思维或者陈述合于事实,即与之相符合。[3]"真的东西,无论是事情还是命题,就是相符的东西、相符者。真的状态和真本身指的是相符,而且是在双重意义上:一方面是物与关于该物的先行设想相符;另一方面是陈述与事实相符。"[4]这种对真的定义被称为真的"符合论"。因此,"认识的真对立于假。认识

---

[1] 参见海德格尔:《海德格尔文集·巴门尼德》,朱清华译,商务印书馆2018年版,第83页。Martin Heidegger, *Parmenides*, trans. by André Schuwer and Richard Rojcewicz, Indiana University Press, 1992, p. 57.

[2] 参见海德格尔:《海德格尔文集·尼采》上卷,孙周兴译,商务印书馆2015年版,第177页。Martin Heidegger, *Nietzsche Volume I: The Will to Power as Art*, trans. by David Farrell Krell, Harper & Row, 1991, p. 149.

[3] 参见海德格尔:《论真理的本质——柏拉图的洞喻和〈泰阿泰德〉讲疏》,赵卫国译,华夏出版社2008年版,第8页。Martin Heidegger, *On the Essence of Truth*, trans. by Ted Sadler, Continuum, 2002, pp. 5-6.

[4] 参见海德格尔:《论真理的本质》,载《海德格尔文集·路标》,第211页。Martin Heidegger, "On the Essence of Truth," in *Pathmarks*, p. 138.

即判断。判断是这样一种东西，它在本真的意义上可以被称作是真的"[1]。

根据真的"符合论"，与事实相符的思想或者陈述就是"正确的"。海德格尔指出："命题的正确性要求它以某种适当建立起来的正当的、确定的标准校准自身。希腊语中的相似性，作为揭示性的相符，以及拉丁语中的正确性，作为向某物的校准，都具有命题和思想与当前的、牢固确立的事态相似的特点。相似就被称为相符（adaequatio）。在中世纪早期，沿着罗马人铺就的道路，体现为'相似'的真就变成相符。真是知与物的符合。从柏拉图到尼采的整个西方思想都在把真的本质规定为正确性的轨道上进行思考。真的这个本质规定就是形而上学的真概念，更确切地说，形而上学从如此规定的真的本质中获得了它自身的本质。"[2]

在海德格尔看来，虽然真的"符合论"最终由罗马人确立，但也有希腊的思想根源，因为亚里士多德就认为，一个观念如果与某个实存物共享某种形式则为真，而这也就意味着两者相似或者相符。但问题是符合本身是否能够成为真的标准。海德格尔对这个问题的回答是否定的。他以并不复杂的逻辑证明了真的"符合"标准根本上不可能成立：为了满足"符合"的要求，即认识与对象相符，认识者事先就必须对对象有所认识，这样才能判断两者是否相符。"为了认识之真，就必须假定'已经认识'之真。"然而，这是荒谬的。[3]

海德格尔在另外的地方还指出："传统上对真的定义表明了符合的双重特性：真是物与知相符。这一命题可以被理解为真是物对知的符合，但也可以被理解为真是知对物的符合。实际上，上述定义通常主要表述为真是知对物的符合。但是这样理解的真，即命题之真，只有在事实之真，即在物与知相符的基础上才有可能。"[4] 也就是说，人必须首先确定物与知相符，即先了解物，才能进而断定知与物相符。这就陷入了无解的循环。"命题和实事是完全不同的，但我们还是说：前者，也就是命题，与后者，

---

[1] 参见海德格尔：《邓·司各脱的范畴学说与意谓理论》，载《海德格尔文集·早期著作》，张柯、马小虎译，商务印书馆 2015 年版，第 305 页。Martin Heidegger, *Frühe Schriften*, GA 1, Vittorio Klostermann, 1978, p. 268.

[2] 参见海德格尔：《海德格尔文集·巴门尼德》，第 72—73 页。Martin Heidegger, *Parmenides*, pp. 49-50.

[3] 参见海德格尔：《海德格尔文集·柏拉图的〈智者〉》，熊林译，商务印书馆 2015 年版，第 30—31 页。Martin Heidegger, *Plato's Sophist*, trans. by Richard Rojcewicz and André Schuwer, Indiana University Press, 2003, p. 18.

[4] 参见海德格尔：《论真理的本质》，载《海德格尔文集·路标》，第 211 页。Martin Heidegger, "On the Essence of Truth," in *Pathmarks*, p. 138.

亦即实事，相符合。此处的符合凭借的是什么，又是如何形成的，这绝非不言自明。"[1]

海德格尔对真的"符合论"标准提出了如下问题："在什么方面知识和事物可以相符呢？就它们是的方式和本质内容来说，它们提供了能够使彼此相符的任何东西吗？如果知识与事物并非同类，因此它们不能等同的话，它们是否相似呢？据称知识应该如其所是地'表达'事物。'一致'具有'如其所是'的关系特征。那么这样一种关系，作为知识与事物之间的关系，在什么意义上是可能的呢？从这些问题可以看出，仅仅假定这种关系性整体存在并不足以澄清真的结构，我们必须反过来追问产生这一整体的背景。"[2] 因此，在海德格尔看来，真的符合论存在着根本性的问题。因为严格地说，所谓的知与物相符，实际上还是知与知相符。"一切讨论都是无根的、形式化的，所以通过符合论的真概念，我们得不到任何可理解之物。"[3]

真的符合论导致的最终结果就是，只能把真视为人的思想或者理智的某种特征。海德格尔举过几个例子来说明这一点，其中包括：托马斯·阿奎那的命题"真正说来，真理只在人或神的理智之中"；笛卡尔的命题"真正意义上的真伪只能够存在于理智之中"；还有尼采的命题"真形式的谬误；倘没有这种谬误，某种特定的生命体便无法生存"；等等。[4] 出现这种情况，显然是思想为避免符合论的内在矛盾不得已而为之的结果，即当人们无法让思想与事实相一致时，只能"反求诸己"。

海德格尔事实上并没有完全否认符合作为正确性标准的规定，甚至认为这种规定在科学上有其积极的意义。但他认为，正确性不能等同于真。"科学的发现是正确的。但正确的东西还不是真的东西。正确的东西只是那种与对象领域及其语言的先行投射相符之物。对某物（例如诗歌、历史等）的本质规定是否以及在何种程度上与所涉及对象领域的本质相符，也

---

[1] 参见海德格尔：《德国哲学的现状与未来使命》，载《海德格尔文集·讲话与生平证词(1910—1976)》，孙周兴、张柯、王宏健译，商务印书馆 2018 年版，第 389 页。

[2] 参见海德格尔：《海德格尔文集·存在与时间》，陈嘉映、王庆节译，熊伟校，陈嘉映修订，商务印书馆 2016 年版，第 300 页。Martin Heidegger, *Being and Time*, trans. by Joan Stambaugh, State University of New York Press, 2010, pp. 207-208.

[3] 参见海德格尔：《论真理的本质——柏拉图的洞喻和〈泰阿泰德〉讲疏》，第 3—4 页。Martin Heidegger, *On the Essence of Truth*, p. 2.

[4] 参见海德格尔：《柏拉图的真理学说》，《海德格尔文集·路标》，第 270—271 页。Martin Heidegger, "Plato's Doctrine of Truth," in *Pathmarks*, pp. 178-179.

就是说，它与正确性所依据的真的关系如何，这就是另一个问题了。这在科学中尚未被决定且尚未被追问。"[1]

在此，海德格尔对正确性与真进行了明确的区分，并且对"正确性"作出了比较激进的规定，即表象与人对对象域的投射相符，典型的例子就是科学假设与研究结论之间的关系，这种关系可能正确，但未必真。此类情况在技术对自然的表象和控制方面表现尤为突出，所以海德格尔特别指出："把自然表象为可计算的力量效果的联系，这样一种去蔽可能会产生正确的规定，但是，恰恰因为这个方面的成功，使这种正确性中包含了真退场的危险。"[2] 他因此认为："很长时间以来，直到现在，真的本质始终仅仅被视作正确性，也就是说，真的本质被错过了，因为正确的东西不一定真。的确，许多正确的东西深深地不真。"[3]

海德格尔不仅指出了真的"符合论"的问题所在，也对造成这种问题的根源进行了分析。他认为，体现为知识的思想是人的内在精神过程，而事物则是外在于人的实在，在这两者之间要建立起某种联系，原本需要某个中间环节，而这个环节就是去蔽。符合论恰恰缺少这个环节。"在作为符合的正确性中，理性被认为与物相似。这里绝对缺少的是那个去蔽（ἀλήθεια）的本质空间，即事物去除遮蔽的状态和人去除遮蔽的行止。"由于这个空间完全被废墟掩埋、被彻底遗忘，所以"作为正确性的真的本质没有空间，也没有基础"。[4]

因此，符合意义上的陈述与命题之真的基础，首先应该是作为去蔽的真。"知与物之间的相联，以及它们的一致，其本身并不能本源性地通达是者。相反，任何陈述所涉及的是者，必须在陈述之前已经为之显现自身。陈述的前提是置身于在性质上并非陈述的敞开状态中。命题之真根源于一种更本源的真（去蔽），根源于前陈述的是之显现，即物论之真。"[5]

---

[1] 参见海德格尔：《海德格尔文集·讨论班》，王志宏、石磊译，孙周兴、杨光校译，商务印书馆 2018 年版，第 523 页。

[2] 参见海德格尔：《技术的追问》，载《海德格尔文集·演讲与论文集》，孙周兴译，商务印书馆 2018 年版，第 29 页。Martin Heidegger, *The Question Concerning Technology and Other Essays*, trans. by William Lovitt, Garland Publishing, 1977, p. 26.

[3] 海德格尔：《德国哲学的现状与未来使命》，载《海德格尔文集·讲话与生平证词（1910—1976)》，第 391 页。

[4] 参见海德格尔：《海德格尔文集·巴门尼德》，第 73—74 页。Martin Heidegger, *Parmenides*, pp. 50-51.

[5] 参见海德格尔：《论根据的本质》，载《海德格尔文集·路标》，第 154—155 页。Martin Heidegger, "On the Essence of Ground," in *Pathmarks*, pp. 102-103.

物的去蔽即物的自身呈现，这种呈现就是物之真。思想之真并非知与物相符，而是思想对物之真的接近、相似和相符。那么，物之真是物的状态还是思想的状态，思想与物之真的关系是思想与物的关系还是思想与思想的关系？对这些问题海德格尔并没有给出明确的答案。但正如下文将要讨论的，在他看来，追问"心外之物"本身就是一个没有意义的问题，所以关键不在于心与物的关系，而是如何对待"心中之物"，或者说如何"明心见物"的问题。

需要指出的是，虽然海德格尔认为真的"符合论"具有希腊起源，但同时他又认为希腊思想中还存在着另外一种可能性，即希腊人的确曾把真视为物的去蔽状态，只是在罗马人那里，真的含义才发生了从去蔽向符合和正确性的滑落。他因此强调："真作为无蔽与真作为正确性是非常不同的事情，它们来自完全不同的基本经验，绝不可等量齐观。"[1] 真的含义的重大变化导致西方形而上学本质的根本转变。"这种从无蔽之真到正确性之真的过渡本身是一个事件，它丝毫不亚于那个事件，即哲学在西方历史的开端，就已经走上了一条错误的和致命的道路。"[2]

作为确定性的真

正因为真问题上的"符合论"包含内在矛盾，所以形而上学传统中同时还存在着另一种倾向，即把真视为确定性，而这一倾向的出现，恰恰意味着近代形而上学的开端。正如海德格尔所说："现代形而上学的开端建基于真（veritas）的本质转变为确定性（certitudo）。对真的追问变成了可靠地、安全地、自我确保地使用理性。"[3]

作为确定性的真也有一段"前史"。把真规定为确定性，关键是要找到能够保证此一确定性的因素。在罗马人看来，那就是人的理性。"理性不仅是人的诸多能力之一，而且是人的基本能力。它在人与真（verum）及伪（falsum）之间的关系方面至关重要。为了获得作为正当和正确的真，人必须保证并确信他正确使用了这一基本能力。真的本质就在这一保

---

[1] 参见海德格尔：《论真理的本质——柏拉图的洞喻和〈泰阿泰德〉讲疏》，第 11 页。Martin Heidegger, *On the Essence of Truth*, p. 8.
[2] 参见同上书，第 16 页。Ibid., p. 12.
[3] 参见海德格尔：《海德格尔文集·巴门尼德》，第 75 页。Martin Heidegger, *Parmenides*, p. 51.

证和确信的基础上被决定。"此外，基督教思想在这个方面也发挥了重要的准备作用。"以基督教信条作为基本信仰体系的罗马世界，为巩固正确性意义上的真的本质做出了实质性贡献。同样是这个基督教信仰领域，导入并准备了真之本质的新的转变——从正确性到确定性的转变。"[1]这个转变主要是通过路德完成的。路德提出了人能否以及如何确信并保证永恒救赎，即对"真"的确信的问题，同时也提出了人如何能够成为一名"真的"基督徒，即一个正直的、正义的人的问题。这样，基督徒之真的问题变成了正义（iustitia）和称义（iustificatio）的问题。海德格尔指出："作为中世纪神学的概念，正义指的是理性和意志的正确性。理性的正确性、对正确性的追求，是意愿中的意志的基础。根据中世纪的学说，称义是信仰最初的发动。正义的理论，实际上就是救赎的确定性问题，成为福音派神学的核心。近代真的本质就是在确定性、正确性、公正、正义的基础上被决定的。"[2]

真正完成了真向确定性转变的是笛卡尔，他以十分独特的方法找到了证明人的理性之确定性的途径，即建立在普遍怀疑基础上的"我思"。海德格尔如此总结笛卡尔在现代形而上学发展过程中发挥的作用："近代形而上学追求绝对不可置疑性、确定之物、确定性，这是其起点，也是其本质所在。用笛卡尔的话来讲，firmum et mansurum quid stabilire，即关键是让某物稳固而持久。作为对象，这一持存者满足自古以来对是者本质的要求，即是者是持久呈现者，是随处可及者（基体）。笛卡尔也像亚里士多德一样探求一般主体即基体（ὑποκείμενον）。他在已经为形而上学铺就的道路上寻求这一基体，结果（在把真视为确定性的时候）发现我思才是持续呈现之物。由此自我成为基体，主体则成为自我意识。"[3]

人所共知，笛卡尔是通过普遍怀疑得到"我在"这一结论的："因为我怀疑，我就必须承认'我在'，因而这个'我'不可怀疑。"[4]海德格

---

[1] 参见海德格尔：《海德格尔文集·巴门尼德》，第 74 页。Martin Heidegger, *Parmenides*, p. 51.

[2] 参见同上书，第 74—75 页。Ibid.

[3] 参见海德格尔：《尼采的话"上帝死了"》，载《海德格尔文集·林中路》，孙周兴译，商务印书馆 2015 年版，第 270—271 页。Martin Heidegger, "Nietzsche's Word: 'God is Dead'," in *Off the Beaten Track*, trans. by Julian Young and Kenneth Haynes, Cambridge University Press, 2002, p. 178.

[4] 参见海德格尔：《现代科学、形而上学和数学》，载孙周兴选编：《海德格尔选集》下，上海三联书店 1996 年版，第 876 页。Martin Heidegger, "Modern Science, Metaphysics, and Mathematics," in *Basic Writings*, ed. by David Farrell Krell, Routledge, 1993, p. 297.

尔认为：在笛卡尔的思想中，确保"我在"的"自我就成为一种特殊主体，人的本质因而也首次进入自我性意义上的主体性领域"[1]。他特别指出，在笛卡尔的这一思想过程中，有一项重要的思想规则发挥了作用，那就是矛盾律。"'我思'意味着我避免矛盾并服从矛盾律。"[2] 因为恰恰是矛盾律的要求，才使"我"不能怀疑我在思想即怀疑这件事，才能确立思想不可置疑的地位。

按照通常的看法，笛卡尔的转变体现了人从宗教束缚之下解放出来。海德格尔不反对这一点，但他强调，这种解放的实现是通过对确定性来源的转变获得的，即从宗教救赎的确定性到人自身担保的确定性的转变。但人如何能够做到这一点？当然，首先他必须明确确定性的标准，那就是不可置疑性。什么东西不可置疑？那就只有怀疑者自身，因此自我的确定性成为一切确定性的来源和保障。海德格尔就此认为：在笛卡尔的思想中，自我不再被质疑。"这并不是简单的疏忽，相反，自我或者意识恰恰作为这种形而上学最可靠和最不成问题的根据而被置于基础性的地位。"[3] 笛卡尔因此极大地提升了人的地位，使之从宗教信仰之下不值得依赖的罪人上升到无可置疑的主体。这就是人之解放的含义。从某种意义上说，这种解放意味着人取代了基督教中上帝的位置。所以海德格尔认为，笛卡尔为人的自由创造了形而上学的基础，而这种自由的本质就是具有自身确定性的自我决定。[4]

海德格尔深入分析了笛卡尔的命题"我思故我在"的内在逻辑。他指出，虽然各种西方语言一般都把笛卡尔使用的 cogitatio 翻译为思想，但这个词的本义却是表象，包括思想、意志和感知等。因此，笛卡尔用这个词实际上命名的是人所有形式的意志与情感。"我思故我在"这个命题的奥

---

[1] 参见海德格尔：《这是什么——哲学？》，载海德格尔：《海德格尔文集·同一与差异》，孙周兴、陈小文、余明锋译，商务印书馆 2014 年版，第 23 页。Martin Heidegger, *What Is Philosophy?*, trans. by Jean T. Wilde and William Kluback, Rowman & Littlefield, 2003, p. 87.

[2] 参见海德格尔：《现代科学、形而上学和数学》，载孙周兴选编：《海德格尔选集》下，第 884 页。Martin Heidegger, "Modern Science, Metaphysics, and Mathematics," in *Basic Writings*, p. 305.

[3] 参见海德格尔：《海德格尔文集·形而上学的基本概念：世界—有限性—孤独性》，赵卫国译，商务印书馆 2017 年版，第 83 页。Martin Heidegger, *The Fundamental Concepts of Metaphysics: World, Finitude, Solitude*, trans. by William McNeill and Nicholas Walker, Indiana University Press, 1995, p. 55.

[4] 参见海德格尔：《世界图像的时代》，载《海德格尔文集·林中路》，第 118—119 页。Martin Heidegger, "The Age of the World Picture," in *Off the Beaten Track*, pp. 81-82.

秘在于，表象中的人总是将其自身与被对象化的东西（包括其他的人与物）一同加以表象。既然我思确保了表象中的自我，同时也就确保了与我一同被表象的一切。因此，在"我思故我在"这一根本确定性中，获得了自我解放的人成为这一解放的基础，成为独一无二的是者，成为基体即作为真之保障的主体。

这样，在笛卡尔开启的形而上学传统中，真的确定性就取决于"我"这一主体的确定性。"因为我怀疑，我就必须承认'我在'，如此这个'我'才不可怀疑。作为怀疑者，笛卡尔迫使人们以如下方式进行怀疑：他带领他们思考自身，思考他们的'我'。这个'我'，人的主体性，被宣布为思想的核心。"[1] "主体性的第一项本质规定是，表象着的主体确保其自身，而这也就意味着他必须持续地向他确保他所表象的是某个特定的物。"[2] 如果套用赫拉克利特的名言，就是表象者不仅必须确保自身持续不变，还必须同时确保他踏入的始终是同一条河流。如果人实际上并不能保证被表象者之确定性，就只能以确定性作为标准对对象加以甄别，对其进行调整，使之符合表象者提出的可靠性要求，即观念的清晰性和明确性。"如果表象合乎这一可靠性要求，那它就是正确的。以这种方式被证明为正确的表象，作为具有正当身份并由我们所支配的东西，就得到了合法性。"[3] 因此，主体性的另一面就是客体必须从确定性的角度向其证明自身的"正当性"。

主体性意味着自我的优先性，"自我（ego）的优先地位源自追求确定性、自我确定、独立自主的意志"[4]。海德格尔指出，到笛卡尔为止，任何当前事物都可以具有"主体"的资格，但自他以后，只有"我"才是那个特别的主体，其他的一切都成为与之相对的客体，并且只能从其与最高的数学原则及这一原则的"主体"的根本联系中获得它们的物性。[5]

---

[1] 参见海德格尔：《现代科学、形而上学和数学》，载孙周兴选编：《海德格尔选集》下，第876页。Martin Heidegger, "Modern Science, Metaphysics, and Mathematics," in *Basic Writings*, p. 297.

[2] 参见海德格尔：《尼采的话"上帝死了"》，载《海德格尔文集·林中路》，第277页。Martin Heidegger, "Nietzsche's Word：'God Is Dead'," in *Off the Beaten Track*, p. 182.

[3] 参见同上书，第277—278页。Ibid., pp. 182-183.

[4] 参见海德格尔：《海德格尔文集·哲学论稿（从本有而来）》，第238页。Martin Heidegger, *Contributions to Philosophy (Of the Event)*, p. 158.

[5] 参见海德格尔：《现代科学、形而上学和数学》，载孙周兴选编：《海德格尔选集》下，第882页。Martin Heidegger, "Modern Science, Metaphysics, and Mathematics," in *Basic Writings*, p. 303.

"由于'我'在建立一切知识方面所具有的根本意义,'我'成为人突出的、本质性的定义。"[1] 因此,在现代形而上学中,人通过作为"自我"而得到理解。虽然海德格尔曾把"自我"与"自私"区别开来[2],但"自我"的优先性不可能不带来自我意识、自我利益以及一切由"自我"定义的事物的优先性。这当然也是西方现代社会和现代思想的一个基本特征。就此,海德格尔认为在笛卡尔的思想中,主体获得了传统形而上学中"实体"的地位。"如果我思作为特殊的主体获得了绝对的基础,那么主体就是由意识接手的基体,就是真正的呈现者,它在传统形而上学中被非常不明确地称为'实体'。"[3] 人在另一种意义上成为"万物的尺度"[4]。

除人的主体性之外,在笛卡尔关于确定性的思想中,还有一种十分独特的因素即所谓的"数学性知识"发挥了关键作用。这种知识的特点是"它所取得的就是某种它赋予自身的东西"[5],因而能够保证其确定性。笛卡尔之所以能够从"我思"的事实得出"我在"的结论,原因就在于我思的是我的思想本身,是我赋予我自身的东西,因而这个过程具有不可怀疑的根本确定性。海德格尔指出:"只有当思想思考自身的时候,它才绝对地是数学性知识,也就是对我们已经拥有之物的认知。当思想与表达指向自身,它会发现,无论做出何种陈述,也无论在何种意义上做出陈述,这种陈述与思想都是'我思'。思想永远是'我思',而这就意味着我在。我思,我在,这是该命题中立即表达出来的最高确定性。"[6] "数学性知识"是海德格尔提出的一个重要概念,是揭示现代形而上学以及现

---

[1] 参见海德格尔:《现代科学、形而上学和数学》,载孙周兴选编:《海德格尔选集》下,第 883 页。Martin Heidegger, "Modern Science, Metaphysics, and Mathematics," in *Basic Writings*, p. 304.

[2] 参见海德格尔:《世界图像的时代》,载《海德格尔文集·林中路》,第 120—121 页。Martin Heidegger, "The Age of the World Picture," in *Off the Beaten Track*, pp. 82-83.

[3] 参见海德格尔:《哲学的终结和思想的任务》,载《海德格尔文集·面向思的事情》,陈小文、孙周兴译,商务印书馆 2014 年版,第 88 页。Martin Heidegger, "The End of Philosophy and the Task of Thinking," in *Basic Writings*, p. 438.

[4] 参见海德格尔:《世界图像的时代》,载《海德格尔文集·林中路》,第 122 页。Martin Heidegger, "The Age of the World Picture," in *Off the Beaten Track*, p. 81.

[5] 参见海德格尔:《现代科学、形而上学和数学》,载孙周兴选编:《海德格尔选集》下,第 871 页。Martin Heidegger, "Modern Science, Metaphysics, and Mathematics," in *Basic Writings*, p. 291.

[6] 参见同上书,第 880 页。Ibid., pp. 301-302.

代科学和技术本质的一把关键的钥匙。它提供了现代科学和技术成就之谜的谜底，即这是一种自我表达、自我确认的知识。

在笛卡尔的"我思故我在"中，实际上包含了两项基本原则，即自我性原则和矛盾律原则。这两项原则乃数学性知识的集中体现。在笛卡尔之后，这种纯粹理性的原则成为对一切知识进行判定的最高标准，成为本源意义上的形而上学原理。"纯粹理性的原则就是纯粹理性的公理。纯粹理性，如此理解的逻各斯，具有这种形态的命题，成为形而上学的指引和标准，即对是者之是、物之物性加以规定的上诉法庭。物的问题现在就被锚定在纯粹理性之中，即这一原则的数学性展开之中。"[1]

现代形而上学对确定性的追求，要求它提供一套对世界系统的、统一的、各方面能够彼此通约的解释，这成为确定性的替代标准。"决定现代形而上学的是这一事实，即全部传统问题都移入由数学性的自然科学代表的一种新科学的领域。一条并不太明显的思想路线是：如果形而上学的追问关乎第一因、关乎是者最普遍的和最高的意义，即关乎最高者、最终者和至上者，那么这种知识与被追问者必须具有可通约性，而这就意味着它自身必须是绝对确定的。沿着知识的数学理念的引线，传统形而上学的全部难题就转变成一项任务，即在严格意义上履行上述要求，同时把形而上学的内涵提升到绝对科学的形式等级。"[2]

海德格尔指出，这样一种对具有系统性和统一性的确定知识的追求，构成了笛卡尔以后直到尼采为止所有哲学家共同的思想任务。莱布尼茨认为，"作为确定性的真才是绝对可靠的保证，是秩序和普遍确定性，即终极的完善"。康德同样致力于真的确定性问题，并且把"先验演绎的合法性作为先验主体最终的自我保证"，"这一主体正是在'我思'的正当性中确立了他的本质"。这种对确定性的追求在尼采的思想中达到顶点。"在尼采的形而上学中，价值思想比笛卡尔的形而上学中关于确定性的基本思想更为根本，因为确定性只有作为最高价值才能被视为正当之物。类似地，在尼采终结了西方形而上学的时代，明白可见的主体的自我确定性，

---

[1] 参见海德格尔：《现代科学、形而上学和数学》，载孙周兴选编：《海德格尔选集》下，第 884 页。Martin Heidegger, "Modern Science, Metaphysics, and Mathematics," in *Basic Writings*, p. 305.

[2] 参见海德格尔：《海德格尔文集·形而上学的基本概念：世界—有限性—孤独性》，第 82 页。Martin Heidegger, *The Fundamental Concepts of Metaphysics: World, Finitude, Solitude*, pp. 54–55.

与是者之是的正当性一同,只能通过力量意志得到辩护。"[1] 对尼采来说,价值是力量的产物,因此唯一确定的就是力量,对确定性的追求即对力量的追求,力量意志即维持并且追求更大力量的意志。正是在此意义上,海德格尔认为,"在被尼采视为一切现实之'本质'的力量意志的学说中,现代主体性形而上学臻于完成"[2]。

总的来说,海德格尔认为,把确定性视为真的本质是思想蜕化的根本体现。所以,虽然"黑格尔把形而上学的这一历史瞬间视为绝对的自我意识成为思想原则的时刻",但在海德格尔看来,这恰恰是"大地荒漠化"的开始。[3] 他甚至不无揶揄地表示:"形而上学把这种真视为永恒不变之物,而这种真是不可能建立在脆弱而易变的人性基础之上的。"[4] 对于自我这个主体来说,真乃其不可承受的千钧之重。

第二节 "去蔽"[5]

真之本质与本质之真

海德格尔具有明确的反本质主义倾向,但他本人并不回避本质这个词,只是在他的使用中,这个词具有明显的动态特征,可以理解为本质的

---

[1] 参见海德格尔:《尼采的话"上帝死了"》,载《海德格尔文集·林中路》,第 278—279 页。Martin Heidegger, "Nietzsche's Word: 'God Is Dead'," in *Off the Beaten Track*, pp. 183-184.

[2] 参见同上书,第 271 页。Ibid., p. 178. 又参见尼采:《尼采著作全集·第 12 卷(1885—1887 年遗稿)》,第 355 页。KSA 12, Deutscher Taschenbuch Verlag, 1999, p. 311.

[3] 参见海德格尔:《形而上学之克服》,载《海德格尔文集·演讲与论文集》,第 106 页。Martin Heidegger, "Overcoming Metaphysics," in *The Heidegger Controversy: A Critical Reader*, ed. by Richard Wolin, MIT Press, 1993, pp. 89-90. "地球的荒漠化""荒漠在增长"等都是尼采的说法,比如尼采:《尼采全集·查拉图斯特拉如是说》,杨恒达译,中国人民大学出版社 2011 年版,第 311 页。

[4] 参见海德格尔:《论真理的本质》,载《海德格尔文集·路标》,第 218 页。Martin Heidegger, *On the Essence of Truth*, p. 143.

[5] 海德格尔曾对物的去蔽(Entdecken)和人的去蔽(Erschließen, Aufschließen)进行了区分:"我们把对是着的是者,比如最宽泛意义上的自然的去蔽称为揭示,而把对我们自己所是的是者,即人的去蔽称为发现、开启。"参见海德格尔:《海德格尔文集·现象学之基本问题》,丁耘译,商务印书馆 2018 年版,第 313 页。Martin Heidegger, *The Basic Problems of Phenomenology*, trans. by Albert Hofstadter, Revised Edition, Indiana University Press, 1982, p. 215.

发生,其含义与是、当下呈现和玄同非常接近。如他自己所言:"如果我们顺着传统的提问方式问及'本质'(Wesen),那么我们所问的是什么使是者成为它所是之物,因此也就是什么构成了是者之所是。'本质'在此只是'是'(被理解为所是)的另一种表达。至于本质发生(Wesung)指的则是玄同,意思是玄同涵有了属于它的东西,即真。是之真的发生就是本质发生。"[1] 他也明确指出本质发生与真之间的关系:"本质发生并不属于是者,事实上它从根本上只属于是,属于归属是本身的东西,即真。"[2] 可以看出,如果在动态的意义上使用本质一词,本质就成为是的另一种表达方式,而本质发生就是玄同,就是是之真。因此,真之本质与本质之真也可以表述为真之是与是之真。

在真的问题上,海德格尔重点探讨的并非真的标准,而是真的本质和意义。[3] 他写道:"真之本质的问题来自本质之真的问题。在前一个问题中,本质首先在'所是'(quidditas)或实质(realitas)的意义上被理解,因此真被视为知识的特性。在本质之真的问题中,'本质'作动词解,其含义即'是'。在这个依然保留在形而上学表象范围内的词语中,是被理解为活动于是与是者之间的差异,真意味着作为是之本质特征的通透中的遮蔽。真之本质的问题在真之本质即本质之真这个命题中找到了答案。"[4] 这段话是海德格尔对真之含义的解说。换言之,真之所是要通过是之真即是之去蔽来加以回答。

真问题与是问题的关联,本来就是西方思想的基本特征之一。但海德格尔认为,在以往的思想史上,两者之间的关系一直含混不清。一个基本的事实就是,在是者实际上替代了是的情况下,是之真的问题被替换为是者之真的问题,而真之所是的问题也成为真的是者即真的知识的问题。"形而上学并不会让是自己发声,因为形而上学并不思考是之真,也不把真思考为无蔽,更不会就其本质思考这种无蔽。对形而上学来说,真的本

---

[1] 参见海德格尔:《海德格尔文集·哲学论稿(从本有而来)》,第342—343页。Martin Heidegger, *Contributions to Philosophy (Of the Event)*, p. 226.

[2] 参见同上书,第344页。Ibid., p. 227.

[3] Cf. Michael Gelven, *A Commentary on Heidegger's Being and Time*, Northern Illinois University Press, 1989, p. 127.

[4] 参见海德格尔:《论真理的本质》,载《海德格尔文集·路标》,第234—235页。Martin Heidegger, "On the Essence of Truth," in *Pathmarks*, pp. 153-154.

质始终停留在作为认知之真以及表达这种认知的命题之真的派生形式上面。"[1]

海德格尔认为,形而上学对真的理解,已经是是之离弃与是之遗忘的结果。"是之离弃包括对是的遗忘和真的坍塌。"[2] "是之离弃从根本上说即是之本质性的坍塌。是的本质被扭曲,从而只能以表象正确性的形式把自己带入真:直观(νοεῖν)—思考(διανοεῖν)—型相(ἰδέα)。"[3] 因此,无论把真视为符合还是确定性,都是从命题的角度对真加以把握,但事实上真并非命题的特性,相反,命题之真以某种本源性的真为前提。

海德格尔指出,人们通常错误地指认亚里士多德为最早把真作为陈述即逻各斯的特性的思想家,但事实上亚里士多德从未表达过类似的思想。"相反,他认为逻各斯乃人之所是的形式,它既可揭示,亦可遮蔽。这种双重可能性是逻各斯真实所是的独有特性,它是一种同样可以遮蔽的行止。因为亚里士多德从未说过(逻各斯是真的处所)这一命题,所以他也不曾把逻各斯之真的概念'扩展'到纯粹的直观(νοεῖν)。感觉之'真'和'型相'的视见才是本源性的发现。正因为直观是最初的发现,所以逻各斯才可能担当思想发现的功能。"[4]

也就是说,在希腊人看来,"'真'是感觉对某物素朴的感性直观,它比逻各斯更本源地真。只要感觉专注于它的对象,即专注于通过它并且为了它才能被真正通达的是者,比如对颜色的观看,那么直观就始终是真的"[5]。海德格尔在此基础上认为:"命题并非真的本源'处所',实际情况相反,陈述作为被揭示状态的表达形式,以及在世间是的一种方式,基于人的揭示活动或者说人的被揭示状态。最本源的'真'才是陈述的'处所',而且这种本源的真是陈述为真或者为假(去蔽或遮蔽)的是论

---

[1] 参见海德格尔:《〈形而上学是什么?〉导言》,载《海德格尔文集·路标》,第438页。Martin Heidegger, "Introduction to 'What Is Metaphysics?'," in *Pathmarks*, p. 280.

[2] 参见海德格尔:《海德格尔文集·哲学论稿(从本有而来)》,第135页。Martin Heidegger, *Contributions to Philosophy (Of the Event)*, p. 90.

[3] 参见同上书,第138页。Ibid., p. 91.

[4] 参见海德格尔:《海德格尔文集·存在与时间》,第313页。Martin Heidegger, *Being and Time*, p. 216.

[5] 参见同上书,第48页。Ibid., pp. 31-32.

前提。""从这一最本源的意义上理解的话,真属于人的此间之是的基本结构。"[1] 因此,真是人而非物的状态,亦非陈述的特征。长期以来,人们都相信真意味着知识与事物相符。但是,事物必须首先显现自身,知识和表达知识的命题才能与之相符。至于事物,如果要显现自身,就必须从遮蔽中前出,置身于无蔽状态,而让事物置身于无蔽之中,又是人本身进入无蔽状态的结果。[2]

无蔽之"真"及其坍塌

海德格尔虽然一直把真规定为无蔽状态,但他对真的理解实际上还是有一个变化过程。在他思想的早期,他更倾向于把真理解为是者的无蔽,而到他思想的中后期,他关注的是是的无蔽。[3] 上文提到,海德格尔认为形而上学关于真之本质的认识的错误,在于对物之被揭示状态视而不见。因此他强调,真必须被理解为是者的展开,是是者被发现,是"让人看见"是者之所是的状态。所以真涉及两个方面,一方面是被揭示的是者,另一方面是让是者显现的人。"说一个命题是真的,意味着它如其所是地揭示了是者。""作为揭示的真在是论意义上可能的基础是人。我们把这种

---

[1] 参见海德格尔:《海德格尔文集·存在与时间》,第 313 页。Martin Heidegger, *Being and Time*, p. 217.

[2] 参见海德格尔:《艺术作品的本源》,载《海德格尔文集·林中路》,第 40—41 页。Martin Heidegger, "The Origin of the Work of Art," in *Off the Beaten Track*, p. 28.

[3] 有研究者指出,1928 年以前,海德格尔从未提到过"是的无蔽"或者把无蔽与通透关联起来。比如,在《存在与时间》中,"无蔽"只出现在一个段落中,含义与被揭示状态相同。从 1928 年的讲座"形而上学导论"之后,海德格尔开始用无蔽这个表述来指是者的被揭示状态。在 1928 年至 1948 年间,海德格尔同时使用"是的无蔽"和"是者的无蔽"这样的提法,对这种情况,他后来的页边批注往往持批评态度。这种自我批评可能是以下事实的结果,即从 1948 年开始,海德格尔相信形而上学传统只考虑是者的无蔽,因此克服形而上学的重要一步就在于理解是的无蔽。大约在 1948 年以后,海德格尔就很少使用"是者的无蔽"这样的表述,无蔽一词主要就只在是的无蔽和作为真的通透的意义上来使用了。Cf. Mark A. Wrathall, "Unconcealment," in *A Companion to Heidegger*, ed. by Hubert L. Dreyfus and Mark A. Wrathall, Blackwell, 2005, pp. 341–342. 本书大体认同这种观点,不过海德格尔在 1948 年之前就物论意义上的真和是论意义上的真进行了明确区分。比如 1929 年的《论根据的本质》中就指出:"只有是的被揭示状态才使是者的显现成为可能。这种被揭示状态(无蔽状态)涉及是之真,因而被称为是论意义上的真。"参见海德格尔:《论根据的本质》,载《海德格尔文集·路标》,第 155—156 页。Martin Heidegger, "On the Essence of Ground," in *Pathmarks*, p. 103.

现象视为人之所是的基本结构，它是真的本源现象的基础。"[1] 因此，命题之真并非本源性的真。命题的前提是是者已经敞开，这种敞开状态才是本源的真，人作为此间之是被置入这种真并对其做出陈述。只有在这个意义上，我们才能说"揭示了是者的知识是'真的'知识"[2]。

事物的被揭示状态，古希腊文人称之为 ἀλήθεια（去蔽）。海德格尔指出，在希腊思想中，"真（ἀλήθεια）一方面指某物单纯的无蔽状态，但同时也……指无蔽本身、无蔽的是者。对无蔽的直接使用表达的就是是中的是者，被适当地揭示的是者"[3]。他就这个词的含义表示：对希腊人来说，看是对物最根本的认识方式，而无论是对可见物简单的看，还是对型相高级的"看"，都必须具备某种必要的条件，这就是无蔽。[4] 至于逻各斯，即言说，则是对在思想中所看到的内容的表达。"言说（λέγειν）和直观（νοεῖν）的隐蔽本质在于：它们与无蔽者及其无蔽状态相应合。"[5] "言说是有生命的是者之是的方式，是灵魂的一种方式。亚里士多德把这种是之方式统称为去蔽（ἀληθεύειν）。"[6]

无蔽通常被人们直接翻译为"真"。海德格尔强调，恰恰是这种翻译，把人们对真之本义的理解引入歧途："是本质上是作为自然涌出而展开的。涌出的作用即显现，它展示自身。这已经暗示了是和显现都是从遮蔽中的前出。是者是，就意味着将自身置于无蔽之中并持立于此。我们不假思索地把这个词翻译为'真'，同时也就误解了它的含义。"[7] 这当然不是说把无蔽称为真有什么问题，而是传统形而上学中对真的各种理解遮蔽了真

---

[1] 参见海德格尔：《海德格尔文集·存在与时间》，第 304 页。Martin Heidegger, *Being and Time*, p. 210.

[2] 参见海德格尔：《海德格尔文集·柏拉图的〈智者〉》，第 16 页。Martin Heidegger, *Plato's Sophist*, p. 10.

[3] 参见同上书，第 269 页。Ibid., p. 134.

[4] 参见海德格尔：《论真理的本质——柏拉图的洞喻和〈泰阿泰德〉讲疏》，第 98 页。Martin Heidegger, *On the Essence of Truth*, p. 74.

[5] 参见海德格尔：《海德格尔文集·什么叫思想？》，孙周兴译，商务印书馆 2017 年版，第 245 页。Martin Heidegger, *What Is Called Thinking?*, trans. by Fred D. Wieck and J. Glenn Gray, Harper & Row, 1968, p. 209.

[6] 参见海德格尔：《海德格尔文集·柏拉图的〈智者〉》，第 22 页。Martin Heidegger, *Plato's Sophist*, p. 13.

[7] 参见海德格尔：《海德格尔文集·形而上学导论》，王庆节译，商务印书馆 2017 年版，第 122 页。Martin Heidegger, *Introduction to Metaphysics*, trans. by Gregory Fried and Richard Polt, Yale University Press, 2000, p. 107.

的本义。

海德格尔指出，希腊人把真即无蔽理解为是者如其所是地呈现，这表明他们关于真的思想有一个根本特点，即他们是在真与自然涌出的密切关联或者说两者本质性的一体两面中理解真的。"只有站在自然涌出与真的这种独特的本质关联基础上，希腊人才会说：是者本身就是真的。真就在是中。这意味着在是中呈现自身者立于无蔽之中；无蔽者在呈现自身中站立。真作为无蔽，绝非是的附加物。"[1] 海德格尔表明，无论是赫拉克利特，还是亚里士多德，都把真理解为被发现的状态。因此，把 ἀλήθεια "这个词翻译为'真'，特别是以理论的方式对这个表述进行概念性的定义，就遮蔽了希腊人在根底处赋予 ἀλήθεια 的特殊含义，即'自明的'、前哲学的意义"[2]。

海德格尔对古希腊关于真的思想进行了如下总结："本源性的真者，即无蔽之物，并非关于是者的陈述，而是是者本身，是一物、一个事实。以希腊的方式理解，一物是真的，就意味着它像真金一样如其所是地呈现自身。相反，假金则呈现出某种它本身所不是的东西，它掩饰自身，遮蔽了它之所是，遮蔽了它实际所是之物。"[3] 因此，"无蔽原本不属于认识性的行止，即宣布与判断，而属于物，属于是者。遮蔽也一样。它指的并非类似遗忘那种主体性的状态或经验，而是是者的隐而不显。……遮蔽就是作为一种客观过程的是者的滑落和回退。因为这种回退，认识者才不再可能指向是者。无知是遮蔽的结果，而非相反"[4]。总之，无论遮蔽还是无蔽，都是是者本身的状态，而非人的认识的属性。

古希腊人把无蔽作为是者的一种状态，所以当亚里士多德说哲学思考"指向真"的时候，并不意味着哲学指向正确和有效的陈述，而是说哲学寻找在其无蔽状态中的是者。但既然如此，遮蔽状态之下的是者就是人们首先必须面对之物。换言之，对遮蔽状态的根本经验是去蔽由以出发的起点。"正因为是者最初是在遮蔽状态中被经验的，因为是者的遮蔽状态以

---

[1] 参见海德格尔：《海德格尔文集·形而上学导论》，第 122—123 页。Martin Heidegger, *Introduction to Metaphysics*, p. 107.

[2] 参见海德格尔：《海德格尔文集·存在与时间》，第 305 页。Martin Heidegger, *Being and Time*, p. 211.

[3] 参见海德格尔：《论真理的本质——柏拉图的洞喻和〈泰阿泰德〉讲疏》，第 114 页。Martin Heidegger, *On the Essence of Truth*, p. 86.

[4] 参见同上书，第 133—134 页。Ibid., p. 100.

根本性的方式包裹着、困扰着人,所以他才有必要和可能着手去把是者从这一状态中拉扯出来,将其带入无蔽,并因此使自身置于是者的无蔽之中。"[1] 是者不仅呈现,而且同时遮蔽自身。海德格尔对他的这一发现自视甚高,认为这是"来自是之历史开端的馈赠",而思考它的特性,将为"人逗留于世的一种不同的可能性做好准备"。[2]

在真的问题上还涉及一个重要的表述,即当下呈现(也译为"在场")。海德格尔认为,无蔽就是当下呈现,即把不在场者带入当下并使之呈现。根据柏拉图的说法,"使某物从不在场中走出并走向当下呈现的过程就是创造(ποίησις),是带出"[3]。海德格尔在"带出"的意义上表示:"自然事实上是最高意义上的创造,因为通过自然呈现之物都表现出属于带出的向敞开域的突进,就如同花朵的绽放。""带出把遮蔽带向无蔽,带出只有在被遮蔽的某物进入无蔽时才发生。带出基于并活动于我们所说的去蔽中。"[4] 因此,"当下呈现者即进入无蔽状态,并且在此范围内本质性现身的持存者。只有在无蔽状态已经起支配作用的地方呈现才会发生;而呈现者,就其进入无蔽并在此持存而言,才当下呈现"[5]。

在带出的意义上,海德格尔特别强调了希腊语中现在通常被译为技艺的τέχνη这个词本来的含义,认为它指的既非手艺亦非艺术,更不是今天的技术。"Τέχνη指的是知道的一种方式。'知道'意味着已经看到。这是在广义上说的,指对当下呈现的某物的把握。对希腊思想来说,知道的本质建立在无蔽,即是者之无蔽的基础上。无蔽支撑并指导着对是者的一切行止。作为以希腊方式经验到的知识,τέχνη就是对是者的带出,即把呈现者从遮蔽状态中带出,特别是带出到它们表现的无蔽状态。Τέχνη根本不指制造的行动。"[6]

---

[1] 参见海德格尔:《论真理的本质——柏拉图的洞喻和〈泰阿泰德〉讲疏》,第12—13页。Martin Heidegger, *On the Essence of Truth*, p. 9.

[2] 海德格尔:《现代自然科学与现代技术——致1976年5月14—16日芝加哥第十届学术研讨会代表的祝词》,载《海德格尔文集·讲话与生平证词(1910—1976)》,第895页。

[3] 参见柏拉图:《会饮篇》,载《柏拉图全集》第二卷,王晓朝译,人民出版社2003年版,第247页。此处引文是海德格尔的翻译,参见海德格尔:《技术的追问》,载《海德格尔文集·演讲与论文集》,第11页。Martin Heidegger, *The Question Concerning Technology and Other Essays*, p. 10.

[4] 参见海德格尔:《技术的追问》,载《海德格尔文集·演讲与论文集》,第12页。Martin Heidegger, *The Question Concerning Technology and Other Essays*, pp. 10-12.

[5] 参见海德格尔:《什么叫思想?》,载《海德格尔文集·演讲与论文集》,第155—156页。

[6] 参见海德格尔:《艺术作品的本源》,载《海德格尔文集·林中路》,第50页。Martin Heidegger, "The Origin of the Work of Art," in *Off the Beaten Track*, p. 35.

是者如何在遮蔽中被带出？换言之，作为无蔽的真如何发生？海德格尔实际上指出了两种不同的情形。一种可称为真的"历史性"发生，即在艺术作品、宗教体验、建国、哲人之思中的发生；另一种则可称为真在具体的去蔽中发生。海德格尔就前一种情形指出："真在由它开启的是者中建立自身的一种本质方式，就是将其置入作品。另一种真进入当下呈现的方式是建国的活动。还有一种真进入闪现的方式是与并非简单的是者而是具有最纯粹之是的是者的邻近。再有一种真为自身建基的方式是本质性的牺牲。最后一种真发生的方式是思想家的提问，这种提问作为对是的思考，在其可追问的特性中命名是。相反，科学并非真本源发生的方式，而只是对某个已经被开启出来的真之领域的垦殖……如果科学超越正确性而通达真，即对是者加以本质性的揭示，在这种情况下它就成为哲学。"[1]

海德格尔特别讨论了艺术作品中真的发生方式。作品是通过艺术家的工作带出的一个从未有过，也不会再有的是者。这种带出把作品置入开放域。在此过程中，作品使它所进入的开放域变得通透，随之也带来了是者的开放，即真。不过，海德格尔强调，真的发生并非简单地把是者带出到无蔽状态。这种带出需通过所谓的世界与大地，实际上也就是通透与遮蔽之间的斗争实现："作品开启了这种斗争。因此，这一是者自身必然包含斗争的本质特性。在斗争中，方始争得世界与大地的统一。作为开启自身的世界，它等待着历史性的人就胜利与失败、祝福与诅咒、主宰与奴役作出决断。"[2] 这里实际上道出了伟大艺术作品的根本特性，即让人直面各种矛盾与冲突，并迫使人们对那些生死攸关的问题作出决断。

海德格尔再现了希腊人对无蔽的体验："希腊人的'现象'恰恰是对现代人来说不能成为现象的东西；它是物自身，自在之物。""对希腊人而言，物显现。对康德而言，物向我显现。在他们之间的时代所发生的是：是者变成了对象，或者更确切地说，对面而立之物。'对象'这个表达在希腊语中根本没有对应物。"[3] 希腊人让绽出的现象对他们言说而直接生活在现象的敞开域中，现代人则只能自言自语。"希腊人在其所是中归属

---

[1] 参见海德格尔：《艺术作品的本源》，载《海德格尔文集·林中路》，第53页。Martin Heidegger, "The Origin of the Work of Art," in *Off the Beaten Track*, p. 37.

[2] 参见同上书，第53—54页。Ibid., pp. 37-38.

[3] 参见海德格尔：《海德格尔文集·讨论班》，第396—397页。Martin Heidegger, *Four Seminars*, trans. by Andrew J. Mitchell and François Raffoul, Indiana University Press, 2003, pp. 36-37.

于无蔽,在无蔽中是者将自身揭示为它的现象性。"[1] 现代人实际上已经根本无法想象希腊人是如何将是者把握为在自然涌出意义上从遮蔽中的前出,同样也不可能像希腊人那样被呈现者之呈现所征服,在惊奇中追问呈现者之呈现,因为希腊人对无蔽的经验基于完全不同于现代人的关于人与自然之间关系的理解与实践,而其核心,就是人与自然在相互去蔽的意义上的互动。对现代人来说,世界成为技术发现的对象,"当宇航员踏上月球的那一刻,月球自身却消失了。它不再升起和沉落,而仅成为人类技术性操作的一套可计算的参数"[2]。

事实上,这种人与自然相互去蔽的关系仅存在于希腊文化的早期阶段。希腊人在无蔽中与物相接的实践"过早坍塌"了,无蔽之真很快开始向被理解为相似与符合以及作为正确性的真过渡[3]。在此过程中,柏拉图的型相论发挥了关键作用。自柏拉图以后,无蔽便被把握为是者的可见性,以及让直观得以见物的光,海德格尔把这种光称为"轭"[4]。就是在这样一种关系中,作为逻各斯即陈述正确性的真露出端倪。同时,这具"轭",也就是使物得以被视见的善的型相,作为最高的是者,剥夺了无蔽在视见过程中的位置和作用。所以说,"轭(即被理解为轭的真)是作为正确性的真的最早形式,因为它被理解为视见与被视见者的耦合,而不是作为相符的基础得到把握和探究。换言之,无蔽真的失落了。剩下的只有对'视见'必不可少的'光'的比喻"[5]。

柏拉图的型相论为何会导致真被理解为相似与符合?海德格尔认为这一转变的前提,就是希腊人对无蔽的理解本身。虽然他们关于无蔽的思考与实践同现代人相比存在根本性的区别,但同时也存在自身的缺陷,那就

---

[1] 参见海德格尔:《海德格尔文集·讨论班》,第 398 页。Martin Heidegger, *Four Seminars*, p. 38.

[2] 参见同上书,第 398—400 页。Ibid., pp. 37-38.

[3] 参见海德格尔:《海德格尔文集·哲学论稿(从本有而来)》,第 256 页。Martin Heidegger, *Contributions to Philosophy (Of the Event)*, p. 169.

[4] 海德格尔实际上认为这具"轭"也是主观与客观两分的思想的源头。参见海德格尔:《论真理的本质——柏拉图的洞喻和〈泰阿泰德〉讲疏》,第 107—108 页。Martin Heidegger, *On the Essence of Truth*, pp. 80-81.

[5] 参见海德格尔:《海德格尔文集·哲学论稿(从本有而来)》,第 399 页。Martin Heidegger, *Contributions to Philosophy (Of the Event)*, p. 265.

是"无蔽在所有情况下都被理解为是者,而非是的被揭示状态"[1]。这种对无蔽的理解实际上为柏拉图关于真的学说提供了基础。在他的型相论中,型相是纯粹的是者,也就是最真的是者。"因为型相是真正的是者,是原型,所有是者的一切敞开都必须朝向原型,以之为准,与之相似,也就是以之为指引。自然之真,即在涌现中本质性地展开的无蔽,现在成为相似与模仿,即变成了相似性、指向性、视见的正确性,以及作为表象的理解的正确性。"[2]

这样,人对真的经验就不再是与是者在无蔽中相会,而成为通过是者对型相的观察。随着真的本质从无蔽转向相似与符合,认识的方法,即如何正确地"看"的问题也随之出现。"如果我们对是者的行止随时随地都成为观看型相的问题,一切努力都必须首先集中于使这种看成为可能。这就需要正确的视见。"方法的重要性陡然上升。"一切取决于正确的观察(ὀρθότης)。观看或者认识通过正确的方法获得正确性,最终直接凝视最高型相并固定在这种'直接的校准'之中。直观在此定向中使自身与将要看到的东西即是的'可见形式'相适应。这一适应的结果,就是相似(ὁμοίωσις),即认识行为与物的一致。最终,型相与观看相对于无蔽的优先性导致了真之本质的转变。真变成直观和陈述的正确性(ὀρθότης)。""从此开始,作为表象和陈述正确性的真之本质特征对整个西方思想都成为规范性的了。"[3]

由于在柏拉图的思想中认识成为对型相的视见,无蔽本身反而遮蔽起来。"证明这一点的,就是他并没有探究必定与无蔽迎面相撞的遮蔽。更确切地说,在探问真之本质的过程中,柏拉图的确同时探问了非真之本质,但只是在非常特殊的意义上。""柏拉图并没有特别地把无蔽置入问题,他处理的始终只是与是者的无蔽状态有关的情形。"[4] 海德格尔因此就无蔽的坍塌过程中型相论的作用指出:"型相是对无蔽的一种解释,它为后来把是者之是规定为对象性做好了准备,从而必然封闭了整个西方哲学史

---

[1] 参见海德格尔:《海德格尔文集·哲学论稿(从本有而来)》,第395页。Martin Heidegger, *Contributions to Philosophy (Of the Event)*, p. 263.

[2] 参见海德格尔:《海德格尔文集·形而上学导论》,第221—222页。Martin Heidegger, *Introduction to Metaphysics*, p. 197.

[3] 参见海德格尔:《柏拉图的真理学说》,载《海德格尔文集·路标》,第267—270页。Martin Heidegger, "Plato's Doctrine of Truth," in *Pathmarks*, pp. 176-178.

[4] 参见海德格尔:《论真理的本质——柏拉图的洞喻和〈泰阿泰德〉讲疏》,第119—120页。Martin Heidegger, *On the Essence of Truth*, pp. 89-90.

上对无蔽问题的探讨。"这是一个似乎无法逆转的结果,所以海德格尔甚至认为:"只有另一种开端性的对是及其与人的关系的思考,才能提出在第一个开端的思想中何谓无蔽的问题。"[1]

海德格尔的基本判断是,由于希腊人把无蔽视为自明的、前哲学的基本事实,所以从未专门讨论这一问题。"自其发端之日起,希腊哲学隐蔽的历史就没有充分把握在无蔽一词中照亮的真之本质,因此也就必然将关于真之本质的知识与述说越来越明显地误导到一个对真的派生本质的讨论上面。在希腊思想中,作为无蔽之真的本质未经思考,后来的哲学更是如此。"[2] 海德格尔因此强调:"我固执地把 $αλήθεια$ 这个词译为'无蔽',这并非出于词源学的原因,而是因为这是我们深思被称为是与思的东西时必须予以考虑的事情。可以说,无蔽是是与思及其相互归属生存于其中的要素。"[3] 通过这种翻译,海德格尔希望人们意识到无蔽之真与命题的正确性之真的根本区别,并且能够思考无蔽与遮蔽之间的本质关系。

从总体上看,一方面希腊人对无蔽的把握为海德格尔提供了一条重要的思想线索,使他能够由此开启从无蔽与通透的角度把握真与是的思考;但另一方面,海德格尔又一再强调,不能把无蔽简单地等同于真。他认为,把无蔽视为真既不准确,也充满误导,因为这会遮蔽希腊人"先于哲学领会到的东西的含义"[4]。至于海德格尔自己,他在《存在与时间》之后对无蔽的思考逐渐去往"通透"的方向,并且认为无蔽就是通透。[5] 简单地说,可以认为无蔽是真的前提,但还不是海德格尔理解的真本身。

---

[1] 参见海德格尔:《海德格尔文集·哲学论稿(从本有而来)》,第245页。Martin Heidegger, *Contributions to Philosophy (Of the Event)*, p. 163.

[2] 参见海德格尔:《艺术作品的本源》,载《海德格尔文集·林中路》,第40页。Martin Heidegger, "The Origin of the Work of Art," in *Off the Beaten Track*, p. 28.

[3] 参见海德格尔:《哲学的终结和思想的任务》,载《海德格尔文集·面向思的事情》,第98—99页。Martin Heidegger, "The End of Philosophy and the Task of Thinking," in *Basic Writings*, pp. 445-446.

[4] 参见海德格尔:《海德格尔文集·存在与时间》,第305页。Martin Heidegger, *Being and Time*, p. 202. 并参见海德格尔:《哲学的终结和思想的任务》,载《海德格尔文集·面向思的事情》,第100—101页。Martin Heidegger, "The End of Philosophy and the Task of Thinking," in *Basic Writings*, pp. 446-447.

[5] 参见海德格尔:《海德格尔文集·讨论班》,第312—314页。Martin Heidegger and Eugen Fink, *Heraclitus Seminar, 1966/1967*, trans. by Charles H. Seibert, University of Alabama Press, 1979, pp. 161-162.

"Ἀλήθεια，亦即被思考为呈现之通透的无蔽，还不是真。"[1]"把 ἀληθείη 翻译为真，这只是字面上的，它与真尚没有关系。"无蔽指的是"人必须去是的那个'此'"。[2] 那么，真又是什么呢？"真的本质就是自我遮蔽的通透。真这一亲密地冲突着的本质表明，真本源性地、本质性地就是是（玄同）之真。"[3]

最后，可以顺便提及的是，柏拉图的型相论中对无蔽的把握直接为形而上学准备了基础。海德格尔指出，在柏拉图的理论中，"型相是最初的无蔽之物。它们站立在一切无蔽之物前面，扮演着先导者的角色，为他物开辟道路。型相之所以是最纯粹的是者、是者中最具是之特性者、实际构成是者之物，就因为它们之是"。"最具开放性者敞开了，最明亮者发光了。型相让无蔽与是者一同上升，它们是本源性的无蔽者，是本源意义上的无蔽。"[4] 柏拉图的型相论认为，型相并不自身呈现，型相要显现还必须有光，而光就是最高的型相——善。因此，善的型相一身兼二任，它既是一切型相的最终根据，又是一切型相得以去蔽的原因，它"在根本上使是与无蔽同时成为可能"，"这一最高型相因而是赋权者，是为是赋权，同时也作为发生的去蔽为自己赋权。在此意义上，它是对最高主宰（αἰτία）的模仿"。[5] 至此，后来的形而上学思想乃至基督教神学理论已经呼之欲出。

遮蔽与去蔽

人把是或者是者从遮蔽状态中争取出来的过程就是去蔽。在希腊人，特别是亚里士多德看来，人类与物相接的方式就是去蔽。亚里士多德提到

---

[1] 参见海德格尔：《哲学的终结和思想的任务》，载《海德格尔文集·面向思的事情》，第 99—100 页。Martin Heidegger, "The End of Philosophy and the Task of Thinking," in *Basic Writings*, p. 446.

[2] 参见海德格尔：《海德格尔文集·讨论班》，第 476 页。Martin Heidegger, *Four Seminars*, p. 78.

[3] 参见海德格尔：《海德格尔文集·哲学论稿（从本有而来）》，第 415 页。Martin Heidegger, *Contributions to Philosophy (Of the Event)*, p. 275.

[4] 参见海德格尔：《论真理的本质——柏拉图的洞喻和〈泰阿泰德〉讲疏》，第 68—69 页。Martin Heidegger, *On the Essence of Truth*, pp. 51-52.

[5] 参见同上书，第 95 页。Ibid., pp. 71-72.

五种去蔽的方式,分别是技艺、知识、明智、智慧和智性直观,它们分别对应着工艺制作、科学认识、实践、哲学思考,以及对事物本质的直观性把握。[1] 海德格尔本人认同古希腊人的观点,所以他指出:"确切讲,只要人与某个是者、与世界或者与他自己本身发生关系,那么去蔽就是他的一种是之方式。"[2]

在海德格尔看来,遮蔽而非无蔽才是是者或者是的本然状态,或者说无蔽需要靠人争取。所以对人来说,就始终存在去除遮蔽即去蔽的问题。只有去除遮蔽,一切视见才可能发生。不过,对于遮蔽的原因,海德格尔思想的前期和后期有不同的看法。前期他主要从是者与人的角度,而后期更主要从是的角度,讨论遮蔽。比如在《存在与时间》中,海德格尔提到"现象可能有各种各样的遮蔽方式"。某个现象被遮蔽可能因为它完全没有被揭示,也可能被埋没,即曾经被揭示过,但又被掩盖起来。掩盖可能是整体性的,但更常见的情况是被揭示者依然可见,却已经似是而非。还有一种遮蔽的情况,是在某个体系中,其结构和概念可能仍然发挥作用,但它们的本源已经被掩盖。[3]

这是从是者或者"现象"的角度来说的,即物本身存在着被遮蔽的可能性。此外,意义也总是会遗失和变迁,特别是在思想流转的过程中,因此遮蔽也总是在不断地发生。概念和命题会蜕化,变成空洞的人云亦云。海德格尔指出:"无论掩盖被理解为遮蔽、埋没,还是伪装,其原因又来自两个方面,即偶然的和必然的掩盖,后者基于被发现者固有的本性。任何一个来自本真起源的现象学概念和命题,在作为陈述加以交流的时候都存在蜕变的可能。它在以不同方式流传的过程中,会失去其原本的意义,成为飘浮无据的空论。"[4]

认识者也会成为遮蔽的原因。特别是由于惯性的作用,人们往往以对待所熟知的事物的态度对待新事物,用惯常的眼光看待不平常的事情,这就有可能产生遮蔽。"人在与是者相接的过程中固然不断辨明自身的方向,

---

[1] 参见海德格尔:《海德格尔文集·柏拉图的〈智者〉》,第24—26页。Martin Heidegger, *Plato's Sophist*, pp. 15-16.

[2] 参见同上书,第93页。Ibid., p. 48.

[3] 参见海德格尔:《海德格尔文集·存在与时间》,第51—52页。Martin Heidegger, *Being and Time*, p. 34.

[4] 参见同上书,第52页。Ibid.

但在大多数情况下他还是默认了某是者及其特定的开放状态。"[1] 海德格尔指出:"固执地朝向方便可达之物,与绽出性地背离神秘是一体两面的事情;而这种朝向和背离却又以人所固有的向背为基础。人在从一个现行物走向下一个现行物之时,逃离神秘奔向便利,这就是迷误。"[2] 这种迷误同样是遮蔽的表现形式。

传统同样是造成遮蔽的重要原因。在每个时代,任何一门学科所面对的研究对象显现自身的方式可能已经受到传统的约束和限定,其非本真性因此难以辨认。如果人们对此不加深究,就意味着将偶然的东西当作普遍物,将对事物的掩盖当成事情本身。"所以,以直接的方式接纳对象不能保证任何事情。重要的是开始出发的位置,并且抓住去除遮蔽的对象本身。为此就必须揭示对象被遮蔽的历史。哲学追问的传统,必须回溯到其对象事物的源头。传统必须被拆除。只有这样,关于对象事物的源初性的立场才有可能。"[3]

作为传统的特殊体现,闲谈也是遮蔽的一种方式。当真的东西流向社会之后,总会在传播中逐渐变化而成为流俗之见,也就是成为闲谈,此时真就可能被遮蔽起来。[4] 由于闲谈的遮蔽作用,日常生活中的人实际上活动在双重的遮蔽之中,即出于无知的遮蔽,以及来自闲谈的遮蔽。因此,"那些自然意识中在一定限度内可能本源性地被揭示之物,复又在很大程度上被言谈遮蔽和扭曲。意见自身在概念和命题中僵化,它们被一再重复之后成为一套陈词滥调,结果是原先被揭示者又会重新被遮蔽起来"[5]。闲谈的遮蔽作用有其必然性,因为人们总是在某种已经得到理解的意义环境中表达自身,非此人们之间的相互理解无法实现,但这种意义环境所具有的"前见"又在不同程度上以不同方式遮蔽着本源性的事物,从而阻碍

---

[1] 参见海德格尔:《论真理的本质》,载《海德格尔文集·路标》,第 227 页。Martin Heidegger, "On the Essence of Truth," in *Pathmarks*, p. 149.

[2] 参见同上书,第 229 页。Ibid., p. 150.

[3] 参见海德格尔:《海德格尔文集·存在论(实际性的解释学)》,何卫平译,商务印书馆 2016 年版,第 90—91 页。Martin Heidegger, *Ontology—The Hermeneutics of Facticity*, trans. by John van Buren, Indiana University Press, 1999, p. 59.

[4] 参见海德格尔:《海德格尔文集·时间概念史导论》,欧东明译,商务印书馆 2014 年版,第 427 页。Martin Heidegger, *History of the Concept of Time: Prolegomena*, trans. by Theodore Kisiel, Indiana University Press, 1985, p. 273.

[5] 参见海德格尔:《海德格尔文集·柏拉图的〈智者〉》,第 18—19 页。Martin Heidegger, *Plato's Sophist*, p. 11.

了本源性理解的发生。"正因如此,才会有重新发现和进一步的发现。"[1]

海德格尔针对柏拉图《理想国》中提到的洞穴比喻指出,人甘于被传统遮蔽。已经走出洞穴的囚徒总是试图返回阴影之中,并且宣称它们才是更真实之物。他们为何如此?因为在洞穴中,他的眼睛不会被强光刺痛和灼伤,而且更重要的是,"在阴影中,在镣铐中,他找到了自己熟悉的地盘。那里无须付出努力,那里他不受阻碍、不受抵抗,那里没有混乱,那里所有人意见一致。他用来判断更高或者更低的无蔽状态的主要标准就是能否维持他的日常行为不受干扰,能否不被推向任何的反思、需求或指令"[2]。

在现代社会,技术成为最常见,同时也最隐蔽的遮蔽形式。特别是技术的逼迫与集群性摆置(第七章有详细的讨论),"不仅遮蔽了先前的去蔽方式,即带出,而且遮蔽了去蔽本身,以及遮蔽了无蔽,即真的发生之所"[3]。这是因为技术对自然的逼迫以及强制性的摆置已经阻断了自身涌出意义上的自然过程,并且造成一个人为的世界,人们就生活于这个世界之中。

在这个意义上,海德格尔也把遗忘视为一种遮蔽,并且认为这是希腊人所说的遮蔽($λήθη$)的本义。[4]"遗忘的特性是自行隐匿,陷于遮蔽的旋涡之中。希腊人把遗忘,即$λήθη$,经验为遮蔽的天命。"海德格尔举希腊语单词$λανθάνομαι$(忘记、遗忘、不被看见)为例说:"$Λανθάνομαι$的意思是,相对于我与某种通常无蔽之物的关系而言,我被我自己所遮蔽。无蔽者被遮蔽,甚至就因为我在与它的关系中被我自身遮蔽。呈现者退隐于遮蔽之中,由于这种遮蔽,对我呈现之物抽身而去,我总是被我自身所遮蔽。同时,这种遮蔽本身也因此被遮蔽起来。当我们说我忘记了(某物)时,指的就是这种情况的发生。"[5]

---

[1] 参见海德格尔:《海德格尔文集·时间概念史导论》,第471页。Martin Heidegger, *History of the Concept of Time: Prolegomena*, p. 300.

[2] 参见海德格尔:《论真理的本质——柏拉图的洞喻和〈泰阿泰德〉讲疏》,第35页。Martin Heidegger, *On the Essence of Truth*, p. 27.

[3] 参见海德格尔:《技术的追问》,《海德格尔文集·演讲与论文集》,第30页。Martin Heidegger, *The Question Concerning Technology and Other Essays*, p. 27.

[4] 参见海德格尔:《海德格尔文集·巴门尼德》,第105页。Martin Heidegger, *Parmenides*, p. 72.

[5] 参见海德格尔:《无蔽》,载《海德格尔文集·演讲与论文集》,第299页。Martin Heidegger, "Aletheia," in *Martin Heidegger: Early Greek Thinking*, trans. by David Farrell Krell and Frank A. Capuzzi, Harper & Row, 1984, p. 108.

海德格尔认为，这种遗忘，特别是对是之遗忘，不是出于人的疏忽，而是是之本质的体现。[1]"初看起来，'是之遗忘'所称呼的是一种缺失，一种遗漏。事实上这个短语命名的乃是之通透的天命，因为只有是之通透即无蔽抑制自身，拒绝将自身给予思想，作为呈现的是之天命才能变得显明，才能规定一切是者。这是在西方思想的开端处并且作为这一开端所发生的事情，它标识了是之历史的各个阶段，直至当今的技术时代。"[2] 从这个意义上说，形而上学的问题就并非是之遗忘，因为是本身就让人遗忘，而是对遗忘之遗忘。

对作为遮蔽的遗忘的发现，表明海德格尔发现了一种最深刻意义上的遮蔽，即与去蔽同时发生的遮蔽，这意味着是者某个具体方面的去蔽以其整体的遮蔽为前提。这种观点与尼采的视域论有一定的相似之处，即人注定只能了解事物的某个方面，而事物的整体则始终处于遮蔽之中。海德格尔指出：人的认识，人在认识中对某种秩序的建立，即"'让是者是'总是让是者以某种特定的方式相互关联，并且由此对它们加以揭示，所以它遮蔽了作为整体的是者。'让是者是'同时内在地就是遮蔽。在人绽出的自由中，是者整体的遮蔽发生了。在此有遮蔽"[3]。"是什么把'让是者是'与遮蔽关联在一起？无非是对被遮蔽起来的整体的遮蔽，对是者本身，即对神秘性的遮蔽。这并非与某个特别的是者相关的神秘性，而是神秘本身，它在普遍的神秘（对遮蔽者的遮蔽）之中统摄着人的此间之是。"[4]

因为遮蔽是人与是者的一种关系，所以去蔽也就成为对此关系的重新调整。海德格尔指出：在古希腊的意义上，"让是者是"并不意味着对是者的管理、保存、照料和安排，而是让是者如其所是地是，即让其进入某个开放领域自行呈现。同时，"人置身于是者的被揭示状态并非让自己失落于其中，相反这种置身也是从是者面前抽身而去，以便它们能够呈现其所是及如何是，表象性的符合也能从中找到标准。作为这样一种'让是者

---

[1] 参见海德格尔：《海德格尔文集·巴门尼德》，第 243 页。Martin Heidegger, *Parmenides*, p. 167.

[2] 参见海德格尔：《圣名的缺失》，载《海德格尔文集·从思想的经验而来》，孙周兴、杨光、余明锋译，商务印书馆 2018 年版，第 244 页。Martin Heidegger, "The Want of Holy Names," trans. by Bernhard Radloff, in *Man and World*, 18 (1985), pp. 265-266.

[3] 参见海德格尔：《论真理的本质》，载《海德格尔文集·路标》，第 225 页。Martin Heidegger, "On the Essence of Truth," in *Pathmarks*, pp. 147-148.

[4] 参见同上书，第 226 页。Ibid., p. 148.

是'，它如其所是地向是者坦露自身，并且把所有的行止转换入开放领域。'让是者是'即自由，具有内在的展开性、绽出性。从真之本质来看，自由的本质就是向是者之无蔽状态的坦露"[1]。

这里有必要特别提及海德格尔对亚里士多德关于明智的思想的讨论。亚里士多德认为，在明智、知识、技艺等各种不同的去蔽方式中，明智与知识的不同是它显现为意见，与技艺的不同则在于它表现为德性；另外，明智的对象并非人制作与创造的事物，而是明智者自己即人本身。"就人自身是明智这种去蔽的对象而言，人的特性一定是他对自身进行遮蔽，看不到自身，所以才需要明确地去除遮蔽，以让自己对自己变得透彻。"也就是说，"人在其所是中，并不会自然向自身开启。甚至在这里，无蔽也必须经夺取而来"。明智因而"是一种去蔽的品质。它本身是实践性的，'它活动在行为里面'"。[2] 明智既是人对自身的认识，也是在此认识基础上对自身的完善，即德性的养成和提升。

亚里士多德认为，智性直观（νοῦς）是对物之本质的认识，智慧则是智性直观与知识的结合，因而是最高的去蔽形式。与之相比，作为一种重要的去蔽方式的实践则可以被理解为行动中的明智。与技艺相比，实践最重要的特点是它没有外在的目的，实践的目的就是其自身，它体现为教育与政治这一类人的活动。在此基础上，亚里士多德把知识和智慧归于知识性的（ἐπιστημονικόν）逻各斯，而明智和技艺归于权量性的（λογιστικόν）逻各斯。它们之间的区别在于，前者的对象是不变物，而后者的对象则是"可以成为别的事物的事物"。[3] 在后面会看到，亚里士多德关于两种逻各斯的理论，对海德格尔的思想产生了重大影响。

开放域

在海德格尔对无蔽的讨论中，有几个彼此关联的表述以非常高的频率出现，它们就是开放域（Offene 词族）、照亮（光）（Licht, erscheinen 词

---

[1] 参见海德格尔：《论真理的本质》，载《海德格尔文集·路标》，第220—221页。Martin Heidegger, "On the Essence of Truth," in *Pathmarks*, pp. 144-145.

[2] 参见海德格尔：《海德格尔文集·柏拉图的〈智者〉》，第68—70页。Martin Heidegger, *Plato's Sophist*, pp. 36-37.

[3] 参见同上书，第32—34页。Ibid., p. 19.

族)、自由(Freiheit 词族)和通透(Lichtung 词族)。这些表述的含义有所重叠,又有差别,分别从不同的侧面表达无蔽的特征。

首先是开放域。开放域可以简单地理解为人与物之间的一片空间,是人与物的联结,也是无蔽得以产生的场所。在人对物进行表象之前,必须事先有一个开放域存在。"从本质上讲,世界根本不可能作为各种被感知物事后的组合而开放或者粘连在一起。相反,它是原始的、本源性的先行显现,在其中具体的事物才会与我们相遇。"[1] 在开放域中,人与物之间形成相互开放的关系。"人的行止向是者开放。每一种开放的关联都是一种行止。人的开放姿态因是者的种类和行止的方式不同而不同。所有的工作与成就、所有的行动和权量都保持在开放域中,在此是者才能因其所是而各得其所,并可以言说。"[2] 因此,在海德格尔看来,无论呈现者是否被经验、理解或者表象,维系于开放性的呈现始终依赖于开放域的存在与作用。"即便是缺席者,除非它在开放的自由领域中呈现,否则也不可能缺席。"[3]

开放域是物的立身之所,也是光穿透之所,所以是一切视见的基本前提,也是无蔽的基本条件。"无蔽即观入由它自身照亮的开放域,一切显现的无蔽在此敞开。"[4] 海德格尔指出,以往的哲学忽视了这个领域的存在。"所有明确或不明确地遵循'面向事实本身'这个呼吁的哲学思想,都已经在其运动中并且借助它的方法被接纳进入自由的开放域。但哲学对开放性却一无所知。它的确谈及理性之光,但并未注意是之开放。自然之光,理性之光,只有在开放域中方可投下其光亮。它的确与开放域有关,但并不构成开放域,所以需要后者才能照亮身处其中的呈现者。"[5]

开放域作为物的无蔽之所同时也是本源性的自由。"要让某物去蔽,

---

[1] 参见海德格尔:《荷尔德林的颂歌〈日耳曼尼亚〉与〈莱茵河〉》,张振华译,商务印书馆 2018 年版,第 167—168 页。Martin Heidegger, *Hölderlin's Hymns "Germania" and "The Rhine"*, trans. by William McNeill and Julia Ireland, Indiana University Press, 2014, p. 124.

[2] 参见海德格尔:《论真理的本质》,载《海德格尔文集·路标》,第 216 页。Martin Heidegger, "On the Essence of Truth," in *Pathmarks*, pp. 141-142.

[3] 参见海德格尔:《哲学的终结和思想的任务》,载《海德格尔文集·面向思的事情》,第 95 页。Martin Heidegger, "The End of Philosophy and the Task of Thinking," in *Basic Writings*, p. 444.

[4] 参见海德格尔:《海德格尔文集·巴门尼德》,第 237 页。Martin Heidegger, *Parmenides*, p. 162.

[5] 参见海德格尔:《哲学的终结和思想的任务》,载《海德格尔文集·面向思的事情》,第 95 页。Martin Heidegger, "The End of Philosophy and the Task of Thinking," in *Basic Writings*, p. 443.

即让其在开放域呈现,前提是事先给出这种开放者及其自身的开放,因此就是本质性的开放,或者也可以说,其自身已经'自由'。开放依旧遮蔽着的本质作为源初的自我开放就是'自由。'"简言之,开放就是自由。"自由是是者之是的保障和庇护所。开放作为自由,乃是之庇护者和拯救者。"[1] "开放域是照亮自身的光。我们称之为'自由本身'。"[2] 这种自由乃本源的自由,是一切免于干预的消极自由和参与某事的积极自由的基础,因为这些作为人之行止的自由首先"需要一种通透,在其中分离与馈赠构成了更本源的自由"[3]。

开放域的存在不仅是一切去蔽的前提和自由的本源,亦是人类一切行止的基础。海德格尔在讨论荷尔德林的诗的时候,也曾借助后者的比喻,把最初的开放即开启一切开放的开放称为"混沌"。[4] 混沌意味着张开的鸿沟,一切都被纳入其中。从自然的角度来思考,混沌是开放由之开启自身的张裂,它必然在一切差异中现身。荷尔德林因此把"混沌"和"杂乱"称为"圣者"或者"治愈者"。[5] "根据我们母语的一个古老的词语,我们把这种纯粹的开放者,即首先为每一'空间'和每一'时空'提供,亦即保证开放性的东西称为快乐。……快乐从根本上治愈一切,它就是圣者。"[6]

海德格尔就此讨论了一种广义的开放性,它不仅指开放域,而且是开放的发生,这个意义上的开放已经接近去蔽。"开放性意味着:第一,原始的多样统一性,不是对可直观之物和直观而言的'之间'(轭),也不是杂多与繁复,相反,开放性必须作为统一者得到探问。第二,不仅直观和认识,而且每一种行止和态度,特别是我们所谓的性情,都属于开放性。后者是事件,而不是状态。第三,开放域作为被开放和自我开放,是环

---

[1] 参见海德格尔:《海德格尔文集·巴门尼德》,第 210 页。Martin Heidegger, *Parmenides*, p. 143.

[2] 参见同上书,第 217 页。Ibid., p. 148.

[3] 参见同上书,第 218 页。Ibid., p. 149.

[4] 在古希腊词中,混沌(χάος)除具有混乱无序的含义之外,还有另外两个含义:一是演化出最早的诸神(包括盖亚、塔尔塔罗斯、埃里伯斯和尼克斯等)的原始生命,二是无底深渊。荷尔德林在此用的实际上是后两个含义。

[5] 参见海德格尔:《海德格尔文集·荷尔德林诗的阐释》,孙周兴译,商务印书馆 2014 年版,第 72 页。Martin Heidegger, *Elucidations of Hölderlin's Poetry*, trans. by Keith Hoeller, Humanity Books, 2000, p. 85.

[6] 参见同上书,第 17 页。Ibid., p. 37.

绕、揭示。"[1] 因此,海德格尔指出:"我们可以说在无蔽状态的本质中,开放发挥着支配作用。'开放'这个词首先让我们想到某种并未封闭之物,因而就是打开。从这个角度来看,开放就是开启和去蔽的结果。"[2] 换言之,开放域既是去蔽的前提,又是去蔽的结果。或者也可以说,开放与去蔽就是两个互为因果的过程。

光与通透

海德格尔认为,无蔽得以发生需要有对物的照亮。他在讨论柏拉图型相论的过程中指出,某物被人看到并非自然而然的事情。相反,这个过程的实现有三个必要条件:一是人能够看,二是物能够被看,三是连接两者的光。"只有处于阳光之下的东西才是可见的,另一方面,只有其视野被光照亮(明亮的视野)的眼睛才能看到可见者。"[3] 在柏拉图的思想中,善的型相发挥着双重作用:一是作为最高的是者使一切成其所是,二是让人看到是者之所是,类似光。[4] 如果没有它给予认识者以认识能力,同时给予被认识者以无蔽的状态,那么是者终将无法被认识,即被直观为无蔽之物。在柏拉图的比喻中,善的形象就是太阳。[5]

因此,光在认识中具有关键性的媒介作用,海德格尔称之为"轭"。这个比喻强调光不仅照亮某物,而且"具有穿透的特征,正是这种特征与黑暗阻断区别开来,并且使'明亮'的意义从听觉转向视觉。明亮是那种我们通过它能够视物的东西。更确切地说,光不仅是穿透者,也是在观看中可穿透者。光是扩展开来的、开放的、得以通过的透明物。光与明亮的

---

[1] 参见海德格尔:《海德格尔文集·哲学论稿(从本有而来)》,第396页。Martin Heidegger, *Contributions to Philosophy (Of the Event)*, p. 264.

[2] 参见海德格尔:《海德格尔文集·巴门尼德》,第205页。Martin Heidegger, *Parmenides*, p. 140.

[3] 参见海德格尔:《论真理的本质——柏拉图的洞喻和〈泰阿泰德〉讲疏》,第97—98页。Martin Heidegger, *On the Essence of Truth*, pp. 73-74.

[4] 参见同上书,第56页。Ibid., pp. 42-43.

[5] 参见海德格尔:《海德格尔文集·尼采》下卷,孙周兴译,商务印书馆2015年版,第914页。Martin Heidegger, *Nietzsche Volume IV: Nihilism*, trans. by David Farrell Krell, Harper & Row, 1991, p. 168.

本质就是透明"[1]。海德格尔强调，只有存在着一个透明开放的领域，一切显现才有可能。因此，他也把光亮、自由与开放域作为同义词使用："光亮允诺闪现，使闪现者显现。这个开放域就是无蔽之境，其支配力量是去蔽。"[2] 他认为，这是在以往的哲学中未经思考的事情。不过，海德格尔关于光的作用的思考，后来由另一个概念即通透替代，并且更深入和精细了。

通透是海德格尔在其思想的中后期大量使用的一个表述。在某些情况下，它与开放、光和照亮的含义类似，但大多数时候与之有所区别，因为通透并不特别地与光和光亮有关，比如黑暗就是光亮的缺乏，但黑暗也是一种通透。通透是更基本的条件，只有通透存在，光也罢，黑暗也罢，才能找到它们的位置。所以，海德格尔表示："我们把这种允让出现和显现之可能的开放称为'通透'。"[3] 大概可以认为，开放强调的是开放域中的自由，光强调的是在被照亮的视野中看和被看的可能性，通透强调的则是透彻和无遮蔽的状态。

海德格尔对通透这个表述的青睐很大程度上来自他对自己故乡的黑森林的体验。森林中一片被伐去树木的空旷之地是这个表述意象的来源。海德格尔自己解释道："名词'通透'源自动词'照亮'（lichten）。形容词'明亮'（licht）与'开放'同义。打开某物意味着使之明亮、自由和开放，即在某个地方伐去林中树木。由此形成的自由空间就是通透。"海德格尔强调："绝非光亮创造了开放。相反，光亮以开放为前提。而且，通透处，即开放域，不仅对光明和黑暗是自由的，对声音也是自由的，对声音的响起和消退也是自由的。通透是所有事物呈现和退场的开放域。"[4]

海德格尔在其他地方也指出："'通透'这个词给予思想的东西，我们可以举个例子来说明——假如我们加以充分思考的话。一块林中空地是其所是，并不是基于在白天能够射入其中的光亮。甚至在黑夜也有通透。林

---

[1] 参见海德格尔：《论真理的本质——柏拉图的洞喻和〈泰阿泰德〉讲疏》，第 54 页。Martin Heidegger, *On the Essence of Truth*, p. 41.

[2] 参见海德格尔：《无蔽》，载《海德格尔文集·演讲与论文集》，第 291 页。Martin Heidegger, "Aletheia," in *Martin Heidegger: Early Greek Thinking*, p. 103.

[3] 参见海德格尔：《哲学的终结和思想的任务》，载《海德格尔文集·面向思的事情》，第 92—93 页。Martin Heidegger, "The End of Philosophy and the Task of Thinking," in *Basic Writings*, p. 441.

[4] 参见同上书，第 93 页。Ibid., pp. 441-442.

中空地说的是：在这个地方森林可被穿行。"他特意强调自由开放意义上的通透敞亮与光亮意义上的明亮在词源和实际意义方面的不同。"光明意义上的光和通透的光不仅在事实上不同，而且在词语上也不同。动词'通透'（lichten）意味着使开放、开启、释放。通透也意味着轻松（leicht），使某物变放松。放松指的是为其消除阻力，将其带入无阻力的自由之境。"[1] 当然，两者之间还是存在事实上的关联。因为只有通透、开放之处，光线才得以进入，光明与黑暗才得以游戏其间。

需要注意的是，对通透与光亮的区分，是海德格尔刻意与柏拉图以及后来一切把知识视为光亮的哲学家拉开距离的标志，同时也意味着他自身思想的变化与发展。正如海德格尔所言，通透是中性的，它容许光亮通过，但也容许黑暗穿行。在《论真理的本质》中，虽然他还没有明确使用通透一词，但已经基本上区分了传统形而上学中的光与他所说的通透的含义之不同：前者指的是知识本身，后者指的是一种自由之境。"光照明，作为光亮扩散开来。更确切地，我们说光亮起来。'夜如白昼'（席勒）。黑夜被照亮，亮起来。这意味着什么？黑暗被照亮。我们提到过'林中空地'，指的是一片伐去树木的地方，它提供自由让人们穿过和看过。"[2] "我们把通透看作纯粹的光，但它带来的不仅是光亮，同时还有自由，一切事物，特别是相互对立者在其中呈现。因此，通透带来的比单纯的明亮要更多，释放的也更多。通透是沉思着—聚集着的带向自由，是对当下呈现的允让。"[3] "作为对呈现者之呈现和栖留而言的自由之境的允让，通透既非某种呈现者，亦非呈现的特性。"[4]

因此，通透是开放、光以及明亮得以发生的条件，从而也是去蔽得以发生的条件。海德格尔指出："如果呈现被理解为现身，那么在呈现中发

---

[1] 参见海德格尔：《论思想之实事的规定问题》，载《海德格尔文集·讲话与生平证词（1910—1976）》，第 750 页。Martin Heidegger, "On the Question Concerning the Determination of the Matter for Thinking," trans. by Richard Capobianco and Marie Göbel, in *Epoché: A Journal for the History of Philosophy*, Vol. 14, Issue 2 (Spring 2010), p. 220.

[2] 参见海德格尔：《论真理的本质——柏拉图的洞喻和〈泰阿泰德〉讲疏》，第 58 页。Martin Heidegger, *On the Essence of Truth*, p. 44.

[3] 参见海德格尔：《无蔽》，载《海德格尔文集·演讲与论文集》，第 314 页。Martin Heidegger, "Aletheia," in *Martin Heidegger: Early Greek Thinking*, p. 118.

[4] 海德格尔：《论思想之实事的规定问题》，载《海德格尔文集·讲话与生平证词（1910—1976）》，第 751 页。Martin Heidegger, "On the Question Concerning the Determination of the Matter for Thinking," p. 220.

生的就是进入无蔽意义上的开放域。这种无蔽来自作为通透的去蔽。"[1] 柏拉图已经指出没有光就没有外观的显现，但他没有言明的是没有通透就不会有光，也不会有明亮。甚至连黑暗也需要通透，否则人们又如何能够进入黑暗并徘徊其中？[2] 海德格尔因此强调："并非光线首先创造了通透和开放，它只是穿过后者。正是这个开放域才赋予给予和接受以及一切明显性以自由，并使它们能够保留并必定运动于其中。"[3] 总之，通透不仅包括光明，而且也包括开放域，在其中一切进入闪现。"因此，通透就不仅是单纯的照亮，也不仅是单纯的暴露。通透是沉思着向前带入开放的聚集，是当下呈现的赠予。"[4]

在《艺术作品的本源》中，海德格尔对通透的特征进行了比较全面的讨论。首先，通透乃是发生的条件，或者说是发生的场所。他甚至颠覆了"林中空地"的比喻，认为通透并非被黑暗包裹的明亮，而是包裹着一切的发光者。"从是者方面来思考，它比是者更具是的特性。这个开放的中心并非由是者环绕。相反，这个发光的中心环绕着一切是者，就如同我们几乎一无所知的无一样。"其次，他再次强调通透不仅是一切是者去蔽的处所，甚至也是遮蔽得以发生的处所。"是者只有当其出入这一通透并被照明之际，才能作为是者而是。只有这一通透使我们人类能够通达那些我们所不是的是者，以及接纳我们自身所是之是者。正因为有了这一通透，是者才以确定而各不相同的方式去蔽。但即便是遮蔽，也只有在通透的领域内才会发生。"最后，海德格尔强调，遮蔽并不像黑洞，我们对其一无所知。在通透中的遮蔽也是一种是的发生，而且是通透的开始。"遮蔽虽然与光亮不属同类，但也发生于通透之处。是者争先恐后，彼此遮掩，相互阻挠，少量隔阻大量，个别掩盖全体。遮蔽在此并非简单的拒绝，相反，某个是者的确现身了，但当下呈现为并非它自身之物。"[5]

---

［1］ 参见海德格尔：《从一次关于语言的对话而来》，载《海德格尔文集·在通向语言的途中》，孙周兴译，商务印书馆 2015 年版，第 127—128 页。Martin Heidegger, "A Dialogue on Language," in *On The Way to Language*, trans. by Peter D, Hertz, Harper & Row, 1971, p. 39.

［2］ 参见海德格尔：《哲学的终结和思想的任务》，载《海德格尔文集·面向思的事情》，第 95—96 页。Martin Heidegger, "The End of Philosophy and the Task of Thinking," in *Basic Writings*, p. 444.

［3］ 参见同上书，第 94—95 页。Ibid., p. 443.

［4］ 参见海德格尔：《无蔽》，载《海德格尔文集·演讲与论文集》，第 314 页。Martin Heidegger, "Aletheia," in *Martin Heidegger: Early Greek Thinking*, p. 118.

［5］ 参见海德格尔：《艺术作品的本源》，载《海德格尔文集·林中路》，第 42—43 页。Martin Heidegger, "The Origin of the Work of Art," in *Off the Beaten Track*, p. 30.

海德格尔认为，这种更本源意义上的通透是一切思想的基础，他还引用了歌德的话，称之为"原初的事实"[1]。在他最终的思考中，通透被视为最初的、本质上的无蔽，有了这种无蔽，一切思想和行动才可能发生，因为"它首先应允了是与思想及其相互呈现"[2]。不仅如此，他甚至认为通透就是是，就是对是的思考本身。"哲学对自身的沉思属于对是之思。是只在通透中往返，而通透就是是本身。但是，这种通透要持续存在，只能通过投射性的开放，它把自身抛入这一通透的开放，并使之从属于开放的开放性，冒险为之建基。这种建基性的投射开放思考是之真，并且只能被是本身所玄同。"[3] 这段谜一般的话，说的是是即通透，通透在是中通透，是在通透中是，它们互为基础，这就是玄同的发生，也是海德格尔所说的"无极之基"的含义所在，即是通过投射在冒险中为自身建基。海德格尔因此认为："通透并非空无一物，而是玄同最本源最彻底的发生，是对峙与斗争的解决，是伸向无极之基的'之间'。"[4]"这片通透就是是之真，是本身就是真。"[5]

在这个意义上，海德格尔认为，通透并非是发生于其中的先在的场所，而就是是的发生本身。在此，他彻底放弃了对通透的物理空间意义上的比拟，并且认为通透才是"空间空间化"和"时间时间化"中发挥支配作用的力量。[6] 因此，"如果无蔽之本质以某种方式属于是本身，那么，恰恰是是从其本质上应允了开放域（'此'的通透）的自由游戏的发生，并使之成为一个以其自身的方式让一切是者上升的场所"[7]。也就是说，通透即是者的一种相互的游戏作用。"通透之玄同就是世界。带向开放的沉思中聚集着的通透就是去蔽，它寓居于自行遮蔽之中。自我隐藏属于通

---

[1] 参见海德格尔：《哲学的终结和思想的任务》，载《海德格尔文集·面向思的事情》，第94页。Martin Heidegger, "The End of Philosophy and the Task of Thinking," in *Basic Writings*, p. 442.

[2] 参见同上书，第97—98页。Ibid., p. 445.

[3] Martin Heidegger, *Mindfulness*, trans. by Parvis Emad and Thomas Kalary, Bloomsbury Academic, 2016, pp. 38-39.

[4] Ibid., p. 86.

[5] Ibid., pp. 65-66.

[6] 参见海德格尔：《论思想之实事的规定问题》，载《海德格尔文集·讲话与生平证词（1910—1976）》，第751页。Martin Heidegger, "On the Question Concerning the Determination of the Matter for Thinking," p. 221.

[7] 参见海德格尔：《艺术作品的本源》，载《海德格尔文集·林中路》，第51页。Martin Heidegger, "The Origin of the Work of Art," in *Off the Beaten Track*, p. 36.

透,它在无蔽中找到自己的本质,因此不可能仅仅是遮蔽,更不可能是背景。"[1] 世界即通透地为我们所了解之物,在某个领域得到人们思考的通透即去蔽,遮蔽也是通透的一种形式,因为它的本质是无蔽。有无相生,遮蔽是无蔽的条件而非无蔽的缺场。

海德格尔总结过自己关于通透的思想:"'通透'这个现象首先在《存在与时间》中得到命名,且此后一直得到重新思考。"[2] 因此,虽然他在《存在与时间》中曾写下人的此间之是"自身就是通透"这样的句子[3],而且在此时也许预感到了"思想的实事",但要真正"充分地思考思想之实事,即把它当作一个已经通达实事的问题呈现出来,还需要数十年之久在林中路上的穿行"。[4] 所谓"思想的实事",即思想本该思想之事,就是通透。"通过'通透'之思,通过对它的充分刻画,我们得以进入一个领域,该领域也许有可能把转换了的欧洲思想带入某种与东亚'思想'的卓有成效的争辩之中。这种争辩或可协助那种努力,即挽救人类之本质,使之免受一种对人类此间之是的极端技术的计算和操纵的危险。"[5] 从通透的角度看世界,这一点的确使海德格尔的思想走到了离东亚思想非常接近的位置。《老子》第十章中说:"涤除玄览,能无疵乎?""明白四达,能无知乎?"讲的也正是一种通透。而且,对海德格尔来说,更重要的是,关于通透的思想与他关于无的思考之间实际上存在着某种隐秘又不可分的关联,从某种意义上也可以说,通透就是无。

真:是之通透的发生

海德格尔借助艺术作品的创造阐释了真的发生过程。他认为,艺术就

---

[1] 参见海德格尔:《无蔽》,载《海德格尔文集·演讲与论文集》,第 314 页。Martin Heidegger, "Aletheia," in *Martin Heidegger: Early Greek Thinking*, p. 118.

[2] 参见海德格尔:《关于思想之实事的规定的问题》,载《海德格尔文集·讲话与生平证词(1910—1976)》,第 829 页。

[3] 参见海德格尔:《海德格尔文集·存在与时间》,第 191 页。Martin Heidegger, *Being and Time*, p. 125.

[4] 参见海德格尔:《论思想之实事的规定问题》,载《海德格尔文集·讲话与生平证词(1910—1976)》,第 752 页。Martin Heidegger, "On the Question Concerning the Determination of the Matter for Thinking," p. 221.

[5] 参见海德格尔:《关于思想之实事的规定的问题》,载《海德格尔文集·讲话与生平证词(1910—1976)》,第 829 页。

是一种真进入是并且成为历史的方式。[1] 在作品中，只要存在对是者之是及其如何是的揭示，就有真发生于其中。[2] 海德格尔指出："在艺术作品中，是者之真自行发生。在这里，发生的意思就是带向持立。一个是者，一双农鞋，在是之光亮中进入持立。是者之是进入它自身闪耀的持存中。""因此，艺术作品的本质就是是者之真的自行发生"[3]，"是真的出现和发生的一种形式"[4]。"艺术是虔诚的，是引领性的，它带来真的发生与保存。"[5]

海德格尔特别指出，虽然人们通常把艺术与美而非真联系在一起，但实际上美是真的一种现身方式，而且恰恰因为作品创造了真，它才会让人觉得美。[6] 在艺术作品中，真的发生就是"自行遮蔽的是被照亮。这种光将其光芒射入作品。被射入作品的光亮就是美。美是作为无蔽的真进入呈现的一种形式"[7]。因此，人们是把艺术作品的真作为美来接受。"美的东西并不是让人愉悦的东西，而是属于真之命运性馈赠的东西。当那些从未显现的，因而不可见的东西获得了它们最耀眼的光芒而进入显现时，美就发生了。"[8] 当然，海德格尔强调，这里所说的真不同于一般而言人们理解的真，即被委诸认识和科学的特性，而是"是者之为是者的无蔽状态。真乃是者之真。美与这种真并非一同发生。真将自身置入作品而显现出来。这种显现（作品中的真之所是以及作品本身）就是美。因此美属于

---

[1] 参见海德格尔：《艺术作品的本源》，载《海德格尔文集·林中路》，第 72 页。Martin Heidegger, "The Origin of the Work of Art," in *Off the Beaten Track*, p. 49.

[2] 参见同上书，第 22—23 页。Ibid., p. 16.

[3] 参见同上书，第 23 页。Ibid.

[4] 参见同上书，第 51—52 页。Ibid., pp. 35-36.

[5] 参见海德格尔：《技术的追问》，载《海德格尔文集·演讲与论文集》，第 38 页。Martin Heidegger, *The Question Concerning Technology and Other Essays*, p. 34.

[6] 海德格尔指出："美乃是最高形式，即纯粹的自然上升与闪现。远古的希腊思想家用的是 φύσις 这个词。"（参见海德格尔：《根据律》，载《海德格尔文集·根据律》，张柯译，商务印书馆 2016 年版，第 120 页。Martin Heidegger, *The Principle of Reason*, trans. by Reginald Lilly, Indiana University Press, 1991, p. 57.）

[7] 参见海德格尔：《艺术作品的本源》，载《海德格尔文集·林中路》，第 46 页。Martin Heidegger, "The Origin of the Work of Art," in *Off the Beaten Track*, p. 32.

[8] 参见海德格尔：《海德格尔文集·什么叫思想?》，第 26—27 页。Martin Heidegger, *What Is Called Thinking?*, trans. by Fred D. Wieck and J. Glenn Gray, Harper & Row, 1968, p. 19.

真之降临"。[1]

海德格尔把创造真的艺术都称为诗,因为在古希腊语中,诗(ποίησις)来自创造(ποιέω)一词。海德格尔认为:"真作为是者的通透与遮蔽,通过诗的创作而发生。一切艺术,作为是者之真的降临,本质上都是诗。""出自真的诗意创造的本质,一片开放域被抛向开放,这是一片在其中一切都变得与以往不同的领域。"[2] 艺术作品投射的是一种通透,它展开了一片无蔽的开放域,让是者在其中是。投射即可能性的开启,它让是者能够有所不同。[3] 海德格尔认为,"不仅作品的创作是诗意的,而且其保存也以自身的方式是诗意的。因为只有当我们摆脱惯常性而进入作品开启出来的东西之中,让我们的本质在是者之真中持立时,作品才成为现实的作品"[4]。作品之为作品,就在于人们能够体味作品开启出的可能。

海德格尔从艺术作品这一特定的角度,指出真的发生是创造,从无之中的创造,因为在作品中展开自身的真不可能从既有之物中导出,也不可能通过既有之物得到印证,相反,既有之物因其庸常性而被作品拒绝。在这个意义上,他也把真的发生称为"馈赠"。[5] "艺术就是真在作品中的创造性保存。因此,艺术就是真的生成和发生。那么真是否来自无呢?的确如此,前提是我们简单地把无理解为是者的缺场,又以通常的方式表象是者,即不认为通过作品的持存进入光亮的是者乃真的是者而且对其加以质问。"[6]

不过,海德格尔也认为,虽然艺术作品创造的真,即诗意创作的投射就其在现存事物中找不到任何根据而言来自无;但从另一方面看,它又具有人的历史之是的依据,体现的是历史之是的决断。所以他表示,"所有的创造都是向前的牵引,如同从泉眼中引出水流。……它所投射的,无非人的历史之是本身隐而未发的决心"[7]。这个比喻十分恰当地表达了艺术创造的特征:虽然它创造了人间所无的东西,但也并非无本之木、无源之水。

---

[1] 参见海德格尔:《艺术作品的本源》,载《海德格尔文集·林中路》,第 75—76 页。Martin Heidegger, "The Origin of the Work of Art," in *Off the Beaten Track*, pp. 51-52.

[2] 参见同上书,第 64—65 页。Ibid., pp. 44-45.

[3] 参见同上书,第 66 页。Ibid., p. 45.

[4] 参见同上书,第 68 页。Ibid., p. 47.

[5] 参见同上书,第 68—69 页。Ibid.

[6] 参见同上书,第 64 页。Ibid., p. 44.

[7] 参见同上书,第 69—70 页。Ibid., p. 48.

海德格尔强调，作为真的发生，作品并非简单地揭示某个具体对象，而是带来了是者整体性的去蔽。"通过创出一个世界并推出一片大地，作品就成为一场斗争，在其中，我们赢得了是者整体性的去蔽，即真。"[1]他通过与正确性意义上的真进行对比指出："神庙矗立于此，真由之发生。这并不意味着某种得到正确描绘或者正确制作之物，而是指是者整体被带入无蔽并持立于此。""真在梵高的作品中发生，也不是指某种当前的东西得到了正确的描画，而是在农鞋[2]工具性之是的显现中，是者整体即互动中的世界与大地得到去蔽。"[3]

但与此同时，真又是通过对具体的艺术形象的创造而发生的，因此它一定是具体的而非一般性的、客观性的东西。海德格尔指出，对希腊人来说，真体现在每一个具体的事实当中。因此，"这一关于真的本源概念并不具有作为普遍有效性、普遍约束力的客观性。后者与真毫无关系。某种东西可能是普遍有效的，也具有普遍约束力，却依然不真。很多偏见和显见之物都具有普遍有效性，但事实上它们都是对是者的扭曲。相反，有的事情可能的确是真的，但它只对特定的个人而非所有人具有约束力"[4]。

因此，海德格尔认为，真与情境和历史相关，也与作为感受者的人相关。他指出："第一，真并非至上者，它需要某种赋权；第二，真也并非独立自存，而是与是耦合；第三，就人作为追问者，作为对先于一切是者并为其建基之物的探寻者而言，为真赋予本质力量的东西，就在人的历史性、精神性的此间之是中发生；第四，它并非在抽象的人身上，而只有当他在其历史中持续转变并返回其本质基础时才会发生。因此，作为无蔽的真就并非某种人们可以掌握或者失去的、体现为可习得可重复的命题或公式且与物相符的东西。相反，只要人与是者相接，作为是者在诸是者中生存，真就是某种将人最本己之本质力量赋予人的东西。"[5]

对真的如上认识使海德格尔更进一步思考真之本质："真从来不

---

[1] 参见海德格尔：《艺术作品的本源》，载《海德格尔文集·林中路》，第45—46页。Martin Heidegger, "The Origin of the Work of Art," in *Off the Beaten Track*, p. 32.

[2] 指梵高画作《农鞋》中描摹的那双鞋。

[3] 参见海德格尔：《艺术作品的本源》，载《海德格尔文集·林中路》，第46页。Martin Heidegger, "The Origin of the Work of Art," in *Off the Beaten Track*, p. 32.

[4] 参见海德格尔：《海德格尔文集·柏拉图的〈智者〉》，第28页。Martin Heidegger, *Plato's Sophist*, p. 17.

[5] 参见海德格尔：《论真理的本质——柏拉图的洞喻和〈泰阿泰德〉讲疏》，第109页。Martin Heidegger, *On the Essence of Truth*, p. 82.

'是',相反,它本质性地发生。因为真乃是之真,而是'只是'本质性地发生。"[1] 他认为,对真的思考使真之本质问题超出了一般的本质概念提供的通常定义,并且促使人们考虑是否真之本质问题同时而且首先必定关涉本质之真的问题。"真之本质并非某种'抽象的'普遍性和空洞的'一般性',而是在对我们称为'是'的东西的'含义'进行揭示的持续不断的历史中自我遮蔽的独一无二者,而长期以来,我们已经习惯于把是仅仅视为是者的整体。"[2] 把真之本质的问题转化为本质之真的问题,也就是把真之所是的问题转化为是之所是的问题。海德格尔实际上是从一个特殊的角度,即真之所是的角度,指出了是的具体性和可变性。

人与真

海德格尔强调,真只相对于人而言。也就是说,无论如何定义真,有了人,才会有真。"只有进行揭示的是者存在,而且揭示就是这一是者之是的情况下,真才存在。我们自己就是这一是者。"[3] 海德格尔指出:"真之所是与人存在一种本源性的关联。只因为人之存在由被揭示状态即理解构成,像是者这样的东西才能被理解,对是的理解也才有可能。"[4] 具体地说,"人由被揭示状态所构成,所以本质上就在真中是。被揭示状态是人之所是的本质形式。只有在有人在此间是的情况下,而且只有当人在此间是的时候,才有真。只有人在此间是,而且只有当人在此间是的情况下,是者才会被发现。牛顿定律、矛盾律,以及其他任何形式的真,只有人在此间是才真。在有人之前没有真;没有人之后也没有真。因为没有人,作为揭示以及被揭示状态的真不可能是。在牛顿定律被发现之前,它们并不'真'"[5]。

这是一段非常有名的论述,有人因此把海德格尔归入相对主义者的阵

---

[1] 参见海德格尔:《海德格尔文集·哲学论稿(从本有而来)》,第408页。Martin Heidegger, *Contributions to Philosophy (Of the Event)*, p. 271.

[2] 参见海德格尔:《论真理的本质》,载《海德格尔文集·路标》,第233—234页。Martin Heidegger, "On the Essence of Truth," in *Pathmarks*, p. 153.

[3] 参见海德格尔:《海德格尔文集·现象学之基本问题》,第23页。Martin Heidegger, *The Basic Problems of Phenomenology*, p. 18.

[4] 参见海德格尔:《海德格尔文集·存在与时间》,第318页。Martin Heidegger, *Being and Time*, p. 220.

[5] 参见同上书,第314页。Ibid., p. 217.

营。但实际上他已经表明,他所说的真并非人们通常理解的正确性,而是是与是者的"被揭示"状态,这种状态是否真、如何真,只能取决于在特定环境下面对它们的具体的人。当作为揭示者的人不存在,谈论揭示意义上的真自然毫无意义。因此,虽然真反映了人与物之间的关系,但它实际上主要是人即揭示者而非物即被揭示者的状态。换言之,真作为人而非人的认识对象的属性,不可能独立于人存在。海德格尔因此提出有人才有真,而没有人就无所谓真。[1] 就此,海德格尔认为,第一位的真属于人,第二位的真才属于被揭示者。"作为求真的发现是人之所是的一种方式,使这种发现成为可能的必然是一种更本源意义上的'真'。发现本身的生存论和是论基础就是最本源的真现象。"这种真现象就是被称为"此间之是"的人。[2]

海德格尔甚至针对亚里士多德的一句话明确表示:真是人而非物的属性,是人"在真中是"的状态。"亚里士多德在列举无蔽的各种形式之前指出:ἀληθεύει ἡ ψυχή(灵魂进行去蔽)。因此,只要是者被遭遇,真就是它们的性质;但在本真的意义上,真实乃人的此间之是的一种规定。因为人对知识的所有追求都必须包含对是者之遮蔽状态的抗争,这种遮蔽状态具有三个方面的特点:第一,无知;第二,流行观念;第三,错误。因此,只有人是真的,他在真中是,如果我们一定要把'无蔽'翻译为真的话。为真、在真中是,作为人的规定性,意味着他支配了在无蔽状态下与之形成某种关联的是者。"[3]

海德格尔在这个意义上指出:"在牛顿之前,牛顿定律既非真亦非假。这一事实并不意味着这些定律所揭示的是者在此之前不存在。这些定律因牛顿而真,通过它们自在的是者对人而言方可通达。"因此,"除非能够证明人在无尽的过去和无尽的未来都存在,否则存在着'永恒之真'这个说法就不可能得到充分的证明;而只要这一证明付诸阙如,则永恒之真这种说法就只不过是虚幻的主张,没有足够的合法性让哲学家们普遍'信仰'"。海德格尔的这一观点,是对绝对主义或者本质主义的犀利批判,它

---

[1] 参见海德格尔:《海德格尔文集·康德与形而上学疑难》,王庆节译,商务印书馆2018年版,第305—306页。Martin Heidegger, *Kant and the Problem of Metaphysics*, trans. by Richard Taft, Indiana University Press, 1991, pp. 197-198.

[2] 参见海德格尔:《海德格尔文集·存在与时间》,第306页。Martin Heidegger, *Being and Time*, p. 211.

[3] 参见海德格尔:《海德格尔文集·柏拉图的〈智者〉》,第26—27页。Martin Heidegger, *Plato's Sophist*, p. 16.

表明"客观之真""永恒之真"在逻辑上是一些没有意义的称谓。海德格尔因此认为,"真与人之所是的本质形式相符,因此一切真都与人之所是相关"。[1]

真相对于人而存在,这并不表明真就是纯粹的主观之物。海德格尔进行过如下思考:"人,即在此被思考之物,一定要作为主体存在吗?'为人之故'就无条件地意味着被人设置吗?我们可以一并否定这两个选项,同时必须回忆这一事实,即以希腊的方式思考,无蔽当然是为人之故而发生的,但人仍然由逻各斯所决定。人是述说者。在古高地德语中,述说即 sagan 指的是显现、让出现和让看见。人是这样一种是者,在述说中,他让呈现者在其呈现中出现在我们面前,同时对在我们面前者加以理解。人之所以会说话,就因为他们是述说者。"[2] 海德格尔在此表达的是他的一个基本思想,即人作为是的述说者,并不意味着人作为"主体"能够主宰他的述说,相反,他被是"征用",以述说是。

对于人与逻各斯之间这种奇妙的关系,海德格尔指出:"有一个东西已经如此决定性地占有了人,以至于他在任何时候只有被它占有才能成其为人。人无论在何处开启其耳目,敞开其心灵,让自身投入沉思和追求、塑形和工作、乞求和感恩,他都会发现自己已经完全被带入无蔽者之中。"[3] 因此,当人以其自身的方式在无蔽状态下通过语言揭示呈现者时,他只不过是回应了无蔽和语言的召唤。海德格尔事实上认为,虽然无蔽需要人争取,但又绝非人为逼迫的产物;虽然人被语言"征用",但也并非在任何情况下都能够对真有所述说。从海德格尔晚年的思想来看,真更是人因应自然、无为而为的结果。

如上所述,海德格尔的逻辑很清楚:只因有了人,真才会发生;而真之所以会发生,则是"因为以此间之是的方式生存着的'我们'已经'置身于真之中'"[4]。这恰恰是一个在一切认识开始之前首先必须体认到的基本事实。因为对与人无关的所谓"物自体"人无从想象和谈论,而人

---

[1] 参见海德格尔:《海德格尔文集·存在与时间》,第314—315页。Martin Heidegger, *Being and Time*, p. 217.

[2] 参见海德格尔:《黑格尔与希腊人》,载《海德格尔文集·路标》,第523页。Martin Heidegger, "Hegel and the Greeks," in *Pathmarks*, p. 334.

[3] 参见海德格尔:《技术的追问》,载《海德格尔文集·演讲与论文集》,第19—20页。Martin Heidegger, *The Question Concerning Technology and Other Essays*, pp. 18-19.

[4] 参见海德格尔:《海德格尔文集·存在与时间》,第314—315页。Martin Heidegger, *Being and Time*, pp. 208-209.

能够谈论和思考的是者已经与人相关。"如果要追问，在认识的现象性发现中自行显现的是什么，那么我们必须肯定，认识本身已经事先置身于世界了，这构成了人之所是的本质。"[1]

人置身于真，这是人与真的关系的另一个方面，即人的生存，特别是其绽出的生存又以真为前提。人对真的依赖，并不仅仅是一个物论即事实性的结论，或者如尼采所言，人需要真，而且因为从是论的意义上说，对真的追求和拥有乃人之所是的本质。因为人之所是的基本结构是牵挂，所以人总是先于自身而是，即以投射的方式是，从而也就在其是中关切他最本己的可能之是，同时在审视中发现和牵挂世间的是者，为此人就必须以其自身的被揭示状态即无蔽为前提。"作为前提的真，或者'在此'之真，是人之所是需要由以定义之物，它之是，或者它之是的意义，与人之是同类。我们必须'以'真为前提，是因为它已经随着'我们'之所是一同被'设定'。"[2] 换言之，"'我们'之所以以真为前提，是因为以此间之是的方式生存的'我们''在真之中'"[3]。

海德格尔集中讨论真之本质的著作是《柏拉图的真理学说》[4]，它围绕柏拉图关于真问题的洞穴比喻展开。海德格尔针对真之本质指出："关于真之本质的问题首先被定义为关于无蔽之本质的问题，……无蔽的基本特性在于，它是与是者本身一同发生的事。但是，这种发生又以一种特殊的方式属于人这一生存着的是者的历史。无蔽并非在某个地方独立自在之物，亦非事物的某种特性。它作为人的历史、作为民族的历史而发生。我们把这种是者之无蔽的发生称为'去蔽'。"[5] 这一段话清楚表明，真是与人密切相关之物，因此不能脱开对人之本质的认识理解真之本质。这类似于庄子所谓"有真人，而后有真知"[6] 的观点。海德格尔自己也表示："真并非全然是认识的特性，相反，它是人之所是的一种特性。"[7]

真之本质与人之本质的关系的核心，就在于人是追求真的是者，人在

---

[1] 参见海德格尔：《海德格尔文集·存在与时间》，第90—91页。Martin Heidegger, *Being and Time*, p. 61.

[2] 参见同上书，第316页。Ibid., pp. 218-219.

[3] 参见同上书，第315页。Ibid., p. 218.

[4] 虽然《海德格尔全集》第36卷和第37卷也以"是与真"为题，但涉及内容比较庞杂。

[5] 参见海德格尔：《论真理的本质——柏拉图的洞喻和〈泰阿泰德〉讲疏》，第139页。Martin Heidegger, *On the Essence of Truth*, p. 104.

[6] 《庄子·大宗师》。

[7] 参见海德格尔：《海德格尔文集·时间概念史导论》，第257页。Martin Heidegger, *History of the Concept of Time: Prolegomena*, p. 167.

追求真即万物之所是的同时,首先必须面对并回答其自身之所是的问题,因此对真的追求和理解又塑造或者说改变着人的本质。这意味着人将通过对真的认识改变自身,人对真的认识如何,人就将如何是。"洞穴比喻在一开始就明确指出,它涉及的是本性的培育……,是人的本质。同时我们也已经知道,这个关乎人的本质的问题先于一切教育学、心理学、人类学,以及任何一种形式的人道主义。这个问题来自,实际上也等同于真之本质的问题。……作为无蔽之真的本质是去蔽,人之本质的历史在其中发生。如此理解的话,这整个解释无非就是一次又一次地抓住同一件事的根本含义,即真之本质的问题就是人之本质的历史的问题,反之亦然。"追问真之本质是哲学的功能,而哲学对人显然具有改变和教化的作用。因此,哲学就是"从根本上改变此间之是和人,以及对是之理解的追问活动"。[1]

海德格尔的以上观点表明,人本质上就是真的发现者,而发现真使人走向自身,即认识和把握自己,并且形塑自己,因而对真的发现就是人之本质的历史;人与真之间是一种共生关系,甚至可以说是人从属于真的关系,因而人的历史也就是真的历史,人在真之中。柏拉图的洞穴比喻"讲的就是人作为是者之一走向自身的历史;而在人之本质的历史中,无蔽的发生恰恰具有决定性的作用。我们从无蔽的本质才首先得知人是什么;真之本质才首先使人之本质得以把握。我们说真之本质是对人发生的事,指的就是比喻中描绘的人之解放,就是把人置入真。这是他的生存方式,他的此间之是的本质发生。……真是某种比人更伟大的东西。后者只有把握其本质,把自己保持在是者的无蔽状态中,并让自己与这种无蔽相接,方能处于真之中"[2]。海德格尔从人与真的这样一种关系出发,也把人称为真的建基者和守护者,并将其视为人"至高的可能性"。[3]"人的本质,以及建立在人的基础上的历史的本质,就是在是者中对是之真这一最后之神的守护。"[4]

随着海德格尔思想的变化,他越来越多地把真与人联系起来,即不再多谈人与真的关系,而是专注于人之真的问题。在《存在与时间》中,他就已经从生存论分析的角度指出,对真的发现是人生存结构的一个内在组

---

[1] 参见海德格尔:《论真理的本质——柏拉图的洞喻和〈泰阿泰德〉讲疏》,第111—112页。Martin Heidegger, *On the Essence of Truth*, pp. 83—84.

[2] 参见同上书,第73—74页。Ibid., pp. 55—56.

[3] 参见海德格尔:《海德格尔文集·哲学论稿(从本有而来)》,第355页。Matin Heidegger, *Contributions to Philosophy (Of the Event)*, p. 237.

[4] 参见同上书,第365页。Ibid., p. 244.

成部分。通过牵挂体现出来的人的被揭示状态是人的基本特征，而只有通过人的被揭示状态，真最本源的现象才能得到把握。"因为人本质性地就是他的被揭示状态，作为被揭示者，他同时又在发现和揭示，所以他本质性地'真'。人'在真中是'。这个陈述具有如下是论含义：人并非在物论层面总是，或者甚至只是有时被导入'每一种真'，相反，他最本己之是的被揭示状态即真属于他的生存结构。"[1]

海德格尔还认为，真与人的相关性并不仅仅停留在抽象的一般层面上，同时也通过具体的人体现出来，不同的人拥有不同的真。"无蔽具有位阶和等级，'真'和'真实'并非自在之物，对任何人来说在任何方面都一成不变、一视同仁。也并非任何人都毫无疑问地具有同等的权利和力量去拥有每一种真。"[2] 仁者见仁，智者见智，"登东山而小鲁，登泰山而小天下"。什么是真，真的状态如何，取决于求真之人的思想与境界。因此，思想与是不是两个彼此相对、不发生变化的固定实体。"相反，它们以交互的方式共属，也必须在所出现的历史性处境中被重新带出来。"[3] 海德格尔由此引出了真之历史性的问题：真"与是如何共处的问题，也体现为它如何在历史中与我们的此间之是共处的问题，即我们是持留于历史之中，还是在其中踉跄而行的问题。从形而上学的情形来看，我们是在踉跄而行。我们混迹于是者之中，却不知是之所在，甚至已经不知道我们的无知。"[4]

第三节　大地与天空

"自身遮蔽的通透"

在海德格尔思想后期，他更倾向于从相伴相生的关系看待去蔽和遮

---

[1] 参见海德格尔：《海德格尔文集·存在与时间》，第307页。Martin Heidegger, *Being and Time*, p. 212.

[2] 参见海德格尔：《论真理的本质——柏拉图的洞喻和〈泰阿泰德〉讲疏》，第32页。Martin Heidegger, *On the Essence of Truth*, p. 25.

[3] 参见查尔斯·巴姆巴赫：《海德格尔的根——尼采、国家社会主义和希腊人》，张志和译，上海书店出版社2007年版，第234页。

[4] 参见海德格尔：《海德格尔文集·形而上学导论》，第243页。Martin Heidegger, *Introduction to Metaphysics*, p. 217.

蔽:"去蔽就其自身而言是与遮蔽的对抗和斗争。遮蔽总是而且必定与去蔽同时发生。它不可避免地在去蔽中宣示自身的存在,并帮助后者成其自身。因此,真正地追问无蔽就意味着严肃对待遮蔽的本质问题。"[1] 海德格尔就光明与黑暗的关系指出:"与光明相对的是黑暗,黑暗只是光明的有限情形,因此具有某种光明的特性:它是一种不再让任何东西穿过的光明,它从事物那里夺走全部可见性,让事物无法可见。它是不让穿透者,但这是在非常特定的意义上说的,不同于比如说一道木墙那样的不透明和不能穿过。"[2] 需要注意的是,这种看上去像是黑格尔式辩证思维的表述,其实与辩证法无关。无蔽与遮蔽、光明与黑暗并非辩证法中的正题与反题,也不会通过辩证的否定螺旋上升,它们互为条件,而且变动不居,因而更接近于中国思想中的阳与阴、有与无的关系。"无蔽与遮蔽乃是之基本特征。"[3]

从这种观点来看,遮蔽不再是是者的"初始状态",无蔽也不再意味着是者的"被发现状态"。去蔽与遮蔽更像是一枚硬币的两面,它们总是同时发生。海德格尔强调,无蔽与遮蔽如影随形,因此真就是非真,无蔽也就是遮蔽。"真之本质即无蔽中充满了否定。然而,这种否定既非过失,亦非缺陷,因为真并非已经消除了其中一切遮蔽之物的纯粹的无蔽。如果真能够做到这一点,它就不再是其自身。否定通过双重遮蔽的形式,属于作为无蔽之真的本质。真在其本质中就是非真。我们以强调的方式指出这一点是为了表明,体现为遮蔽这种形式的拒绝,以一种也许令人不快的直接性,内在于作为通透的无蔽中。"[4] 对"真的本质就是非真"这句话的含义,海德格尔还在其他地方做过专门的解释:"这个刻意写下的自相矛盾的命题,是希望表达这样一个事实,即真内在地包含了否定性的因素,这并非单纯的缺乏,而是一种抗拒,正如进入通透的自我遮蔽一样。"[5]

海德格尔也从类似尼采的视域论的角度谈到过遮蔽与无蔽的关系。他

---

[1] 参见海德格尔:《论真理的本质——柏拉图的洞喻和〈泰阿泰德〉讲疏》,第139页。Martin Heidegger, *On the Essence of Truth*, p. 104.

[2] 参见同上书,第55页。Ibid., p. 42.

[3] 参见海德格尔:《海德格尔文集·巴门尼德》,第103页。Martin Heidegger, *Parmenides*, p. 71.

[4] 参见海德格尔:《艺术作品的本源》,载《海德格尔文集·林中路》,第44页。Martin Heidegger, "The Origin of the Work of Art," in *Off the Beaten Track*, p. 31.

[5] 参见海德格尔:《海德格尔文集·哲学论稿(从本有而来)》,第425页。Martin Heidegger, *Contributions to Philosophy (Of the Event)*, p. 281.

认同尼采的观点，认为由于视域的存在，当某物或者物的某个方面向人展开时，另一些物或者物的另一些方面就被遮蔽起来。"是者是敞开的，它同时也是遮蔽的，因此我们一向只能以某个'视角'，并且在特定的层次上通达是者，其他的东西对我们而言就是锁闭的。哪里有敞开状态，哪里就同时有遮蔽状态。"[1]

在遮蔽与去蔽的关系问题上，海德格尔思想的前后期之间出现了比较大的变化。前期他倾向于认为"遮蔽本质性地归属于去蔽"[2]，即去蔽必然带来遮蔽。后期海德格尔则强调遮蔽是更根本的事实："遮蔽遮蔽并阻断自身。这意味着是者中的开放域即通透根本不可能是一座幕布永远升起的固定舞台，在上面上演着是者之戏剧。相反，通透只能作为这种双重的遮蔽而发生。"[3] 他的另一种表述是，并非"无蔽把遮蔽晾在一边，而是无蔽从遮蔽而来拥有其本质——无蔽从遮蔽获得生命。Ἀλήθεια（无蔽）中褫夺性的α建基于λήθεια（遮蔽）"[4]。

海德格尔反复强调，无蔽是从遮蔽中争取而来的一种状态。"无蔽将自身置送到呈现通透的庇护中，进而将呈现者展开为被特许的呈现之物。"作为特许之物，无蔽是来之不易的事实。海德格尔指出，无蔽只在遮蔽发生时发生，而且只为遮蔽而发生。无蔽并不消除，亦不取代遮蔽，相反，无蔽持续地需要遮蔽，并且以此方式把后者确认为自身的本质性源泉。"无蔽与遮蔽相伴，并且在遮蔽中维持自身。这一点如此具有决定性，以至无蔽从一开始就必须为了呈现者之呈现而返回遮蔽之中。"[5] 海德格尔正是在此意义上解释赫拉克利特的话——"万物在呈现中努力遮蔽自己"[6]，认为从中不仅可以看出"遮蔽和作为涌现的自然之间最内在的关

---

[1] 参见海德格尔：《德国哲学的现状与未来使命》，载《海德格尔文集·讲话与生平证词（1910—1976）》，第390页。

[2] 参见海德格尔：《论真理的本质——柏拉图的洞喻和〈泰阿泰德〉讲疏》，第86—87页。Martin Heidegger, *On the Essence of Truth*, pp. 65-66.

[3] 参见海德格尔：《艺术作品的本源》，载《海德格尔文集·林中路》，第44页。Martin Heidegger, "The Origin of the Work of Art," in *Off the Beaten Track*, pp. 30-31.

[4] 参见海德格尔：《海德格尔文集·讨论班》，第527页。

[5] 参见海德格尔：《观入存在之物：1949年不莱梅演讲》，载《海德格尔文集·不莱梅和弗莱堡演讲》，孙周兴、张灯译，商务印书馆2018年版，第61—62页。Martin Heidegger, "Insight Into That Which Is: Bremen Lectures 1949," in *Bremen and Freiburg Lectures*, trans by Andrew J. Mitchell, Indiana University Press, 2012, pp. 47-48.

[6] 参见《赫拉克利特著作残篇》，T. M. 罗宾森英译，楚荷中译，广西师范大学出版社2007年版，第134页。

系,而且可以看出作为涌现的自然和作为去蔽的逻各斯之间的关系"[1]。

海德格尔借神秘性的问题,指出遮蔽与去蔽之间两位一体的关系:"如果我们在是者的显现状态中寻找真之本质,那么就会发现遮蔽和隐藏是一种适合于显现的特殊形式。神秘并非处于真之反面的屏障,而是真的最高形象,因为要让神秘真的成其所是,即在遮蔽中保存本真之是,它就必须如此显现。如果其遮蔽的力量不为人所知,神秘也就不成其为神秘。"[2] 最高的真并不直接显现,而是通过某种被遮蔽的,即神秘的方式让人体验。但这种神秘并非让人浑然不解,而是充分地吸引着某些人的注意。"是并不'甘于落到注意力之外',相反,它把自身遮蔽到如此程度,以至变得昭然若揭。"[3] 这就是"隐之以显"的真。

海德格尔还针对人的语言表达,即逻各斯的情形,进一步说明去蔽与遮蔽的相伴而行。他指出:既然原意为聚集的逻各斯是对是者之是的呈现,那么言说就是一种根本性的去蔽活动。但与此同时,逻各斯也具有遮蔽的一面。"逻各斯就其自身而言既是去蔽又是遮蔽。它是去蔽,但去蔽需要遮蔽,即Λήθη作为它的储备,以便从中获得补充。逻各斯作为聚集着的呈放,在其自身中就有这种既去蔽又遮蔽的特性。"[4] 海德格尔对此提问:"这是偶然的吗?它的发生只是人类思想疏忽大意的结果吗?或者,它的发生是因为自身遮蔽和遮蔽状态,即Λήθη,本就属于无蔽——所谓属于,并非简单的附加,亦非影之于光,而是作为无蔽的核心?另外,是否无蔽得以展开、呈现者得以呈现的呈现之通透的自我遮蔽,其自身中就有某种持存和保留在发挥支配作用?"他自己又给出了一个带有假定的回答:"如果事实如此,那么通透就不会仅仅是呈现之通透,而是遮蔽自身的呈现之通透,自我遮蔽的庇护的通透。如果事实如此,那么带着这些问题,我们就在哲学的终结处踏上了思想之路。"[5]

---

[1] 参见海德格尔:《海德格尔文集·形而上学的基本概念:世界—有限性—孤独性》,第41页。Martin Heidegger, *The Fundamental Concepts of Metaphysics: World, Finitude, Solitude*, p. 27.

[2] 参见海德格尔:《荷尔德林的颂歌〈日耳曼尼亚〉与〈莱茵河〉》,第142页。Martin Heidegger, *Hölderlin's Hymns "Germania" and "The Rhine"*, p. 108.

[3] 参见海德格尔:《海德格尔文集·讨论班》,第415—416页。Martin Heidegger, *Four Seminars*, p. 46.

[4] 参见海德格尔:《逻各斯》,载《海德格尔文集·演讲与论文集》,第245页。Martin Heidegger, "Logos," in *Martin Heidegger: Early Greek Thinking*, p. 71.

[5] 参见海德格尔:《哲学的终结和思想的任务》,载《海德格尔文集·面向思的事情》,第102页。Martin Heidegger, *On Time and Being*, p. 71.

在人们实际的语言交往中，本应发挥去蔽作用的逻各斯也往往作为遮蔽者出现。海德格尔指出：去蔽和遮蔽的可能性并非逻各斯的偶然特性，而是其内在的本质。它的去蔽功能恰恰成为它进行遮蔽的基础，毕竟说谎者的成功以人们对真的追求为前提。但即便是在遮蔽中，它又显示出某种东西，从而发挥着去蔽的作用。此外，哪怕为了给出一个错误的判断，为了欺骗，只要言说者对别人言说，他就置身于交谈的意图，因此即便遮蔽也基于显现的意图。[1] 至于逻各斯的日常功能则很可能以遮蔽为其基本特征，因为它的日常就是闲谈。"无论是根据其本源的意义还是其本源的实际性，逻各斯根本就不是揭示性的，极端地说，它恰恰是遮蔽性的。逻各斯首先就是单纯的闲谈，其事实性就是不让事情被发现，并且就闲谈中言及的东西取得某种特殊的自我满足。"[2]

就人与真的关系而言，海德格尔指出："真的本质包括非真的本质。现在我们才理解，我们的断言即我们在真中是意味着什么。我们属于是者本身，置身于其敞开状态、遮蔽状态和遮掩之间。因为我们在真中是，所以我们必然始终在非真中是。"人的这样一种处境，恰恰成为人类历史性的依据，也是人类选择和决断，即人之可能性的基础。"因为人同时被交付给敞开者和隐秘者，所以他可以为他的规定而斗争，知晓其命运，拥有其使命，推进现成事物。"[3] "就因为我们置身于是者的敞开状态，被是者之是所关涉并且被是者之非所胁迫，亦即处身于真之中，我们才能在是非之间决断，选择尚未是者（作为使命和命运朝我们而来的应是者），并且坚守这种决断，成为历史性的，这意味着置身于是与非的胁迫和是与非的斗争之间。通过这种置身，历史之发生将被带出：是其所是。"[4]

海德格尔甚至从人性起源的角度指出："人起源自回退着的遮蔽那种充满陌异感的神秘处所。由于遮蔽属于无蔽的本质，所以无蔽状态不可能仅仅是遮蔽状态的消除。无—蔽中的'无'绝不简单地意味着一种不确定的、一般性的'无'和'非'。相反，对无蔽者的挽留和保存必定与被理

---

[1] 参见海德格尔：《海德格尔文集·形而上学的基本概念：世界—有限性—孤独性》，第443页。Martin Heidegger, *The Fundamental Concepts of Metaphysics: World, Finitude, Solitude*, p. 312.
[2] 参见海德格尔：《海德格尔文集·柏拉图的〈智者〉》，第272页。Martin Heidegger, *Plato's Sophist*, p. 136.
[3] 参见海德格尔：《德国哲学的现状与未来使命》，载《海德格尔文集·讲话与生平证词（1910—1976）》，第390—391页。
[4] 参见同上书，第394页。

解为显现者在其显现中回退的遮蔽有关。"[1] 总之,"对遮蔽的通透并不意味着被遮蔽者的升华,即它被解放并置入无蔽。相反,这里指的恰恰是遮蔽的无极之基的建基(踌躇中的扣留)"[2]。关于"无极之基"的问题后面还会讨论,这里需要指出的仅仅是,海德格尔在此看到的是遮蔽与无蔽之间动态的、不稳定的关系,而且在这种关系中,没有任何一方发挥决定性的、根本性的作用。

除此之外,海德格尔还指出了无蔽与遮蔽之间更深的一层关系,即无蔽作为受到庇护的状态,使被去蔽之物不再受到遮蔽侵蚀的状态,其本身就具有某种遮蔽的性质。"无蔽对于无蔽者在无蔽状态中的呈现,也就是无蔽者之是来说,既是包裹,也是庇护。在这种庇护中,无蔽者首先作为是者而涌出。无蔽,现在意味着被带入一种庇护性的包裹,即把无蔽者保存在无蔽的状态中。"因此,"它自身具有某种遮蔽的本质"。[3]

无蔽自身的遮蔽性质决定了真不可能是纯粹的无蔽,也不可能是纯粹的通透。海德格尔因此指出,真同样作为遮蔽而本质性地发生。"真不仅仅是通透,正如它与通透一同本源而亲密地发生一样,它也作为遮蔽而本质性地发生。通透与遮蔽并非两回事,相反,它们构成了同一个真的本质发生。"[4] 简言之,"真并非简单的通透,而是为了自我遮蔽的通透"[5]。或者说,真乃"自身遮蔽的通透"[6]。这两句话就其都提到通透与遮蔽的共同存在而言是相同的,但也有很大的区别。前者"为了遮蔽的通透",强调的是遮蔽,即"通透"的目的是"遮蔽";后者"遮蔽的通透"重点在于通透,是对于自身遮蔽的通透。这种含义的区别说明海德格尔对通透理解上所发生的变化。

---

[1] 参见海德格尔:《海德格尔文集·巴门尼德》,182 页。Martin Heidegger, *Parmenides*, p. 124.

[2] 参见海德格尔:《海德格尔文集·哲学论稿(从本有而来)》,第 420 页。Martin Heidegger, *Contributions to Philosophy*(*Of the Event*), p. 278.

[3] 参见海德格尔:《海德格尔文集·巴门尼德》,第 195 页。Martin Heidegger, *Parmenides*, p. 133.

[4] 参见海德格尔:《海德格尔文集·哲学论稿(从本有而来)》,第 417 页。Martin Heidegger, *Contributions to Philosophy*(*Of the Event*), p. 276.

[5] 参见同上书,第 412 页。Ibid., p. 273.

[6] 参见海德格尔:《海德格尔文集·尼采》下卷,第 714 页。Martin Heidegger, *Nietzsche Volume III: The Will to Power as Knowledge and as Metaphysics*, ed. by David Farrell Krell, Harper & Row, 1991, pp. 181–182.

如果把无蔽视为思想的通透，那么遮蔽就是思想向着昏暗的"回退"，但在这种回退中，恰恰保留了无蔽的本质。如同太阳西沉，原先清楚明白的事物渐次被黑暗遮蔽，但只有此时，人们才会真正理解"无蔽"时的情形。"这个回退着的与揭示状态相反的本质'抑制'着无蔽，但与此同时，在其中也保留着无蔽的本质。……遮蔽就是对回退着的遮蔽的遗忘，只有通过种回退，无蔽的本质才能得到保存，同时也才不被遗忘。"[1]

"是者喜欢遮蔽自身"

上文提到，赫拉克利特认为显现中的是者，即是中的是者，喜欢遮蔽自身。[2] 海德格尔在对这一思想的解释中指出，赫拉克利特说的"并非是者事实上偶尔自行遮蔽，而是喜欢（φιλεῖ）：它们喜欢自行遮蔽。保持遮蔽是其真正的、最内在的驱动；如果被带出遮蔽，它就要返回其中"[3]。同时，海德格尔强调在无蔽中也有遮蔽存在。"呈现的一个部分就是抑制这种特性，仅让已经呈现者出场。甚至特别是使这种上升和进入得以发生的无蔽，其本身也与被去蔽的呈现者相反，是被遮蔽的。"[4] 此外，作为一种根本性去蔽方式的思想同样具有遮蔽的倾向，它总是逃避着思想者而进入遮蔽，因此，"真正必须予以思考的东西自始就保持在这种抽身而去之中"[5]。实际上，甚至人的心境也可能会对人和事加以遮蔽，它"同样具有遮蔽此间之是与世界的倾向与可能。因此，与被揭示状态一起也出现了掩饰与欺骗。欺骗并不来自错误的推论，而常常来自最初的不理解，即遮蔽"[6]。

海德格尔还特别讨论了一种类似必然的遮蔽，那就是隐晦的表达方式。实际上，在他看来，几乎任何表达都是隐晦的，因为真正的意义永远

---

[1] 参见海德格尔：《海德格尔文集·巴门尼德》，第 187 页。Martin Heidegger, *Parmenides*, p. 127.

[2] 参见《赫拉克利特著作残篇》，第 134 页（残篇 123）。

[3] 参见海德格尔：《论真理的本质——柏拉图的洞喻和〈泰阿泰德〉讲疏》，第 13 页。Martin Heidegger, *On the Essence of Truth*, p. 9.

[4] 参见海德格尔：《海德格尔文集·什么叫思想？》，第 278 页。Martin Heidegger, *What Is Called Thinking?*, pp. 236–237.

[5] 参见同上书，第 10 页。Martin Heidegger, "What Calls for Thinking?," in *Basic Writings*, pp. 372–373.

[6] 参见海德格尔：《海德格尔文集·时间概念史导论》，第 401 页。Martin Heidegger, *History of the Concept of Time: Prolegomena*, pp. 256–257.

无法诉诸言语。海德格尔把这种表达方式称为"示喻"(die Sage),这个问题下文会进一步讨论。他认为,示喻"不仅保存、储存,而且还在某种意义上回退,但这是一种特殊形式的对本质之物的给予和馈赠。在所有情况下,馈赠的本质形式都是遮蔽,不仅馈赠者被遮蔽,馈赠物也被遮蔽,致使馈赠不会简单地献出其珍宝,而只是让其进入无蔽。也就是说,使其中包含的财富能够得到保护而不致被滥用。此处发挥作用的遮蔽类似秘密中典型的遮蔽,它可能但不必然具有神秘的基本特性"[1]。何谓神秘?海德格尔以古代诗人对神的咏唱方式为例加以说明:"神只是通过遮蔽自身而呈现。出于这一原因,盲者道说神的方式,就必定是闭上眼睛的艺术。"[2] 神在诗人咏唱中的降临被诗人遮蔽,人不能直视神的面容。

实际上,对海德格尔来说,真正重要的并非"是者喜欢遮蔽自身",而是是本身具有遮蔽自身的内在倾向。遮蔽乃是之本性。"希腊的、基督教的、现代的、全球的和……西方的经验都表明,是作为遮蔽中的无蔽,其根本特征就是它的遮蔽更多于无蔽。但是,这一对其本质及本质性起源的遮蔽,恰恰是是之本源性的自我揭示发生的特点。正因此,思想无法对其加以追随。是本身并不进入是之光亮。是的无蔽,被给予它的光亮,晦蔽了是之光。"这一过程的奥秘在于:"通过在是者中显现自身,是抽身而去。"[3]

是也罢,是者也罢,它们遮蔽自身的倾向对人来说并非缺憾,但却是一种考验,因为"只有本质上无蔽并且必须自行去蔽的东西,才有可能喜欢遮蔽自身。只有去蔽者才能遮蔽。因此无须克服并剥夺自然的遮蔽。相反,更为困难的任务是让自然在其纯粹的本质中保有属于它的遮蔽"[4]。所以,海德格尔指出:"自然与遮蔽并非相互分离,而是相互牵引。它们一体两面。在这种相互牵引中每一方都第一次赋予对方以其本

---

[1] 参见海德格尔:《海德格尔文集·巴门尼德》,第 91 页。Martin Heidegger, *Parmenides*, pp. 62-63.

[2] 参见海德格尔:《海德格尔文集·荷尔德林诗的阐释》,第 206 页。Martin Heidegger, *Elucidations of Hölderlin's Poetry*, p. 194.

[3] 参见海德格尔:《阿那克西曼德之箴言》,载《海德格尔文集·林中路》,第 381—382 页。Martin Heidegger, "Anaximander's Saying," in *Off the Beaten Track*, p. 253.

[4] 参见海德格尔:《论 Φύσις 的本质和概念。亚里士多德〈物理学〉第二卷第一章》,载《海德格尔文集·路标》,第 354 页。Martin Heidegger, "On the Essence and Concept of Φύσις in Artstotle's *Physics* B, I," in *Pathmarks*, pp. 229-230.

质特征。"[1]

当然，任让自然遮蔽自身并不等于人的无所作为。发现自然喜欢遮蔽已经是一种去蔽。在海德格尔的早期思想中，去除那些能够自身呈现以及应该呈现的东西受到的遮蔽就是现象学的任务。"作为一项研究工作，现象学的任务就是让物开启和让物被视见，就是由特定的方法指导的对遮蔽的破除。"[2] 海德格尔表示："遮蔽状态是现象的对立概念，而遮蔽正是现象学思考的直接的课题。能够成为现象之物，首先而且根本性地是被遮蔽之物，或者只能以间接的方式为人所知之物……遮蔽既有偶然的，也有必然的，这取决于它们的揭示方式及其可能性。一切来自源头的现象学命题，作为告知性的陈述都具有遮蔽的可能性。"[3]

海德格尔曾经提及的奥德赛的例子很有意思。他通过这个例子表明，希腊意义上的遮蔽指的是事物本身的状态，而现代人理解的遮蔽则更多出于人的主观原因。实际上海德格尔在遮蔽问题上的思想变化，也可以看成是经历了一个从现代回溯到古典的变化。"'他像所有流泪者一样对其他任何人隐藏。'我们则反过来说：他流泪，但其他任何人都没有注意到。对希腊人来说，最重要的是保持遮蔽（它以限定动词表达），它通常作为一种是的状态，作为是者（同样也作为特定的个人）的特征。我们则把事情倒转过来使之成为某种主观性的东西，并以别人没有注意到他流泪这种方式将其表达出来。"[4]

真与"似"

是者被遮蔽或者自行遮蔽的结果，往往会产生某些似是而非的东西，即假象。海德格尔指出："因为是即自然在于显现，在于提供某种外观与样貌，那么它就本质性地，因而必然且持续性地面临着仅仅成为某种外观，并且恰恰掩盖和遮蔽了是者真实所是，亦即在无蔽中是的可能性。是者此时显现出来的外观，就是在相似意义上的似象。哪里有是者之无蔽，

---

[1] 参见海德格尔：《无蔽》，载《海德格尔文集·演讲与论文集》，第307页。Martin Heidegger, "Aletheia," in *Martin Heidegger : Early Greek Thinking*, p. 114.

[2] 参见海德格尔：《海德格尔文集·时间概念史导论》，第130页。Martin Heidegger, *History of the Concept of Time : Prolegomena*, p. 86.

[3] 参见同上书，第130—131页。Ibid., pp. 86-87.

[4] 参见海德格尔：《论真理的本质——柏拉图的洞喻和〈泰阿泰德〉讲疏》，第136页。Martin Heidegger, *On the Essence of Truth*, p. 102.

那里就有出现似象的可能。"这种似象并不是无,不是不真,也不是与本质完全相反的假象。似象是历史性的,甚至可以说它们就是历史,它们由诗歌与传说揭示并奠基,是我们的世界的一个本质领域。[1] 需要指出的是,海德格尔所说的似象,既与真相对而言,也与是相对而言,在此并不刻意加以区别。比如下面就是从是的角度来说的:"是意味着在涌出中显现,从遮蔽中前出。唯其如此,遮蔽及从遮蔽中起源之物就本质性地属于是。这种起源乃是之本质,显现之物的本质。是总是倾向于遮蔽,无论在巨大的蒙蔽和沉默中,还是在最表面的扭曲和晦暗中。自然与遮蔽相伴相随,表现为是与似之间的相爱相杀。"[2]

由于任何人都不可能周知万物,所以在认识中就可能产生偏差,出现似象。海德格尔就柏拉图的洞穴比喻指出:人对于他不了解且无法了解的东西只能加以猜测,从而也会导致似象的产生。[3] 另外,人本质上就具有产生似象的可能性。"由于真本质上意味着自由,历史性的人就能够在让是者是的同时,不让是者是其所是而似其所是。是者因此被遮蔽和扭曲。似象占据上风,在其中真的非本质走到前台。"[4]

海德格尔以似象中的一种,即被柏拉图视为型相对立面的意见为例说明其作用机制。意见(δόξα)作为似象并非外在于是和无蔽的某物,意见也属于无蔽,但同时又具有双重性。它们意指某物的外观,但实际上只是人们拥有的观念。人习惯性地接受这些观念,相信它们并将其传承下去。因此,意见也是逻各斯的一种形式,但阻碍着人们看到是者本身。由于意见的作用,"是者被剥夺了得到理解、以其本来面目示人的可能。是者提供的形象,那总是朝向我们的形象,被扭曲为看待是者的观念。它们的支配颠倒和扭曲了是者"[5]。

海德格尔通过对巴门尼德思想的发挥,指出真正的思想就是在是、非与似之间进行选择与决断。对希腊人来说,真正的智慧之人不是盲目追随

---

[1] 参见海德格尔:《海德格尔文集·形而上学导论》,第125—126页。Martin Heidegger, *Introduction to Metaphysics*, p. 110.

[2] 参见同上书,第137—138页。Ibid., p. 120.

[3] 参见海德格尔:《论真理的本质——柏拉图的洞喻和〈泰阿泰德〉讲疏》,第47页。Martin Heidegger, *On the Essence of Truth*, p. 36.

[4] 参见海德格尔:《论真理的本质》,载《海德格尔文集·路标》,第223页。Martin Heidegger, "On the Essence of Truth," in *Pathmarks*, p. 146.

[5] 参见海德格尔:《海德格尔文集·形而上学导论》,第230页。Martin Heidegger, *Introduction to Metaphysics*, p. 205.

真的人，而是始终了解是、非与似这三条道路的人。他经历过是之路上的狂风骤雨，了解非之路上无之深渊的恐怖，还踏上过似象之路。"希腊人在其伟大时代里称之为勇敢（τόλμα）的东西就是这样的知——尝试每一事物的是、非与似。也就是使人超越自身，进入关于是、非与似的决断。"[1]"希腊人的思想与希腊人的此间之是都集中于一场斗争，以在是与变、是与似的伟大力量之间作出决断。"[2] 从这个视角来看，俄狄浦斯的悲剧就体现出不同的意义。他不再是失败者，而是一位奋争者。"我们不能仅把俄狄浦斯看成被命运击倒的人。在他身上，我们必须抓住希腊的此间之是的形态，通过此形态，希腊人以根本性的激情冒险进入最狂野最遥远之处。这种对是的揭示，就是与是本身的斗争。"[3]

在海德格尔看来，古希腊人真正意义上的精神生活，就是一场持续的是与似的斗争。"通过这一斗争，他们才把是从是者中抓取出来，并把是者带向持存和无蔽，包括诸神与国家、神庙与悲剧、竞技与哲学。所有这一切都处于似象中，被其包围，但也都得到认真对待，其力量得到认识。只有在智者和柏拉图那里，似象才被解释并归结为单纯的假象，是作为型相则被提升到超感性的领域。于是，在此处、在下方单纯显现的是者，与在彼处、在上方的真实的是之间，被撕开了一道鸿沟。后来的基督教教义就在此鸿沟中安居。它把下方重新解释为受造者，上方则成为创造者，并且运用如此铸造的武器与古人（异教徒）对抗，同时扭曲了后者。因此尼采说得很对，基督教就是大众化的柏拉图主义。"[4]

海德格尔指出，真（是）与似、无蔽与遮蔽事实上处在一种无法完全分割开来的关系中。"似属于作为现象的是本身。体现为似的是并不比作为无蔽的是更少力量。似在是者中并与之一同发生。但是，似不仅使是者显现为它们实际不是之物，不仅扭曲了与之相似的那些是者，而且同时它还掩盖了自己作为似象的身份，因为它把自身显现为是。由于似在掩盖和扭曲的过程中本质性地扭曲自身，我们的确可以正当地说似象具有欺骗性。欺骗是似象的一部分。正因为似象具有欺骗性，所以它才会迷惑人，使之走向幻觉。"是、无蔽与似构成一个相互交织的"三重世界"。[5]

---

[1] 参见海德格尔：《海德格尔文集·形而上学导论》，第137页。Martin Heidegger, *Introduction to Metaphysics*, p. 120.

[2] 参见同上书，第139页。Ibid., p. 122.

[3] 参见同上书，第128页。Ibid., p. 112.

[4] 参见同上书，第126—127页。Ibid., p. 111.

[5] 参见同上书，第131页。Ibid., pp. 114-115.

海德格尔认为，在希腊哲学开端处之所以出现是、非和似的相互区分，是因为是与似彼此相属，因而总是相互推动、相互混淆，最终导致迷乱与错误。因此在哲学开端时，也就是是者之是最初被开启时，思想不得不集中力量控制是进入似的势头，致力于是与似的区分。这反过来就要求把作为无蔽的真带向前来对抗遮蔽，以开放对抗作为掩盖和伪装的封闭。"就是必须与某个他者区分开来，并且作为自然得到强化而言，是与非被区分开来，同时非也与似区分开来。这两种区分并不重合。"[1]

海德格尔不仅强调希腊人从似中抽取出是这一事实，而且进一步深入分析了是与似、与应该等的关系。他指出，以希腊的方式来思考，与变易、似象、应该相对的都不是无，因此它们都各有其"是"，而它们之所是显然又并非我们通常所理解的是者之是。要真正把握它们，就必须扩展"是"的含义。也就是说，"迄今为止被人们接受的是的概念不足以命名每一种'是'"。"如果我们想让我们的历史性此间之是历史性地发挥作用，就必须从根本上、在其整个广度上重新经验是可能的本质。"[2] 在这种扩展意义上，海德格尔认为真与似都属于是。"希腊人把是解释为自然。在此基础上，而且也只有在此基础上，无蔽意义上的真，以及作为特定形式的上升中的自我显现的似都必定属于是。"[3]

是与似之间这种复杂的关系也就意味着去蔽不可能是一件一劳永逸的事，而是必须持续进行的过程。"人心惟危，道心惟微"[4]，遮蔽与去蔽循环往复的过程永无休止。海德格尔因此认为，"人必须明确地、本质性地拥有已被揭示之物，使之不至变为幻想、似象与伪装，并且持续确保其被揭示状态。同时，所有的新发现都以对似象的揭示作为出发点，而不可能在完全遮蔽的基础上进行。是者以似象的方式是，也就是说，它们在某种意义上已经得到揭示，但又以某种方式被遮蔽"[5]。对是与似之间的区分，因而成为希腊思想的一项根本任务。"对希腊人来说，'是'进入无蔽而呈现。因此，决定性的并非呈现者的持久性和范围，而是呈现者是被置

---

[1] 参见海德格尔：《海德格尔文集·形而上学导论》，第132页。Martin Heidegger, *Introduction to Metaphysics*, p. 115.

[2] 参见同上书，第244页。Ibid., p. 218.

[3] 参见同上书，第131页。Ibid., p. 115.

[4] 《尚书·大禹谟》。

[5] 参见海德格尔：《海德格尔文集·存在与时间》，第308—309页。Martin Heidegger, *Being and Time*, p. 213.

入无蔽者和纯粹者,并因此而回退到遮蔽者和并未耗尽者,还是呈现被扭曲为单纯的'似'、'单纯的像',而不能在本真的状态下得到保存。"[1]

去蔽是一场斗争

海德格尔认为,真并非单纯的无蔽。作为是之通透的发生,真是去蔽与遮蔽相互斗争的呈现。只不过"真的斗争本质,对我们以及对西方思想,很长时间以来就已经很陌生了"[2]。但"从一开始,对希腊人来说,遮蔽作为自我隐藏的行为,就贯穿是的本质,因而也决定了是者的呈现及其可通达的状态('真'),这就是为什么相当于罗马人的'veritas'和我们所说的'真'的希腊词由一个剥夺性的阿尔法标识出来(ά-λήθεια)。真最早指的是从遮蔽中抢夺出来之物。按照柏拉图的洞穴比喻,最高的无蔽必须从低俗而顽冥的遮蔽中抢夺出来。人们从洞穴进入光天化日之下的出离是一场生死斗争"[3]。

海德格尔曾经把对无蔽的获得称为一场"本源性的斗争"。"无蔽,对遮蔽的克服,只能通过与遮蔽的本源性的斗争赢得。所谓本源性的斗争(不仅是对峙)意味着,它首先创造出自己的敌人,并且帮助其成为自己最强硬的对手。无蔽与遮蔽并非一条河的两岸,相反,作为无蔽的真之本质乃跨越两岸的桥梁,或者更确切地说,是让两者相对相反的桥接。"[4]就此而言,只有在去蔽的过程中才会有遮蔽出现,也才会有去蔽与遮蔽之间的斗争。海德格尔因而指出:"真之本质自身就是一种本源性的对抗,在其中,一个开放的中心被争得,是者置身其中,或者从中离去回退到自身。"[5]

海德格尔从遮蔽与去蔽之间斗争的角度说明真的发生过程。"真即非

---

[1] 参见海德格尔:《论 Φύσις 的本质和概念。亚里士多德〈物理学〉第二卷第一章》,载《海德格尔文集·路标》,第 315 页。Martin Heidegger, "On the Essence and Concept of Φύσις in Aristotle's *Physics* B, I," in *Pathmarks*, p. 206.

[2] 参见海德格尔:《海德格尔文集·巴门尼德》,第 25 页。Martin Heidegger, *Parmenides*, p. 18.

[3] 参见海德格尔:《柏拉图的真理学说》,载《海德格尔文集·路标》,第 259 页。Martin Heidegger, "Plato's Doctrine of Truth," in *Pathmarks*, pp. 171–172.

[4] 参见海德格尔:《论真理的本质——柏拉图的洞喻和〈泰阿泰德〉讲疏》,第 88 页。Martin Heidegger, *On the Essence of Truth*, p. 67.

[5] 参见海德格尔:《艺术作品的本源》,载《海德格尔文集·林中路》,第 45 页。Martin Heidegger, "The Origin of the Work of Art," in *Off the Beaten Track*, p. 31.

真,因为归属于它的有尚未去蔽意义上的本源性的领域。在作为真的非—遮蔽中,同时还呈现着作为双重拒绝的另一个'非'。真之为真,就呈现于通透与双重遮蔽的对立之中。"他再次强调真是本源性的斗争,因为只有通过这种斗争,才能赢得一切置身于其中又从中抽身而去的开放域。是者就在此自行显现和回退。"无论斗争何时和如何发生,对立的双方,即通透与遮蔽都在开放域中区分彼此。"[1]

海德格尔正是在这个意义上反复说,希腊人之所以用去蔽这样一个剥夺性的表达说明真之本质,这绝非偶然,因为遮蔽即不真才是在世状态的基本特性。"真(揭示状态)始终只能从是者那里夺取。是者被从遮蔽中拉扯出来。就此而言,任何一次事实性的揭示都是劫夺。"[2] 如同普罗米修斯从天上盗来的火一般,真并非为人所固有,而是某种偷窃而来之物。"它并非简单在此。相反,作为揭示,它最终需要人的整体性介入。真在一定程度上根植于人的此间之是的命运。它本身是某种被遮蔽之物,因而也是某种更高远之物。赫拉克利特因此认为:'比光天化日之下的和谐更高更强的,是那种并不显示自身的(被遮蔽着的)和谐。'(残篇 54)这表明,自然所遮蔽的恰恰是它的本质,是未曾显露之物。"海德格尔以此重新解释亚里士多德关于人是拥有逻各斯的动物的观点:"只要人生存,就会通过逻各斯把总是力图隐藏自身的自然从遮蔽中拉扯出来,并以此让是者成真。"[3]

人把是者从遮蔽中争取出来的重要形式之一就是作品的创造。我们从赫拉克利特与巴门尼德那里已经得知:诗歌、神庙与雕塑、哲人的思想,以及作为历史性场域的城邦,都是为去蔽奠基并保存了这种去蔽的作品。为是者以及是的去蔽而进行的创作,就是对遮蔽、掩盖和似象的持续反抗。[4] 而且,去蔽不可能一蹴而就,真理的发生是一个持续不断的历史过程。"真并非某种人们可以永久占有之物,我们在对它的享用中还可以将

---

[1] 参见海德格尔:《艺术作品的本源》,载《海德格尔文集·林中路》,第 51—52 页。Martin Heidegger, "The Origin of the Work of Art," in *Off the Beaten Track*, p. 36.

[2] 参见海德格尔:《海德格尔文集·存在与时间》,第 309 页。Martin Heidegger, *Being and Time*, p. 213.

[3] 参见海德格尔:《海德格尔文集·形而上学的基本概念:世界—有限性—孤独性》,第 44—45 页。Martin Heidegger, *The Fundamental Concepts of Metaphysics: World, Finitude, Solitude*, p. 29.

[4] 参见海德格尔:《海德格尔文集·形而上学导论》,第 229—230 页。Martin Heidegger, *Introduction to Metaphysics*, pp. 204–205.

其置于一旁，以便指导或者教育别人。相反，无蔽只有在持续解放的历史中才会发生。"[1]

也就是说，无蔽不仅需要人争取，而且需要人守护，而这也是真之发生的一个方面。"真仅以守护的方式，在最遥远的自行遮蔽的最完整、最丰满的通透中本质性地发生。这种方式与所有归属于遮蔽的形式相适应，并且历史性地承载和指导着此间之是的持守，因而构成一个民族之所是。"[2] 因此，对真的守护并非对某种现成物的简单看护。"真从来就不是某种客观呈现的事实，守护也并非把已经自在地客观呈现的真置入是者。""守护属于真的本质发生。如果它从不在守护中发生，它就不是本质性地发生。"[3]

也就是说，对真的守护同样需要通过人的创造性活动实现："真的守护是向着闭锁的大地的返回生长。这种返回生长不可能在单纯的表象和情感中实现，而必须通过获取、制造、劳作完成，简言之就是让世界世界起来，并且使之不致沦为简单的劳碌。"当然，这种劳作也并非一般性的工作，而是斗争。所以海德格尔也明确指出：对真之"守护根本上就是通过斗争对玄同的保存"。[4]

大地与世界

海德格尔在对无蔽与遮蔽的讨论中使用了两个相应的比喻，即大地与世界，以进一步说明两者之间的关系。他借希腊人之口，称大地为人的安居之处，并赋予其庇护者的角色。"从很早开始，希腊人就把来自所有事物自身的前出和上升称为自然（涌出）。自然同时也照亮了人的安居之处，我们称之为大地。这个词的所指既非一大片土地，亦非作为一颗行星的单纯天文学概念。大地是一切上升物由之上升复又被带回并得到庇护之所。"[5] 大地作为庇护者同时具有自我锁闭的特点："大地击碎了所有穿透

---

[1] 参见海德格尔：《论真理的本质——柏拉图的洞喻和〈泰阿泰德〉讲疏》，第 87 页。Martin Heidegger, *On the Essence of Truth*, p. 66.

[2] 参见海德格尔：《海德格尔文集·哲学论稿（从本有而来）》，第 467 页。Martin Heidegger, *Contributions to Philosophy（Of the Event）*, p. 308.

[3] 参见同上书，第 466 页。Ibid., p. 307.

[4] 参见同上书，第 469—470 页。Ibid., p. 309.

[5] 参见海德格尔：《艺术作品的本源》，载《海德格尔文集·林中路》，第 30 页。Martin Heidegger, "The Origin of the Work of Art," in *Off the Beaten Track*, p. 21.

它的企图。""只有当大地被理解并被保存为本质上不可开启之物,作为从一切揭示回退之物,保持其持续的闭锁状态时,才开放性地照亮自身。""大地就是本质性的自我隔离者。"[1]

世界则是自行开启的通透。海德格尔特别强调,"世界是一个历史性民族纯粹而本质性的决断之广阔道路的自行开启"[2]。世界与大地于是成为彼此对立又永远不可分离的双方。世界立足于大地,大地通过世界上升。世界栖息于大地的同时又力图超越后者,因为作为自行开放之物,它不能容忍任何封闭。同时,大地作为遮蔽与庇护,总是力图把世界拉回并使之持留于自身。世界与大地作为开放与遮蔽的形象,又都不是单纯的开放与遮蔽。"世界是本质性指引的道路的通透,每一个决断都依此作出。但每一个决断都基于某些不可掌控之物、某些被遮蔽之物,以及某些无序之物,否则就谈不上决断。大地也并非单纯的闭锁,而是作为自我封闭上升。世界与大地本质上相互冲突,内在地相互敌对。唯其如此,它们才会进入通透与遮蔽的斗争。"[3]

海德格尔认为,世界与大地之间的斗争具有本质性。所谓本质性,就意味着这种斗争不可能止于某处,而是毫不妥协,并且愈演愈烈。但也正是由于这种本质性的斗争,双方愈益依赖对方,并且以对方作为自身存在的前提,因而推动对方成其本质。因此,不能把世界与大地的斗争混同于无序与争吵、混乱与破坏,否则就错失了它的本质。"在真正的斗争中,对立者彼此把对方提升入其本质的自我确认。对本质的确认并非僵硬固着于某种偶发的条件,而是进入本己之是隐藏的本源。在斗争中,对立的每一方都带着对方超越自身。结果斗争变得越来越激烈,也越来越成为本真性的斗争。斗争越是不妥协地超出自身,对抗者就越是不妥协地承认它们彼此之间密切相属的关系。大地要在其自我封闭的解放性涌出中显现,就不可能没有世界的开放;世界作为一切本质性天命的决定性的广延与通道,如果不建立在某种决定性的基础之上,就不可能从大地上飘升。"[4]

世界与大地相互斗争,也互为条件。它们撕扯的断面,正是双方亲密接触的统一面。大地承载和上升,奋力保持它的闭锁,它的法则是安全,

---

[1] 参见海德格尔:《艺术作品的本源》,载《海德格尔文集·林中路》,第36页。Martin Heidegger, "The Origin of the Work of Art," in *Off the Beaten Track*, p. 25.

[2] 参见同上书,第37—38页。Ibid., p. 26.

[3] 参见同上书,第45页。Ibid., p. 31.

[4] 参见同上书,第38页。Ibid., pp. 26-27.

在持续封闭的同时力图让一切服从自身。世界需要决断和尺度,并且让是者进入它开放的通道。当世界开启自身,大地也随之升起。海德格尔表示,这种"斗争并非单纯地拉开一道裂口的撕扯,相反,它是斗争者相互依赖的亲密。裂隙把斗争者带入它们统一的本源、共同的基础。这就是本质性的勾画。它标记出是者之通透上升的根本特性。勾画并不让斗争者分离,它让斗争合于尺度,并把它限制在共同的边界之内"[1]。海德格尔由此明确了他的哲学思想中的一个关键概念,即此间之是的"此"。"这一在大地与世界关系中开放的、通透着又遮蔽着的'之间',这一斗争的中心,这一最亲密的相互归属的场所,这一回归自身的、自我和自我性的基础,就是这个'此'。"[2]

世界与大地的斗争导致真的发生,特别是真在艺术创作中的产生。"这种斗争的激烈交锋中呈现出宁静。正是在此,作品找到了自身维持的基础。"[3] 真在某个被创造出来的是者中开启斗争,并把自身作为斗争置入这一是者。是者被带向世界与大地之间的裂隙,这一双方斗争与统一的核心。真就以这种方式在是者中建立,后者则因此占据了真的开放域。"然而,这种占据,只能通过被带出者即裂隙把自身托付给在开放中上升的自我封闭而发生。裂隙必须把自身回置到石块重力的拉扯中、木材笨重的坚硬中,以及色彩黯然的光泽中。随着大地把裂隙置回自身,裂隙才第一次进入开放而被安置,即作为自我封闭者和保护者置入开放域内的上升之物。"[4]

借用亚里士多德的术语,海德格尔这里说的是艺术把形式赋予质料的过程,是两者矛盾统一的过程。"斗争被带入裂隙,从而被置回大地,并为之确定位置。这就是形象。作品的创造意味着在形象中为真确定位置。形象就是自我设立的裂隙的结构。结构化的裂隙则是真闪光的关节。"[5] 海德格尔认为,世界与大地的斗争不仅导致了真的发生,而且维持着对真的庇护。"世界与大地之争的上演就是庇护。两者相互纠缠,上下翻腾。

---

[1] 参见海德格尔:《艺术作品的本源》,载《海德格尔文集·林中路》,第 54—55 页。Martin Heidegger, "The Origin of the Work of Art," in *Off the Beaten Track*, p. 38.

[2] 参见海德格尔:《海德格尔文集·哲学论稿(从本有而来)》,第 382 页。Martin Heidegger, *Contributions to Philosophy (Of the Event)*, p. 254.

[3] 参见海德格尔:《艺术作品的本源》,载《海德格尔文集·林中路》,第 48 页。Martin Heidegger, "The Origin of the Work of Art," in *Off the Beaten Track*, p. 33.

[4] 参见同上书,第 55 页。Ibid., p. 38.

[5] 参见同上书,第 55—56 页。Ibid.

对真之庇护首先而且根本上发生在两者的交织中。"[1] 当然，在艺术作品之外，情形也是一样。世界与大地之间"斗争的展开把真置入作品，置入器具，它把真经验为一种事件，在行动与牺牲中成就真"[2]。

海德格尔指出，在世界与大地的斗争中，世界对大地的穿透就是历史的发生："只有当自我遮蔽在其本质发生中将生产、创造、行动和牺牲的所有领域交织在一起，并且支配它们的时候，也只有当自我遮蔽决定了通透，并且同时通过与通透中自我隔离者的相遇而本质性地发生的时候，世界才会升起，同时大地才（从是与是者的'同时性'中）喷薄而出。这一时刻就是历史。"[3] 因此，"世界具有'大地性'，大地具有'世界性'。大地，因其与历史相关，所以从某个方面比自然更本源。世界比单纯'创造的'东西更高，因为它形成历史因而离玄同最近"[4]。

---

[1] 参见海德格尔：《海德格尔文集·哲学论稿（从本有而来）》，第 326 页。Martin Heidegger, *Contributions to Philosophy（Of the Event）*, p. 216.

[2] 参见同上书，第 468 页。Ibid., p. 308.

[3] 参见同上书，第 416—417 页。Ibid., p. 276.

[4] 参见同上书，第 326 页。Ibid., p. 216.

第四章 玄同——"是"的发生

第一节 人与物

物

人与人的关系以及人与物的关系都关乎人之本质，而且这两者常常相互映射。在形而上学思想中，物是人们思考与行动的对象，而人则被理解为思想与行动的主体。海德格尔对物以及人与物的关系则有不同的理解，这种理解成为海德格尔思想的基本内容。

海德格尔对物的定义十分简单："总的来说，'物'指的是并非无的任何东西。"[1] 或者物就是人能够向之切近者："在切近中存在的东西，我们通常称之为物。"[2] 通过这个简单的定义，他不仅与各种远离具体是者的对物的抽象理解方式拉开了距离，更希望能够把物性与形而上学中的对象性区别开来，也就是区分物的自立自持与对象对主体的依赖。他针对一把壶的情形指出："作为器皿，壶是某种自持者，立于自身者。"[3] "壶是物，

---

[1] 参见海德格尔：《艺术作品的本源》，载《海德格尔文集·林中路》，孙周兴译，商务印书馆2015年版，第6页。Martin Heidegger, "The Origin of the Work of Art," in *Off the Beaten Track*, trans. by Julian Young and Kenneth Haynes, Cambridge University Press, 2002, p. 4.

[2] 参见海德格尔：《物》，载《海德格尔文集·演讲与论文集》，孙周兴译，商务印书馆2018年版，第178页。Martin Heidegger, "The Thing," in *Poetry, Language, Thought*, trans. by Albert Hofstadter, HarperCollins, 2013, p. 164. 并参见海德格尔：《观入存在之物：1949年不莱梅演讲》，载《海德格尔文集·不莱梅和弗莱堡演讲》，孙周兴译、张灯译，商务印书馆2018年版，第5页。Martin Heidegger, "Insight Into That Which Is: Bremen Lectures 1949," in *Bremen and Freiburg Lectures*, trans. by Andrew J. Mitchell, Indiana University Press, 2012, p. 5.

[3] 参见海德格尔：《物》，载《海德格尔文集·演讲与论文集》，第179页。Martin Heidegger, "The Thing," in *Poetry, Language, Thought*, p. 164.

但它既非罗马人所讲的 res，亦非中世纪人们所表象的 ens，更不是现代意义上的对象。"[1] 海德格尔在别的地方也强调："壶是一物，但并非对象——无论是制造还是单纯表象的对象。壶是一物，因为它物着。在物物之际，以壶的方式呈现者之呈现才得以发生并得到决定。"[2]

海德格尔用他习惯的方式，从物这个词的含义演变入手，说明人们对物的理解从自持者到对象的变化过程。他指出，在古德语中，物（Ding）写作 thing，其含义是聚集，尤其是为讨论协商而聚集。因此，古德语词 thing 和 dine 也就成为表示相关事务或事物的名称，一切与人有关、使人关心，从而成为商谈内容之物。罗马人把商讨之事称为 res。在拉丁文中，res publica（共和国）原来指的就是为所有人所知、与所有人相关，因而需公开商讨之事。[3] 但也正是在拉丁语中，res 的含义发生变化，获得了对象、实体的含义。"罗马人对 res 中的实在物的理解来自他们从晚期希腊哲学中引入的 ŏν 的含义。Ŏν 在拉丁语中写为 ens，指的是前出于此的呈现者。Res 变为 ens，指被放置于此、放置于我们面前被呈现的呈现者。罗马人最初经验的 res 中独特的实在性，关心或关切，即呈现者的本质被埋没了。相反，在后来的时期，特别是中世纪，res 这个词用来指任何的 ens，即以任何方式呈现的任何事物，甚至作为 ens rationis 这仅在思维表象中前出呈现之物。同样的情况也在 thing 和 dine 这两个词身上发生，现在它们用来指以任何方式存在之物。"[4] 总之，物的意义重点从汇聚、从众人关心之事转变为现在流行的含义，即对象化的实体。

海德格尔在此基础上区分了人"对"物的两种不同方式："'相对'和'对象'不同。'对象'概念中的'对'是在主体发出的向着对面的表象性抛掷的基础上被决定的。在相对中，'对'通过达于感知着、观看着、倾听着的人而揭示自身，这种人从未把自己理解为某个客体的主体。呈现者相应地亦非某个主体向前抛掷而形成的客体，它只是达于感知，被人的

---

[1] 参见海德格尔：《物》，载《海德格尔文集·演讲与论文集》，第 191 页。Martin Heidegger, "The Thing," in *Poetry, Language, Thought*, p. 175. "物物"或者"物物着"，这是海德格尔自创的用法。如同"是是""时时"一样，海德格尔以这类表达形式表示某物最本己的动态，或者说其自身的运动方式。中文有翻译为"物化"的，但并不物化，反倒是非物的是者比如人"物化"。

[2] 参见海德格尔：《观入存在之物：1949 年不莱梅演讲》，载《海德格尔文集·不莱梅和弗莱堡演讲》，第 19 页。Martin Heidegger, "Insight Into That Which Is: Bremen Lectures 1949," in *Bremen and Freiburg Lectures*, pp. 15-16.

[3] 参见海德格尔：《物》，载《海德格尔文集·演讲与论文集》，第 188 页。Martin Heidegger, "The Thing," in *Poetry, Language, Thought*, p. 172.

[4] 参见同上书，第 189—190 页。Ibid., pp. 173-174.

视听所捕获并且如实描摹的东西。"[1]

海德格尔指出，要了解物，比如具有某种外观的器具是什么，如何是，并不能仅仅通过观看它的外观，因为这种观看或者思考的基础，就是把一切呈现者视为制作的对象。实际上，对于我们所欲了解的物，我们完全可以"不用'对象'，即对立于我们并与我们相向之物，而用一个更准确的表达'前出者'"加以表述。"在前出者的完整本质中，发生着双重的站立。首先，前出具有出自某处的含义，无论出自自我产生的过程，还是出自他者的创造；其次，前出具有让物向前站立在已经呈现着的无蔽之中的含义。"[2]

把物视为"前出者"，意味着人与物的关系的根本性调整。"如果我们让物着的物从世界着的世界中呈现，那么我们就把物作为物思考了。这种思考使我们关注物在世中之是，它使我们听从物自身的召唤。从德语词 bedingt 的严格意义上说，我们成为物于物者，即被决定者。""如果我们把物作为物思考，我们就在其呈现区域接纳和保护了物之呈现。物物着就意味着世界的切近，切近是近的本质。我们保护了作为物的物，我们就拥有了切近。"[3] 简单讲，这种对物的态度就是让物在世界中自行展开，自行呈现，并在呈现中聚拢万象。

物使世界向我们切近，意味着任何一物都是世界的焦点。这就是海德格尔理解的物的本质。他认为，西方思想长期忽略物自身的特性，物被视为某种类似空盒的东西，人们根据自己的观点和喜好，往里面填塞各种特性。"我们的思想显然自古以来已经习惯过于贫乏地认识物的本质。作为其结果，在西方思想的进程中物一直被表象为某个未知的、带有某些可感特征的 X。从这种观点来看，属于物汇聚着的本质的一切，看上去不过是人在事后的附加物。"[4]

海德格尔试图一举扭转的，就是传统上这种对物的理解。他曾针对横

---

[1] 参见海德格尔：《根据律》，载《海德格尔文集·根据律》，张柯译，商务印书馆 2016 年版，第 173 页。Martin Heidegger, *The Principle of Reason*, trans. by Reginald Lilly, Indiana University Press, 1991, p. 82.

[2] 参见海德格尔：《物》，载《海德格尔文集·演讲与论文集》，第 180—181 页。Martin Heidegger, "The Thing," in *Poetry, Language, Thought*, p. 166.

[3] 参见同上书，第 196 页。Ibid., pp. 178-179. 此处的"bedingt"一词是德语中表示造成、引起、决定的动词 bedingen 的过去分词，它来自 Ding 即物这个词。海德格尔以此表示物对人的决定性力量。

[4] 参见海德格尔：《筑·居·思》，载《海德格尔文集·演讲与论文集》，第 167 页。Martin Heidegger, "Building Dwelling Thinking," in *Poetry, Language, Thought*, p. 151.

跨河两岸的桥指出:"桥显然是自成一体的物,因为它通过为四象提供场所这样一种方式聚拢它们。然而,只有其自身具有某种位置之物才能为场所提供空间。在桥被建成之前这个位置并不存在……因此,并非桥首先进入某个位置并站立于此,只有有了桥,位置才随之产生。桥是一物,它汇聚四象,其方式是为其提供一个位置。通过这个位置,空间的所在和产生的方式才得到规定。"[1] 物物之际,不仅提供了某个场所,而且通过它汇聚四象,使它们相互联结而成为统一的整体。"在物物之际,它安顿了大地和天空、神和人。通过这种安顿,物从远处把四象带到彼此的近旁。"[2]

"四象"是海德格尔自创的表述,指天地神人相互包含、相互作用的统一体,具体而言,大体上可以认为天空是开启、是未来,大地是闭锁、是历史,神是时空的变换,人则是可能。"大地和天空、神和人相互归属,结为统一的四象一体。四者中的每一方复又以自身的方式映射其他各方的本质。每一方因此以其特有的方式被映射回四象一体中它的自身之所是。映射并非对形象的描摹。它在照亮四者的同时,通过简单的涵有,把每一方的本质玄同到其他各方之中。以玄同—照亮的方式,四者中的每一方在映射中与其他各方游戏。这种玄同的映射把四方中的每一方释放到其本己所是中,同时把被如此释放的每一方都结合进它们本质性的相互联系形成的一体性中。"[3] 四者相互映射、相互完备,借助他方形成本己自身,即通过贡献自身而完成自身。这种"失去本己而完成本己"的过程即四象的映射游戏。"我们把大地与天空、神与人这种一体玄同中的映射游戏称为世界。世界因世界着而成其本质。这意味着世界之世界着这一点不可能由除它之外的任何事物加以解释或者为之奠基。"[4] 世界就是其自身的终极

---

[1] 参见海德格尔:《筑·居·思》,载《海德格尔文集·演讲与论文集》,第 167 页。Martin Heidegger, "Building Dwelling Thinking," in *Poetry, Language, Thought*, p. 152.

[2] 参见海德格尔:《观入存在之物:1949 年不莱梅演讲》,载《海德格尔文集·不莱梅和弗莱堡演讲》,第 20 页。Martin Heidegger, "Insight Into That Which Is: Bremen Lectures 1949," in *Bremen and Freiburg Lectures*, p. 16.

[3] 在德语中镜子为"Spiegel",与 speculativ 即思考有关。"Speculativ(思考)来源于 spuculum(镜子)和 speculari(通过或者在镜子中观看)。因此,思考显然就是一种映射(Spiegeln)关系。"参与者的话,见海德格尔:《海德格尔文集·讨论班》,王志宏、石磊译、孙周兴、杨光校译,商务印书馆 2018 年版,第 88 页。Martin Heidegger and Eugen Fink, *Heraclitus Seminar, 1966/1967*, trans. by Charles H. Seibert, University of Alabama Press, 1979, p. 49.

[4] 参见海德格尔:《观入存在之物:1949 年不莱梅演讲》,载《海德格尔文集·不莱梅和弗莱堡演讲》,第 22—23 页。Martin Heidegger, "Insight Into That Which Is: Bremen Lectures 1949," in *Bremen and Freiburg Lectures*, pp. 17-18.

原因。或者也可以说，世界由以构成之物，即天地神人，经过一种特殊的结构化过程，成为它们自身的终极原因。

海德格尔写道："物物之际，物居留于统一的四象，即大地与天空、诸神与众人，居留于它们自我统一的四象的纯然一体之中。大地承受筑造，滋养果实，看护着流水和岩石、植物和动物。当我们说到大地，我们就已经因四象一体而想到另外三方。天空是日月之轨、群星闪烁之处，是周而复始的季节，是昼之光明和暗晦、夜之暗昧和启明，是季节的温寒，是白云的飘忽和天穹的湛蓝深远。当我们说到天空，我们就已经因四象一体而想到另外三方。诸神是圣者信息让人心动的传递者。根据神性隐秘的安排，神成其所是，并远离呈现的是者。当我们说到诸神，我们就已经因四象一体而想到另外三方。人类是终有一死者。他们之所以被称为终有一死者，是因为他们能赴死。赴死意味着能够面对死亡。只有人赴死，动物只是消亡。动物生前死后都无所谓死亡。……当我们说到人，我们就已经因四象一体而想到另外三方。大地和天空、诸神和众人在和谐中并存，并因四象的纯然一体相互归属。"[1] 四象的本体性在于："'在大地上'就意味着'在天空下'，两者一道意指'在神面前持留'，并且包含着一种'与人之并存的归属'。"[2] 海德格尔特别说明，对于世界，人类不可能进行任何的说明与解释，因为人们的一切说明和解释工具、一切因果范畴都不适用于世界。[3]

使四象聚为一体的，就是每一个特定的物，比如装盛葡萄酒的壶，或者横跨河流两岸的桥梁。海德格尔借桥的例子指出："桥'轻松而有力地'飞越河流。它不仅连接了原本已在此的河岸。因桥的横越，河岸才作为河岸显现。桥的目的是让河岸相互连接。通过桥，河岸的一方与另一方相互对峙。河岸也并非作为坚固陆地单纯的边际线而沿河伸展。桥与河岸一道，把它们身后的广阔景观带向河流。它使河流、河岸和大地彼此相邻。桥把大地聚集为河边的风景。"[4] 桥作为物，聚拢着四象，为其提

---

[1] 参见海德格尔：《物》，载《海德格尔文集·演讲与论文集》，第192—194页。Martin Heidegger, "The Thing," in *Poetry, Language, Thought*, pp. 175—177.

[2] 参见海德格尔：《筑·居·思》，载《海德格尔文集·演讲与论文集》，第162页。Martin Heidegger, "Building Dwelling Thinking," in *Poetry, Language, Thought*, p. 147.

[3] 参见海德格尔：《物》，载《海德格尔文集·演讲与论文集》，第194页。Martin Heidegger, "The Thing," in *Poetry, Language, Thought*, pp. 177—178.

[4] 参见海德格尔：《筑·居·思》，载《海德格尔文集·演讲与论文集》，第165页。Martin Heidegger, "Building Dwelling Thinking," in *Poetry, Language, Thought*, p. 150.

供位置，使其相互映射。桥的位置把场所安置为诸空间而将四象置入其中。位置在双重意义上为四象设置空间，即安置和接纳，它们共属一体。通过双重的空间设置，位置成为四象的庇护之所，或者也可以说四象之家。[1]

每一个物的作用，即海德格尔所说的物物，都包含了四象相互映射的游戏。同时，在四象的映射游戏中，物成其为物。[2] 壶是海德格尔使用的一个非常有名的例子，他结合壶中所盛之酒及酒的倾注说明天地神人在壶这一物中的汇聚。海德格尔把壶中之酒的倾注视为馈赠，因为它汇聚了天地万物之精华，安顿天地神人于其中。"在馈赠中，壶作为壶而本质性地发生。馈赠汇聚了给出的一方，即双重的容纳、容纳者和空，以及作为馈赠的倾注。在馈赠中汇聚者以玄同的形式聚集自身，从而使四象安顿。多重而单纯的汇聚就是壶的本质发生。我们的语言用一个古老的词命名这种汇聚，它就是 thing（即物——引者）。壶的本质就在于在一瞬间通过纯粹给出的汇聚让四象浑然一体。壶本质发生为物。壶乃作为物的壶。物如何本质发生？物物。物聚集。通过使四象玄同，它每一次都把四象的逗留汇聚为某种安顿者，即进入这个或那个物。"[3] 一物一世界，每一物都包含了整个世界。

从这个意象上看，物类似一个平面坐标系的原点，而天地神人则构成四个象限。但在另外的地方，担当这个原点功能的则是天命。海德格尔写道："有四种声音在鸣响：天、地、神、人。天命汇聚这四种声音中全部

---

[1] 参见海德格尔：《筑·居·思》，载《海德格尔文集·演讲与论文集》，第172页。Martin Heidegger, "Building Dwelling Thinking," in *Poetry, Language, Thought*, pp. 155-156.

[2] 参见海德格尔：《观入存在之物：1949年不莱梅演讲》，载《海德格尔文集·不莱梅和弗莱堡演讲》，第25页。Martin Heidegger, "Insight Into That Which Is: Bremen Lectures 1949," in *Bremen and Freiburg Lectures*, p. 19.

[3] 参见同上书，第14—15页。Ibid., pp. 11-12. 下面是这段话的另一种表述："倾注之馈赠之所以是馈赠，乃因为它让天地神人驻留。然而，驻留现在已经不再是某物在此单纯的持续。驻留涵有。它将四象带入它们相互归属的光亮。出自纯一的驻留，它们相互承získ、相互托付，在这种相互依托中成为一体，并被去蔽。倾注的馈赠使四象的纯一性驻留。在倾注的馈赠中，壶呈现为壶。馈赠汇聚了馈赠的一方，即双重的容纳、容器、虚空和作为馈赠的倾注。在馈赠中被聚集者以使四象在涵有中驻留的方式聚集自身。多重而单纯的聚集就是壶的呈现。我们的语言用一个古老的词表达聚集之所是。这个词就是物。壶的呈现是四象一体向着一个单纯的时间—空间的纯粹的、给出中的聚集，是单纯的驻留。壶作为一物呈现。壶作为壶就是一物。但是物又如何呈现？物物。物聚集。它在涵有四象时让四象的驻留、它的逗留聚集为可以持存一时之物，聚集为这一物、那一物。"（参见海德格尔：《物》，载《海德格尔文集·演讲与论文集》，第186—187页。Martin Heidegger, "The Thing," in *Poetry, Language, Thought*, pp. 171-172.）

无限的关系。四者中任何一方都不能独自持立和行动。因此任何一方都具其有限性，都不能缺少其他各方。它们在无限中相互关联，在无限的关系中是其所是，它们就是整个关系本身。""天命也许就是处于中心地位即中介地位的'核心'，这个核心决定了四者的相互归属，并将其置送入这种相互归属。天命的置送把四象聚于自身，聚于中心。……作为整个关系的中心，天命就是汇聚一切的开端。"[1] 当然，这两种意象并不互相排斥，也许可以把"物"的意象理解为物论意义上的描述，而把"天命"的意象理解为是论意义上的描述。

海德格尔把物定义为一切并非无的东西，特别是定义为人可以切近的东西，一方面消除了物的神秘性，另一方面也消除了物的"客观性"。在他看来，物是相对于人而言的是者，而并非不与人发生关系的物即传统哲学所谓的"自在"之物。海德格尔借此强调的是人对物的理解、认识和感受，因此物乃人观念中之物。他曾经指出："在严格的现象学意义上，被感知者并非自在的被感知到的实体本身，而是作为就其被感知到而被感知的、在具体感知中显现自身的实体。严格意义上的被感知者就是被如此感知者，或者更准确地说，被感知性。"[2] 因此海德格尔表示，物不因人的行为而现身，但也不能离开人的守护而独存。"走向这种守护的第一步是从单纯的表象性思维（即解释）回退，回到作为回应和思念的思想。"[3]

在人与物的关系方面，海德格尔认为人能够认识和利用他所不是的那些是者，却不能从根本上控制它们。"人在与自身所不是的是者相接的过程中，已经发现后者承载着他，他赖之以为生，同时无论通过什么样的文化与技术手段，他都根本不可能成为其主宰。"[4] 这样一种对物的理解，意味着人对物、对自然的敬畏，成为海德格尔技术批判的思想基础。

---

[1] 参见海德格尔：《海德格尔文集·荷尔德林诗的阐释》，孙周兴译，商务印书馆 2014 年版，第 206—207 页。Martin Heidegger, *Elucidations of Hölderlin's Poetry*, trans. by Keith Hoeller, Humanity Books, 2000, pp. 194-195.

[2] 参见海德格尔：《海德格尔文集·时间概念史导论》，欧东明译，商务印书馆 2014 年版，第 54—55 页。Martin Heidegger, *History of the Concept of Time: Prolegomena*, trans. by Theodore Kisiel, Indiana University Press, 1985, p. 40.

[3] 参见海德格尔：《物》，载《海德格尔文集·演讲与论文集》，第 196—197 页。Martin Heidegger, "The Thing," in *Poetry, Language, Thought*, p. 179.

[4] 参见海德格尔：《海德格尔文集·康德与形而上学疑难》，王庆节译，商务印书馆 2018 年版，第 246—247 页。Martin Heidegger, *Kant and the Problem of Metaphysics*, trans. by Richard Taft, Indiana University Press, 1991, pp. 159-160.

器具

关于人与物相接的方式,海德格尔详细讨论了其中的一种,即人对作为器具的物的使用。根据他的定义,器具即人们"在牵挂中与其照面之物"[1]。也可以简单地认为,器具就是被人作为媒介与物相接之物,因而也就是对人有用之物。海德格尔实际上也是在这个意义上使用器具这个表述的。他对器具的关注,目的并不在于研究器具本身,而是试图通过人对器具的使用,探明人与物之间一种特殊的、被形而上学长期忽视的关系。

海德格尔曾借梵高的一幅画《农鞋》说明器具与人的关系,即使用。"器具的器具性就在于它有用。……农妇穿着鞋在田间。只有在此时农鞋才成其所是。农妇在工作时越少想到她的鞋,越少看它们,甚至根本没有意识到它们的存在,它们就越真实地成其所是。鞋就是如此实际发挥功用。恰恰是在使用的过程中,器具的器具性才会直接与我们相对。"[2] 海德格尔特别强调:"这一器具属于大地,并在农妇的世界里得到保护。正是由于这种被保护的归属,器具自身才得以完满。"[3] 器具有属于它的大地和世界,如同农妇的鞋。它被农妇穿上,行走或站立于田间,汇聚了它的世界。

如上所述,器具的使用有一个根本特点,即它们越是称手,越是成其所是,人们就越是不会察觉到它们的存在。"器具能够安然于自身完满,就在于它的可靠。只有在这种可靠性中,我们才真正瞥见了器具之所是。"[4] 任何器具的特性就在其实用,而不在于人对它们的关注即它们的对象性,正所谓"忘足,履之适也;忘腰,带之适也;知忘是非,心之适

---

[1] 参见海德格尔:《海德格尔文集·存在与时间》,陈嘉映、王庆节译,熊伟校,陈嘉映修订,商务印书馆2016年版,第101页。Martin Heidegger, *Being and Time*, trans. by Joan Stambaugh, State University of New York Press, 2010, p. 68.

[2] 参见海德格尔:《艺术作品的本源》,载《海德格尔文集·林中路》,第19页。Martin Heidegger, "The Origin of the Work of Art," in *Off the Beaten Track*, pp. 13-14.

[3] 参见同上书,第20页。Ibid., p. 14.

[4] 参见同上书,第21—22页。Ibid., p. 15.

也"[1]。比如说壶，"壶之物性因素就在于：它作为一个容器而是"[2]。它在对内容物的装盛与倾注中，而不在人们对它的观察与注视中，成其所是。

器具的可靠使之成为助人立足于大地、安居于世界的关键。正是因为这种可靠性，人在世间才会有家园之感，安然自得。"器具的器具性固然在于其有用，但有用性本身又植根于器具完整的本质之所是，我们称之为可靠。因为这种可靠，农妇方为大地无声的召唤所接纳；因为这种器具的可靠，她方始对她的世界有所把握。只有在器具中，世界与大地，以及与她共有是之形式的人，方为她而存在。"[3] 海德格尔反对人们在知识中对确定性的执着追求，但在器具的使用中，他看到了确定性的清晰表达即可靠。

海德格尔指出，人在与器具即有用之物相接的时候，其认识物的方式既非对物之外观的审视，亦非对其性质进行理论上的思考，而是在使用中对物的"掂量"。这种掂量使人获得对器具的把握，并且发现它们是否称手。"我们把有用物在使用中揭示自身之是的方式称为称手。……无论我们多么精细地观察以这种或者那种方式构成的物之'外观'，都不可能发现它是否称手。如果我们仅仅从'理论上'考察物，也仍然缺乏对称手的理解。然而，通过使用与物相接并非盲目行动，它以其自身的认识方式指导我们操作，并使这些操作具有特定的把握。指导我们与有用物打交道的，是以目的为指向的多重考虑。这种顺应于物的认识方式可以称为掂量。"[4] 一件工具是否称手只能通过实践发现，这要由工具本身、工具的使用者、用此工具所从事的工作，以及当时所处的环境等各种因素共同决定。

在强调通过使用与物相接，以及使用中的掂量获得对器具的把握的同时，海德格尔对所谓科学的接物方式即科学的"强制性"提出了批判。"人们说，科学知识具有强制性。的确如此。但其强制在于何处呢？以我

---

[1]《庄子·达生》。

[2] 参见海德格尔：《观入存在之物：1949年不莱梅演讲》，载《海德格尔文集·不莱梅和弗莱堡演讲》，第 8 页。Martin Heidegger, "Insight Into That Which Is: Bremen Lectures 1949," in *Bremen and Freiburg Lectures*, p. 7.

[3] 参见海德格尔：《艺术作品的本源》，载《海德格尔文集·林中路》，第 20—21 页。Martin Heidegger, "The Origin of the Work of Art," in *Off the Beaten Track*, pp. 14–15.

[4] 参见海德格尔：《海德格尔文集·存在与时间》，第 103 页。Martin Heidegger, *Being and Time*, p. 69.

们的例子而言,就在于强制性地把一把盛满葡萄酒的壶转变为一个用于装盛液体的空腔。科学取消了壶之为壶的属性,使物不再成为其自身真实性的标准。"在科学的眼中,并非物,而是对象才是标准的是者。"在强制性的科学知识视域内,即在对象的区域内,早在原子弹爆炸之前就已经消灭了物之为物了。原子弹的爆炸,不过是对很早以前就已经发生的对物之消灭的确认中最残酷的一次,即确认物已经无效。"[1]

自行涌出的自然

海德格尔对物的含义的阐释,对大地与世界的关系的思考,都以他关于自然的思想为基础,后者实际上构成他整个思想体系的一个重要组成部分,是他对是的理解的基本背景。当然,海德格尔所说的自然,是希腊意义上而非当今人们所理解的自然,他对此有明确的澄清:"本源性的、由希腊人揭示并带入语词的自然,在日后被两种陌异的力量非自然化了。首先是基督教,它把自然降格为某种'受造物',同时将其带入与超自然(神恩的领域)的某种关系中;其次是近代科学,它把自然消解于由数学提供秩序的世界经济、工业化和技术之中,特别是机械技术意义上的技术的权力领域中。"[2]

在海德格尔的思想中,自然是起源,是本质,是万物的根基。"'自然奇妙地教育着一切呈现者。'她呈现于一切实在物之中。自然在人的作品中、在民族的命运中、在星辰和众神中显现,同样也在岩石、植物、动物中显现,还在溪流与电闪雷鸣中显现。自然的无所不在'令人惊异'。但是,人们又不能像某种孤立的实存物那样,在实在者中找到自然。自然的普遍呈现亦非把孤立的实存物结合在一起。甚至实存物的总体也不过是自然这一普遍呈现者的结果。后者不接受基于实存物的解释,甚至也不可能通过某种实存物加以说明。"[3] 海德格尔因此甚至表示:"神性就是自

---

[1] 参见海德格尔:《观入存在之物:1949年不莱梅演讲》,载《海德格尔文集·不莱梅和弗莱堡演讲》,第9—10页。Martin Heidegger, "Insight Into That Which Is: Bremen Lectures 1949," in *Bremen and Freiburg Lectures*, p. 8.

[2] 参见海德格尔:《荷尔德林的颂歌〈日耳曼尼亚〉与〈莱茵河〉》,张振华译,商务印书馆2018年版,第237页。Martin Heidegger, *Hölderlin's Hymns "Germania" and "The Rhine"*, trans. by William McNeill and Julia Ireland, Indiana University Press, 2014, p. 178.

[3] 参见海德格尔:《海德格尔文集·荷尔德林诗的阐释》,第59页。Martin Heidegger, *Elucidations of Hölderlin's Poetry*, p. 75.

然之本质。"[1]

海德格尔对自然的理解包括三个方面：一是自行涌出，二是某种支配性的力量，三是呈现即是。这三个方面侧重点有所不同，但又相互联系，形成他的自然解释的整体。就第一个方面而言，海德格尔指出："Φύσις，我们习惯上翻译为自然。自然这个词也出自拉丁语的 natura 和 nasci，即出生、上升、生长。这正是希腊语中φύσις，φύειν的基本含义。Φύσις意味着生长着的东西、生长，在那种生长中自身长出的东西。"[2]

自然作为自行涌出，是φύσις内含的生长的意义"自然的"延伸。海德格尔用一长段话描述自然的涌出："自然指的是生长。但希腊人是如何理解生长的？既非量的增加，亦非'发展'或者相继发生的'变易'。自然是涌出和上升，是自我开启，它在上升中同时返回涌出者，从而在自身中包裹每一次为呈现者给出呈现之物。作为一个根本性的词来思考，自然指的是向开放的上升，是对通透的照亮，在其中任何物进入显现、显现自身的轮廓、在'外观'中显现自身，显现为此物或彼物。自然是回返自身的上升。它命名的是那寓于上升并呈现为开放之物之进入呈现。当然，开放的通透只有让'光'穿过透明时才最纯粹地被人感知。自然是通透的上升，因而是火的源泉。"[3] 概而言之，自然的涌出就是时空的生发，是通透的开启，它带出并照亮一切来来去去的是者，带来大地与世界、神与人。

自然这一自行涌出的特性可以通过与技艺的区别凸显出来。海德格尔指出："在亚里士多德《物理学》专题性探讨的开始处，自然物与技艺之物被区分开来。前者是出于自身并由自身带出之物，后者则是由人类计划与制造带出之物。"[4] 因此，"对希腊人来说，自然是是者本身作为整体最初的、本质性的名称。是者乃自行显现者，没有任何强迫，它上升和前

---

[1] 参见海德格尔：《海德格尔文集·荷尔德林诗的阐释》，第 68 页。Martin Heidegger, *Elucidations of Hölderlin's Poetry*, p. 82.

[2] 参见海德格尔：《海德格尔文集·形而上学的基本概念：世界—有限性—孤独性》，赵卫国译，商务印书馆 2017 年版，第 38 页。Martin Heidegger, *The Fundamental Concepts of Metaphysics: World, Finitude, Solitude*, trans. by William McNeill and Nicholas Walker, Indiana University Press, 1995, p. 25.

[3] 参见海德格尔：《〈如当节日的时候……〉》，载《海德格尔文集·荷尔德林诗的阐释》，第 64 页。Martin Heidegger, "As When on a Holiday," in *Elucidations of Hölderlin's Poetry*, p. 79.

[4] 参见海德格尔：《阿那克西曼德之箴言》，载《海德格尔文集·林中路》，第 366 页。Martin Heidegger, "Anaximander's Saying," in *Off the Beaten Track*, p. 244.

行,回归自身并最终消失。它是出于自身寓于自身的尺度"[1]。总之,"那种从自身涌出并进入呈现的是者之是就叫自然"[2]。"自然意味着自我上升的涌出,是寓于自身的自我展开。"[3] 自然乃"某物将自身带入其形式及外观的过程"[4]。

因此,希腊人并不是单纯从自然物的生长来理解自然之涌出,自然反映的是他们对世界整体的根本体验。"希腊人首先并不是在自然过程中经验到什么是自然。实际情况正相反。在诗与思想中对是的根本经验的基础上,被他们称为自然的东西向他们揭示自身。只有基于这种揭示,他们才能一窥狭义的自然。因此,自然本源的意义包括天空与大地、岩石与树木、动物与人,以及作为人与神之作品的人的历史,最后也最重要的,还包括处于天命之中的诸神。自然意味着涌出的作用,以及在这种作用支配之下的持续。这种涌出、这种持久的作用既包括'变易',也包括狭义上作为被固定的连续性的'是'。"[5]

海德格尔通过对亚里士多德自然观的研究,指出自然所具有的本源含义。首先是作为起源与秩序的自然。他引用亚里士多德的话指出:"自然是率先行使起源和秩序力量的某物运动和静止的原因"[6]。因此,自然物具有自立自持的根本特性。"自然物自在存在,来自身,回归自身,从而是它自身所是的运动者之运动状态的起源和秩序:由它占有、被它推

---

[1] 参见海德格尔:《海德格尔文集·尼采》上卷,孙周兴译,商务印书馆2015年版,第93页。Martin Heidegger, *Nietzsche Volume I: The Will to Power as Art*, trans. by David Farrell Krell, Harper & Row, 1991, p. 81.

[2] 参见海德格尔:《根据律》,载《海德格尔文集·根据律》,第132页。Martin Heidegger, *The Principle of Reason*, p. 63.

[3] 参见海德格尔:《海德格尔文集·形而上学导论》,王庆节译,商务印书馆2017年版,第72—73页。Martin Heidegger, *Introduction to Metaphysics*, trans. by Gregory Fried and Richard Polt, Yale University Press, 2000, p. 64.

[4] 参见海德格尔:《海德格尔文集·柏拉图的〈智者〉》,熊林译,商务印书馆2015年版,第61页。Martin Heidegger, *Plato's Sophist*, trans. by Richard Rojcewicz and André Schuwer, Indiana University Press, 2003, p. 32.

[5] 参见海德格尔:《海德格尔文集·形而上学导论》,第17—18页。Martin Heidegger, *Introduction to Metaphysics*, pp. 15-16.

[6] 参见亚里士多德:《物理学》,徐开来译,载苗力田主编:《亚里士多德全集》第二卷,中国人民大学出版社2016年版,第30页。中文翻译为:"所谓自然,就是一种由于自身而不是由于偶然性的最初本源和原因。"又参见海德格尔:《论Φύσις的本质和概念。亚里士多德〈物理学〉第二卷第一章》,载《海德格尔文集·路标》,孙周兴译,商务印书馆2014年版,第296页。Martin Heidegger, "On the Essence and Concept of Φύσις in Artstotle's *Physics* B, I," in *Pathmarks*, ed. by William McNeill, Cambridge University Press, 1998, pp. 194-195.

动,出于它本身。"[1] 其次是作为形式的自然。在亚里士多德思想中,作为形式的自然意味着产生与运动,因而同样具有起源和秩序的含义,只不过更强调自然作为本源的形式的一面。所谓本源的形式,指的就是一种自我设置,即起源把自身放置到秩序中。"形式是作为起源的自然的本质,起源是作为形式的自然的本质,因为形式的特殊性事实上就是自然,即型相,它自身推动自身,并把自身带入呈现。"[2] 简言之,自然是自身的推动者,也是为自身赋予型相者。

自然第二个方面的含义是支配。"在自然这个表述中,同样原始,也同样本质性地表达出来的是支配,它让一切支配者成其所是。自然现在指的不再是诸区域之一,事实上它指的根本就不是是者的某个区域,而是是者的自然。此处的自然具有内在本质的含义,当我们说物之自然的时候,指的不仅是自然物之自然,而是每一个是者之自然。"[3] 所以,"自然,这一支配者,不仅意味着自身支配的东西,而且意味着在支配中支配着的东西,或者任何支配者的支配本身"[4]。

可以看出,海德格尔如此解释的自然实际上非常类似于中国的"道":"道法自然"。"自然意味着支配着人自身的完整的支配性运动,对此人无力控制,只能完全受其左右。人对此早就已经有所言表。无论他理解了多少,无论其细节对他来说多么神秘模糊,他都对其有所理解。它向人接近,作为是者承载着他又压制着他。"[5] 那么,自然是从何处获得这种支配性力量的?"自然无须从其他地方获得力量,它自身就是力量的源泉。"[6] 自然这种支配性的力量,从一个人的生命历程也能够清楚地看出来。"人本身所经验的事件,出生、童年、成人、衰老、去世,都不是当今某种特定生物学意义上狭义的自然过程。它们属于是者普遍的支配性的

---

[1] 参见海德格尔:《论 Φύσις 的本质和概念。亚里士多德〈物理学〉第二卷第一章》,载《海德格尔文集·路标》,第 317 页。Martin Heidegger, "On the Essence and Concept of Φύσις in Artstotle's *Physics* B, I," in *Pathmarks*, p. 207.

[2] 参见同上书,第 351—352 页。Ibid., p. 228.

[3] 参见海德格尔:《海德格尔文集·形而上学的基本概念:世界—有限性—孤独性》,第 47 页。Martin Heidegger, *The Fundamental Concepts of Metaphysics: World, Finitude, Solitude*, p. 31.

[4] 参见同上书,第 46 页。Ibid., p. 30.

[5] 参见同上书,第 39 页。Ibid., p. 26.

[6] 参见海德格尔:《海德格尔文集·荷尔德林诗的阐释》,第 60 页。Martin Heidegger, *Elucidations of Hölderlin's Poetry*, p. 76.

运动。后者在自身中包含了人类的命运及其历史。"[1] 海德格尔正是在这一支配性力量的意义上指出："为了更清楚，而且更接近其原始的含义，我们现在不用生长，而是用'是者整体自身形成的支配性的运动状态'来翻译φύσις这个词。"[2]

最后是作为当下呈现即是的自然。"人们随处可以体验作为涌出的自然，比如天体运行（太阳上升），大海涨潮，植物生长，动物与人从母体中诞生。但是，自然作为强势的涌出，与这些我们今天仍然视为'自然'之一部分的过程意义并不完全一致。这种涌出、出于自身和自身站立不应被等同于我们在是者中观察到的过程之一。自然就是本身，有了它是者才成其所是并得以被观察。"[3]

希腊人实际上已经把自然理解为是，并视之为比是者更本源之物，因为"自然就是当下呈现（οὐσία），即是者之是，也就是对某个是者特性的规定。简言之，就是是"[4]。海德格尔指出，在亚里士多德的思想中可以看出这一点："亚里士多德对自然加以解释的关键性指导原则是：自然必须被理解为当下呈现，即一种呈现的方式和模式。"[5] 因此，"希腊人首次本源性地把是把握为自然，即作为自行涌出并因此在涌出中呈现，在开放域中自行展示。如果我们把是作为自然，并就其自身对之加以探究，那么结果就是：一切出于自然，是先于是者"[6]。不过，海德格尔强调："这种是只有以逻各斯为引线方可把捉。"[7]

海德格尔借亚里士多德对几个概念之间关系的论述揭示了自然在其思想中的地位及其所表达的是的含义："形式（μορφή）（把质料）置入外

---

［1］ 参见海德格尔：《海德格尔文集・形而上学的基本概念：世界—有限性—孤独性》，第39页。Martin Heidegger, *The Fundamental Concepts of Metaphysics: World, Finitude, Solitude*, p. 26.

［2］ 参见同上书，第38页。Ibid., p. 25.

［3］ 参见海德格尔：《海德格尔文集・形而上学导论》，第17页。Martin Heidegger, *Introduction to Metaphysics*, p. 15.

［4］ 参见海德格尔：《论Φύσις的本质和概念。亚里士多德〈物理学〉第二卷第一章》，载《海德格尔文集・路标》，第303页。Martin Heidegger, "On the Essence and Concept of Φύσις in Artstotle's *Physics* B, I," in *Pathmarks*, p. 199.

［5］ 参见同上书，第305页。Ibid., p. 200.

［6］ 参见海德格尔：《海德格尔文集・尼采》下卷，孙周兴译，商务印书馆2015年版，第905页。Martin Heidegger, *Nietzsche Volume IV: Nihilism*, trans. by Frank A. Capuzzi, Harper & Row, 1991, p. 161.

［7］ 参见海德格尔：《论Φύσις的本质和概念。亚里士多德〈物理学〉第二卷第一章》，载《海德格尔文集・路标》，第330页。Martin Heidegger, "On the Essence and Concept of Φύσις in Artstotle's *Physics* B, I," in *Pathmarks*, p. 215.

观,从而也就是运动(κίνησις)本身,是从一种属性向另一种属性的变化。但运动的本质是隐特莱希(ἐντελέχεια),它比动力因(δύναμις)更多、更本源地实现了当前呈现之所是。决定自然的本质性指导原则就是:自然是呈现的一种形式。由于形式从本质上就是隐特莱希,从而也就是更高程度上的呈现,因此形式也就内在地是更高程度上的自然。置入外观更充分地实现了自然,即出于自身运动者之所是。"[1] 当然,严格地说,亚里士多德这样一种对自然的理解在希腊思想中并不占主导地位,而且以上的总结多多少少带上了海德格尔本人的色彩。不过,海德格尔对古希腊关于自然的思想的讨论,落脚点在于强调即便自然这个概念的"本源性含义并没有从希腊哲学的经验、知识和态度中完全消失,但在希腊哲学中,它的意义已经变得越来越贫乏"。[2]

第二节 是与玄同

是的发生

关于是,海德格尔提出了以下一系列问题:"在毫不起眼的系词'是'中隐藏了关于是值得思考的一切。但其中最值得深思的始终是我们的如下考虑:是否'是',是否这个系词'是'自己能够是,抑或'是'从来就不'是',真实的情况是'是'只能被给出。""但在'是被给出'中,馈赠从何而来,向谁而去,给出的方式又是如何?"[3] "是不能是。如果它能是,它就不再是是,而变成了是者,一个实体。""是否是作为所是之是,在此作为某种实体发生了;或者是作为同一者,只能以同义反复的方式指涉自身?这里出现了同义反复吗?的确。但这是最高意义上的同义反复,它说的不是无,而是一切,这一切过去是,将来也是思想的决定因素。因此,这种同义反复在自身中隐藏了未曾被说出、未曾被思考、未曾

---

[1] 参见海德格尔:《论Φύσις的本质和概念。亚里士多德〈物理学〉第二卷第一章》,载《海德格尔文集·路标》,第337页。Martin Heidegger, "On the Essence and Concept of Φύσις in Artstotle's *Physics* B, I," in *Pathmarks*, p. 219.

[2] 参见海德格尔:《海德格尔文集·形而上学导论》,第19页。Martin Heidegger, *Introduction to Metaphysics*, p. 17.

[3] 参见海德格尔:《康德的存在论题》,载《海德格尔文集·路标》,第564页。Martin Heidegger, "Kant's Thesis about Being," in *Pathmarks*, p. 362.

被问及的东西。"[1]

在西方思想史上，是的表现形式经历过一系列变化。"是以不同的方式向我们述说：作为自然，即从自身而来的涌现，作为呈现，作为对象化。"[2] 至于形而上学的一个基本特征，就在于把是理解为持续的呈现，把是理解为永远是，即物持续不变的特性，这一点在近代又通过笛卡尔把是理解为确定性得到继承和强化。对形而上学而言，"呈现意味着当下呈现、当前呈现的是。作为结果，真正的是就是永远的是、永恒的是（ἀεὶ ὄν）。持续呈现者是我们必须在理解和制造任何事物之前向其回归之物，是范型，是型相。持续呈现者作为始终当前呈现者，作为基质，作为主体，也是我们在一切逻各斯即陈述中必须向其回归之物。"[3]

因此，要超越形而上学，一项核心的工作就是超越其对是的理解，而把是理解为事件的发生。这种理解是海德格尔的一大贡献。他曾经用一句非常简洁有力的话表达自己的观点："是根本就不'是'，相反，它本质性地发生。"[4] 这也正是海德格尔在一段时间内把是写为 Seyn 而不是通常的 Sein，或者在 Sein 上面打叉的原因。他希望以此表明，他理解的是不再是永恒不变的是，而是动态的、过程中的、具体的是。

海德格尔特别强调，是并非始终如一、永恒不变。是的变化方式之一，就是在呈现中又隐藏自身："与可以直接通达的是者相比，是具有抑制自身、以某种方式遮蔽自身的特性。"[5] 是自行涌现，但在是中"有一种自我回退居于统治地位，而且这种统治如此具有决定性，以至没有后者，前者就不可能呈现"。海德格尔指出："还在柏拉图和亚里士多德之前，早期希腊思想家中的一位，即赫拉克利特就已经说过：φύσις κρύπτεσθαι φιλεῖ；'是喜欢（一种）自行遮蔽。'（'残篇'，第 123 条）以希

---

[1] 参见海德格尔：《康德的存在论题》，载《海德格尔文集·路标》，第 565 页。Martin Heidegger, "Kant's Thesis about Being," in *Pathmarks*, p. 363.

[2] 参见海德格尔：《根据律》，载《海德格尔文集·根据律》，第 224 页。Martin Heidegger, *The Principle of Reason*, p. 105.

[3] 参见海德格尔：《海德格尔文集·形而上学导论》，第 231 页。Martin Heidegger, *Introduction to Metaphysics*, p. 206.

[4] 参见海德格尔：《海德格尔文集·哲学论稿（从本有而来）》，孙周兴译，商务印书馆 2014 年版，第 300 页。Martin Heidegger, *Contributions to Philosophy (Of the Event)*, trans. by Richard Rojcewicz and Daniela Vallega-Neu, Indiana University Press, 2012, p. 201.

[5] 参见海德格尔：《根据律》，载《海德格尔文集·根据律》，第 134 页。Martin Heidegger, *The Principle of Reason*, p. 63.

腊的方式思想,'φιλεῖν'即'喜欢'意味着什么呢?它的意思是在同一者中共属一体。赫拉克利特想要说的是:自行隐蔽归属于是。"因此,"今天我们说,是将自身向我们呈递出来,但与此同时,在其本质中,它已经回退了"。[1]

在古希腊,是的发生曾经被理解为当下呈现,其中包含的两个维度即当下与呈现排除了任何形式的本质论、永恒论和普遍论。"显然,古人对是者之是的解释是以最广义的'世界'或'自然'为准的,而且它从'时间'出发获得对是的理解。关于这一点的外部证据——当然仅仅是外部的——就是把是的意义规定为παρουσία或οὐσία,它们在是论上和时间上意味着'当下呈现'。是者通过它们之是被把握为'当下呈现者',这就是说,它们被理解为一种特定的时间形式,即当下。"[2]

当然,海德格尔也强调,这种对是的理解在古希腊思想中只是短暂存在,呈现最终还是被理解为永恒呈现。"在其历史的开端中,是自身开启为涌出和无蔽,并在此达于呈现和持续存在的永恒性意义上的表达。形而上学恰恰由此起步。""对亚里士多德的思想来说,呈现者具有如下特点:立于永恒中的东西已经进入站立,或者呈现者已经被带入它的位置。已经进入无蔽的永恒呈现者在任何情况下都是确定的此物或彼物。亚里士多德把永恒者和呈现者理解为静止不变的东西。静止被当作呈现的特性。"[3]

在亚里士多德的形而上学中,呈现意味着目的的实现、运动的终结。呈现"是制作和设置运动过程汇聚于其中的目的。这一汇聚标志着完成和终结,亦即完成者的呈现。隐特莱希是最终对自身的占有,是包含一切的呈现。它把一切制作过程置于身后,因而是直接的、纯粹的是之呈现"[4]。也就是说,在古希腊,"'是'最初被称为'呈现',而'呈现'则意味在无蔽中持续地当前在此"[5]。"是作为自然乃涌出的强力。与变

---

[1] 参见海德格尔:《根据律》,载《海德格尔文集·根据律》,第137页。Martin Heidegger, *The Principle of Reason*, p. 64-65.

[2] 参见海德格尔:《海德格尔文集·存在与时间》,第36—37页。Martin Heidegger, *Being and Time*, p. 24.

[3] 参见海德格尔:《海德格尔文集·尼采》下卷,第1104页。Martin Heidegger, *The End of Philosophy*, trans. by Joan Stambaugh, University of Chicago Press, 2003, p. 4.

[4] 参见同上书,第1105—1106页。Ibid., p. 5.

[5] 参见海德格尔:《逻各斯》,载《海德格尔文集·演讲与论文集》,第257页。Martin Heidegger, "Logos," in *Martin Heidegger: Early Greek Thinking*, trans. by David Farrell Krell and Frank A. Capuzzi, Harper & Row, 1984, p. 78.

易不同，它表明自身为持续性，持续呈现。"[1] 在这个意义上，海德格尔表示，西方哲学的第一个开端就完成于其自身当中，也就是说，当西方哲学在第一个开端中起步时，它就已经终结。需要的是第二个开端，即能够真正把是理解为具体的、变动的是的新的开端。

采集意义上的逻各斯（λόγος）

逻各斯这个概念在西方哲学史上占有重要的位置，它同时具有语言、逻辑和理性等几个方面的含义，在笛卡尔之后进一步被等同于逻辑，并且成为理性的同义语。海德格尔则从希腊思想中发掘出逻各斯不同的语义，并且从一个相当不同的侧面阐明了逻各斯与思想的本源性关系，即逻各斯并非思想的规则，而是思想的聚集，以及思想本身。

海德格尔通过词源考证，指出虽然人们通常把逻各斯与语词、对话联系在一起，比如διάλογος指交谈，Monolog指独白，但在古希腊语中λόγος及其动词λέγειν的原意是采集，与语言、逻辑或者理性都没有直接的关系。"Λέγειν的确切含义是把自身与他者聚集起来置放于当前。其中动词λέγεσθαι的意思是躺下并进入歇息，λέχος是歇息之处，λόχος则是存放某物的隐藏之所（或者歇息等待之所）。"[2] 拉丁语和德语中实际上还在一定程度上保留了逻各斯的原意，"Λέγω，λέγειν，以及拉丁语中的 legere，与德语中的 lesen（采集）意义相同，由此产生了下面的表达：Ahren lesen（拾麦穗），Holz lesen（捡柴火），die Weinlese（摘葡萄），die Auslese（选择），ein Buch lesen（读书）。这种说法不过是本真意义上的采集的变化形式。它意味着把一物放置到另一物近旁，把它们放到一起，简言之，就是拢聚，但与此同时，一方又与另一方相对。希腊数学家们就是这样使用逻各斯这个词的。"[3] 对他们来说，逻各斯也具有"关系"和"比例"

---

[1] 参见海德格尔：《海德格尔文集·形而上学导论》，第151页。Martin Heidegger, *Introduction to Metaphysics*, p. 132.

[2] 参见海德格尔：《逻各斯》，载《海德格尔文集·演讲与论文集》，第229页。Martin Heidegger, "Logos," in *Martin Heidegger: Early Greek Thinking*, p. 60.

[3] 参见海德格尔：《海德格尔文集·形而上学导论》，第149页。Martin Heidegger, *Introduction to Metaphysics*, p. 143.

的含义。[1]

海德格尔强调，逻各斯不仅指采集和聚集，而且具有把被聚集者呈现出来，使之进入无蔽状态的含义，恰恰是这一点使逻各斯与语言和陈述发生了关联。"Λέγειν 即聚为一体，并把这个统一体作为聚合起来的东西带出，即呈现出来，从而也就意味着把原来被遮蔽的东西揭示出来，让其在呈示中显现。因此，在亚里士多德看来，陈述的本质就是让人从是者本身看出它是什么以及如何是。他也称这一现象为揭示。亚里士多德在此并没有提出某种关于逻各斯的特别的'理论'，他不过是保留了希腊人所理解的 λέγειν 的本质含义。"[2]

也就是说，虽然逻各斯在希腊语中本来并不与语言相关，但它所具有的聚集与呈现的含义却被挪用来指称语言和陈述，因为希腊人认为后者的功能正是聚集与呈现。因此，海德格尔认为："语言就是逻各斯，就是采集，这种说法并非自明。但我们可以在希腊历史的此间之是之开端的基础上、在是本身向他们开启自身以及他们将是带入是者中站立的基本方向的基础上来理解语言就是逻各斯这一解释。"[3] 也就是说，"人的思想与言谈从早期开始就作为聚集和置放而发生。言谈让所有事物一同置放于面前而本质性地发生，它们被置放于无蔽状态，进入呈现"[4]。因此，"作为揭示着的聚集的逻各斯……成为历史性的人的本质之必然。从此开始只需再往前走一步，就可以把握如此理解的逻各斯如何决定了语言的本质以及如何成为对话语的命名"[5]。

不过，在海德格尔看来，对希腊人来说，比逻各斯与语言的亲缘性更重要的是作为聚集的逻各斯与是的关系。他发现，在古希腊文献中，除了作为系动词的是之外，逻各斯也具有"是"和"思想"的含义。他指出："在赫拉克利特的思想中，逻各斯一词就同时用来表示是与思想。逻各斯

---

[1] 参见海德格尔：《论 Φύσις 的本质和概念。亚里士多德〈物理学〉第二卷第一章》，载《海德格尔文集·路标》，第 325—326 页。Martin Heidegger, "On the Essence and Concept of Φύσις in Artstotle's *Physics* B, I," in *Pathmarks*, pp. 212-213.

[2] 参见同上书，第 326—327 页。Ibid., p. 213.

[3] 参见海德格尔：《海德格尔文集·形而上学导论》，第 207 页。Martin Heidegger, *Introduction to Metaphysics*, p. 183.

[4] 参见海德格尔：《逻各斯》，载《海德格尔文集·演讲与论文集》，第 233 页。Martin Heidegger, "Logos," in *Martin Heidegger: Early Greek Thinking*, p. 63.

[5] 参见海德格尔：《海德格尔文集·形而上学导论》，第 206 页。Martin Heidegger, *Introduction to Metaphysics*, p. 182.

是唯一同时用来表示是和思想的词。它既命名了它们之间的相互关系，同时也表达了它们之间本源性的冲突。"[1] 因此，海德格尔认为："在希腊思想的早期时代，对于为何当前者当前、呈现者呈现、是者是的解释，是由逻各斯决定的。"[2]

希腊人用逻各斯同时表示思想与是，这让海德格尔看到了一个连等式，即逻各斯等于聚集，又等于思想，并等于是，因此聚集就等于是。他把赫拉克利特的话"一是一切"[3] 解释为"一切是者在是中统一"，随即指出："一切是者都在是中统一。这一智慧是说，一切是者在是中。更明确地说，是就是是者。在此，'是'当及物动词使用，其意如同'聚集'。是聚集是者，使其成为是者。是就是聚集，即逻各斯。"海德格尔表示："是者汇聚于是中，是者在是的照耀下闪现，正是这一事实让希腊人惊讶不已，他们最早而且也只有他们惊讶于此。"[4] 逻各斯作为聚集，体现的是是者的本源，而这个本源就是聚集是者之是。希腊人由此走向哲学。

海德格尔通过对赫拉克利特两个残篇的解释指出："逻各斯是持续的聚集，是立于自身的是者的汇聚状态，即是。……所以自然与逻各斯同一。逻各斯亦新亦旧地表达了是的特征：它在是者中，明确立于自身，从自身汇聚于自身，并在这种汇聚中持守自身。是者，根据其本质在聚集中进入呈现。所谓聚集中的呈现并非'普遍者'，而是把一切聚拢到自身并且将其保持在一起之物。比如根据残篇 114 的说法，对城邦来说，聚集的呈现就是法律、（放置到一起的）法令，是城邦的内在构成。它并非普遍物，并非笼罩一切又与任何个体无关之物，而是把相互冲突的各方本源性统一起来的一致性。……残篇 103 说：'在圆周上，同一点既是起点又是终点，它汇聚于自身。'"[5] 这进一步证明了古希腊人对逻各斯、对聚集

---

[1] 参见海德格尔:《思想的基本原则：1957 年的弗莱堡演讲》，载《海德格尔文集·不莱梅和弗莱堡演讲》，第 179 页。Martin Heidegger, "Basic Principles of Thinking: Freiburg Lectures 1957," in *Bremen and Freiburg Lectures*, p. 141.

[2] 参见同上书，第 185 页。Ibid., p. 146.

[3] 残篇第 50，参见《赫拉克利特著作残篇》，T. M. 罗宾森英译，楚荷中译，广西师范大学出版社 2007 年版，第 63 页。

[4] 参见海德格尔:《这是什么——哲学?》，载《海德格尔文集·同一与差异》，孙周兴、陈小文、余明锋译，商务印书馆 2014 年版，第 12 页。Martin Heidegger, *What Is Philosophy?*, trans. by Jean T. Wilde and William Kluback, Rowman & Littlefield, 2003, p. 49.

[5] 参见海德格尔:《海德格尔文集·形而上学导论》，第 157—158 页。Martin Heidegger, *Introduction to Metaphysics*, pp. 138–139.

的理解，即汇聚万物的统一性。海德格尔在此强调指出，从赫拉克利特的思想来看，他对逻各斯的理解尚未陷入后来形而上学的本质主义。是聚集是者，但又并非简单的多中的一，就像城邦中聚集公民的法律，它与公民的关系完全不同于后来形而上学中共相与殊相的关系。

因此，逻各斯通过某种同一性，把相互矛盾之物聚集在一起。"赫拉克利特说：'斗争在对立中遍在一切，从一方到另一方，从自身拢聚自身'（残篇8）。斗争者就是汇聚中的聚集，逻各斯。是者之是乃最显著者，也是最美丽者，最能够自身持存者。希腊人说的'美'，指的是规制。最高冲突的汇聚就是斗争，相互对峙、彼此分离意义上的斗争。"[1] 因此，聚集绝非包容万物的简单聚拢和堆积。它包含了一种在斗争中共属一体的关系，它维持着被聚集者之间激烈的冲突和斗争，同时不允许自身坍塌为单纯的弥散性而四分五裂。"作为保持，逻各斯君临万方，具有自然的特点。它不会把它所聚集之物消解为失去对立面的空洞状态，相反，聚集通过把斗争者联为一体，让自身保持最尖锐的紧张。"[2]

逻各斯不仅意味着矛盾，而且意味着等级与秩序。海德格尔强调："作为逻各斯的乃原初的聚集，但并非万物等量齐观的堆积。因此，等级与支配从属于是。如果是开启自身，它必然具有秩序并且要维持这种秩序。赫拉克利特把多数人称为狗与驴就典型地体现了这种态度，它本质性地属于希腊人。如果今天的人还会不时热衷于希腊城邦，他们就不应忽视这个方面，否则城邦概念就很容易圆滑且情绪化。等级较高者就是强者。因此是，逻各斯，作为聚集的和谐，并非对任何人一视同仁，相反它具有封闭性，与均等化的和谐、紧张的消除、平均主义等正相反。"[3]

海德格尔还从对德语的词源考证指出了逻各斯的另一层含义，即庇护。"置放即让摆放在某处。因此，置放同时就意味着把一物放到另一物近旁，把它们放置在一起。置放也是聚集（lesen）。对于我们来说更为熟悉的阅读（lesen），即读取某种书写物，不过是聚集，即放在一起并呈现于前的一种，虽然不是最主要的形式。收获季节的采集是从大地收集果物。采葡萄是从葡萄树上采摘葡萄。采摘之后就把果物收集在一起。如果我们只看到表象，就会倾向于把这种收集看作聚集，甚或聚集的完成。但

---

[1] 参见海德格尔：《海德格尔文集·形而上学导论》，第158—159页。Martin Heidegger, *Introduction to Metaphysics*, pp. 139-140.

[2] 参见同上书，第161页。Ibid., pp. 142-143.

[3] 参见同上书，第160页。Ibid., pp. 141-142.

是，聚集超出了单纯的堆积。聚集还意味着集中起来置于某种保护之下。庇护意味着容纳于某处，而容纳则意味着保存。"[1] 这里的"庇护"指的就是将物置于某种无蔽状态并对这种状态加以维持。"置放作为λέγειν，无非试图把自身聚集之物放置到我们面前，并作为眼前之物置入被保护状态，并在保护中置放。这是种什么样的保护呢？一起被放置于我们面前之物被保存、安放、安置、储备到无蔽之中，而这也就意味着被庇护到无蔽之中。"[2] 这一段显得冗长的话其实点明了一个十分重要的事实，即逻各斯把事物聚集并置放到"我们"面前，是为了使它们被庇护到无蔽状态，因而"我们"恰恰是事物无蔽状态的庇护者。

人如何成为事物无蔽状态的庇护者？通过述说。"人，就其作为人生存而言，始终已经对自然、对他所从属的那个运动的整体有所述说。他不仅通过事实，通过特别地谈论某物而述说，更重要的是，作为人生存就已经意味着让一切运动者达于言表。运动者的运动，即它们的秩序和构成，是者的法则，都要达于言表。被表达者即在言谈中显现者。在希腊，述说被称为λέγειν，被语言表达的运动就是逻各斯。"[3] 因此，逻各斯意味着去蔽，它把一切运动者从遮蔽中夺取出来。"在逻各斯中，是者的运动被去蔽，被公开出来。"[4]

逻各斯终于不仅在聚集的意义上，而且在语言的本义上与去蔽联系起来。逻各斯与语言、与去蔽的关系自然使其与思想相关。海德格尔指出："对话（διαλέγσθαι）意味着通过把某物聚拢而穿透它。这种穿透一切的放置，在我们的语言中叫作沉思；它意味着深思某物并对其在思想中加以证明。……根据我们自己语言的习惯说法，思想作为沉思、阐述、解释、证明，无可避免地与'放置'有关，而且是在λέγειν和λόγος的意义上有关。"[5] 这样，逻各斯就意味对物去蔽，并且将其维持在无蔽状态。不

---

[1] 参见海德格尔：《逻各斯》，载《海德格尔文集·演讲与论文集》，第 230—231 页。Martin Heidegger, "Logos," in *Martin Heidegger: Early Greek Thinking*, p. 61.

[2] 参见同上书，第 232—233 页。Ibid., pp. 62-63.

[3] 参见海德格尔：《海德格尔文集·形而上学的基本概念：世界—有限性—孤独性》，第 39—40 页。Martin Heidegger, *The Fundamental Concepts of Metaphysics: World, Finitude, Solitude*, p. 26.

[4] 参见同上书，第 41 页。Ibid., p. 27.

[5] 参见海德格尔：《思想的基本原则：1957 年的弗莱堡演讲》，载《海德格尔文集·不莱梅和弗莱堡演讲》，第 125 页。Martin Heidegger, "Basic Principles of Thinking: Freiburg Lectures 1957," in *Bremen and Freiburg Lectures*, p. 99.

过,"逻各斯的这一规定自柏拉图与亚里士多德开始走向衰落,而这一衰落才导致了逻辑学的产生这个事实。……自那以后,在两千多年的时间里,逻各斯、去蔽、自然、直观(思想)和型相之间的这种关系一直被遮蔽,而且被掩埋在不可理解的状态中"[1]。

正是在通过语言去除遮蔽的意义上,希腊人把人称为具有逻各斯的动物。"人力所能及的最高伟业,就是述说无蔽者,同时依据自然,即依从整个世界的运动与命运便宜行事。依自然而行表现为述说者对事物的倾听。只有此时我们方才得知古代哲学中自然这个最初的词发生的最内在的语境:自然,运动者的运动;逻各斯,从遮蔽中把这种运动夺取出来的语词。在这个词中所发生的一切就是智慧,就是哲学家的工作。换言之,哲学就是对是者之运动、对自然的沉思,目的是在逻各斯中述说自然。"[2] 同时,针对希腊人把人规定为具有逻各斯的动物这样一种对人的理解,海德格尔也指出:"在希腊对人之本质的规定中,λέγειν和逻各斯指的是一种关系,在此基础上,呈现者围绕着人并为了人而聚集自身。仅因为人与是者相关,去蔽并且遮蔽它们,人才是,才有而且必须有'语词',即对是者之是进行述说。"[3]

不过,海德格尔也指出,希腊人这种把无蔽等同于逻各斯的思想并非完全无害,因为它在把无蔽理解为思想和语言的无蔽的同时,完全忽略了物本身的无蔽,以及无蔽得以发生的条件,即通透。"把无蔽第一次并决定性地理解为逻各斯之无蔽,这妨碍了希腊人把无蔽理解为去除遮蔽(ἀ-λήθεια),即通透的可能性。这里重要的是,只有关于是之通透的思想才有可能带来必不可少的清晰,从而使逻各斯自身变得可以理解。"[4] "是之通透"就是真,海德格尔这里暗示的是,只有从"真"入手,逻各斯才有可能得到正确的理解。

因此,希腊人在西方思想传统中发挥的作用就表现出某种矛盾的特

---

[1] 参见海德格尔:《海德格尔文集·形而上学导论》,第205—206页。Martin Heidegger, *Introduction to Metaphysics*, pp. 181-182.

[2] 参见海德格尔:《海德格尔文集·形而上学的基本概念:世界—有限性—孤独性》,第42页。Martin Heidegger, *The Fundamental Concepts of Metaphysics: World, Finitude, Solitude*, p. 28.

[3] 参见海德格尔:《论Φύσις的本质和概念。亚里士多德〈物理学〉第二卷第一章》,载《海德格尔文集·路标》,第327—328页。Martin Heidegger, "On the Essence and Concept of Φύσις in Artstotle's *Physics* B, I," in *Pathmarks*, pp. 213-214.

[4] 参见海德格尔:《海德格尔文集·讨论班》,第405—406页。Martin Heidegger, *Four Seminars*, trans. by Andrew J. Mitchell and François Raffoul, Indiana University Press, 2003, p. 41.

点。一方面，他们提供了一种本源性的对逻各斯的理解；但另一方面，这种理解又妨碍了他们对是的真切把握，并且为后来形而上学的发展提供了基础。海德格尔对逻各斯在西方思想中至尊地位的形成，实际上也就是逻各斯对是的僭越，做出了以下解释："作为聚集着、收藏着的上升动力，是乃最初者，那些最初的上升者因之作为它所聚集的持存的个别物而上升；是即开端，通过它一切才进入被开启的无蔽。作为逻各斯，是乃最初者，通过它一切呈现者得以呈现，用希腊语来说，就是'第一因'。'第一因'即所有个别是者由此起源，并且一切已经起源者因之而持续运动的东西。在希腊语中，起源被称为 ἄρχειν。逻各斯因而转变为'第一因'，即转变为起源。用罗马人的拉丁语来说，就是 principium。所有的思想与行动，所有的生活方式，都通过表象追寻其原则（起源），并且按照这些原则进行，这一事实就来自作为逻各斯和自然的是之本质。在此，是与起源和理性的相互归属，是与作为计算性基础的理性的相互归属得以奠基。不过，这一切并非昭然若揭，而是一段独特的天命的纯粹秘密。"[1]

海德格尔这里所说的对于逻各斯和理性的"计算性"理解，是罗马人对逻各斯一词的拉丁文翻译的副产品。海德格尔对罗马人用 ratio（理性）翻译逻各斯提出了一种推测。逻各斯既表示聚集，就有可能意味着"把一物置于另一物旁"，而把一物置于另一物旁，就有可能是为了让前者向后者看齐，以后者为准。拉丁语 rear 和 ratio 表达的就是在估算中的对准和看齐。海德格尔认为，这可能就是罗马人用 ratio 来翻译逻各斯的原因。[2]但在这个过程中，逻各斯本身并没有的"估算""计算"的意义也被添加进来，而且后来甚至成为逻各斯的基本含义，从而使逻各斯远离了它的本源。

玄同

玄同（Ereignis）是海德格尔后期思想中最重要的概念。玄同即是之发生。它如同一道划过天空的闪电，在一瞬间以特定的角度照亮整个世界，为其提供秩序和意义，赋予人与物各自的位置及其所是。由于玄同的发生没有任何原因，也没有任何征兆，所以海德格尔也常称之为是之"天

---

[1] 参见海德格尔：《根据律》，载《海德格尔文集·根据律》，第 233—234 页。Martin Heidegger, *The Principle of Reason*, p. 109.

[2] 参见同上书，第 228 页。Ibid., p. 107.

命"的置送，一种给出和馈赠。他认为："在西方思想的开端，得到了思考的是是，而不是'它给出'本身。后者为了它给出的馈赠抽身而退。""一种仅给出赠礼，同时自身回撤的馈赠，我们称之为置送。"[1]

是之发生的问题是海德格尔思想的核心，也是他一生反复思考的根本问题。在从各个方面阐发玄同之前，他提出的另一个关于是之发生的表述是"调谐"。调谐是一个听觉概念，意味着两种声音频率的相互调适，以达成一致或者和谐。海德格尔以此比喻人对是的理解向是本身的接近。需要指出的是，调谐（Stimmung）这个词，我们在讨论人的生存表达时称之为心境，其实指的也是心境调谐、调适之后的状态。正是在这个意义上，海德格尔指出："调谐（心境）决不只是我们决定自己内在之是的方式。它首先是一种被调适的状态，让我们以某种方式在心境上得到调节。"[2]

海德格尔对调谐的机制与过程进行了如下说明："调谐并不表象什么，也不是让某物与我们对置。它所做的，是把我们的此间之是带出并将其置送入经过调制的与诸神之所是的关系。就诸神全面支配着历史性的人以及是者整体而言，调谐特别地把我们置送到那些演化而来的与大地、乡村，以及家园的关系之中。因此，调谐既是向外去往诸神的置送，也是向内进入大地的传送。调谐以此方式整体上开启了作为是者的是者。这种对于是者之显现状态的开启具有本源性。通过调谐，我们得以被置入并维系于被开启的是者之中。"[3] 这里说的虽然是诸神，但实际上指的是人与是的关系。通过调谐，人得以进入与是的根本性的联系，进而又改变了人与世界万物的关系。

尽管海德格尔强调调谐并非人的自主调整，但总是给人人为的印象。玄同则完全不同。如上所述，玄同如同一道毫无征兆射入世间的电光，一切因之而发生或者改变，因此也是一种通透。"'进入'通透与玄同一同发生。并非先有了通透这个空洞之物，随后是者才鱼贯而入。相反，通透

---

[1] 参见海德格尔：《时间与存在》，载《海德格尔文集·面向思的事情》，陈小文、孙周兴译，商务印书馆 2014 年版，第 14—15 页。Martin Heidegger, *On Time and Being*, trans. by Joan Stambaugh, Harper & Row, 1972, pp. 8-9.

[2] 参见海德格尔：《海德格尔文集·尼采》上卷，第 117 页。Martin Heidegger, *Nietzsche Volume I : The Will to Power as Art*, p. 99.

[3] 参见海德格尔：《荷尔德林的颂歌〈日耳曼尼亚〉与〈莱茵河〉》，第 166—167 页。Martin Heidegger, *Hölderlin's Hymns "Germania" and "The Rhine"*, pp. 123-124.

闯入'此',因为这种'闯入',这个'此'才能作为'是者'呈现或者缺席。"[1]

玄同的发生多多少少有点类似于库恩所说的"范式转变"。在玄同中,天地神人都在人的视界中发生了某种根本性的变化。"玄同始终意味着作为涵有、决断、对举、释放、回退、简单性、唯一性和孤独性的玄同。这一本质发生的统一性具有非对象性,因而只能被敢于尝试非同寻常者的思想所知晓,所谓非同寻常者并非某种罕见之物的怪异特性,而是作为极不显明之物的必然性,在其中众神的无根基性以及人的建基条件的无极之基被开启,而且在其中某种形而上学永远不可能知道的东西,即此间之是被指派给了是。"[2] 海德格尔在此给玄同加上的一系列形容词表明,玄同就是对世间万物的一次"格式化"。

Ereignis 原本是一个普遍使用的德语词,指事件或者发生。海德格尔在 1919 年的讲座"哲学的观念与世界观问题"中就在此意义上使用过这个词,后来在《存在与时间》中也多次使用。在他生前公开发表的作品中,最早用这个词表示是的根本发生即玄同的,是演讲《论真理的本质》(1930 年第一版),后来在《艺术作品的本源》中也有提及,但直到 1957 年的《同一与差异》和 1959 年的《在通向语言的途中》,海德格尔才在玄同的意义上频繁使用这个词。[3] 不过,他生前未发表的《哲学论稿》对玄同进行了大量讨论,而且这部著作的副标题就是"Vom Ereignis"(来自玄同)。由于海德格尔赋予了这个词非常特殊的含义,所以翻译起来殊为困难,英文中有 event, appropriation, enowning 等译法,汉语翻译则包括"本有""大道"等。本书试译为"玄同",[4] 在一定程度上离开了德词字面上的意思,更多的是考虑到海德格尔本人的思想。正如有研究者指出的,这个表述指的是人与是彻底的相互拥有和完全的合辙共鸣(调谐),

---

[1] Martin Heidegger, *Mindfulness*, trans. by Parvis Emad and Thomas Kalary, Bloomsbury Academic, 2016, pp. 171-172.

[2] 参见海德格尔:《海德格尔文集·哲学论稿(从本有而来)》,第 557—558 页。Martin Heidegger, *Contributions to Philosophy (Of the Event)*, p. 371.

[3] Cf. Theodore Kisiel, "The Language of the Event: the Event of Language," in *Martin Heidegger: Critical Assessments*, Vol. Ⅲ, ed. by Christopher Macann, Routledge, 1992, p. 151.

[4] 《老子》第一章有云:"道可道,非常道,名可名,非常名。无名,天地之始,有名,万物之母。故常无欲,以观其妙,常有欲,以观其徼。此两者,同出而异名,同谓之玄,玄之又玄,众妙之门。"《老子》第五十六章有云:"塞其兑,闭其门,挫其锐,解其纷,和其光,同其尘,是谓玄同。"有无合一即是玄,是一种最根本的一致性。这里部分借用老子所说的"玄"的含义。

即"人在是中彻底的自我实现,以及是对人的本真性的拥有"[1]。

海德格尔本人拒绝回答玄同"是"什么的问题。他表示,"玄同既不是,也不存在。这两种说法都同样扭曲了事情本身,就像试图从河流导出源泉一样"。"那还能说什么呢?只能这样:玄同玄同。"[2] "玄同一词源于那种发育良好的语言。……它就像古希腊的关键词逻各斯和中文的道一样几乎不可翻译。玄同在此指的不再是我们通常理解的发生或者事件。这个词现在是作为绝对的单数被思考。它所命名之物只能单独发生,甚至不能以数目表示。它独一无二。"[3] 当然,海德格尔拒绝定义玄同,并不意味着它完全神秘不可解。如上所述,玄同即人与是的相互拥有和相互共属。"玄同乃是在其自身中振动的领域,人与是通过它在本质中相互通达,并且在剥离形而上学一度赋予它们的那些属性之后赢获它们真正本质之物。"[4]

海德格尔在《哲学论稿》中对玄同的基本内涵进行了如下列举。第一,"某种事实,即在困厄中诸神需要是,是逼迫人为是之真建基,从而导致一种'之间',即诸神对人的涵有与诸神对他们自身的指派,这一事实本质发生为玄同"。作为事实的玄同,出现在人神"之间",即人与神的相互接近和相互拒绝。第二,"玄同包括决—断,即这一事实,自由作为无极之基导致某种需要,因这种超出基础的需要,神与人在它们的分离中前出"。决断就是与以往的断绝,即超越原有的基础,是对可能性的展开。第三,"玄同作为决—断,让分离者相互面对,在最广泛的困厄的决断中,这种'相互面对'必须立于最极端的对反,因为它在所需的是之无极之基上架桥"。玄同是极端的对立,以及对立中的连接。第四,"这种相

---

[1] Cf. Otto Pöggeler, "Being as Appropriation," in *Martin Heidegger: Critical Assessments*, Vol. I, ed. by Christopher Macann, Routledge, 1992, p. 296. 实际上,海德格尔本人也在多重意义上使用Ereignis这个词。比如在1942—1943年的讲座"巴门尼德"中就有这样的用法:"我们所指的并非古代之事,亦非历史学的对象,而是历史。历史是真之本质的本质决断的发生(Ereignis),这个发生终属未来,从未过去。""真之本质作为 ἀλήθεια 而起源,又在后来的时代遮蔽自身,这一点,而且只有这一点,才是西方历史的实态(Ereignis)。"(参见海德格尔:《海德格尔文集·巴门尼德》,朱清华译,商务印书馆2018年版,第167、215页。Martin Heidegger, *Parmenides*, trans. by André Schuwer and Richard Rojcewicz, Indiana University Press, 1992, pp. 113, 147.)

[2] 参见海德格尔:《时间与存在》,载《海德格尔文集·面向思的事情》,第35页。Martin Heidegger, *On Time and Being*, p. 24.

[3] 参见海德格尔:《同一律》,载《海德格尔文集·同一与差异》,第47页。Martin Heidegger, *Identity and Difference*, trans. by Joan Stambaugh, Harper & Row, 1969, p. 45.

[4] 参见同上书,第48页。Ibid., p. 47.

互面对是斗争的根源,斗争则通过让是者从失落于单纯所是的状态中解脱出来而发生。'解脱'刻画了玄同与是者关系的特征。此间之是的玄同使其坚定地置身于与任何是者的不寻常的关系"。作为斗争的玄同解放原先沉睡的是者,使之具有不同的可能。第五,"从'此'的通透来把握,解脱同时是玄同的回退,即玄同从一切表象性的算计中回退,并作为拒绝而本质性地发生"。回退就是拒绝,作为拒绝和回退的玄同意味着从原有世界的撤离,这是进入新世界,并且让是者重获自由的前提。第六,"是以极其丰富的结构本质性地发生,但却无形无象,它持留于自身的单纯性中。……这种单纯并非空无一物,而是来自作为斗争的相互面对的丰富性的基础"。下文将指出,玄同的发生没有根据,即没有基础,但它使天地神人各正其位,是一切的无极之基。第七,"是的单纯性的标志是其唯一性。这种单纯性根本不需要被突显,也无需被区分,甚至不需要与是者进行区分"。玄同是唯一之是,在这里尚没有是与是者的区别。第八,"是的唯一性导致它的孤立性。因此,是的周边只有无,无这一近邻是孤独最真切和最忠诚的卫士。作为其孤独性的结果,是只能间接地在与'是者'的关系中,即通过世界与大地的斗争本质性地发生"。是外即无,因此是只有经由世界与大地的斗争才能间接发生,不过这里的世界与大地应被理解为两种不同的力量,即开放与闭锁的力量。[1]

海德格尔自己表示,以上种种名目都不能充分思考玄同的本质,但与此同时,在每一个名目下它又都得到了"整体性"的思考。所谓"整体性",指的是"在每一种情况下对'是'的思考都被是自身带入其非同寻常的状态,并且被剥夺了从是者而来对其加以解释的可能"[2]。当然,这些列举不能说已经穷尽了玄同的特性,而且其中也表露出一些矛盾与困难,在此就不详细讨论了。

波特大致总结并列举了海德格尔对玄同的不同用法及其基本含义,可以作为参考。第一是"在此建基",即作为"在此建基的玄同的简写"(德文版《海德格尔全集》第 65 卷,即《哲学论稿》,第 247 页)[3]。第二是"开端"。"开端(被开端性地理解)即是本身……和玄同。"(第 58

---

[1] 参见海德格尔:《海德格尔文集·哲学论稿(从本有而来)》,第 555—557 页。Martin Heidegger, *Contributions to Philosophy（Of the Event）*, pp. 370-371.

[2] 参见同上书,第 557 页。Ibid., p. 371.

[3] 海德格尔的引文均出自全集第 65 卷,下文仅标出页码。Martin Heidegger, *Beiträge Zur Philosophie（Vom Ereignis）*, GA 65, Vittorio Klostermann, 1989.

页）只有在开端中才有建基,因此是只能作为开端而发生。第三是"人与是的相互性"。"是的本质发生需要人,而人归属于是……这种需要与归属的平衡构成了作为玄同的是。"(第 251 页)海德格尔把这种相互关系称为"玄同中的回转"(第 407 页)。第四是困厄。"是作为神在人的看护之下的困厄而本质性地发生。"[1] 一切的必然都基于困厄。(第 45、97 页)玄同的瞬间,如果它发生的话,会是一场危机,是一个需要"决断",同时在人的选择和是的天命意义上的决断的瞬间。(第 87—91 页)第五是诸神的决断。"是本质上作为玄同发生,它是决定诸神之临近还是远离的最大时刻。"(第 230 页)一个民族与神的关系对于它参与是具有本质性。(第 34、398—399 页)第六是历史。"作为玄同的是就是历史。"(第 494 页)在此,历史并不单纯地指过去或者过去的信息,而是是与人发生的方式。第七是涵有。"自我的起源是涵有。这个词在此的意思类似王国(即国王的所有——引者)。在玄同中对资产的支配或拥有……持守于这一涵有的发生首先使人历史性地成为'自我'并且持守自我。"(第 320 页)只有在玄同中我们才真正成为我们自己。(第 311 页)"总而言之,玄同乃这样一个事件,在其中给定是者之给定性(包括我们自己)对我们来说成为问题。"[2]

海德格尔指出:"通过揭示是之离弃状态,是之回响试图把是作为玄同重新带入其完整的本质发生,而只有通过此间之是的建基,只有是者被置回跳跃中开启的是之时,这种带入才会发生。"[3] 这里有几个关键性的表述:一是是之离弃和回响,这说明是已经离去,只剩下是之回响;二是玄同乃被带回的是的本质发生,因此玄同即是;三是玄同的建基就是此间之是的建基。海德格尔具体解释道:"通过是之真的建基者的下沉,是者被带入它们的持存。此乃是本身的要求。当是者显现的时候,是需要下沉者并已经涵有他们、占有他们。这就是是本身的本质发生,我们把这种本质发生称为玄同。"[4] 这里涉及五个方面,即是、是者、建基者即人、是的发生和玄同。它们之间的关系是:当是发生时,是的建基者下沉即为是建基,而是者则显现出来,这就是玄同。因此,"是并非某种'更早

---

[1] 参见海德格尔:《海德格尔文集·哲学论稿(从本有而来)》,第 573 页。Martin Heidegger, *Contributions to Philosophy (Of the Event)*, p. 381.

[2] Cf. Richard Polt, "Ereignis," in *A Companion to Heidegger*, ed. by Hubert L. Dreyfus and Mark A. Wrathall, Blackwell, 2005, pp. 382–383.

[3] 参见海德格尔:《海德格尔文集·哲学论稿(从本有而来)》,第 138—139 页。Martin Heidegger, *Contributions to Philosophy (Of the Event)*, p. 92.

[4] 参见同上书,第 8—9 页。Ibid., p. 8.

的'、自在自为的东西。相反,玄同意味着对是与是者而言的时—空的同时性"[1]。

玄同作为对是之离弃的反应而发生。因此,从否定的意义上说,玄同意味着某种问题,甚至危机即困厄;但从肯定的意义上说,玄同又意味着一种创造、一种开端,一切是者的意义由此重新得到规定。玄同中有跳跃,其本身就是在跳跃中的开启,是者被重新回置到这种开启之中,是也得以完整地本质发生。在此一瞬间,人与是达成根本性的同一。这种思考在《时间与存在》中表现得尤其明显。

在《时间与存在》中,海德格尔把玄同视为让是与时间回归其本质,并且使它们相互归属的"事件"。他的基本想法是,可以在不考虑是与是者关系的前提下思考是。这是该时期他对玄同的理解与写作《哲学论稿》时期的根本区别。他还把这种思想方法视为对形而上学的超越。[2]"在是之天命的置送中,在时间的延展中,都显现出一种回归,即向它们自身的回转,即作为呈现的是与作为开放域的时间。在它们自身中,即在它们的相互归属中规定了是与时间之本质的东西,我们称之为玄同。……通过向前观入时间与是所共属的、作为天命和延展的是与时间而显现之物,玄同这个词之所指方可得到思考。"[3] 海德格尔在此暗示,是向时间回转,时间向是回转,而使两者相互归属的,就是玄同。

海德格尔借德语特有的表达方式,即"Es gibt Sein"和"Es gibt Zeit",为玄同找到了它在语言中的意义处所,即这两个句子中的 Es ("它")。"'它给出是'和'它给出时间'中的它,就是玄同。"[4] 玄同置送出是与时间。"玄同并非可以把是与时间纳入其中的包罗万象的普遍概念。在此,逻辑上的分类没有意义。因为当我们思考是本身,并且追随它的本己之物时,是被证明为呈现的天命之馈赠,通过给出时间而赐予的馈赠。呈现的馈赠乃玄同的资产。在短语'作为玄同的是'中,作为的含

---

[1] 参见海德格尔:《海德格尔文集·哲学论稿(从本有而来)》,第17页。Martin Heidegger, *Contributions to Philosophy (Of the Event)*, p. 13.

[2] 参见海德格尔:《时间与存在》,载《海德格尔文集·面向思的事情》,第36页。Martin Heidegger, *On Time and Being*, p. 24.

[3] 参见同上书,第29页。Ibid., p. 19.

[4] 参见同上书,第29—30页。Ibid. "Es gibt Sein"和"Es gibt Zeit"在德语中就是"有是"和"有时间"的意思,字面上也可以理解为"它给出是"和"它给出时间"。"Es gibt"是德语特有的表达方式,本来就是表达"有""存在"的结构,相当于英语中的"there is"。但在英语的表达中,正如在汉语中一样,这个"它"消失了。

义是：是即在玄同中置送的让呈现，在玄同中延展的时间。时间和是在玄同中被涵有。"[1]

因此，玄同的特质，就是把人带入时间而直观是，或者说人只有在玄同中才能进入时间并直观是。从某种意义上说，这正是对海德格尔创造的另一个表述即此间—之是（da-sein）意义的进一步引申。"因为只有在玄同中才有是与时间，所以玄同独有的特质就是把人带入其本质，即置身于真正的时间直观是的是者。"[2] 也有研究者认为，海德格尔通过玄同使是与时间成为两个可以"相互转换"并"合二为一"的概念。"海德格尔晚年的思考聚集到思想的一个焦点上，在此，是'与'时间可以相互转换，并且在一个简单的、作为它们共同起源的中心处合二为一。这个早年海德格尔未曾深思的'与'，现在获得了一个简单而恰当的称呼即'玄同'，它描述的是是与时间彼此拥有的事件，给出这两者的'它'，永远是处于第一位的第三者，是与时间中隐藏的神秘的、保持着两者之间相互保存关系的力量。"[3]

海德格尔指出，玄同在置送或给出是与时间的同时又自行回退、自行抑制和自行否定，因而是一个相同中的差异化的过程。"在真正的时间及其时间—空间中，在对曾经，即不再当前者的给出中，对当前者的否定显现自身。在对将来，即尚未当前者的给出中，对当前者的抑制显现自身。否定和抑制的共同点是在置送中自我拒绝，即自行回退。只要是之天命在于时间的延展，而时间与是一同在于玄同，玄同就显现出它独有的特质，即从无限的无蔽中撤回其最本己之物。从玄同的角度来思考，这就意味着它差异化自身。差异属于玄同。通过这种差异化，玄同并未丧失自身，它保留了自己的本己之物。"[4]

因此，海德格尔有的时候甚至把是之自行遮蔽称为玄同。"有待思想之物从人那里抽身而去。它对人隐匿自身。对于这种自始就自行隐匿之物，我们如何可能有一鳞半爪的了解呢？如何哪怕只是对它进行命名呢？自行隐匿的东西拒绝到达。不过，隐匿并非无。隐匿也是玄同。事实上，

---

[1] 参见海德格尔：《时间与存在》，载《海德格尔文集·面向思的事情》，第 32 页。Martin Heidegger, *On Time and Being*, pp. 21-22.

[2] 参见同上书，第 34 页。Ibid., p. 23.

[3] Theodore Kisiel, "The Language of the Event: the Event of Language," in *Martin Heidegger: Critical Assessments*, Vol. Ⅲ, p. 154.

[4] 参见海德格尔：《时间与存在》，载《海德格尔文集·面向思的事情》，第 33—34 页。Martin Heidegger, *On Time and Being*, pp. 22-23.

隐匿者甚至可能比一切触及人的呈现者更本质性地关涉人、要求人。"[1]他表示:"隐匿之玄同可能是一切呈现物中最具呈现性之物,因而无限地超越了一切现实之物的现实性。"[2] "在这里,隐匿就是抑制,而且作为这样一种抑制,它就是玄同。……因此之故,隐匿,有待思想者的自行隐匿,现在就可能作为玄同而比一切现实之物更具当下性。"[3] 自行隐匿者因遮蔽而彰显,肯定因否定而发生,无与否定比有与肯定更为根本。

在《哲学论稿》中,海德格尔反复强调,玄同即此间之是的建基。"在此间之是建基时的开启者就是玄同。"[4] "是作为'此'之建基的玄同而本质性地发生,而且它本身从真之本质发生而决定了真之本质。"[5] 他甚至把这样一种理解作为思想的"另一开端"的标志。海德格尔认为,在此间之是的建基中,即在玄同中,人们与是者的所有关系都将发生根本性的改变。"在思想的另一开端,是被经验为玄同,这种涌出的经验特别地改变了与'是者'的全部关系。由此人,即本质性的人类以及其中的少数,必须从此间之是中构建他们的历史,即首先必须从面向是者之是来作用于是者。"[6]

在《走向语言之途》中,海德格尔对玄同的描绘非常接近于中国思想中的道。他认为,玄同具有至简至易、至近至远的特点。[7] 他甚至明确地将玄同称为道(法则):"如果我们把'法则'理解为一种聚集,它让一切是者如其所是、如其所宜地呈现,那么玄同就是最简易而又最柔和的法则。""玄同即道,它把人汇聚入他们本质的玄同并在此守护他们。"[8]

另外,海德格尔也把世界之世界着作为玄同的一种形式,甚至玄同的根本形式。他指出:"我们从是的角度刻画世界。根据这种理解,世界从

---

[1] 参见海德格尔:《海德格尔文集·什么叫思想?》,孙周兴译,商务印书馆2017年版,第12页。Martin Heidegger, *What Is Called Thinking?*, trans. by Fred D. Wieck and J. Glenn Gray, Harper & Row, 1968, p. 8.

[2] 参见同上书,第13页。Ibid.

[3] 海德格尔:《什么叫思想?》,载《海德格尔文集·演讲与论文集》,第146页。

[4] 参见海德格尔:《海德格尔文集·哲学论稿(从本有而来)》,第36页。Martin Heidegger, *Contributions to Philosophy (Of the Event)*, p. 25.

[5] 参见同上书,第214页。Ibid., p. 144.

[6] 参见同上书,第291—292页。Ibid., p. 195.

[7] 参见海德格尔:《走向语言之途》,载《海德格尔文集·在通向语言的途中》,孙周兴译,商务印书馆2015年版,第259—260页。Martin Heidegger, "The Way to Language," in *On The Way to Language*, trans. by Peter D. Hertz, Harper & Row, 1971, p. 128.

[8] 参见同上书,第260页。Ibid., pp. 128-129.

属于是,而实际上是之本质来自被遮蔽的世界之世界着这一实事。世界并非是的方式并且顺从于是。是必须从世界之世界着获得其本质。这就表明世界之世界着就是一种玄同,而且是在这个词的尚未经验过的意义上的玄同。当世界如其所是地运转起来,则是(有)与无都一同消失于世界着的世界中。"[1] 这里的玄同,指的就是本真的、如其所是的世界,一切灵动起来,生机勃勃,变幻无方。

玄同虽然是天地神人之间的"大同",但也意味着切割即决断。"是的每一次述说……必定命名涵有,命名神与人、世界与大地'之间'的'之间性',以及以一种始终解释着之间的方式的决断。""'之间'的裂隙向无极之基汇聚,将其移入冲突而又拒绝着的归属。一切(天地神人)从这一无极之基本质发生而回归自身,并由此让是成为玄同中独一无二的决断。"[2] 在玄同中,"是作为最内在的'之间',此时几近于无。在一瞬间诸神压倒了人,人超越了诸神。但双方都只在玄同中,而是之真本身就是这个玄同"[3]。

因此,玄同的发生具有突然性,也就是说,它并非某种有计划渐进推行的过程的最终结果,玄同是决断,也就是断裂。海德格尔指出:"是之近旁没有任何与之相似之物。它并非由任何他者所引发,也不对他者发挥作用。是不在某种因果链条中运作。作为是,它呈送自身的方式并不先于任何被触发者,也不后于任何发起者。是在它的时代突然从其自身遮蔽的本质中发生。因此我们必须注意:危险的回转是突然发生的。在回转中,是之本质的通透突然被照亮。这种突然的照亮就是雷霆的闪光。"[4]

玄同不需要基础

从一开始,西方哲学就一直在探究世界起源的同时,寻找某种思想上

---

[1] 参见海德格尔:《观入存在之物:1949 年不莱梅演讲》,载《海德格尔文集·不莱梅和弗莱堡演讲》,第 60—61 页。Martin Heidegger, "Insight Into That Which Is: Bremen Lectures 1949," in *Bremen and Freiburg Lectures*, pp. 46—47.

[2] 参见海德格尔:《海德格尔文集·哲学论稿(从本有而来)》,第 574 页。Martin Heidegger, *Contributions to Philosophy (Of the Event)*, p. 381.

[3] 参见同上书,第 494 页。Ibid., p. 328.

[4] 参见海德格尔:《观入存在之物:1949 年不莱梅演讲》,载《海德格尔文集·不莱梅和弗莱堡演讲》,第 90 页。Martin Heidegger, "Insight Into That Which Is: Bremen Lectures 1949," in *Bremen and Freiburg Lectures*, p. 69.

无须任何前提的原点。这种情形直到 20 世纪方因海德格尔和其他一些思想家的哲学贡献而有所改变。德国哲学家阿佩尔如此概括他们的工作:"我们不可能把由语言和历史决定的对生活世界的前理解,再回溯到某种关于呈现物的无前提的思想原点,比如自我给出的现象。对那些经历过由维特根斯坦和海德格尔引发的语言学实用主义和解释学转向洗礼的哲学流派而言,这一点在今天可以说已经被普遍接受。类似的情况,也可以在科学哲学中托马斯·库恩《科学革命的结构》的研究导致的一种补充性转向中看出来。这一转向表明,科学思想及其可能的发展同样依赖于由历史决定的科学家共同体之间的一致。"[1] 简言之,上述研究表明,"无前提的思想原点"并不存在于思想中,而是存在于历史和文化即所谓的"生活世界"之内。

但是对海德格尔本人来说,情况却有所不同。他一方面的确促成了上述所谓的"转向",但另一方面并没有止步于此。事实上,海德格尔依然试图在思想中确定那个"无前提的原点",而且试图发现其生发机制。他找到的就是玄同。他的一个重要观点是,从对是者的理解中得不出对是本身的把握。因此,从是者到是,不仅存在一个"之间",而且存在认识上的跳跃。这一跳跃并没有确定的基础和依据,所以是一种冒险。"决定性的洞见是:在真中的是不可能从是者那里获取。这一洞见导致了什么结果呢?那就是必须从是最初的通透开始向是的发生冒险一跳。"[2] 这里的"冒险一跳"跳向的就是玄同。

海德格尔的一位研究者曾经指出:"针对就是的发问提供答案的苛求,海德格尔式的回答之一,就是他在关于尼采的讲座中的说法:'对于是来说,一无所是……'也就是说,是并非人们可以牢固把握之物。它绝对地消解着固定不变的、为人提供安全保障的世界观。对是的发问应该阻止世界成为世界图像。"[3] 这一评价部分抓住了海德格尔思想的核心,即是的不确定性。但是,这位研究者同时认为,海德格尔"对是的体验指向某种是之关系,这种关系就是虔诚:全神贯注、沉思冥想、感恩戴德、敬畏、泰然。上帝发生作用的整个氛围都在那里。只是海德格尔严格禁止对这个

---

[1] Karl-Otto Apel, "Wittgenstein and Heidegger: Language Games and Life Forms," in *Martin Heidegger: Critical Assessments*, Vol. III, p. 357.
[2] Martin Heidegger, *Mindfulness*, p. 119.
[3] 参见吕迪格尔·萨弗兰斯基:《来自德国的大师——海德格尔和他的时代》,靳希平译,商务印书馆 2008 年版,第 386 页。Rüdiger Safranski, *Ein Meister aus Deutschland: Heidegger und seine Zeit*, Fischer Taschenbuch Verlag, 2015, pp. 341-342.

上帝加以形象化，这在任何其他已有的宗教中都从未见到过"[1]。也就是说，海德格尔不仅像传统形而上学那样，把是理解为最高、最抽象的实体，甚至神化了是。这恐怕是对海德格尔的重大误解，当然也是很多海德格尔研究者共同存在的误解。事实上，海德格尔讲得很清楚："是并非只能用各种范畴填充自身的高高在上的最空洞的普遍性，亦非受命被接纳为'型相'的某种附加物。相反，是乃作为玄同的无极之基。"[2] 海德格尔研究的是"是"的意义，以及是发生的条件，而不是作为实体的是本身。特别是在"另一个开端"中，他已经完全放弃了任何对是进行实体化的企图。

海德格尔把是理解为玄同的同时，也就把是理解为无极之基："是就是无极之基。"[3] 所谓无极之基，指的是"基础（根据）踌躇中的拒绝：它是一种在悬缺中发挥作用的基础"[4]。这种尚不存在的基础能够发挥基础的作用，因为它就是"之间"。"无极之基就是对是者而言的通透，并且把是者聚拢于建基之中。"[5] 另外，人们对无极之基亦非一无所知，不经意间，在对是的沉思中，人们仍然能够一窥其真容。正如海德格尔所说："是就是无极之基，被照亮的'之间'的裂隙。它的'岩石'、'断崖'和'顶峰'隐而不显。只有通过根本性的探究的时而一跃……人得以跳越这一无极之基，并且作为此间之是，通过神之神性的可争议性对人之领域的涵有而成为某个通道中的桥梁或者交叉路口。"[6] 这个无极之基既非空洞的虚无，亦非幽暗的迷乱，而是玄同的发生。"在玄同的发生中，回响着作为示喻者的语言的本质，这一本质曾被命名为是之家。"[7] "语言乃是之家"，其根本含义是：是存在于语言而非是者中，并且通过语言

---

[1] 参见吕迪格尔·萨弗兰斯基：《来自德国的大师——海德格尔和他的时代》，第463页。Rüdiger Safranski, *Ein Meister aus Deutschland：Heidegger und seine Zeit*, p. 410.

[2] Martin Heidegger, *Mindfulness*, p. 118.

[3] Ibid., p. 49.

[4] "Translators' Foreword," Ibid. p. xxii. 关于"无极之基"的问题，第八章第二节还有进一步的讨论。

[5] Ibid., p. 73.

[6] Ibid., pp. 77-78.

[7] 参见海德格尔：《思想的基本原则：1957年的弗莱堡演讲》，载《海德格尔文集·不莱梅和弗莱堡演讲》，第154页。Martin Heidegger, "Basic Principles of Thinking: Freiburg Lectures 1957," in *Bremen and Freiburg Lectures*, p. 120.

表达自身。老子对道有如下的描摹:"道之为物,惟恍惟惚。惚兮恍兮,其中有象;恍兮惚兮,其中有物。窈兮冥兮,其中有精;其精甚真,其中有信。自今及古,其名不去,以阅众甫。"[1] 人们也许可以借助这段话,多少体会海德格尔对玄同的理解。

前面提到,玄同中的跳跃具有"冒险"的性质。之所以是冒险,原因在于这是一种决断。海德格尔借向"另一个开端"的跳跃指出:"在向另一个开端的最寂静的跳跃中,迄今为止作为是者的附属物而被其遮蔽的是,被体验为把此间之是涵有到作为'时—空自由游戏'的决断之发生的无极之基中。这是人之领域与神性之间的决断,它关乎对人而言的本己与'非本己'之物,以及对神而言的发生和不发生之物。"[2] 换言之,这种决断就是关乎人性与神性的决断,也是关于人之可能的决断。

海德格尔指出,无极之基的建基"既非调整,亦非推翻,而是对一种隐蔽的、等待着的'基础'的建基。这一基础没有任何是者的支撑,因而是作为是而发生的无极之基"[3]。在下面更充分的讨论中可以发现,这个基础其实就是无,就是没有基础的基础,不是基础的基础,因为这种基础中没有任何是者,只是是为自身建基。如果一定要问是是什么,则只能回答是就是无。海德格尔认为,这正是是的本质所在。通过无极之基这个他自创的表述,也许能够打破在思想起源问题上由试图寻找一个不再需要任何前提的原点导致的无穷倒退,因为仅仅把这种原点规定为"生活世界"或者历史实际上并不可能做到这一点。

既然玄同是天地神人的相互涵有,那么对是即玄同的思考本身在海德格尔看来就是玄同的一种体现,思想达于是,就是玄同的发生。海德格尔指出:"'追求'是的'意志'并不把是转变为努力的'对象',以便通过表象性—解释性的方式把握是,并且将其作为资产置于一旁。这种'意志'乃是之意志,由是本身涵有而成为这一意志的最本己之物。"[4] 因此,"对于是的沉思没有任何它需要为之'殚精竭虑'之物,它被是本身所涵有,此外无他"[5]。

---

[1] 《老子》第二十一章。
[2] Martin Heidegger, *Mindfulness*, p. 77.
[3] Ibid., p. 51.
[4] Ibid., p. 49.
[5] Ibid., p. 51.

玄同与范式、与视域

海德格尔认为,现代科学基于对亚里士多德物理学的批判,认为后者的概念和命题纯属空想,缺乏来自事实的支撑。[1] 实际上,亚里士多德物理学与作为现代物理学基础的牛顿力学之不同,并不在于简单的对与错,而在于它们体现了对世界进行观察、理解和说明的不同方式。从根本上说,前者注重内部因素,后者注重外部因素。在亚里士多德看来,物体运动的原因就在物体自身。"对亚里士多德来说,'力',即物体运动的能力,在于物的本性。物体运动的方式及其与位置的关系取决于物体的本性。物体越接近它应有的位置,它的自然运动速度就越快;这就是说,速度的增减和运动的终止都取决于物体的性质。"[2] 在牛顿力学中,物体的本性对其运动而言则没有任何意义。"牛顿定律始于'每个物体……'",或者说物体被同质化了。另外,性质也不再决定位置,"位置不再是物体出于内在本性所属之地,而只是一个与其他位置相对的位置"。更重要的是,在牛顿力学看来,物体的运动乃外力作用的结果,而力的本质则由运动决定,因此运动状态与物体的性质无关,只体现为位置及相对位置的变化。最后,"关于自然的一般概念也变了。自然不再是运动物体出于本性必须遵循的内在规则,而仅是物体相对位置变化的多样性、它们在空间和时间内呈现的形式,而空间和时间本身又只是可能的位置秩序及对其加以决定的领域,而且各向同质"[3]。

海德格尔这一番关于亚里士多德物理学与牛顿力学的对比,并非为了证明亚里士多德的正确性或者牛顿力学本身有什么问题,而在于体现他自己的一个重要观点,即所谓"是"之"天命"。通俗地讲,就是在不同时代和不同环境下,人们可能对人与自然具有极为不同的认识角度、认识方法和认识结果,而决定这种"不同"的枢机,就是玄同。

作为真之置送的玄同同时意味着是的发生或者转变。海德格尔以艺术

---

[1] 参见海德格尔:《现代科学、形而上学和数学》,载孙周兴选编:《海德格尔选集》下,上海三联书店1996年版,第861页。Martin Heidegger, "Modern Science, Metaphysics, and Mathematics," in *Basic Writings*, ed. by David Farrell Krell, Routledge, 1993, p. 281.

[2] 参见同上书,第864页。Ibid., p. 285.

[3] 参见同上书,第865—867页。Ibid., pp. 286-288.

作品中真的置入为例说明这一过程。他认为，西方在古希腊、中世纪和近代之初都各发生过一次真之置入即是之发生，也就是玄同，从而导致人与是及天地神人之间不同关系模式的开启，每一次这样的开启都是一次开端。"开端总是包含了特异者被揭示的完满性，而这就意味着与平庸者的斗争。……每当作为整体、作为是者，其自身需要在开放域中建基，艺术作为建基就会接近其历史性的本质。在西方，这种情况最早发生在希腊。当时，后来被称为是的东西以标准设定的方式被置入作品。由此被开启的是者整体后来被转变为上帝创世意义上的是者。这是中世纪发生的事情。是在近代之初并且在现代化过程中再次发生转变。是者成为可以通过计算支配的透明对象。"[1]

关于当下西方世界对古希腊的认识之特征，海德格尔认为："西方今天仍然罗马式地，也就是以拉丁的方式、基督教的方式（作为异端）、浪漫派的方式、现代欧洲的方式思考古希腊，这就是一种玄同，它触及了我们历史性的此间之是最内在的核心。"[2] 这里所说的玄同，就是是的本质发生。正是在这个意义上，海德格尔指出西方历史上所发生的是之遗忘并非某种缺陷，而是一种最根本的玄同。"忘记作为是之天命起源的差异，以及在此天命中对这种遗忘的完成，这并非缺陷。相反，它是最丰厚最广泛的玄同，在其中西方的世界历史达到了它的解决。现在所是之物就站立在早已先行于它的是之遗忘的天命的阴影中。"[3]

海德格尔对玄同的讨论很容易让人联想到尼采的视域论和库恩的范式理论，后两者同样强调人类在不同历史环境下思维的整体差异和根本变化。三者的确有不少相似之处，不过海德格尔的如下观点表明了他的玄同论与视域论和范式论的区别："在是之历史中，玄同首先向人们显现为真之本质的转变。这可能导致一种观点，认为是的本质特征有可能取决于某种关于真的现实概念的支配，后者主导着人类表象性思维的方式，进而主导着对是的思考方式。但是，各种关于真的现实概念的可能性本身，是由

---

[1]　参见海德格尔:《艺术作品的本源》，载《海德格尔文集·林中路》，第 70—71 页。Martin Heidegger, "The Origin of the Work of Art," in *Off the Beaten Track*, p. 48.

[2]　参见海德格尔:《海德格尔文集·巴门尼德》，第 66 页。Martin Heidegger, *Parmenides*, p. 45.

[3]　参见海德格尔:《阿那克西曼德之箴言》，载《海德格尔文集·林中路》，第 417 页。Martin Heidegger, "Anaximander's Saying," in *Off the Beaten Track*, p. 275.

真之本质发生的方式以及这种本质的支配地位所决定的。"[1] 海德格尔讲得很清楚，并非真的概念的变化导致了对物的表象方式的变化，从而导致了对是的思想方式的变化。相反，玄同即真之本质发生的方式，也就是是的发生方式，才决定了关于真的现实概念。尼采的视域论本身并没有提供关于视域的发生与变化机制的说明，而只是把视域作为人类认识中的一个根本性事实。库恩的范式论与海德格尔的玄同论最大的差别，在于范式的形成和变化有其相对清晰的历史过程，而玄同的出现则被海德格尔视为在民族的天命中是之通透的发生，因而是在任何人把控、计划和设想之外的事情。

玄同与人

海德格尔认为，玄同的发生，即"是之突入"并非由人带来的事件，虽然人可以在思想上为其做好准备。"玄同，即诸神之突入与缺席、降临与离去，不能由思想强制。但另一方面，思想可以准备好开放域，它作为时间—空间（时刻之所）的开放域，让是之裂隙在此间之是中可以通达和得以持存。玄同只在表面是由人带来，实际上，人之所是乃通过以这种或那种方式召唤此间之是的涵有而历史性地发生。赐予历史性人类的是之突入甚至不会对他们立即显现，而只以隐蔽的方式、以真之庇护者的方式发生。但是，是之突入虽然罕见，却总是来自是的持续性的缺席，因为缺席与突入同样巨大而持久。"[2]

但另一方面，玄同也是人之本质的发生。海德格尔认为，人并没有固定不变的本质，也无所谓从某种固有本质脱落。在玄同中，人也许得到某些东西，但也会失去某些东西，人因玄同而不同，这就是人类的历史。"我们不能把人视为预先给定的、具有已经为人熟知的特性的是者，然后在其身上寻找脱落之物。相反，脱落本身必须首先为人之本质建基。"[3] 这意味着人之本质就是其可变性。"遭遇无非'之间'的裂开，对立作为开放域的需要者面对这一'之间'而发生。在此有什么是属于'人'的，

---

[1] 参见海德格尔：《海德格尔文集·尼采》下卷，第1215页。Martin Heidegger, *The End of Philosophy*, pp. 82–83.

[2] 参见海德格尔：《海德格尔文集·哲学论稿（从本有而来）》，第276—277页。Martin Heidegger, *Contributions to Philosophy (Of the Event)*, p. 186.

[3] 参见同上书，第536页。Ibid., p. 357.

又有什么被抛弃了呢？在脱落中，人被建基于他所不能创造，但可以作为一种可能而冒险之物，即此间之是。当然，这种情况的前提是人不再返回，而且永不返回第一次脱落中作为对置者的自身，即一种自然物，一种生物。所冒之险就是脱落以及在开放域的陌异中为人之本质建基。只有如此，是之历史和人之历史才开始。"[1] 在玄同中，在人与以前的自己之间张开一道裂隙，他在脱落中赢得新的自己。在此意义上，海德格尔也把玄同定义为人与是的相互拥有。这种对玄同的理解，尤其在他的晚年思想中占有主导地位。"玄同命名的就是人与是的相互拥有。"[2] "玄同是一个在自身中回响的领域，在其中，人与是在其本质中达于彼此，并且通过摆脱形而上学曾赋予它们的规定而达致本质发生。"[3]

海德格尔认为，人在玄同中成为自己，即被指派给他自身，同时又被托付给玄同。"作为此间之是的本质发生，自我源自此间之是。自我的本源即适合自身的领域。这个词来自与'王侯领地'的类比，指玄同中涵有的支配。涵有既是指派，也是托付。人被指派给他自身，又归属于玄同。人的确达于自身，但这绝不意味着自我仅是一个原先尚未通达的客观呈现物。相反，只有当对归属的指派同时成为对玄同的托付，人才达于自身。此间之是即'此'的持存。适合自身的领域，作为玄同的支配，就是内在一体的指派与托付的发生。"[4]

玄同是作为无极之基的"之间"，人就在这种"之间"中为"此"建基，并由此获得自身的本质。这个充满对立与斗争的之间，当其作为被照亮的玄同就是通透。在其中，神把大地遮蔽于闭锁中，人则建立起一个世界。世界等待神灵，大地接纳众人。通透把一切被涵有者自由地释放到玄同的无极之基中。玄同并非从远处君临被涵有者，亦非把是者整体作为无意义的空洞之物包裹起来。"玄同就是'之间'，它已预先在'推动自身者'（'时间—空间的自由游戏'）的伸展中展开，而这一延展尚需由'人'作为'此'而建基。通过建基，人第一次发现了他的另一种本己之

---

[1] 参见海德格尔：《海德格尔文集·哲学论稿（从本有而来）》，第536—537页。Martin Heidegger, *Contributions to Philosophy（Of the Event）*, p. 358.

[2] 参见海德格尔：《思想的基本原则：1957年的弗莱堡演讲》，载《海德格尔文集·不莱梅和弗莱堡演讲》，第150页。Martin Heidegger, "Basic Principles of Thinking: Freiburg Lectures 1957," in *Bremen and Freiburg Lectures*, p. 117.

[3] 参见同上书，第152页。Ibid., p. 118.

[4] 参见海德格尔：《海德格尔文集·哲学论稿（从本有而来）》，第379—380页。Martin Heidegger, *Contributions to Philosophy（Of the Event）*, p. 253.

物,并从中接受他的荣誉与地位:此间之是。"[1]

海德格尔认为,玄同使人放弃各种旧有的关于人性的成见,并且重新发现自己。"只有当在玄同中被瞥见的人类本质拒绝他的固执,人才能在其本质中回应此一洞见的要求。人适宜于以此方式回应,在其中,他作为终有一死者的一员,从世界上被保护的部分观望神性。非此则这种回应就不会发生。因为即便是上帝,只要他是,他就是一个是者;而作为是者,他就立于是及其本质之中,而后者只能在世界之世界中发生。"[2]

当然,人作为是的思考者,他的本质与思想的本质即哲学的本质密切相关,所以与是的本质也密切相关。正是在这个意义上,海德格尔指出:"需要决断的是,是本身能否出于其本质之真,能否在与人之本质的恰当关联中出现。或者,形而上学在离开其自身之后,是否仍然阻止着对是与人的关系的照明,即从这种关系的本质出发,并以此种方式把人带入对是的归属。"[3]

关键的问题在于,人能否与是玄同。海德格尔强调,人要成其为人,就"必须从属于是。那么,成其为人的本质及其方式就只能在是之本质的基础上得到决定"[4]。他甚至认为,对是本身的思考,就意味着人对是的理解,进而导致人自身的根本变化。"问题不再是'关于'某物,客观地表述某物,而是被玄同所涵有。这意味着人的根本转变,即从'理性的动物'(animal rationale)转向此间之是。"他特意解释说:"对是,以及对是这个词的归属,在思考和述说中的归属,就是被玄同所涵有。"[5]

是与思想的同一性

是与思想的同一性,是海德格尔借对巴门尼德一则残篇的解释提出的一个重要观点。他指出:"残篇所言 τὸ γὰρ αὐτὸ νοεῖν ἐστίν τε καὶ εἶναι(思

---

[1] Martin Heidegger, *Mindfulness*, p. 16.

[2] 参见海德格尔:《观入存在之物:1949 年不莱梅演讲》,载《海德格尔文集·不莱梅和弗莱堡演讲》,第 93 页。Martin Heidegger, "Insight Into That Which Is: Bremen Lectures 1949," in *Bremen and Freiburg Lectures*, p. 71.

[3] 参见海德格尔:《〈形而上学是什么?〉导言》,载《海德格尔文集·路标》,第 437 页。Martin Heidegger, "Introduction to 'What Is Metaphysics?'," in *Pathmarks*, p. 280.

[4] 参见海德格尔:《海德格尔文集·形而上学导论》,第 168 页。Martin Heidegger, *Introduction to Metaphysics*, p. 148.

[5] 参见海德格尔:《海德格尔文集·哲学论稿(从本有而来)》,第 2—3 页。Martin Heidegger, *Contributions to Philosophy (Of the Event)*, p. 5.

想与是乃同一者），成为全部西方—欧洲思想的基本主题。从根本上说，西方思想的历史就是这个唯一主题的一系列变式，即便在巴门尼德的箴言没有被特别提及的地方，也是如此。其中最卓越的变式就是康德的那个定律……他将其理解为一切先验综合判断的最高原则。康德所谓的先验综合判断无非是对 λέγειν τε νοεῖν τε ἐὸν ἔμμεναι（既述说又留意是者之是）的现代解释。康德在这个原理中说的是：思想，即关于经验性的是者之是的观念的形成，与是者之是共属一体，以及它们如何共属一体。"[1] 海德格尔在其他地方更是明确指出：巴门尼德的这句话表明——"在这里，不同的东西——思想与是，被思为同一者。"[2]

重要的是，海德格尔对巴门尼德这一残篇的解释不同于人们通常的理解，即思想是对是的反映。他明确指出："我们试图重获这一箴言的本源之真。首先建议对我们的翻译进行一点经过更正的解释。这一箴言说的并非'思想与是乃同一者'，而是说'思想与是彼此相属，成为一体'。"[3] 这个解释首先就暗示，思想与是并非同一者。同一性必须以差异性为前提，因为完全同一之物就无所谓同一。所以海德格尔提出共属这个概念。所谓共属，可以有两种理解，或者两者同属一个第三者，或者两者相互归属，他选择的是后者。这也是海德格尔对同一性的独特理解。就思想与是的关系而言，两者之间并没有哪一方居于优先的、决定性的地位。它们彼此映射，共为一体。

海德格尔进一步指出：思想的内容就是是者之是或者不是，而是者之是也只向思想敞开。"没有直观，是者就不会作为是者而是，也就是说不会呈现。但是，如果没有是者，如果是不具备进入开放的可能性，则直观也无从发挥作用。"海德格尔在此再次强调了思想与是之间相互归属的关系。就是与思想的同一性而言，谈论"客观性"就成为一件完全没有意义的事情。海德格尔表示，是与思想的同一性，这是一切思想之谜的核心，"巴门尼德之后的每一位西方思想家都必须重新思考这个箴言。所有人都

---

[1] 参见海德格尔：《海德格尔文集·什么叫思想？》，第 286 页。Martin Heidegger, *What Is Called Thinking?*, pp. 242-243.

[2] 参见海德格尔：《同一律》，载《海德格尔文集·同一与差异》，第 35 页。Martin Heidegger, *Identity and Difference*, p. 27.

[3] 参见海德格尔：《海德格尔文集·形而上学导论》，第 175 页。Martin Heidegger, *Introduction to Metaphysics*, pp. 154-155.

以各自的方式进行思考,但没有人能够穷尽其深度"。[1]

海德格尔指明:"逻各斯与是具有同一性。巴门尼德在他的箴言里说的也是这个意思:'思想与是乃同一者。'"[2] 也就是说,思想,以及对思想进行表达的逻各斯,与是都是彼此相属的关系,而这种关系就是玄同本身。因此,"通过巴门尼德的句子'思想与是乃同一者',我们才得以进入那个追问共属的问题,在此问题中,'属'先于'共'。同一者之意义的问题就是同一性的活生生的本质问题。形而上学学说把同一性表象为是的基本特征。现在我们看到:是与思想一道归属于一种同一性,其本质源于那个'让共属'。我们把这种让共属称为玄同。同一性的本质就是玄同的属性"[3]。

至于作为思想规则的逻辑,它与作为聚集思想与是的逻各斯并非同一回事,它完全是派生性的东西,其作为思想规则的地位也并非不言自明。海德格尔正是在这个意义上指出:"逻辑,作为思想的形式结构的呈现以及思想规则的表达,只有在是与思想的区分已经被做出,而且是以特定的方式、在特定的方面被做出之后,才有可能得到发展。因此,逻辑本身以及逻辑的历史根本就不足以澄清是与思想之间这种区分的本质与起源。反倒是逻辑本身的起源及其为思想提供确定解释之主张的正当性有必要得到澄清和论证。"[4]

虽然思想与是共属一体,但海德格尔也强调思想乃对是的回响与因应,而且只有先有思想的无声之语,然后才会有对其加以表达的语言即逻各斯。"原初的思想乃是之恩宠的回响,在此恩宠中,独一的事件在通透中发生,即是者是。这种回响乃人对是的无声之语的回应,它是人之话语的源泉,只有它才让人类的语言作为有声之语进入语词。"[5] 海德格尔对回响(Anklang)一词的使用有其特定的含义,它指的并非通常意义上的

---

[1] 参见海德格尔:《海德格尔文集·尼采》上卷,第 552 页。Martin Heidegger, *Nietzsche Volume III: The Will to Power as Knowledge and as Metaphysics*, ed. by David Farrell Krell, Harper & Row, 1991, p. 48.

[2] 参见海德格尔:《海德格尔文集·讨论班》,第 328 页。Martin Heidegger, *Four Seminars*, p. 2.

[3] 参见海德格尔:《同一律》,载《海德格尔文集·同一与差异》,第 49—50 页。Martin Heidegger, *Identity and Difference*, pp. 38-39.

[4] 参见海德格尔:《海德格尔文集·形而上学导论》,第 146 页。Martin Heidegger, *Introduction to Metaphysics*, p. 128.

[5] 参见海德格尔:《〈形而上学是什么?〉后记》,载《海德格尔文集·路标》,第 365 页。Martin Heidegger, "Postscript to 'What Is Metaphysics?'," in *Pathmarks*, p. 236.

"回声",即对原始声音不断衰减的重复,而是声音的延续、跌宕和持续的展开。[1]

当然,思想并非对是的被动回应,思想因是而改变,被是所拥有。这是两者共属一体关系的实质。海德格尔认为:"思想本质上作为对是的思考而被是所拥有。思想与作为到达者的是相连。思想早已与是的降临、与作为降临者的是连为一体。是已把自己置送给思想。是乃思想之天命。"[2] 就此而言,并不存在如洛克所说的"白板"一般空洞的思想,亦不存在不被思想和直观的是。"是自身以及是与我们的思想的关联方式并不仅仅取决于我们的思想。是本身,以及是触发某种特定思想的方式,让思想作为对是的因应从是自身中涌流出来。"[3] 所以,"是并非思想的产物。相反,本质性的思想即是之玄同"[4]。

海德格尔认为,思想与是的同一性也是对人之本质加以认识的基础。他明确指出:"我们不应根据某种固有的关于人的概念来误解巴门尼德这个箴言中所谓的思想和直观。相反,我们必须学会去体验这一事实,即只有在是与思想(直观)的本质性相互归属得以发生的基础上,人之所是方可得到规定。"[5] 思想并非通过某种其他方式已经得到定义的人所拥有的能力,"相反,思想是一种事件,人性在其中发生,作为是者进入历史的人性首先在其中得以显现,也就是(在字面意义上)进入是"[6]。人只有通过对是的思考才成其为人,并且因对是的思考而改变。海德格尔因此强调:"人类的伟大本质在于它归属于是之本质,为是之本质所需,以将其守护在是之真中。"[7] 人是什么,取决于人如何理解自身之所是。人就是一种可能。

---

[1] Cf. Daniela Vallega-Neu, *Heidegger's Contributions to Philosophy: An Introduction*, Indiana University Press, 2003, p. 55.

[2] 参见海德格尔:《关于人道主义的书信》,载《海德格尔文集·路标》,第 431 页。Martin Heidegger, "Letter on 'Humanism'," in *Pathmarks*, p. 275.

[3] 参见海德格尔:《〈形而上学是什么?〉导言》,载《海德格尔文集·路标》,第 437 页。Martin Heidegger, "Introduction to 'What Is Metaphysics?'," in *Pathmarks*, p. 279.

[4] 参见海德格尔:《〈形而上学是什么?〉后记》,载《海德格尔文集·路标》,第 362 页。Martin Heidegger, "Postscript to 'What Is Metaphysics?'," in *Pathmarks*, p. 234.

[5] 参见海德格尔:《海德格尔文集·形而上学导论》,第 169 页。Martin Heidegger, *Introduction to Metaphysics*, p. 149.

[6] 参见同上书,第 170 页。Ibid., p. 150.

[7] 参见海德格尔:《观入存在之物:1949 年不莱梅演讲》,载《海德格尔文集·不莱梅和弗莱堡演讲》,第 86 页。Martin Heidegger, "Insight Into That Which Is: Bremen Lectures 1949," in *Bremen and Freiburg Lectures*, p. 66.

如何表达"是"？

如何通过语言表达是，这是海德格尔反复考虑的一个问题。他曾经把是（Sein）写为 Seyn，意在强调是的可变性，也曾经用在 Sein 上面打叉的办法来表达是，意在强调是又"不是"的一面。海德格尔对这种似乎无可奈何的处境发出了如下感叹："关于'是'的谈论把表象从一种窘境驱迫到另一种窘境，而这种无计可施的情况的根源却又无从说明。"[1]

海德格尔曾说：对于是，人们可以用 es gibt 这个表达，即"有是"。"在此，'给出'的那个'它'（es）就是是本身。'给出'表明了是的本质即给出、提供是之真。这一自身向开放域的给出，与开放域一同构成是本身。"[2] 海德格尔后来进一步指出："要明确地思考是，需要我们不再把是视为是者的基础，而是将其视为在无蔽中仍被遮蔽的给出，即将其视为'它给出'。作为这一'它给出'的馈赠，是属于给出。作为馈赠，是并非单纯的给出。是、呈现被改变了。作为让呈现，它属于去蔽，作为去蔽的馈赠，它保持在给出之中。是并不是。有是，它给出是，作为无蔽中的呈现。"[3]

海德格尔认为，"在西方思想的开端，得到思考的是是，而不是那个'它给出'。后者因其给出的馈赠而回退了。从此开始，馈赠作为与是者相关的是而得到思考，并被概念化"。那么，为何强调"它给出"而不仅仅是是？"给出只能给出它的馈赠。在自持且回退的给出中，这种给出被我们称为呈送。根据只能如此理解的给出的含义，是，即它所给出之物，就是被呈送者。它的每一种变化都因此被决定。是之历史中历史性的东西由天命中呈送之物而非随意想到的事件所决定。"[4]

可以看出，海德格尔强调作为"它给出"的是，为的是强调是的条件性和不确定性。是并非被给出之后独立自为之物，它依然保留在给出中，它的一切变化都由呈送者所决定，而这就是是之历史性。是之历史这个表

---

[1] 参见海德格尔：《面向存在问题》，载《海德格尔文集·路标》，第 483 页。Martin Heidegger, "On the Question of Being," in *Pathmarks*, p. 308.

[2] 参见海德格尔：《关于人道主义的书信》，载《海德格尔文集·路标》，第 396—397 页。Martin Heidegger, "Letter on 'Humanism'," in *Pathmarks*, pp. 254-255.

[3] 参见海德格尔：《时间与存在》，载《海德格尔文集·面向思的事情》，第 10—11 页。Martin Heidegger, *On Time and Being*, p. 6.

[4] 参见同上书，第 14 页。Ibid., p. 8.

述同样强调是的可变性和条件性。"是之历史意味着是之天命,在这一天命的呈送中,呈送和那个呈送的'它'都在其自我显现中抑制自身。"[1] 也就是说,是在去蔽中仍然遮蔽自身。

关于"它给出"(es gibt)这个表述,海德格尔还进行了如下解释:"之所以采用'它给出/有'这一表达,首先是为了避免'是是'这种说法,因为'是'通常用来说明某种是着的东西。我们称之为是者。然而是恰恰不'是''某个是者'。如果不经对是的细致解释来谈论'是',那么是就很容易被表象为与人们所熟知的是者类似的某个'是者'。它本是原因,却被视为结果。"[2] 是并非是者,所以我们可以说"是者"是,但不能说"是"是。不过,这仅仅是因为后一种表达容易让人们把"是"当作某种"是者",还是"是"根本就不能"是"?海德格尔在此并没有对这个问题进行清楚的说明。只是在他思想的后期,才倾向于认为"是"不能"是",特别不能是形而上学意义上表示确定性、普遍性与不变性的那种"是"。

在进一步的思考中,海德格尔认为,不仅不能说是"是",甚至作为主语的"是"也大有问题。他指出:"就任何时候呈现作为召唤都是对人之本质的召唤而言,呈现(是)在任何时候都是向着人之本质的呈现。人之本质是倾听,因为人之本质属于这一召唤的唤出,属于呈现的来临。这一所有时候的同一者,召唤与倾听的相互归属,可能就是'是'吗?我在说什么呢?如果我们尝试在其天命的作用中彻底思考'是',即作为呈现思考'是',并以此回应它的天命中的本质,那么它已经完全不再是'是'了。如此一来,我们就应该像断然弃绝'人'这个名称一样,放弃'是'这个使呈现被孤立和分割开来的词。"[3] 海德格尔在此把是规定为召唤与倾听的相互归属,以及人与是的相互关系,更突出了是的可变性,或者说强调是并不具有与自身同一的"实体性",因此不能作为"是"的主体。

在其后期思想中,海德格尔一般用玄同代替了是这一表述。实际上,还在写作《哲学论稿》之时,他已经把是表述为玄同,并且明确指

---

[1] 参见海德格尔:《时间与存在》,载《海德格尔文集·面向思的事情》,第14—15页。Martin Heidegger, *On Time and Being*, pp. 8-9.

[2] 参见海德格尔:《关于人道主义的书信》,载《海德格尔文集·路标》,第397页。Martin Heidegger, "Letter on 'Humanism'," in *Pathmarks*, p. 255.

[3] 参见海德格尔:《面向存在问题》,载《海德格尔文集·路标》,第484页。Martin Heidegger, "On the Question of Being," in *Pathmarks*, pp. 308-309.

出:"是作为玄同而本质性地发生。这一本质发生有其中心以及回转的幅度。斗争与对峙的发生。本质发生在真之中得到确保和庇护。"[1] "中心"加上"回转的幅度"表达的就是某种范围,体现出是的模糊性和可变性。

有研究者指出:"在1962年(准确地说,是9月12日星期三早晨),海德格尔郑重宣布,一旦我们摆脱了形而上学的是之历史,并且在玄同中思考,扎根于这种历史中的'是'就不再是思想恰切的对象了。"[2] 这是1962年9月11—13日,海德格尔在图特瑙堡主持的一个关于"时间与存在"的讨论班上发生的事情。现在所看到的记录是:"对于在玄同中的思想来说,亦即对投入玄同的思想来说,在呈送中的是已经不再被明确地思考,其历史已经走向终结。"[3] 1969年,他更进一步表示:"'是'这个词甚至已经没有立足之地了。"[4]

虽然上文列举了海德格尔对玄同这一表述的各种不同用法和界定,但简单地讲,玄同就是是的发生。作为玄同的是与海德格尔前期思想中理解的是的一个根本区别,就在于前者更多地体现出矛盾与冲突、肯定与否定相互呈现的含义。"是,即玄同,在摆动中充满否定,因而也充满斗争。斗争的根源:是与非—是。"[5] 海德格尔甚至把玄同对是的替代作为超越形而上学的标志:"正因为把作为玄同的是收入眼帘,是之为是才消失了。"[6]

海德格尔对形而上学与后形而上学中是与玄同的关系进行了如下对比:"以前,哲学从是者的角度把是作为型相、实现、现实性和意志,而现在,我们可以将其作为玄同加以思考。从这个角度来看,'玄同'意味着转变了的对是的解释,这体现了对形而上学的延续。这里所谓'作为'的意思是:玄同,即是的一个种类,从属于是,后者则代表了那个被固定

---

[1] 参见海德格尔:《海德格尔文集·哲学论稿(从本有而来)》,第38页。Martin Heidegger, *Contributions to Philosophy (Of the Event)*, p. 25.

[2] Thomas Sheehan, "Dasein," in *A Companion to Heidegger*, p. 193.

[3] 参见海德格尔:《时间与存在》,载《海德格尔文集·面向思的事情》,第58页。Martin Heidegger, *On Time and Being*, p. 41.

[4] 参见海德格尔:《海德格尔文集·讨论班》,第441页。Martin Heidegger, *Four Seminars*, p. 365.

[5] 参见海德格尔:《海德格尔文集·哲学论稿(从本有而来)》,第412页。Martin Heidegger, *Contributions to Philosophy (Of the Event)*, p. 273.

[6] 参见海德格尔:《一次关于演讲"时间与存在"的讨论课的记录》,载《海德格尔文集·面向思的事情》,第61—62页。Martin Heidegger, *On Time and Being*, p. 43.

下来的主导概念。但是，如果我们尝试把是思考为存在于天命中的呈现和让呈现，而天命又在于开启和遮蔽着的真正的时间的延展，那么是就归属于玄同。给出与馈赠都从玄同得到规定。在此情况下，是成为玄同的一个种类，而非相反。"[1]

也就是说，从超越形而上学的视角来看，玄同就成为比是更为丰富、更为本源的概念。海德格尔曾经表示："今天，在如此之多未加思考或者一知半解的东西全都涌入出版物的情况下，我的很多读者可能不会相信，我在自己的手稿中使用'玄同'这个词来表达我在此所思之物已经有二十五年之久。这件事本身虽然并不复杂，但仍然难以思考，因为思想首先要克服那种我们把'是'当作玄同的习惯。玄同在性质上是不同的，因为它比任何能够设想到的对是的定义都要丰富，而是，从其本质起源来看，反倒可以从玄同的角度加以理解。"[2] 当然，是作为玄同的一个类别，也可以被视为一种特殊的玄同。"是乃冲突中的玄同，它把它原先涵有的（人的此间之是）与它所拒绝的（神）一同汇聚入'之间'的深渊。"[3]

海德格尔晚年不仅用玄同替代了是，而且如老子拒绝对道进行任何直接的描述一样，认为对玄同不可能进行任何直接的表象。他明确表示，玄同的发生具有不可表象的特征。"是对一切单纯的是者而言都不可把捉。"[4] 因此，"我们必须改变这样的习惯，即试图确保是的这一本质发生对任何人在任何时候都是可以随意表象之物。相反，我们只有通过跳跃，才能触及玄同每一次在其纯粹的自我遮蔽中独一无二的摆动"[5]。从根本上，海德格尔认为，玄同之所以无法把捉和表象，是因为它就是自由，因而具有高度的不确定性。"是就是玄同，因而也就是无极之基，作为无极之基就是基础之'基础'，因而就是自由。"[6]

作为玄同的是，宛如从一个特定的角度照亮世界的光。"可以说，对是的揭示取决于我们的一种特定的在世方式。如果对是的理解在我们对世

---

[1] 参见海德格尔：《时间与存在》，载《海德格尔文集·面向思的事情》，第 32 页。Martin Heidegger, *On Time and Being*, p. 21.

[2] 参见海德格尔：《走向语言之途》，载《海德格尔文集·在通向语言的途中》，第 261 页注释①。Martin Heidegger, "The Way to Language," in *On The Way to Language*, p. 129, note.

[3] 参见海德格尔：《海德格尔文集·哲学论稿（从本有而来）》，第 575 页。Martin Heidegger, *Contributions to Philosophy (Of the Event)*, p. 382.

[4] Martin Heidegger, *Mindfulness*, p. 79.

[5] 参见海德格尔：《海德格尔文集·哲学论稿（从本有而来）》，第 296 页。Martin Heidegger, *Contributions to Philosophy (Of the Event)*, p. 198.

[6] Martin Heidegger, *Mindfulness*, p. 79.

间之物的经验中不起作用，那么它就是被遮蔽的。海德格尔认为，一个时代区别于另一个时代，就在于它们各自具有其不同的'创造性视见'的方式，它使物首先以本质上结构化的形式前出而被人感知。"[1] 这种"创造性视见"就是玄同。玄同的一刻，世界万物的某个方面被照亮，人对世界万物的认识和理解由此获得了一个基本的框架，玄同因而是意义、秩序和关系的创生。

第三节 "是"与"真"

是与当下呈现

"当下呈现"（an-wesen）在海德格尔哲学中是一个重要的表述，也是接连另外两个重要表述即是与无蔽的枢纽。海德格尔表示，当下呈现是对希腊语 εἶναι（是）的翻译。他对如此翻译的理由进行过以下说明："被用作动词的'本质'（wesen）就是古高地德语的 wesan。它是与'持续'（währen）相同的词，并且意味着'保持'。Wesan 与古印度语 vasati 具有相同的词根，意即他居住、他逗留。居住就叫家政。动词'wesan'说的是逗留。然而，我们为什么把希腊文的 εἶναι（是）和 ἐόν（是）翻译为'当下呈现'呢？因为在希腊语的 εἶναι 中，总是一道被思考，也经常被述说的是 παρεῖναι（在场、到达）和 ἀπεῖναι（缺席、离去）。Παρά 意味着过来，ἀπό 则意指离开。"[2] 另外，在海德格尔的思想中，当下呈现也是在无蔽中的显现。"当下呈现者从无蔽中上升。它的起源就在于这样一种从其当下呈现中的上升。从无蔽状态中上升，当下呈现者也已经进入无蔽之物了：山脉处于景观中。它的当下呈现就是升入无蔽状态下的无蔽之物，即便山脉如此这般矗立，绵延高耸，也是如此。"[3]

因此，当下呈现就是去蔽的持存，是呈现者在持存中聚集自身。呈现需要去蔽，但并不直接等同于无蔽，而是进入无蔽的持存，是进入已经与人面对的呈现者中的停留。虽然当下呈现即持存，但在持存中的驻留并非

---

[1] Mark A. Wrathall, "Unconcealment," in *A Companion to Heidegger*, p. 354.
[2] 参见海德格尔：《海德格尔文集·什么叫思想?》，第 277 页。Martin Heidegger, *What Is Called Thinking?*, p. 236.
[3] 参见同上书，第 278 页。Ibid.

完全静止。在呈现中的驻留是一种聚集。它汇聚了进入当前的上升，以及在不为人知的情况下始终可能发生的悄然退场和退入遮蔽。"[1] 因此，海德格尔虽然与传统形而上学一样，接纳了当下呈现这个表述中持存、逗留的含义，但他更多的是从动态意义上来理解这种持存与逗留，因而当下呈现就是一种静中有动、动中有静的状态。海德格尔借早期希腊思想对是即涌出（自然）的理解说明了呈现的特征。在那里，自然表示涌出中的自行上升，寓于自身的自行展开。就此而言，静止与运动都来自一个原初统一体的闭合与开启。这一运动就是在强力中进入呈现，在其中，进入呈现者作为是者本质性地展开。同时，这一运动也是从遮蔽中的移出，即去蔽的发生，是运动在与自身的斗争中创造世界。通过这种斗争，是者方才成其所是。[2]

海德格尔指出，希腊人最先就是从当下呈现的角度经验他们的周遭世界。"把我们列举的所有对于是的规定聚拢在一起并为之奠基的东西，即希腊人毫无疑问地经验为是之含义的东西，他们称之为 οὐσία 或者 παρουσία。人们通常不加思考地把 οὐσία 翻译为'本质'，从而完全错失了它的意义。在德语中有一个恰当的词，即 An-wesen（呈现），来表达 παρουσία 的意义。我们用 Anwesen 来命名一片独立的农场和田产。在亚里士多德的时代，οὐσία 也在这个意义上或者作为一个基本的哲学词被使用，即某种进入呈现之物。它独立自持，自身向前推进。它是。对希腊人来说，'是'的根本意义就是呈现。"[3]

海德格尔思想早期常常把是定义为"当下呈现"，但他在20世纪40年代就明确表示："第一个开端把是思考为呈现者之当下呈现，它第一次照亮了是之本质发生的一种形式。"与之相对，"把是思考为玄同是一种开端性的思想，它通过与第一个开端的对峙而为另一个开端做准备"。[4] 虽然从希腊开始的整个形而上学传统都把是理解为当下呈现，但海德格尔还是开启了"另一个开端"。这当然是海德格尔对他本人思想探索的自我定

---

[1] 参见海德格尔：《海德格尔文集·什么叫思想?》，第278页。Martin Heidegger, *What Is Called Thinking?*, p. 237.

[2] 参见海德格尔：《海德格尔文集·形而上学导论》，第72—73页。Martin Heidegger, *Introduction to Metaphysics*, p. 64.

[3] 参见同上书，第71—72页。Ibid., pp. 63-64.

[4] 参见海德格尔：《海德格尔文集·哲学论稿（从本有而来）》，第40页。Martin Heidegger, *Contributions to Philosophy (Of the Event)*, p. 26.

位,同时也意味着对形而上学的超越,并且为他反思形而上学思想中是的历史提供了一个不同的立足点。

海德格尔因此认为,把是理解为呈现,这是通过柏拉图和亚里士多德确定下来的。"了解是并非抽象概念的人都知道,在柏拉图与亚里士多德的文本中第一次出现了对是者之是的规定,一种对全部哲学思想而言的根本性的规定:是就是呈现。""由此以往,形而上学的全部历史就是基于这个把是理解为呈现的开端性的规定,把是者之是的基本形象顺序组织起来的过程。"[1]

呈现即被带出到无蔽之中。希腊人认为,物在两种情况下被带出而进入无蔽状态。一种情形是它从自身中上升,把自己带出;另一种情形则是物由人生产出来而被带出。希腊人把这两种情况下前出到无蔽中的东西都称为作品(ἔργον),即某种被带出之物。呈现者之呈现,即在呈现的意义上理解的呈现者的作品性质,就是它的实现(ἐνέργεια)。亚里士多德典型地体现了这种思想。除此之外,其他希腊思想家也对呈现的本质进行了不同的思考,比如赫拉克利特所说的逻各斯(λόγος)、巴门尼德所说的命运(Μοῖρα),以及阿那克西曼德所说的运用(χρεών),等等。但是,它们命名的都是同一个东西。[2] 所以海德格尔才认为,呈现正是汇聚了古希腊关于是的所有思考的核心。

因为希腊人把是者之是理解为呈现,所以对他们来说,最严重因而也最危险的事情就是是者不再呈现,即缺席、离去和消失。不再呈现即是者的遮蔽(λήθη),它指的不是隐藏,而是离开,即是者从人身边离去,不再呈现。在希腊人的经验中,遮蔽的发生并非人类行为的结果,反而似乎是人被拽入了这一事变。"遮蔽的结果,即是者的离去,使人们不再了解作为是者的他们自己,以及他们最亲密的朋友的任何事务。这种无知(ἄγνοια)、不再知道,意味着人不再能够使自身指向某物。"[3]

对于经过柏拉图和亚里士多德定型的作为呈现的"是",海德格尔指

---

[1] 参见海德格尔:《海德格尔文集·讨论班》,第 456—457 页。Martin Heidegger, *Four Seminars*, p. 68.

[2] 参见海德格尔:《阿那克西曼德之箴言》,载《海德格尔文集·林中路》,第 423—424 页。Martin Heidegger, "Anaximander's Saying," in *Off the Beaten Track*, p. 279.

[3] 参见海德格尔:《论真理的本质——柏拉图的洞喻和〈泰阿泰德〉讲疏》,赵卫国译,华夏出版社 2008 年版,第 135 页。Martin Heidegger, *On the Essence of Truth*, trans. by Ted Sadler, Continuum, 2002, p. 101.

出了以下几个方面的基本特性。首先,它并不像尼采所说的根本没有实质性的内容,而只是一团飘浮不定的空气。"'是'这个词的确像空气一样飘浮不定,而'呈现'所说的要清楚明白得多:某种当前之物,即向我们显现之物。呈现意味着与我们一同存在之物,而这又意味着与我们相对而持存。"[1] 人们之所以感到是的意义飘浮不定,是因为存在一种错误观念,即认为是的意义来自作为系动词的"是"。但事实上,在古希腊思想中,是一直被理解为呈现,只是在阿那克西曼德之后又过去了几十年,ἐόν(呈现中)和 εἶναι(呈现)才通过巴门尼德明确地成为西方思想的核心概念。但这一情况的发生也不像通常的误解所认为的那样,是因为巴门尼德从陈述及其系词出发对是进行了"逻辑化"的解释。"巴门尼德所说的 ἔστιν(是)并非作为句子中的系词的那个'是'。它命名的是 ἐόν,即是者之呈现。"[2] 因此,"并非巴门尼德提供了对是的逻辑解释。相反,是逻辑这一出于形而上学又主导了形而上学的东西导致了一种事态,它埋葬了早期基本词语包含的是的本质多样性。正是这种情况,使是陷于那种作为最空洞、最不着边际的概念的致命的状态"[3]。在希腊思想中,甚至亚里士多德在把是者之是理解为范畴的时候,也没有走得那么远。他把所是把握为已经置放于任何陈述之前的东西,即呈现者在一段时间内的去蔽。对他来说,在任何陈述中,呈现都是一个已然存在的事实。另外,他也没有把呈现者之呈现理解为陈述对象的对象性;相反,他把呈现理解为实现(ἐνέργεια)。

其次,作为呈现的是,其含义与后来形而上学中的本质存在着相当的距离。就亚里士多德而言,是在本质上被理解为呈现(οὐσία)、实现(ἐνέργεια)和隐特莱希(ἐντελέχεια)。"更重要的是,希腊思想家们清楚,是,即是者的本质,不能通过对当前任何是者的计算导出,相反,它必须作为型相将自身显现出来。"[4] 海德格尔认为,作为呈现意义上的是向作为对象性意义上的是的转变始于罗马时代。在罗马人那里,"实现

---

[1] 参见海德格尔:《海德格尔文集·什么叫思想?》,第 274 页。Martin Heidegger, *What Is Called Thinking?*, pp. 233-234.

[2] 参见海德格尔:《阿那克西曼德之箴言》,载《海德格尔文集·林中路》,第 399—400 页。Martin Heidegger, "Anaximander's Saying," in *Off the Beaten Track*, pp. 264-265.

[3] 参见同上书,第 401 页。Ibid., p. 265.

[4] 参见海德格尔:《海德格尔文集·尼采》上卷,第 630—631 页。Martin Heidegger, *Nietzsche Volume III: The Will to Power as Knowledge and as Metaphysics*, p. 112.

（ἐνέργεια）被翻译为现实性（actualitas）。希腊思想被遮蔽，而且直到我们的时代，都只能在罗马的外表下显现出来。现实性成为事实性，事实性成为对象性。但即便如此，对象性要保留其本质，也仍然需要呈现的特征。这就是表象之再现中的'呈现'"[1]。海德格尔把这一根本性变化称为一次玄同，而不仅仅是一个翻译的问题。

最后，作为呈现的是也不能混同于被理解为语言的逻各斯。海德格尔把本质性的呈现方式称为"示喻"："示喻的一个基本特征就是聚集着的让显现。任何述说、言谈和书写都是示喻的方式，但示喻未必是运用语言器官意义上的述说。"[2] 语言是让显现意义上的示喻。因此，在寻求语言的本质时，必须着眼于示喻来探讨语言，但不能仅仅把语言解释和说明为述说。[3] 就其原始本质而言，显现作为自身呈现，恰恰不需要符号，只有作为让呈现的显示，才使符号的创设和使用成为可能。"正因为语言在本质上是示喻并且如此显现，这种显现才能成为对观念和观点的显示，我们称之为形象，并由此导致了对语音的书写，以及通过象形文字的书写。"[4] 一句话，"思想是示喻，但未必是述说、言谈和书写。思想是示喻，但未必是逻辑意义上显示的逻各斯（λόγος ἀποφαντικός）的表述，也未必是作为辩证法的述说（λέγειν）意义上的传达"[5]。总之，呈现是本源，而逻各斯则是派生的。

海德格尔从以上三个方面澄清了在形而上学的演进中希腊人所理解的是受到的遮蔽，但另一方面，他也指出了把是理解为呈现自身存在的问题。首先，它使是失去了时间维度，从而方便了后来呈现被进一步理解为静止的持存，并最终导向形而上学的是概念。"对希腊人而言，'是'意味着两重意义上的持续性。第一，作为上升和涌出（φύσις）的自身持立；第二，作为如此'持存'，又意味着长期逗留（οὐσία，即呈现）。相应地，'不是'就意味着从这种持续性中离开，ἐξίστασθαι，所以，所谓的'existieren'（存在）对希腊人来说恰恰意味着出离，即不再是。人们在用'存

---

[1] 参见海德格尔：《阿那克西曼德之箴言》，载《海德格尔文集·林中路》，第 424 页。Martin Heidegger, "Anaximander's Saying," in *Off the Beaten Track*, pp. 279-280.

[2] 参见海德格尔：《思想的基本原则：1957 年的弗莱堡讲演》，载《海德格尔文集·不莱梅和弗莱堡讲演》，第 193 页。Martin Heidegger, "Basic Principles of Thinking: Freiburg Lectures 1957," in *Bremen and Freiburg Lectures*, p. 152.

[3] 参见同上书，第 200 页。Ibid., p. 157.

[4] 参见同上书，第 204—205 页。Ibid., pp. 160-161.

[5] 参见同上书，第 206 页。Ibid., p. 162.

在'一词来表示是的时候所体现出来的不假思索和枯燥乏味,恰恰提供了新的证据,表明我们对是,以及对一种本源性的、强有力的和确定的对是的解释,距离有多远。"[1]

其次,被理解为呈现的是在柏拉图思想中被定型为作为型相的是,从而为形而上学奠定了基础。"如果我们注意到对是的两种本质规定,即自然与型相在其中运动的领域的区别,就可以很容易地评估这两种解释在意义上的距离。自然是强力的上升,是自身持立,是持续性。型相,即人们所看到的外观,则是对持存者的规定,但前提是而且只能是它站立于某种视见的对面。"也就是说,呈现具有双重意义。一方面,它指的是将自身带向持立的自我聚集的事件,是在聚集中的站立;另一方面,它也意味着已然站立于此之物提供某种外观以让人观看。[2]涌出意义上的持续充满运动的力量:"'是'意味着'持续'与'逗留'。但是,它所说的要多于'持存和延续'。'它是'意味着'它在呈现中持存',并且在它的持存中关涉并推动我们。"[3]作为型相的是则成为持续不变者、永恒静止者。"形而上学把是规定为所是,进而把所是视为再现和持存。根据这种理解,是者被把握为不变的是者;反过来把这种理解运用到是上面,是就成为'最具是之特性者',即最具持存性和呈现性者。"[4]

海德格尔通过自然与型相两种意义上的呈现与空间的关系,进一步论证了两者的区别。自然意义上的呈现作为被聚集的带向持立,它吸纳空间,首次征服了空间。作为在此站立,它为自身创造空间。型相意义上的显现则是事物的型相从一个已经准备好的空间中前出,并在其中通过某个确定的维度得以视见。"第一种意义上的呈现率先撕扯出空间;第二种意义上的呈现不过为空间给出轮廓,并对已经被开启出来的空间加以度量。"[5]

海德格尔如下两段对阿那克西曼德的一个示喻的发挥,非常清楚地表达了他对作为呈现的是的理解:"在呈现中在此领域逗留之物进入该领域,进入无蔽,又从中退入遮蔽。作为呈现的逗留者的到达,同时已经是从无

---

[1] 参见海德格尔:《海德格尔文集·形而上学导论》,第75页。Martin Heidegger, *Introduction to Metaphysics*, p. 67.

[2] 参见同上书,第219页。Ibid., pp. 194–195.

[3] 参见海德格尔:《语言的本质》,载《海德格尔文集·在通向语言的途中》,第195页。Martin Heidegger, "The Nature of Language," in *On the Way to Language*, p. 95.

[4] Martin Heidegger, *Mindfulness*, pp. 101–102.

[5] 参见海德格尔:《海德格尔文集·形而上学导论》,第219—220页。Martin Heidegger, *Introduction to Metaphysics*, p. 195.

蔽向遮蔽的退出。呈现着的呈现只能逗留片刻。它游移于来去之间。逗留就是从来到去的过渡。在任何情况下,呈现者都是游移片刻者。它在游移中来,已经在游移中去。此刻的呈现者,呈现中的呈现者,从缺场中进入呈现。真正的呈现者恰恰如此,虽然我们惯常的表象方式总是喜欢把呈现者与缺场者彻底分开。"[1] "呈现者即逗留片刻者。片刻呈现为走向离去的到达。它呈现于来去之间。在双重离去之间呈现着一切逗留者的呈现。逗留片刻者嵌入这个'之间'。它就是联结,来者赴之,去者离之,逗留者附之。逗留者之呈现凸显于'来此'之此和'离去'之'去'。呈现在两个方向上与缺场相连,它就在这个联结中发生。"[2] "因此,处于分离之中才是一切呈现者之本质。"[3] 简言之,呈现短暂易逝,而且在到来之际已经离开,因此只有分离或者离去才是常态。正因为这样,对是的保留才具有真切的意义:是之真需要守护和保存。

当然,持存是思想和对话的需要,变化则是这个世界的事实,它们之间的关系成为海德格尔思想中一个不可回避的问题。海德格尔写道:"自何时起我们是一场对话?要有对话,那个本质性的词就必须被关联于同一者。没有这种关联,甚至争吵也不可能。但是,同一者只有在某种持存物的光照之下方可显现,永恒和持续也只有当持存与呈现被照亮时才会现身,这又需要时间在各个方向开启自身。由于人已经置身于某种持存物之呈现,他才能将自己暴露给可变者、来而复去者,因为只有持存者才会变化。只有当'奔流的时间'被区分为过去、现在和未来,人们才有可能就某种超越时间之物达成共识。自'有时间'之时起,我们就是一场对话。自时间产生并止于某处,我们就是历史性的。作为一场对话和作为历史性的,这两者同样古老,它们彼此相属,一体两面。"[4]

是与无蔽

前文提到,海德格尔把真解释为无蔽。实际上,他同样也把作为当下

---

[1] 参见海德格尔:《阿那克西曼德之箴言》,载《海德格尔文集·林中路》,第 398 页。Martin Heidegger, "Anaximander's Saying," in *Off the Beaten Track*, pp. 263–264.
[2] 参见同上书,第 404 页。Ibid., p. 267.
[3] 参见同上书,第 405 页。Ibid., p. 268.
[4] 参见海德格尔:《荷尔德林和诗的本质》,载《海德格尔文集·荷尔德林诗的阐释》,第 41—42 页。Martin Heidegger, "Hölderlin and the Essence of Poetry," in *Elucidations of Hölderlin's Poetry*, p. 57.

呈现的是理解为无蔽,由此可以看出海德格尔思想中是与真的密切联系。他指出:"自行去蔽乃是之基本特性。这听上去像是说,存在着是,而它的特性之一是自行去蔽。其实并非是具有自行去蔽的特性。相反,自行去蔽乃是之本质。在自行去蔽中是获得它的属性。是并非某种在先的自为之物,然后才带来去蔽。……严格地说,我们必须这么表述,是即自行去蔽的属性。被称为'是'的东西从自行去蔽中并作为自行去蔽向我们致意。"[1] 是就是去蔽,因此有的时候,海德格尔也直接说:"是本质性地展开为无蔽,即揭示的状态。"[2]

在海德格尔看来,无蔽对是的发生具有根本性的意义。因为呈现即进入无蔽并在此状态下持存。只有在无蔽已经发挥支配作用的地方,呈现才会发生,而呈现者,就其进入无蔽状态持存来说,才是当下呈现的。当然,在形而上学对是的思考中,起支配作用的无蔽状态并未得到充分的关注;而只要这种思想状态未能得到改变,只要呈现的基础未能得到阐明,那么人们就尚未真正地思想。"是者之是的本质渊源未经思想。本真地有待思想之物还隐而不彰。它尚未成为值得我们思想之物。因此,我们的思想也尚未进入它的基质之中。我们尚未本真地思想。因此之故,我们要追问:什么叫思想?"[3]

海德格尔正是在为是奠基的意义上定位《存在与时间》的作用的:"《存在与时间》提出的并非某种'理想'或'计划',而是为是本身的本质发生准备的开端。并非我们思考得出了什么,而是我们被推入(假定我们在这方面已经足够成熟)一种思想,它既不教导某种学说,也不倡导'道德'行为,更不确保'实在',而'只是'把真奠基为时—空游戏场,使是者在此能够重新成为是者,即能够为保留是而在此是。"[4] 这里所谓的"时—空游戏场",既是去蔽发生之所,也涉及海德格尔在一段时间内

---

[1] 参见海德格尔:《根据律》,载《海德格尔文集·根据律》,第 145 页。Martin Heidegger, *The Principle of Reason*, p. 69.

[2] 参见海德格尔:《海德格尔文集·尼采》下卷,第 1046 页。Martin Heidegger, *Nietzsche Volume IV: Nihilism*, p. 212.

[3] 海德格尔:《什么叫思想?》,载《海德格尔文集·演讲与论文集》,第 156 页。

[4] 参见海德格尔:《海德格尔文集·哲学论稿(从本有而来)》,第 285 页。Martin Heidegger, *Contributions to Philosophy (Of the Event)*, p. 191.

为"此间之是"这个表述赋予的特定含义,即在具体的时空条件下发生的是。[1] 海德格尔一般把这个"此间之是"写为"Da-Sein",以示与表示人的"Dasein"的区别(本书则不作刻意区分,但需要说明的是,这个此间—之是同样与人有关,甚至可以说,是针对具体人的具体的是)。

海德格尔就此写道:"是的本质发生需要是之真的建基,而且这种建基必须以此间之是的形式完成。这样,一切的观念论,以及以前的形而上学和一般意义上的形而上学,都作为第一个开端的必要发展阶段而被克服了。"[2] 是之真的建基,也就是此间之是的建基,即对"此"的去蔽。海德格尔反复强调是的在"此"特性,以及此间之是的时间—空间特性。"因为真必须建基于此间之是,而是的本质发生只能在被由此决定的知识中,在维系着'此'的坚定性中获得。""关于本质的知识需要此间之是,而且它本身就是向此间之是的跳跃。"[3]

与真的发生一样,海德格尔认为是的发生也是自我遮蔽中的去蔽。"自思想的黎明以来,'是'指的就是照亮着又遮蔽着的聚集意义上的呈现者之呈现。"[4] "是通过通透地向是者提供某种时间—游戏—空间而把自身呈现给人。作为这样一种天命,是同时本质性地作为自我遮蔽的去蔽而发生。"[5] 海德格尔认为,是这种在无蔽中复又遮蔽自身的特点,是它在形而上学思想中长期被忽视的根本原因。是者在作为无蔽状态而本质发生的是中进入呈现,但与此同时,无蔽状态的本质却被遮蔽。"关键就在于无蔽之本质的遮蔽状态,在于是本身的遮蔽状态。是本身并不在场。"[6] 因为"是恰恰在回退中向人呈示自身,并将自己的本质起源隐藏在通过理性理解的根据、原因及其诸形态的迷雾之中"[7]。作为给出的是,在给出

---

[1] 参见海德格尔:《海德格尔文集·哲学论稿(从本有而来)》,第 108 页。Martin Heidegger, *Contributions to Philosophy (Of the Event)*, p. 69.

[2] 参见同上书,第 206 页。Ibid., p. 138.

[3] 参见同上书,第 341 页。Ibid., p. 225.

[4] 参见海德格尔:《阿那克西曼德之箴言》,载《海德格尔文集·林中路》,第 401 页。Martin Heidegger, "Anaximander's Saying," in *Off the Beaten Track*, p. 265.

[5] 参见海德格尔:《根据律》,载《海德格尔文集·根据律》,第 158 页。Martin Heidegger, *The Principle of Reason*, p. 75.

[6] 参见海德格尔:《海德格尔文集·尼采》下卷,第 1048 页。Martin Heidegger, *Nietzsche Volume IV: Nihilism*, pp. 213–214.

[7] 参见海德格尔:《根据律》,载《海德格尔文集·根据律》,第 236—237 页。Martin Heidegger, *The Principle of Reason*, p. 110.

的同时,它自身却回退了。[1] 也可以说,是的发生,去蔽的方式本身就是遮蔽自身。

海德格尔因此认为,是的去蔽不仅仅是令人愉悦之事,同时也是冒险之事、危险之事。"天命中的去蔽并非危险的一种,而就是危险本身。"[2] 之所以危险,是因为去蔽本质上使世界变得不同,从而使人离开原本熟悉的环境而进入一片陌异之地,无所适从。海德格尔曾经针对诗人的情形指出:"对诗人来说,技艺对美德的进攻终将让人无家可归。当人以此种方式被逐出家园,家才第一次显现自身。但也正是在这个时刻,而且仅仅以此种方式,让人疏离者也才第一次作为压倒一切的力量显现出来。是者整体在陌异中与人相对。这种展开就是去蔽的发生,同时也是陌异的发生。"[3]

把去蔽理解为冒险,就必须提及海德格尔一度大量使用的一个希腊词即δαιμόνιον的含义。这个词中文没有定译,从语境看,可能译为让人心神不宁、惶惑不安之物或者陌异之物较为妥当。海德格尔指出:"当是成为焦点,超凡者便宣示自身。它超出日常,不能通过基于是者的认识获得解释。这就是陌异之物……陌异之物,作为照入一切日常物即是者中的是,在照射中常常又像一片静静飘过的云彩,其阴影掠过诸物,既不令人怪异,也不令人警醒。陌异者简单、不令人瞩目、不可能被意志抓取、从一切人为算计中回退,因为它超越一切计划。……这个令人惊异的、在惊异中可见的东西,就是陌异之物。"[4] 海德格尔明确表示,这个陌异者就是是本身。

海德格尔进一步指出:"我们可以把δαιμόνιον称为令人惶惑之物或者陌异之物,因为它以不同寻常的方式环绕一切,并且在所有地方围绕事物呈现的寻常状态,在一切寻常物中呈现自身。"[5] 对希腊人而言,神性就

---

[1] 参见海德格尔:《海德格尔文集·讨论班》,第 440 页。Martin Heidegger, *Four Seminars*, p. 59.

[2] 参见海德格尔:《技术的追问》,载《海德格尔文集·演讲与论文集》,第 29 页。Martin Heidegger, *The Question Concerning Technology and Other Essays*, trans. by William Lovitt, Garland Publishing, 1977, p. 26.

[3] 参见海德格尔:《海德格尔文集·形而上学导论》,第 201 页。Martin Heidegger, *Introduction to Metaphysics*, p. 178.

[4] 参见海德格尔:《海德格尔文集·巴门尼德》,第 148—149 页。Martin Heidegger, *Parmenides*, p. 101.

[5] 参见同上书,第 150 页。Ibid.

直接建基于寻常之物中令人陌异的东西。它通过两者之间的区分而进入显现。[1] 也就是说，是在寻常中的不寻常、在寻常物中令人陌异的特点，使得希腊人将其视为某种神圣之物。实际上，"属于是之显现的东西原本就具有令人陌异的特征，因此没有必要将神圣的性质赋予是，并事后加以证明。当然，如果说去蔽属于本源性的是之本质，而它的反本质遮蔽也是如此，那么这两者本源性地就是某种'神圣之物'"[2]。

动态的"是"

对是的动态把握是海德格尔思想的最根本的特点，也是他对西方思想的一大重要贡献。海德格尔本人把对是的动态把握作为其思想"转向"的一个标志性事件："在已经发表的作品中，我首先是在《关于人道主义的书信》中谈到'转向'。"但是，"在'转向'这个名义下得到思考的东西，早在1947年之前十年就已经激荡着我的思想。转向之思是我思想中的一次转变。但这种转变并非立场变化的结果，更不是对《存在与时间》中根本问题的放弃。转向之思的发生来自这一事实，即我一直执着于有待思想的实事'是与时间'。也就是说，我一直在《存在与时间》中被规定为'时间与是'的那个视域内探究"[3]。"是与时间、时间与是之间的转向取决于是如何被给出、时间如何被给出。"[4] 可以看出，所谓的"转向"，意味着海德格尔明确地把"是"理解为"时间"的函数，这就是是的动态特征所在。

是的动态特征，首先从是本身的有限性、条件性和可变性中体现出来。海德格尔借巴门尼德对是的论述指出了这一点。"在思想的早期，巴门尼德就已经说过 ἔστι γὰρ εἶναι，'因为有是'。一切思想最初的奥秘就隐藏在这一短句中。也许只能以一种适当的方式用'是'来表达是，因而没有一个是者真正地'是'。但是，由于思想的目的只应在是之真中表达是，

---

[1] 参见海德格尔:《海德格尔文集·巴门尼德》，第180页。Martin Heidegger, *Parmenides*, pp. 122—123.

[2] 参见同上书，第180—181页。Ibid., p. 123. 此处的"神圣之物"（θεῖον）也具有"本源之物"的含义。

[3] 参见海德格尔:《一个序言——致理查森的信》，载《海德格尔文集·同一与差异》，第156页。William J. Richardson, *Heidegger: Through Phenomenology to Thought*, Fordham University Press, 2003, p. XVI.

[4] 参见同上书，第158页。Ibid., p. XX.

而不是从是者的角度将其解释为某个特定的是者,因此对于思想的核心关切而言,是是否是以及如何是,必然保留为一个开放的问题。"[1] "没有一个是者真正地'是'",其含义即一切是者都在变化中,或者说都具有不确定性。那么在这种情况下,能否对是加以界定以及如何加以界定就成为一个根本性的问题。

对于是与是者这种若即若离的关系,海德格尔曾经用以下方式进行尝试性说明:"是之历史性思想的'示喻'就是:'是是,是者不是。'"[2] "这个'示喻'直白地说就是:无论一个是者是如何被给出的,通向是的道路看来只有一条,即是之真只有通过作为通透和照亮的无极之基的跳跃方可得到体验。"跳跃也罢,"无极之基"也罢,指的都是对是的把握不可能从是者推知,而是包含着逻辑上的断裂,包含着冒险和可能。"'是是'意味着:是而且只有是以其自身的方式发挥作用,向着通透的无极之基的玄同涵有自身。后者作为'时间—空间的自由游戏'为是赢得场所,使对峙与斗争得到安置,并成为历史的环节与基础。"[3] 总之,"是并不作为基础发挥作用。它并非建基者,也就是说,它并不在通透的无极之基中为所有是者准备基础,使某一是者不致因其太'轻'而坍塌"[4]。是与是者之间的这种关系表明,是为是者提供可能,但不为其提供保证。这也从另外一个侧面表达了是作为自我遮蔽的呈现的特点。

海德格尔特别从时间的角度说明是这一"遮蔽中的通透"的动态性:"是(在'时间'中起作用)把自己宣布为是者的'在—之间',并维持着一种与自身的变化了的关系,即无法驻留的此间之是。"[5] 换言之,"如果我们用呈现之自行遮蔽的通透来代替'时间',那么,是就由时间区域决定"。"当下呈现(是)内在于自行遮蔽的通透(时间),而自行遮蔽的通透(时间)带出当下呈现(是)。""这种相互承载基于相互涵有并被称为玄同。"[6] 是作为自行遮蔽的通透,就是时间。海德格尔表示:"是之历史思考首先把是之真(通透之开放)思考为'时—空',作为单一的

---

[1] 参见海德格尔:《关于人道主义的书信》,载《海德格尔文集·路标》,第 397 页。Martin Heidegger, "Letter on 'Humanism'," in *Pathmarks*, p. 255.

[2] Martin Heidegger, *Mindfulness*, p. 70.

[3] Ibid., p. 72.

[4] Ibid., p. 74.

[5] Ibid., p. 268.

[6] 参见海德格尔:《一个序言——致理查森的信》,载《海德格尔文集·同一与差异》,第 159 页。William J. Richardson, *Heidegger: Through Phenomenology to Thought*, p. XX.

'时间'与'空间'的基础,让时间与空间在它们的相互归属中涌出,并且作为无极之基之通透的'转移'的轨迹与幅度。"[1]

除此之外,海德格尔也从是与变易、与类似的关系探讨是的动态特征。长期以来,人们习惯于把变易与是对立起来,认为变易是一种否定,因而不属于是,因为后者被理解为单纯的持续。"但是,如果变易是(变易真实存在),那么我们就必须以本质性的方式理解是,使之不再以空洞概念的方式包含变易,而是以本质的方式承受和塑形变易(即产生—消灭)的本质。"[2] 同样,是与类似的关系也并非对立,而是相互纠缠。海德格尔表示:在对是者之是最初的揭示中,变易和类似与是的对立有一定的必然性。然而,变易作为"涌出"必定属于自然。如果以希腊的方式理解这两者,把变易视为进入与退出呈现,是作为在涌出中的呈现,而不是即非为缺场,那么涌出与衰败的相互关系就是显现,就是是本身。就类似与是的关系而言,类似作为与是的近似,作为显现的类似,就是是的变易。[3] 海德格尔进一步针对那些变易者,比如生命、灵魂与明智,指出:在生成与持存、运动与静止之间存在着某种关联,具体说就"是动与静之间的关联。问题因而就成为,是否生命、灵魂和明智属于是者,以及相应地,是否是之规定必须考虑这些是者,即直观与生命等"[4]。

是与变易和类似之间的关系实际上涉及是中的变与不变。海德格尔认为,"任何是者,就其是而言,都是其自身,又是其他某种东西,所谓 ἕτερον(其他)指的是某种附加物。因此,当柏拉图说被规定为可能性(δύναμις)的是(ὄν)将被揭示为其他,这并不意味着它应被放弃,而是应该被更本源地加以把握,以便获得更完美的规定"[5]。在动态中把握的是,才是更完美丰富的是。他还通过对柏拉图《智者》中几个关于直观的语句的解释,指出是中变与不变的关系。"假定一切事物都是静止的,假定运动并不存在,那么知觉与生命以及一切直观都不可能。同样,如果某人说本质就是型相,而型相被规定为自身静止之物,那么变易也就被从是

---

[1] Martin Heidegger, *Mindfulness*, p. 259.
[2] 海德格尔:《阿那克西曼德之箴言》,载《海德格尔文集·林中路》,第 389—390 页。Martin Heidegger, "Anaximander's Saying," in *Off the Beaten Track*, p. 258.
[3] 参见海德格尔:《海德格尔文集·形而上学导论》,第 138 页。Martin Heidegger, *Introduction to Metaphysics*, pp. 121—122.
[4] 参见海德格尔:《海德格尔文集·柏拉图的〈智者〉》,第 635 页。Martin Heidegger, *Plato's Sophist*, p. 337.
[5] 参见同上书,第 621 页。Ibid., p. 329.

中排除出去。如果一切都静止不动，那就不可能有知觉。没有直观，没有关于本质和型相的知识。"另一方面，"如果宣称一切都在运动中，那么也就把直观和生命从是之可能性中排除出去了"[1]。"因此，必须有某种不变的东西，以使直观能够成为它应是之物，同样也必须有运动的东西，以使直观成为它所是之物，即活生生的揭示，成就是者自身的去蔽。"[2]

具体的是

海德格尔对是的思考中另一个重要的方面，就是对是进行具体化的理解，从而带来了一场对西方形而上学的革命，虽然其意义远没有得到西方思想界的普遍认可。当然，对是的具体化理解，也就意味着对物的具体化的认识。从某种意义上说，是的个体性、具体性，再加上是的可变性、不可预见性即创造的可能性，构成了海德格尔思想真正的核心，也是他的思想的基本特性。一位研究者指出："海德格尔认为，传统上对'是什么'这一问题的探讨，其结果过于贫乏和狭窄。因为当人们面对无限多样的实体或现象时，……总是倾向于用一种极大地损害了这些事物的多样性的方式对它们进行分类。其结果是使我们对'是什么'的多样性的意识日益贫乏，并且将其化约为过分简单的范畴，比如笛卡尔对自然（广延）与思想（我思）的两分。在海德格尔看来，这一系列的范畴同时抹杀了人及其所面对的自然的特有本性。与此相类似，对于'什么—存在'和'这—存在'的基本区分也过于草率，并且陷于表面的概念化。例如，在中世纪的是论中，这种区分采取了本质（essentia）和实存（existentia）两分的形式，而且这种区分至今仍对哲学思想发挥着重大影响。"[3] 海德格尔的工作对于改变这种状态具有根本性的意义。

是的具体性问题与亚里士多德曾经探讨过的一个一与多、共性与个性关系中的难题有关。亚里士多德提出，从一个方面来看，事物的共性自然应该从对个体的归纳和总结中产生。也就是说，人只有通过对大量个体的观察和认识，才能从中提取出某类事物的本质特征。但另一方面，人又只

---

[1] 参见海德格尔：《海德格尔文集·柏拉图的〈智者〉》，第 636 页。Martin Heidegger, *Plato's Sophist*, p. 337.

[2] 参见同上书，第 637 页。Ibid., p. 338.

[3] 参见 S. 马尔霍尔：《海德格尔与〈存在与时间〉》，亓校盛译，广西师范大学出版社 2007 年版，第 8 页。Stephen Mulhall, *Routledge Philosophy Guidebook to Heidegger and Being and Time*, Routledge, 2005, pp. 6–7.

有预先了解了事物的本质和共性，才能据以对个体进行归类和总结，否则就不可能知晓一物为何物，更无从总结其共性与本质。这样就产生了如下的悖论：一方面，共性是个性的结果，而另一方面，个性又以共性为前提。

这是亚里士多德在讨论和批评柏拉图的型相论时指出的矛盾，而他自己解决这个矛盾的方法则是把个体性理解为现实中的本质，这样，个性就成为不完满的共性。海德格尔则运用他自己的语言，辨析了柏拉图与亚里士多德思想之间的关系，并指出后者的折中所导致的形而上学上的结果。海德格尔指出：柏拉图的型相论根本不可能承认个体是者乃真正的是者，而亚里士多德则把个体与呈现即是一同理解，就此而言，后者比前者要更具希腊性，即更接近对是之本质的本源性理解。但是，亚里士多德只是在与型相相对的意义上，才把呈现理解为实现，也就是说，他还是把型相作为一种从属性的呈现保留在呈现者之呈现的本质构成中。"呈现的两种样式，即型相和实现，在它们的相互区分及相互关系中，形成了一切形而上学、一切是者之真的根本结构。"[1]

这种体现在型相和实现中的是者之本质通过概念和定义体现出来，由此形成形而上学思维的基本特点。海德格尔通过与一位日本学者的对话谈到了概念性表象对人类思想的深远影响。"海德格尔：概念性表象太容易潜入人类每一种经验方式中盘踞起来。日本学者：即使在某种意义上无概念的思想也不能幸免吗？海德格尔：是的。您只要想想，您是如何毫不迟疑地接受了九鬼对'粹'的美学解释，尽管它所依据的是欧洲的即形而上学的观念。……日本学者：如果我没有误解的话，您的意思是形成观念的形而上学方式在某个方面不可避免。……海德格尔：因为康德并没有能超出形而上学来探讨这种方式。形而上学牢不可破的地位甚至建立在我们没有预想到的地方，即在把逻辑改造为数理逻辑的过程中。"[2]

对于"概念性思维"背后体现出来的形而上学的本质主义，海德格尔在他的青年时代就有所怀疑，这体现在他对个体性的高度关注上。在1915年的教授资格论文《邓·司各脱的范畴学说与意谓理论》中，他就通过引

---

[1] 参见海德格尔：《海德格尔文集·尼采》下卷，第1111—1112页。Martin Heidegger, *The End of Philosophy*, pp. 9-10.

[2] 参见海德格尔：《从一次关于语言的对话而来》，载《海德格尔文集·在通向语言的途中》，第112页。Martin Heidegger, "A Dialogue on Language," in *On the Way to Language*, p. 25.

用司各脱的观点指出："'个体性的东西是通过自身实存的，本质则仅仅通过偶然事件显现。'以这样一些语句，邓·司各脱针对他的时代一个非常有争议的问题非常清晰地表达了一种具有深远影响的思想。真实存在的只有个体。个体概念指的并非某一特定种类的不确定的对象。……个体性说的是独一无二之物，在其他任何时间和地点都不会被发现之物……个体性的东西是不可回溯的终极之物。"[1] 这种个体性的东西，司各脱称之为haecceitas，海德格尔将其直译为"如此—当下—在此"，这也正是他用"此间之是"表达的除人之外的另一层含义，强调的是每一个体的独特性和不可替代性。

曾经对青年海德格尔产生过重大影响，甚至可以说吸引他走向哲学之路的布伦塔诺的理论，也构成了海德格尔关于个体性的思想的基础。一位研究者指出："布伦塔诺想通过亚里士多德向人们指明，严格说来根本不存在所谓的一般整体，存在的只是个别事物；不存在广延本身，只存在具有广延的个别事物；不存在一般的爱，只存在诸多爱的事实。布伦塔诺警告说，不要把实体性错误地赋予概念性的东西。实体只存在于个别事物而非一般概念之中。实体是极其丰富、难以穷尽的东西。因为它由无数的关系构成，因此可以从无数的角度加以规定。世界是永不枯竭的。世界只在个别性中、在存在类型的多种层次中呈现自己。"[2]

德国思想家狄尔泰也对海德格尔关于个体性的思想产生了深刻影响。海德格尔曾如此总结狄尔泰在这个方面的贡献："从发展中的关于精神的历史科学的状况出发，从活生生的现实性、价值及目标构成背景出发，狄尔泰在其《人文科学导论》（1883）中试图证明与自然科学相对的人文科学的独立地位，揭示前者的认识论—逻辑学背景，并且证明个体性的意义。"[3] 他指出："狄尔泰早已（1883年）清楚看到历史现实中个体性和独特性的意义，认识到其在人文科学和自然科学中具有'全然不同的含义'。在后者中它只是一般化的分析'工具'；在历史中它则是'目的'

---

[1] 参见海德格尔：《邓·司各脱的范畴学说与意谓理论》，载《海德格尔文集·早期著作》，张柯、马小虎译，商务印书馆2015年版，第280—281页。

[2] 吕迪格尔·萨弗兰斯基：《来自德国的大师——海德格尔和他的时代》，第38页。

[3] 参见海德格尔：《现象学与先验的价值哲学》，载《海德格尔文集·论哲学的规定》，孙周兴、高松译，商务印书馆2015年版，第177页。Martin Heidegger, "Phenomenology and Transcendental Philosophy of Value," in *Toward the Definition of Philosophy*, trans. by Ted Sadler, Continuum, 2002, p. 139.

和目标。"[1] 海德格尔在此基础上对自然科学与人文科学的关系进行了如下说明：虽然两者的基础都是事实、是感知，但它们的逻辑目标有所不同。前者的目标是整体命题，是"体现为自然规律的普遍性"，后者的目标则是个体命题，是"被历史所规定的形态中的个体性"；前者是关于规律的科学，后者是关于事件的科学。[2]

在上述思想的影响下，海德格尔以独特的视角探讨一般性与个体性的关系。他认为，科学概念实际上根本不可能如其所是地描述现实，因为现实性具有无法用概念把握的无限多样性。无论概念反映的现实内容有多少，与剩余的部分相比，它总是小到可以忽略不计。现实还有另一个特点，即它的任何一部分都不会与另一部分绝对等同。每一个实在物都具有独特的个性，没有两个事物完全一致。"总之，现实性就是异质的连续性。这种连续与差异的一体性使现实性具有非理性的特征，任何概念对此都无能为力。如果一定要放弃描述性的反映，那么唯一的可能就是用概念重塑现实……这只能通过在概念上把连续性和差异性加以分离。连续性只有被改造为同质性才得以把握；同时只有把连续性转变为离散性，异质性才得以概念化。由此产生了两种正相反对的概念形成方式：作为异质连续性的现实被转变为同质的连续性或异质的离散性。""但是，为了使对现实的这样一种概念重塑不至流于专断，我们需要一项挑选原则，用以决定哪些本质性的因素可以进入概念，哪些则作为非本质因素被排除在外。这些概念构成的原则显然要取决于诸科学为自己的认识工作设定的目标。"[3]

海德格尔的上述分析具有十分重要的意义。如果说现实本身就表现为异质的连续性，而概念思维又对其束手无策，那么唯一的出路只能是在概念思维中把异质性与连续性分开，即把连续性理解为同质性，而把异质性把握为离散性。从某种意义上说，这正是另一位在个体性问题上影响了海德格尔的哲学家李凯尔特的思想贡献和问题所在，即或者通过只关注同质性的自然科学式的思维，或者通过只关注异质性的"历史科学"的思维对现实加以把握。李凯尔特认为："事实上，的确存在不以建立普遍自然规律和构成普遍概念为目标的科学，即历史科学。它们的目标是呈现现实的

---

[1] 参见海德格尔：《现象学与先验的价值哲学》，载《海德格尔文集·论哲学的规定》，第178页。Martin Heidegger, "Phenomenology and Transcendental Philosophy of Value," in *Toward the Definition of Philosophy*, p. 140.
[2] 参见同上书，第180页。Ibid. pp. 141-142.
[3] 参见同上书，第184—185页。Ibid., pp. 144-145.

个体性和独特性。对于这项事业来说,自然科学的普遍概念恰恰因其排斥个体性和非本质性而显得完全不能胜任。历史科学不指望一般化,这对于它的逻辑来说是决定性的。它的概念形成意味着个体化,因此可以说:'当我们着眼于普遍性认识现实时,它便成为自然;而当我们着眼于特殊性和个体性认识现实时,它便成为历史。'"但海德格尔追问道:"如果说历史就是对独特性、特殊性和个体性的呈现,那它怎么可能成为科学呢?"[1] 那么,是否有可能寻找一种能够把握现实的异质连续性的知识呢?

对于海德格尔来说,能够同时体现异质性与连续性的,就是一物在真中之所是。强调是之真,也是他关于是的思考与通常的是概念的根本区别所在。海德格尔说:"'在真之中'所指为何?真乃真之物的本质。当我们提到'本质'时想到的又是什么?通常它指的是一切真的东西共有之物。本质出现在类概念和普遍概念中,它体现的是多中无差别的一。但是,这个无差别的本质(本质意义上的本质)不过是非本质性的本质。那么某物本质性的本质在于何处?也许就在该物的真中之所是。物的真本质由其真是所决定,由每一是者之真所决定。"[2] 海德格尔因此强调,是并非普遍者,而是是之真在具体的时间与空间的发生。"是者历史性地来自是之真,而这种真被庇护在此间之是的持立状态中。因此,是这个似乎可以适用于一切事物的概念根本就不是普遍者。是本质性地发生,而且比任何是者更切近和更维系于它所发生的地点和时间。"[3]

从上述立场来看,普遍者与每一个具体的个体相比,就成为某种模糊的、失去鲜活生命力的似象。"对每一种特殊情形都同等有效的普遍者,大多不过是中立者或者无关紧要者。这种类型的'本质'往往错失了真正的本质之物。"[4] 海德格尔针对诗歌的特性指出:诗的真正本质并非普遍

---

[1] 参见海德格尔:《现象学与先验的价值哲学》,载《海德格尔文集·论哲学的规定》,第185页。Martin Heidegger, "Phenomenology and Transcendental Philosophy of Value," in *Toward the Definition of Philosophy*, p. 146.

[2] 参见海德格尔:《艺术作品的本源》,载《海德格尔文集·林中路》,第39—40页。Martin Heidegger, "The Origin of the Work of Art," in *Off the Beaten Track*, pp. 27-28.

[3] 参见海德格尔:《海德格尔文集·哲学论稿(从本有而来)》,第307页。Martin Heidegger, *Contributions to Philosophy (Of the Event)*, p. 205.

[4] 参见海德格尔:《荷尔德林和诗的本质》,载《海德格尔文集·荷尔德林诗的阐释》,第35页。Martin Heidegger, "Hölderlin and the Essence of Poetry," in *Elucidations of Hölderlin's Poetry*, p. 52.

性，而是独特性。诗人也是如此。比如体现荷尔德林之本质的，恰恰是使他成为诗人但又不同于其他诗人之处，而这正是异质的连续性。海德格尔表示："我之所以选择荷尔德林，并不是因为在诸多作者中，他的作品实现了诗的普遍本质，而是因为他的诗体现了他全部的诗人之使命，即用诗歌表达诗的本质。在我们看来，荷尔德林在根本意义上是诗人的诗人。因此，他逼迫我们作出决断。"[1]

海德格尔因此针对亚里士多德指出的上述难题写道："是肯定不是是者最普遍的特性即其最空洞的规定……好像我们已经事先了解'是者'，因而我们的任务不过是抽象出这种'普遍'性。是也并非某个可以产生所有其他假定已经被认知的是者并且以某种方式把它们统摄在内的巨大的是者。是作为是者之真而本质发生。通过是的本质发生，在所有情况下关于它们都已经有所决断，尽管这种本质性的发生只得到非常粗糙和模糊的把握。关于真的决断，在每一个方面都是通过向是之本质的跳跃而作出的。"[2] 是乃是者之真的本质发生，而在这种发生中存在着某种"跳跃"，也就是包含了某种不确定性，从而也就包含了某种可能性。海德格尔进一步指出："当是被理解为玄同，本质性也就由是本身的本源性和独特性所规定。在此，本质并非普遍者，而恰恰是在每一种情况下是者的独特性和等级性的本质发生。"[3] 这意味着，海德格尔已经把是者之本质理解为使一是者从根本上区别于其他是者的独特性。

实际上，关于是的这种独特性，海德格尔在《存在与时间》中通过对人之所是的讨论也有所提及。他表示：人这一是者在其是中所关切之是总是属于自己的。因此，在是论上就绝不能把人理解为客观呈现的某类是者的案例或者样本。"对某个客观呈现者来说，它之所是乃某种'无关紧要之物'。更准确地说，它以这样一种方式'是'，即它之所是与它自身既不会不同，也不会相同。但是，当我们说到人即此间之是的时候，根据其作为始终是我之所是的特点，我们在任何时候就都必须使用人称代词：

---

[1] 参见海德格尔：《荷尔德林和诗的本质》，载《海德格尔文集·荷尔德林诗的阐释》，第35—36页。Martin Heidegger, "Hölderlin and the Essence of Poetry," in *Elucidations of Hölderlin's Poetry*, p. 52.

[2] 参见海德格尔：《海德格尔文集·哲学论稿（从本有而来）》，第276页。Martin Heidegger, *Contributions to Philosophy (Of the Event)*, p. 185.

[3] 参见同上书，第81页。Ibid., p. 53.

'我是','你是'。"[1]

海德格尔在强调是的独特性的同时,也强调它的不可表象性、至高的陌异性,以及自我遮蔽的特征,以此表明是的具体性。"是(作为玄同)的独特性,它的不可表象性(并非对象),它至高的陌异性,及其本质性的自我遮蔽,这些都是我们首先必须服从的指引,以便准备好逆着是的显明性去猜度那最稀有之物,并且置身于它的敞开状态,即便我们人类至多只能追寻一种离去之是。"[2]

是不能被理解为"最普遍者",但也不能反过来将其简单等同于"最具体者"。海德格尔指出:"如果是绝对不能被规定为'最普遍者'、'最空洞者'和'最抽象者',因为它不能为任何表象所通达,那么出于同样的原因,它也不能被把握为'最具体者',更不能被把握为这两种本身就不充分的解释的结合。"[3] 因为无论"最普遍者"还是"最具体者",都是表象性思维的结果,而海德格尔恰恰要求人们放弃对是的表象。但他同时也表示:"在离开形而上学的过程中,是的独特性将以一种与之相应的特有的陌异性和模糊性在本质上发生。对过渡性的思想来说,一切属于是之历史的东西都具有不同寻常的流动性和不可重复性。对是的创造性思考将获得历史性的坚定和锐利,而在言谈中依然缺乏表达这种历史性的语言,也就是说,缺乏与是相匹配的命名和倾听的能力。"[4]

但无论如何,海德格尔指出,思想的使命就是拯救是的独特性,为其历史性的开启做好准备,同时阻止思想的本质堕落为已经褪色的范畴普遍性的归类者。"有识之士清楚,为是之历史的准备(准备的含义是为在第一次进入是的是者中牢牢保存是之真建基)需要漫长的时间,而且在未来长久不为人所知。另外,如果准备者希望哪怕被是之拒绝的撞击隐隐击中,并且成为猜测者的话,他们还必须远离建基者。"[5] 他们必须全神贯注,又不可轻举妄动。

海德格尔用来表达是之历史独特性的,就是此间之是这个概念除人之

---

[1] 参见海德格尔:《海德格尔文集·存在与时间》,第64页。Martin Heidegger, *Being and Time*, p. 42.

[2] 参见海德格尔:《海德格尔文集·哲学论稿(从本有而来)》,第296—297页。Martin Heidegger, *Contributions to Philosophy (Of the Event)*, p. 198.

[3] 参见同上书,第302页。Ibid., p. 202.

[4] 参见同上书,第547页。Ibid., p. 364.

[5] 参见同上书,第549页。Ibid., pp. 365-366.

外的另一层含义，它既表达人之所是，更强调是与时空的统一性。他首先澄清了此间之是这一表述在第一开端即形而上学的历史中的含义："在形而上学中，'此间之是'意味着是者实际所是的方式，它指的是某种类似'单纯在此'的东西，或者往更本源的解释方向更进一步，指类似'呈现'的东西。""因此，在第一个开端中，'此间之是'这个表述完整的真实内涵就是：作为从自身涌出的去蔽而（在此）本质性地发生……'此间之是'因而就是对实存（existentia）这一拉丁文适当的德语翻译。"在另一开端的思想中，此间之是的含义将发生根本性的变化，以至于前后之间完全没有中介性的过渡，所以"此间之是乃第一开端与另一开端之间的危机"。[1] 在另一开端，"此间之是不仅仅是任何是者的实际状态，而且它自身就是'此'之是。'此'乃是者本身之开放性，并在整体上作为被更本源地理解的无蔽的基础。此间之是即在'此''是'的方式（也可以说把'是'在主动的、及物的意义上加以理解），它相应于这独一无二的是，而且就是是本身"[2]。此番对比意在表明，在另一开端，此间之是不再是某个抽象时空中是的实际发生，而是是及其时间—空间本身的发生。海德格尔有一个十分简练的表达——"'此'之特性的展开乃此间之是的建基。"[3] 在另一个开端，此即是，即玄同。

从第一个开端向另一个开端过渡，也可以被理解为海德格尔本人思想的变化。他对此进行过如下解释："因为对是的探究深深植根于对此间之是的探究，反之亦然；也就是说，因为是与此间之是的密切关系根本上仍然是直接导向无极之基的持续推进的关系，所以对此间之是的探究必须重新，并且更本源性地开始，同时在与是之真的明确关系中进行。这样，我必须马上重新将与'基础'（参见《论关系的本质》）相关的一切纳入提问，澄清并明确我关于迄今为止的西方哲学史的全部立场。相应地，也就再次产生了从这一历史的第一个开端开始对其进行全面审思的任务（从1932年的阿那克西曼德讲座到1937年的尼采讲座）。"[4]

海德格尔强调，"此间之是"这一表述的新含义意味着思想本身的一次巨大转折（为突出这种新的含义，他特意把此间之是写为"此间—之

---

［1］ 参见海德格尔：《海德格尔文集·哲学论稿（从本有而来）》，第349页。Martin Heidegger, *Contributions to Philosophy (Of the Event)*, p. 233.
［2］ 参见同上书，第350页。Ibid., p. 234.
［3］ 参见同上书，第368—369页。Ibid., p. 246.
［4］ Martin Heidegger, *Mindfulness*, p. 355.

是",即 Da-sein),即从形而上学到另一种思想的变化。它体现了"玄同之回转中的轴心,召唤与归属之间相互作用的中心"。[1] 哲学"出于此间之是并服务于此间之是"[2]。在新的思考中,"此"的含义不再是某个可以被决定的"这里"或者"那里",而转变为"通透"本身,成为一切得以现身的时空。[3]"此"被是涵有,此间之是亦被作为玄同的是所涵有。此间之是作为是之通透,既意味着是在"此"通透,也意味着通透来自是并从属于是。[4]"是"也不仅仅指"呈现",而是对"此"之建基的坚定的持守。"人,作为是之真的看护者,亦随之被涵有,并且通过归属于此间之是,以独一无二的方式被涵有。因此,说到此间之是,就必须关注这一表述中本质性的东西,即此间之是被是所涵有以及是作为玄同形成了一切思想的中心这一事实。"[5]

借助此间之是这一表述,关于是与真的思想也得到新的呈现,即"此间之是乃时间—空间与是者之真的同时性,它作为构建着的基础、作为是者自身的'之间'和'中心'而本质发生"[6]。或者说,"此间之是乃是之真的本质发生的持存"[7]。此间之是因而就是是之真在具体时空中的发生,它不借助其他任何力量,它为自身奠基,是具有建基作用的、为自身奠基的基础,是第一次自行开启的遮蔽即是的本质发生,从而也就是是之真本身的开放域的本质发生。[8] 简言之,"此间之是乃在玄同中被涵有者"[9]。这就说明,此间之是就是是本身唯一可能的发生形式。[10]

是必须作为此间之是而本质发生,海德格尔称之为是与此间之是关系上的"回转"。"在此回转中,是与此间之是的亲密关系变得可见,它逼

---

[1] 参见海德格尔:《海德格尔文集·哲学论稿(从本有而来)》,第 369 页。Martin Heidegger, *Contributions to Philosophy* (*Of the Event*), p. 246.

[2] 参见海德格尔:《海德格尔文集·存在论(实际性的解释学)》,何卫平译,商务印书馆 2016 年版,第 3 页。Martin Heidegger, *Ontology—The Hermeneutics of Facticity*, trans. by John van Buren, Indiana University Press, 1999, p. 2.

[3] 参见海德格尔:《海德格尔文集·哲学论稿(从本有而来)》,第 352 页。Martin Heidegger, *Contributions to Philosophy* (*Of the Event*), p. 235.

[4] Daniela Vallega-Neu, *Heidegger's Contributions to Philosophy: An Introduction*, p. 74.

[5] 参见海德格尔:《海德格尔文集·哲学论稿(从本有而来)》,第 353—354 页。Martin Heidegger, *Contributions to Philosophy* (*Of the Event*), p. 236.

[6] 参见同上书,第 263—264 页。Ibid., p. 174.

[7] 参见同上书,第 368—369 页。Ibid., p. 246.

[8] 参见同上书,第 350 页。Ibid., p. 234.

[9] 参见同上书,第 577 页。Ibid., p. 383.

[10] 参见同上书,第 291 页。Ibid., p. 195.

迫人们提出根本问题并使之超越主导问题，从而超越一切形而上学，在事实上超出并进入'此'的时间性—空间性。"[1] 海德格尔因此认为，"此间之是与是的关系内在地从属于是本身的本质发生。也可以说，是需要此间之是，没有这种涵有是根本不可能本质发生。"[2] 此间之是因此并非是的个案或者体现，是的发生与此间之是的发生是一个一体两面的过程。

可以看出，自此间之是这个表述的新内涵被提出之后，即在另一开端，作为普遍和抽象概念的是已经没有位置了。"自行遮蔽必须作为是本身的本质发生即玄同而得到认识"，同时，"通透中的遮蔽必须将自身建基为此间之是"[3]。玄同因此就是此间之是的发生，"此间之是恰恰就'是'作为玄同的是之真的建基"[4]。总之，"是作为为'此'建基的玄同，简言之，作为玄同而本质发生"[5]。

真作为"是之通透的发生"，在另一个开端，自然也就将作为此间之是的通透而本质发生——"真只能，而且向来仅仅作为此间之是而在本质上发生，因而也就是作为斗争之开展而发生。"[6] 海德格尔提出："玄同中这一本源性的回转是什么呢？只有是的突入，作为对'此'的涵有，才把此间之是带向它自身，并在是者中带出（庇护）得到牢固建基的真，后者在'此'通透的无蔽中找到栖身之所。"[7]

海德格尔强调，此间之是既不能在以某种方式存在的是者和人身上发现，亦不可得到证明。也就是说，它不可能作为对象被揭示和呈现，也不能在实际生活中得到体验和表达。因此，从一开始，此间之是就只能通过解释学的方式得到思考，即只能作为某种独特的投射性开放，通过把是投射到它的意义之中，进入作为通透的真而得到理解。[8] 在这种投射性的开放中，人作为抛掷者也被抛向开放，并在其中意识到自身被涵有。"这种投射性的开放裹挟着抛掷者并改变它，对它实施某种根本性的转变，使之能够被称为'人'。"[9]

---

[1] 参见海德格尔：《海德格尔文集·哲学论稿（从本有而来）》，第431页。Martin Heidegger, *Contributions to Philosophy（Of the Event）*, p. 285.
[2] 参见同上书，第298页。Ibid., p. 200.
[3] 参见同上书，第431页。Ibid., p. 285.
[4] 参见同上书，第538页。Ibid., p. 359.
[5] 参见同上书，第291页。Ibid., p. 195.
[6] 参见同上书，第468页。Ibid., p. 308.
[7] 参见同上书，第484页。Ibid., p. 323.
[8] Martin Heidegger, *Mindfulness*, p. 280.
[9] Ibid., p. 281.

出于对是的具体性的强调，海德格尔重点讨论了亚里士多德关于明智即实践智慧的思想。海德格尔指出：明智是一种去蔽的方式，它必须揭示此间之是具体的、个别的可能性。也就是说，它应该持续关注此时此地决策者和行动者的处境。明智必须兼具去蔽与实践两个方面，而且后者更重要，因此它是具体的而非抽象的知识。在明智中，实践既是起点又是终点。在对一项已定行为的前瞻中，明智得到体现，并在行动中达到其终点。海德格尔特别指出："就人作为政治动物而言，实践被理解为与他人一同是的形式，而如果这种一同是就是目的，那么明智就具有政治的属性。"[1] 实际上，明智本身就是实践的重要组成部分，它内在于实践，并且随着实践发生变化。[2]

那么，明智从何而来？海德格尔借亚里士多德的思想指出，明智来自经验，来自对事物的个体性和多样性的理解。他特别强调，"来自经验"并不等于归纳，即不是对大量个别事物的普遍化或者总结，而是对具体是者的最终根据的揭示，也就是对一物之为一物的本质依据的认识。换言之，是对其独特性而非一般性的把握。海德格尔指出，任何人要拥有真正的知识，都必须学会从经验中获得智慧。但是，把"从经验中"理解为"归纳"则是误解，因为"从经验中与抽象相对，而在此与抽象相对的东西，恰恰就是对具体的是者本身最终的是论基础加以揭示。这就要求人们呈现是者本身，以看清它们的外观、它们的型相，并从中获得它们的本源。这又要求对是者的多面的认识与把握，这种多面性只有在时间过程中方可理解"[3]。从某种意义上说，海德格尔在此强调的是，明智来自对同一具体是者在时间过程中的多面性的把握，而并非不同是者在同一个时间断面上的抽象和总结，这就是经验的意义所在，也是连续可变性最直接的体现。

就人的行动而言，由于人的多样性和环境的复杂性，明智的含义就在于辨明特定的人的行动与具体环境之间的相互关系。"人在每一种情况下都在最根本的意义上由其处境所决定。处境在每一种情况下彼此不同。环境、条件、时间以及人都在变。行为的意义，也就是我所希望做到的，也在发生变化。""行动中的人的整个环境，其全部的内容，只能由明智加以

---

[1] 参见海德格尔：《海德格尔文集·柏拉图的〈智者〉》，第 192—193 页。Martin Heidegger, *Plato's Sophist*, p. 96.

[2] 参见同上书，第 204 页。Ibid., p. 101.

[3] 参见同上书，第 195—196 页。Ibid., p. 97.

揭示。人在环境中行动，在环境中的行动每次都各不相同，对在其整体环境中行动的人加以揭示，这就是明智的任务。"[1]

因此，明智就是具体的人在具体的环境中采取具体行动时所体现出来的智慧。海德格尔指出："在对我要行动于其间的处境的考虑中，我最终面临直接把握当前确定的事态、确定的环境以及确定的时间的问题。一切深思熟虑都归结为一种感知。在明智中的这种直接的感知就是直观。"[2]海德格尔对直观的地位作出了极高的评价。他引用亚里士多德的观点指出："直观是人的最高规定，它甚至应该被理解为神性之物；直观中的生活是神性的生活。"[3]"'直观'关乎最初的规定，它们不能由逻辑证明；对最终的特殊性加以把握的，不是知识而是直观。它涉及的并非某种特定感觉的对象，而是那种类似让我们感觉到数学中最终的形象是三角形那样的东西。在此感觉终止了。在明智中，事态如它们所显现的那样得到纯粹的把握。"[4] 直观与实践相结合，把握到的是事物的整体，所以具有直接确定的性质。它把自己置于某物对面，让其在纯粹中与我们照面，让其直接呈现，使其自行表达而不再需要人的言谈与证明。这就是古希腊意义上的"现象"，事物以此方式显现自身。[5]

海德格尔根据亚里士多德的思想，对明智与智慧或者说理论的智慧之间的区别与联系进行了细致的分析。在古希腊思想中，直观指的是人超越逻各斯而发现事物之根本的能力，所以亚里士多德认为明智与智慧都包含直观，但它们的作用正相反对。明智中的直观是对最具个性之物的视见，是对变动的情势中具体的瞬间的视见；智慧中的直观则是对不变物、普遍物和持存物的视见。因此，它们是对是者、对其所是在两个不同方向上进行根本性揭示的方式。"就其与本源的关系而言，明智与智慧都是对是者本身进行揭示的最高可能。就其作为人之所是的基本形式而言，它们构成了人之所是的不同侧面。智慧是人面对完整意义上的世间之是的态度；而

---

[1] 参见海德格尔：《海德格尔文集·柏拉图的〈智者〉》，第 203 页。Martin Heidegger, *Plato's Sophist*, p. 101.

[2] 参见同上书，第 222 页。Ibid., pp. 109-110.

[3] 参见同上书，第 249 页。Ibid., p. 123. 中文版《亚里士多德全集》中这句话被译为："如若理智对人来说就是神，那么合于理智的生活相对于人的生活来说就是神的生活。"（亚里士多德：《尼各马科伦理学》，苗力田译，载苗力田主编：《亚里士多德全集》第八卷，中国人民大学出版社 2016 年版，第 228 页。）

[4] 参见海德格尔：《海德格尔文集·柏拉图的〈智者〉》，第 222—223 页。Martin Heidegger, *Plato's Sophist*, p. 110.

[5] 参见同上书，第 224 页。Ibid., p. 111.

明智则是人面对他们本身所是的那种是者的态度。"[1]

海德格尔认为,亚里士多德在智慧与明智之间,还是把智慧置于更高的位置。海德格尔对此的解释是,希腊人根本上还是把智慧的对象即不变物视为最纯粹、最本源之物。"我们只有基于希腊人关于是的概念的含义才能理解这一点。正因为智慧所关切的是永恒之物,同时智慧是人们与永恒物相接并在其中逗留的最纯粹的方式,所以它作为人们面对是的这一最高形式的真实态度,就成为最高的可能性。对智慧的优先性的这一判断因而最终建立在它所关联者的基础之上。"[2]

人类希望获得一种化约的、普遍的知识,所以都有对规律性和普遍性的追求,但是具体的知识才是真切的知识。一般来说,除亚里士多德等少数思想家之外,希腊人把规律性和普遍性视为真,而把具体的、独特的知识视为意见。在海德格尔看来,规律性和普遍性的知识属于技术性的、数学性的知识,而个体性的、独特性的知识则可以称为人文的知识,虽然它未必是完全关于人的知识,但一定与人有关。在《存在与时间》中,他已经明确指出:"作为哲学的根本课题,是并非是者的一个类别,但它又属于每一个是者。它的'普遍性'必须在更高的层面探寻。是及其结构超越了每一个是者和每一种对是者在存在意义上可能的规定。是就是超越者本身。人之所是的超越性独一无二,因为其中包含了最极端的个体化的可能性和必然性。"[3]

就海德格尔本人的思想而言,他更强调的是事物所包含的具体性、不确定性和特殊性,即真正使一物成其自身的因素。他指出:"我们在一种特殊的不确定性中,同时又从各方面充分地思考'是'。'是'的这两个面向让我们得以追踪是之本质,同时又让我们不至通过抽象这一最简单的思维工具,来解释一切事情中需要思考和体验的最本质之物。"[4]

其实,关于个体性,海德格尔还表达过一个重要的想法,即此间之是永远是个体性的,而个体性意味着向"是"之通透的决断,这样,是之真

---

[1] 参见海德格尔:《海德格尔文集·柏拉图的〈智者〉》,第 227—229 页。Martin Heidegger, *Plato's Sophist*, pp. 112-113.

[2] 参见同上书,第 237 页。Ibid., p. 117.

[3] 参见海德格尔:《海德格尔文集·存在与时间》,第 54 页。Martin Heidegger, *Being and Time*, pp. 35-36.

[4] 参见海德格尔:《海德格尔文集·尼采》下卷,第 941—942 页。Martin Heidegger, *Nietzsche Volume IV: Nihilism*, p. 192.

即体现为是的具体性。"真'是''此'和'此间之是'的建基。"[1] 因此，与作为建基的玄同不同，此间之是作为在此之是，并不具有与个体性相对的普遍性。"'此间之是永远是我的。'这意味着什么呢？意味着去除了一切'内在主体'和'我'的表面性的在'此'栖留只能通过自我接纳和实行。它意味着只有当是之真完全地、彻底地成为'我的'，才能保证是之真同时也成为他的和你的。""'此间之是永远只能是我的'；'此'的建基和保存只能由我赋予我自己。然而，自我就意味着向着是之通透的决断。"[2] 这是最彻底的个体性。

可能的是

有学者对海德格尔的思想贡献进行了如下总结："他颠倒了可能性与现实性的关系、不确定性与确定性的关系，认定可能性与不确定性地位更高。这样，借助'此间之是之基础分析'这一核心问题，海德格尔不仅廓清了解构亚里士多德的道路，而且廓清了解构全部传统的道路。这一传统是靠颠倒可能性与现实性的次序而成就的。对于海德格尔来说，这就是从柏拉图到尼采乃至对世界的科学技术性建构的全部传统。后来，而且是自1936年至1938年的《哲学论稿》以及围绕这一著述主持的讲座起，他认为这一传统就是'形而上学'。"[3]

在海德格尔看来，可能性的基础就是是与是者之间的差异。"在解蔽着的强力袭来意义上的是和在自行遮蔽中的到达意义上的是者，通过同一者即区—分（Unter-Schied）而呈现并得以区别。区—分给予并保持这个'之间'，在其中袭来与到达被联为一体，既相互疏离，又相互吸引。是与是者的差异，作为袭来与到达的差异，是两者在遮蔽中去蔽着的持存。"[4] 正是在是与是者之区分的意义上，海德格尔甚至认为，"差异者显

---

[1] 参见海德格尔：《海德格尔文集·哲学论稿（从本有而来）》，第391页。Martin Heidegger, *Contributions to Philosophy (Of the Event)*, p. 261.

[2] Martin Heidegger, *Mindfulness*, p. 284.

[3] 参见君特·菲加尔：《海德格尔》，鲁路、洪佩郁译，中国人民大学出版社2010年版，第91页。

[4] 参见海德格尔：《形而上学的存在—神—逻辑学机制》，载《海德格尔文集·同一与差异》，第77页。Martin Heidegger, *Identity and Difference*, p. 65.

示自身为普遍的是者之是,并且是最高的是者之是"[1]。因此,差异也是是的根本特征。"只有当我们从是与是者的差异中思考是和从是者与是的差异中思考是者时,我们才严格地思考是。"[2] 这种差异,海德格尔早年称之为"是论差异",后来则称之为是与是者的"之间"。

是与是者的这个"之间",既是可能性的基础,就使两者产生相互影响与相互作用,从而使双方的全部可能性得以展开。海德格尔指出:"建基者和被建基者的持存不仅使两者保持分离,也使它们相互面对。分离者被置入持存的紧张关系,从而不仅让是为是者建基,而且也让是者以它们的方式为是建基,并引发是。只要是者'是'是的完满,成为最具是的是者,就能够做到这一点。"[3] 简言之,差异成为动力的源泉,因为它"使作为根据的是和被奠基的是者保持相互分离和相互联系,并通过这种保持而达到持存"。海德格尔自己在此句页边注中又指出:"但这就是说,把同一性克服到作为四象之权能的玄同中去"。[4] "从差异的角度来看,这就是说,持存是一种圆周运动,即是与是者相互环绕的圆周运动。"[5] 这种关系,海德格尔也称之为是与是者之间的"二重性":"依照这种二重性,是者在是中成其所是,是在是者中保持它的是。"[6]

是与是者的"之间"也就是此间之是。"此间之是就是那个之间:人(作为历史的建基者)与神(在他们的历史中)的之间。"它在此间之是中点亮自身,使此间之是作为"之间"的持守而发挥作用;它建基于对玄同的归属,并被玄同所涵有。"在'之间'中,斗争和对峙的轨迹交织,并且丝毫无损地在通透中向一切方向辐射。"[7] 也就是说,"之间"不仅就是这个"此",而且也是玄同得以发生的"时间—空间"。"这一'之间'并非单纯地来自神与人的关系,相反,它首先为这种关系奠定时—空的基础,因为它自身来自作为玄同之是的本质发生,并且作为自身开启的中

---

[1] 参见海德格尔:《形而上学的存在—神—逻辑学机制》,载《海德格尔文集·同一与差异》,第 83 页。Martin Heidegger, *Identity and Difference*, p. 70.

[2] 参见同上书,第 74 页。Ibid., p. 62.

[3] 参见同上书,第 81—82 页。Ibid., pp. 68-69.

[4] 参见同上书,第 84 页。Ibid., p. 70.

[5] 参见 同上书,第 82 页。Ibid., p. 69.

[6] 参见海德格尔:《海德格尔文集·什么叫思想?》,第 259 页。Martin Heidegger, *What Is Called Thinking?*, p. 221.

[7] Martin Heidegger, *Mindfulness*, p. 277.

心，使神与人得以为彼此作出决断。"[1]

海德格尔认为，是与是者的这种二重性使是有可能在是者与神即是最高的可能性之间运动。"是并不比是者更多是，但也绝不比神更少是，因为后两者根本就不'是'。是'是'是者与神的'之间'，虽然与它们在任何方面都完全不可比拟，但又为神'所需'并从是者回退。"[2] 对人而言，是同样作为神与人的"之间"而本质性地发生。"这个'之间'溢出它的两岸，并且这种溢出才第一次使两岸升起而成为两岸，它们始终属于涵有着的玄同的河流，它们的丰富性始终被遮蔽，它们构成了不可穷尽的关系，在这些关系的通透中不同的世界连为一体又归于沉没，大地开启自身并承受毁灭。"[3] 在此，神就是人最高的可能性。"神离我们如此遥远，以至我们无法断定，他是向我们而来，还是离我们而去。""深入而且创造性地在其本质发生中思考这种遥远本身，将其作为最高的决断，就意味着探问是之真、探问玄同本身，一切未来的历史从这种玄同中起源，如果还有历史的话。"[4]

当然，从机制上来说，是的可能性并不体现在是者对是的超越，而是是对自身的超越。海德格尔指出：如果是就是是者的唯一性，那么要超越是，只能通过自身，只能使它特别地成为它自己。"这样，是才能成为绝对超越自身的唯一性（即真正意义上的超越者）。"[5] 这种超越就是可能性的实现。

就人的思想与是和是者的关系而言，因为是总是相对于人的思想而是，所以是与是者的二重性也就是人与物的关系的基本特征。海德格尔指出：是者当然不会因为人的追问而改变，它们依旧故我，是其所是。毕竟人的追问只是人自身的心理和精神过程，无论如何，它都不可能触及是者本身。但是，是者并非与人无关的是者，所以在追问中对人而言它们之是和如何是可能会变得不同。"当然，这并非我们通过思想把某物加诸是者而体验到这种可能性，而是是者自身宣告了这一可能，它们在这种可能中宣告它们的是者身份。我们的追问不过是开启了一个领域，让是者在其被

---

[1] 参见海德格尔：《海德格尔文集·哲学论稿（从本有而来）》，第370页。Martin Heidegger, *Contributions to Philosophy (Of the Event)*, p. 247.

[2] 参见同上书，第286页。Ibid., p. 192.

[3] 参见同上书，第563—564页。Ibid., pp. 374-375.

[4] 参见同上书，第30页。Ibid., p. 21.

[5] 参见海德格尔：《诗人何为？》，载《海德格尔文集·林中路》，第350页。Martin Heidegger, "Why Poets?," in *Off the Beaten Track*, p. 232.

追问的状态中绽开。"[1] 虽然是者本身不会因人的追问而不同,但因为人的追问,是者对于人的意义却会发生改变,从而它们与人的关系也会有所改变。

海德格尔明确指出,在另一个开端,是必须被直接把握为可能性。"可能之物只有在是中,而且作为它最深的裂隙而本质性地发生。因此在另一个开端的思想中,是首先必须以可能之物的形式得到思考。"他强调,可能之物及可能性本身,只会向尝试性的思考开启自身,而尝试又需要意愿。意愿让人向前投射,从而立足于超越自身之是。这种站立即时——空游戏域原初的空间化,而是就突入其间,成为此间之是。在此是作为冒险而本质发生。只有在冒险中,人才会抵达决断的领域。"是是,因此它不会成为是者。这一点可以最明确地表达为:是是可能性,即某种绝非客观呈现,但又总是通过涵有而在拒绝中安置和否定自身的东西。"[2] 是是,这是海德格尔反复使用的一个并非很自然的表达。那么除此之外,还能说是是什么呢?在此他尝试给出一个对是的规定:是是可能。

作为可能的是,也被海德格尔称为"能是"。他指出:理解作为揭示,关注的始终是世间之是的整个根本结构,因此是作为可能,总是世间之是的可能。在理解中,不仅世界的可能意义得到揭示,而且人本身也获得自由,以自由地追寻他们自身的可能性。[3] "如果我们不把人思考为一种有机体,而是将其思考为人,那么我们首先就必须注意到这一事实,即人是这样一种是者,他通过指向何为是而成其所是,而特定的是者就通过这种指向显现它们自身。然而,是者并不会在某个给定的时刻在其现实性和事实性中完成并穷尽它自身。对于一切是者,即对一切继续由是决定之物来说,都具有与以前一样多,甚至比以前更多的能是、应是和实际所是。人是这样一种是者,他在指向'是'中是,而且只有当他无时无处不指向是时,他才是他自己。"[4]

理解意味着人以投射作为基本的思想方式面对世界,而投射本身就是

---

[1] 参见海德格尔:《海德格尔文集·形而上学导论》,第 36 页。Martin Heidegger, *Introduction to Metaphysics*, pp. 31–32.

[2] 参见海德格尔:《海德格尔文集·哲学论稿(从本有而来)》,第 562—563 页。Martin Heidegger, *Contributions to Philosophy (Of the Event)*, p. 374.

[3] 参见海德格尔:《海德格尔文集·存在与时间》,第 207 页。Martin Heidegger, *Being and Time*, p. 140.

[4] 参见海德格尔:《海德格尔文集·什么叫思想?》,第 170 页。Martin Heidegger, *What Is Called Thinking?*, pp. 148–149.

向着可能性的抛掷。理解把人之所是投掷到其目标上，同样也投掷到作为意蕴的他自己拥有的世界的世界性上。世间之是即理解进行投掷的结果，因为是之此就是可能之此。人作为投射者，又被抛入投射之是的状态。在海德格尔看来，投射并非预先设定的、人据此展开其所是的计划。相反，作为此间之是，人总是已经投射自身；而且只要他是，就总是已经理解自身，即作为投射而是，就是一种可能。"在投射中，投射把可能性掷于自身之前，并使之是其所是。作为投射，理解乃人之所是的方式，在其中，他作为自身的可能性而是。"[1]

因此，投射即人把自己从是者中释放并进入是，也是人从被投掷之处回转而面对是者，可能性由此展开，而这将使人得以"从未来体验当前"。[2] "在从'是者'的抛离中，人首次成其为人。因为只有以此方式，这一是者方可转向是者，并因此成为回转者。"[3] 在可能之是中，人本身也成为一种可能。"人只有在其自身之中才是人。他是，在走向自身的途中是。……在其中需要揭示的是预先跳跃和提前奔跑要如何进行，以及只能如何进行。所谓的预先跳跃就是不设终点，而是立足于途中之是，让其自由发挥，揭示它，紧紧抓住可能之是。"[4]

推而思之，则一物之所是，即一物之本质的基础，也是一种投射。海德格尔指出："本质的基础是投射，然而这里的关键是对投射领域本身的抛掷，因此任务就在于对被抛状态的本源性的接纳，即对归属于是者本身的必然性的接纳（以被抛入'之中'的状态），这种必然性来自投射的需要，并与之一同出现。"[5] 因此，"在投射中被投射者超越了投射本身并对其加以证明"[6]。本质的基础是投射，投射就是对这一基础最好的证明。这使海德格尔得出了一个重要的结论："比现实性更高的是可能性。只有

---

[1] 参见海德格尔：《海德格尔文集·存在与时间》，第207—208页。Martin Heidegger, *Being and Time*, pp. 140-141.

[2] 参见海德格尔：《被迫去省思》，载《海德格尔文集·讲话与生平证词（1910—1976）》，孙周兴、张柯、王宏健译，商务印书馆2018年版，第89页。

[3] 参见海德格尔：《海德格尔文集·哲学论稿（从本有而来）》，第534页。Martin Heidegger, *Contributions to Philosophy (Of the Event)*, p. 356.

[4] 参见海德格尔：《海德格尔文集·存在论（实际性的解释学）》，第22—23页。Martin Heidegger, *Ontology—The Hermeneutics of Facticity*, p. 13.

[5] 参见海德格尔：《海德格尔文集·哲学论稿（从本有而来）》，第388页。Martin Heidegger, *Contributions to Philosophy (Of the Event)*, p. 259.

[6] 参见同上书，第69页。Ibid., p. 45.

把理解作为可能性加以把握，我们才能对其加以理解。"[1] 如此一来，"对自然、空间、自由、国家、法律和诗之本质的阐明，并不意味着仅仅指出诸如此类者一般而言是什么，而是要表明本质通过什么能够是其所是，也就是说，成为其内在的可能性"。为此，"首先必须研究这一可能性的根基。只有当我们知道某物的内在可能性的根基，我们才拥有关于该物的某种现实的概念"[2]。不仅可能先于现实并高于现实，而且只有可能才构成真正意义上的现实。对形而上学来说，这是一次颠覆性的革命。因为自亚里士多德以降，现实性一直因其确实性而被认为高于可能性。[3]

上面已经提到，海德格尔还把可能理解为自由。实际上，他之所以如此理解自由，原因主要在于他认为自由即根据的缺乏，或者说自由即根据之根据。当然，这并不意味着自由即人的放任，而是人的可能。海德格尔指出："在超越中触发的根据回卷到自由，而自由作为起源本身就成为'根据'。自由乃根据之根据。……作为这种根据，自由乃人的无极之基。并非我们个人性的自由行止没有根据，而是就其作为超越性的本质而言，自由把作为是之可能的人置于其有限选择的可能性，即其天命之中。"[4]

这是海德格尔对自由的特殊理解，也是他对自由之本质的诠释，即真正的自由就是对根据即因果法则的超越。但它又是有限的，因为人只能在特定的条件下实现这种超越。"无极之基"是海德格尔生造的概念，指的就是没有根据处的根据，是"根据的悬缺"、根据在"游移不定中的拒绝"。[5] 海德格尔指出："向是的投射是独一无二的，之所以如此，是因为这一投射的投射者本身也被掷入投射的开放域，目的是在同时作为基础和深渊的开放域中第一次成为他自己。"[6]

同时作为基础和深渊的开放域，就是所谓的"无极之基"，海德格尔

---

[1] 参见海德格尔：《海德格尔文集·存在与时间》，第 54—55 页。Heidegger, *Being and Time*, p. 36.

[2] 海德格尔：《德国哲学的现状与未来使命》，载《海德格尔文集·讲话与生平证词（1910—1976）》，第 383 页。

[3] 亚里士多德认为，"现实先于潜能，先于一切变化的本原"。(亚里士多德：《形而上学》，苗力田译，载苗力田主编：《亚里士多德全集》第七卷，中国人民大学出版社 2016 年版，第 216 页及以下。

[4] 参见海德格尔：《论根据的本质》，载《海德格尔文集·路标》，第 205—206 页。Martin Heidegger, "On the Essence of Ground," in *Pathmarks*, p. 134.

[5] 参见海德格尔：《海德格尔文集·哲学论稿（从本有而来）》，第 454 页。Martin Heidegger, *Contributions to Philosophy (Of the Event)*, p. 300.

[6] 参见同上书，第 360 页。Ibid., p. 240.

在此强调的是高度的不确定性和无限的可能性，并且认为人只有在这种状态下才有可能成为自己。他指出："在其对是者的世界性投射的超越中，人必须超越自身，从而首先能够把自身理解为来自这一提升的无极之基。……这一在超越中作为建基的无极之基的出现是自由与我们一同完成的、'让我们去理解'的运动，它向我们提供世界的本源内容。这种内容越是本源性地被建基，就越是直接地关涉人的内心、他人行动中的自我。因此，根据的非本质只能在事实性的生存中被'超越'，但绝不能消除。"[1] 这种有待提供的根据可能通过人的行动本身多少予以"补充"，但永远不可能成为充分的根据。因此，作为可能的自由就意味着冒险。

海德格尔曾转述诗人里尔克的思想：在每一种情况下，是都以类似丢弃的方式将是者释放于冒险之中，因而是者在每一个特定的时刻都是冒险者。是乃绝对的冒险。它让我们人类冒险，让生存者冒险。是者作为持续冒险的结果而是。是者之是就是冒险。[2] 虽然海德格尔本人并不赞同里尔克的意志主义，但"是就是冒险"这一论断，表达的却是海德格尔本人的所思所想。海德格尔曾经指出："投射永远只是是之真的投射。投射者本身，即此间之是被是所抛掷，即涵有。"[3] 这种关系典型地表明海德格尔哲学是一种"无基"的哲学，或者说是人的实存与可能互为根基的哲学。

最后需要提及的是，可能性意味着选择的多样性，也意味着思想的多义性。海德格尔对这种多义性或者模糊性和不确定性秉持接纳甚至欢迎的态度。他指出：一切真正的思想都向不止一种解释开放。解释的多样性并非人们本应努力追求又尚未达到的形式的、逻辑的单一性的替代物。相反，多义性是一切思想要成为严格的思想必须运动于其中的基质。"因此，我们必须始终在多义性的基质中寻找思想及其所思，否则一切都将对我们保持锁闭。"思想的多义性的典型体现就是柏拉图的对话。"柏拉图的每一篇对话不仅对后人以及后人提出的不断变化的解释方式而言是不可穷尽的，就其本质来说，它就是不可穷尽的。"[4]

---

[1] 参见海德格尔：《论根据的本质》，载《海德格尔文集·路标》，第 206 页。Martin Heidegger, "On the Essence of Ground," in *Pathmarks*, p. 134.

[2] 参见海德格尔：《诗人何为?》，载《海德格尔文集·林中路》，第 314—315 页。Martin Heidegger, "Why Poets?," in *Off the Beaten Track*, pp. 208-209.

[3] 参见海德格尔：《海德格尔文集·哲学论稿（从本有而来）》，第 360 页。Martin Heidegger, *Contributions to Philosophy (Of the Event)*, p. 240.

[4] 参见海德格尔：《海德格尔文集·什么叫思想?》，第 83—84 页。Martin Heidegger, *What Is Called Thinking?*, p. 71.

是之"真"与真之"是"

西方形而上学在探究是者之所是的同时,从来没有思考过是的本质。"亚里士多德把是规定为实存的思想,起源于真之本质从是者之无蔽到理性陈述的正确性的变化。这种变化始于柏拉图,并且成为形而上学开端的基础。"[1] 海德格尔实际上在希腊思想中看到了三个方面的因素,它们都深刻影响了后来西方形而上学的发展。首先是把是理解为是者的普遍特性,即用是者之是替代了是本身,这也是他所谓的"第一个开端"的基本特征。其次是把作为无蔽的真,即作为自然和涌出的真理解为陈述的正确性,这一点在笛卡尔之后以决定性的方式影响了西方思想的发展。最后则是把是理解为现实性和确定性,这成为近代对象化思想方式的起源。这三个因素汇聚到一点,导致形而上学把是者之是概念化并加以说明,因而在是者之是中思考是,却未能思考是之本质即是之真。虽然形而上学始终活动在是之真的领域内,但是之真对形而上学来说却是始终未知的、未经奠基的基础。[2]

海德格尔指出,是之本质的问题的确有其复杂性。希腊思想对是的忽略从某种意义上说也并不难理解,因为这是一个"受到遮蔽的领域之建基"的问题。[3] 海德格尔认为,是并非是者,所以不可能通过追究是之所是来对是之本质加以揭示,而如果说是即其本身,那么是之本质即是之真。就此而言,也可以认为海德格尔在这个问题上采取了某种"迂回"的思想策略。"如果是者是,那么是就必须本质性地发生。但是如何本质性地发生呢?是者是吗?如果思想不从是之真,那么又能从何处决断呢?因此,要思考是,不可能再从是者出发,而只能创造性地由其自身出发。"[4]

作为这种"迂回"策略的体现,海德格尔曾经把是之本质的问题替换为是之意义的问题,而由此又不可避免地导向是之真的问题。"'是之意

---

[1] 参见海德格尔:《海德格尔文集·尼采》下卷,第1121页。Martin Heidegger, *The End of Philosophy*, pp. 16–17.

[2] 参见海德格尔:《〈形而上学是什么?〉后记》,载《海德格尔文集·路标》,第357页。Martin Heidegger, "Postscript to 'What Is Metaphysics?'," in *Pathmarks*, pp. 231–232.

[3] 参见海德格尔:《海德格尔文集·哲学论稿(从本有而来)》,第14页。Martin Heidegger, *Contributions to Philosophy (Of the Event)*, p. 11.

[4] 参见同上书,第8页。Ibid., p. 8.

义'的问题是一切问题中最根本的问题。我们在展开这个问题的过程中，决定了被称为'意义'之物的本质，对问题的沉思即驻留于此，同时又导向另一个问题，即自我遮蔽的开启，也就是真的问题。"[1] 海德格尔表示，从思考"是之意义"到思考"是之真"，的确意味着他的思想的某种转向。"《存在与时间》之后的思想为了'是之真'而放弃了'是之意义'这样的说法，从而强调了是本身的开放性，而不是人对是的开放性的开放性。""这就是'转向'的含义。在其中，思想总是更加决定性地转向是之为是。"[2] 但同时他也指出，是之真的问题深不可测。"是之真的问题的确是向某一得到很好防护之物的突入，因为是之真在思想中是关于是如何本质发生的确切知识，而这种知识甚至神也未必拥有。相反，它仅属于甚至连诸神也必须臣服的天命之深渊。"[3]

无论如何，海德格尔由此把真问题与是问题关联起来。这种关联并非一般性的联系，因为是之本质的问题必然成为真之本质的问题，亦即去蔽之本质的问题。正是在去蔽的基础上，我们方能置身于某个敞开域中，才能提出关于是的问题。[4] 但另一方面，真问题也不可能是一个空洞的问题，人并不能抽象地定义真本身。真根本上只能是是之真，即是之通透的发生。海德格尔因此认为，对真的认识与对是的认识其实是一个问题的两个方面。从根本上说，是问题只能存在于对某种是者即人的理解中，这种是者之所是就包括了对是的理解。因此，是可以不被概念化，但它从来不可能完全不被理解，即不可能完全不在通透中发生。"在是论问题的提法中，是与真从古代开始就一直被放在一起思考，即便不被等同。"[5]

海德格尔认为，从源头上看，希腊思想家已经意识到是与真的一体性。巴门尼德对是者之是的第一次发现就把是等同于对是的感官认识，这体现在他的短句"思想与是乃同一者"之中。亚里士多德在他关于本源的发现史的描述中，也强调了在他之前的哲学家们在"物本身的指引下"向

---

[1] 参见海德格尔：《海德格尔文集·哲学论稿（从本有而来）》，第 14 页。Martin Heidegger, *Contributions to Philosophy (Of the Event)*, p. 11.

[2] 参见海德格尔：《海德格尔文集·讨论班》，第 417 页。Martin Heidegger, *Four Seminars*, p. 47.

[3] 参见海德格尔：《海德格尔文集·哲学论稿（从本有而来）》，第 8 页。Martin Heidegger, *Contributions to Philosophy (Of the Event)*, p. 8.

[4] 海德格尔：《著者序言（1938 年）》，载《海德格尔文集·面向思的事情》，第 127 页。

[5] 参见海德格尔：《海德格尔文集·存在与时间》，第 258 页。Martin Heidegger, *Being and Time*, p. 178.

前追问的事实,比如他宣称巴门尼德就被迫追随自身显现者、哲学家们被"真"本身逼迫而行。因此,在亚里士多德看来,哲学的任务就是证明某物以使其从"真"的角度在"真"的领域被看到。哲学本身则被规定为关于"真"的科学。当然,与此同时,哲学又被定义为关于是者之所是的知识。[1] 海德格尔指出,在哲学的早期阶段,"真的第一个概念将其理解为被意欲者与被直观者的实质统一,因而真就是是—真,这同时也为我们提供了一种关于是的特殊含义,即是—真意义上的是"[2]。

海德格尔因此认为,"希腊哲学研究的根本问题就是是的问题、是之意义的问题,特别是真的问题"[3]。他结合希腊思想的经验指出:是即自行遮蔽的去蔽,是本源意义上的自然涌出。自行去蔽即自行前出到无遮蔽状态。"无蔽就是ἀ-λήθεια,我们译为真。从本源上讲,真本质上并非人类知识和陈述的属性,更不是人类需通过努力加以实现的某种价值或'型相'(虽然他们并不真的了解为何要这样追求)。相反,作为自行去蔽的真属于是本身,自然就是去蔽,并因此喜欢遮蔽(κρύπτεσθαι φιλεῖ)。"[4] 从希腊经验来看,是就是真。

海德格尔在是与真的关系问题上强调指出,古希腊思想与后来的形而上学思想的一个关键性区别,即在前者的本源性认识中,是乃真的特性。也就是说,真具有根本性,真决定了是,乃是之守护者。而在后者中,真被理解为是或者是者的特性。因此,海德格尔认为:"终有一天,我们将学会从守护方面来思考已经被用烂了的'真'这个词,并且认识到,真乃是之守护,而作为呈现的是,则从属于真。"[5] 如果人们消除了形而上学的成见,把真之本质理解为照亮着复又遮蔽着的聚集,那么作为呈现者之呈现的是本身就是真。"是(这个词现在说起来显得意味深长),即作为

---

[1] 参见海德格尔:《海德格尔文集·存在与时间》,第296—297页。Martin Heidegger, *Being and Time*, pp. 204-205.

[2] 参见海德格尔:《海德格尔文集·时间概念史导论》,第75页。Martin Heidegger, *History of the Concept of Time: Prolegomena*, p. 53.

[3] 参见海德格尔:《海德格尔文集·柏拉图的〈智者〉》,第265页。Martin Heidegger, *Plato's Sophist*, p. 132.

[4] 参见海德格尔:《论Φύσις的本质和概念。亚里士多德〈物理学〉第二卷第一章》,载《海德格尔文集·路标》,第354页。Martin Heidegger, "On the Essence and Concept of Φύσις in Artstotle's *Physics B, I,*" in *Pathmarks*, p. 230.

[5] 参见海德格尔:《阿那克西曼德之箴言》,载《海德格尔文集·林中路》,第396页。Martin Heidegger, "Anaximander's Saying," in *Off the Beaten Track*, p. 262.

呈现的是（εἶναι），虽然以遮蔽的方式显现出来，就是真的特性。"[1] 换言之，是需要通过是之真来建基。[2]

因此，对是之真的认识，是思想返回到开端，即克服形而上学的第一步。紧接着还有第二步。因为把真视为是的根本，这只是希腊思想的经验，也只是是与真的关系的一个方面。海德格尔指出："我们在探讨是之本质的问题时意识到，这个问题包含了一切，甚至包括无（非）在内。因此，关于是之真的问题必须同时追问什么是真，只有在这个追问中，是才得以照亮自身。"在这里可以做一个替换。所谓是之真的问题即是"是什么"的问题；而要回答这个问题，就必须首先回答"是什么"是什么的问题，即真之是的问题。海德格尔由此表示："真与是一同处于基础问题的领域，不是因为真之可能性在认识论上受到怀疑，而是因为真已经在特别的意义上，即作为基本问题的'空间'而归属于它的本质。在关于是与是者的基本问题和主导问题中，我们同时而且内在地提出了关于真之本质的问题。"[3]

海德格尔对是之真的问题向真之是的问题的延展和转变进行了如下讨论："现在，是的问题变成了是之真的问题。真的本质自此要从是的本质发生中加以探问，并且作为自行去蔽者的通透加以把握，从而也就属于是的本质。关于是'之'真的问题把自身揭示为真'之'是的问题……是问题现在不再在是者的基础上被思考，而是作为被是逼迫的、对是的创造性的沉思。"[4] 正是在这个意义上，海德格尔认为，真之本质的问题，即真之是的问题，是另一个开端特有的问题。"在第一个开端，真（作为无蔽）乃是者本身的特征，而且随着真向陈述之正确性的转变，'真'决定了是者向对象的转变（真作为判断之正确性、'对象性'、'现实性'——是者之'是'）。在另一个开端，真被认识和建基为是之真，而是本身又是真之是，即裂隙与深渊均崩塌于其中的内在回转中的玄同。"[5]

---

［1］参见海德格尔：《阿那克西曼德之箴言》，载《海德格尔文集·林中路》，第397—398页。Martin Heidegger, "Anaximander's Saying," in *Off the Beaten Track*, p. 263.

［2］Martin Heidegger, *Mindfulness*, p. 36.

［3］参见海德格尔：《海德格尔文集·尼采》上卷，第77页。Martin Heidegger, *Nietzsche Volume I: The Will to Power as Art*, p. 68.

［4］参见海德格尔：《海德格尔文集·哲学论稿（从本有而来）》，第507页。Martin Heidegger, *Contributions to Philosophy (Of the Event)*, p. 338.

［5］参见同上书，第216页。Ibid., p. 145.

从另一个开端的角度来看，如果说是者之真是去蔽的话，那么是之真就是玄同。是的本质发生在是之真中，并且作为是之真在开启自身时又遮蔽自身。这同时也是真的本质发生。"在玄同的回转中，真的本质发生同样是本质发生之真。这种相互性属于是本身。……本质发生就是真本身，它归属于是而且来自是。"[1] 在此，玄同成为根本性的事件，真即是也就是玄同的发生。玄同、是与真是从不同视角对同一发生的表达。海德格尔对这一思想进行了如下说明："为何是之真并非是的某种附加物或者是的框架，也并非是的前提，而是是自身最内在的本质？因为是之本质就在决断之玄同中本质发生。但我们是如何知道这一点的？我们并不知道，但我们追问，并且通过追问开启了是之寓所，甚至可能就是是本身所需之寓所。假如是之本质就是拒绝的话，那么这种不太充分的追问就是对它唯一恰切的接近……是之真就是真之是。"[2]

是在决断中本质发生，而是的本质发生就是真，但这种决断却是人的决断，因此真也就是人之真，这种真决定了是，"是在真之中本质性地发生"，它体现为"自我遮蔽的通透"。[3] 这种通透与遮蔽即真之本质发生为此间之是建基。[4] "只有在此间之是中，是方始获得真之建基，在其中一切是者仅为是之缘故存在，而是作为最后之神道路的痕迹被点亮。此间之是的建基改变了人类（探求者、保存者和守护者）。"[5]

总的来说，我们可以在三个层面上理解是。首先是作为玄同的是。"'是'不仅意味着现实之物的现实性和可能之物的可能性，而且总的来说也不仅意味着在单个是者基础上被理解的是，它意味着在整个裂隙中本源性、本质性地发生的是。"[6] 这个层面的是，海德格尔也把它写为"Seyn"。其次是人们日常面对之是，这实际上就是此间之是。"此间之是意味着作为是之本质的玄同中的涵有。然而，只有在此间之是的基础上，是方才进入真。"[7] "真乃是之本质发生与是者之是的'之间'。这个'之

---

[1] 参见海德格尔：《海德格尔文集·哲学论稿（从本有而来）》，第304—305页。Martin Heidegger, *Contributions to Philosophy (Of the Event)*, p. 203.

[2] 参见同上书，第117页。Ibid., p. 75.

[3] 参见同上书，第38页。Ibid., p. 25.

[4] 参见同上书，第221—222页。Ibid., pp. 148-149.

[5] 参见同上书，第270页。Ibid., p. 181.

[6] 参见同上书，第92页。Ibid., p. 60.

[7] 参见同上书，第345页。Ibid., p. 231.

间'为是者之是在是中建基。"[1] 此间之是的建基体现为是者对真的守护，并且让是者成为是者。"此间之是乃通透的持存，即那个得到自由的、失去保护的、'此'之归属领域的持存，在其中，是遮蔽自身。"[2] 最后才是具体的是者之是，但是，"没有一条道路能够直接从是者之是通向'是'"。[3]

人之所是及其对是的守护

人在海德格尔关于是的思考中实际上处于中心地位，因为在他看来，是总是相对于人而且为人而是，人则作为是的守护者成就是。一方面，人并非世界消极的观察者，是亦非简单地进入人的视线。人与是的关系的枢纽，就是人的思想和行动。人"让是者是"。在此过程中，人通过"主动地把是者投射进入其适当的是之形式而使之为我们所把握。这恰恰是在积极意义上让是者获得自由，并向我们显现其所是"[4]。因此，只有在投射性的揭示中，即只有在真中，是才会被给出。另一方面，只有当某个作为开启者、揭示者的人存在，而且这种揭示本身属于人之是的基本形式的时候，才会有真。"人本质性地拥有一个被揭示的世界，以及与之相伴随的他本身的被揭示性。人生存的本质就是'在'真'之中'，也正因为在真'中'是，他方有可能'在'不真之中是。只有真存在，因而只有人存在，是才会被给出。"[5] 因此也可以说，只有在真之中才有是，也只有在是之中才有真，而关联两者的就是人之所是。

在不同时代，不同思想家对是的不同理解决定了他们对人之本质的不同理解，海德格尔亦然。他指出：人之本质就是此间之是，所以人"对是的超越不仅根本无法完成，而且这种尝试将导致一种取消人之本质的企图。人之本质的关键在于这一事实，即是本身，不管以何种方式，甚至以不在场的方式，要求人之本质。人之本质即是为其自身提供的居所，为的

---

[1] 参见海德格尔：《海德格尔文集·哲学论稿（从本有而来）》，第17页。Martin Heidegger, *Contributions to Philosophy (Of the Event)*, p. 13.

[2] 参见同上书，第352页。Ibid., p. 235.

[3] 参见同上书，第92—93页。Ibid., p. 60.

[4] John D. Caputo, "The Question of Being and Transcendental Phenomenology: Reflections on Heidegger's Relationship to Husserl," in *Martin Heidegger: Critical Assessments*, Vol. II, ed. by Christopher Macann, Routledge, 1992, p. 338.

[5] 参见海德格尔：《海德格尔文集·现象学之基本问题》，丁耘译，商务印书馆2018年版，第23—24页。Martin Heidegger, *The Basic Problems of Phenomenology*, trans. by Albert Hofstadter, Revised Edition, Indiana University Press, 1982, pp. 18-19.

是在无蔽降临之时能够进入其中"[1]。这意味着人之本质乃是的现身之处。形而上学的基本特征之一就是，它不知道也不可能知道是之本质，以及人与这一本质的关系，因此，在其视野内，无论从动物性还是理性、欲望还是灵魂出发，都不可能获得对人之本质的基本观念。[2] 海德格尔表示，只有他自己首先进行了这样一种从是之本质出发理解人之所是的自觉尝试："在《存在与时间》中，在是之真的问题而非是者之真的问题的基础上，我尝试只根据人与是的关系规定人之本质。这一本质在得到严格限定的意义上被刻画为此间之是。"[3]

因此，在海德格尔的思想中，人不再只是是单纯的发现者与观察者，而成为是的体认者和守护者。人与是之间呈现出一种内在的相互映射的关系。海德格尔如此表述这一关系："另一个开端的问题（事实上的建基问题）是：'是如何发生？'或者'什么是是之真？'。此处的'如何'并不指向解释形式，它指的是必须由人建基的基础，而人则通过是体验到他最本己的基本规定。然而，是并不会以这种方式回溯到人，相反，人因此而远离'非人化'，并转化为此间之是，在其中通透开始奠基。正是在通透的开放域中，是得以发生。"[4]

人体认和守护是的方式是思想，是在关于是与此间之是的创造性思考中为是之真建基，并在是之真中为人之所是建基，而这一思考又完全由是本身所决定。[5] 因此，"哲学就是来自是本身的致意。哲学本身就是人在是者中与是者相接的基本方式。没有哲学的人是视而不见之人"[6]。"哲学留心是对人的要求，因此它首先是对是的牵挂，而从来不是'教养'与知识的事情。"[7] 人对于是的思考，"就是让此间之是从是之真而来（即从真之本质发生而来）现身，为的是让是者整体在此建基，并且在它们之

---

[1] 参见海德格尔：《海德格尔文集·尼采》下卷，第 1061—1062 页。Martin Heidegger, *Nietzsche Volume IV: Nihilism*, pp. 223—224.

[2] 参见同上书，第 883 页。Ibid., p. 142.

[3] 参见同上书，第 881 页。Ibid., p. 141.

[4] Martin Heidegger, *Mindfulness*, p. 234.

[5] 参见海德格尔：《海德格尔文集·哲学论稿（从本有而来）》，第 108 页。Martin Heidegger, *Contributions to Philosophy (Of the Event)*, p. 68.

[6] 参见海德格尔：《海德格尔文集·巴门尼德》，第 177 页。Martin Heidegger, *Parmenides*, p. 120.

[7] 参见同上书，第 178 页。Ibid., p. 121.

中，为人建基"[1]。

这一看似简单的论断表达了以下三个方面的思想。首先，人乃是之思考者，对是的理解乃人之本质所在。"通过去蔽而真本身就是人自身之是的一种形式，是人生存的一种形式。"如果把真理解为是之通透的去蔽与遮蔽，即此间之是，那么"我们可以说人生存于真之中，即生存于他自身以及他与之相接的是者的无蔽状态之中。恰恰因为作为生存，人本身已经本质性地处于真之中，他才可能犯错；出于同样的理由，才可能出现遮蔽、伪装和隐瞒"[2]。

人作为思考是的是者，其本质体现在对玄同的参与即被玄同所涵有，因为是以及是之真必须通过人而本质发生。海德格尔揭示：涵有是在人与神之间的摆动，就是"之间"本身及其本质发生，它通过并且在此间之是中建基。"是以时间—空间的形式作为那个'之间'而本质发生，这不可能建基于神，当然也不能建基于人（作为某种客观呈现的、有生命的东西），它只能建基于此间之是。""就人作为此间之是的守护者而言，是及是之真的本质发生是属人的。""是'是'属人的，因为是本身需要人作为诸神离去和来临之机的居所的保存者。"[3]

人与是这样一种关系涉及人的外部世界是否真实存在这样一个形而上学争论不休的问题。海德格尔指出：至今为止还没有令人信服的证据能够驱逐一切怀疑论，表明"我们之外的世界的确存在"。康德有感于"哲学和人类理性的这一耻辱"而作出了如下证明："对我自身存在的简单的，但是由经验决定的意识，就证明了在我之外的空间中对象的存在。"也就是，在经验中我对自身的确认，决定了我对所经验的外部世界的确认。[4]海德格尔则认为，"'哲学的耻辱'并不在于至今还缺乏这一证明的事实，而在于人们一而再再而三地期待与尝试这一证明的事实。这种期待、意图和要求来自某种从是论角度看并不充分的假定，即'世界'的客观呈现可

---

[1] 参见海德格尔：《海德格尔文集·哲学论稿（从本有而来）》，第 11 页。Martin Heidegger, *Contributions to Philosophy（Of the Event）*, p. 9.

[2] 参见海德格尔：《海德格尔文集·现象学之基本问题》，第 314—315 页。Martin Heidegger, *The Basic Problems of Phenomenology*, p. 216.

[3] 参见海德格尔：《海德格尔文集·哲学论稿（从本有而来）》，第 311 页。Martin Heidegger, *Contributions to Philosophy（Of the Event）*, p. 207.

[4] 参见海德格尔：《海德格尔文集·存在与时间》，第 283 页。Martin Heidegger, *Being and Time*, p. 195. 至于康德的证明，参见康德：《纯粹理性批判（第 2 版）》，李秋零译，李秋零主编：《康德著作全集》第 3 卷，中国人民大学出版社 2004 年版，第 185 页。

以由这些期待、意图和要求出发，同时又独立于和'外在于'它们得到证明。问题并不在于证据不够充分，而在于进行此类证明并且寻找着证据的那种是者之是并不足够确定"[1]。人生存于牵挂中，牵挂就是人对人与世的牵挂，因此，要由人来证明独立于这种牵挂的世界的客观性，显然就是一件与人之本性格格不入的事情。

其次，人乃是之守护者。与是之思考者相比，可能人作为是之守护者这一身份更得到海德格尔的重视。正因为人之本质乃是之寓所，所以人的使命就在于对是以及是之真的守护。海德格尔指出："人并非是者的主人，而只是是的守护者。在这种'更少'中人并没有失去什么，相反，他由此得到了是之真。他得到了作为守护者的本质性的贫乏，他的尊严在于听从是本身的呼唤去守护是之真。……在他伴随是之历史的本质展开中，人之所是作为绽出的生存，就在于寓于是之近旁。人乃是之近邻。"[2] 在海德格尔看来，对是的思考本身就是一种守护是的基本方式。"人绽出的生存从根本上对立于任何形式的实存者和'存在'，它寓于是之近旁。它是对是的守护，对是的牵挂。"[3]

在海德格尔看来，人这一是之守护者的角色并非人主动争取而来，而是出于是的"要求"。"通过是本身的要求，人被指派为是之真的守护者。"[4] 从某种意义上说，这种守护者的身份乃人之被抛状态的体现。"人被是'抛入'是之真。以这种方式绽出地生存，他方能守护是之真，使是者得以在是的光亮中显现为它们所是的是者。人并不决定是者是否以及如何显现，上帝与诸神或者历史与自然是否以及如何进入是之通透、进入和离开呈现。是者之降临源于是之天命。但对人来说，发现他们的本质中哪一部分因应于这种天命则始终是一个问题，因为因应天命就意味着人作为绽出的生存必须守护是之真。人乃是之守护者。当《存在与时间》把绽出的生存表达为'牵挂'时，正是在这个方向上进行思考。"[5]

---

[1] 参见海德格尔：《海德格尔文集·存在与时间》，第 286 页。Martin Heidegger, *Being and Time*, p. 197.

[2] 参见海德格尔：《关于人道主义的书信》，载《海德格尔文集·路标》，第 406 页。Martin Heidegger, "Letter on 'Humanism,'" in *Pathmarks*, pp. 260-261.

[3] 参见同上书，第 407 页。Ibid., p. 261.

[4] 参见海德格尔：《海德格尔文集·哲学论稿（从本而来）》，第 282 页。Martin Heidegger, *Contributions to Philosophy (Of the Event)*, p. 189.

[5] 参见海德格尔：《关于人道主义的书信》，载《海德格尔文集·路标》，第 391—392 页。Martin Heidegger, "Letter on 'Humanism'," in *Pathmarks*, p. 252.

人如何守护是？是并非某种可以对象化之物，亦非可以被护卫者牢牢盯住的资产。相反，在来与去之间，在过去、现在和未来，是都在呈现自身，所以对是的守护必须全神贯注、高度警觉。海德格尔写道："是从来就不仅仅是正好当前之物，所以对是的守护根本不同于一位保护屋里的财物不被盗走的护卫者的任务。对是的守护绝非盯住某个现存物不放。现存物就其自身而言并不包含是的诉求。守护是，是对曾经和未来的天命的警戒和看守。警戒来自长期的、不断更新的深思熟虑，它高度留意是所发出的诉求中的指令。在是之天命中，从来不会只有前后相继的事物的序列，先是架构，然后是世界与事物；相反，经常发生的是一闪而过，以及早先与往后的同时性。"[1] 可见，人对是之守护并非简单易行之事。如《尚书》所说："人心惟危，道心惟危。"只有"惟精惟一，允执厥中"[2]，方可完成这一艰难的使命。

人的本质在于对是在投射中的理解，但这种本质本身具有不确定性，或者说只是一种可能，而这就意味着人也可能失去这一本质。海德格尔指出：如果人通过一系列转变坚定地成为此间之是，就有可能把是守护于是者之中；而如果此间之是的确获得了优先地位，那么这就意味着人已经把他们的本质建基于是的投射之中，并且在一切行止中将其自身保持在是之通透的领域内。但是，这个领域根本不是某种是者，不可能通过对象化的方式加以把握。相反，它属于是之本质发生。"从此间之是的角度来说，人是那样一种是者，他们在其所是中可以失去其本质，在任何情况下都以极不确定和冒险的方式拥有自我确定，而这一点乃基于他们将自己托付给对是之守护。"[3]

最后，人是此间之是的奠基者。人通过思考是之真而为此间之是奠基，从而为是者特别是为人本身建基，就此而言，人成为本真的自己就是此间之是的本质发生，人的自我只能通过持守于此间之是获得。[4] 海德格尔指出："被把握为人之所是的此间之是已经被先行把握。这一先行把握是否真，就取决于人在变得愈益强大的同时如何将其自身回置到此间之是，以此为此间之是奠基，并使他们置于是之真当中。这种自我置放及其

---

[1] 参见海德格尔：《〈物〉后记》，载孙周兴选编：《海德格尔选集》下，第1185页。Martin Heidegger, "The Thing," in *Poetry, Language, Thought*, pp. 182-183.

[2] 《尚书·大禹谟》。

[3] 参见海德格尔：《海德格尔文集·哲学论稿（从本有而来）》，第580—581页。Martin Heidegger, *Contributions to Philosophy (Of the Event)*, p. 385.

[4] 参见同上书，第379页。Ibid., p. 252.

稳固性建基于玄同。"[1] 因此，人并非可以进行抽象定义的动物，而是在与是者的相互映射中，在对是者具体的创造性的改造中为是建基，并成其为人。"我们并不能通过学究式的定义了解人是谁。我们对人有所了解，只有通过尝试将是者带入其所是而与之相对，也就是将是者置入其边界和形式，投射某种新的（尚未呈现的）可能，进行本源性的创造，诗意地为其奠基。"[2]

人在对是的守护中获得本质，同时也只有人才能守护是，因为只有人理解是，并通过理解而守护是。人是是的投射者，并因此成为是之真的建基者。"人因被是所涵有而归属于是，为的是为是之真建基。人因这种涵有而被托付给是，这种托付表明，人之本质保存和建基于他们首次明确拥有之物（与之相比，他们必定更具本真性或者更少本真性），即此间之是，而后者本身又是真之建基，即由是即玄同所抛掷和承受的无极之基。"[3]

海德格尔认为，人归属于是，并且从这种归属中得到人的本质；与此同时，人也只有从这种归属中抽取出自己的本质，他才能归属于是。"对是的归属是人独有的特性，这既因为他为是所涵有，也因为是本身是而且仅仅是'涵有性的'。"[4] 海德格尔指出：人的此间之是属于是之本质。人属于这一本质，因为他必须成为此间之是。此间之是也属于人，但并非人可以创造或者控制的人造物。他置身于是者的无蔽状态，而这又正是是之真本质发生的被遮蔽之所。人置身于这一处所，就意味着他在其中绽出地生存。[5]

总的来说，人与是之间存在一种相互需要、相互归属的关系。海德格尔就此指出：人与是的关系表现为人为是所召唤而因应于是；是为人而是，为理解是的人而是。"作为思考的是者，人的不同之处就在于他对是者之是的理解，因为他接受是的致意而回应是。人就是这样一种而且只是这样一种因应关系。在人之本质中，占统治地位的是对是的归属，这种归

---

[1] 参见海德格尔：《海德格尔文集·哲学论稿（从本有而来）》，第 377 页。Martin Heidegger, *Contributions to Philosophy (Of the Event)*, p. 251.

[2] 参见海德格尔：《海德格尔文集·形而上学导论》，第 174 页。Martin Heidegger, *Introduction to Metaphysics*, pp. 153—154.

[3] 参见海德格尔：《海德格尔文集·哲学论稿（从本有而来）》，第 592—593 页。Martin Heidegger, *Contributions to Philosophy (Of the Event)*, p. 393.

[4] Martin Heidegger, *Mindfulness*, p. 111.

[5] 参见海德格尔：《海德格尔文集·尼采》下卷，第 1053—1054 页。Martin Heidegger, *Nietzsche Volume Ⅳ: Nihilism*, p. 218.

属倾听着是，因为它已被呈送给是所有。""那么是呢？……是并非偶然地或者例外地向人呈现。相反，只有向人有所关切地接近的时候，是才本质性地发生并且保持这种发生。因为恰恰是向是开放的人，才第一次任让这种作为呈现的是的到来。呈现需要被照亮的通透之开启，并因此而转为人之本质的一部分。这并不是说是首先并且仅仅为人所设定。相反，显而易见的是，人与是双方都被其相互归属所支配，通过这种尚未得到充分思考的共属，人与是才得到它们在哲学中以形而上学的方式被概念化的那些本质规定。"[1]

对于人与是之间这种相互归属的关系，海德格尔强调指出：人必定归属于是之开放，并在其中拥有自身的位置；而是为了自身的开放，又需要人作为它显现的那个"此"。他甚至因此认为，正因为是需要人，所以是并非绝对的自为者，即无条件者，也就是说，是具有其有限性。"这形成了与黑格尔最尖锐的对立。因为虽然黑格尔的确说过绝对者并非'不需要我们'，但他说的只是基督教意义上的'上帝需要人'。对海德格尔的思想来说，是不可能脱离它与人的关系而存在。"[2]

另一方面，人也只有在与是的关系中方能成其本质。实际上，人之为人，本身就体现为与是的各种关系，他根本不可能拒绝这种关系。[3] 海德格尔指出，形而上学的问题就在于未能看到人与是的这种相辅相依、相生相伴的关系。这也就意味着，离开是定义人，或者离开人理解是，都是徒劳无功的事情。"形而上学没有追问是之真本身，因而也没有追问人之本质以何种方式归属于是之真。形而上学不仅至今为止未能提出这一问题，而且它根本就不能通达这一问题。"[4] 因此，"形而上学是从动物性的基础上，而非在人性的方向上思考人"[5]。

从人与是之间这种类似相互塑造的关系出发，海德格尔也把人称为"最陌异者"和"强行者"。人在与是的关系中不断超越是，从而也不断

---

[1] 参见海德格尔：《思想的基本原则：1957 年的弗莱堡演讲》，载《海德格尔文集·不莱梅和弗莱堡演讲》，第 145—146 页。Martin Heidegger, "Basic Principles of Thinking: Freiburg Lectures 1957," in *Bremen and Freiburg Lectures*, pp. 113-114.

[2] 参见海德格尔：《海德格尔文集·讨论班》，第 447—448 页。Martin Heidegger, *Four Seminars*, p. 63.

[3] 参见海德格尔：《海德格尔文集·尼采》下卷，第 1053 页。Martin Heidegger, *Nietzsche Volume IV: Nihilism*, pp. 217-218.

[4] 参见海德格尔：《关于人道主义的书信》，载《海德格尔文集·路标》，第 381 页。Martin Heidegger, "Letter on 'Humanism'," in *Pathmarks*, p. 246.

[5] 参见同上书，第 382 页。Ibid., pp. 246-247.

超越自身，打破一切陈规陋俗，拒绝一切廉价的夸奖，在灾难与痛苦中创造历史，成就自身的快乐。"在这一切之中，强行者作为创造者需要防止的是表面的成功这令人鄙视之物。在对前所未有者的意欲中，强行者拒绝一切帮助。对他而言，灾难是对强力行事最深最广的肯定。在以往成就的破碎中，强行者把它们视为不合时宜的废弃之物，而让压倒性的力量发挥到极致。但是，这一切都不会采取'灵魂中的生活体验'的形式，让创造者的灵魂沉溺其中，它当然也绝对不是小小的卑微感，相反，它只以推动者的方式发生作用。是，这一压倒一切的力量，在作为历史的行动中确证自身。"[1] 从这段话中，人们似乎可以看到尼采所说的"主人道德"的某种影子。

最后需要指出的是，虽然人并非是的创造者和决定者，甚至由于"是之天命"的作用而在两者的关系中处于相对被动的地位，但人其实是这一关系的核心。只因有了人，才有是，也才有此间之是。换言之，是与此间之是只有当人存在的时候才有意义。海德格尔反复强调人为是所需，乃是之寓所，指的正是人的这种角色。是的发生乃自行遮蔽的去蔽，也就是是向着自身的回撤，"但在这种回撤中还有牵连，即是将其寓所向前牵引，让其到达自身。作为这种牵引，是甚至在其无蔽的悬缺状态也从不放弃无蔽，虽然它在是返回自身的时候仅作为是者之无蔽而被释放出来。作为从不放弃其寓所的到达，是乃不放弃者。也正因此，它是强行者"。是之寓所就是人。因此，是"既是不放弃者，又是与其寓所牵连的需要者，这个寓所作为人之本质而本质性地发生。人就是被需要者"[2]。

这一点与真和人的关系是一样的。所以海德格尔也认为，没有人，就无所谓真与不真。"作为揭示，以及与被揭示者的状态的一致性，真归属于人；真生存着。真具有人的是之形态，而人本质上具有超越性，因此，真也成为人在世间遭遇的是者可能的规定性。……当且仅当人生存，才有真，即揭示和被揭示状态存在。如果没有通常理解的生存着的人这一'主体'，就既没有真，也没有假。"[3]

---

[1] 参见海德格尔：《海德格尔文集·形而上学导论》，第197页。Martin Heidegger, *Introduction to Metaphysics*, p. 174.

[2] 参见海德格尔：《海德格尔文集·尼采》下卷，第1089—1090页。Martin Heidegger, *Nietzsche Volume IV: Nihilism*, p. 244.

[3] 参见海德格尔：《海德格尔文集·现象学之基本问题》，第319页。Martin Heidegger, *The Basic Problems of Phenomenology*, p. 219.

第五章 语言与思想

第一节 语言中的思想

是与语言

海德格尔对语言的关注众所周知,这种关注远远超出了人们日常理解的语言本身而进入其本质,甚至导致了他对语言不同一般的、以至让人难以把捉的理解。之所以如此,是因为海德格尔相信,对思想的理解、对是的理解与对语言的理解是同一件事情的不同侧面。他表示:"以净化语言和保护语言不受进一步损害为目标的各种机制理应受到尊重,但这些机制最终只能更加清楚地证明,人们已经不再了解语言之所是。在我们看来,语言的命运立基于一个民族与是的特殊关系,而是的问题与语言的问题会最密切地交织在一起。"因此,对是问题的探讨必须从语言开始,就"完全不是一件表面上的偶然事件了"。[1]

当然,海德格尔对语言问题的关注还来自他本人的经验,即他发现根本无法用传统形而上学的语言表达自己的思想。在《关于人道主义的书信》中,他就曾把《存在与时间》未能完成归咎于语言。他后来又进一步指出:"'形而上学是什么?'这个问题超出了形而上学。它源自已经开始超越形而上学的思想。但是,它在一定程度上还不得不使用那种它试图

---

[1] 参见海德格尔:《海德格尔文集·形而上学导论》,王庆节译,商务印书馆 2017 年版,第 60 页。Martin Heidegger, *Introduction to Metaphysics*, trans. by Gregory Fried and Richard Polt, Yale University Press, 2000, p. 54.

加以克服的语言来表达,此乃过渡的本质使然。"[1] 那么,"如何用语言（其句法从根本上来说是形而上学的）来非形而上学地思考形而上学"[2],或者如何寻找一种超越形而上学的语言,这就成为海德格尔毕生希望解决的问题,也是他思考语言最根本的动力。

海德格尔认为,思想通过语言而发生,因此高度依赖于或者在根本上受制于语言。这也正是他深感语言对思想的约束,并且渴望超越形而上学语言的一个基本原因。他指出,"当今日益被耗尽并且因闲谈而堕落的日常语言,根本不可能用于述说是之真"[3]。"思想最高的知识从来不允许自己通过命题表达,但有待知晓的东西同样也不能被交付给不确定的、飘忽不定的表象。"[4] 也就是说,海德格尔认为不可能以传统的、命题的方式表达是,但也不满意以某种含混不清的方式来暗示是。把语言从形而上学的束缚之下解放出来,使之进入更为本源的本质构造,则是思和诗的任务。[5] "关键就在于,以其简洁和本质性的力量述说最高贵地出现的语言,去述说作为是之语言的是者之语言。"[6]

语言的本质

海德格尔认为,西方思想从古希腊开始就偏离了语言的本质。"希腊思想之命运的秘密之一在于,从很早开始,语言的本质就作为逻各斯而回响,但这种回响并未得到直观和适当的思考,相反,它很快消退。希腊人对语言的考察开启了另一个方向,虽然多有变异,但直到今天,它仍然是

---

[1] 参见海德格尔:《〈形而上学是什么?〉后记》,载《海德格尔文集·路标》,孙周兴译,商务印书馆2014年版,第356页。Martin Heidegger, "Postscript to 'What Is Metaphysics?'," in *Pathmarks*, ed. by William McNeill, Cambridge University Press, 1998, p. 231.

[2] 让-弗朗索瓦·马特:《海德格尔与存在之谜》,汪炜译,华东师范大学出版社2011年版,第21—22页。

[3] 海德格尔:《海德格尔文集·哲学论稿（从本有而来）》,孙周兴译,商务印书馆2014年版,第96页。Martin Heidegger, *Contributions to Philosophy (Of the Event)*, trans. by Richard Rojcewicz and Daniela Vallega-Neu, Indiana University Press, 2012, p. 62.

[4] 参见同上书,第79页。Ibid., p. 51.

[5] 参见海德格尔:《关于人道主义的书信》,载《海德格尔文集·路标》,第370页。Martin Heidegger, "Letter on 'Humanism'," in *Pathmarks*, p. 240.

[6] 海德格尔:《海德格尔文集·哲学论稿（从本有而来）》,第96页。Martin Heidegger, *Contributions to Philosophy (Of the Event)*, p. 62.

一切关于语言的科学研究以及对语言本质的哲学理解的标准。"[1]

因此,海德格尔希望在一个不同的方向上对语言的本质加以探索,但他同时又表示:"我们关于语言本质的知识既贫乏,又肤浅。"[2] 研究语言最根本的困难是,人们不可能凭借某种超越语言的手段,也就是说不可能站在语言之外从事这种研究,因此它总是受制于语言。海德格尔就此指出:"为了成为我们之所是,人类只能始终效力于语言并且寓于语言之中,我们根本不可能步出语言并且从某个其他的地方观察语言。因此,我们永远只能在语言让我们看到的地方、在它将我们涵有的地方认识语言的本质。"[3] 换言之,人在思考语言的时候,"实际上已经让语言从语言而来,在语言中向我们谈论它自己,谈论它的本质"[4]。

海德格尔尝试通过不同的路径揭示语言。出于语言与是的密切联系,他把语言称为"是之家"。但他又表示,因为"语言之本质所是不可能是任何语言性的东西",所以这个说法也不过是"对语言本质的暗示"。然而,他又进一步指出:"或者暗示就是语言的基本特性"[5],"暗示即开启的遮蔽传来的消息"[6]。正是在暗示的意义上,他用Sage一词表达语言的本质,我们尝试把这个词译为"示喻"。[7] 海德格尔指出:"我们猜想,语言之本质就在示喻中。示喻与古代挪威语中的'Saga'有关,意思是显现、让出现、让自由,也就是给出并扩展我们所说的世界,照亮它,又遮

---

[1] 参见海德格尔:《思想的基本原则:1957年的弗莱堡演讲》,载《海德格尔文集·不莱梅和弗莱堡演讲》,孙周兴、张灯译,商务印书馆2018年版,第195页。Martin Heidegger, "Basic Principles of Thinking: Freiburg Lectures 1957," in *Bremen and Freiburg Lectures*, trans. by Andrew J. Mitchell, Indiana University Press, 2012, pp. 152-153.

[2] 参见海德格尔:《论真理的本质——柏拉图的洞喻和〈泰阿泰德〉讲疏》,赵卫国译,华夏出版社2008年版,第54页。Martin Heidegger, *On the Essence of Truth*, trans. by Ted Sadler, Continuum, 2002, p. 41.

[3] 参见海德格尔:《走向语言之途》,载《海德格尔文集·在通向语言的途中》,孙周兴译,商务印书馆2015年版,第268页。Martin Heidegger, "The Way to Language," in *On The Way to Language*, trans. by Peter D. Hertz, Harper & Row, 1971, p. 134.

[4] 参见海德格尔:《语言的本质》,载《海德格尔文集·在通向语言的途中》,第182页。Martin Heidegger, "The Nature of Language," in *On the Way to Language*, p. 85.

[5] 参见海德格尔:《从一次关于语言的对话而来》,载《海德格尔文集·在通向语言的途中》,第110—111页。Martin Heidegger, "A Dialogue on Language," in *On the Way to Language*, pp. 23-24.

[6] 参见同上书,第133页。Ibid., p. 44.

[7] 中文通常译为"道说",但是"道"即"说",也有人将"道说"解释为"大道之说"。无论哪一种解释,都不能体现海德格尔特意使用Sage这个词表达的言外之意,即指示、暗示、呈示之意。对这个概念的具体含义,下文还有详细讨论。

蔽它。这种在照亮与遮蔽中对世界的给出就是示喻的本质。"[1]

如海德格尔自己所说："考虑到 Sage 一词的多重含义，我们将把语言整体之所是称为'示喻'，并且承认，即便如此我们仍然没有抓住这些含义的关键。"[2] 语言的本质即"作为显现的示喻"[3]。就此而言，海德格尔显然把语言的本质把握为对言外之意的传达，即暗示与提示。"'示喻'意味着表现，让呈现，让被看到和被听到"[4]，但它的表达方式"并非澄清，而是掩饰；并非让人熟悉，而是使其别致；并非拉近，而是推向远方"[5]。示喻与述说不同。一个人可以不停地述说，但没有示喻任何东西；另一个人可能沉默寡言，但示喻了很多。"示喻并非思想的表达，而是思想本身，是它的行进与歌唱。"[6] 思想之所以必须用示喻的方式进行，是因为"我们只要大致了解是之历史就可以从中得知，是恰恰绝对不可述说"，但"这并非缺点。相反，知识的不确定性源自无极之基，从而也就来自是之本质。这种与无极之基的关联在于此间之是的本质，它才是是之真的建基"[7]。"我们不能直接述说是，特别是当是一跃而出之际。任何一种示喻都来自是而且出自是之真而述说。"[8] 这就类似于老子论"道"——"道可道，非常道"，所以只好"强字之曰道，强为之名曰大"[9]。

海德格尔通过解释赫拉克利特的一个残篇，即德尔斐的阿波罗神殿中的神谕"既不明言，亦不遮蔽，而只是示喻"，指出：本源性的示喻既不直接揭示是者，也不会简单地将其完全遮蔽。相反，它合二者为一身，因此就是一种暗示。在其中，说出的指向未说出的，未说出的又指出已经说

---

[1] 参见海德格尔：《语言的本质》，载《海德格尔文集·在通向语言的途中》，第 193 页。Martin Heidegger, "The Nature of Language," in *On the Way to Language*, p. 93.

[2] 参见海德格尔：《走向语言之途》，载《海德格尔文集·在通向语言的途中》，第 252 页。Martin Heidegger, "The Way to Language," in *On The Way to Language*, pp. 122–123.

[3] 参见同上书，第 253 页。Ibid., p. 123.

[4] 参见同上书，第 251 页。Ibid., p. 122.

[5] 海德格尔：《荷尔德林的颂歌〈日耳曼尼亚〉与〈莱茵河〉》，张振华译，商务印书馆 2018 年版，第 138 页。Martin Heidegger, *Hölderlin's Hymns "Germania" and "The Rhine"*, trans. by William McNeill and Julia Ireland, Indiana University Press, 2014, pp. 105–106.

[6] 参见海德格尔：《面向存在问题》，载《海德格尔文集·路标》，第 503 页。Martin Heidegger, "On the Question of Being," in *Pathmarks*, p. 320.

[7] 参见海德格尔：《海德格尔文集·哲学论稿（从本有而来）》，第 543 页。Martin Heidegger, *Contributions to Philosophy (Of the Event)*, p. 362.

[8] 参同上书，第 97 页。Ibid., p. 63.

[9] 《老子》第一章、第二十五章。

出和有待说出的。在示喻中，冲突暗示着它所是的和谐，和谐则暗示着冲突，只有在冲突中和谐才会发生。[1] 海德格尔也尝试通过另一种意象即"勾划"表达语言的本质："我们把我们在此探寻的语言之本质的统一体称为勾划。这个名称要求我们更清晰地把握语言本质的本己特性。勾划（拉丁语为 Signum）中的'划'与切割（secare）有关，如同锯、切、割一般。勾划就是划出痕迹。我们多数人只在表面意义上理解'划'，即外表的线条。但是，当我们犁开土壤，以便种植和使植物生长时，我们也是在'勾划'。勾划就是描画的整体特性，它建构并通行于语言敞开的、被释放的自由。勾划是对语言本质的描画，是一种场景的结构，在其中结合了言谈者和他们的言谈，即在言谈中给出的被说出的和关于它未被说出的一切。"[2] 虽然"勾划"与"示喻"两个意象表面上看相去甚远，但两者在根本上有相通之处，因为它们都具有指示、显示、暗示等含义。

语言构成世界

在海德格尔看来，语言表达是人对世界的认识的基础。"并非我们看到了对象和事物，相反，我们首先谈论它们。更准确地讲，并非我们说出我们之所见，而是我们看到人们关于事物之所言。"[3] 海德格尔在此强调的是，对于人类的生存而言，各种关于对象与事物的陈述与观点已经构成像空气一样环绕着某一个人的世界。这个世界从各个不同的方面影响着人，构成他的一切认识和观察的基础与出发点。换言之，人对世界的理解先于对世界的感知。"有语言之处，即有对是的理解之处，才有'世界'。"[4]

正因为语言具有这样一种构成世界的基础作用，所以海德格尔认为，语言的发生即人之历史的开端。"我们是一场语言事件，这一事件的发生

---

[1] 参见海德格尔：《荷尔德林的颂歌〈日耳曼尼亚〉与〈莱茵河〉》，第 151 页。Martin Heidegger, *Hölderlin's Hymns "Germania" and "The Rhine"*, p. 114.

[2] 参见海德格尔：《走向语言之途》，载《海德格尔文集·在通向语言的途中》，第 250—251 页。Martin Heidegger, "The Way to Language," in *On The Way to Language*, p. 121.

[3] 参见海德格尔：《海德格尔文集·时间概念史导论》，欧东明译，商务印书馆 2014 年版，第 80 页。Martin Heidegger, *History of the Concept of Time: Prolegomena*, trans. by Theodore Kisiel, Indiana University Press, 1985, p. 56.

[4] 参见海德格尔：《海德格尔文集·讨论班》，王志宏、石磊译、孙周兴、杨光校译，商务印书馆 2018 年版，第 388 页。Martin Heidegger, *Four Seminars*, trans. by Andrew J. Mitchell and François Raffoul, Indiana University Press, 2003, p. 32.

具有时间性,而这里的时间性指的并非单纯表面上的意义,即它在时间中展开,并且在任何情况下都可以通过时间对其起点、持续和终点加以度量。相反,语言事件是人类真正的历史性时间的开端和基础。这种对话并不出现于某些'历史性'事件过程的某个时间点上,相反,只有当它开始发生,时间和历史才会出现和持续。此一开端性的对话就是诗,而且'人诗意地栖居于大地之上'。他们历史性的此间之是在诗意的对话中获得坚实的基础。"[1] 简单讲,就是语言性的表达构成了人们的意义世界,而人生活于这一世界中,这就是人的时间和历史。

这里所谓的"诗",既是一般意义上的诗歌,也指广义上人在语言中的思想创造,特别是后者。海德格尔指出:思想即诗的吟咏,虽然未必以诗的形式表达。对是的思考是诗的本源形态。"在其中,语言最初成为语言,即进入其本质。思想道出是之真的指示。思想是先于一切诗的原诗歌。它也先于艺术中的诗性成分,因为艺术只有在语言的领域内才能成为作品。一切诗性的创造,无论是在这一宽广的意义上,还是在诗的狭窄意义上,根本上都是思想。"[2] 就此而言,诗就是思想,思想也就是诗。

海德格尔强调诗在语言创生中的作用,这一方面固然是因为很多伟大民族的历史都始于诗的创造,另一方面也因为如上所述,诗就是思想的开启。海德格尔指出,人们在对语言本质的追问中一再提出语言起源的问题,并以各种方式寻找答案。但实际上,语言的起源对人来说仍旧是个谜,因为以往对这个问题的一切探究从开始就选错了方向。"这种谜一般的特点出于语言起源的本质,而这就意味着语言只能通过强力之物、陌异之物,通过人向是的突入而开端。在这一突入中,语言就是诗,因为在其发生中是进入语言。语言是本源性的诗,在其中人们诗化了是。反过来,一个民族由之步入历史的伟大诗歌开始了它的语言的形成。希腊人就是通过荷马创造并体验了这种诗。"[3]

海德格尔认为,语言的这种神秘性使之蕴含了创造和变化的巨大可能。一般而言,每个词本质上都包含了一个广阔的意义空间。因此,语言

---

[1] 参见海德格尔:《荷尔德林的颂歌〈日耳曼尼亚〉与〈莱茵河〉》,第 81—82 页。Martin Heidegger, *Hölderlin's Hymns "Germania" and "The Rhine"*, pp. 63-64.

[2] 参见海德格尔:《阿那克西曼德之箴言》,载《海德格尔文集·林中路》,孙周兴译,商务印书馆 2015 年版,第 372 页。Martin Heidegger, "Anaximander's Saying," in *Off the Beaten Track*, trans. by Julian Young and Kenneth Haynes, Cambridge University Press, 2002, pp. 247-248.

[3] 参见海德格尔:《海德格尔文集·形而上学导论》,第 206 页。Martin Heidegger, *Introduction to Metaphysics*, pp. 182-183.

既可以被化约为一套单纯的意义系统，能够同等地为每一个人所用，对所有人表达同样的内容，同时又可以在某个伟大的瞬间只表达一件独特之事，且只说一次，但其意义不可穷尽。语言这两种可能性相去如此之远，以至即便人们称之为两个对立的极端，也不能充分表达它们之间的殊异。人在对语言的使用中面临的根本问题，就是在这两个极端之间不断地进行选择。因此，"我们活动于语言中，随语言一道活动于一片动摇不定的地基之上，或者形象地说，活动于大海的波涛之上"。[1]

倾听语言的示喻

海德格尔认为，语言的本质发生就是语言自身的述说，而非人对语言的使用。语言构成自身的基础。[2] "语言是话语、言谈。语言述说。如果我们让自己沉入这个命题所指示的深渊，那我们并没有陷入空洞。我们向上跌落，到达某个高度，这一高度又开启一种深度。两者之间就是我们能够获得家园之感的地方，能够为人的生活找到安居之所的地方。"[3] 因此，要认识语言的本质，就必须倾听语言自身的述说，以便在语言中，在它的述说中，获得人的立身之处，在那里语言召唤人并把它的本质赋予人。"我们把述说留给语言。我们不希望用语言之外的任何物为语言奠基，也不希望通过语言理解语言之外的任何物。"[4]

语言自身如何述说？它通过示喻述说。人述说，不过是复述人听到的示喻，因此人的述说首先是倾听。"语言最先而且内在地服从述说的本质：它示喻。语言通过示喻即显现而述说。……相应地，我们倾听语言的方式，就是让它把示喻传递给我们。无论我们以什么方式倾听，也无论什么时候倾听，我们都已经听到向我们述说之物，一切知觉和表象都已经包含在这一行动中。当我们述说的时候，作为对语言的倾听，我们再次说出了

---

[1] 参见海德格尔：《海德格尔文集·什么叫思想?》，孙周兴译，商务印书馆 2017 年版，第 221—222 页。Martin Heidegger, *What Is Called Thinking?*, trans. by Fred D. Wieck and J. Glenn Gray, Harper & Row, 1968, pp. 191-192.

[2] 参见海德格尔：《语言》，载《海德格尔文集·在通向语言的途中》，第 2—3 页。Martin Heidegger, "Language," in *Poetry, Language, Thought*, trans. by Albert Hofstadter, HarperCollins, 2013, p. 188.

[3] 参见同上书，第 4 页。Ibid., pp. 189-190.

[4] 参见同上书，第 3 页。Ibid., pp. 188-189.

我们已经听到的示喻。"[1] 当然,这里的述说并非一般意义上的"说",即所谓的闲谈,因为闲谈并不会在被表达出来的理解中让世间之是开放,反而将其封闭并且遮蔽世内的是者。[2]

人们在倾听语言的示喻中因应语言而述说,这就要求人归属于示喻。"如果述说作为对语言的倾听,就是让示喻对其述说,那么只有当我们自身的本质得到示喻的承认和接纳时,这种'让'方可发生。我们只有归属于示喻才能倾听示喻。示喻只让那些归属于它的人倾听和使用语言。这就是寓于示喻中的应允。它让我们获得说的能力。语言的本质在示喻中呈现为这一应允的源泉。"[3]

这种本质性的述说乃诗之吟咏。因此,虽然海德格尔认为"在其本质意义上,语言本身就是诗",但在他的思想中,作为一种特殊语言形式的诗仍然具有十分独特的作用,其最突出的体现就是通过是之投射而实现的真之发生。海德格尔指出:"投射性的示喻就是诗,……诗是关于是者之去蔽的示喻。强力的语言就是示喻的发生,在其中一个民族的世界为其历史性地上升,而大地则作为闭锁者得到保留。"[4]

海德格尔认为,诗之所以具有这样一种特权地位,是因为它总是让显现者道出自身,因此诗就是沉思中的示喻。[5] 他结合对荷尔德林一句诗的解释指出:诗人的示喻就是对诸神暗示的解释,并把这种解释传达给他的人民。对暗示的解释是接受,但同时也是新的给予,因为诗人在他的视见中看到了已完成者,并且勇敢地将其所见置入语词,以预示尚未完成者。因此,"勇敢的精灵如雄鹰一般在暴风雨之前飞翔,预示着他的诸神的到来"[6]。诗人立于诸神和他的民族之间。他是被抛出者,被抛到神人之

---

[1] 参见海德格尔:《走向语言之途》,载《海德格尔文集·在通向语言的途中》,第254页。Martin Heidegger, "The Way to Language," in *On The Way to Language*, p. 124.

[2] 参见海德格尔:《海德格尔文集·存在与时间》,陈嘉映、王庆节译,熊伟校,陈嘉映修订,商务印书馆2016年版,第239页。Martin Heidegger, *Being and Time*, trans. by Joan Stambaugh, State University of New York Press, 2010, p. 163.

[3] 参见海德格尔:《走向语言之途》,载《海德格尔文集·在通向语言的途中》,第254—255页。Martin Heidegger, "The Way to Language," in *On The Way to Language*, p. 124.

[4] 参见海德格尔:《艺术作品的本源》,载《海德格尔文集·林中路》,第67页。Martin Heidegger, "The Origin of the Work of Art," in *Off the Beaten Track*, p. 46.

[5] 参见海德格尔:《现象学与神学》,载《海德格尔文集·路标》,第83页。Martin Heidegger, "Phenomenology and Theology," in *Pathmarks*, p. 59.

[6] 参见海德格尔:《荷尔德林和诗的本质》,载《海德格尔文集·荷尔德林诗的阐释》,孙周兴译,商务印书馆2014年版,第49—50页。Martin Heidegger, "Hölderlin and the Essence of Poetry," in *Elucidations of Hölderlin's Poetry*, trans. by Keith Hoeller, Humanity Books, 2000, p. 63.

间,只有在这个之间,人是谁以及他的生存被置于何处才能得到决定。"[1]

对海德格尔的这些说法不应拘泥于文字。我们同样需要倾听它们的示喻,因而也可以把"诸神"理解为未来的人或者人的可能。由此,诗人预言的就是人的未来与可能。就此而言,诗人拥有最高的自由。但正如海德格尔所说:"固然任何创建都是自由的馈赠,荷尔德林也说:'诗人像燕子一般自由。'……但这种自由并非毫无约束的妄为和顽固的嗜欲,而是最高的必然。"[2]

语言作为示喻向人述说,人因应示喻向物敞开并应答当面之物,这种应答就是有声的语言。人说出的每一个词语都是对示喻的应答[3],因此,人生就是一场对话。海德格尔通过引用荷尔德林的诗句"自我们是一场对话"指出:"自我们是一场对话——人已经体验很多,诸神中有许多得到命名。自语言本真地作为对话发生,诸神便达乎词语,世界得以显现。但重要的是必须看到,诸神的显现与世界的呈现并不是语言发生的结果,三者同时发生。而且,我们自身所是的那一本真的对话,恰恰就是对诸神的命名和世界之进入语词。"但是,只有当诸神向人述说,并且把人置于他们支配之下时,他们才会进入语言。一个命名诸神的词往往就是对这种支配的应答,它通常出于天命中的责任。"正因为诸神把我们的生存带入语言,我们才进入那个有关我们是向诸神应允还是对其加以拒绝的决断领域。"[4]

因此,本源性语言即命名的发生就是玄同,就是是对人的涵有。"如此,我们方能充分理解'自我们是一场对话'这一诗句的含义,即自诸神将我们带入对话,自时间成为此之时间,从此开始我们生存的基础就是一场对话。语言乃人类生存中的最高事件这一命题也才获得了它的意义和基础。"[5] 因此,当诸神,实际上也包括诸物被命名,从而物之本质达于词语,人的生存才得以奠基。"诗人的示喻不仅在自由馈赠的意义上是基础,

---

[1] 参见海德格尔:《荷尔德林和诗的本质》,载《海德格尔文集·荷尔德林诗的阐释》,第51页。Martin Heidegger, "Hölderlin and the Essence of Poetry," in *Elucidations of Hölderlin's Poetry*, p. 64.

[2] 参见同上书,第49页。Ibid., p. 63.

[3] 参见海德格尔:《走向语言之途》,载《海德格尔文集·在通向语言的途中》,第261—262页。Martin Heidegger, "The Way to Language," in *On The Way to Language*, p. 129.

[4] 参见海德格尔:《荷尔德林和诗的本质》,载《海德格尔文集·荷尔德林诗的阐释》,第42页。Martin Heidegger, "Hölderlin and the Essence of Poetry," in *Elucidations of Hölderlin's Poetry*, pp. 57–58.

[5] 参见同上书,第43页。Ibid., p. 58.

而且在把人坚固地置于其基础之上的意义上也是基础。"[1]

在人与语言的关系问题上,海德格尔与传统形而上学的观点相一致,即认为人是拥有语言的动物,并且强调能够使用语言乃人之为人的根本特征:"人据称天生就拥有语言。也就是说,人与植物和动物的区别在于他具有语言能力。这指的并非除其他能力之外,人还具有语言能力,而是说只有语言才使人成为人这样一种生命体。"[2] 因此,语言乃人之为人的基础。对语言的探讨就是对我们自身的理解,"是我们自身向玄同的汇聚"[3]。但与传统形而上学不同的是,海德格尔虽然认为拥有语言能力是人之为人的基本特征,但他同时又认为,这并不意味着人如同掌握某种财产或者说工具那样拥有语言,而是相反,他被语言所拥有、被语言所需要。"人之为人,就因为他被赋予语言之应允,他被语言所需,从而能够使用语言。"[4] 换言之,"语言并非人的作品,因为语言自身述说。人只有在因应语言的时候才述说"[5]。

对语言的思考和研究

海德格尔认为,从某种意义上说,他的思想历程是围绕着与语言的关系展开的。早在大学时代,他就已经开始关注荷尔德林和特拉克尔的诗作,而在他1915年的教授资格论文《邓·司各脱的范畴学说与意谓理论》的标题中,就预示了两个基本方向。范畴学说指的是对是者之是的探讨;"意谓理论"指的则是思辨语法,即对语言及其与是的关系的形而上学思考。海德格尔透露,在他尝试对是之本质进行表达时面临的困难,迫使他在1923—1926年间对语言问题进行深入的探讨。[6] 另外,他还表示:"因

---

[1] 参见海德格尔:《荷尔德林和诗的本质》,载《海德格尔文集·荷尔德林诗的阐释》,第44页。Martin Heidegger, "Hölderlin and the Essence of Poetry," in *Elucidations of Hölderlin's Poetry*, p. 59.

[2] 参见海德格尔:《语言》,载《海德格尔文集·在通向语言的途中》,第1页。Martin Heidegger, "Language," in *Poetry, Language, Thought*, p. 187.

[3] 参见同上书,第2页。Ibid., p. 188.

[4] 参见海德格尔:《语言的本质》,载《海德格尔文集·在通向语言的途中》,第189页。Martin Heidegger, "The Nature of Language," in *On the Way to Language*, p. 90.

[5] 参见海德格尔:《现象学与神学》,载《海德格尔文集·路标》,第79页。Martin Heidegger, "Phenomenology and Theology," in *Pathmarks*, p. 57.

[6] 参见海德格尔:《语言的本质》,载《海德格尔文集·在通向语言的途中》,第149页注释①。

为对语言与是的思考早就决定了我的思想道路，所以关于它们的讨论一直尽可能被置于后台。《存在与时间》的根本缺陷可能就在于我过早过远地进行了冒险。"[1] 这并非故弄玄虚，而是海德格尔不希望在这些方面的思考尚未相对成熟之前对其进行过多讨论。他的思想在后来发展过程中的不断调整也表明了这一点。

在《存在与时间》之后，海德格尔继续了对语言问题的思考。据他自己回忆："在1934年夏季学期，我以'逻辑学'为名开设过一个系列讲座，实际上这是对逻各斯的反思，我试图在其中寻找语言的本质。但此后又过了将近另一个十年，我才能够道出当时所思之物，但至今仍缺乏恰当的词汇。试图回答语言本质的思想前景、其全部的广度，尚处在遮蔽之中。也正因此，我并不清楚我试图作为语言的本质加以思考之物是否也适合于东亚语言的本质，是否最终，其实也是最初，语言的本质能够达于思想的经验，是否这种本质保证欧洲—西方的示喻与东亚的示喻能够进入一场对话，在其中同源者能够升起并歌唱。"[2]

海德格尔的一个基本发现是，当人使用语言交谈时，语言总是隐藏自身，或者说语言总是藏身幕后，而这一点恰恰是人能够使用语言对事物加以表达的前提。"无论我们在任何时候、以任何方式使用语言，语言自身从未获得发言权。……在谈论中表达出各种各样的东西，首先是我们所谈论之物：一堆事实，一桩事件，一个问题，一项关切，等等。就因为在日常的述说中语言本身并没有把自身带向语言，而是隐藏自身，我们才能够自如地使用语言，并且在述说中处理某事、商谈某事。"[3]

那么，语言是有机会显现自身，还是始终只能处于言谈之后？海德格尔如此说明："语言本身在何时作为语言述说？非常奇怪的是，在我们找不到适当的词句表达某种关涉我们、吸引着我们、逼迫或者激励着我们之物的时候。此时我们无法说出心中所想，无法对其进行正确思考，正是此时，语言以其本质性之是从遥远处稍纵即逝地触及我们。"[4] 也就是说，语言在人们无从表达自己的思想与感受而沉默无语之时方才显现自身。此

---

[1] 参见海德格尔：《从一次关于语言的对话而来》，载《海德格尔文集·在通向语言的途中》，第93页。Martin Heidegger, "A Dialogue on Language," in *On the Way to Language*, p. 7.

[2] 参见同上书，第93页。Ibid., p. 8.

[3] 参见同上书，第112页。Ibid., p. 25.

[4] 参见海德格尔：《语言的本质》，载《海德格尔文集·在通向语言的途中》，第148—149页。Martin Heidegger, "The Nature of Language," in *On the Way to Language*, p. 59.

处的沉默并非人有意为之，而是人们感到词不达意，发现"将欲言而忘其所欲言"[1]。在海德格尔看来，人对语言的使用，与其对工具的使用颇有类似之处，虽然他一再强调语言并非工具。一件工具，当人们使用称手的时候便忘记了它的存在，而只有当人们用起它来感到别扭，或者需要时找不到它，它才向人们宣示自身。正所谓"忘足，履之适也；忘腰，带之适也；知忘是非，心之适也；不内变，不外从，事会之适也；始乎适而未尝不适者，忘适之适也"[2]。

正是从这样一种对语言的理解出发，海德格尔强调科学主义的语言观与思辨的—解释学的语言经验的差别：前者试图把包括哲学在内的一切思想与言谈置入一套可以通过逻辑或者技术建构的符号系统，以确保其作为科学工具的地位；后者则来自一个疑问，即作为哲学思考的本质内容而得到体验的究竟是何物，此物即是之为是又如何被道出。[3] 对于前者，海德格尔持明确的批判态度，因为它违背了语言的本质。对语言的思考首先不能采用对象化的方法。"思想并不必然是对作为对象的某物之表象。只有自然科学的思想和表达才具有对象化的特点。"[4] 同时，这种思考也不能借助概念进行，即不能把语言逼入某种事先确定的概念框架之内。"对语言的谈论恐怕比对沉默的描写更糟糕。我们不想冒犯语言，逼迫它进入预先设定的观念掌控。我们也不希望把语言的本质简化为某个概念，使之能够提供一种普遍有效的语言观，从而为其他所有相关概念奠定基础。"[5]

也就是说，人对语言的思考面临着特殊的困难，它甚至做不到表面上的客观性，因为人一旦思考语言，就已经在使用语言。"我们说话，谈论言语。但我们所谈论之物即语言总是已经先于我们。我们的谈论始终不过在追随语言。为了谈论某物，我们首先必须超越它和掌握它，但我们总是做不到这一点。因此我们在谈论语言时，就纠缠于一种始终有欠缺的谈论中。这种纠缠把我们与我们希望被思想认识之物隔绝开来。"[6] 所以，海

---

[1] 《庄子·知北游》。
[2] 《庄子·达生》。
[3] 参见海德格尔：《现象学与神学》，载《海德格尔文集·路标》，第 77—78 页。Martin Heidegger, "Phenomenology and Theology," in *Pathmarks*, p. 56.
[4] 参见同上书，第 80—81 页。Ibid., pp. 58-59.
[5] 参见海德格尔：《语言》，载《海德格尔文集·在通向语言的途中》，第 2 页。Martin Heidegger, "Language," in *Poetry, Language, Thought*, p. 188.
[6] 参见海德格尔：《语言的本质》，载《海德格尔文集·在通向语言的途中》，第 169—170 页。Martin Heidegger, "The Nature of Language," in *On the Way to Language*, p. 75.

德格尔认为,人只能通过语言对语言加以思考这一点,使其永远无法通达语言的本质,或者说语言的本质断然拒绝达乎语言。实际上,如果语言无处不在隐蔽其本质,那么这种隐藏就是语言的本质。"这样我们就不能再说,语言的本质就是本质的语言,除非第二个短语中的'语言'说的是某种不同的东西,事实上就是语言隐藏的本质在其中述说的东西。"[1]

从某种意义上说,这种情况本身对海德格尔并不构成特别的困难,因为他的思想的根本任务就在于理解世界中的人。这一任务面临与研究语言同样的困境,因为人也不可能走出世界来观察和认识世界。所以,原则上,海德格尔关于此间之是的所有理论都适用于他对语言的认识。尽管如此,他对语言问题的研究仍然显得左冲右突,充满了各种各样的尝试,常常在试图澄清某个问题的同时又把读者带入一个又一个的迷宫。海德格尔解决这个难题的根本办法,就是思想与诗的对话,因为在他看来,诗不仅不把语言作为对象,而且是一种典型的让语言表达自己的形式。"一旦我们注意到思想之路的独有特质,一旦我们在思想所寓居的国度环视四周,这种思想根本难以摆脱的纠缠就悄然化解。这个国度全境向诗的近邻关系敞开。"[2] 在诗的吟咏中,诗人的思想体验直接达乎语言,因为诗人"被迫以他自己的方式即诗意的方式把他经由语言得到的经验通过语言表达出来"[3]。

第二节　语言乃是之家

语言与物

一般的看法认为,人用语言指称物或者命名物,因此语言不过是物的符号。海德格尔则相信,语言具有自身的力量。它通过对物的命名,让物成其为物。语言不仅是逻各斯即言谈,而且是涌出,是自然的生长。他表示:"我们力图重新赢得语词未经损毁的命名力量,因为语词并非用以容纳以备言谈和书面对话之物的空壳。在词语中,在语言中,物第一次成其

---

[1] 参见海德格尔:《语言的本质》,载《海德格尔文集·在通向语言的途中》,第 177 页。Martin Heidegger, "The Nature of Language," in *On the Way to Language*, p. 81.
[2] 参见同上书,第 169—170 页。Ibid., p. 75.
[3] 参见同上书,第 149 页。Ibid., p. 59.

所是。也正因此,在纯粹的闲谈中,在口号与套话中,语言的滥用毁坏了我们与物的真实关系。自然这个词说的是什么呢?它说的是从自身而来的涌出(比如玫瑰花的生长与绽放)、自身开启的舒展,在这种舒展中走向显现,在显现中持守自身。"[1]

关于语词与物的关系,海德格尔的基本看法是,"语词不仅处在与物的关系之中,而且首先带来被给出之物,使其作为是着的是者进入'是'。语词使物在此,通过与之关联,使之持存于此并成为一物"[2]。这就意味着物之为物,并非自在存在,而只有在语言中,通过语言对物的命名和述说,通过以此建立的语言与物的关系而成为物,并成其所是。海德格尔引用诗人斯蒂芬·格奥尔格的诗句指出:"'语词缺失处,无物是。'这里,'物'应在传统的宽泛意义上来理解,指以任何方式是的任何物。就此而言,甚至神也是一物。只有当人为某物发现了用于表达它的语词,它才是一物。只有如此它才是。因此,我们可以强调如下:语词缺失处,就是说,名称缺失处,无物是。语词将是赋予物。"[3] 也就是说,"诗人经验到,只有语词才能让一物作为其所是之物显现出来,即使其呈现"[4]。

因此,物与语词的关系实际上反映的是物与是的关系。海德格尔认为,"物与语词的关系是西方思想最早思考与谈及的话题之一,而且以是与示喻之间关系的形式被思考和谈及。这一关系以如此猛烈的方式撞击思想,它仅以一个词便道出一切。这个词就是逻各斯。它同时表达了是与示喻"[5]。他进一步指出,语词与物的关系的实质,就在于语词把一切带入是,并将其守护于自身之中。如果语词没有这样的承载力量,物的整体,即"世界"将陷入晦暗。[6] 因此,语词绝不仅仅是通过命名对呈现者和已经得到描绘者的把捉,也不仅仅是描绘置于我们对面的事物的手段,相反,"语词首先给出呈现,即是者因其而显现之是"[7]。

---

[1] 参见海德格尔:《海德格尔文集·形而上学导论》,第 17 页。Martin Heidegger, *Introduction to Metaphysics*, p. 15.

[2] 参见海德格尔:《语言的本质》,载《海德格尔文集·在通向语言的途中》,第 179 页。Martin Heidegger, "The Nature of Language," in *On the Way to Language*, p. 82.

[3] 参见同上书,第 152—153 页。Ibid., pp. 61-62.

[4] 参见同上书,第 158 页。Ibid., p. 65.

[5] 参见同上书,第 176 页。Ibid., p. 80.

[6] 参见同上书,第 167 页。Ibid., p. 73.

[7] 参见海德格尔:《词语》,载《海德格尔文集·在通向语言的途中》,第 223—224 页。Martin Heidegger, "Words," in *On the Way to Language*, p. 146.

语词使物成其为物，是因为语词聚集物之所是使其进入呈现，这种呈现主要并非通过直接的描述，而是通过示喻实现。海德格尔提出了一个比较独特的观点，即示喻与是、语词与物之间存在着相互归属的关系，而这种关系恰恰被逻各斯这个词的三重含义所关联，即聚集、涌出与语言。这已经触及语言本质的核心，即是只能通过示喻表达，而物之所是只能存在于语言之中。"语词作为聚集而闪现，它第一次使呈现者进入呈现。""表示示喻的最古老的词是逻各斯。逻各斯即让是者在它们的'它是'中显现的示喻。""表示示喻的词，与表示是，即是者之呈现的，是同一个词。示喻与是，语词与物，以被遮蔽的方式彼此相属。这种方式几乎没有被思考过，而且最终也难以思考。"[1]

海德格尔认为，语言使物成其为物的方式，是通过把物从世界中区分出来并命名之，但与此同时又建立起两者之间的亲密关系，使物被置于由它聚集的四象并驻留于世。[2] "这种聚集、在物之成其为物中的驻留，我们称为物之为物。在物之为物中，它们展开了世界，物在其中驻留而成为驻留者。在物之为物中，它们带出世界。我们的古代语言把这种带出称为 bern, bären，即古代高地德语中的 beran，也就是承载，因此语词承载即带出、赋形、诞生。在物之为物中，物是物。物之为物，它们为世界赋形。"[3]

语言与去蔽

海德格尔认为，从根本上说，语言是思想与是两者共同的基础，而思想与是则是语言的显现。"相互归属的是与思想又被回置到作为示喻的逻各斯即语言中。……思想与是建基于语言。语言为这种关系提供依据。"[4] 因此，并非原先已经存在某种独立于语言的是与思想，然后人们再用语言将其表达出来；相反，是只有在语言中才成其为是，思想也只有

---

[1] 参见海德格尔：《词语》，载《海德格尔文集·在通向语言的途中》，第 236 页。Martin Heidegger, "Words," in *On the Way to Language*, p. 155.

[2] 参见海德格尔：《语言》，载《海德格尔文集·在通向语言的途中》，第 21—22 页。Martin Heidegger, "Language," in *Poetry, Language, Thought*, pp. 203-204.

[3] 参见同上书，第 13—14 页。Ibid., p. 197.

[4] 参见海德格尔：《思想的基本原则：1957 年的弗莱堡演讲》，载《海德格尔文集·不莱梅和弗莱堡演讲》，第 198 页。Martin Heidegger, "Basic Principles of Thinking: Freiburg Lectures 1957," in *Bremen and Freiburg Lectures*, p. 156.

在语言中才成其为思想。海德格尔表明,这才是人是语言的动物这个命题更深层次的含义。

语言如何为是建基?海德格尔的回答是通过诗的创造。"持存者必须从易逝者那里获取,单纯者必须从驳杂者那里争得,尺度必须与无度相对。支持与主宰是者整体之物必须进入开启。是必须被揭示,如此是者方可显现。但是,即便这个持存者也是转瞬即逝。……诗人命名诸神,并据其所是命名一切。这种命名并非给某种已知之物冠名,相反,通过说出那个本质性的语词,诗人的命名第一次指定了是者之是。它们由此才作为是者为人所知。诗在语词中为是建基。持存者不可能从易逝者中直接获取,单纯者不可能从驳杂者中直接争得,尺度不可能存在于无度之中。我们永远不可能在深渊中找到基础,是绝非是者。因为是与物之本质永远不可能从当前之物中计算和推演而来,所以它们必须被自由地创造、设置和赠予。这种自由的馈赠就是建基。"[1] 可见,在海德格尔看来,诗人通过语言在驳杂无序而又转瞬即逝的物之间创造了一个拥有意义和秩序的世界。诗人所命之"名"就是"是","是"就在于"名"。"名"外无"是","是"外无"名"。

海德格尔在此强调,是只能在语言中存在,只能由语言赋予。他认为,"如果我们如实思考,我们就不能说语词是(es ist),而只能说它给出(es gibt)[2];并非语词由某个'它'给出,而是语词自身给出。语词就是给出者。它给出什么呢?根据诗意经验和思想最古老的传统,语词给出是。因此,我们的思想就应该在'有给出者'中寻找那个语词,那个从来不被给出的给出者"[3]。

如海德格尔所言,语词对物的命名并非简单任意地把语言符号冠于一物。命名乃通透之投射。海德格尔指出:语言首先并非对某种需要传达的内容的声音和文字表达,也不仅是对公开或者隐含的意义的传递。它最根本的使命,是把是者带向开放。在没有语言的场合,比如在石头、植物和动物之是中,并没有是者的开放性。语言把是者带入开放的途径就是通过为是者命名。"这一命名把是者指派给它们之是,又来自这一是。这样一

---

[1] 参见海德格尔:《荷尔德林和诗的本质》,载《海德格尔文集·荷尔德林诗的阐释》,第43—44页。Martin Heidegger, "Hölderlin and the Essence of Poetry," in *Elucidations of Hölderlin's Poetry*, pp. 58-59.

[2] 按照通常的意义,这两个小短句也表示:"就语言我们不能说是,而只能说有"。

[3] 参见海德格尔:《语言的本质》,载《海德格尔文集·在通向语言的途中》,第185页。Martin Heidegger, "The Nature of Language," in *On the Way to Language*, p. 88.

种指派是通透的投射,在其中宣告是者将以何种名分进入开放。投射是抛掷的释放,通过它无蔽将自身置送到是者之中。这种投射的宣告立即转变为对晦暗和纷乱的拒绝,是者就在其中遮蔽和回撤自身。"[1] 海德格尔就此认为,不仅语言带出是者,而且在语言中人才进入是者。也就是说,在语言中才会发生对是的本源性揭示。语言并非对事物之揭示的表达,而是这一揭示本身。没有语言,就不存在是者之敞开状态。"只有在语言发生的地方,才有世界。"[2]

就此而言,可以说语言的本质就是去蔽。"语言之本质基于何处?我们曾说过:示喻就是让呈放和让显现。语言现身于显现起支配作用之处,显露、出现发生之处:出自遮蔽入于无蔽而到达。只要有无蔽即 Ἀ-λήθεια 发生,语言就是。"[3] 海德格尔强调,"对被去蔽者的观看首先而且只能在去蔽性的语词中发生"[4]。也就是说,不存在没有语词的观看。海德格尔就此指出,语言固然可以帮助人认识事物,但其本质并非认识事物的手段,而只是这一本质的结果。语言的本质超越了工具性。有了语言,人才得以置身于是者的开放之中。只有存在语言的地方才有世界,即决断和工作、行动与责任,当然随之也就有任意与动荡、衰败与迷乱持续变换的循环。有了世界才有历史,而正是语言保证了人的历史性。"语言并非某种可以供人支配的工具,而是最源初的玄同,它为人之所是提供了最高的可能。"[5]

然而,并非任何语言形式都具有命名和去蔽的力量。海德格尔认为,这种力量属于诗。诗把万物带入敞开。"首先已经明确的是,诗的领域是语言,因此诗的本质必须从语言的本质得到理解。其次,显而易见,诗的功能是建基,即对是和万物本质的命名。这种命名并非任意的述说,而是万物得以步入开放的通道……所以,诗从不把语言作为其可支配的材料,

---

[1] 参见海德格尔:《艺术作品的本源》,载《海德格尔文集·林中路》,第 66—67 页。Martin Heidegger, "The Origin of the Work of Art," in *Off the Beaten Track*, pp. 45-46.

[2] 参见海德格尔:《德国哲学的现状与未来使命》,载《海德格尔文集·讲话与生平证词(1910—1976)》,孙周兴、张柯、王宏健译,商务印书馆 2018 年版,第 392—393 页。

[3] 参见海德格尔:《海德格尔文集·什么叫思想?》,第 305 页。

[4] 参见海德格尔:《海德格尔文集·巴门尼德》,朱清华译,商务印书馆 2018 年版,第 168 页。Martin Heidegger, *Parmenides*, trans. by André Schuwer and Richard Rojcewicz, Indiana University Press, 1992, p. 114.

[5] 参见海德格尔:《荷尔德林和诗的本质》,载《海德格尔文集·荷尔德林诗的阐释》,第 39—40 页。Martin Heidegger, "Hölderlin and the Essence of Poetry," in *Elucidations of Hölderlin's Poetry*, pp. 55-56.

而是首先使语言成为可能。诗是一个历史性民族本源性的语言。因此,语言的本质又必须从诗之本质出发得以理解而非相反。"[1] 至于诗之所以具有这样的功能,则是因为"诗人暴露于神的雷电之下"[2]。就是说,虽然一方面诗属于一种语言现象,因此需要从语言的本质理解诗的本质;但另一方面,诗作为本源性的语言,它的本质才决定了语言的本质。当然,在海德格尔的思想中,诗并不限于一种特殊的创作体裁,能够让是发生的语言形式都是诗。

语言这样一种命名和去蔽的力量,反过来也完全有可能成为混淆和遮蔽的根源,因此海德格尔认为语言是一切危险中最大的危险。荷尔德林诗中写道:"最危险的有用物,语言,已被赋予人。人借此而创造、破坏、毁灭,回归永恒的生命,大地母亲。"[3] 海德格尔对这一诗句进行了如下解释和发挥:"在语言中,人的此间之是获得了,或者更准确地说,从最深处拥有了它极端的危险。因为在语言中,人类冒险至最远处。通过语言他第一次冒险突入是。在语言中发生了对是的揭示——并非对已去蔽之物的事后表达,而是源初的去蔽本身。但也正因此,去蔽同时也就是遮蔽及其主要的结果即假象。""因为语言,人类成为是的目击者。人为其作证,对其反抗,受其伤害。没有语言之处,比如动物界和植物界,除了生命之外,并没有是的显现,从而也就没有非以及从属于非的空虚。植物与动物处于物的此岸,在此居统治地位的是盲目的追求和同样盲目的逃避。只有存在语言的地方才有世界。只有存在世界的地方,也就是有语言的地方,才有最高的危险,即非对是产生的根本性威胁。语言之所以危险,不仅因为它把人带入特定的危险,而且因为它就是最危险本身,危险中的危险,因为它首次产生了对是的普遍威胁的可能,而且独自使其保持开放。因为人在语言中,所以是他创造了这个危险并且带来了它所包含的毁坏。作为最危险之物,语言是一把双刃剑,也极富歧义性。它将人置入最高成就之境,同时又让他陷入沉沦的深渊。"[4]

语言作为一种危险,其根本原因就是它包括了非对是、无对有的威

---

[1] 参见海德格尔:《荷尔德林和诗的本质》,载《海德格尔文集·荷尔德林诗的阐释》,第46页。Martin Heidegger, "Hölderlin and the Essence of Poetry," in *Elucidations of Hölderlin's Poetry*, p. 60.

[2] 参见同上书,第47页。Ibid., p. 61.

[3] 参见荷尔德林的诗,海德格尔:《荷尔德林的颂歌〈日耳曼尼亚〉与〈莱茵河〉》,第71—72页。Hölderlin, cf. Martin Heidegger, *Hölderlin's Hymns "Germania" and "The Rhine"*, p. 56.

[4] 参见同上书,第73—74页。Ibid., pp. 57-58.

胁。"但是，语言不仅仅是危险中最高的危险，它在自身中还必然地遮蔽了对其自身的持续的威胁。语言的任务是在语言性的作品中让是者显现并让其驻留。语言为最纯粹和最闭塞之物以及最迷乱与最平庸之物提供表达。的确，甚至是最本质性的语词，如果它被所有人理解和掌握，也会成为平庸之物。"[1] 因此可以说，语言乃是的诞生之所，但也是是的葬身之地。

语言这样一种对是而言根本性的地位，使海德格尔得出了"语言乃是之家"的结论，这意味着是只有寓居于语言方可成其为是。"语词缺失处，无物是。我们还可以往前再走一步，提出如下命题：只有当一个适当且意义充沛的语词把一物命名为是者，确定该是者作为是者之际，该物才是。……任何物之是都寓居于语词。因此，以下命题是真的：语言乃是之家。"[2] 他进一步解释道："语言乃是之家"表达了是与语言之间的关系。在此表述中，"'家'就是这个词的字面含义，即保护、守卫、容纳和关系。在关于是之家的谈论中，'是'指的就是是本身，但这恰恰意味着是与思想的共属，正是这种共属决定了是之为是。在这个短句中，'语言'并不意味着述说，因而也就不仅是人类的一种行动，而是作为家，即作为保护和关系的语言"[3]。语言乃是之家。只有在语言中，人们才能通达是，因为是存在于语言中，而不存在于事物中。"因为语言乃是之家，所以我们通过持续地往来于这个家而通达是者。"[4]

语词把是带入语言，那么语词与是到底处于一种什么样的关系？海德格尔对此有一个纯逻辑的讨论。他问道：语词让物是，是否意味着语词乃最具是之特性的是者呢？[5] 他的答案是否定的。语词将是赋予物，所以语词自身不能是一物。那么语词是什么？海德格尔回答说：有关语词的诗意

---

[1] 参见海德格尔：《荷尔德林和诗的本质》，载《海德格尔文集·荷尔德林诗的阐释》，第38—39页。Martin Heidegger, "Hölderlin and the Essence of Poetry," in *Elucidations of Hölderlin's Poetry*, p. 55.

[2] 参见海德格尔：《语言的本质》，载《海德格尔文集·在通向语言的途中》，第154页。Martin Heidegger, "The Nature of Language," in *On the Way to Language*, p. 65.

[3] 参见海德格尔：《思想的基本原则：1957年的弗莱堡演讲》，载《海德格尔文集·不莱梅和弗莱堡演讲》，第201—202页。Martin Heidegger, "Basic Principles of Thinking: Freiburg Lectures 1957," in *Bremen and Freiburg Lectures*, p. 158.

[4] 参见海德格尔：《诗人何为？》，载《海德格尔文集·林中路》，第350—351页。Martin Heidegger, "Why Poets?," in *Off the Beaten Track*, pp. 232-233.

[5] 参见海德格尔：《语言的本质》，载《海德格尔文集·在通向语言的途中》，第183页。Martin Heidegger, "The Nature of Language," in *On the Way to Language*, p. 86.

经验为人们提供了一个意味深长的暗示。语词并非物,并非任何是者,它没有是,因此,语词与是具有共同的特征。正如是并非像一顶帽子那样可以叠加到另一物之上的东西,即并非某个是者一样,语词也并非是者。物"是",语词与是都"不是"。但在有语词之处我们才能够理解物。[1]

语词既非是者,所以不是。但另一方面,又不能把"是"和语词简单地归于无。"那么,当我们的思想追随关于语词的诗意经验时,它告诉我们什么呢?它指向某种令人深思、令人难忘之物。思想从一开始就关注此物,只不过以被遮蔽的方式。它表明某种在此又不在此之物。语词也属于在此之物,可能不是'也',而是最初,并且以这样一种方式,即在语词和语词的本质中遮蔽了给出是之物。如果我们如实思考,我们就不能说语词是,而只能说它给出;并非语词由某个'它'给出,而是语词自身给出。语词就是给出者。它给出什么呢?根据诗意经验和思想最古老的传统,词语给出是。"[2] 海德格尔的这个讨论具有逻辑学上的意义,因为它可以避免不断后退的追问,不过显得相对笨拙。如果用道家的思路,那么"形形者无形",有无相生是比较简单明了的回答。只不过海德格尔对无的接受有一个漫长的过程,而且多多少少有所保留。

海德格尔在亚里士多德目的论的意义上指出:行动的本质是完成,而完成则意味着把某物带入并展开至其本质的完满。只有已是之物才能真正被完成,思想完成了是与人之本质的关系。它并不创造或者产生这种关系,而只是从是那里接过这种关系加以思考,其方式就是让是在思想中进入语言。语言乃是之家。人寓居于这个家。使用语词进行思想的人是这个家的守护者。他通过述说把是之显现带入并保留在语言中而完成这一显现。因此,关涉是与人的关系的思想本身就是行动,是最高最纯粹的行动。人的其他努力都基于是而指向是者,思想则让自身被是支配并述说是之真。"思想即是之事情。"[3]

语言乃是之家,但语言是思想的语言,思想是人的思想,所以也可以说人的思想乃是之家。这并非强调人对是的支配地位。人恰恰要通过对是的思想,通过对是之真的守护成其本质,人因此才是思想的动物。海德格

---

[1] 参见海德格尔:《语言的本质》,载《海德格尔文集·在通向语言的途中》,第184页。Martin Heidegger, "The Nature of Language," in *On the Way to Language*, pp. 86-87.

[2] 参见同上书,第185页。Ibid., pp. 87-88.

[3] 参见海德格尔:《关于人道主义的书信》,载《海德格尔文集·路标》,第369—370页。Martin Heidegger, "Letter on 'Humanism'," in *Pathmarks*, pp. 239-240.

尔认为,语言并非人除视力、听力、理智和意志之外的其他某种能力,而是人之所是的源初本质。并非人拥有语言,而是语言拥有人,人只有在语言的基础之上才是,即成为向着是敞开的是者。[1]"语言拥有人类,它以特定的方式从根底上构造并决定着人的此间之是。"[2]海德格尔写道:"思想建基于是之家,是之环节在其中以天命的方式展开,并使人之本质始终寓居于是之真。这种寓居乃'世间之是'的本质。……关于是之家的说法并非把'家'这一形象套用于是。总有一天,我们会以适当的方式思考是,同时更深入地思考'家'和'寓居'的意义。"[3]

语言乃是之家,从根本上说是因为语言作为示喻,正是玄同的居所,也就是说,玄同就在语言中发生。[4]因此,海德格尔认为,对于语言本质的追问,也就是对是者整体的追问:"如果语言并不是一些用来标识各种熟悉事物的词语的堆砌,而是世界之真的原始回响,那么,当我们提出关于语言之本质的问题时,我们也就已经在追问关于是者整体的问题。"[5]一句话:"语言并非某种可以供人支配的工具,而是最源初的玄同,它为人之所是提供了最高的可能。"[6]

海德格尔指出,流俗的语言观念与以上对语言的理解相反,它仅仅把语言视为一套表达语音和意义的符号体系,视为人类思想的工具,从而遮蔽了语言作为是之家这一本质特性。人们把语音和符号视为语言的文字肢体,语调和节律视为其灵魂,表达的意义则视为其精神,因而认为语言与

---

[1] 参见海德格尔:《德国哲学的现状与未来使命》,载《海德格尔文集·讲话与生平证词(1910—1976)》,第392—393页。并参见海德格尔:《荷尔德林的颂歌〈日耳曼尼亚〉与〈莱茵河〉》,第28页。Martin Heidegger, *Hölderlin's Hymns "Germania" and "The Rhine"*, p. 24. 另见海德格尔:《关于人道主义的书信》,载《海德格尔文集·路标》,第395页。Martin Heidegger, "Letter on 'Humanism'," in *Pathmarks*, p. 254.

[2] 参见海德格尔:《荷尔德林的颂歌〈日耳曼尼亚〉与〈莱茵河〉》,第79页。Martin Heidegger, *Hölderlin's Hymns "Germania" and "The Rhine"*, p. 61.

[3] 参见海德格尔:《关于人道主义的书信》,载《海德格尔文集·路标》,第425页。Martin Heidegger, "Letter on 'Humanism'," in *Pathmarks*, p. 272.

[4] 参见海德格尔:《走向语言之途》,载《海德格尔文集·在通向语言的途中》,第269页。Martin Heidegger, "The Way to Language," in *On The Way to Language*, p. 135.

[5] 参见海德格尔:《海德格尔文集·尼采》上卷,孙周兴译,商务印书馆2015年版,第383页。Martin Heidegger, *Nietzsche Volume II: The Eternal Recurrence of the Same*, trans. by David Farrell Krell, Harper & Row, 1991, pp. 104-105.

[6] 参见海德格尔:《荷尔德林和诗的本质》,载《海德格尔文集·荷尔德林诗的阐释》,第40页。Martin Heidegger, "Hölderlin and the Essence of Poetry," in *Elucidations of Hölderlin's Poetry*, p. 56.

人作为理性的动物，即肉体、灵魂与精神的统一体相对应。"但正如'作为动物的人'之'人性'遮蔽了绽出的生存以及由此产生的是之真与人之所是的联系一样，形而上学的、动物性的语言解释也遮蔽了是之历史中语言的本质。"[1] 因此，"在现代主体性形而上学统治下，语言几乎无可挽回地从其基质中脱落。作为结果，语言在近代，特别是最近，令人哀叹地衰落了。语言依然拒绝向我们给出其本质，即是之真的家。语言屈从于我们纯粹的意欲与交易而成为人支配是者的工具。"[2]

语言作为是之家，还具有另外一个重要的作用，即为人提供尺度。因为只有当人通过向着是之真绽出并归属于是，是才会向人分派那些必定成为他们的规范与法则的指令，以让他成其所是。νέμειν，由此而来的名词νόμος不仅指法律，而且更本源地指是分派的指令。因此，根本性的法并非人类理性的创造物。当然，比指令的分派更根本的是，人类因对是的归属而得到了一条让他们寓居于是之真的通道。这种寓居让人首次获得关于某种可以持守之物的经验，一种与物相接的尺度。"根据我们的语言，'尺度'指的是保护性的留心。是即尺度。它让人在其绽出的本质中保持这一尺度之真，其方式则是让绽出寓居于语言。因此语言就同时是是之家和人的本质之家。"[3]

海德格尔在与一位日本学者的对话中，针对东西方不同的语言观，特别是他的对话伙伴的语言观表示："早些时候，我曾经十分笨拙地把语言称为是之家。如果人因其语言而栖居于是之要求和召唤的话，那么我们欧洲人就很可能寓居于与东亚人完全不同的家。"[4] 海德格尔在此实际上还是比较委婉地坚持了自己关于语言与是的基本观点，只是承认可能欧洲人与东亚人在这方面有较大差异。他之所以采取这样一种态度，则可能是因为日本学者反复强调日本文化中超越语言或者说语言之外的因素在意义表达中的重要作用，这些观点对海德格尔产生了某种影响，但又不足以动摇他根据西方语言文化的特点得出的一些基本结论。其实，如果我们充分理解海德格尔关于示喻的思想，就可以发现，如日本学者所说的东亚文化传

---

[1] 参见海德格尔：《关于人道主义的书信》，载《海德格尔文集·路标》，第395页。Martin Heidegger, "Letter on 'Humanism'," in *Pathmarks*, p. 254.

[2] 参见同上书，第376页。Ibid., p. 243.

[3] 参见同上书，第428页。Ibid., p. 274.

[4] 参见海德格尔：《从一次关于语言的对话而来》，载《海德格尔文集·在通向语言的途中》，第90页。Martin Heidegger, "A Dialogue on Language," in *On the Way to Language*, p. 5.

统中对非语言因素即言外之意和身体语言的强调，与海德格尔对示喻的重视不无相通之处，只不过海德格尔本人似乎并没有充分意识到这一点。

思想对语言的因应

海德格尔强调，思想并非随意的创造，而是对语言的因应。因此，思想首先是倾听，是对所思之物的馈赠的倾听。思想的一切追问，一切对本质的探寻，都已经事先被所问之物的馈赠决定。"把思想刻画为倾听，这听上去有些怪异……但是，这恰恰构成了倾听的特性：它要从馈赠予以的指令中获取其规定和明晰性。"[1] 所谓的馈赠即示喻，思想的可能性取决于它是否以及如何倾听馈赠性的示喻，"在其中，语言之是作为是之语言进行述说"[2]。思想倾听是之馈赠即示喻，因而也就是对语言的因应，"我们之所以能够述说，只是因为我们因应语言"[3]。只要人不把自身置于对象化思维的统治之下并局限于此而对显现者封闭自身，那么就可以发现，语言就是显现者多种方式的示喻，而且是这一显现者自身的述说。[4]

人因应语言，是因为述说者乃语言自身。"从语言的本质来看，这就意味着是语言而非人述说。人述说，仅是基于天命因应语言。这种因应乃本真的因应，在其中人归属于是之通透。"[5] 人只有在倾听语言的召唤而因应语言时方可述说。海德格尔指出：在人所听到的所有召唤中，语言是最高的，在任何地方也都是第一位的。语言始终将人唤向物之本质。当然，这并不意味着在任何随意挑选的语词含义中，都直接而确定地具有事物的本质，只是等待人去拾取。"相反，人得以本真地倾听语言召唤的那种因应，就是诗的基质中的示喻。一位诗人越是富有诗意，他的示喻越自由，即越对未知开放和有所期备，则他向愈益艰苦的倾听提供的示喻就越

---

[1] 参见海德格尔：《语言的本质》，载《海德格尔文集·在通向语言的途中》，第 170—171 页。Martin Heidegger, "The Nature of Language," in *On the Way to Language*, pp. 75-76.

[2] 参见同上书，第 175 页。Ibid., pp. 79-80.

[3] 参见同上书，第 211 页。Ibid., p. 107.

[4] 参见海德格尔：《现象学与神学》，载《海德格尔文集·路标》，第 84 页。Martin Heidegger, "Phenomenology and Theology," in *Pathmarks*, p. 60.

[5] 参见海德格尔：《根据律》，载《海德格尔文集·根据律》，张柯译，商务印书馆 2016 年版，第 203 页。Martin Heidegger, *The Principle of Reason*, trans. by Reginald Lilly, Indiana University Press, 1991, p. 96.

纯粹,他的示喻离仅仅事关正确或者错误的单纯陈述就越遥远。"[1]

海德格尔认为,从根本上说,哲学原本就是因应与调谐,而非拷问与逼迫。哲学这个词,即 φιλοσοφία(爱智)是由赫拉克利特创造的。在赫拉克利特的意义上,爱(φιλεῖν)意味着协调一致(ὁμολογεῖν),即以逻各斯的方式说话,因应逻各斯。这种因应就是与智慧(σοφόν)相一致,协调即和谐(ἁρμονία),就是爱的基本特征。[2] 哲学的因应是述说,它效力于语言。海德格尔承认,这个说法对今天的人来说很难理解,因为流行的语言观念在经历各种变化之后,已经把语言视为一种表达工具。据此,人们认为恰恰是语言效力于思想。[3] 海德格尔针对他自己关于语言的思考指出:"如果我们把这里试图表达的一切视为一系列关于语言的陈述,那么它们依然是一些未经证实而且从科学上不可证实的命题。但如果反过来,根据我们在通向语言之途上所得到的一切来体验这一道路,那么我们就可能因为作为陌异者的语言对我们的冲击而获得些许暗示。"[4] 因此,对于语言的思考,重要的不是遵循逻辑的论证,而是倾听语言的述说。

海德格尔强调语言对思想的支配作用,这可能有两个层面的含义。首先,语言内部固有的意义关联决定了思想的可能性,即思想不可能超越语言,而只是把语言的这种内部联系隐含的内容,即其中包含的可能性,向人们显现出来。这意味着语言具有某种结构性的能力、化合的能力,能够通过既有要素的组合产生新的思想。这使海德格尔感觉到语言自身驱动思想的力量,让他感觉到并非人述说,而是人因应语言:"最值得思考与追问的依然是语言之神秘,尤其是当我们意识到语言并非人类的作品,因为语言自身表达自身时,我们的全部思考都必须聚焦于此。人述说,这不过是他们在因应语言。这些表述并非某种荒唐的'神秘主义'的表露。语言是一种本源性的现象,在不违背其本性的情况下,它不受事实证明的影

---

[1] 参见海德格尔:《"……人诗意地栖居……"》,载《海德格尔文集·演讲与论文集》,孙周兴译,商务印书馆 2018 年版,第 206 页。Martin Heidegger, "'Poetically Man Dwells…,'" in *Poetry, Language, Thought*, pp. 216.

[2] 参见海德格尔:《这是什么——哲学?》,载《海德格尔文集·同一与差异》,孙周兴、陈小文、余明锋译,商务印书馆 2014 年版,第 11 页。Martin Heidegger, *What Is Philosophy?*, trans. by Jean T. Wilde and William Kluback, Rowman & Littlefield, 2003, p. 47.

[3] 参见同上书,第 24—25 页。Ibid., p. 93.

[4] 参见海德格尔:《走向语言之途》,载《海德格尔文集·在通向语言的途中》,第 237 页。Martin Heidegger, "The Way to Language," in *On The Way to Language*, p. 111.

响,但只要在无偏见的语言体验中,它就会被人所直观。"[1]

其次,语言对思想的支配,还因为语言真正的意义不在于语言本身而在于语言的示喻,所以真正的思想就在于倾听语言的"言外之意",从而也就是让思想在语言中去发现自身的可能。在这个意义上,语言对思想的支配甚至被海德格尔称为诸神通过语言对人的支配:"当诸神向我们致意,对我们提出要求,就我们是否是与如何是、是通过向他们应允我们之是还是向他们明确表示拒绝而把我们带入语言,我们之是就作为对话而发生。当我们在被致意之际言谈,把是者带入语言,揭示是者之所是和如何是,同时又对它们进行遮蔽和伪装的时候,我们之是就作为对话而发生。只有当语言发生的时候,是与非方始开启。我们自身就是这种开启与遮蔽。"[2]"自我们是一场对话,我们才暴露在开启自身的是者面前;只有由此开始,是者之是本身才与我们相遇并规定着我们。"[3]

静默中的思想

海德格尔虽然认为语言乃是之家,但同时又强调,人要理解"是",首先需要学会沉默与忘言。"作为言谈的方式之一,缄默是一种特定的关于某物对他人的自我表达。共处中的静默者能够更本真地呈示和'助人理解'。也就是说,他比那些滔滔不绝之人更能够在本源性的意义上述说。"[4] 另外,"如果人希望重新找到切近于是之道,他首先必须学会在无名中生存。同样,他还需要认识到公共领域的诱惑与私人领域的无能。在述说之前,人必须首先让是占有自己,在这种占有之下冒无言之险。只有如此,语词方可重新获得其价值无限的本质,并为人在是之真中提供一个栖居之所"[5]。

海德格尔在上述引文中提到"重新获得",是因为他认为人在日常的

---

[1] 参见海德格尔:《现象学与神学》,载《海德格尔文集·路标》,第79页。Martin Heidegger, "Phenomenology and Theology," in *Pathmarks*, p. 57.

[2] 参见海德格尔:《荷尔德林的颂歌〈日耳曼尼亚〉与〈莱茵河〉》,第82页。Martin Heidegger, *Hölderlin's Hymns "Germania" and "The Rhine"*, p. 64.

[3] 参见同上书,第84页。Ibid.

[4] 参见海德格尔:《海德格尔文集·时间概念史导论》,第417页。Martin Heidegger, *History of the Concept of Time: Prolegomena*, p. 267.

[5] 参见海德格尔:《关于人道主义的书信》,载《海德格尔文集·路标》,第376—377页。Martin Heidegger, "Letter on 'Humanism'," in *Pathmarks*, p. 243.

闲谈中、在形而上学对语言的对象化和工具化中已经忘记本真意义上的语言,从而失去了"切近于是之道"。正如他所说:"对语言中本质性的语词来说,它们真正表达的东西很容易因表面意义而陷入被遗忘状态。人还很少思考这一过程的神秘之处。语言从人那里撤回了它单纯而深远的述说。但这种本源性的召唤并不因此失去述说的能力,它不过是陷入静默,而人对此却未能留意。"[1]

海德格尔以造型和建筑艺术为例,说明静默中的显现及其所传达的意义。雕塑与建筑并不把语词作为它们的表达手段。但如果没有语词,雕塑与神庙又怎么可能如其所是地存在?原因就在于它们伫立于无蔽者中,与人进行静默的对话。如果没有静默的语词,那么神的注目就不可能显现;一座神庙如果不是站立于语词揭示性的领域,就根本不可能把自己呈现为神的寓所。[2]

也就是说,雕塑与建筑之所以显现,是因为存在着静默的语词。海德格尔指出:如果把语言的本质与起源理解为本源性的诗,那么人们就会意识到,语言只有在静默中才拥有其本质,在此语言隐去,示喻前出。反过来说,"是"必定已经在静默中聚集自身,然后方可作为"世界"而被道出。这种静默比人类的所有力量更为强大。"单靠人不可能发明语言,即打断静默的支配,除非得到神助。我们人总是已经被抛入一场被表达的述说,因此只有从这种述说中抽身,方可归于静默,但鲜有成功。"[3] 从这样一个角度看,"语言乃是之家"的观点就能得到更深层次的理解,即是不在人们日常的言谈中,而在静默的语言中。

海德格尔认为,在静默之极致,语言开始述说。"语言作为静默之声述说。静默在静默中让世界与万物进入呈现,带出它们、承载它们、让其驻留。以静默的方式带出世界与万物就是差异在涵有中的发生。伴随这种差异,语言即静默之声亦同时发生。在世界与万物的差异发生的过程中,语言得以继续。"[4] 这里值得注意的是海德格尔的这样一种观点,即静默

---

[1] 参见海德格尔:《筑·居·思》,载《海德格尔文集·演讲与论文集》,第160页。Martin Heidegger, "Building Dwelling Thinking," in *Poetry, Language, Thought*, p. 146.

[2] 参见海德格尔:《海德格尔文集·巴门尼德》,第168页。Martin Heidegger, *Parmenides*, p. 116.

[3] 参见海德格尔:《荷尔德林的颂歌〈日耳曼尼亚〉与〈莱茵河〉》,第264页。Martin Heidegger, *Hölderlin's Hymns "Germania" and "The Rhine"*, p. 199.

[4] 参见海德格尔:《语言》,载《海德格尔文集·在通向语言的途中》,第23—24页。Martin Heidegger, "Language," in *Poetry, Language, Thought*, p. 205.

以差异的方式让物显现,语言是差异和区分的体现。"人的话语是命名中的召唤,是一种吁求,它出自区分的单一性,让万物与世界到来。"[1] 命名与语言乃区分与差异,这就意味着玄同只能是真正的静默。

海德格尔指出:寂静之声并不出自人。相反,说人是语言性的动物,是因为人事实上被赋予语言,即他的本质在语言的述说中发生,或者被语言的本质即寂静之声所玄同。"当这种玄同发生时,语言的本质即呈现需要和运用人的述说,以静默之声的方式为人的倾听而表达。只有当人归属于静默之声,他才能以他们的方式用声音述说。"[2] 当然,静默也可能是人的无言即沉默。将欲言而已忘言,这并非偶然,而是向来如此——某种确实可以发生的言谈或者陈述并未发生,对某种可说之事的述说,甚至对已经说过之事的复述并没有发生。语词完全没有达于言谈。但是,语词恰恰通过对人的逃离而在第一次跳跃中抵达。"这种语词的逃离恰恰是作为亲密的玄同和是的突入。这种对我们的逃离正是本源的(诗意的)是之命名得以自行展开的初始条件。"[3] 因此,在静默中倾听语言,实际上就是让语言自身述说,即倾听语言的示喻。"示喻不会让它自己被任何陈述所捕捉。它要求我们通过静默赢获语言本质中涵有的、开启性的运动,而且这么做的时候不谈论静默。"[4]

言有尽而意无穷,需要从可说之物中倾听不可说或者未被说出之物,因为前者以不同的方式源自后者,无论它们是尚未被说出,还是不可能被说出。表面上看,被说出者似乎已经与述说和述说者无关,说出的话如同泼出的水,但实际上,只有被说出者才真正关联于述说和述说者,并以不同的方式保留在关于未被说出者的被说出的部分之中。[5] 海德格尔因此强调:"未被说出者并不仅仅是缺乏语音表达方式之物,它是没有被说出之物,是尚未显现之物,是尚未达乎呈现之物。那些必须完全保持在未被说出的状态之中的东西,被抑制在未被说出的状态中的东西,作为不可显现

---

[1] 参见海德格尔:《语言》,载《海德格尔文集·在通向语言的途中》,第24页。Martin Heidegger, "Language," in *Poetry, Language, Thought*, p. 205.

[2] 参见同上。Ibid.

[3] 参见海德格尔:《海德格尔文集·哲学论稿(从本有而来)》,第45—46页。Martin Heidegger, *Contributions to Philosophy (Of the Event)*, p. 30.

[4] 参见海德格尔:《走向语言之途》,载《海德格尔文集·在通向语言的途中》,第268页。Martin Heidegger, "The Way to Language," in *On The Way to Language*, pp. 134-135.

[5] 参见同上书,第249—250页。Ibid., p. 120.

的东西栖身于遮蔽之中,这就是神秘。"[1] "大音希声,大象无形",神秘者之所以神秘,就在于它超出了人们用声音与形象加以描摹的能力。

静默不仅是倾听的条件,同样也是思想的前提。因为"是作为玄同而本质发生。它并非陈述,而是非概念性的、静默的述说"[2]。"本真性语词的歌唱只能出自静默。"[3] 海德格尔通过解读诗人斯蒂芬·格奥尔格一首题为《语词》的诗指出:以诗意语词来思考,我们就可以说"是"升起的地方就是语词崩解之处。此处的崩解指的是有声的语词返回到无声的静默之中。在这里,作为示喻,它把世界之四象推入它们的相互邻近。因此,"语词的崩解乃返回思想之路的真正步伐"[4]。简言之,静默才是思想的开端。"思想之事不会通过关于'是之真'与'是之历史'的闲谈得到。一切仅仅取决于是之真进入语言,而思想又达乎这种语言。也许在这个时候,语言需要的并非轻率的表达,而是适当的静默。"[5]

真正的述说也在静默之中发生,这就是示喻。"暗示就像离别之时,随着距离的增加而保持切近;又像到达之时,在令人欢悦的接近中保持距离。神作为神,他们只暗示。"[6] 当然,不仅神如此,哲学家与诗人也一样。海德格尔直接表示:"哲学思想性的示喻类似于,虽然并不等同于诗性的示喻。比如,在一场真正的哲学讲座中,最关键的并不是被真正直接说出的问题,而是在示喻中保持静默者"[7]。那么,"静默是否仅仅意味着缄口不言,还是只有真正有话可说的人才能静默?如果实际情况属于后者,那么恰恰是那种能够让未说出的东西在他的言谈中显现、让其作为未说出的东西显现的人,才因此懂得最高程度的静默"[8]。

---

[1] 参见海德格尔:《走向语言之途》,载《海德格尔文集·在通向语言的途中》,第252页。Martin Heidegger, "The Way to Language," in *On The Way to Language*, p. 122.

[2] 参见海德格尔:《海德格尔文集·哲学论稿(从本有而来)》,第306—307页。Martin Heidegger, *Contributions to Philosophy (Of the Event)*, p. 205.

[3] 参见海德格尔:《海德格尔文集·荷尔德林诗的阐释》,第78页。Martin Heidegger, *Elucidations of Hölderlin's Poetry*, p. 89.

[4] 参见海德格尔:《语言的本质》,载《海德格尔文集·在通向语言的途中》,第212—213页。Martin Heidegger, "The Nature of Language," in *On the Way to Language*, p. 108.

[5] 参见海德格尔:《关于人道主义的书信》,载《海德格尔文集·路标》,第408页。Martin Heidegger, "Letter on 'Humanism'," in *Pathmarks*, pp. 261-262.

[6] 参见海德格尔:《荷尔德林的颂歌〈日耳曼尼亚〉与〈莱茵河〉》,第39页。Martin Heidegger, *Hölderlin's Hymns "Germania" and "The Rhine"*, p. 31.

[7] 参见同上书,第49页。Ibid., p. 40.

[8] 参见海德格尔:《海德格尔文集·荷尔德林诗的阐释》,第232页。Martin Heidegger, *Elucidations of Hölderlin's Poetry*, p. 216.

静默是真正的表达,恰恰因为人被语言拥有;人能保持静默,是因为人们能够述说。天生的哑者当然什么也不能说,但也正因此他不可能保持静默。"静默作为缄口不言,并不总是消极的,因为它可能非常积极,可能极具说服力。事实上,它甚至能够述说最真切之物(对廉价而庸俗的言谈保持沉默的人已经说出了某种东西,虽然只有那些能够理解静默的人才明白)。"[1] 因此,"每一种示喻已经从是之真出发进行述说,它不可能直接跳跃到是自身。保持静默的法则要高于逻辑法则"。"保持静默来自语言本身本质发生的本源。"[2]

海德格尔指出,赫拉克利特已经关注到静默的表达作用,即示喻中包含了未被说出者,而非不可说出者。"对示喻而言,未被说出者既非缺陷,亦非障碍。"[3] 同时,海德格尔也注意到柏拉图体认到语言不足以充分表达思想,并且有意识地通过对话这种方式表达自己的言外之意这一事实。他表示:柏拉图深知,书写的任务就在于通过示喻的手段,把未能说出者作为有待思考之物带至人们的近旁。因此,甚至就在他写下的对话中,人们也不可能直接读出他的思想。"由于我们贪婪地、错误地试图在其中寻找某种学说,所以很难把这些对话释放到专注的思想纯粹的运动之中。"[4]

希腊人正是以静默的方式述说最重要的思想。"因为希腊人的本质在'使用语词'中得到实现,所以他们以那种被我们称为静默的独特方式'拥有'和保持他们的语词。希腊人常常保持静默,对那些本质性的东西更是如此。即便他们对本质性的东西有所表达,他们也不会打破静默。"[5] 因此,静默才是最高的表达。"思想的表达是一种令人信服的静默。这种方式与语言最根本的本质相合,它的起源就是静默。当思想者以

---

[1] 参见海德格尔:《荷尔德林的颂歌〈日耳曼尼亚〉与〈莱茵河〉》,第 84 页。Martin Heidegger, *Hölderlin's Hymns "Germania" and "The Rhine"*, p. 65.

[2] 参见海德格尔:《海德格尔文集·哲学论稿(从本有而来)》,第 98 页。Martin Heidegger, *Contributions to Philosophy (Of the Event)*, p. 63.

[3] 参见海德格尔:《海德格尔文集·讨论班》,第 104 页。Martin Heidegger and Eugen Fink, *Heraclitus Seminar, 1966/1967*, trans. by Charles H. Seibert, University of Alabama Press, 1979, p. 52.

[4] 参见海德格尔:《思想的基本原则:1957 年的弗莱堡演讲》,载《海德格尔文集·不莱梅和弗莱堡演讲》,第 159—160 页。Martin Heidegger, "Basic Principles of Thinking: Freiburg Lectures 1957," in *Bremen and Freiburg Lectures*, p. 125.

[5] 参见海德格尔:《海德格尔文集·巴门尼德》,第 116 页。Martin Heidegger, *Parmenides*, p. 79.

某种特定的方式达于令人信服的静默,他就上升到了诗人的位阶。"[1] 海德格尔正是在这个意义上告诉人们不要急于表达。"也许困难在于语言太急于述说。因此才有了保持在'通向语言的途中'的尝试。"[2] 这种态度与老子所谓的"多言数穷,不如守中"[3] 可算是遥相呼应。

海德格尔指出,在诗和哲学之外,并不存在静默或者示喻的问题。比如,"在科学和其他领域,需要的只是对被说出之物的直接把握"[4]。关于这种差异的原因,他的看法是,诗与哲学的述说在言明事物某些方面的时候必定遮蔽另外一些方面,因此自觉的哲学家与诗人宁可以静默的方式让听者尽可能读懂他们的所思所想。正是在这个意义上,海德格尔指出:"语词令是者显现,但与此同时,如果我们执着于命名,则它也进行遮蔽。"[5]

从表层上看,这里固然有类似"书不尽言,言不尽意"的问题,即语言表达的局限性,但从更深层次看,则是因为"名必有所分,称必有所由。有分则有不兼,有由则有不尽。不兼则大殊其真,不尽则不可以名"。因此,"言之者失其常,名之者离其真"[6]。也就是说,语言作为一种表意形式,有其天生的失真倾向,因为语言只能从某个特定的角度,也就是通过某种标准即"由"而进行的"分"来命名事物、表达思想。海德格尔之所以认为科学不存在这个问题,是因为科学作为"分科之学"已经明确自身的边界与可能。但哲学,作为整全性的知识,就尤其需要对语言表达的局限具有清醒的自觉。因此,海德格尔引用赫拉克利特的箴言指出:"在德尔斐发布预言的神,他既不明言,亦不遮蔽,而只是示喻。"[7]

这样,人们在理解一位哲学家的思想的时候,就需要对他的沉默予以特别的重视。施特劳斯学派甚至梳理了西方思想中自柏拉图开始的隐微写

---

[1] 参见海德格尔:《海德格尔文集·尼采》上卷,第 495—496 页。Martin Heidegger, *Nietzsche Volume II: The Eternal Recurrence of the Same*, p. 208.

[2] 参见海德格尔:《海德格尔文集·讨论班》,第 443 页。Martin Heidegger, *Four Seminars*, p. 61.

[3]《老子》第五章。

[4] 参见海德格尔:《荷尔德林的颂歌〈日耳曼尼亚〉与〈莱茵河〉》,第 50 页。Martin Heidegger, *Hölderlin's Hymns "Germania" and "The Rhine"*, p. 40.

[5] 参见同上书,第 151 页。Ibid., p. 114.

[6] 王弼:《老子微旨例略》。

[7] 参见海德格尔:《荷尔德林的颂歌〈日耳曼尼亚〉与〈莱茵河〉》,第 151 页。Martin Heidegger, *Hölderlin's Hymns "Germania" and "The Rhine"*, p. 114. 并参见《赫拉克利特著作残篇》,T. M. 罗宾森英译,楚荷中译,广西师范大学出版社 2007 年版,第 104 页。

作的传统，并且把隐微阅读作为文本解释的基本形式。海德格尔也认为，作者沉默不语之处，恰恰应该是读者思考的起点。他表示："对已经开始理解某个作者思想的人来说，把作者本人指出的最重要的内容作为解释的基础也许是不可能的。理解的起点恰恰必须是作者保持静默之处，由此方能理解作者本人指出的最根本的内容。"[1]因为一位作者的静默之处，正是他的思想中不可言说之处、超越语言之处，从而很可能是"是"的发生之处，他的思想扎根之处、本源之处。

第三节 玄同与语言

示喻与是的发生

示喻在前文中多次出现，也是海德格尔大量使用的语词。他曾经表示，自己已经"有很长时间不愿意使用'语言'这个表述了"，并且宣称已经找到了一个更合适的词，"但希望能够保护它不至被滥用为一个流行的标签，败坏为某个概念的标记"，这个词就是"示喻"。"就它所表达的让显现与让闪现之义而言，它的意义与显现可能类似，但其显现的方式是暗示。"[2]但如前文所言，作为暗示的示喻并非刻意隐瞒或者故弄玄虚，而是语言表达的可能性所决定的一种特殊的，甚至在思想传递中不可避免的方式，它表达的就是应被说之物本身，是去蔽。"示喻并非应该被说出的东西的对立面，而是作为是的本质发生。"[3]

正因为示喻是一种特殊的，甚至必然的表达思想的方式，所以海德格尔认为，语言因示喻的存在才成为完整的语言。这意味着语言真正的表达并不在语言之内，而在语言之外。任何语言，任何语言性的表达方式，只有当它具备这种超乎语言的意义空间，才成为真正的语言；而当语言以示喻的方式进行表达的时候，语言就在示喻中被涵有，就成为表达玄同的语

---

[1] 参见海德格尔：《海德格尔文集·柏拉图的〈智者〉》，熊林译，商务印书馆2015年版，第62页。Martin Heidegger, *Plato's Sophist*, trans. by Richard Rojcewicz and André Schuwer, Indiana University Press, 2003, pp. 32-33.

[2] 参见海德格尔：《从一次关于语言的对话而来》，载《海德格尔文集·在通向语言的途中》，第137页。Martin Heidegger, "A Dialogue on Language," in *On the Way to Language*, p. 47.

[3] 参见海德格尔：《海德格尔文集·哲学论稿（从本有而来）》，第4页。Martin Heidegger, *Contributions to Philosophy (Of the Event)*, p. 6.

言。海德格尔因此指出:"人的所有语言都在示喻中被涵有,并在此意义上成为真的语言,尽管它与玄同的切近因不同的标准而不同。所有真的语言,因其由开辟道路的示喻在天命中指派、置送给人,因而具有天命的特征。"[1] 也就是说,"只有在示喻中,语言的全部本质才显现出来,并且以绝对的方式显现出来"[2]。反过来说,玄同就是示喻的发生。"如果诗与思想的切近体现为示喻,那么我们就必须假定,玄同作为示喻而发生,语言在其中把它的本质赋予我们。"[3]

海德格尔曾用一段很长的话来说明示喻与玄同之间的关系。"示喻即显现。在一切向我们述说之物中,在一切被述说和被述及而触动我们之物中,在一切经述说而向我们给出自身之物,或者尚未被述说而等待我们之物中,还有在我们自身的述说中,都存在着显现。它让当下呈现者现身,让缺场者隐去。示喻绝非现象显现之后附加于其上的语言表达,相反,一切闪亮显现与一切黯然消退都基于显现中的示喻。示喻让一切呈现的是者自由地进入它们被给出的呈现,把一切缺场者带入它们的缺场。示喻遍布并建构通透的开放域,一切显现都必须寻找它,一切消退都必须离开它。在其中,每一个呈现或者缺场的是者都必须显现、述说、宣示其自身。"[4] 简言之,只有通过示喻,才能开启通透的开放域,使显现者呈现,消退者离开。

再进一步说,示喻就是玄同本身,就是玄同的发生,同时也是是的发生。示喻"把一切呈现和缺场的是者带入其自身,从它们显现自身之处带入它们之所是,并让它们各安其位。把它们带向此处,并且推动着作为显现的示喻进入显现的涵有,我们称之为玄同。它带来通透的开放,在其中呈现的是者能够持存,缺场的是者得以抽身,同时又在消退中保持它们的在场。玄同通过示喻给出的,绝非某种原因的结果,亦非某种先行者的后续。施与中的涵有,即玄同的馈赠,比任何因果关系、创造和建基都要

---

[1] 参见海德格尔:《走向语言之途》,载《海德格尔文集·在通向语言的途中》,第266页。Martin Heidegger, "The Way to Language," in *On The Way to Language*, p. 133.

[2] 参见海德格尔:《思想的基本原则:1957年的弗莱堡演讲》,载《海德格尔文集·不莱梅和弗莱堡演讲》,第203页。Martin Heidegger, "Basic Principles of Thinking: Freiburg Lectures 1957," in *Bremen and Freiburg Lectures*, p. 159.

[3] 参见海德格尔:《语言的本质》,载《海德格尔文集·在通向语言的途中》,第189页。Martin Heidegger, "The Nature of Language," in *On the Way to Language*, p. 90.

[4] 参见海德格尔:《走向语言之途》,载《海德格尔文集·在通向语言的途中》,第257页。Martin Heidegger, "The Way to Language," in *On The Way to Language*, p. 126.

多。施与者就是玄同自身,此外无它。通过示喻被显现出来的玄同,既不能被表象为某种事件,亦不能被表象为某种发生。它只能被经验为示喻所赋予的持久的馈赠"[1]。"作为显现,示喻就是玄同,就是玄同最本己的形式。玄同是示喻的显现。"[2]

语言通过示喻使玄同发生,从而成为关联四象的核心。海德格尔指出:"作为推动着世界的示喻,语言乃一切关系的关系。语言即示喻通过自身持存而关联、维系、提供和丰富世界各领域的相互面对,维护并持守着它们。"[3]"如果说那个把世界的四象保持在它们相互面对的、单纯的切近状态的推动者就是示喻,那么就只有示喻才给出那个我们用微不足道的词即'是'加以表示,并依从示喻而述说之物。示喻把这个'是'释放到通透的自由之中,同时也将其置入其可思考的确定性。"[4] 这样,"语言乃是之家"这个命题就有了更明确的含义,即维系着天地神人之一体性的示喻,才真正具有"是之家"的资格。

因此,示喻作为言外之意,并不意味着人拥有无限的对语言性表达加以理解的自由。海德格尔指出:"示喻含义的不明确绝不意味着随意产生的意义堆积。这种不明确寓居于某种游戏,因此它揭示的东西越丰富,它就越是严格地被包含于被遮蔽的规则之中。"[5] 在他看来,示喻只有在玄同中,即天地神人的相互涵有中方可理解,方可通达,所以他认为,玄同让示喻达乎述说,而通往语言之途就是被玄同规定的示喻。换言之,示喻即"通往语言之途"。[6] 当然,海德格尔在此所采用的表达方式,也可以被理解为一种示喻。示喻是通往语言之途,这并不意味着示喻最终导向语言性的表达,而是说只有示喻,才能实现语言的本质。在示喻中,语言被涵有,实际上也是人被涵有,人因而进入玄同。"玄同涵有人为其所用。

---

[1] 参见海德格尔:《走向语言之途》,载《海德格尔文集·在通向语言的途中》,第 257—259 页。Martin Heidegger, "The Way to Language," in *On The Way to Language*, pp. 126-127.

[2] 参见同上书,第 264 页。Ibid., pp. 131-132.

[3] 参见海德格尔:《语言的本质》,载《海德格尔文集·在通向语言的途中》,第 211 页。Martin Heidegger, "The Nature of Language," in *On the Way to Language*, p. 107.

[4] 参见同上书,第 212 页。Ibid., p. 108.

[5] 参见海德格尔:《面向存在问题》,载《海德格尔文集·路标》,第 502 页。Martin Heidegger, "On the Question of Being," in *Pathmarks*, p. 320.

[6] 参见海德格尔:《走向语言之途》,载《海德格尔文集·在通向语言的途中》,第 262 页。Martin Heidegger, "The Way to Language," in *On The Way to Language*, p. 129.

作为涵有的显现如此发生,而玄同为示喻进入语言开辟道路。"[1]

就此而言,思想永远处在通向语言的途中,因为真正的思想只能以示喻的方式将是带入语言,而示喻本身具有语言不可穷尽的内涵。"思想在其示喻中不过是把是的无声之词带入语言。"海德格尔强调:"此处'带入语言'这个说法应该完全在字面意义上理解。是在自身通透中达乎语言。它永远处在走向语言的途中。这种到达本身又通过示喻把绽出着生存的思想带向语言。语言由此而被提升到是之通透的高度。语言因此只能以这种神秘的,同时对我们来说又无所不在的方式而是。"[2]

示喻与"道"

有学者通过考察道家思想对海德格尔的影响[3],得出结论认为,海德格尔所说的"道路"就是道家所说的"道"(道路之意),而示喻也是"道"(道说之意)。因为他曾经表示"在作为示喻的语言中某种类似道(路)的东西在发挥支配性的作用",而且认为"通往语言之途……就是作为示喻的语言",[4] 所以对他来说,"一切皆道(路)"[5],"道就是示喻,或者反过来说,示喻即道"[6]。

应该说,这个结论略显仓促。海德格尔的确受到道家思想的影响,也的确看到了道家的"道"与他所说的"道路"之间的关联,甚至表示"道可能是给出一切道路的道路,是我们思考理性、思想、意义、逻各斯的确切含义即其本质的力量源泉。如果我们让这些名称返回它们未曾说出之物,如果我们能够让它们做到这一点的话,那么也许沉思的示喻包含的

---

[1] 参见海德格尔:《走向语言之途》,载《海德格尔文集·在通向语言的途中》,第262页。Martin Heidegger, "The Way to Language," in *On The Way to Language*, p. 130.

[2] 参见海德格尔:《关于人道主义的书信》,载《海德格尔文集·路标》,第429页。Martin Heidegger, "Letter on 'Humanism'," in *Pathmarks*, p. 274.

[3] 比如在"语言的本质"这一讲座中他五次提及"道",等等。

[4] 参见海德格尔:《走向语言之途》,载《海德格尔文集·在通向语言的途中》,第256页。Martin Heidegger, "The Way to Language," in *On the Way to Language*, p. 126.

[5] 参见海德格尔:《语言的本质》,载《海德格尔文集·在通向语言的途中》,第192页。Martin Heidegger, "The Nature of Language," in *On the Way to Language*, p. 92.

[6] Reinhard May, *Heidegger's Hidden Sources—East Asian Influences on His Work*, trans. by Graham Parkes, Routledge, 1996, p. 38.

一切神秘中最神秘者就隐藏在'道'这个词之中"[1]。但在这里也可以看出，他所说的道主要还是通道、指示意义上的道，而非道家思想中万物本源意义上的道。海德格尔明确表示："何谓道路？道路让我们通达某物。如果我们倾听示喻的话，它会让我们通达语言的述说。"[2] 当然，他也强调作为涵有与玄同的示喻，但玄同指的是天地神人的四位一体，类似老子所说的玄同，即"挫其锐，解其纷，和其光，同其尘，是谓玄同"[3]。玄同与道远非同一回事。

海德格尔自己认为，"也许'道路'一词是对反思性的人类思想述说的一个古老的、首要的词。老子诗意思考中的关键词是'道'，它'根本上'意味着道路。但是，由于我们倾向于从表面上思考'道路'，将其视为两地之间的连接，所以过于仓促地认为，我们的'道路'一词并不适合表达'道'所具有的含义，'道'因而也被翻译为理性、思想、理由、逻各斯等"[4]。这段话反过来表明，在海德格尔看来，与理性、思想、理由、逻各斯等含义相比，"道路"更接近"道"的原意。

道路意味着切近，这也正是海德格尔给示喻赋予的另一层含义："示喻意味着显现、让出现，在照亮与遮蔽中给出世界，而切近则体现为一种运动，在其中世界的各个区域彼此面对。"世界诸领域即天地神人在切近中的"相互面对"就是玄同。"于是人就有可能看到作为语言之所是的示喻如何回摆到切近的本质之中。沉静的思考使人洞察到语言的不变本质，以及切近与示喻如何成为同一者。因此，语言就不仅是人的一种能力。它的根本特性归属于世界之四象相互面对的特性本身。"也就是说，"作为推动世界的示喻，语言乃一切关系的关系。语言即示喻通过自身持存而关联、维系、提供和丰富世界各领域的相互面对，维护并持守着它们"[5]。

因此，海德格尔认为，示喻作为开辟道路的推动者，同时也就是是之语言。"假定那个把世界之四象保持在使它们相互面对的单一切近中的推

---

[1] 参见海德格尔：《语言的本质》，载《海德格尔文集·在通向语言的途中》，第191—192页。Martin Heidegger, "The Nature of Language," in *On the Way to Language*, p. 92.

[2] 参见海德格尔：《走向语言之途》，载《海德格尔文集·在通向语言的途中》，第256页。Martin Heidegger, "The Way to Language," in *On the Way to Language*, p. 126.

[3] 《老子》第五十六章。

[4] 参见海德格尔：《语言的本质》，载《海德格尔文集·在通向语言的途中》，第191页。Martin Heidegger, "The Nature of Language," in *On the Way to Language*, p. 92.

[5] 参见同上书，第210—211页。Ibid., p. 107.

动者栖身于示喻,那么也就只有示喻才给出了我们用'是'这个不显眼的词所称道并追随示喻而述说的东西。示喻把'是'释放入被照亮的自由,并且随之进入思想的确定性。""示喻通过无声的聚集的召唤,推动着世界—关系走上它的道路,我们把这种召唤称为静默之声。它就是是之语言。"[1]

语言的局限

有研究者指出:"在《存在与时间》之后,海德格尔发表了一些短篇和论文,为我们勾画了一个个路标,它们关乎通过语言来超越语言之界限、言说不可说之物的一种不断从头开始的努力。"[2] 这个说法比较中肯。海德格尔的确越来越清晰地看到了语言本身在表达思想方面的局限并且试图加以超越,用语言指示出语言不可表达之物。他对示喻的不断强调和反复说明就是这种努力十分典型的体现。

早在1930年的《论真理的本质》中,海德格尔就通过对柏拉图《第七封信》(341C 5)中一句话的翻译即"它不像我们能够学习的其他东西那样可以言说"[3],指出了"不可言说"之物的存在。海德格尔当时的看法是,这种无论如何精确和严格的语言叙述都无法把握之物,往往通过比喻和某种感性形象体现出来。哲学的任务,就是把人带到它的面前,让人自己去体会和思想。比喻与感性形象的表现,无非是某种让人去看的线索。因此,当柏拉图希望表达某种在哲学上具有根本性和本质性的东西的时候,总是以比喻的方式述说。这其实具有某种内在的必然性。他这么做,并非因为他对所说的东西不确定,相反,他非常确定它们不能被描述或者证明,因为在一切真正的哲学中都存在某种东西,对它来说,一切描述与证明,无论在科学意义上如何精确,都不可避免地化为空谈。由于这一事实,柏拉图用洞穴比喻来说明去蔽。这为人们提供了一条关键性的线索,指明如果人们希望切近真之本质,应该向何处探寻和在何处立足。这

---

[1] 参见海德格尔:《语言的本质》,载《海德格尔文集·在通向语言的途中》,第212页。Martin Heidegger, "The Nature of Language," in *On the Way to Language*, p. 108.

[2] 让-弗朗索瓦·马特:《海德格尔与存在之谜》,第22页。

[3] 参见海德格尔:《论真理的本质——柏拉图的洞喻和〈泰阿泰德〉讲疏》,第93—94页。Martin Heidegger, *On the Essence of Truth*, p. 71. 并参见柏拉图:《第七封信》,载《柏拉图全集》第四卷,王晓朝译,人民出版社2003年版,第96页。

种不可描述和不可证明之物才是至关紧要之物,哲学全部努力的目的,就是走到它的近旁。海德格尔还特别强调:"这种不可说之物,就是静默,就是语言。"[1]

这种不可言说并非人头脑糊涂、思维迟钝或者表达能力有限的结果,而是在穷尽语言表达的可能性之后的不可言说。因此,只有在事先已经以适当方式表达出来的东西的基础上,即在哲学的基础上,才能理解不可言说之物。同时,只有了解如何正确地表达可说之物的人,才有可能瞥见不可言说之物。"只有在严格的追问中,我们才有可能来到不可言说之物的近旁。"[2]

上述观点属于海德格尔思想的早期阶段。在后来的思想发展中,他进一步认识到,任何述说都只是处在"通往语言的途中",因为"语词从不表象某物,而只是指向某物,即将其带入它所能述说的境域之内"[3]。"任何在真实意义上被置入语言的东西本质上都比语音和文字表达的东西更丰富,这种东西被写成文字之后就再次陷入沉默。"[4] 语言真正指向的,总是语言之外的东西。这就是关于示喻的思想。因此,文字的表达,只是对真正的思想,即非文字所能表达的内容,亦即自行退隐者的指引,而且是一种有可能使人误入歧途的指引。

海德格尔因此认为,如果人被语言关联于并牵引向退隐者,他就得以切近于后者神秘多变的召唤。当人如此切近之时,他就是在思想。苏格拉底深谙于此,所以终其一生,他从不把自己的思想形诸文字。他所做的一切,只是将自己置入此一牵引,并持守于其中。也正因此,他才是西方最纯粹的思想者。"因为任何人开始写下自己所思之物,都不可避免地成为那种试图逃离强烈的风暴而寻找避难所的人。一段隐而不显的历史保留了这个秘密,即为何苏格拉底之后所有伟大的西方思想家虽然影响深远,却都不得不成为这样一种避难者。思想进入文献,而文献又决定了西方科学

---

[1] 参见海德格尔:《论真理的本质——柏拉图的洞喻和〈泰阿泰德〉讲疏》,第 18 页。Martin Heidegger, *On the Essence of Truth*, p. 13.

[2] 参见同上书,第 94 页。Ibid., p. 71.

[3] 参见海德格尔:《海德格尔文集·乡间路上的谈话》,孙周兴译,商务印书馆 2018 年版,第 111 页。Martin Heidegger, *Country Path Conversations*, trans. by Bret W. Davis, Indiana University Press, 2010, p. 76.

[4] 参见海德格尔:《海德格尔文集·什么叫思想?》,第 240 页。Martin Heidegger, *What Is Called Thinking?*, p. 206.

的命运，后者通过中世纪的教义成为现代的科学。"[1] 这最后一句话的含义即科学不过是僵化的思想。

海德格尔有时候怀疑，语言表达的无能，是否因为从古希腊开始，西方思想就没有把语言的本质把握为是之本质。虽然他们的确经验到示喻，但包括赫拉克利特在内，都从来没有明确地把语言之本质思考为逻各斯的本义，即聚集的置放。如果他们的确如此思考，那么"希腊人就会从是之本质出发思考语言的本质，甚至将其视为是之本质。因为逻各斯就是是者之是的名称。但是这一切并未发生。我们在哪里也找不到一丝痕迹可以表明希腊人直接从是之本质来思考语言之本质，相反，恰恰从希腊人开始，语言被表象为声音，即语音和语调的结合"[2]。也就是说，语言表达的有限性可能出自西方思想的形而上学特性，因而它不可能超越形而上学本身。

但另一方面海德格尔也指出，这个问题可以保持开放。"是否西方语言的本质就专属形而上学，从而永远被终极是论[3]所烙印，或者是否这些语言也提供了另外一些表达的可能，即在静默中述说的可能，这应该是一个开放的问题。"[4] 海德格尔后期思想的尝试，最主要的就是超越语言的这种局限。不过，从中国传统思想来看，语言的有限性恐怕是一个普遍现象。因为语言本身只能建立在对物加以区分和分割的基础上，要还原到物的整全，人就不得不超越语言。此即所谓"筌者所以在鱼，得鱼而忘筌；蹄者所以在兔，得兔而忘蹄；言者所以在意，得意而忘言"[5]。

---

[1] 参见海德格尔：《海德格尔文集·什么叫思想?》，第24—25页。Martin Heidegger, "What Calls for Thinking?," in *Basic Writings*, ed. by David Farrell Krell, Routledge, 1993, p. 382.

[2] 参见海德格尔：《逻各斯》，载《海德格尔文集·演讲与论文集》，第256页。Martin Heidegger, "Logos," in *Martin Heidegger: Early Greek Thinking*, trans. by David Farrell Krell and Frank A. Capuzzi, Harper & Row, 1984, p. 77.

[3] 原文为"die Onto-Theo-Logik"，通常译为"神学本体论"，孙周兴译为"存在—神—逻辑学"，海德格尔用这个词实际上希望表达的是西方思想乃对终极的是者加以探究的思想，与神学并没有必然的联系。

[4] 参见海德格尔：《形而上学的存在—神—逻辑学机制》，载《海德格尔文集·同一与差异》，第86页。Martin Heidegger, *Identity and Difference*, trans. by Joan Stambaugh, Harper & Row, 1969, p. 73.

[5] 《庄子·外物》。

第六章 民族、历史、国家与政治

第一节 历史与天命

历史与历史性

关于历史，海德格尔曾经提出过三个问题：何谓历史？什么是历史的内在可能？历史性之是的内在可能性之根基何在？[1] 对这三个问题的思考体现在海德格尔思想的各个方面。他的基本立场是，只有真正把握历史，准确判断历史的方向，即所谓历史的"天命"，才有可能对现实进行恰切的把握。因此，历史在海德格尔的思想中具有特别的分量，而历史的这种重要地位，也决定了海德格尔本人对历史的独特理解。

海德格尔认为，人的时间性是其历史性的基础："时间性自身体现为人的历史性。人是历史性的，这一命题已被证明为生存论和是论的基础命题。这一点远不同于仅在物论层面上确认人在某种'世界历史'中发生这一事实。"[2] 因此，历史总是人的历史，历史性首先指的就是人的历史性，其次才是人在世间遭遇之物的历史性，后者不仅包括最广泛意义上的当前可用之物，也包括作为周遭世界的自然。之所以非人的是者也可能具有历史性，是因为它们与人一同构成世界。"可以证明，世界—历史性这个流俗概念恰恰来自我们对那种第二位的历史性东西的关注。世界—历史

---

[1] 参见海德格尔：《德国哲学的现状与未来使命》，载《海德格尔文集·讲话与生平证词（1910—1976）》，孙周兴、张柯、王宏健译，商务印书馆2018年版，第384页。

[2] 参见海德格尔：《海德格尔文集·存在与时间》，陈嘉映、王庆节译，熊伟校，陈嘉映修订，商务印书馆2016年版，第452—453页。Martin Heidegger, *Being and Time*, trans. by Joan Stambaugh, State University of New York Press, 2010, p. 317.

性的东西之所以不具备第一位的历史性,主要并不是因为历史学的对象化,而是因为它们本身就是在世界之中被遭遇的是者。"[1]

历史首先是人的历史,同时历史性也只能通过人的时间性加以理解。"对人的历史性的分析力图表明的是:这一是者并非因其'处于历史之中'才是'时间性的',相反,恰恰因为他之所是从根本上是时间性的,所以他才历史性地生存着而且能够历史性地生存。"[2] 这种关于时间性与历史性的关系的思想,并非简单的语词顺序的颠倒,而是表现出对历史完全不同的理解,即历史并非一系列实际发生的事件的链条,而是在每一个时间点上被抛的是者即人基于过去对未来可能性加以选择的结果。

因此,历史性就是人在时间中成其所是的方式,它意味着过去对当下的作用。但是过去并非已经消逝,而是来自未来,因为人对未来的投射基于过去,又可以在未来改变过去的结果。历史性使过去、现在与未来连为一体。海德格尔认为,一切关于历史性的研究都是人在物论意义上的可能性。人之所是在时间性中发现它的意义,而时间性又是历史性即人之所是的时间形式得以可能的条件。历史性指的是人之"发生"的构成,只有在其基础上,类似世界历史这样的东西才有可能。因此,历史性先于历史。就人而言,其实际所是总是他过去之所是,也就是说他总是自己的过去。这不仅意味着过去从后面拉扯着人,而且也意味着人拥有作为一种财富的过去,后者在当下仍然存在并且时而对人产生影响。但人"是"他的过去的方式,乃至他的当下所是,都从未来而来。人在任何时间点上都以此方式生存,并且理解着这种生存。这一理解揭示着,同时也规定着人之所是的可能性。"他本人的过去,而这通常也就意味着他这一代人的过去,并不追随于他的身后,而总是已经行走于他之前。"[3]

简言之,在海德格尔看来,历史性就是过去、现在与未来的统一,而历史就是具体化的被抛的投射;过去并非某种不可改变的事实,而是未来创造的基点。"历史作为历事从未来得到规定,它承受过去,在当下以其自身的方式行动和持续。当下恰恰在历事中消隐而去。"[4] 海德格尔因此

---

[1] 参见海德格尔:《海德格尔文集·存在与时间》,第 516 页。Martin Heidegger, *Being and Time*, p. 363.

[2] 参见同上书,第 510 页。Ibid., p. 359.

[3] 参见同上书,第 29—30 页。Ibid., p. 19.

[4] 参见海德格尔:《海德格尔文集·形而上学导论》,王庆节译,商务印书馆 2017 年版,第 52—53 页。Martin Heidegger, *Introduction to Metaphysics*, trans. by Gregory Fried and Richard Polt, Yale University Press, 2000, p. 47.

强调:"历史指的主要不是过去之事意义上的'过去',而是由之而来的结果。'拥有历史'的东西都居于某种变易的环境。'进展'有的时候是上升,有的时候是下降。任何以这种方式'拥有历史'之物同时也能够'创造'历史。'创造时代'同时就在'当下'定义了未来。历史意味着'事件的联系',这是一种创造性的连续,在'过去'、'现在'与'未来'之间穿行。过去在这里并没有特别的优先性。"[1]

海德格尔强调:历史并非人与事的过往,真正的历史乃是之历史。"历史始终与是的开启有关,否则就根本没有历史。"[2] 反过来,是就是历史中的是,而这一切都是人对可能性的尝试的结果。"所谓'历史性',指的是归属于是的本质发生,被嵌入是之真的困厄,并且因此被维系于从根本上支配着历史之本质及其本质发生的决断的必然性。"[3] 因此,历史也就是人对是的认识即人被是所涵有的历史。"历史只能建基于是之本质,也就是说,只能建基于是与人的关系,而人本身就是这种关系。"[4] 严格地讲,"只有人才可能具有历史性,因为人存在于真之中"[5]。海德格尔正是在这个意义上认为,哲学的开端、人类历史的肇始,以及本源意义上作为涌出的自然的首次显现,这三者在相同的世界—时刻一同发生。[6] "人之本质在此显现为第一次使是向人开放的关系。人之所是,作为理解着聚集着的急需,就是通过技艺进入自由的渴望,就是对是的作用的理解。由此就有了历史。"[7]

在海德格尔看来,人朝向是的敞开,就是人绽出的生存,就是人的可能性的实现。绽出生存的基础在于此间之是,虽然长期以来这一本质性的

---

[1] 参见海德格尔:《海德格尔文集·存在与时间》,第512页。Martin Heidegger, *Being and Time*, p. 361.

[2] 参见海德格尔:《现代科学、形而上学和数学》,载孙周兴选编:《海德格尔选集》下,上海三联书店1996年版,第882页。Martin Heidegger, "Modern Science, Metaphysics, and Mathematics," in *Basic Writings*, ed. by David Farrell Krell, Routledge, 1993, p. 304.

[3] 参见海德格尔:《海德格尔文集·哲学论稿(从本有而来)》,孙周兴译,商务印书馆2014年版,第499页。Martin Heidegger, *Contributions to Philosophy (Of the Event)*, trans. by Richard Rojcewicz and Daniela Vallega-Neu, Indiana University Press, 2012, p. 333.

[4] 参见同上书,第583页。Ibid., p. 387.

[5] 参见海德格尔:《德国哲学的现状与未来使命》,载《海德格尔文集·讲话与生平证词(1910—1976)》,第388页。

[6] 参见查尔斯·巴姆巴赫:《海德格尔的根——尼采、国家社会主义和希腊人》,张志和译,上海书店出版社2007年版,第292页。

[7] 参见海德格尔:《海德格尔文集·形而上学导论》,第204页。Martin Heidegger, *Introduction to Metaphysics*, p. 181.

基础未曾被筑牢。绽出的生存并非发生意义上的实存，亦非人在生存论意义上的道德努力。它基于真之自由，是向着是的无蔽状态的开启。在西方，"历史性的人类绽出的生存始于这样一个时刻，即最初的思想家通过思考什么是是者而对其无蔽状态采取了一种追问的立场。在此追问中，人第一次经验了无蔽状态。作为整体的是者第一次把自身揭示为自然，这个自然在此并非是者的一个特殊领域，而是是者整体，特别是在涌出的呈现意义上的整体。只有当是者被明确地牵引到它们的无蔽状态中并被保持于此，只有当这种保持被理解为关于是者的追问的时候，历史才开始发生。对是者整体原始的去蔽，关于是者的追问，以及西方历史的发生，乃同一件事情。它们在一个'时间'共同发生，这个时间本身无人度量，但第一次为一切度量开启了那个开放的领域"[1]。

海德格尔指出，思想本质上就是对是的思想，它被是所涵有而关联于是本身。"是已经被天命分派给思想，是乃思想的天命。天命本身具有历史性。"[2] 因此，思想的历史也就是是的历史。"作为对是之真的思考，思想具有历史性。并不存在'体系性'的思想，以及作为补充的对过去观念的解释性的历史。同样也没有如黑格尔所考虑的那样一个单一体系，它可以让自身的思想法则纳入历史法则，同时又让历史法则从属于这个体系。如果以更为本源的方式思考，那么只有是之历史，从属于它的是作为对这一历史的回忆，同时被它所涵有的思想。……历史首先并不作为事件发生。"[3]

思想总是历史性的思想。但另一方面，海德格尔借荷尔德林的诗指出，历史也只有在思想中方有可能。"由于人已经置身于某种持存物之呈现，他才能将自己暴露给可变者、来而复去者，因为只有持存者才会变化。只有当'奔流的时间'被区分为当前、过去和未来，人们才有可能就某种超越时间之物达成共识。自'有时间'之时起，我们就是一场对话。自时间产生并止于某处，我们就是历史性的。作为一场对话和作为历史性

---

[1] 参见海德格尔：《论真理的本质》，载《海德格尔文集·路标》，孙周兴译，商务印书馆 2014 年版，第 221—222 页。Martin Heidegger, "On the Essence of Truth," in *Pathmarks*, ed. by William McNeill, Cambridge University Press, 1998, p. 145.

[2] 参见海德格尔：《关于人道主义的书信》，载《海德格尔文集·路标》，第 431 页。Martin Heidegger, "Letter on 'Humanism'," in *Pathmarks*, p. 275.

[3] 参见同上书，第 398 页。Ibid., p. 255.

的,这两者同样古老,它们彼此相属,一体两面。"[1] 人因成为一场对话即进入思想而具有历史。正是在此意义上,海德格尔指出:"只有建基于此间之是的历史,才拥有归属于是之真的保障。"[2]

在把历史理解为是之历史的基础上,海德格尔区分了普遍的和个性的历史观。前者是启蒙的结果,它本身又具有历史根源,是当时数学性自然科学与理性主义思想的绝对统治的产物。[3] 后者则来自赫尔德。海德格尔指出:与代表普遍历史观的康德等人不同,在赫尔德那里,历史意识得到了决定性的洞见,即从非理性的、多样的丰富性中认识历史,从而能够看到每一个民族、每一个时代以及每一种历史显现的独立性与独特价值。另外,在赫尔德那里,进步的目标也不再是抽象的理性主义的幸福和美德。相反,"每个民族都具有其幸福的内在核心,如同每一个球体都有其重心一样。""必须关注个体性的、在质的方面具有独创性的行动中心与环境。'本己性'范畴充满了意义,并且与一切生活领域相关联,而这些领域也因此第一次显现出它们的样态"[4]。

海德格尔明显倾向于后一种对历史的把握方式。原则上说,这种历史观既承认不同民族历史的多样性和可变性,也使其未来向不同的可能性开放。海德格尔不仅强调每一个民族历史的独特性,同时也强调每一个人的"历史性"。他认为,人是历史的、具体的人,因此既不能将其视为某个抽象的我们与群体,也不能将其视为某个抽象的"我"或者个体。他指出了以下几个要点:第一,人的本质从来只是问题而不是答案;第二,对此问题的追问在本源的意义上是历史性的,这种追问才创造了历史;第三,只有在对是的追问中,方可提出人之所是的问题;第四,只有是在追问中开启自身,历史以及人之所是才会发生;第五,这种追问使人回归其所是与必然是的是者;第六,只有作为追问者,历史性的人才能达于自身并拥有自身,而人的自我性则意味着他必须把向其开放的是转变为历史,并持立

---

[1] 参见海德格尔:《荷尔德林和诗的本质》,载《海德格尔文集·荷尔德林诗的阐释》,孙周兴译,商务印书馆2014年版,第42页。Martin Heidegger, "Hölderlin and the Essence of Poetry," in *Elucidations of Hölderlin's Poetry*, trans. by Keith Hoeller, Humanity Books, 2000, p. 56.

[2] 参见海德格尔:《海德格尔文集·哲学论稿(从本有而来)》,第37页。Martin Heidegger, *Contributions to Philosophy (Of the Event)*, p. 25.

[3] 参见海德格尔:《现象学与先验的价值哲学》,载《海德格尔文集·论哲学的规定》,孙周兴、高松译,商务印书馆2015年版,第148页。Martin Heidegger, "Phenomenology and Transcendental Philosophy of Value," in *Toward the Definition of Philosophy*, trans. by Ted Sadler, Continuum, 2002, pp. 112-113.

[4] 参见同上书,第149页。Ibid., pp. 113-114.

其中；第七，因为人是历史性的，所以关于人之所是的问题就必须从"什么是人？"转变为"谁是人？"。[1]

海德格尔正是从这样一种面向可能的历史观出发，提出了他对历史学的任务和使命的独特理解，即历史研究并非重现过往，而是发现过去的可能，并在此基础上发现当下的可能。因此，历史学的对象到底应该是一系列独特的、个体性的事件，还是历史的规律，这一提问在方向上就有错误。历史学真正的课题既非单纯的事件，亦非飘浮于这些事件之上的某种普遍性，而是实际存在过的可能。但是，这些可能并非超越时间的苍白印象，而必须体现为绝对命运的本真的历史性，如此才能通过重现可能的"力量"而揭示曾经在此之是的历史，并且在其未来性中进入事实性。如果历史学出自本真的历史性，通过重现曾经在此的人的可能性而揭示过往，那么它展现的就是独特性中的普遍性。

因此，历史学绝非通过过往对当下的确认，即描绘一条从当下返回过去的通道。"相反，即便是历史性的揭示也要从未来出发将自己时间化。对历史学可能对象的'选择'已经在历史性的此间之是事实性的生存选择中被决定，历史学在其中才第一次产生，并且独特地是其所是。"[2]简言之，强调对历史中可能性的认识，意味着"理解历史无非就是理解我们自身。当然这不是指去认识我们可能为自己做些什么，而是指我们去经验我们应该做什么。对过去的涵有意味着以对过去有所歉疚的方式认识自己"[3]。换言之，"本真的历史性把历史理解为可能之事的'重返'，并且知道：只有当生存在那一瞬间、在天命中、在决断性的重复中向其开放的时候，这种可能性才会重返"[4]。"重返"意味着对可能的体验，历史的可能取决于人当下的决断，历史研究面向未来。正因为海德格尔具有这样一种对历史的理解，所以他对于他的时代的历史学几乎持完全排斥的态度。

---

[1] 参见海德格尔：《海德格尔文集·形而上学导论》，第172—173页。Martin Heidegger, *Introduction to Metaphysics*, pp. 152–153.

[2] 参见海德格尔：《海德格尔文集·存在与时间》，第532—353页。Martin Heidegger, *Being and Time*, p. 375.

[3] 参见海德格尔：《海德格尔文集·柏拉图的〈智者〉》，熊林译，商务印书馆2015年版，第12页。Martin Heidegger, *Plato's Sophist*, trans. by Richard Rojcewicz and André Schuwer, Indiana University Press, 2003, p. 7.

[4] 参见海德格尔：《海德格尔文集·存在与时间》，第528页。Martin Heidegger, *Being and Time*, p. 372.

海德格尔也被称为历史主义者，其原因是他始终坚持从历史的角度理解一切问题，包括对形而上学的追问。他指出：这种追问是历史性的，"因为它开启了人的此间之是在其本质关系，即与是者及其整体的关系中的发生，将其开启到至今尚未被问及的可能、人所面临的未来上面，同时也将其维系到曾经的开端，并因此而在当下将其锐化和强化。在此追问中，我们的此间之是被召唤至其真正的历史中，并被要求在其中作出决断"[1]。这种追问的立场与意义都是历史性的，它置身于历史的发生中。海德格尔在此显然是以另一种方式强调是的历史性——"历史在此并非指是者诸多领域中的一种，相反，它唯一地着眼于是的本质发生。"[2]

海德格尔对历史性的强调，实则出于他对是的具体性和时间性的根本认识。是乃具体的是、时间中的是，因而在不同的时刻有不同的是。也就是说，"是"具有其时代本质。"我们能够最直接经验的是之时代特征，就是此间之是绽出的生存。是的时代本质涵有此间之是的绽出本质。人的生存承载着绽出，从而也保留了是的时代性因素，此以及此间之是的本质即是之时代本质。"[3] 是之时代本质亦即人之时代本质，它决定了人在每一个时代的绽出的生存，又被人的生存所彰显。"在不同的时代，是，即历史性，不可能相同。"[4]

海德格尔就时代与是的关系进行过如下说明：在希腊语中，时代即ἐποχή 指的是自持，因此时代并非时间的某个阶段，而是是之呈送、是之自持。并非时间决定了是的不同特征，而是是之呈现决定了不同的时代。海德格尔列举了不同时代的思想家对是的表述，比如柏拉图的型相、亚里士多德的实现、黑格尔的绝对理念，以及尼采的力量意志等。"这些都并非偶然提出的学说，而是是的语词，是对在呈送中遮蔽自身者发出的要求，对在'有、它给出、是'中发出的要求的回答。是总是被保持在回退

---

[1] 参见海德格尔：《海德格尔文集·形而上学导论》，第 53 页。Martin Heidegger, *Introduction to Metaphysics*, p. 47.

[2] 参见海德格尔：《海德格尔文集·哲学论稿（从本有而来）》，第 41 页。Martin Heidegger, *Contributions to Philosophy（Of the Event）*, p. 27.

[3] 参见海德格尔：《阿那克西曼德之箴言》，载《海德格尔文集·林中路》，孙周兴译，商务印书馆 2015 年版，第 384 页。Martin Heidegger, "Anaximander's Saying," in *Off the Beaten Track*, trans. by Julian Young and Kenneth Haynes, Cambridge University Press, 2002, pp. 254-255.

[4] 参见海德格尔：《海德格尔文集·哲学论稿（从本有而来）》，第 36 页。Martin Heidegger, *Contributions to Philosophy（Of the Event）*, p. 24.

着的呈送中，同时又通过丰富的时代性变化被思想揭示出来。"[1] 因此，时代乃是之变化的反映，即在时间中体现出来的是。"当是持守于其天命时，世界就突然而出人意料地发生了。世界历史的每一个时代都是一次'转轨'。是的时代本质属于是被遮蔽的时间特性，并且指向由是出发思考的'时间'的本质。"[2]

海德格尔把是的时代特征解释为是之真的天命呈送的结果。"发生和历史实际上指的是天命、指定和安排。如果要用德语准确地表示，我们不能说历史（'die'Geschichte），即发生，而应该说派送（'das Geschicht'），即是之分派。……但是，如果去蔽乃真之本质，如果与真之本质的转变相应，是之分派的本质也发生了变化，那么'历史'的本质就是真之本质的转变。"[3] 因此，不同时代关于是者之是及其对是者的决定方式具有不同的理解，比如中世纪的理解就不同于亚里士多德的。这并不是因为中世纪的神学家们误解了亚里士多德。他们并没有误解他，而是以不同的方式对他进行了解释，因为是向他们呈现的方式已经发生了变化。[4]

当然，时代的变迁并不意味着它们之间没有传承，没有关联，但这种关联具体而多样，既非偶然，亦非可以算计的必然，人们对之只能因应而无法预判。"是一如既往地通透和照亮自身，虽然方式各不相同，比如以闪现的方式，以时隐时现的方式，以呈现的方式，以相对而立的方式，等等。这不过是单纯的列举，远非对是之整体天命中各个特定时代的洞见。它们如幼芽般突然萌出。时代不可相互推演，也不能被置入某种行进过程的轨道。当然，从一个时代到另一个时代，也还是有一种遗产的传承，但它们并非时代之间相互联结的纽带。相反，遗产总是来自天命的被遮蔽之物，正如发源于同一源泉的溪流，它们又汇入一条河谷。源泉无所不在，

---

[1] 参见海德格尔：《时间与存在》，载《海德格尔文集·面向思的事情》，陈小文、孙周兴译，商务印书馆2014年版，第15—16页。Martin Heidegger, *On Time and Being*, trans. by Joan Stambaugh, Harper & Row, 1972, pp. 9-10.

[2] 参见海德格尔：《阿那克西曼德之箴言》，载《海德格尔文集·林中路》，第383—384页。Martin Heidegger, "Anaximander's Saying," in *Off the Beaten Track*, p. 254.

[3] 参见海德格尔：《海德格尔文集·巴门尼德》，朱清华译，商务印书馆2018年版，第80页。Martin Heidegger, *Parmenides*, trans. by André Schuwer and Richard Rojcewicz, Indiana University Press, 1992, p. 55.

[4] 参见海德格尔：《根据律》，载《海德格尔文集·根据律》，张柯译，商务印书馆2016年版，第168页。Martin Heidegger, *The Principle of Reason*, trans. by Reginald Lilly, Indiana University Press, 1991, p. 79.

又无处可寻。"[1] "适时者在天命中、在时代的相互归属中显现自身。时代在其相继中彼此重叠,从而使作为呈现的是之本源性呈送以不同的方式变得愈益模糊。"[2]

是与天命

海德格尔晚年时表示,对于为何某事以此种方式而非彼种方式发生这个问题,至少在被定义为科学规律的知识的意义上,人们还一无所知。正是出于这一原因,他才冒险讨论了"是之天命"(Geschick)这个早在西方文明的开端就已经通过希腊思想与人首次照面的问题。他提出:"是否有一天我们最终能够从天命的角度思考历史,而不是将其表象为各种事件的连续?这就是思想的任务,对思想来说'诗乃有益的危险'。诗始终忠实于开端性的涌出的位置,与之相反,思想及世界向哲学的转变则决定了我们今天走上的道路。用索福克勒斯的话说,我们'迷失自身',虽然如荷尔德林所言,我们也许认为我们'该当如此'。"[3]

海德格尔这段话清楚表明了他所说的天命的含义,即历史中超出人的理性预期的特征,或者在历史的变与不变中存在的某种非人力所及的因素。因此,历史并非一系列过往事件简单的因果连接,而是它们在断裂中的承续。用海德格尔的话来说,就是"由于历史乃是之呈送,而且总是突然进入光亮,所以历史总是在出其不意中被开端的本源性所涵有"[4]。在他看来,这种"出其不意"才是历史性真正的意义所在。虽然"任何历史运动都不可能跳出过往而完全重新开始",但"某个历史性运动越是通过在我们立足的领域创建一种新秩序而激进地超越以往之物,即本源性地

---

[1] 参见海德格尔:《根据律》,载《海德格尔文集·根据律》,第 193 页。Martin Heidegger, *The Principle of Reason*, p. 91.

[2] 参见海德格尔:《时间与存在》,载《海德格尔文集·面向思的事情》,第 15 页。Martin Heidegger, *On Time and Being*, p. 9.

[3] 参见海德格尔:《海德格尔文集·讨论班》,王志宏、石磊译,孙周兴、杨光校译,商务印书馆 2018 年版,第 344—345 页。Martin Heidegger, *Four Seminars*, trans. by Andrew J. Mitchell and François Raffoul, Indiana University Press, 2003, p. 9.

[4] 参见海德格尔:《海德格尔文集·巴门尼德》,第 239 页。Martin Heidegger, *Parmenides*, p. 163.

为历史建基,它就越具有历史性"。[1]

因此,历史性虽然来自时间性,但又有别于时间性,因为历史性总是意味着某种意外,从而也就意味着某种不同的可能。海德格尔指出:在德语的日常用语中,置送即天命意味着"通路的开启",故而他也在此意义上把引领人们走上去蔽之路的开端称为天命的置送。通过天命的置送,一切历史的本质才得以决定。就此而言,历史并不仅仅是编年史的书写对象,也不是单纯的人类活动的过程。"这些行动只有作为天命之物才会进入历史。同样,历史之物只有被天命置送到对象化的表象之中,才有可能成为作为一门科学的历史学研究的课题。"[2]

天命之为天命,就因为它的袭来出人意料。海德格尔以希腊人为例指出:作为开启者,即让是发生的"奇点",人的此间之是乃一种突发事件,在其中被释放的是及其强力突然涌出并作为历史而发生。对于此间之是的这种突发性和独特性,希腊人具有深切的感悟。并非他们自己决定要为未来几千年的西方世界创造某种文化,而是他们被是逼入这种感悟,是则向他们把自身揭示为自然、逻各斯和秩序(δίκη)。[3] 因此,天命并非某种预先给定并在某处等待人们之物,相反它是被传统置送到某个共同体的种种历史可能性,是在与其历史根源的不可避免的对峙中,并通过这一对峙而不断带出的种种可能性的聚集。[4]

因此,天命本质上即是之天命。"我们还是习惯于,因而太倾向于把天命的东西理解为实际发生的东西,并将其表象为可以由历史学决定的事件进程。我们把历史摆置入发生之事的领域,而不是从天命的角度依据其本质起源来思考历史。天命本质上即是之天命。是因应于它,作为天命而

---

[1] 海德格尔:《海德格尔文集·尼采》上卷,孙周兴译,商务印书馆2015年版,第29—30页。Martin Heidegger, *Nietzsche Volume I: The Will to Power as Art*, trans. by David Farrell Krell, Harper & Row, 1991, p. 26.

[2] 参见海德格尔:《技术的追问》,载《海德格尔文集·演讲与论文集》,孙周兴译,商务印书馆2018年版,第26—27页。Martin Heidegger, *The Question Concerning Technology and Other Essays*, trans. by William Lovitt, Garland Publishing, 1977, p. 24.

[3] 参见海德格尔:《海德格尔文集·形而上学导论》,第198页。Martin Heidegger, *Introduction to Metaphysics*, pp. 174–175.

[4] 参见查尔斯·巴姆巴赫:《海德格尔的根——尼采、国家社会主义和希腊人》,第50页。

本质发生，并因此以注定的方式转变自身。"[1] 正是是的要求，人才被引入其本质，因为只有在是之置送中，以及由此而来，人才具有天命，同时作为具有天命的是者被迫去发现适宜之物，而这当然也就意味着他可能失去适宜之物。[2]

海德格尔承认，"是之天命"这个表述的含义，对于几乎已经完全降格为对象性认知的现代思维来说的确难以理解。"是之天命既不是某种自持的持续进程，也不是某种与我们面对之物。更可能的是，天命本身体现为是与人类本质的结合。"[3] 因此，是之天命不可对象化，相反，它就是人自身，是人的可能性。"历史本质上作为是之真的天命，并且由此发生。……是进入其天命，意味着是给出自身。从天命的角度来思考，就应该说它在给出自身的同时，又拒绝给出自身。"[4] 由此产生了历史的多种可能。

海德格尔强调，人并非单纯地接受是之置送即天命。因为人之所是不仅是被抛，同时也是投射。在投射中，抛掷的轨道以某种方式开放或者封闭自身，并且因此而改变，这就是人对自身的超越。它使人以最高的形式接纳迎面而来之是，承受它并意欲它。这种承受远远超过任何悲伤与无奈的忍受，它是真正的痛苦，但也是真正的创造。[5] 只有在这种承受中，天命的置送才会攫住人们，并将其置送入他们的使命。[6]

需要注意的是，并非人所面临的任何传统与现实处境都具有天命的特征，天命与被抛状态因此具有根本性的区别。海德格尔使用天命这个表述，强调的恰恰是人从传统和现实的束缚下脱身，重新面对人之可能的契机。就此而言，传统恰恰是人在禀受是之天命时需要超越的力量，因为传

---

[1] 参见海德格尔：《观入存在之物：1949 年不莱梅演讲》，载《海德格尔文集·不莱梅和弗莱堡演讲》，孙周兴、张灯译，商务印书馆 2018 年版，第 84 页。Martin Heidegger, "Insight Into That Which Is: Bremen Lectures 1949," in *Bremen and Freiburg Lectures*, trans. by Andrew J. Mitchell, Indiana University Press, 2012, pp. 64-65.

[2] 参见海德格尔：《根据律》，载《海德格尔文集·根据律》，第 143 页。Martin Heidegger, *The Principle of Reason*, p. 68.

[3] 参见同上书，第 196 页。Ibid., pp. 93-94.

[4] 参见海德格尔：《关于人道主义的书信》，载《海德格尔文集·路标》，第 398 页。Martin Heidegger, "Letter on 'Humanism'," in *Pathmarks*, p. 255.

[5] 参见海德格尔：《荷尔德林的颂歌〈日耳曼尼亚〉与〈莱茵河〉》，张振华译，商务印书馆 2018 年版，第 212 页。Martin Heidegger, *Hölderlin's Hymns "Germania" and "The Rhine"*, trans. by William McNeill and Julia Ireland, Indiana University Press, 2014, p. 160.

[6] 参见同上书，第 213 页。Ibid.

统的统治往往遮蔽了它的源泉,并使之难以辨识。人们从传统承继下来的通常是那些显而易见并阻断了遥远过去的生机之物。传统甚至让人完全忘记了这样一片领域,从而根本意识不到返回起源的必要性。"传统连根拔除了人的历史性,使人只有通过那些遥远陌异的文化才会对可能的类型、方向和哲思起点的多样性发生兴趣,并且试图通过这种兴趣掩饰其自身的漂泊无据。其结果就是,虽然有各种历史的兴趣和语文学的'客观'解释的热情,人却不再理解作为创造性的涵有而积极地重返过去所需的根本条件。"[1]

"天命"不同于通常略带消极意义的"命运"(Schicksal)。海德格尔表示:"当我们把天命这个词与是一同使用时,我们指是向我们袭来,同时通透和照亮自身,并且在通透中配置让是者得以显现的时间—游戏—空间。从是之天命的角度思考,是之历史就不被理解为某种具有经历和过程特征的发生。相反,历史的本质在是之天命、在作为天命的是以及在回退中向我们给出自身者的基础上被规定。"[2] 他就诗人荷尔德林对天命的理解指出:诗人并不是在"宿命"和"厄运"的意义上思考"天命",前者意味着自身封闭的是者整体中某种不可穿透的、无意志的、不可知的进程。荷尔德林的思想予以创造性超越的,恰恰是这样一种对天命的宿命式理解。[3]

除上述区分之外,海德格尔通常在个人层面上使用命运一词,而在群体和民族层面上使用天命一词。因此,命运更多与个人的决断相关,而天命则更多与一个民族在历史中的"被抛的投射"相关。当然,它们也具有相同点,个人的命运与民族的天命既是它们各自的历史性的基本前提,也是人的可能性的基础。在海德格尔看来,命运即对人的有限性的意识,以及在这种有限性中的决断,是人作为可能性的根本体现。"所谓命运,即人在决断中把自身置于此时此地之事。天命则是此间之是在共同是中的发生,它同样建基于决断。命运性的天命可以通过再现明确揭示出来,因为它被维系于自身禀受的传承。"[4]

---

[1] 参见海德格尔:《海德格尔文集·存在与时间》,第 32 页。Martin Heidegger, *Being and Time*, pp. 20–21.

[2] 参见海德格尔:《根据律》,载《海德格尔文集·根据律》,第 130 页。Martin Heidegger, *The Principle of Reason*, p. 62.

[3] 参见海德格尔:《荷尔德林的颂歌〈日耳曼尼亚〉与〈莱茵河〉》,第 209 页。Martin Heidegger, *Hölderlin's Hymns "Germania" and "The Rhine"*, p. 158.

[4] 参见海德格尔:《海德格尔文集·存在与时间》,第 522 页。Martin Heidegger, *Being and Time*, p. 368.

海德格尔认为，命运是一种用以应对灾祸的更强大的无力之力，是为应对惶恐而在静默中向自身的罪欠感投射的力量。命运以牵挂的是之结构即时间性作为自身可能性的是论前提。只有当死亡、罪欠、良知、自由和有限性同样本源地存在于是者之是中，并且在牵挂之中聚为一体的时候，这一是者才能以命运的形式生存。[1]"命运意味着对人的有限可能性，以及由之而来的在这些可能性的流动中个人选择和决断的重要性的意识。人之所以有其命运，是因为他在自身的可能性中进行决断，以及这种决断性的历史意义。"[2] 因此，人并非被命运决定只能如此生存，而是通过被抛的投射接管并重获自身。"如果命运构成了人本源的历史性，那么历史的本质意义就既不在过去和当下，也不在其与过去的联系，而在于出自人的未来的本真性生存的发生。作为一种人之所是的形式，历史的本质根源在于未来。"[3]

关于个人的命运与民族或者共同体的天命之间的关系，海德格尔有如下论断："如果命运性的个人本质上作为与他人共同是的世间之是生存，那么他之所是的发生就是共同发生，就被天命所规定。我们用这个词表达共同体和民族的发生。天命并非个人命运的集合，与他人共同是也不能被理解为若干主体的相互发生。他们的命运已经事先被同一世界中的共同是以及对有限可能的决断所规定。在人的交往和斗争中，天命的力量才变得自由。个人在其同代人中并且与其同代人共有的命运性的天命，构成了完整的、本真的此间之是的发生。"[4] 简言之，个人的命运被共同体的天命所规定，而人们在共同是中、在共同的交往和斗争中对自身命运的决断，就有可能使共同体的天命成为自由。

对"历史科学"的批判

海德格尔历史思想中一项重要的内容就是对近现代西方"历史科学"及其所体现的历史主义的批判。他认为，近现代史学受自然科学的影响，

---

[1] 参见海德格尔：《海德格尔文集·存在与时间》，第520页。Martin Heidegger, *Being and Time*, p. 366.

[2] Michael Gelven, *A Commentary on Heidegger's Being and Time*, Northern Illinois University Press, 1989, p. 206.

[3] 参见海德格尔：《海德格尔文集·存在与时间》，第521—522页。Martin Heidegger, *Being and Time*, p. 367.

[4] 参见同上书，第520页。Ibid., p. 366.

渴望找到它所依从的普遍法则,从而在根本上错失了历史的本质与意义,即那些独一无二的事件发生。海德格尔本人对历史知识有完全不同的认识,认为"历史知识的对象既非被孤立出来的个体,亦非普遍者或者法则,而是独一无二的个体。个体性是伟大者的本质,但也是卑下者和堕落者败坏的本质。个体性乃历史的本质形态与对象特征。对相关个体性的经验和探究本身对知识来说也意味着一种独一无二的立场。独一无二者的共处样式,其世界特征就是孤独。孤独并不意味着封闭与排斥,而是进入和伸展到没有任何共同体曾经达到过的源初统一性"[1]。

"历史科学"在近代思想中获得的统治地位与主体性思维的盛行密切相关。海德格尔指出:"把人表象为主体与把历史表象为历史学,这两者有共同的起源。它们来自近代,并且在辩证法中得到了它们极端统一的发展。"在这种时代环境下,要真正把握历史的可能性,就需要某种类似运气的东西。"鉴于主体性和历史学从未中断的统治地位,我们倘若能够穿透这个时代,感知到引导世界之思想的轻柔足音,从未来追溯其本源,以便使它的到来与我们相涉,实为幸事一件。"[2]

海德格尔认为,方法论和认识论上的问题只是现代历史学失误的一个方面,他同样反对的是这种知识的基本追求。他指出,现代史学无非是"出于当下的算计而对过去事实的确证和解释。在历史学的视野中,是者被预先认定为可以配置、可以制造和可以设定之物(型相)"。"作为这样一种事业的历史学,就是一场持续的比较,通过引入某个他者,使人类得到某种获得进步的印象。这种比较离开自身,是因为它无法面对自身。"[3] 在海德格尔看来,历史学不过是思想试图用过往证明当下的一项"事业"。他因此表示:"'历史学'无非是对过去和未来的生产。为此当下被安排为对象与条件。"[4]

海德格尔反对这样一种历史学,就是因为它完全抹杀了他本人所理解的历史本身,即充满不确定性和可能性的是与天命。他认为,"历史乃作

---

[1] 参见海德格尔:《荷尔德林的颂歌〈日耳曼尼亚〉与〈莱茵河〉》,第275—276页。Martin Heidegger, *Hölderlin's Hymns "Germania" and "The Rhine"*, p. 207.

[2] 参见海德格尔:《思想的基本原则:1957年的弗莱堡演讲》,载《海德格尔文集·不莱梅和弗莱堡演讲》,第121页。Martin Heidegger, "Basic Principles of Thinking: Freiburg Lectures 1957," in *Bremen and Freiburg Lectures*, p. 96.

[3] 参见海德格尔:《海德格尔文集·哲学论稿(从本有而来)》,第584—586页。Martin Heidegger, *Contributions to Philosophy (Of the Event)*, pp. 388-389.

[4] Martin Heidegger, *Mindfulness*, trans. by Parvis Emad and Thomas Kalary, Bloomsbury Academic, 2016, pp. 154-155.

为玄同的是，必须在此基础上接受其本质的不确定性，即历史独立于一切关于变易或者发展的概念，独立于历史学的考察与解释"[1]。真正的历史不可能被决定，也没有预先确定的发展路径。因此，"历史学恰恰是对未来以及对我们与天命的到来之间的历史性联系的持续摧毁"[2]。

所以，对海德格尔来说，历史与历史学是完全不同的两回事。他一再强调，必须把历史性的东西与历史学的东西明确区分开来。"历史是罕有的。只有真之本质本源性地被决定之际才有历史。"[3] 历史并非过去事件的连缀，而是是之置送，是作为"过去的可能性"的天命，是真的发生。海德格尔甚至认为，开启历史的是神性之物。"神性本源性地先行裁定人类和诸神，决定它们是否是，它们是谁，它们如何是和何时是。"[4] 与之相比，历史学是关于过往的信息与知识，是根据当下对过去的"想象"，"是通过对过去与现在之间的平衡而进行的算计。"[5] 历史学宣扬历史对未来的决定意义，此即所谓的历史主义，而后者已经成为一种社会控制工具。"历史主义在今天不仅未被克服，而且正在进入其扩张和稳固的新阶段。通过无线电和报刊形成的对世界的公共想象进行的技术性组织，正是历史主义支配地位的典型形式。"[6]

海德格尔曾经把尼采所谓的追求力量的意志归结为追求意志的意志，并且认为这种意志是对天命的规避，虽然它表现为完全把握人的未来与命运的强烈意愿。在对天命的规避中，自然科学中对确定性的追求被扩展到历史中来，真正的历史即人的可能性从根本上被拒绝。在海德格尔看来，追求意志的意志就是历史主义的本质。"追求意志的意志既不理解天命，也不允许对天命的认识，所以规避一切天命，即我们所理解的为是者之是提供的那一片开放域。由于没有了天命，追求意志的意志使一切僵化不

---

[1] 参见海德格尔：《海德格尔文集·哲学论稿（从本有而来）》，第585页。Martin Heidegger, *Contributions to Philosophy (Of the Event)*, p. 388.

[2] 参见海德格尔：《阿那克西曼德之箴言》，载《海德格尔文集·林中路》，第369页。Martin Heidegger, "Anaximander's Saying," in *Off the Beaten Track*, p. 246.

[3] 参见海德格尔：《〈如当节日的时候……〉》，载《海德格尔文集·荷尔德林诗的阐释》，第88—89页。Hölderlin, "As When On a Holiday," Martin Heidegger, *Elucidations of Hölderlin's Poetry*, p. 97.

[4] 参见同上书，第89页。Ibid., pp. 97-98.

[5] 参见海德格尔：《海德格尔文集·巴门尼德》，第93页。Martin Heidegger, *Parmenides*, p. 64.

[6] 参见海德格尔：《阿那克西曼德之箴言》，载《海德格尔文集·林中路》，第369页。Martin Heidegger, "Anaximander's Saying," in *Off the Beaten Track*, p. 246.

变。天命的缺乏就是非历史性，其特点即历史学的统治。茫然失措的历史学就是历史主义。"[1]

海德格尔对近现代历史学的特征进行了如下总结。第一，它是虚无主义的产物。由于形而上学的统治，是之历史即是之悬缺，因此是者本身就成为非历史的东西，即没有意外和偶然，同时也没有人的想象和创造之物。第二，历史学把历史视为过往，又把过往视为在因果关系方面可以得到证明和把握的事件效果的连续发生过程。第三也是最关键的，历史学是从当下出发对过往施以对象化的结果，经过重述和解释的过去显现在当下的视域中，目的是把当下解释为过往的产物，并借以证明当下的正当性。[2]

那么，是否可能存在一种摆脱科学主义和当下影响，仅满足于对历史事件的"客观"描述的历史学呢？海德格尔对此持否定态度："只要我们以历史学的方式来表象历史，历史就显现为一系列前后相继的事件。我们自己身处当下，发生的事件从此流走。从当下出发，并在其基础上，过去得到算计。为了当下，未来得到筹划。历史学把历史作为一种事件序列的表象，使我们无法体验真正的历史就其本质而言在多大程度上始终是当前之物。这里所说的当前并非当下瞬间我们直接面对之物，而是等待我们之物，等待着我们是否以及如何向其敞开或者闭锁之物。等待我们之物向我们走来，这就是得到正确理解的未来。"[3]

因此，纯粹客观的对过往之物或者历史上的自在之物的描述，就是一件逻辑上不可能的事情，因为历史学家别无选择只能以当下为立足点，并由此出发理解过去与未来。如果人们真的希望认识历史，"研究者首先必须把自己置于历史的力量之下。这样他们就会发现，在表面的、日常的陈述正确性意义上'自在的'历史学之真是自相矛盾之物，比方形的圆更自相矛盾"[4]。

---

[1] 参见海德格尔：《形而上学之克服》，载《海德格尔文集·演讲与论文集》，第 83 页。Martin Heidegger, "Overcoming Metaphysics," in *The Heidegger Controversy: A Critical Reader*, ed. by Richard Wolin, MIT Press, 1993, p. 74.

[2] 参见海德格尔：《海德格尔文集·尼采》下卷，孙周兴译，商务印书馆 2015 年版，第 1083—1084 页。Martin Heidegger, *Nietzsche Volume IV: Nihilism*, trans. by Frank A. Capuzzi, Harper & Row, 1991, p. 240.

[3] 参见海德格尔：《思想的基本原则：1957 年的弗莱堡演讲》，载《海德格尔文集·不莱梅和弗莱堡演讲》，第 101—102 页。Martin Heidegger, "Basic Principles of Thinking: Freiburg Lectures 1957," in *Bremen and Freiburg Lectures*, pp. 78-79.

[4] 参见海德格尔：《荷尔德林的颂歌〈日耳曼尼亚〉与〈莱茵河〉》，第 173 页。Martin Heidegger, *Hölderlin's Hymns "Germania" and "The Rhine"*, pp. 127-128.

历史学的历史观与"天命"的历史观因而是两种正相反对、水火不容的东西，都会把对方视为"反历史"之物。海德格尔指出，就"偶然"和"天命"虽然拒绝精确的和单向的算计，但的确体现出某种因果关系而言，历史学勉强可以承认它们在历史中的存在和作用。但是，"历史学绝不可能承认历史性的是者可以具有一种完全不同的（建立在此间之是基础上的）是的形式，否则历史学就否定了自身。……作为科学，历史学拥有其预先决定的、明确的操作领域，它无条件地符合平均的智识，这种智识又为科学之本质所必需，那就是为使一切对象变得有用和有益而对其进行管理与控制提供正确的知识"[1]。

与历史学的历史观相反，海德格尔认为，真正的历史恰恰是当前等待我们之物。"真正的历史就是当前。当前就是作为迫近的开端之物的未来，也是已然持存、本质发生之物及其在遮蔽中的聚集。"这种当前是历史性的当前，"历史是曾经之物的到达。恰恰是这种曾经本质发生之物，也只有这种事物才会向我们迎面而来"[2]。这个当前可以被理解为未来，然而是不确定的、可能的未来。"它贯通向人的此间之是迫近的当前，这样那样地要求着人，使人在它的要求中对未来有所猜测。"可以看出，海德格尔所说的历史，从根本上就是因过往之事而产生的未来的可能，以及人对此种可能的把握，因此历史中总是存在某种"断裂"或者"跳跃"。真正的历史是当前，是未来。"当前就是作为开端之物，即已然持存和本质发生之物之迫近的未来，也是它的遮蔽中的聚集。"[3]

正是出于对历史学的否定，海德格尔提出了一种与之具有根本性区别的"历史性的思考"或者"是之历史的思考"。所谓历史性的思考，就是对历史中的创造性与可能性的思考。海德格尔指出："如果历史不能通过历史学加以解释，也不能通过支持某种立场或者植入某种信念的特殊形象加以算计，如果历史意味着重新回到其不可解释的独特性，而且在这种独特性中一切历史学的喧嚣以及一切由之而来的观念和信念都得到置疑，并

---

[1] 参见海德格尔：《海德格尔文集·哲学论稿（从本有而来）》，第 174—175 页。Martin Heidegger, *Contributions to Philosophy (Of the Event)*, pp. 115-116.

[2] 参见海德格尔：《思想的基本原则：1957 年的弗莱堡演讲》，载《海德格尔文集·不莱梅和弗莱堡演讲》，第 102—103 页。Martin Heidegger, "Basic Principles of Thinking: Freiburg Lectures 1957," in *Bremen and Freiburg Lectures*, pp. 79-80.

[3] 参见海德格尔：《思想的原则》，载《海德格尔文集·同一与差异》，孙周兴、陈小文、余明锋译，商务印书馆 2014 年版，第 134—135 页。Ibid., p. 79.

因其自身而得到澄清,那么我们所进行的就是历史性的思考。""历史性的思想家沉思和表象的核心始终是历史上某些特定领域的创造和决断、高峰和深谷(无论诗歌、雕塑,还是建立和执掌一个国家)。"[1]

家园与返乡

海德格尔思想中一直存在着某种对大地、对乡土的执着。1933年,他对自己谢绝柏林大学的聘请而选择继续留在弗莱堡大学任教作出如下解释:"我的工作内在地归属于黑森林及那个地方的人们,它来自一种源于数百年前且无可替代的阿雷曼-施瓦本人的乡土之情。"[2]海德格尔也曾借诗人黑贝尔的诗句指出:"'我们是植物,不管我们是否愿意承认,我们这种植物必须扎根于大地,方能蓬勃生长,在天穹中开花结果'……诗人想说:在真正欢乐而健朗的人类作品成长的地方,人一定能够从故乡大地的深处伸展到天穹。天穹在这里意味着高空自由的空气,精神的敞开领域。"[3]

海德格尔把他对语言的关切也归结到这种乡土之情。他指出,方言的差异并不单单是,而且首先不是出于语言器官不同的运动方式。在不同地区的方言中述说的是风土,也就是大地。口不是身体的一个独立器官,身体和口都归属于大地的涌动,人就在其中生长繁衍,并由此获得他们的牢固根基。人失去了大地即故乡,也就失去了立身之本。[4]因此,毫不奇怪,在海德格尔看来,"科学语言的国际性特征就是其无根状态与无家状态的最典型证明"。[5]他甚至说,"我们再次宣称,历史内在可能性的根基是语言"。"语言是某个民族之历史性此间之是的核心主宰,它塑造世界、

---

[1] 参见海德格尔:《海德格尔文集·哲学论稿(从本有而来)》,第181页。Martin Heidegger, *Contributions to Philosophy (Of the Event)*, p. 120.

[2] 海德格尔:《生机勃发的风光:我们为何待在乡下?》,载《海德格尔文集·从思想的经验而来》,孙周兴、杨光、余明锋译,商务印书馆2018年版,第9页。

[3] 参见海德格尔:《泰然处之》,载《海德格尔文集·讲话与生平证词(1910—1976)》,第623页。

[4] 参见海德格尔:《语言的本质》,载《海德格尔文集·在通向语言的途中》,孙周兴译,商务印书馆2015年版,第199—200页。Martin Heidegger, "The Nature of Language," in *On the Way to Language*, trans. by Peter D. Hertz, Harper & Row, 1971, pp. 98-99.

[5] 参见海德格尔:《观入存在之物:1949年不莱梅演讲》,载《海德格尔文集·不莱梅和弗莱堡演讲》,第81页。Martin Heidegger, "Insight Into That Which Is: Bremen Lectures 1949," in *Bremen and Freiburg Lectures*, p. 62.

保持世界并且摧毁世界。"[1]

在海德格尔看来，故乡、语言以及一方土地上栖息之人的天命之间存在着密不可分的联系。"语言始终是各不相同的，它天命般地诞生于不同的民族和种族，在其中生长和栖居。地球上不存在所有人共同的故乡。故乡始终是这样那样的天命。语言就其支配地位和本质而言，始终是某个故乡的语言，它觉醒于本乡本土，被用于父母家中。语言始终是作为母语的语言。""语言就其本源来说就是方言，即便它成为世界性的语言也是如此。"[2]

因此，家园与返乡成为海德格尔晚期思想中经常出现的两个语词，它们意在表明人类已经遗忘了是，迷失了自我，远离灵魂的安居之地。这种远离既在物理上，也在精神上。一方面，城市化使人们远离故土，漂泊异乡；另一方面，现代科技和现代思维总是试图通过对自然和宇宙的征服，让人们"立身于没有世界的宇宙空间"，并且"抛弃作为大地的地球"[3]。因此，在海德格尔看来，对家园的离异，固然是背井离乡之人的处境，但同样是尚未离开故土之人的实情，而这种无家可归的状态恰恰是现代人面临的各种问题的根源。

反过来，对是的拥有、对传统的归属，就是人在精神上的返乡。海德格尔明确表示："在此，'故乡'一词是在本质性的意义上被思考的，与爱国主义或者民族主义无关。当然，之所以思考故乡的本质，也是因为从是之历史的本质考虑到现代人无家可归的状态。"[4] 他在回答《明镜》周刊记者的提问时也说："从我们人类的经验和历史来看，至少就我所知，任何本质而伟大之物都来自这样一个事实，即人必须有家可归，而且植根于一个传统。"[5]

---

[1] 参见海德格尔：《德国哲学的现状与未来使命》，载《海德格尔文集·讲话与生平证词（1910—1976）》，第 392—393 页。

[2] 参见海德格尔：《手工作坊札记》，载《海德格尔文集·从思想的经验而来》，第 163—164 页。

[3] 参见海德格尔：《语言的本质》，载《海德格尔文集·在通向语言的途中》，第 181 页。Martin Heidegger, "The Nature of Language," in *On the Way to Language*, p. 84.

[4] 参见海德格尔：《关于人道主义的书信》，载《海德格尔文集·路标》，第 401 页。Martin Heidegger, "Letter on 'Humanism'," in *Pathmarks*, p. 257.

[5] 参见海德格尔：《〈明镜〉记者与马丁·海德格尔的谈话（1966 年 9 月 23 日）》，载《海德格尔文集·讲话与生平证词（1910—1976）》，第 799 页。Martin Heidegger, "Der Spiegel Interview with Martin Heidegger," in *The Heidegger Reader*, ed. by Günter Figal, trans. by Jerome Veith, Indiana University Press, 2009, p. 325.

海德格尔指出，所谓的家园，是历史为一个民族提供的天命之所。"'家园'意指这样一方土地，它赋予一个民族以居所，人在其中能够有'在家'之感，并且因此才能完成他们本己的天命。这片地方由未受侵害的大地赠予。大地使人在其历史性空间中安居。"[1] 离弃家园，意味着一个民族失去了他们的历史，也失去了他们的天命。海德格尔因而表示："我们面临一种危险：曾经被称为故乡的东西正在失落和崩溃。非家乡的陌异之境的暴力似乎战胜了人，以至于人不再能与之匹敌。我们该如何自保，抵抗非家乡的陌异之境的涌逼呢？"[2]

帮助人们返乡是诗人的天职。"诗人的天职就是返乡。只有通过返乡，故乡才作为对本源的切近之地得到准备。守护那达乎极乐的保留着的神秘，并且在守护它的同时展开它，此乃返乡的忧心。"[3] 海德格尔针对德国人的未来指出："这种返乡乃德国人的历史性之是的未来。""他们是诗与思的民族。在当下，首先必须有思想者，这样诗人的语词才能得到感知。通过再次沉思被保留的切近之神秘，忧思者的思想才成为'对诗人的回忆'。"[4] 就是说，为了理解诗人的诗，首先需要有像海德格尔那样的思想者，他们的思想是"对诗人的回忆"，人们通过思想者接近诗人，并且通过诗人而返回故乡。

筑造与栖居

人在大地上"是"即生存的基本方式是筑造与栖居。海德格尔指出：筑造的原意就是栖居；同时，在筑造一词还保留着其本源意义的地方，它也道出了栖居的本质即是。筑造，即古高地德语中的 buan, bhu, beo，也就是我是（ich bin）、你是（du bist），以及命令式中的是（bis）。因此，在古德语中，"我是"和"你是"同时也就意味着"我居住"和"你居

---

[1] 参见海德格尔：《海德格尔文集·荷尔德林诗的阐释》，第15页。Martin Heidegger, *Elucidations of Hölderlin's Poetry*, p. 35.

[2] 参见海德格尔：《梅斯基尔希 700 年》，载《海德格尔文集·讲话与生平证词（1910—1976)》，第 686 页。

[3] 参见海德格尔：《海德格尔文集·荷尔德林诗的阐释》，第31页。Martin Heidegger, *Elucidations of Hölderlin's Poetry*, p. 47.

[4] 参见同上书，第32页。Ibid., p. 48.

住"。这意味着人在大地之上是的方式,就是栖居。[1] 在海德格尔看来,筑造与栖居并非两种性质不同的行为,筑造本身就是栖居。"筑造不只是达到栖居的手段和途径,筑造本身就已经是一种栖居。"[2] 他因此总结道:"如果我们倾听语言在筑造一词中所述说的东西,我们就听到以下三点:第一,筑造是真正的栖居。第二,栖居是终有一死之人在大地上是(生存)的形式。第三,作为栖居的筑造展开为养育生存的筑造和制作建筑的筑造。"[3]

海德格尔指出:"当荷尔德林说到栖居时,他看到的是人类生存的基本特征。"[4] 人只有通过栖居,才能在大地上扎根,才能建立与大地、与世界的本质性联系。因此,栖居不仅指人得到一个安身之所,而且指人立足大地的生活与实践、人与大地的相互作用。正是在这种相互作用下,人与天、地、神构成了四象的整体。"人在四象中通过栖居而是,而栖居的本质便是宥护和保存。人通过在其本质之是、其本质呈现中守护四象而栖居。"[5] "在拯救大地、接纳天空、期待诸神和开启人生的过程中,栖居作为对四象的四重保护而发生。……栖居本身就是与物相接。栖居作为守护,把四象保留在它们的逗留之所,即物之中。"[6]

栖居的方式即筑造,不仅是建造意义上,更是长养意义上的筑造。"这样一种与物相交并非附着在四象之上的第五个因素。相反,与物相交乃任何时候四象纯然一体存在的唯一形式。栖居通过把四象的本质带入物而守护它们,物只有作为物本质发生才能守护四象。这是如何发生的呢?其方式就是人守护和滋养生长物,特别是建造不会生长之物。种植与建造是狭义的筑造。栖居,就其在物中守护四象而言,也是一种筑造。"[7] 海德格尔十分简洁地指出栖居的本质:"守护四象——拯救大地,接纳天空,期待诸神,伴送人生,这四重守护是栖居的素朴本质。因此,真正的筑造

---

[1] 参见海德格尔:《筑·居·思》,载《海德格尔文集·演讲与论文集》,第 159 页。Martin Heidegger, "Building Dwelling Thinking," in *Poetry, Language, Thought*, trans. by Albert Hofstadter, HarperCollins, 2013, p. 145.

[2] 参见同上书,第 158 页。Ibid., p. 144.

[3] 参见同上书,第 160—161 页。Ibid., p. 146.

[4] 参见海德格尔:《"……人诗意地栖居……"》,载《海德格尔文集·演讲与论文集》,第 205 页。Martin Heidegger, "'Poetically Man Dwells…'," in *Poetry, Language, Thought*, p. 215.

[5] 参见海德格尔:《筑·居·思》,载《海德格尔文集·演讲与论文集》,第 163 页。Martin Heidegger, "Building Dwelling Thinking," in *Poetry, Language, Thought*, p. 148.

[6] 参见同上书,第 164 页。Ibid., p. 149.

[7] 参见同上书,第 164—165 页。Ibid.

为栖居赋予呈现的形式,并且容纳这种呈现。"[1]

反过来,筑造的本质又是栖居。人只有学会栖居,安居于大地,才可能筑造。"筑造通过把诸位置空间结合起来而完成其本质。只有当我们能够栖居,我们才能筑造。"[2]"栖居乃是之基本特征,人依此而生存。也许这一对栖居与筑造的深度思考能够稍微清楚地表明,筑造属于栖居,以及它如何从栖居获得其本质。"[3] 因此,在海德格尔看来,筑造与栖居可被视为同一个过程的两个不同方面:栖居就是筑造;筑造也就是栖居。

海德格尔认为,现代思想与技术统治早已把人逼入无家可归的状态,他称之为"栖居的困境",而对栖居的思考就是摆脱这种困境的唯一出路。真正的栖居困境事实上要早于世界性战争的破坏,也要早于地球上人口的增加和产业工人处境的恶化。人甚至已经遗忘了栖居的本质,因而需要重新学会栖居。"一旦人去思考他的无家可归状态,这种状态就已经不再是什么不幸。正确思之并将其牢记于心,这种无家可归状态就是把人唤入栖居的唯一呼声。""当人为栖居而筑造,并且为栖居而思考,他们就完成了这种努力。"[4]

海德格尔针对荷尔德林的诗歌特别指出,诗的创作就是一种特殊的筑造。它使人回归大地,使人安居。因此,筑造、栖居与诗的创作是三位一体的事情。"诗的创作方使栖居成为栖居。诗真正让我们栖居。但通过什么我们才能获得栖居之处呢?人类筑造。让我们栖居的诗意的创造就是一种筑造。"[5]"诗的创造就是本源性地让人栖居。""人栖居,是因为人筑造——这话现在已经获得了它的恰切含义。"[6]

所以,在海德格尔的思想中,栖居表达了三个方面的含义。首先是人在大地上的安居。"诗第一次把人带向大地,让他归属于大地,并且将其带入栖居。"[7] 其次,栖居使人与神接近。"人之为人,总是已经以某种

---

[1] 参见海德格尔:《筑·居·思》,载《海德格尔文集·演讲与论文集》,第 173 页。Martin Heidegger, "Building Dwelling Thinking," in *Poetry, Language, Thought*, p. 156.

[2] 参见同上书,第 174 页。Ibid., p. 157.

[3] 参见同上书,第 175 页。Ibid., p. 158.

[4] 参见同上书,第 175—176 页。Ibid., p. 159.

[5] 参见海德格尔:《"……人诗意地栖居……"》,载《海德格尔文集·演讲与论文集》,第 205 页。Martin Heidegger, " 'Poetically Man Dwells…', " in *Poetry, Language, Thought*, p. 215.

[6] 参见同上书,第 220 页。Ibid., p. 227.

[7] 参见同上书,第 208 页。Ibid., p. 218.

属神之物来度量自身。……神性乃人借以度量他在大地之上、天空之下的栖居的'尺度'。人只有以此方式测度他的栖居,才能依其本性而是。"[1]最后,栖居,特别是诗意的栖居,使人安居于他的本质。作为思想的动物,思想是人根本性的栖居方式。"在与筑造相同的意义上,思想也属于栖居,虽然方式上有所区别。"因此,"筑造和思想以各自的方式对栖居而言不可或缺。然而,如果这两者各自忙碌,互不倾听,那么它们都无法达致栖居"。[2]

德国人的使命

海德格尔认为,每一个民族都有其自身的传统,也有被交付的任务,这个民族如果能够创造性地完成这种任务,就意味着它创造了历史。传统和任务这两者始终以不同的方式被分配给具有历史天命的民族:前者是与生俱来的天赋,后者则是被交付的使命,需要斗争才能获得。"我们的历史使命就在于把天赋之物,即'民族性'的东西转变为作为任务而被交付给我们的东西,也就是'对民族性的东西的自由运用'。这就意味着创造一种游戏空间,在其中民族性的东西能够自由地将自身转化为历史。"[3]

海德格尔曾借助荷尔德林关于民族的天赋之物与被交付的任务的说法,对希腊人与德国人的天赋与使命进行对比。希腊人的天赋之物即因被是之强力所击中而向天空之火的激动人心的切近;而被交付的任务则是在制作中驯服未被驯服者,抓住它们,将其带向持立。德国人的天赋之物是把握能力、对领域和计算的准备和计划、以组织的形式赋予秩序;被交付的任务则是被是所击中。看上去,两个民族的天赋之物与被交付的任务正好相互易位。在任何情形下,对一个民族来说最难的是"自由运用的民族之物",这只有通过斗争来完成被交付的任务而获取。在而且只有在这种斗争中,一个历史性的民族才能达到其至高点。被交付给希腊人的任务是为降临到他们身上的强力自由运用他们的激情,因此他们的最高成就就是

---

[1] 参见海德格尔:《"……人诗意地栖居……"》,载《海德格尔文集·演讲与论文集》,第212页。Martin Heidegger, "'Poetically Man Dwells…'," in *Poetry, Language, Thought*, pp. 218-219.

[2] 参见海德格尔:《筑·居·思》,载《海德格尔文集·演讲与论文集》,第175页。Martin Heidegger, "Building Dwelling Thinking," in *Poetry, Language, Thought*, p. 158.

[3] 参见海德格尔:《荷尔德林的颂歌〈日耳曼尼亚〉与〈莱茵河〉》,第355页。Martin Heidegger, *Hölderlin's Hymns "Germania" and "The Rhine"*, pp. 264-265.

将是嵌入创作。对德国人来说,"只有当我们发挥我们天赋的把握能力,使之约束并决定自身,同时将自身嵌入是的环节,只有当我们的把握能力不将其自身扭曲为某种目的,并且消散于我们对自身能力的运用之中,我们才可达致自身的最高成就"[1]。

海德格尔对德国民族的历史使命的态度,来自他对德国文化特殊性的一种近乎迷信的直觉。在极端处,他甚至相信:"西方精神源自我们的施瓦本地区。"[2] 这种神秘的直觉可能来自两个方面。一方面是他对德国民族与希腊民族的相似性的看法。海德格尔曾明确表示:"只有我们德语具有能够与希腊语相匹敌的深刻而富有创造的哲学性质。"[3] 他在回答《明镜》周刊记者的提问时也说:"我想到的特别是德国语言与希腊语言及其思想的内在联系。今天这一点再次由法国人向我证实了。当他们开始思想的时候,他们说的是德语,因为他们明白他们不可能通过自身的语言进行思想。"[4] 当然,德国人这种对希腊文化的亲近感并非海德格尔所独有,而是19世纪末20世纪初很多德国人具有一定普遍性的意识。

另一方面则来自海德格尔对德国在欧洲所处地理位置的认识。他有一个说法,对"是"问题的追问涉及欧洲的命运,而德国就处在欧洲的中心,因而也就是欧洲命运的核心。[5] 他非常明确地指出:德国处于中心地带,承受着最强大的压力;德国又拥有最多的邻国,因而受到的威胁也最大。正因为这一切,德意志民族成为一个形而上学的民族。"这一切意味着这个民族,作为一个历史性的民族,把自身从未来事件的中心转变为是之力量的原生性领域,而随之发生转变的则是西方的历史。如果这个事关欧洲的决断不至走上毁灭的道路,那么这个决断就只能在中心通过一种新的、历史性和精神性的力量的发展而作出。"[6] 同样,关于德国民族特殊历史使命的思想也并非海德格尔所独有。有学者指出:"海德格尔像鲍姆

---

[1] 参见海德格尔:《荷尔德林的颂歌〈日耳曼尼亚〉与〈莱茵河〉》,第356—357页。Martin Heidegger, *Hölderlin's Hymns "Germania" and "The Rhine"*, pp. 265-266.

[2] 参见海德格尔:《对伽达默尔、克吕格和洛维特的推荐》,载《海德格尔文集·讲话与生平证词(1910—1976)》,第462页。

[3] Marin Heidegger, *Vom Wesen der Menschlichen Freiheit*, GA 31, Vittorio Klostermann, 1982, p. 51.

[4] 参见海德格尔:《〈明镜〉记者与马丁·海德格尔的谈话(1966年9月23日)》,载《海德格尔文集·讲话与生平证词(1910—1976)》,第808页。Martin Heidegger, "Der Spiegel Interview with Martin Heidegger," in *The Heidegger Reader*, p. 331.

[5] 参见海德格尔:《海德格尔文集·形而上学导论》,第50页。Martin Heidegger, *Introduction to Metaphysics*, p. 44.

[6] 参见同上书,第45—46页。Ibid., p. 41.

勒、舍勒、克里克、斯宾格勒以及其他保守民族主义思想家一样,也将德国理解成一个在中部被夹住的民族,位于欧洲的中心,而欧洲本身则又位于美苏之间的历史性冲突的中心。作为中心的中心,德国将同时在地理方面的欧洲和在历史方面的西方天命中占据一个关键性的位置。"[1]

海德格尔一度把完成这种特殊历史使命的希望寄托在纳粹政权身上。除众人皆知的大学校长就职演说之外,他在1934年还指出:"德国精神的历史又是德意志民族的天命。""历史于我们并不只是过往之物。历史,同样也是而且就是今日所发生之事,也就是说,历史即当前。然而,当前的意义在于,要想建构当前,必须先行把握未来。我们德国的历史充满了某种伟大的变革,它贯穿我们民族整个的历史性此间之是。这一变革的开端可以见诸纳粹主义革命。"[2]诸如此类的言论其实不在少数。

海德格尔后来对纳粹的失望并没有影响到他对德国的历史使命的信心。直到1943年他还坚持认为:"不管西方外在的天命是如何被构造的,德国人所面对的最伟大和最本真的考验就在前方。在这场考验里,德国人也许会违背他们的意愿受到那些无知者的试练,看他们是否会与是之真站在一起,是否有足够的力量超越死亡,以尚不为人所明见的开端对抗现代世界之渺小。"[3]他在第二次世界大战临近结束、德国败局已定的1945年仍坚信:"战争决定不了什么。决断现在才开始酝酿。尤其重要的是这样一个决断,即是否德国人作为西方的心脏在面对他们的历史性使命时已经失败了,并且成为外来思想的牺牲品。"[4]

当然,对于德国民族的使命,海德格尔有时候也会显得稍微含蓄温和一些,特别是相对于其他民族而言的时候。他曾经表示:"所谓的'德国的'不是对世界说的,似乎世界可以由德国的本质所改变。相反,它是对德国人说的,目的是使他们通过对其他民族的天命般的归属而与之一同成为世界的、历史性的民族。"[5]

---

[1] 参见查尔斯·巴姆巴赫:《海德格尔的根——尼采、国家社会主义和希腊人》,第219页。

[2] 参见海德格尔:《论德国的大学》,载《海德格尔文集·讲话与生平证词(1910—1976)》,第351—352页。

[3] Martin Heidegger, *Heraklit*, GA 55, Vittorio Klostermann, 1979, pp. 180-181.

[4] 参见海德格尔:《海德格尔文集·乡间路上的谈话》,孙周兴译,商务印书馆2018年版,第244—245页。Martin Heidegger, *Country Path Conversations*, trans. by Bret W. Davis, Indiana University Press, 2010, p. 160.

[5] 参见海德格尔:《关于人道主义的书信》,载《海德格尔文集·路标》,第401—402页。Martin Heidegger, "Letter on 'Humanism'," in *Pathmarks*, p. 258.

第二节 建基

建基与创造

海德格尔强调,是并非如传统形而上学所理解的那样,体现为个性中的共性或者多中的一。相反,是只能来自创造,而创造就是使是自行显现,是开端,从而也是建基。他表示:"因为是与物之本质永远不可能从当前之物中计算和推演而来,所以它们必须被自由地创造、设置和赠予。这种自由的馈赠就是建基。"[1]

海德格尔认为,创造作为是的建基,本身就是一种开端,它决定了一个时代。真正的开端即便表现为某种遮蔽自身之物,但它作为跳跃终究会开风气之先,在其中未来的一切已经被超越,因此开端并非通常意义上的开始。平庸的东西因为缺乏馈赠、建基着的跳跃和领先,所以没有未来。它不能再从自身中释放出什么,因为除自身抓取之物以外,它不再包容任何他物。相反,开端总是包含被揭示的陌异之物的丰富性。开端体现为艺术创作。在西方,第一次开端发生在古希腊,后来被称为是的东西在当时以标准设定的方式被置入作品。由此而被开启的是者整体在中世纪转变为上帝造物意义上的是者。这种是者在近代之初以及现代化的进程中又再次被转换,成为可以通过计算加以认识和把控的对象。每一次的转变都发生了是者的去蔽。[2] 可见,开端或者建基具有划时代的作用,它决定了此后整个历史时期人对是以及是者整体的把握方式。正是在这个意义上,海德格尔指出:"每当艺术发生,亦即有开端存在之际,就有一种冲击进入历史,历史由此开始或者再次开始。"[3] 他甚至引用亚里士多德的话表示:"诗的创作比对是者的探索更真实。"[4]

---

[1] 参见海德格尔:《荷尔德林和诗的本质》,载《海德格尔文集·荷尔德林诗的阐释》,第 44 页。Martin Heidegger, "Hölderlin and the Essence of Poetry," in *Elucidations of Hölderlin's Poetry*, p. 59.

[2] 参见海德格尔:《艺术作品的本源》,载《海德格尔文集·林中路》,第 70—71 页。Martin Heidegger, "The Origin of the Work of Art," in *Off the Beaten Track*, p. 48.

[3] 参见同上书,第 71 页。Ibid., p. 49.

[4] 参见海德格尔:《关于人道主义的书信》,载《海德格尔文集·路标》,第 430—431 页。Martin Heidegger, "Letter on 'Humanism'," in *Pathmarks*, p. 275.

在建基的问题上，海德格尔给艺术特别是诗赋予了核心的地位，也可以认为，在他看来建基本身就是诗。"诗的创作为是建基。诗是一个民族最本源的语言。在其中，是显露于是者之间，后者由此开启自身。随着这种显露的完成，人才具有历史性。就因为人是历史性的，他们才'拥有'历史。语言是历史可能性的基础，而非某种文化的历史性创造过程中的发明。"[1] 他因此认为"艺术的本质就是诗"[2]，因为"诗意贯穿一切艺术形式，一切通过进入美而进行的去蔽"[3]。"诗的本质就是真之建基。在此'建基'具有三重含义：作为馈赠、作为创建和作为开端。"[4]

艺术之所以能够担当建基之大任，是因为建基就是真的发生，就是去蔽，特别是是之去蔽，而艺术则是最典型的让是呈现的方式，它"把是带入持立并在作为是者的作品中显现。因此可以说艺术具有开启的能力，是一种单纯的技艺（τέχνη）"[5]。正是在这个意义上，海德格尔认为艺术才是历史的开端："艺术是本质意义上的历史，它是历史的基础。""艺术让真一跃而出。……'起源'的意义就是让某物一跃而出，在建基性的跳跃中把某物从其本质性的源泉带入是。"[6] 或者说，艺术为历史性的人类提供了另外一种可能性："艺术作品既非某种象征性的对象，亦非对是者的安置，而是是之通透，它包含了对人的另一种是的方式的决断。……艺术是'罕有者'决断的场所。'艺术作品'乃向着是的无极之基汇聚的最纯粹的孤独。"[7]

创建即人通过艺术创作，让一切自行显现者进入永恒。在作品中，真被投向未来的保存者。不过，被抛出的并非随意的要求。真正诗意的投射，是对人的此间之是已被抛入其中的区域的开启，这就是大地。同时，

---

[1] 参见海德格尔：《荷尔德林的颂歌〈日耳曼尼亚〉与〈莱茵河〉》，第 87 页。Martin Heidegger, *Hölderlin's Hymns "Germania" and "The Rhine"*, pp. 67-68.

[2] 参见海德格尔：《关于人道主义的书信》，载《海德格尔文集·路标》，第 430—431 页。Martin Heidegger, "Letter on 'Humanism'," in *Pathmarks*, p. 275.

[3] 参见海德格尔：《技术的追问》，载《海德格尔文集·演讲与论文集》，第 39 页。Martin Heidegger, *The Question Concerning Technology and Other Essays*, p. 34.

[4] 参见海德格尔：《艺术作品的本源》，载《海德格尔文集·林中路》，第 68 页。Martin Heidegger, "The Origin of the Work of Art," in *Off the Beaten Track*, p. 47.

[5] 参见海德格尔：《海德格尔文集·形而上学导论》，第 193 页。Martin Heidegger, *Introduction to Metaphysics*, p. 170.

[6] 参见海德格尔：《艺术作品的本源》，载《海德格尔文集·林中路》，第 71 页。Martin Heidegger, "The Origin of the Work of Art," in *Off the Beaten Track*, p. 49.

[7] Martin Heidegger, *Mindfulness*, pp. 27-28.

它也是这个民族的世界,后者从与是之去蔽的关系而来支配一切。[1]"作品由此前出并向之回归的,就是我们所说的'大地'。……在大地之上,历史性的人类找到他们在世间的栖居之所。作品通过创建世界而推出大地。'推出'在此应该严格从字面上理解。作品把大地推移到世界的开放之中,并且使之持留于此。"[2] 创立一个世界与推出一片大地乃艺术作品一体两面的基本功能:"在作品之所是的统一性中,它们彼此相属。"[3] 比如希腊的神庙:"神庙耸立于此,开启了一个世界,同时又把这个世界回置到大地,并且让后者作为家园显现。"它"为物赋予外观,为人赋予其未来的展望。只要这个作品作为作品,只要神尚未从此逃逸,这个视界就保持敞开"[4]。

作品创建一个世界和推出一片大地,并且维持它们之间的斗争,即两者之间相摩相荡、相生相克的关系。作品的本质就在于带来并维持这种斗争,这是作品激荡的自我超越的持续聚集。在斗争中,自持的作品的宁静方获得其本质,而这就是真。[5] 海德格尔指出:"真在作品中确立自身。真只能在世界与大地的对峙中作为通透与遮蔽之间的斗争而呈现。作为世界与大地的斗争,真意欲它在作品中的确立。这种斗争不会在某个被特地制造出来的是者中得到解决,也不会仅仅停留于此。相反,作品开启了这种斗争。因此,这一是者自身必然包含斗争的本质特性。在斗争中,方始争得世界与大地的统一。作为开启自身的世界,它等待着历史性的人就胜利与失败、祝福与诅咒、主宰与奴役作出决断。"[6]

海德格尔借希腊人的经验和荷尔德林的诗指出:"对希腊人来说,有待呈现之物即因其本身的力量而闪现之物,就是真即美。因此真需要艺术,需要人诗意的创造性本质。诗意地栖居的人以创作的形式,把一切闪现者,即大地、天空和至尊者(在其中一切显现被保留为自为的永恒)带入可靠的持立。……这就是建基。"[7] 因此,"荷尔德林在特别的意义上是

---

[1] 参见海德格尔:《艺术作品的本源》,载《海德格尔文集·林中路》,第69页。Martin Heidegger, "The Origin of the Work of Art," in *Off the Beaten Track*, p. 47.
[2] 参见同上书,第35页。Ibid., p. 24.
[3] 参见同上书,第37页。Ibid., p. 26.
[4] 参见同上书,第30—31页。Ibid., p. 21.
[5] 参见同上书,第38—39页。Ibid., p. 27.
[6] 参见同上书,第54页。Ibid., pp. 37-38.
[7] 海德格尔:《海德格尔文集·荷尔德林诗的阐释》,第195页。Martin Heidegger, *Elucidations of Hölderlin's Poetry*, pp. 186-187.

真正的诗人,是德国人之是的建基者,因为他把这种是抛向最远处,即将其投射到最遥远的未来。他能够开启这一极为深远的未来,是因为他体验到诸神回退和来临之际最深切的需要,并由此取得了打开至高的未来空间的钥匙"[1]。

在海德格尔看来,希腊悲剧诗人索福克勒斯与荷尔德林一样,也是一位典型的建基者。他的悲剧《安提戈涅》作为诗性的创作,是希腊人的此间之是的建基。"作为建基,诗的创作第一次为人类带来了在大地与诸神之间安居于大地之上的可能性的基础,从而也就是历史性的基础,后者意味着他们能够成为一个民族。一旦人们被安置在这一基础之上,无论他们从事什么和获得什么,都会成为他们的功绩。"[2] 这段话表达了一个十分重要的思想,即在海德格尔看来,"为是建基"就是为一个人群奠定他们的此间之是的基础,也就是为一个民族建基。因此为是建基,既是一个历史事件,也是一个政治事件。

在古希腊语中,诗原本就具有创造的含义,所以"诗性"也就意味着"创造性"和"奠基性"。海德格尔认为,伟大的诗人往往是为一个民族奠基,从而也就是为是建基的人。"'诗性的'和诗意的,在此意味着在是者整体中,从根基处维系着作为历史性的此间之是的人之所是的结构的东西。'诗性的'指的并非为人的生活提供外在装饰的样式,而是面向是的坦露,而且这种坦露就是人的历史性此间之是的根本性发生。"[3]

是者即持存者,它通过是而持存。诗人作为是的建基者,在双重意义上进行创建。一方面,创建指的是对尚未存在之物进行本质性的先行投射。诗人通过示喻将被述说之物置入一个民族的此间之是,并使之第一次站立起来。"诗人是为是建基的人。我们在日常生活中视为真实的东西说到底并不真。在诸神的召唤下,诗人通过把是筑入民族语言之墙的基础,将其建基于民族的历史性此间之是,一种指引与被指引的关系随之被置入这种是并且保存于此,尽管一开始这个民族对之没有任何感知。诗的创作就是神之召唤的持续,也是是的建基。"[4] 另一方面,建基指的是对建基之物在艺术作品中的保护,使之作为对由此开启的是之本质的持续回忆。

---

[1] 参见海德格尔:《荷尔德林的颂歌〈日耳曼尼亚〉与〈莱茵河〉》,第 267 页。Martin Heidegger, *Hölderlin's Hymns "Germania" and "The Rhine"*, p. 201.

[2] 参见同上书,第 262 页。Ibid., pp. 197-198.

[3] 参见同上书,第 43 页。Ibid., p. 34.

[4] 参见同上书,第 39—40 页。Ibid., pp. 31-32.

"一个民族必须反复以崭新的方式进行这种回忆。"[1]

建基本身是一种玄同,而且是本源性的玄同,因而也就是断裂与跳跃,是"作为玄同的向是的跳跃,只有在此断裂才会展开"。[2] 海德格尔指出:"断裂在一个方向上,在神的需要中有最初和最高的展开,而在另一个方向上则表现为人(对是)的归属。这里发生的是神的坠落和在此间之是中得到奠基的人的上升。断裂是涵有内在的、不可计算的撕裂,即是的本质发生的撕裂,而后者是人所需求的核心,是归属感的赠予者,是诸神的掠过和人类历史的相关者。""此间之是,即人在创造性建基中冒险一跃,就在玄同中建基于无极之基。"[3]

因此,诗人通过创作为是建基这一过程具有神秘的特质,它意味着常识与传统的中断,也意味着某种极其深刻的冒险。海德格尔借荷尔德林之口说:语言乃"最危险的财富"。在其中,是向人开启自身,并以这种方式将他们传送到一个整体上被是所威胁的领域。"作为建基,诗人本源性的示喻并非无根的臆想,而是让自身置于诸神的雷霆之下,通过语词和语词的生成接受诸神的召唤和闪电的光芒,并将语词连同其完整的、被遮蔽的撕裂性的力量赋予该民族。"[4] 闪电与雷霆就是诸神的语言,诗人必须无所退避地承受它、抓住它,并将其置入民族的此间之是。[5] "诗人并不对自己灵魂中的生活体验进行加工,而是'赤裸着头颅'站立于'神的雷霆之下',即无保护地奉献自身。"[6] 因此,这种建基往往让建基者付出惨痛的代价,因为他将被"诸神的雷霆"击中,如同荷尔德林一样,最终失去普通人的理智而陷入癫狂。就是说,"诗人就是这样的人,他们在其示喻中先于时代道出一个民族在其历史中的未来之是,而此间的人们对他们必定充耳不闻"[7]。

海德格尔也将建基者称为一个民族的"未来者",他们是民族之神的

---

[1] 参见海德格尔:《荷尔德林的颂歌〈日耳曼尼亚〉与〈莱茵河〉》,第 259—260 页。Martin Heidegger, *Hölderlin's Hymns "Germania" and "The Rhine"*, p. 195.

[2] 参见海德格尔:《海德格尔文集·哲学论稿(从本有而来)》,第 329—330 页。Martin Heidegger, *Contributions to Philosophy (Of the Event)*, p. 219.

[3] 参见同上书,第 331—332 页。Ibid., p. 220.

[4] 参见海德格尔:《荷尔德林的颂歌〈日耳曼尼亚〉与〈莱茵河〉》,第 263 页。Martin Heidegger, *Hölderlin's Hymns "Germania" and "The Rhine"*, p. 198.

[5] 参见同上书,第 38 页。Ibid., p. 30.

[6] 参见同上书,第 37 页。Ibid.

[7] 参见同上书,第 173—174 页。Ibid., p. 128.

寻觅者,即这个民族生存的终极意义的发现者。海德格尔指出,只有当一个民族在对自己的神的找寻中接受被指派给它的历史,它才能成其为民族,而这位神则将迫使该民族超越自身。到这个时候,这个民族才能避免自以为是,以及把自身的生存条件绝对化和偶像化的危险。"如果没有那些寻觅者,那些在沉默中为这个民族寻觅之人,那些作为寻觅者甚至必须与这个尚未真正成为民族的'民族'明显对立的人,这个民族怎么可能发现它的神呢?"[1]

思想与建基

从总体上看,在为是建基方面,海德格尔赋予诗比思想更高的地位。他表示:"就我所讨论的问题而言,诗既是这种知识的起点,又是其终点。就像密涅瓦从朱庇特的头颅中诞生一样,哲学源自一种关于无限的、神性之是的诗。"[2] 当然,海德格尔也认为,诗与思想之间具有某种"隐秘的亲缘关系,因为这两者都效力于语言,为语言耗尽自身"[3]。"思想与诗本身乃是本源性的、本质性的,因而也是最终的述说,是语言通过人之口表达出来的最终的述说。"[4] 或者也可以说,两者之间具有内在的一致性。因此,一切反思性的思想都是诗,反过来所有的诗都是思想,两者在示喻中相互归属。[5] 思想的本质就是诗。"如果是在其本质中需要使用人之本质呢?如果人之本质就在于思考是之真,那又如何呢?那么,思想就必须为是之谜而赋诗。它把思想的曙光带到有待思想之物的近前。"[6]

海德格尔曾经明确表示,哲学或者思想同样负有建基的任务。哲学就

---

[1] 参见海德格尔:《海德格尔文集·哲学论稿(从本有而来)》,第476—477页。Martin Heidegger, *Contributions to Philosophy (Of the Event)*, p. 316.

[2] 荷尔德林语,参见海德格尔:《荷尔德林的颂歌〈日耳曼尼亚〉与〈莱茵河〉》,第26页。Hölderlin, cf. Martin Heidegger, *Hölderlin's Hymns "Germania" and "The Rhine"*, p. 23.

[3] 参见海德格尔:《这是什么——哲学?》,载《海德格尔文集·同一与差异》,第25页。Martin Heidegger, *What Is Philosophy?*, trans. by Jean T. Wilde and William Kluback, Rowman & Littlefield, 2003, p. 95.

[4] 参见海德格尔:《海德格尔文集·什么叫思想?》,孙周兴译,商务印书馆2017年版,第147页。Martin Heidegger, *What Is Called Thinking?*, trans. by Fred D. Wieck and J. Glenn Gray, Harper & Row, 1968, p. 128.

[5] 参见海德格尔:《走向语言之途》,载《海德格尔文集·在通向语言的途中》,第270页。Martin Heidegger, "The Way to Language," in *On The Way to Language*, p. 136.

[6] 参见海德格尔:《阿那克西曼德之箴言》,载《海德格尔文集·林中路》,第426页。Martin Heidegger, "Anaximander's Saying," in *Off the Beaten Track*, p. 281.

是建基。[1] 不过，相对于诗而言，他对思想建基的任务和作用讲得比较少，也比较保守和含混。当然，他既认为真正的思想就是诗，那么两者在建基方面所发挥的作用应该没有区别。但另一方面，海德格尔的确多次以非常温和的态度告诫人们，不要对哲学要求太多。他指出：在普通人看来，哲学的目标总是指向是者最初的和最后的根基，由此产生了一种不变的印象，即哲学必须而且能够在每一个时代为一个民族当下和未来的历史性此间之是提供基础，某种进行文化建设的基础。"但是，这种期望和要求超出了哲学的能力和本质。这种过分的要求通常表现为对哲学的非难。比如有人认为，因为形而上学未能为准备革命作出贡献，所以应该拒绝形而上学。这种说法，与有人说木工刨台不能载人上天就应当被抛弃一样可笑。哲学从来就不可能直接提供力量，并且创造出能够带来某些历史性事态的机制和机会，因为哲学始终只是极少数人直接关注的事情。哪些少数？那些进行创造性改变的人，那些打破现状的人。哲学只能在无法事先规划好的崎岖小道上间接传播，而最后，当其作为本源性的哲学被长久遗忘，它就沦为人间的陈词滥调之一。"[2]

当然，海德格尔并不因此否定哲学的作用，他接着指出："但无用之物恰恰可以成为一种力量。这种在日常生活中得不到直接回响的东西，却能与一个民族历史中本真性的东西产生最内在的共鸣，甚至可以成为后者的前奏。不合时宜之物有它自身的时刻，哲学也是如此。因此，我们不可决定哲学自身及其一般性的任务是什么，也不可因此决定向哲学要求什么。哲学展开的每一个阶段和每一个开端都有其自身的法则。我们可以说的只是哲学不能是什么，以及哲学不能做到什么。"[3]

人们不能决定向哲学要求什么，所以应该对哲学保持宽容的心态。人们可以寄希望于哲学激发的想象和可能，但不应要求哲学提供对现实问题的解决方案。但是，哲学依然具有其本质性的规定。"哲学依其本质能够而且必须做到的是：在沉思中开启一种知识的通道与前景，确定尺度与等级。在这种知识中并且通过这种知识，一个民族在历史性的精神世界中才获得它的此间之是，并且将其带向完满。这种知识同时也激发、逼迫、强

---

[1] Martin Heidegger, *Mindfulness*, p. 49.
[2] 参见海德格尔：《海德格尔文集·形而上学导论》，第12—13页。Martin Heidegger, *Introduction to Metaphysics*, p. 11.
[3] 参见同上书，第11页。Ibid., pp. 9-10.

制着一切的追问和评价。"[1]

总的来说，关于哲学的任务，海德格尔的基本态度是："就其本质而言，哲学绝不会使事情变得轻巧，而只会使之更为艰难。……哲学在真正的意义上能够做到的，是为历史性的此间之是加上重负，并使之下沉到是的根底处。重负把重量（即是）重新赋予物和是者。为何如此？因为重负是一切伟大之物上升的本质性、根本性条件之一。这种伟大之物首先就包括一个历史性民族的命运及其创造，而命运只显现于关于物的真正知识支配此间之是的地方。打开这种知识之前景和视野的就是哲学。"[2] 这就是说，哲学的任务在于让人从日常沉沦的轻松与麻木状态中脱身，重新担起思考的重负，从而唤起民族的觉醒和上升。

海德格尔曾经为诗、思想和政治确立了一个基本的秩序，即诗具有本源性的创造力，思想是由诗而来的知识，至于政治，则是在诗与思想启发之下的创造性实践。诗人、思想家和建国者的角色分别是：一个历史性民族之所是"由诗人建基，思想家加以组织和带入知识，建国者则将其植入大地和历史性的空间"[3]。因此，在海德格尔看来，诗人、思想家与建国者虽然"分工"不同，但都具有相同的使命。"各民族的历史性此间之是，其上升、鼎盛与衰落，都起自诗，还有由此而来的哲学意义上的真正的知识，以及这两者通过国家对一个民族作为民族的此间之是的影响，即政治。因此，各民族本源性的、历史性的时刻，就是诗人、思想家，以及建国者，即为一个民族的历史性此间之是建基之人的时刻。他们都是真正的创造者。"[4]

第三节　海德格尔的政治

哲学与政治

有研究者指出，进入20世纪30年代以后，海德格尔对政治的态度发

---

[1] 参见海德格尔：《海德格尔文集·形而上学导论》，第13页。Martin Heidegger, *Introduction to Metaphysics*, p. 11.

[2] 参见同上书，第13—14页。Ibid., p. 12.

[3] 参见海德格尔：《荷尔德林的颂歌〈日耳曼尼亚〉与〈莱茵河〉》，第143页。Martin Heidegger, *Hölderlin's Hymns "Germania" and "The Rhine"*, p. 108.

[4] 参见同上书，第62页。Ibid., pp. 49-50.

生了某种根本性的变化。在20年代，他从未明确地把是论与国家和民族联系在一起思考。尽管这一段时间他越来越感觉到，要从精神和智识方面拯救德国，需要在两种扎根状态之间建立某种内在关联：一是在观念上扎根于古希腊人，二是在本源意义上扎根于乡土。但在魏玛时期，海德格尔尚未充分处理这一问题。只是随着1933年纳粹掌握政权之后，海德格尔才把在是论与民族性问题上的扎根状态明确为一种与"保守革命"的政治进行对话的主题。[1] 这个判断基本上是符合事实的。不过，真正表达海德格尔的是论政治观的，是他脱离纳粹政权之后在1942—1943年冬季学期发表的关于巴门尼德的讲座中讨论希腊城邦的思想。

海德格尔在这一讲座中指出：希腊城邦事实上建立在去蔽即真的本质基础之上。在希腊人看来，作为去蔽的真决定了一切是者，包括城邦与人之呈现，即它们之是，因此，城邦作为希腊人公共生活的中心，必然也要建立在由这样一种去蔽所敞开的领域中。他通过词源考证认为，城邦（πόλις）的原意是极点（πόλος），它被一切是者以某种特殊的方式所环绕。极点并不创造是者，但为作为整体的是者之超然无蔽状态提供寓所。城邦体现了这一处所的本质，是希腊人历史性安居的栖居之地。因为城邦让是者整体以某种方式进入无蔽状态，所以它本质性地与是者之是相联系。另外，城邦一词还与πέλειν（"是"）同源，意为"涌出、上升而入于无蔽之境"。从其本源意义上说，城邦即希腊人之本质的置放之所。它本源性地聚集了一切事物，它们在无蔽中走向人、被分派给人，而人在其是中也被分配给城邦。[2]

因此，城邦是人之本质得以显现之处，是人之本质在其与是者整体的关系中得以聚集之处，从而也就是人之所是得以去蔽之处，是让人集体性地绽出之处。它"是历史性的人的本质的寓所，是人作为具有逻各斯的动物的归属之所，也是秩序被赋予人而人亦由之得到安置的唯一之所"。从这个意义上说，"城邦并非某种'政治性的'东西，正如空间自身不是某种空间性的东西。城邦只是'是'（πέλειν）的极点，即是者之是在其去蔽和遮蔽状态中为自身提供的一个处所，在其中人类的历史得以聚集。因为希腊人是极度非政治的民族，本质上非政治的民族，因为他们的人性本源性地、排他性地由是本身所决定，即由无蔽所决定，所以只有希腊人能

---

[1] 参见查尔斯·巴姆巴赫：《海德格尔的根——尼采、国家社会主义和希腊人》，第51页。
[2] 参见海德格尔：《海德格尔文集·巴门尼德》，第131—132页。Martin Heidegger, *Parmenides*, pp. 89-90.

够,而且也必须为城邦建基,为无蔽的聚集和保存建基。"[1]

海德格尔强调希腊城邦的"非政治性",指的是希腊人并不以通常理解的政治即围绕权力的争斗展开其思想与行动,而是把更本质的东西,即去蔽也就是真作为城邦生活的实质。说到底,这正是海德格尔所理解的政治的根据,即真才是"最高的、本源意义上的政治"[2]。正是在这个意义上,海德格尔认为,希腊政治中的正义(δίκη)概念也并不如现在一样,被理解为某种政治或者价值范畴即正义,而是一个由无蔽所决定的领域,是某种秩序的表达。"就如在现代国家或者罗马共和国(res publica)的基础上不可能理解城邦一样,在现代的正义概念和罗马的正义(iustitia)的基础上也不可能理解古希腊的δίκη。被理解为秩序的δίκη为人安排了关系与行止,使之从其与无蔽的关系中获取其本质,但δίκη并不由城邦决定,也不由人与城邦的关系所决定。"[3]

海德格尔对希腊城邦政治的理解决定了他基本的政治观念,即把政治理解为对真即是之通透的发生的集体追求。由于对真的追求首先是哲学的任务,所以在他的观念中,政治也就成为实践中的哲学。表面上看,海德格尔在多个场合一再表示哲学乃不合时宜之物。比如在1934年11月,在他已经辞去弗莱堡大学校长职务之后的一次演讲中,海德格尔对哲学与政治的关系有过一段集中的讨论。他表示:哲学是以对时代的批判为己任的事业。一旦人们尝试将哲学作为时代的表达或成就,并且根据当下现成的、业已取得或者失去的合时代性来衡量哲学,那么他们就错失了对哲学本质的基本规定。之所以如此,是因为哲学或者远远超出当下,或者将当下回溯并维系于某个早前的、开端性的曾在者。哲学始终是某种知晓,这种知晓不仅不让自己合乎时宜,而且与此相反,要将时代置于其尺度之下。[4]

也就是说,哲学不能成为时代的反映,亦不能为时代背书,就此而言,对于现实的政治需求来说,哲学不过是一无所用之物。但是,哲学并

---

[1] 参见海德格尔:《海德格尔文集·巴门尼德》,第140—141页。Martin Heidegger, *Parmenides*, pp. 95—96.

[2] 参见海德格尔:《荷尔德林的颂歌〈日耳曼尼亚〉与〈莱茵河〉》,第259页。Martin Heidegger, *Hölderlin's Hymns "Germania" and "The Rhine"*, p. 195.

[3] 参见海德格尔:《海德格尔文集·巴门尼德》,第141—142页。Martin Heidegger, *Parmenides*, p. 96.

[4] 参见海德格尔:《德国哲学的现状与未来使命》,载《海德格尔文集·讲话与生平证词(1910—1976)》,第381页。

非与当下无关,而是必须"超出"它的时代。这才是不能用当下的尺度衡量哲学的原因。反过来,应该用哲学的尺度来衡量和批判它的时代。这也许是海德格尔对他辞去校长一职的哲学解释。另外他又强调:恰恰是对于现实政治一无所用者,反倒能够,而且因此才成为某种力量。它无视日常生活,却能够与民族历史的本真事件达成最内在的默契,乃至成为这一事件的前奏;它不合时宜,但拥有其本己的时代。与哲学一样无用的还包括另两种创建民族的历史性此间之是的根本力量,即诗的创作与建国的行动。诗与思想才是本质意义上的政治行动,它们"绝非某种所谓'文化'的表象与进程,某种我们能够用钟表和日历加以计算、能够在报刊中加以追踪的进程。毋宁说,它们才是诸时代、诸民族及其世界时间的相互共属一体的基本事件"[1]。简言之,哲学才是真正的政治,是"元政治",是政治的灵魂与动力。

因此,海德格尔对哲学有更高的要求。如他所说:"唯一真正持久的哲学是真正属于其时代的哲学,但那意味着对其时代有所命令。"[2] 他在1921—1922 年的课程"对亚里士多德的现象学阐释"中也强调,真正的哲学是经验,而不是理论;它提供给我们的"不是对困难的扫除,而是跳到颠簸摇晃的航船上去"。[3] 当然,校长任期的经历可能让他意识到,哲学不可能具有像政治一样的动员力量,也不可能对政治产生直接的作用。他在战后表示:"早在 1933—1934 年我就站到了纳粹主义世界观的对立面,但那时我还相信,这一运动在精神上可以被转移到其他轨道上,并且认为,这种尝试与这一运动的社会政治和一般政治趋势相容。我相信,在1933 年希特勒代表整个民族的责任后,他会超越党派及其教条,一切都会在对西方的责任的更新和聚集基础上联合起来。这种信念是一个错误,我在 1934 年 6 月 30 日的事件中认识到了这一点。"[4] "1933—1934 年冬季学期的实践尝试失败了。在圣诞节那几天的休息中,我认识到,我那种出自长期哲学工作的精神态度,根本不可能直接影响和改变纳粹主义运动

---

[1] 参见海德格尔:《德国哲学的现状与未来使命》,载《海德格尔文集·讲话与生平证词(1910—1976)》,第 381—382 页。

[2] Martin Heidegger and Elisabeth Blochmann, *Briefwechsel, 1918-1969*, ed. by Joachim W. Storck, Deutsche Schillergesellschaft, 1989, p. 144.

[3] Martin Heidegger, *Phänomenologische Interpretationen zu Aristoteles. Einführung in die Phänomenologische Forschung*, GA 61, Vittorio Klostermann, 1985, pp. 37-38.

[4] 参见海德格尔:《解释与原则性的东西》,载《海德格尔文集·讲话与生平证词(1910—1976)》,第 480 页。

的精神或非精神基础。"[1]

这个表态反过来也说明，至少在1933年以前，海德格尔对哲学影响政治抱有某种热切的希望。虽然他后来放弃了这种幻想，但哲学可以通过改变人的思想而为政治变化准备条件，这恐怕是他一直坚持的观点。"哲学无法强迫是转变，但它可以创造知识。它的清晰、完整和严格程度有所不同，但作为民族本身的本质性知识，间接地扎根于民族。这种知识本身就已经是一种意愿，而真正的意愿只会作为有觉悟的投入而发生。唯有它能够带来暴风雨，在其中——如果有的话——我们遭遇诸神之闪电，民族的世界时间得以预告。"[2] 海德格尔在此实际上间接重复了他在校长就职演说中的最后一句话，即对柏拉图《理想国》的引用："一切伟大之物都伫立在风暴中……"[3] 由此可见，海德格尔在校长任职之前和之后，对于哲学与政治关系的基本立场并没有发生太大改变。

海德格尔作为哲学家拥有自己的政治理念，并且希望这种理念能够改变政治现实。在他看来，哲学改变现实的重要通道之一就是对大学的改造，因为他相信："知识就是能力，是对事物之规则和规律的自由掌握。知识是行动，是可靠性，知识是决断，是对于将来之物的决心。"[4] 海德格尔除接受弗莱堡大学校长职位，并且在就职演说中对德国大学改造的基本方向提出明确主张之外，还多方面表述了他对一种新型的大学教育方式的看法。在校长就职演说中，他对德国大学的历史使命进行了如下概括："它基于科学并通过科学手段教育和规训德国民族命运的领袖和护卫者。意求德国大学本质的意志，就是追求科学的意志，同时也是追求德国民族历史使命的意志，这个民族了解在其国家中的自身。科学与德国人的使命必须一同在这种追求本质的意志中获得权力。它们能够做到这一点的条件就是而且只能是，作为教师和学生群体的我们一方面将科学置于其最内在

---

[1] 参见海德格尔：《关于恢复教学活动的申请（重新归队）》，载《海德格尔文集·讲话与生平证词（1910—1976）》，第465—466页。

[2] 海德格尔：《德国哲学的现状与未来使命》，载《海德格尔文集·讲话与生平证词（1910—1976）》，第396页。

[3] 参见海德格尔：《德国大学的自身主张》，载《海德格尔文集·讲话与生平证词（1910—1976）》，第150页。Martin Heidegger, "The Self-Assertion of the German University," in *Martin Heidegger: Philosophical and Political Writings*, ed. by Manfred Stassen, Continuum, 2003, p. 11.

[4] 参见海德格尔：《纳粹主义国家的大学》，载《海德格尔文集·讲话与生平证词（1910—1976）》，第921页。

的必然，另一方面共同担当德国命运的困厄，承受德国的命运。"[1] 在海德格尔的思想中，大学是科学与民族历史使命的结合处，前者使大学成为领袖与护卫者的摇篮，后者则使教育者和受教育者在大学中就成为行动者。德国的大学因此成为柏拉图《理想国》的现世版本。[2] 海德格尔把他的这一思想称为"德国大学的自我主张"，而根据他在《尼采》一书中的解释，"自我主张就是保留在上部、在顶端的意志，是返回本质、返回本源的运动。自我主张就是向本质的本源性转化"[3]。

1945年，海德格尔对他出任大学校长的考虑进行过如下说明："第一，我在当时掌握权力的运动中看到了民族内在聚集和更新的可能，看到了一条可以发现民族的历史性、西方性规定的道路。我相信，自身更新的大学可以被召唤起来，在民族的内在聚集中给予尺度，一同发生影响。第二，因而我在校长职务中看到了这样一种可能，即将所有可能的力量——不包括党员和党派教条——引导到这种沉思和更新的进程中，从而加强和巩固这些力量的影响。第三，我希望通过这种方式，去直面那些不合适之人的入侵，直面纳粹党机关和党派教条之极具威胁性的霸权。"[4] 可以看出，海德格尔希望把大学改造成德国思想变革的中心。至于第三点，虽然不能说完全出于自辩，但至少有些夸张，因为很难说当时的海德格尔在多大程度上能够把他的思想与纳粹的教条区分开来，并用前者公开对抗后者。海德格尔1960年在给一名学生的信中的说法要更直接一些："我接受了这个职位，心怀希望，希望纳粹主义能承认所有建设性和生产性的力量，并且把它们吸收进去；但也带着一种意愿，想要阻止那直接面临的威胁，即完全由纳粹党的干部霸占大学里的领导职位。"[5] 换言之，接受校长职位的

---

[1] 参见海德格尔：《德国大学的自身主张》，载《海德格尔文集·讲话与生平证词（1910—1976）》，第138页。Martin Heidegger, "The Self-Assertion of the German University," in *Martin Heidegger: Philosophical and Political Writings*, p. 3.

[2] 需要指出的是，在柏拉图的意义上理解并重构政治，这并非海德格尔一个人的想法。在20世纪30—40年代德国大学和教育界中拥有比较大的影响，并且成为纳粹意识形态领袖的几位知识分子，包括鲍姆勒（Alfred Baeumler）、曾经担任海德堡大学校长的克里克（Ernst Krieck），以及曾经担任柯尼斯堡大学校长的海泽（Hans Heyse），都把希腊哲学视为德国精神的源泉。参见查尔斯·巴姆巴赫：《海德格尔的根——尼采、国家社会主义和希腊人》，第58—66、168—170页。

[3] 参见海德格尔：《海德格尔文集·尼采》上卷，第68页。Martin Heidegger, *Nietzsche Volume I: The Will to Power as Art*, p. 61.

[4] 参见海德格尔：《1933—1934年的校长任职：事实与思想》，载《海德格尔文集·讲话与生平证词（1910—1976）》，第441—442页。

[5] 海德格尔：《致一位学生的信》，载《海德格尔文集·讲话与生平证词（1910—1976）》，第679页。

原因之一,是为了避免这个职位被纳粹党人占据,这个解释应该是可以被接受的。

海德格尔到1945年时仍然认为,在30年代存在着某种可能性,通过回溯到西方思想的开端,开启一场与希腊思想的争辩,找到某种行动的根据,而德国的大学则可以成为这一斗争的战场。他承认,这种以假设提出问题的方式固然有违反历史进程的特点,但还是可以自问:"如果在1933年的时候,一切可能的力量都被发动起来,并且在隐秘的团结中,逐渐提炼并调适那个掌权的'运动',要是这样,会发生什么,又不会发生什么?"[1] 如上所述,虽然不排除海德格尔有自己的追求,但这番说辞其实可以被任何一个投身纳粹运动的知识分子采用。实际上,这些知识分子中每一位都会有自己不同的想法和目标,但他们的共同点恰恰就是对纳粹思想的接纳,除此之外,很难想象还会有什么别的因素能够把他们结合起来,能够把他们"发动起来"而形成"隐秘的团结"。

哲学改变现实的另一条通道就是对纳粹党施加影响。海德格尔在1933年5月4日即他本人加入纳粹党的第二天写给弟弟弗兰茨的信中表示:"你不应从下面,而应从元首那里、从他的那些伟大目标来看这整个运动。我昨天入了党,不仅是出自内在的确信,而且也出自一种意识,即只有通过这种途径,对整个运动的阐明与澄清才是可能的。""人们现在不能再只想自己,唯一必须考虑的是正处于危险中的德意志民族的整体及其命运。"[2] 这似乎是说,只有通过他自己加入纳粹党,才可为这一运动提供某种方向。海德格尔表示:"我意在尝试,在纳粹主义之内,以一种与之相应的方式开启某种精神转变"[3],"从而让这一运动能够以其自身的方式帮助欧洲结束混乱状况、克服西方精神的危机"。他认为,纳粹政权是通过民主选举上台的,因而是"大多数"德国人自由选择的结果。他本人的选择则是在认可这一结果的情况下,尽可能使纳粹主义运动走上他所希望的方向。[4] 海德格尔晚年时对自己的这种幻想亦不加否认:"当时我相信,

---

[1] 参见海德格尔:《1933—1934年的校长任职:事实与思想》,载《海德格尔文集·讲话与生平证词(1910—1976)》,第443页。

[2] 参见海德格尔:《被置入新的任务中》,载《海德格尔文集·讲话与生平证词(1910—1976)》,第116页。

[3] 参见海德格尔:《解释与原则性的东西》,载《海德格尔文集·讲话与生平证词(1910—1976)》,第476页。

[4] 参见海德格尔:《关于恢复教学活动的申请(重新归队)》,载《海德格尔文集·讲话与生平证词(1910—1976)》,第464页。

与纳粹主义的对峙可能会开启一条新路,一条通向革新的唯一的依然可能的道路。"[1]

海德格尔"澄清"甚至纠正纳粹主义运动的企图,在他 1933 年 11 月的一次演讲中可以得到证明:"根据元首本人的说法,革命其实已经终结了,为进化腾出了地盘。进化应当接替革命。但德意志高校的革命不仅没有终结,甚至还没有开始。而且,如果说那是在元首意义上的进化,那么它就只有通过斗争,并且在斗争中才可能实现。"[2] 显然,海德格尔希望把希特勒已经停止下来的"革命"继续往前推进。当然,如何推进,他本人却显得茫然无绪,况且纳粹政权也不可能任由他去实践他个人的想法。

对于自己参与纳粹主义政治,海德格尔虽然有一些反省,既认识到当时幼稚和幻想的一面,也意识到必须为自己的一些行为负责,但他仍然认为这种参与根本上是基于哲学立场,而非出于个人利益的考虑。海德格尔在 1945 年纳粹政权被推翻之后不久写下的一份回忆和反思文件中表示:虽然他参与纳粹政治时抱有幻想,希望能够影响德国乃至西方政治的趋向,从而"放弃了思想最本己的召唤",而且在履行校长职务时也造成了一些不可忽视的负面影响,"但是以此为视角,本质性的东西尚未被触及,而正是它规定着我对校长职务的接手"。他在此暗示,人们对他的政治行为的评判固然有道理,但都没有触及根本。"而今天,较之那时候,更无可能向那些被蒙蔽的人敞开这一本质性的视域。""本质性的东西在于,我们处于虚无主义之完成中,上帝'死了',任何神性的时空均已封闭。"[3] 海德格尔在此反复强调的"本质性的东西",用一句话来概括就是对虚无主义的克服,对他所意识到的德国乃至整个西方文明的危机的救赎。根本上,他仍然把自己在纳粹时期的政治参与视为克服虚无主义而必须作出的行动选择。

---

[1] 参见海德格尔:《〈明镜〉记者与马丁·海德格尔的谈话(1966 年 9 月 23 日)》,载《海德格尔文集·讲话与生平证词(1910—1976)》,第 786 页。Martin Heidegger, "Der Spiegel Interview with Martin Heidegger," in *The Heidegger Reader*, p. 317.

[2] 参见海德格尔:《纳粹主义国家的大学》,载《海德格尔文集·讲话与生平证词(1910—1976)》,第 916—917 页。

[3] 参见海德格尔:《1933—1934 年的校长任职:事实与思想》,载《海德格尔文集·讲话与生平证词(1910—1976)》,第 455—456 页。

斗争

斗争是海德格尔前期著作中一个出现频率很高的词。他非常欣赏赫拉克利特的思想，与后者一样认为，斗争乃万物生机的源泉。他曾援引赫拉克利特残篇53："斗争乃（进入呈现的）万物之父（让涌出者），但（也）是君临万物的保存者。它让某些东西显现为神，另一些显现为人；它让一些人成为奴隶，另一些成为自由的人。"随后他指出：这里所谓的斗争（πόλεμος）是先于一切神与人发生的本源性冲突，而非人与人之间的战争。在赫拉克利特看来，斗争是最初的、最重要的运动，它让本质展开者进入对立，让地位和等级在进入呈现中确立自身。世界通过斗争得以形成。"斗争并不分离，更不会毁坏统一体。它建立统一；它是聚集即逻各斯。斗争与逻各斯同出异名。"[1] 因此，斗争与冲突具有根本性，统一与和谐则是斗争的结果。海德格尔强调："真正的冲突双方的展开才导向和谐，它在任何情况下都把冲突中的力量置于它们的限度之内。这种限度的施加并非约束，而是对约束的超越，是本质在显现中的设定与完成。因此，如果说一切是者都处在和谐之中，那恰恰是因为冲突和斗争必须从根本上规定万物。"[2]

海德格尔相信："斗争创造一切是，同时也支配一切是者。"[3] 斗争让是者得以产生，只有斗争才投射并孕育出未曾听闻者、未曾述说者和未被思考者。它由创造者、诗人和政治家维持。他们以自身的作品对抗汹涌的强力，并且抓住由此开启的世界。借助斗争，自然即涌出第一次持立于呈现者中，是者由此开始成其所是，本真的历史由以形成。斗争不仅允让上升与前出，而且只有它才能保存是者的持续。一旦斗争停止，万物即失去生命的光彩，变得僵化呆板、平淡无奇。虽然是者不会消失，但世界却抽身而去。是者不复拥有其是，而只不过是人们偶遇之物；被完成者也不再是被迫入边界即置入其形式者，而只不过是人尽可用的完结者、当前

---

[1] 参见海德格尔：《海德格尔文集·形而上学导论》，第73页。Martin Heidegger, *Introduction to Metaphysics*, pp. 64-65.

[2] 参见海德格尔：《荷尔德林的颂歌〈日耳曼尼亚〉与〈莱茵河〉》，第148页。Martin Heidegger, *Hölderlin's Hymns "Germania" and "The Rhine"*, p. 112.

[3] 参见同上。Ibid.

者。[1] 总之,"斗争既是创造者,又是统治者。当斗争不再作为保存的力量,停滞、平均化、平庸、不痛不痒、委顿和衰败便接踵而至。……在斗争中,神作为神,人作为人,才在它们的相摩相荡中达诸显现。并不存在自在的神和人、自在的主人和奴隶,然后以各自的身份进入斗争或者和谐。相反,斗争才首先创造出生死决断的可能"[2]。

海德格尔因此在一般性的意义上指出:"战争乃是者未被控制的机变,和平则无非是这种不受控制的状态的悬置。""'斗争'是对从人那里回撤的'玄同'的太过人性化的称谓。"[3] 这似乎暗示斗争即玄同,人则因对冲突无知而产生的恐惧,把这种充满了冲突的玄同称为"斗争"。对海德格尔来说,世界与大地之间的斗争原本就是人时刻置身其中的根本性的事件。恰恰在斗争中,对立双方才能达到对其本质的自我确认。可以看出,这种对斗争的理解非常类似于中国传统思想中阴与阳、有与无之间相生相克、相荡相摩的关系。海德格尔也有一个使用弓与琴的形象的比喻:"当反向延展的两端被弓绷紧在一起,这种绷紧才第一次使箭的发射和琴弦的鸣响成为可能,而这就是是。"[4] 对立与斗争成就是。

海德格尔把斗争视为是即呈现的本质。他以赫拉克利特残篇 48 为例表明这种对立无所不在:"'弓箭的名字是生命($\beta\iota\acute{o}\varsigma$),它的作品却是死亡'(极端对立的相互统一)。"因此,"最激烈的对立根本上构成了相互统一的和谐"[5]。斗争本质上是对峙。"在对峙中,对峙者的本质彼此相属,并且以希腊的方式自行显现出来,即进入无蔽和真实者之中,因为斗争是相互承认的对本质之物的隶属。""斗争($\pi\acute{o}\lambda\epsilon\mu o\varsigma$)本质在于显现($\delta\epsilon\iota\kappa\nu\acute{u}\nu\alpha\iota$)与创造($\pi o\iota\epsilon\tilde{\iota}\nu$),按希腊的方式来讲就是设置出来,进入敞开的视域。"[6]

斗争的意义因此就不是毁灭而是创造,对立双方都只有在它们的冲突

---

[1] 参见海德格尔:《海德格尔文集·形而上学导论》,第 74—75 页。Martin Heidegger, *Introduction to Metaphysics*, pp. 66-67.

[2] 参见海德格尔:《荷尔德林的颂歌〈日耳曼尼亚〉与〈莱茵河〉》,第 149 页。Martin Heidegger, *Hölderlin's Hymns "Germania" and "The Rhine"*, p. 112.

[3] Martin Heidegger, *Mindfulness*, p. 11.

[4] 参见海德格尔:《荷尔德林的颂歌〈日耳曼尼亚〉与〈莱茵河〉》,第 147 页。Martin Heidegger, *Hölderlin's Hymns "Germania" and "The Rhine"*, p. 111.

[5] 参见同上。Ibid.

[6] 海德格尔:《1933—1934 年的校长任职:事实与思想》,载《海德格尔文集·讲话与生平证词(1910—1976)》,第 446—447 页。

中才能是其所是,即在与对方的联系中并且通过对方成其本质。因此,冲突中的任何一方都并非自在自足的是者,它们在斗争中相互决定,形成相辅相成的关系。这就是它们的本质"彼此相属"的含义所在。就斗争的双方而言,"如果我们只考虑其中一方,或者简单地加入另一方,都根本不可能了解一个是者。相反,只有在双方的相互归属中理解它们,并且清楚这种理解的基础,我们才能了解某物。"[1] 海德格尔通过对赫拉克利特的名言"一切皆流"的解释指出:"这句话并不是说一切都处于连续的变化之中无法持存,而是说你不能只采取一个方面的立场,而应该经由斗争与冲突被带向另一个方面。只有在斗争的往复运动中,是者才获得它们之是。流动在此并不仅仅意味着物持续不变的分解与毁灭,相反,它属于冲突,即冲突中的和谐,恰恰是它创造了持存和稳定,即是。"[2] 这个解释虽然显得与众不同,但强调的仍然是冲突与和谐、变动与不变的内在统一性。海德格尔非常喜欢使用的一个词是"亲密性",它指的就是这种对立双方相互依赖又相互矛盾的关系:"亲密性就是纯然涌出的敌对力量的本源一体性,是包含在是中的秘密。"[3] 用中文表达,就是"相生相克"。

在斗争中,人通常看到的是矛盾和对立,而看不到对立物之间的一致性和统一性。"习惯性的看问题的方式只看到表现为各种对立的东西,而看不到和谐,那种被遮蔽的和谐,它比显而易见的和谐更强大有力,因为它才是是本身力量的体现。"[4] 因此,海德格尔引用赫拉克利特的上述残篇,号召人们在现实中通过斗争进行决断:"对庸人而言,斗争始终只是冲突、不和与争吵,也是紊乱。而对本质性的人来说,斗争是对一切是者的伟大考验:我们在此决断,我们自己究竟是奴隶还是主人。"[5]

由此看来,海德格尔对政治的卷入,对政治决断的呼吁,其实是他的哲学与现实互动的结果。有研究者曾对海德格尔同时代的一位德国政治学家,也是纳粹官方意识形态的代言人鲍姆勒的思想进行过如下总结:"对鲍姆勒来说,*Pax Romana*(罗马治下的和平)意味着那种遗忘了赫拉克

---

[1] 参见海德格尔:《荷尔德林的颂歌〈日耳曼尼亚〉与〈莱茵河〉》,第 150 页。Martin Heidegger, *Hölderlin's Hymns "Germania" and "The Rhine"*, p. 113.

[2] 参见同上书,第 150—151 页。Ibid. 在人们通常的印象中,赫拉克利特强调"变",而巴门尼德强调"不变"。

[3] 参见同上书,第 303 页。Ibid., p. 226.

[4] 参见同上书,第 147 页。Ibid., pp. 111-112.

[5] 海德格尔:《高中毕业之后的 25 年》,载《海德格尔文集·讲话与生平证词(1910—1976)》,第 349 页。

利特的战斗（Kampf，polemos 与 eris）的快乐的奴隶道德的胜利。只有通过重新唤起希腊人对斗争（agon）的热爱，以及德国人对战斗（Kampf）的本源性的激情，欧洲才能免于罗马（亦即基督教、启蒙、资产阶级、虚无主义）文化那种铲平一切的影响。鲍姆勒一贯主张，欧洲只能由德国来拯救——而德国则只能由他所谓的'自我主张（Selbstbehauptung）、权力和胜利的冲动'来拯救。"[1] 显而易见，海德格尔和鲍姆勒在对于斗争以及斗争的现实意义的理解，甚至具体的语言表达上，都存在着惊人的一致性。

不仅在纳粹时期，实际上整个近代德国思想中就不乏对权力、斗争，特别是战争的溢美之辞。历史学家特莱契克（Heinrich von Treitschke）曾指出："国家的本质第一是权力，第二是权力，第三还是权力。"[2] 法学家考夫曼（Erich Kaufmann）也认为："国家在战争中展现其真实的本质，战争是国家最崇高的成就，在战争中国家的特点得到最充分的展现。国家在此必须证明，它成功地唤醒和聚集一切力量，它提出的最高要求，也真正得到满足……这些要求和成就越是显眼，它们越是广阔和复杂地伸展，进入生命的所有枝杈，战争就越是能够成为整个国家的一种真正的正当性及成就的考验……"[3] 托马斯·曼把战争说成是能够使各民族的个性和它们永恒的面貌强有力地表现出来的事件。舍勒则表示战争是真理的时刻："整体的、伟大的、广泛的、人类的形象，在和平中只能看到这个形象的一小块灰色的中间地带。……现在，这个形象如同雕塑一般矗立在我们面前。只有战争能测量出人类本性的范围和幅度。人类在战争中认识到他的整体的伟大和渺小。"[4]

可以毫不夸张地说，在两次世界大战之间，关于战争的正当性的言论充斥着整个德国思想界。以把政治定义为区分敌友而著名的法学家施米特

---

[1] Baeumler, *Nietzsche: Der Philosoph und Politiker*, p. 93; Baeumler, *Politik und Erziehung*, p. 53. Cf. Charles Bambach, *Heidegger's Roots: Nietzsche, National Socialism, and the Greeks*, Cornell University Press, 2003, pp. 119-120. 参见查尔斯·巴姆巴赫：《海德格尔的根——尼采、国家社会主义和希腊人》，第 194 页。

[2] 特莱契克：《联邦国家和统一国家》，载《历史政治文集》第二卷，第 52 页。转引自克里斯蒂安·格拉夫·冯·克罗科夫：《决定——论恩斯特·云格尔、卡尔·施米特、马丁·海德格尔》，卫茂平译，上海人民出版社 2016 年版，第 13 页。

[3] 考夫曼：《国际法的本质和情势不变条款》，第 146 页。转引自克里斯蒂安·格拉夫·冯·克罗科夫：《决定——论恩斯特·云格尔、卡尔·施米特、马丁·海德格尔》，第 15 页。

[4] 转引自吕迪格尔·萨弗兰斯基：《来自德国的大师——海德格尔和他的时代》，靳希平译，商务印书馆 2008 年版，第 80—81 页。

就表示:"敌友概念是在其具体的、生存论的意义上加以理解的,不是作为比喻与象征,不被经济、道德和其他表象混淆与削弱,更不能在私人和个体的意义上被理解为个人情感和倾向的心理表达。"[1] 施米特对政治的这种理解意味着政治概念不能被进一步还原为其他概念,是它定义了其他的概念而非相反。这种观念与海德格尔把斗争理解为是的思想可算是彼此呼应。由此也可以看出,海德格尔在思想上仍然深深地扎根于他的时代。

决断

从沉沦中走出的通道就是决断。用海德格尔自己的话来说:"决断并非主体的决定性行动,而是人摆脱是者的困囿向着是的开放性的开启。"[2] 海德格尔认为,人在他被抛入的世界中沉沦,日常的操劳左右了所有人最切近的事实性投射。只有通过决断,才能把人们从沉沦状态中唤起,因此决断本身就是本真性的自身之是的被揭示状态。

决断首先让沉沦于众人中的人成为本真的自己,让人直面生存的现实与困境、人生的灾难与痛苦,去接受人的此间之是。决断的瞬间是"人之生存的最高形式,是返回到逗留于生死之间的人的十分罕有的瞬间,人也只有在这一瞬间,方可在生存中窥见其自身可能性的顶峰"[3]。"这一瞬间是人对其此间之是决断性的揭示的显现,这一此间之是始终生存于他毫无保留地抓住的处境之中,因而始终是独一无二的生存。"[4] 同时,决断也表明了一种未来的可能性,或者人对于未来可能的选择。"人作为属于未来的是者本真性地生存于对某种选定的可能的决断性揭示之中。决断性地返回自身,就是以重现的方式向着人之生存的'重大的'可能性开

---

[1] Carl Schmitt, *Der Begriff des Politischen*, Duncker & Humblot, 1932, p. 15.

[2] 参见海德格尔:《艺术作品的本源》,载《海德格尔文集·林中路》,第59—60页。Heidegger, "The Origin of the Work of Art," in *Off the Beaten Track*, p. 41.

[3] 参见海德格尔:《海德格尔文集·康德与形而上学疑难》,王庆节译,商务印书馆2018年版,第315页。Martin Heidegger, *Kant and the Problem of Metaphysics*, trans. by Richard Taft, Indiana University Press, 1991, p. 203.

[4] 参见海德格尔:《海德格尔文集·形而上学的基本概念:世界—有限性—孤独性》,赵卫国译,商务印书馆2017年版,第251—252页。Martin Heidegger, *The Fundamental Concepts of Metaphysics: World, Finitude, Solitude*, trans. by William McNeill and Nicholas Walker, Indiana University Press, 1995, p. 169.

放。"[1] 不过，决断虽然打破沉沦，但并不使决断者出离世外，反而促使他人觉醒。"决断性的此间之是为了是之可能，为了他的世界而使自己获得自由。对自身的决断让人首先有可能使与他一同'是'的人成为他们本己之是的可能性，同时通过向前跳跃与解放揭示这种可能性。决断性的人可能成为他人的'良知'。"[2]

除生存论意义上的决断之外，对海德格尔来说，还有一种更重要的，就是哲学、历史和政治意义上的决断，即为一个民族甚至整个人类带来新的历史性开端的决断。海德格尔呼唤这样一种决断，因为他认为西方已进入一个关键性的阶段，这个阶段的特征"就是对人的无目标状态刻意视而不见，'时刻准备好'回避任何确立目标的决断，恐惧一切决断性的领域及其开放。对是的恐惧在今天已经到了无以复加的地步"[3]。因此，最根本的问题就是必须意识到历史已经进入决定性的状态，人们根本无法在无关紧要的观点之间进行无聊的争论而自我欺骗。这是人必须有所决断的状态，它已经孕育成熟，甚至连深思还是麻木不仁本身也成为必须决断的问题。"就在这个地方，出于历史的原因，是本身迫使关于是的知识进入决断的痛切需要，并且逼迫这种知识向自身澄清，什么是在其中作为是之投射可能发生的事情。"[4] 海德格尔借用荷尔德林的话指出："我们正进入一个事关诸神之逃遁还是降临的决断的时空。"[5]

实际上，历史和政治意义上的决断，是 20 世纪 20—30 年代德国知识分子常常提及的一个"流行"词。海德格尔自己表示：在战前，包括哲学家在内的所有人都倾向于使用"经验"和"生活体验"这样的说法解释此间之是。但"这个词今天已失去了它的优先地位，人们甚至根本不愿意使用它了。我们取而代之谈论的是'生存的可追问性'和'决断'。生存必须成为'可追问的'，这已经成为当下的时尚。今天一切都成了'决断'，但值得怀疑的是，那些以此种方式谈论世事的人，他们是否已经'下了决心'或者将会作出'决定'。这就如同那些谈论'生活体验'的

---

[1] 参见海德格尔：《海德格尔文集·存在与时间》，第 534 页。Martin Heidegger, *Being and Time*, p. 376.

[2] 参见同上书，第 407—408 页。Ibid., p. 285.

[3] 参见海德格尔：《海德格尔文集·哲学论稿（从本有而来）》，第 164—166 页。Martin Heidegger, *Contributions to Philosophy* (*Of the Event*), p. 109.

[4] 参见同上书，第 527 页。Ibid., pp. 351-352.

[5] 参见同上书，第 482 页。Ibid., p. 321.

人是否事实上还有能力去'体验'任何事情,还是说这种可能性根本没有成为事实,因为人们所做的只是关于体验的漫无边际的空谈。"[1]

可以看出,海德格尔曾经对有关"决断"的谈论成为"时尚"颇为不满,认为这不过是一些不着边际的"空谈"。他在与纳粹政权拉开距离之后曾明确区分古希腊人理解的决断与现代意义上的决断,强调前者的含义是"自我揭示的去蔽",是"人与是者之是的相连",是人向是的开启;而后者则是主体性的行为,是尼采所理解的追求意志的意志,是"意欲确立自身于自身",因而是一种"狂热"的意志。[2] 但在纳粹取得政权前后,他事实上一度成为决断的积极鼓吹者。所以在后来的研究者看来,"恩斯特·云格尔、卡尔·施米特和马丁·海德格尔属于几无先例的这一代人:他们在第一次世界大战之前的年月里,在一种市民之安稳和舒适的氛围中成长,不过恰恰因此却坚决反抗这种'氛围'"[3]。"他们对市民生活的原则感到绝望,寻找并且找到摆脱的途径,那是战争迷狂中的解放,战时日常生活中的麻痹,战斗兴奋中的满足、确认和直接性:'因为他们不愿继续挖掘一种以往状态的腐烂的躯体……'(云格尔)——意即市民的战前状态的躯体。"[4]

施米特对决断的阐述在当时颇具代表性:"因为在现存的友敌关系之上,不存在任何公共的、客观的判决机构,在政治的斗争中根本就不存在诸如客观的判决或者客观的有罪判定。……冲突既无法通过某种事先确立的普遍的规范,也无法通过一个'不参与的'因此是'中立的'第三者的判词来裁决……其'客观性'要么只是政治的遮掩,或者完全是错失一切本质的毫不相干……从根本上讲,一种具体的生活秩序只能通过其表现的坚定性和实际上由此生发的权威性,证明自己的合法性。"[5] 可见,决断的核心不是单纯作出判断,而是在没有标准和规范的情况下,由当事者作出且不可能经由第三方核准的决定,而这也正是海德格尔对于历史和政

---

[1] 参见海德格尔:《海德格尔文集·时间概念史导论》,欧东明译,商务印书馆2014年版,第424页。Martin Heidegger, *History of the Concept of Time: Prolegomena*, trans. by Theodore Kisiel, Indiana University Press, 1985, pp. 271—272.

[2] 参见海德格尔:《海德格尔文集·巴门尼德》,第110—111页。Martin Heidegger, *Parmenides*, pp. 75-76.

[3] 克里斯蒂安·格拉夫·冯·克罗科夫:《决定——论恩斯特·云格尔、卡尔·施米特、马丁·海德格尔》,第1页。

[4] 同上书,第44页。

[5] 同上书,第62页。

治性决断的基本理解。

正因此,海德格尔虽然对人人奢谈决断颇为不满,但还是欣然接受了这个词,并且在很多场合呼吁"决断"。"对决断一词近乎惊人的滥用并不能阻止我们赋予这个词这样的内涵,据此它与最本质的分离和最极端的区分相联系,而后者指的就是包括了神与人、世界与大地的是者整体同决定每一是者能否成其所是的是之区分。"因为"人能够作出的并且成为全部历史之基础的最高决断,乃是者的优势地位与是的支配地位之间的决断"。[1] 海德格尔因而认为,决断也就意味着严肃地对待本质与非本质的争论。假设我们极其严肃地对待这种争论,"将其作为属于历史本身的本质的、不可消除的争论,将其纳入我们的知识和意愿,令其沉入我们民族的此间之是,那么我们便借此共同创建了某种基本前提,而西方将再一次迎来某个崭新的历史时刻"[2]。

海德格尔在此讲得很清楚,决断关乎是者抑或是在思想中哪一方拥有最高的地位,或者说是延续形而上学,还是进入一个新的开端。因此,决断首先是思想上的决断。"当'决断'与'体系'相对而立时,从现代向另一开端的过渡就发生了。就'体系'包含了是者之所是的现代概念(被表象状态)的本质特征,而'决断'则指向是者之是,并不仅仅指是者基础上的所是而言,决断在某种意义上要比任何体系'更体系化',也就是说,决断是出自是之本质对是者的本源性规定。"[3]

决断是决裂,是断绝。"决断进入是之本质最内在的核心,从而与我们所理解的作出选择之类的含义毫不相关。决断指的是切断和分离,在分离中,对如此分离出来的开放域的涵有第一次发挥作用。它作为自我遮蔽的、尚未决定的通透,让人作为是之真的建基者归属于是,并将是指派给最近的神的时代。"[4] 因此,决断"是某种本源性的事件,是在拒绝中的完整馈赠。这里有未来风格的建基,即是之真中的约束"[5]。海德格尔强

---

[1] 参见海德格尔:《海德格尔文集·尼采》上卷,第 500 页。Martin Heidegger, *Nietzsche Volume III: The Will to Power as Knowledge and as Metaphysics*, ed. by David Farrell Krell, Harper & Row, 1991, p. 5.

[2] 参见海德格尔:《德国哲学的现状与未来使命》,载《海德格尔文集·讲话与生平证词(1910—1976)》,第 395 页。

[3] 参见海德格尔:《海德格尔文集·哲学论稿(从本有而来)》,第 110—111 页。Martin Heidegger, *Contributions to Philosophy (Of the Event)*, p. 71.

[4] 参见同上书,第 108—109 页。Ibid., p. 70.

[5] 参见同上书,第 482 页。Ibid., p. 321.

调："我们不能把是理解为某种附加物，而必须将其把握为唯一的起源，它最先把人与神区分开（ent-scheidet），又使他们彼此玄同。"[1] 在此，海德格尔使用了他惯用的方法，把决断（entscheidet）这个词分开，写为ent-scheidet，表示决断所具有的断绝、切割的含义。也就是说，他把决断理解为区分着、玄同着的起源。[2]

海德格尔认为，历史性的决断意味着真的本质发生："历史罕有而质朴的决断就源自真之源初本质的本质性的现身方式。"[3] 因此，决断乃是之真本身的决断，而人的决断不过证明了人对是的归属。"决断既非对是与否的算计，亦非对自我迫切的确认。决断乃是之真的开启，它决定是是否被经验与建基，以及是是否禁止是者作为'在之间'的是者。决断乃是之自身运作，而人的决断不过是对是之真的归属的形式。"[4] "决断并非某个人的'行动'所致，而是是本身的突进。"[5] 因此，决断是对玄同的因应。"是作出决断。在它的运作中，并且作为这种运作，是让自身进入玄同。"[6]

决断既是对玄同的因应，就不需要，也不可能有任何依据。换言之，决断并非在获得完备的相关知识之基础上的决定，而总是包含了诸多不确定、不可知的因素，即被遮蔽的、令人困惑的因素。施米特曾明确指出："常规不能证明什么，例外证明一切——它不仅确证规则，而且确证规则只能来自例外。在例外中，现实生活的力量冲破了因重复凝结而成的机械外壳。"[7] 也就是说，决断"从正常的观点来看产生于无"[8]。海德格尔同样十分明确地表示：决断什么、如何决断，这些问题只能通过决断予以解决。"人根据什么作出决断？他应该就什么作出决断？只有决断本身能够回答这些问题。如果人们以为决断仅仅是抓住和利用业已存在的可能，

---

[1] 参见海德格尔：《海德格尔文集·哲学论稿（从本有而来）》，第 107—108 页。Martin Heidegger, *Contributions to Philosophy（Of the Event）*, p. 87.

[2] Cf. Parvis Emad, *On the Way to Heidegger's Contributions to Philosophy*, University of Wisconsin Press, 2007, p. 102.

[3] 参见海德格尔：《论真理的本质》，载《海德格尔文集·路标》，第 223 页。Martin Heidegger, "On the Essence of Truth," in *Pathmarks*, p. 146.

[4] Martin Heidegger, *Zu Ernst Jünger*, GA 90, Vittorio Klostermann, 2004, pp. 13-14.

[5] Martin Heidegger, *Mindfulness*, p. 18.

[6] Ibid., p. 36.

[7] Carl Schmitt, *Political Theology: Four Chapters on the Concept of Sovereignty*, trans. by George Schwab, MIT Press, 1985, p. 15.

[8] 参见吕迪格尔·萨弗兰斯基：《来自德国的大师——海德格尔和他的时代》，第 225 页。

那就完全误解了决断这一现象。决断恰恰是揭示性的投射和对现实的实际可能性的确定。每一种事实上被投射的此间之是的是之可能，其基本特征就是不确定性，而决断必然具有这种不确定性。决断只有在决断中才能确定自身。"[1]

在决断必须决断自身这一根本问题上，海德格尔与施米特的看法惊人的一致。施米特指出："立足于具体生活的哲学不能逃避例外和极端事件，而是必须对之予以最高程度的关注。对它来说，例外比常规更重要，这并非出于对悖论的浪漫反讽，而是因为洞见的严肃性比来自惯常重复之物的清晰总结更深刻。例外比常规更有趣。"[2] 施米特认为，"现代国家理论的一切重要概念都是世俗化的宗教概念……例外状态对法学来说类似神学中的神迹。只有意识到这种类似性，我们才能理解关于国家的哲学观念在过去几个世纪的演变"[3]。拒绝神迹和例外，这是现代自然神论和自然法理论的结果。"现代法治国家的观念是与自然神论一同取得胜利的，后者即一种在世界中驱逐了神迹的神学和形而上学。它们不仅拒绝神迹理论基础上的直接干预导致的例外对自然法的违背，同时拒绝主权者对有效的法律秩序的直接干预。启蒙运动的理性主义拒绝任何形式的例外。"[4] 施米特指出，直至17世纪的自然法学家，特别是普芬道夫，都承认"主权问题就是对例外的决断问题"[5]。因此，"法律秩序基于决断而非基于规范"[6]。

海德格尔也认为，最本源的决断就是决定是否作出决断，而关于决断的决断就是回转。"决断的本质发生就是跃入决断，或者无所作为。""决断就是让自己直面是与否，因而已经是一种被决断状态，这里已经有对玄同的归属。"[7] 在此，海德格尔点出了一条重要的线索，即从决断的角度理解玄同，就是下文将重点讨论的"无极之基"。正因为决断是关于决断的决断，决断决断一切，所以海德格尔认为，决断乃自由得以实现的必然

---

[1] 参见海德格尔：《海德格尔文集·存在与时间》，第408—409页。Martin Heidegger, *Being and Time*, pp. 285-286.

[2] Carl Schmitt, *Political Theology: Four Chapters on the Concept of Sovereignty*, p. 15.

[3] Ibid., p. 36.

[4] Ibid., pp. 36-37.

[5] Ibid., p. 9.

[6] Ibid., p. 10.

[7] 参见海德格尔：《海德格尔文集·哲学论稿（从本有而来）》，第124—125页。Martin Heidegger, *Contributions to Philosophy (Of the Event)*, p. 80.

形式。"为何必须决断？什么是决断？决断就是自由得以遂行所必需的形式。"[1]

就此而言，决断没有根据，或者说，决断是从无中决断。海德格尔指出："显而易见，通过对我们周遭能够经历的纷纭世事的理解，根本不可能获得或者窥见处于诸神、半神'领域'内的是。相反，只有当是从决断中跃出且于自身中保存这种决断性的时候，只有当是作为一条来自困厄的通道且在任何情况下作为对斗争的持守的时候，我们方可一瞥是之真容。"[2] 他在这个意义上以石破天惊的方式指出："只有我们理解了本质，我们才能正确看待所谓的事实。另一方面必须强调的是，我们尝试理解当前事件的本质，这并不是说要澄清这一事件，所谓的澄清是指将其合乎理智地从原因中推导出来。历史，确乎有所决断的历史，决不能加以澄清。历史始终是秘密。要将秘密把握为这样一种秘密，就只有通过决断（一道作用与行动），要么支持，要么反对。"[3]

当然，决断的根本内容也只能由决断决定。"决断的本质：是与非（有与无）只能通过决断本身的本质发生而得到决定。"[4] 那么，就这个最根本的决断，即关于是与非（有与无）的决断，海德格尔选择的是哪一方呢？应该说，在这个终极问题上，他采取的是比较达观的态度。他曾经就外部世界的真实性问题指出："外部世界是否客观呈现或者是否具有可证明性这个意义上的'实在问题'之所以不可回答，并非因为它在结果上会导向一些解不开的死结，而是因为在这一问题中作为主题的是者本身拒绝以这种方式提出问题。需要证明的并非'外部世界'是否客观呈现以及它如何呈现，而是为何作为世间之是的人会有这样一种倾向，即'首先'在'认识论上'把'外部世界'葬入虚无，再通过证据把它拯救出来。"[5]

因此，人没有必要怀疑自己所作出的努力的意义。正如海德格尔所

---

[1] 参见海德格尔：《海德格尔文集·哲学论稿（从本有而来）》，第 126 页。Martin Heidegger, *Contributions to Philosophy (Of the Event)*, p. 81.

[2] 参见海德格尔：《荷尔德林的颂歌〈日耳曼尼亚〉与〈莱茵河〉》，第 235 页。Martin Heidegger, *Hölderlin's Hymns "Germania" and "The Rhine"*, p. 176.

[3] 海德格尔：《论德国的大学》，载《海德格尔文集·讲话与生平证词（1910—1976）》，第363 页。

[4] 参见海德格尔：《海德格尔文集·哲学论稿（从本有而来）》，第 123 页。Martin Heidegger, *Contributions to Philosophy (Of the Event)*, p. 80.

[5] 参见海德格尔：《海德格尔文集·存在与时间》，第 287—288 页。Martin Heidegger, *Being and Time*, p. 198.

言:"人被分配了艰难困苦,为的是人能承受苦难,并由此学会战胜自己,成长起来,变得宽容大量,在馈赠和接受信赖之际让自己强大起来。以此方式,我们人才会真正地开放,真正自由地面对明朗和美好、持久和伟大这些生命的礼物和珍宝。"[1] 真正的问题不是人是否需要价值和目标,而是需要什么样的价值和目标,什么样的价值目标能够与人的生存和发展相一致,能够与人在道德、审美和知识方面提升的方向相一致,能够与人和人的和谐、人和自然的和谐相一致。

历史、民族与国家

在海德格尔关于政治的思考中,历史、民族与国家处于核心地位。因为在他看来,人真正的自我并非离群索居的个体,而是与他人的共同是。虽然这种共同是可能导致人混迹于众人之中陷入沉沦,但也是人成为本真自我的唯一途径。"人作为向着可能性的超越而生存,因而是一种遥远的被造物。他只有在对一切是者的超越中为自己造成源初的距离,对物的真正切近才在他身上产生。而且,只有能够进入对遥远的聆听,他才会在自我的身上唤起对他人的责任,并且在与后者的共同是中放弃自我性,进而获得本真的自我。"[2]

因此,对与他人共同是的体认构成此间之是自我认识的基础,或者说对他人的理解已经存在于人的自我理解之中。共同是并非某种来自认知的知识,而是源初的、生存论意义上的是之形式,因而是一切认知的前提。[3] 这是一种彻底颠覆了主体性哲学的思想。它使海德格尔对建立在人的主体性或者人的"自然属性"基础上的民族和国家观念,即自由主义的政治思想,持明确的批判态度:"如果我们试图通过分析我们所谓的'天性'来找到'德国性',那么我们是不可能成为德国人的。被这类意图所左右,我们所追求的只能是民族性,而这种民族性,正如其字面上所表达

---

[1] 参见海德格尔:《坚信礼》,载《海德格尔文集·讲话与生平证词(1910—1976)》,第 867 页。

[2] 参见海德格尔:《论根据的本质》,载《海德格尔文集·路标》,第 207 页。Martin Heidegger, "On the Essence of Ground," in *Pathmarks*, p. 135.

[3] 参见海德格尔:《海德格尔文集·存在与时间》,第 178 页。Martin Heidegger, *Being and Time*, p. 120.

的，坚持的仅是自然赋予之物。"[1]

与之相反，海德格尔主张一种以国家和民族为基础的对人的理解，其中国家更是为民族赋予灵魂的实体。他指出："'祖国'就是是本身，它从根基上承载并构造着一个生存着的民族的历史，也就是它的历史之历史性。……祖国之是，亦即一个民族的历史性的此间之是，被经验为本真的、独一无二的是。由此出发，才产生和维系着面向是者整体的根本态度的结构。"[2] 因此，"国家不是与经济、艺术、科学和宗教机构并列的某种机械的法律机制，相反，国家意味着活生生的、充满相互信任与责任的秩序。民族在这种秩序中，并通过这种秩序实现其本己的历史性的此间之是"[3]。海德格尔强调，在一种伟大精神的引领之下，臻于自身的民族创造了它的国家，而经过国家锤炼的民族成为国族（Nation）。"它在诸多民族中赢得其历史性的、精神性的任务并且创造着它的历史。"[4]

海德格尔高度评价赫尔德的贡献，认为他确认了"每一个民族和每一个时代、每一种历史性显现的独立自足的价值"[5]。民族之所以作为民族存在，一个重要的原因就在于它拥有自身独特的天命以及在这种天命中形成的历史，因此民族的本质建基于其历史性。"民族的本质基于因其对神的归属而归属于他们自身的人们的历史性。通过玄同，这种归属性被历史性地奠基，并且由此产生了'生活'与生命、繁衍与世系等这些事实的根本依据，最根本地说，即大地对历史的归属，以及它反过来把历史带回其自身。"[6] 正是在这个意义上，海德格尔强调民族传统对一个民族的影响。他坚持认为，传统不会成为过去，而是在未来等待着人们。"人们依然认为，通过传统传承下来的东西不过是实际上已经被我们抛在身后的东

---

[1] 参见海德格尔：《海德格尔文集·乡间路上的谈话》，第233—234页。Martin Heidegger, *Country Path Conversations*, p. 153. 在德语中，民族（Nation）和天性（Natur）有共同的拉丁语词根，即 nasci（生长）。

[2] 参见海德格尔：《荷尔德林的颂歌〈日耳曼尼亚〉与〈莱茵河〉》，第144页。Martin Heidegger, *Hölderlin's Hymns "Germania" and "The Rhine"*, p. 109.

[3] 海德格尔：《论德国的大学》，载《海德格尔文集·讲话与生平证词（1910—1976）》，第367页。

[4] 海德格尔：《论注册入学》，载《海德格尔文集·讲话与生平证词（1910—1976）》，第119页。

[5] 参见海德格尔：《海德格尔文集·论哲学的规定》，第149页。Martin Heidegger, *Toward the Definition of Philosophy*, p. 113.

[6] 参见海德格尔：《海德格尔文集·哲学论稿（从本有而来）》，第477页。Martin Heidegger, *Contributions to Philosophy (Of the Event)*, p. 316.

西，但事实上它却向我们迎面而来，因为我们仍然被其俘获并且注定如此。只要我们不做出真正的思考，就不可能摆脱关于传统和历史进程的纯粹历史学观点的欺骗。"[1]

海德格尔认为，历史之所以形塑民族，其根本原因在于它是该民族开端性的决断的结果，是民族的真之发生。"在起始处设定的'底层'，就是开端性的决断，而无论它是被实施、被传承，还是被忽视。这种决断把苦难与愤怒投向是者。在是之真的建基中，历史就是被涵有的是的发生。只有历史能够赋予一个民族以民族的凝聚力及其本己的独特性。'空间'与'土地'、气候与血液都绝没有形塑的力量，也没有凝聚的意志。"[2]

历史塑造了民族，民族则是历史的承载者，但民族并不会自动承载它的历史。海德格尔指出：单纯"拥有"历史并不等于具有历史性，因为历史性意味着作为民族认识到，历史并非过去之物，而是从迫近着的未来而来并透彻地面对当下的行动与承受。"民族的未来绝不存在于尚不存在的东西之中。未来恰恰作为来临而是。它来临并且在来临中在认知着的决断中是。民族正是通过这种决断臻于自身，并由此把自身伸展到其命运的涌逼中去。"历史性之是意味着在认知中行动，突入来临之物，以便把过往从其约束性的力量中释放出来，并将其保存在变动之伟大中。[3]

海德格尔认为，国家对民族进行塑造的根本方式，是使之成为一个知识共同体。这让人联想到亚里士多德对政治学作用的理解，即政治学要决定一切知识的运用，因而是一切科学中最高的科学。[4] 海德格尔指出，在国家权力的运用中，民族返回到它实际的本真性之路，而正是在这种本真性中产生了本真的知识，它让人们能够清晰地掌握诸物之本质，并通过政治权力采取坚决的行动。海德格尔特别强调，本源性的、关于民族的此间之是的知识并非科学的创造。"科学只是发展这种知识，确定这种知识，并且在对形成的概念的支配中针对这种知识进行建造工作。"因此，"一切科学的前提是唤醒真正的知识所要求的权力并对其加以运用。对这种要求

---

[1] 参见海德格尔：《海德格尔文集·什么叫思想?》，第 83 页。Martin Heidegger, *What Is Called Thinking?*, p. 76.

[2] Martin Heidegger, *Mindfulness*, p. 139.

[3] 参见海德格尔：《作为劳动者的德意志大学生》，载《海德格尔文集·讲话与生平证词（1910—1976）》，第 251—252 页。

[4] 参见亚里士多德：《尼各马科伦理学》，苗力田译，载苗力田主编：《亚里士多德全集》第八卷，中国人民大学出版社 2016 年版，第 4 页。

的贯彻实施以及由此而来的对此前提的创造,都发生在我们国家的生成中"[1]。真正的知识需要权力的担保,甚至可以说真正的知识的前提就是某种特殊的权力。

很难说清楚在海德格尔的思想中是知识驾驭权力还是权力控制知识,因为只要柏拉图《理想国》中设计的制度结构付诸阙如,权力与知识必定彼此分离。但无论如何,海德格尔仍然相信,国家应该成为民族的教育者与塑形者。"贯通整个民族的新的精神性政治性运动的基本特征,就是通过国家将民族教育和培育成民族。""通过这种教育,民族才真正对自身负责,而对自身负责的民族是和平的最高担保和唯一保障。"[2]

除教育之外,海德格尔还强调劳作的作用,认为只有通过国家组织的劳作才能使民族成为既有区分又有协作的完美整体。劳作这个词通过共同体的新精神获得了某种"不同的,却是真正的意义"。海德格尔对劳作的理解不同于常人,他将其规定为"根据国家意志、出自对民族的牵挂的作为与行动",它"仅在于,但也遍在于人类的自由决断致力于贯彻某种负责的意志之处。因此,每一种劳作作为劳作,都由思想、态度与对工作的理解所规定,也就是由某种精神性的东西所规定。劳动不是惩罚或折磨,而是自由人的优先权利。"[3]

海德格尔认为,每一个真正的民族都具有构建民族共同体和国家的意志,它既远离软弱的、无原则的世界亲善化,也远离盲目的暴力统治;既非无条件的相互妥协,亦非赤裸裸的暴力相向。"我们欲求民族自身负责的意志所追求的,是每一个民族都能发现和保持该民族之使命的伟大和真理。"[4] 正是这种意志造就了各民族和各个国家开放而坚决的自立与共存,从而实现世界和平与精神的繁荣,使民族性与国际性并行不悖。当然,海德格尔所说的"真正的民族"仍然面目不清,当时的德意志民族距此有多远也悬而未决,因此这些说辞与纳粹的战争事实相对照,恰恰形成绝妙的讽刺。

海德格尔在纳粹德国刚刚崩溃之际表示:"民族性的东西与国际性的

---

[1] 参见海德格尔:《作为劳动者的德意志大学生》,载《海德格尔文集·讲话与生平证词(1910—1976)》,第253—254页。

[2] 参见海德格尔:《论德国的大学》,载《海德格尔文集·讲话与生平证词(1910—1976)》,第369、371页。

[3] 参见同上书,第367—368页。

[4] 参见海德格尔:《召唤去参加选举》,载《海德格尔文集·讲话与生平证词(1910—1976)》,第210页。

东西如此决定性地合二为一,因此如果把它们置于主体性的基础之上并执着于现实,那么它们就根本不清楚,也不可能清楚它们追寻的是谁的事业。……因此,只要我们还在民族性的意义上追寻德意志性,那么我们就不可能成为德意志人,即赋诗者与思想者,也就是等待者。"[1] 海德格尔的这段话可以被视为对纳粹失败的反思,即认为纳粹的错误就在于把民族性的东西视为主体性的东西而与国际性相对立,从而迷失了自身的追求。但在这里,海德格尔并没有明确区分"民族性"与"德意志性",也没有澄清"非主体性"的政治与国际关系是何等样态,所以对他的主张也就不必过于当真了。

精英与大众

海德格尔事实上把人分为两类,即作为建基者的哲学家、诗人与政治家,以及作为普通人的"常人"。这两类人的区别与对立,是海德格尔关于人的思想的重要组成部分。因此,对海德格尔来说,并不存在类似自由主义思想中那样一种无差别的抽象的个人。

海德格尔关于精英与大众关系的思想大致可以分为两个层面。第一个层面针对现实生活而言,涉及现实政治中领袖与大众之间的关系。在这个层面,他强调大众对领袖的追随:"民族的本质就是它的'声音'。……民族的声音很少说话,而且只在少数人中间说话。"[2] 对这些少数人的追随,是其他人变得伟大的条件。"人类自身必须在其本质根基上变得伟大,才能看到并追随伟大的事物。""确切地说,并非如近代思想的错误学说所言,由个体组成的社会统一性构成某种一致的追随的前提条件。恰恰相反,追随,即自身维系于领袖的意志,才创造了共同体。"[3] 因为"民族的困厄逐渐创造了新的必然性。这唤起了民族的领袖,他应该带领民族走出迷途,重新回到其本己的规定和某种全新的此间之是的意志之中"[4]。

---

[1] 参见海德格尔:《海德格尔文集·乡间路上的谈话》,第 235 页。Martin Heidegger, *Country Path Conversations*, p. 154.

[2] 参见海德格尔:《海德格尔文集·哲学论稿(从本有而来)》,第 378—379 页。Martin Heidegger, *Contributions to Philosophy (Of the Event)*, p. 252.

[3] 参见海德格尔:《高中毕业之后的 25 年》,载《海德格尔文集·讲话与生平证词(1910—1976)》,第 350 页。

[4] 参见海德格尔:《论德国的大学》,载《海德格尔文集·讲话与生平证词(1910—1976)》,第 362 页。

第二个层面则强调精英与大众本质上的区别与矛盾。海德格尔特意重新翻译了柏拉图《智者篇》中的一段话，表明哲学家与普通人之间的区隔："哲人是那种专注于对是者之是的感知和持续思考的人。由于他立足之处充满光明，而大众的心灵之眼又难以承受直视神圣之物，所以他很难被人发现。"[1] 他还借柏拉图在《理想国》中的洞穴比喻，指出大众与哲学家之间本质上的对立。在洞穴中，唯一重要的就是谁是最聪明的人。他能够迅速找到包括哲学在内的阴影之所在，以及它们属于哪一种被接受的哲学范畴。至于其他人则根本不想也不需要了解什么哲学。因此，哲学家不会轻易挑战洞穴中众人的聒噪，而是会在任其自然的同时，抓住某个人或者少数人并将其拖出洞穴，将其带上趋向光明的漫长旅途。"哲学家必须保持孤独，因为这就是他的本质所是。他的孤独并非为了赢得崇拜。孤独本身并不值得期待。但正因为如此，哲学家在关键时刻必须在此，而且不能退让。"[2]

海德格尔借雅典人毒杀苏格拉底的事实指出，哲学家不仅从根本上区别于普通民众，而且两者之间还存在着难以调和的矛盾，因为真正的哲学家与以向民众示好而谋取名声和财富的智者不同，他们总是因指出事情的真相以及公众的错误而让后者感到不适甚至不快，从而为其所不容。在极端情况下，哲学家甚至会被处死。当然在现代社会，公众对哲学的毒杀不再像古代那么直接，而会变得更隐蔽，但也更邪恶，因为人们将通过舆论，或者压制，或者收买，不是让哲学家失声，就是使之失去锋芒而成为公共哲学家，即公众的代言人。也就是说，在现代社会，哲学家甚至连保持孤独也会变得异常困难。在现代的"洞穴"中，"哲学家会被悄悄杀死，使之无害也没有威胁。他与其活着，毋宁死于洞穴。但他必须忍受这一切，因为如果他从洞穴中抽身，他就误解了自己和他的工作"[3]。也就是说，洞穴中的哲学家只有两种选择：或者被庸众在精神上毒死，或者被他们在肉体上杀死。前者意味着哲学的堕落，后者才是对哲学的坚持。

当然，无论在精神上还是肉体上死于洞穴都并非哲学家的宿命。哲学家还有另一种选择，那就是借助某种政治力量建立自己的统治，通过强力

---

[1] 参见海德格尔：《论真理的本质——柏拉图的洞喻和〈泰阿泰德〉讲疏》，赵卫国译，华夏出版社 2008 年版，第 80 页。Martin Heidegger, *On the Essence of Truth*, trans. by Ted Sadler, Continuum, 2002, p. 60.

[2] 参见同上书，第 82—83 页。Ibid., p. 63.

[3] 参见同上书，第 82 页。Ibid., p. 62.

让众人离开洞穴。海德格尔对尼采关于人本质意义上的等级差异的思想进行了如下总结：人并不平等，因此并非任何人都有能力和资格要求一切，也并非每一个人都能够确立他自己的、可以审判一切的法庭。超人对地球的统治出于必然。海德格尔还引用了尼采关于他的《查拉图斯特拉如是说》的两则笔记："地球政府实行某种等级制，一个新的统治等级，地球的主人出现了。从他们之中，在此处和彼处，涌现出伊壁鸠鲁意义上的神，即超人，生存的美化者：具有基督灵魂的凯撒。"[1] 海德格尔虽然对尼采的思想多有批判，但对尼采关于主人道德与奴隶道德的区分，以及超人统治的思想，可以说是赞许多于否定。

尼采所说的超人，海德格尔称之为"精英中的精英"。他在校长就职演说中道出了他们的使命："如果我们欲求科学的本质，那么本大学全体教师必须切实迈出步伐，走向那个被世界的不确定性持续威胁的最危险的岗位。如果我们能够坚守此阵地，如果从这种坚守中，即在对万物逼迫而来的本质的切近中，能够产生共同的追问和被共同体调谐的示喻，那么我们就能获得领导的力量。因为对领导者来说，至关重要的并非行走在别人之前，而是有能力独行；并非出于固执和对权力的贪婪，而是由最深的使命和最广泛的义务所赋能。这种力量与本质性的东西相连，它挑选出最优秀者，并且唤起那些具有新思想的人真正的追随。"[2]

以上观点表明，海德格尔事实上认为民族的成长包括两个阶段。首先是"精英中的精英"的出现，以及他们的奋力独行，随后才是他们对追随者的唤起。只有当这种"精英中的精英"即一个民族最独特的成员出现并且发挥引领作用时，民族才成其为民族。以此方式，它也才能自由地通过斗争为自身立法，并将其作为它最高时刻的终极必然。"一个民族的哲学就是使这个民族成为哲学的民族之物，它历史性地将他们建基于他们的此间之是，并把对是之真的守护作为他们的使命。"[3]

这种能够唤起一个民族并赋予其使命的人，海德格尔也称之为"未来

---

[1] 参见海德格尔：《海德格尔文集·什么叫思想？》，第81页。Martin Heidegger, *What Is Called Thinking?*, p. 69. 这是在不同地方出现的两则笔记，海德格尔把它们拼接在了一起。原文分别见 KSA 11, Deutscher Taschenbuch Verlag, 1988, pp. 541, 289。

[2] 参见海德格尔：《德国大学的自身主张》，载《海德格尔文集·讲话与生平证词（1910—1976）》，第144页。Martin Heidegger, "The Self-Assertion of the German University," in *Martin Heidegger: Philosophical and Political Writings*, pp. 6-7.

[3] 参见海德格尔：《海德格尔文集·哲学论稿（从本有而来）》，第53页。Martin Heidegger, *Contributions to Philosophy (Of the Event)*, p. 35.

者",他们是"为真之本质建基而缓行的、倾听到遥远之处的信息之人,抵挡着是之冲击的人"[1]。他们为数极少,因为"只有那些伟大的、隐蔽的单个的人,能够在寂静中为神的掠过做好准备,并且在他们之中创造出待命者无声的共鸣"[2]。根据海德格尔的描述,"未来者"与大众的关系具有如下基本特征:"第一,极稀有的个人,他们在为此间之是建基(诗歌—思想—行动—牺牲)的本质道路上,预先为是者的各领域开辟空间与时间。以此方式,他们为真之庇护创造各种本质发生着的可能性,而在这种庇护中,此间之是成为历史性的。第二,为数较多的追随者,因他们对自知的意欲以及少数人之建基的认识,受命通过实施是者再生之法则,以及大地之保存,还有在世界与大地的斗争中投射世界之法则,使之得以感悟和显现。第三,大量因其共同的历史性(大地的—世界的)起源而相互指引者,通过他们并且为了他们,是者的再生以及由此玄同之真的建基获得其持续性。""第四,这些单个人、少数人和多数人之间的一致是隐藏的,但并非人为造成的,它会因自身而突然增长。这种一致为玄同的本质发生所渗透(每一次情况各不相同),在其中一种本源性的聚集得到准备。在这种聚集中并且作为这种聚集,一个可以被称为民族的东西就成为历史性的。"[3]

在海德格尔看来,当下的任务就是为"未来者"做准备。"在此未来者必须得到准备,他们在是者中创造出新的处所,在其中世界与大地的斗争的持续性将再次发生。"[4]但另一方面他又表示,今天已经出现了少数的未来者。"他们的预见和追寻甚至对他们自己和他们的不安来说也难以识别。但是,这份不安乃裂隙中安宁的持存。在不安中还有一丝确信,它由最近之神最小心和最遥远的暗示所触发,并且指向玄同的突入。"[5]在海德格尔看来,荷尔德林就是一位最典型的未来者。"荷尔德林从最远处向未来者进发,因而是他们中最具未来性的诗人。荷尔德林之所以最具未来性,是因为他从最远的距离向他们接近,并且通过这种距离穿越最伟大者,改变最伟大者。"[6]

---

[1] 参见海德格尔:《海德格尔文集·哲学论稿(从本有而来)》,第472页。Martin Heidegger, *Contributions to Philosophy*(*Of the Event*), p. 313.
[2] 参见同上书,第492页。Ibid., p. 328.
[3] 参见同上书,第118—119页。Ibid., pp. 76—77.
[4] 参见同上书,第76页。Ibid., p. 50.
[5] 参见同上书,第479页。Ibid., p. 317.
[6] 参见同上书,第480页。Ibid., p. 318.

从海德格尔关于个人与共同体及精英与大众关系的思想，可以推知他对现代西方民主理论与民主政体的怀疑甚至反对的态度。在他看来，民主思想与实践的结果就是："在今天，所有事情都在从上往下滑落，而且是从低处（比如从具体事务）着眼加以衡量。"[1]这意味着现代社会是一种没有高度、没有标准的社会，是一种扁平的、没有价值和目标的社会，而这正是海德格尔所谓"技术社会"的基本特征之一，民主制则是这种社会的政治体现。正如他自己所说："对我而言，今天的一个关键问题是，何种政治制度能够与技术时代相适应，这个政治制度又会是什么样。我对此没有答案。但我相信不会是民主制。"[2]此话当然不是说民主制不能与技术时代相容，而是说这种制度不可能为解决这一时代面临的问题提供任何答案。

海德格尔在其他的地方明确指出了这一点，即平庸之辈的统治正是世界堕落的根本体现。"在地球上，在所有地方，世界正进入黑暗。在这种黑暗化中本质发生的事情就是：诸神的逃离、地球的毁坏、人的大众化，以及平庸之人的支配。"[3]对于世界的平庸化以及由此造成的精神危机，他有以下一长段的描述："人开始滑入一个没有深度的世界，而只有这种深度，才让人能够本质性地出入其中，并且迫使他们追求卓越，让他们的行为与其身份相符。所有的事情都沉降到同一个水平，沉降到一个不再反射的扁平的镜面，不再带来任何回响。广延和数目成为支配性的标准。能力不再意味着因才华横溢和力量充沛而举重若轻，而是每个人经训练之后皆能从事的日常，当然总是会伴以一定数量的甜蜜与炫耀。在美国和俄国，这一切被强化到如此程度，以至于无差别的东西无限重复，最终对数的追求取代了质。"[4]

因此，在海德格尔看来，民主本身就是庸人统治的典型体现，因此它绝无可能拯救社会精神的堕落。"欧洲仍然寄希望于'民主'，而不愿意看到，这将构成它的历史性死亡。因为正如尼采清楚看到的，民主只不过

---

[1] 参见海德格尔：《海德格尔文集·什么叫思想？》，第23页。Martin Heidegger, *What Is Called Thinking?*, p. 15.

[2] 海德格尔：《〈明镜〉记者与马丁·海德格尔的谈话（1966年9月23日）》，载《海德格尔文集·讲话与生平证词（1910—1976）》，第796页。Martin Heidegger, "Der Spiegel Interview with Martin Heidegger," in *The Heidegger Reader*, p. 324.

[3] 参见海德格尔：《海德格尔文集·形而上学导论》，第53页。Martin Heidegger, *Introduction to Metaphysics*, p. 47.

[4] 参见同上书，第54—55页。Ibid., pp. 48-49.

是虚无主义的退化形式,即最高价值的贬黜,也就是说,它仅是一种'价值而不具有赋形的力量'。'群氓的崛起'、'社会的混杂'、'人的平等','不过意味着旧价值的再次还魂'。因此,'上帝死了'这个说法并非无神论的宣示,而是对西方历史上一次玄同事件的根本经验的表达。"[1]

真与自由

海德格尔关于精英与大众的关系的思想,以及他对现代民主制的批判,与他对自由的独特理解相关联。

海德格尔认为,人的自由就是无蔽之真的实现和完满:"被理解为让是者是的自由,即是者无蔽意义上的真之本质的实现和完满。……真乃是者之无蔽,通过它一片开放域本质性地得以展开。人类的所有行止都暴露在它的开放域中。人类因此以绽出的方式是。"[2] 是乃一种绽出,即一种向前的投射,一种可能性的尝试,其得以发生的领域就是开放域。人在开放域中实现其可能性,这就是人之真,也就是人之自由。从某种意义上说,这意味着"从心所欲不逾矩"的自由,而并非不存在外部约束的自由即传统自由主义意义上的自由。

海德格尔不仅把人的自由视为真的实现,同时又在将开放域视为自由域的意义上,把开放即自由视为真的条件。当然,自由主义也把自由视为真的前提,但其逻辑与海德格尔有所不同。自由主义是从自由保证不同观点和意见的争论,从而能够最终导致作为正确性的真的角度论证自由的基础地位,[3] 而海德格尔则是从自由让是者是的意义上看待自由的价值,并且认为这是正确性之真的前提:"显而易见,自由作为正确性的内在可能的基础,只是因为它从独一无二的本质之真的更本源的本质获得了它自身的本质。自由首先被定义为开放域中开放者的自由。如何理解自由的这一本质呢?开放者、某个正确的表象性陈述与之相符者,是在开放的行止中开放的是者。在开放域中开放者的自由让是者成其所是。自由因此把自身

---

[1] Martin Heidegger, *Nietzsche: Der Wille zur Macht als Kunst*, GA 43, Vittorio Klostermann, 1985, p. 193. 尼采的引文见 KSA 13, Deutscher Taschenbuch Verlag, 1999, p. 367。

[2] 参见海德格尔:《论真理的本质》,载《海德格尔文集·路标》,第 222—223 页。Martin Heidegger, "On the Essence of Truth," in *Pathmarks*, p. 146.

[3] 参见密尔:《论自由》,程崇华译,商务印书馆 1959 年版。

揭示为让是者是。"[1] 让是者是，这就是真。只有首先存在真之物，即自由之物，然后才有对此物的正确认知即作为正确性的真。这就是海德格尔的基本逻辑。

可以推想，海德格尔对现代自由主义理解的自由会持批判态度。在他看来，这种自由是由人的主体性导出的自由，从而也就是自我定义的自由。他指出，自由主义的基础"在于本质方面无条件的主体（作为基础的基质）的偏好"，而这种无条件即无限定的主体的偏好，又来自人对某种"确定性意义上的、立足于自身的、绝对不可动摇的真之基础（fundamentum absolutum inconcus sum veritatis）的要求"。这是人性从基督教启示以及教会信条约束之下获得解放的结果，它使人试图在自身基础上自由地为自我立法。"通过这种解放，自由的本质，即被某种约束物所约束[2]，被更新了。因为根据这种自由，自我解放的人为自身规定义务，而这可以通过不同的方式加以定义。它可以是人类的理性及其法则，也可以是由这种理性设立并规制为对象的是者，还可以是尚未被规制但有待通过对象化得到控制的混沌，它在某个时代会成为主宰。"[3] 主体性的自由意味着人成为一切尺度的尺度。"根据这种尺度，任何被认为确定的，即真的，亦即是的东西，都可以得到划分与安置。新的自由成为主体的自由。《第一哲学沉思集》为人向这种新自由的解放奠定了基础。"[4]

海德格尔把人的主体性的确立视为现代精神的基本特征。他指出，现代精神的产生体现为，通过人对自身力量和能力的重新定义实现的人在是者整体中位置的翻转，也就是人从迄今的束缚中的解放。这种解放包括三个主要方面。第一，人从基督教超自然的生命秩序与教理的权威之下摆脱出来，并将其认识与行动转向对未知领域的世俗性的计算、发现、发明与征服。第二，人从一切自然过程中解脱出来，一切自然本性皆被转化为可计算的机械过程和可控制的技术结构。第三，人从共同体和传统秩序中游离出来，自我确认自身的个体成为新秩序的基础和决定者。"共同体演变为社会，亦即诸多个体基于理性约定和契约结成的联合体。国家奠基于契

---

[1] 参见海德格尔：《论真理的本质》，载《海德格尔文集·路标》，第219页。Martin Heidegger, "On the Essence of Truth," in *Pathmarks*, p. 144.

[2] 这是罗马人对自由的理解，即自由在于对规则的遵从。

[3] 参见海德格尔：《世界图像的时代》，载《海德格尔文集·林中路》，第117—118页。Martin Heidegger, "The Age of the World Picture," in *Off the Beaten Track*, p. 81.

[4] 参见同上书，第122页。Ibid., p. 83.

约。带着上述多重含义的解放和自由成为此后诸世纪的魔咒和关键词。"[1]

据此，对于所谓的积极自由与消极自由之间的关系，海德格尔也明确提出了自己的看法。他指出，纯粹的不受约束状态是某种消极的东西，解放本身也并没有实质性的内容。单纯的被解放者会变得不安全和无助，会手足无措，甚至会认为那些仍处在束缚中的人享有幸福因而希望返回约束之中。"由此可见，在消极意义上获得自由的人背离了他本真的意愿，但是他又不了解真正的自由所赋予他的'积极'内容，即支持和确定性，以及和平与团结。"积极的自由"不仅是逃离的自由，而且是参与的自由。给出自由的行动（光）本身也是向自由的行进。真正的向着自由的行进是一种投射性的自我约束，不是单纯的从束缚下解放，而是自为的自我约束，它使自我总是事先处于约束之中，使一切后来的行为能够朝向自由并成为自由。"[2] 参照以赛亚·伯林对消极自由与积极自由的关系的讨论及其对积极自由的批判，海德格尔的这一段话就显得很有意思。他在此显然发挥了康德关于理性的自我立法的思想，是把自由与自我约束联系在一起加以理解。但如果自由就是约束，那么自由又有什么意义呢？

海德格尔对这个问题有他自己的回答。他举例说："在光中看意味着事先让自身行止与给出自由者一致。给出自由者即使自由者、让自由者。在光中看意味着因给出自由者而自由，因给出自由者调整自我。在这种协调一致中，我能够获得本真的自由，也就是说我通过让穿透者约束自身而获得力量。"[3] 在光中看即在光线中获得看的自由，而不是在黑暗中摸索而失去自由。光是给出自由者，人们依从光的指向而约束自身，是获得自由的条件。海德格尔还指出："上升到光明之中就是最终目标。由此看到的最终的目标（τέλος）并非某事的完成和无法继续的状态，而是包含一切、形塑一切、决定一切的边界。只有在此，解放作为为是而自由和被是所约束才完全成熟。同时，我们也学会了更清晰地认识解放与去蔽之间的关系。"[4] 海德格尔在此实际上把解放即自由与去蔽等同起来。这就意味着，在遮蔽中、在黑暗中行动并非自由，在无知中行动、任性而为的行动亦非自由。

---

[1] 参见海德格尔：《论德国的大学》，载《海德格尔文集·讲话与生平证词（1910—1976）》，第355—356页。

[2] 参见海德格尔：《论真理的本质——柏拉图的洞喻和〈泰阿泰德〉讲疏》，第57—58页。Martin Heidegger, *On the Essence of Truth*, pp. 43-44.

[3] 参见同上书，第59页。Ibid., p. 44.

[4] 参见同上书，第92页。Ibid., pp. 69-70.

简单地说,海德格尔认为人通过约束自身获得力量而变得自由,但这不同于理性的自我立法,而是对是的因应。他指出,自由的本质就是明见,即让光进入,并专注于即被约束于这种光。同时,"自由根据约束的本源性、广度和决定性,即具体的个体对其作为此间之是的把握、对其在历史性的过去和未来的个体性及被抛性的置入而得到衡量"[1]。海德格尔在此实际上谈到两个方面的问题。一方面,他强调人对自由的条件即光的把握和适应,因为这是自由的前提;另一方面,他强调人对自身具体的历史性处境的把握,亦即对自身可能性的把握,因为这是自由的基础。无论从哪一个方面来看,对自由的基础和条件的把握以自由为前提。正是在这个意义上,海德格尔指出:"作为超越的自由不仅是'一种'独特的根据,而且是根据的一般性基础。自由就是获得根据的自由。"[2] "在自由中,在过与不及的统一中,作为是论之真的事物展开和形塑自身的根据得到了奠基。"[3] 因此,自由就不像霍布斯所说的那样,是外部约束不存在的状态[4],而是此间之是对天命的承载,是对自由的决断。

从生存论的角度,海德格尔也把自由理解为人在惶恐中追求的一种可能性。"惶恐揭示了人朝向其本己可能之是,即为选择和把握自身的自由而自由。惶恐把人带到他的为……而自由,即作为可能性的他的是之本真性面前,而他始终已经是这种可能性。"[5] 把自由理解为一种可能,这是海德格尔对关于自由的思想的一大贡献。他认为,"自由就是出自可能性的一种自我理解"[6]。这种可能性,海德格尔也将其称为"无极之基",无极之基即一切基础的基础,也就是一种可能。"事实上,自由无非就是这种无极之基,它朝向是并且为是之真建基,即以在是者中保存这种真为其使命。"[7]

自由作为可能,体现为遮蔽中的去蔽。"是者之去蔽总是走上一条揭

---

[1] 参见海德格尔:《论真理的本质——柏拉图的洞喻和〈泰阿泰德〉讲疏》,第59—60页。Martin Heidegger, *On the Essence of Truth*, p. 45.

[2] 参见海德格尔:《论根据的本质》,载《海德格尔文集·路标》,第195页。Martin Heidegger, "On the Essence of Ground," in *Pathmarks*, p. 127.

[3] 参见同上书,第203页。Ibid., p. 132.

[4] 参见霍布斯:《利维坦》,黎思复、黎廷弼译,商务印书馆1985年版,第97页。

[5] 参见海德格尔:《海德格尔文集·存在与时间》,第263页。Martin Heidegger, *Being and Time*, p. 182.

[6] Martin Heidegger, *Metaphysische Anfangsgründe der Logik im Ausgang von Leibniz*, GA 26, Vittorio Klostermann, 1978, p. 278.

[7] Martin Heidegger, *Mindfulness*, p. 203.

示之道，因为揭示的天命总是彻底支配着人类。但是，这种天命并非强制性的命运。因为只有当其归属于天命之领域并因此成为倾听者而非单纯的服从者时，人才真正地变得自由。"[1] 由于自由意味着通透意义上的开放，因而从本质上关联于去蔽即真的发生；又由于所有的去蔽始终是一种遮蔽，因此自由与约束也就具有了内在的一致性。开放域的自由既不在于不受限制的随意，也不在于单纯的法律约束。"自由是向着光开放的遮蔽，在其中，光照亮了遮蔽着一切真之本质发生的帷幕，并使之显现为遮蔽者。自由乃天命的领域，任何时候都在其行进中开启某种去蔽。"[2]

海德格尔在此基础上认为，"自由……乃真之本质。在此'本质'被理解为被普遍认可的已知物的内在可能性的基础"[3]。如果真被理解为是之通透的发生，那么自由乃真之内在可能性的基本条件。"真之本质自我揭示为自由。后者即绽出的生存，去蔽性质的让是者是……作为对是者整体之去蔽的介入，自由已经让一切行止指向是者整体。"[4] 绽出的生存，去蔽性质的让是者是，即真，即自由。因此，自由并非从事任何行为的自由，而是指向是者整体的一种行止状态。"被理解为让是者是的自由，乃去蔽意义上的真之本质的实现和完成。"[5] 自由就是让是者是，就是去蔽意义上的真，而这种真是人类的一种生存方式，即绽出地生存。

这样一种绽出地生存，这样一种对去蔽的介入，并不能简单地等同于所谓的"积极的"或者"消极的"自由，即具有从事某种活动的资格和能力，或者能够在某个确定的领域内不受干预。"在这一切（即'消极的'或者'积极的'自由）之前，自由首先是对是者之去蔽的参与。去蔽状态自身被保存在绽出性的参与之中，通过这种参与开放域之开放性，即'此'，是者才是其所是。"[6]

自由作为对是者之去蔽的参与，其具体方式就是人相对是者之是的自我调适，从而也就是人的自我教育。海德格尔强调：仅仅摆脱束缚并不能

---

[1] 参见海德格尔：《技术的追问》，载《海德格尔文集·演讲与论文集》，第 27 页。Martin Heidegger, *The Question Concerning Technology and Other Essays*, p. 25.

[2] 参见同上书，第 27—28 页。Ibid.

[3] 参见海德格尔：《论真理的本质》，载《海德格尔文集·路标》，第 218 页。Martin Heidegger, "On the Essence of Truth," in *Pathmarks*, p. 143.

[4] 参见同上书，第 224 页。Ibid., p. 147.

[5] 参见同上书，第 222—223 页。Ibid., p. 146.

[6] 参见同上书，第 221 页。Ibid., p. 145.

导向解放，解放也不在于不受约束的放任。相反，解放始于持续的努力，让人的目光适应并聚焦于具有可见形态的事物的明确界限。本真性的解放就是让人坚定地朝向在其可见形态中显现的最无蔽之物。自由就作为被如此建构的专注而存在。但另一方面，这种专注同时也实现了塑形（παιδεία）即教育的本质。"教育即塑形的本质只有在最隐蔽的，即最真的，也是确切意义上的真的领域中，并且在此基础上才能得到实现。'教育'之本质建基于'真'之本质。"[1] 由此出发，海德格尔自然而然地认为，"学习并不是对预先已发现的认识的接受和贮藏。学习并非获取，相反在根本上是自行给予。在学习中，我给予自身那些在我的本质根基处已经知道和保存下来的财富。……教学意味着使人确信对是的本质洞察，意味着让人忽略非本质之物"[2]。

因此，海德格尔针对洪堡的教育思想指出：自由意味着维系于整体的规律。这一维系发生于对整体及其规律的认识与意愿，它们必须被唤醒、被引导、被确定并且持续更新。这就是教育的意义和使命所在。以知识为目的的教育发生在普通学校中。以最高知识即关于规律与民族的整体性此间之是的领域为目的的教育，则要求最高等级的学校，由此产生了建立新型大学的需求。[3] 随着新型大学的创建，"国家表明了自身意志，亦即通过大学，根据民族的历史性精神，教育民族，将其带入本己的本质，并将其维系于本己的规律。这就是对民族的解放并将其带入统一。"但海德格尔也指出，洪堡认为，虽然大学体现的是国家意志，但国家不能对大学过度干预。"国家的影响将尽可能地受到限制。基于其伟大的使命，大学拥有教与学的自由。""这一国家意志使得大学本身成为一个自由的教育场所，给予大学以最高的召唤。"[4] 当然，国家意志与自由在海德格尔看来并不存在什么冲突之处。海德格尔借德国法学家萨维尼的观点指出："与国家的本质相关，政治自由与不自由并非取决于国家形式，而首要地取决

---

[1] 参见海德格尔：《柏拉图的真理学说》，载《海德格尔文集·路标》，第257页。Martin Heidegger, "Plato's Doctrine of Truth," in *Pathmarks*, p. 170.

[2] 参见海德格尔：《纳粹主义国家的大学》，载《海德格尔文集·讲话与生平证词（1910—1976）》，第922页。

[3] 海德格尔：《论德国的大学》，载《海德格尔文集·讲话与生平证词（1910—1976）》，第357页。

[4] 参见同上书，第358—359页。

于国家权力是否植根于民族的本性与历史,或者仅仅局限于个别掌权者和政府的任意妄为。"[1] 自由可以与国家意志相统一,而且自由与国家形式无关,而只与国家的实质有关。[2]

如此理解的自由与自由主义的自由显然存在直接对立的一面,对此海德格尔具有明确的自觉。他认为,在自由主义的观念中,"人的本质被消解到自由飘荡的一般意识之中,并且这种一般意识最终稀释为普遍逻辑意义上的世界理性。在这一道路上,通过看上去严格进行的科学和哲学论证,目光被从人那里引开。我这里所说的人是在其历史性根基中的人,是处于从土地和血液而来的本源性的民族传统中的人"[3]。也就是说,自由主义理解的自由游离于一个民族的历史与天命,是一种虚无缥缈的无约束状态。与之相反,海德格尔认为,"自由并不意味着行动和放任,而是意味着维系于最内在的规律与我们的本质之秩序。自由意味着汇聚于那些保证着民族之历史性的精神持存的力量之中。自由意味着唤醒和贯彻民族意志,达到其最本己的使命。"[4]

海德格尔因此呼吁通过国家对社会的组织,对其成员特别是对大众进行约束和控制。他强调:"自由不是不受义务、秩序和法律约束的自由。自由是为了决断的自由,这一决断是为德国人的命运而进行共同的精神投入。"[5] 从这种自由观念出发,"对于已经变得自由(即无根和自私)的大众来说,必须建立并维持一种具有'组织'约束力的最高权威。通过这种方式,由此被'组织起来'的东西才能回归其本源性的基础,而大众化

---

[1] 海德格尔:《论德国的大学》,载《海德格尔文集·讲话与生平证词(1910—1976)》,第360页。

[2] 有意思的是,虽然海德格尔强调国家的教育作用,但他对于所谓"总体性的政治信仰"又持批判的态度,并且认为这种政治信仰与宗教信仰并无二致。他指出:"总体性的政治信仰与同样的总体性的基督教信仰虽然不可调和,但都涉及各种妥协与策略。对于这些信仰来说,这并不令人奇怪,因为它们具有相同的本质。作为一种总体性的态度,它们都基于对本质性决断的拒绝。"(参见海德格尔:《海德格尔文集·哲学论稿(从本有而来)》,第51页。Martin Heidegger, *Contributions to Philosophy (Of the Event)*, p. 34.)

[3] 参见海德格尔:《来自新康德主义学派的霍尼希斯瓦尔特》,载《海德格尔文集·讲话与生平证词(1910—1976)》,第169页。

[4] 参见海德格尔:《高中毕业之后的 25 年》,载《海德格尔文集·讲话与生平证词(1910—1976)》,第347页。

[5] 参见海德格尔:《论注册入学》,载《海德格尔文集·讲话与生平证词(1910—1976)》,第120页。

的东西也才不仅受到控制，而且得到转变"[1]。因此，"为自身立法就是最高的自由。最受推崇的'学术'自由在德国大学中将被禁止，因为这种自由并非真的自由，因为它仅是消极的自由。它首先意味着漠不关心、意图和倾向的任性随意，以及在已做与未做之事方面的无所约束。德国大学生的自由概念现在已经返回其真谛，他们的义务和服务都将从这一真谛中展开。"[2]

这样，海德格尔理解的自由中必然具有强制的一面，即少数的"解放者"强迫多数人"变得自由"。"解放者必须是施暴者。""我们已经看到，解放者是那个观入光中而变得自由的人，具有明亮视野的人，因而也是更牢固地立足于人的历史性此间之是的人。唯其如此，他才获得他必须用之于解放的施暴力量。这种暴力并非盲目的专断，而是将其他人拽入已经充满并约束了他的视线的光亮之中。这种暴力也并非某种形式的鲁莽，而是最严格的策略，解放者本人已经让自己服从于这种精神上的严格。"[3]

海德格尔据此认为，在18世纪与19世纪之交，德国形成了一种新的观念，强调信仰与知识、语言与艺术、诗歌与教育的根基与尺度在于民族。人们意识到，规定人类本质的并非单纯理智的规则，或者自由漂浮的世界理性的计算，而是民族精神的自然和历史本质。与此同时，国家也不再被视为盲目而片面的、通过暴力让人服从的权力。相反，国家被理解为活生生的秩序和规律，民族本身以此获得持续统一和稳定。"至此，德国人的自由具有了新的意义。自由意味着维系于民族精神的规律，以诗人、思想家、政治家的作品为典范，规律才得以产生。自由意味着如此维系的对于国家意志的义务。自由即对民族命运的责任。"[4] 也就是说，"从最内在的痛切需要中、在外来奴役的压迫下，一种新的自由觉醒了。这意味着自由的本质将重新得到把握，它植根于德国人的知识和意志"[5]。

总的来说，海德格尔关于政治的思考是其思想体系中最粗糙的部分，

---

[1] 参见海德格尔：《海德格尔文集·哲学论稿（从本有而来）》，第76页。Martin Heidegger, *Contributions to Philosophy（Of the Event）*, p. 49.

[2] 参见海德格尔：《德国大学的自身主张》，载《海德格尔文集·讲话与生平证词（1910—1976）》，第144—145页。Martin Heidegger, "The Self-Assertion of the German University," in *Martin Heidegger: Philosophical and Political Writings*, p. 7.

[3] 参见海德格尔：《论真理的本质——柏拉图的洞喻和〈泰阿泰德〉讲疏》，第79页。Martin Heidegger, *On the Essence of Truth*, p. 60.

[4] 参见海德格尔：《论德国的大学》，载《海德格尔文集·讲话与生平证词（1910—1976）》，第357页。

[5] 参见同上书，第356页。

也是形而上学色彩最浓厚的部分。虽然其中不乏闪光之处，比如关于自由的相关讨论，但整体上看他的政治主张不过是当时的流行话语和德国传统思想中一些陈词滥调的堆砌，而且相互之间表现出明显的矛盾。海德格尔本人显然有意识地把他在哲学上的发现纳入其对政治的思考，但根本上说并不成功。换言之，海德格尔并没有能够提出一套可以给人以真正启发的"是"的政治学。

海德格尔政治思想的根本目标，简单讲仍然是对虚无主义的克服。他希望通过克服虚无主义，为人类生活提供新的激情与动力，摆脱个人生活的沉沦状态以及个体与共同体的疏离。这一点与他在哲学上的追求并无二致。问题在于，为了实现这个目标，他提出了两条不同的路径，即哲学的路径与政治的路径。哲学的路径是超越形而上学，从动态性、个体性和可能性理解是，以非主体性的态度拥抱去蔽即真的发生，以泰然任之的姿态等待玄同和诸神的降临，最终获得一种对是与真的不同的把握（参见第八章的讨论）；政治的路径则强调由国家所体现的整体性、历史性和必然性，并主张通过国家的暴力对个体进行强制与整合，为他们分配价值和等级，为民族的生存和行动赋予意义。可以看出，这两条路径虽然并非没有关联，但指向截然相反的方向：政治的路径仍然具有典型的柏拉图主义的特征，而哲学的路径恰恰试图挣脱柏拉图主义的束缚。海德格尔把建国即政治上的建基视为玄同的体现之一，显然他一度把由他加持的纳粹运动幻化为这样一种玄同的降临。但是他却忘记了，哪怕从他自己的角度来看，人们只能等待诸神的闪电直击思想者的头颅，却不能僭居神的地位。[1]

海德格尔在政治上的失误可以从三个层面加以把握。首先是他试图借纳粹主义政治运动之力实现自己的哲学主张，这只能表明这位"我们时代唯一伟大的哲学家"[2] 在政治上缺乏起码的判断力，对纳粹思想既不具备基本的认识，且抱有不切实际的幻想。对此海德格尔后来有所意识。其次是从19世纪末到20世纪初德国保守主义思想倾向的影响。在这段时期，德国思想界明显存在一种对英美自由主义经济和政治制度的抗拒、对虚无主义的批判，以及对个人与共同体重新统一的追求，这种倾向既使大批德国思想家对古代希腊政治产生某种家园之感，也使他们迫切希望通过

---

[1] 参见海德格尔：《荷尔德林的颂歌〈日耳曼尼亚〉与〈莱茵河〉》，第263页。Martin Heidegger, *Hölderlin's Hymns "Germania" and "The Rhine"*, p. 198.

[2] 这是施特劳斯对海德格尔的评价。Cf. Thomas L. Pangle, "Introduction," in Leo Strauss, *Studies in Platonic Political Philosophy*, University of Chicago Press, 1983, p. 25.

国家政权的力量重构社会组织与社会精神，本书中提到的荣格、施米特、鲍姆勒等都是其代表人物。海德格尔自视甚高，但依然被这种思潮裹挟。最后则是海德格尔对政治的本质缺乏根本性的理解。政治固然可以创造奇迹，但政治却是基于对人的强制；政治需要精神与道德的力量，但政治却并非精神与道德本身。这涉及政治与哲学的根本关系，是一个在此无法充分展开的话题。但能够指出的是，个人的思想可以是一种冒险，也可以永远行进在充满歧途的道路上，但如果说哲学需要的是忘我、沉迷甚至癫狂的话，政治需要的却是冷静、稳健与中庸。对此，海德格尔到晚年可能多多少少有些意识。

总之，海德格尔的思想和实践经历再一次证明，虽然哲学必定影响政治，但哲学与政治具有不同的逻辑。"形而上者谓之道，形而下者谓之器。"[1] 对于哲学家来说，根本性的自处之道是将道器之辨时刻铭记于心，"真"与政治的关系只能是不即不离。这也是作为海德格尔学生的政治哲学家施特劳斯在总结 20 世纪政治哲学中的虚无主义和极权主义思想带来的教训的基础上，得出的一个发人深省的结论。[2]

---

[1] 《周易·系辞上》。

[2] Cf. Leo Strauss, *What Is Political Philosophy? And Other Essays*, Greenwood Press, 1973.

第七章　对技术时代的批判

第一节　科学技术与现代社会

科学中的前科学因素

现代社会也可以称为"科学化"的社会，因为科学已经成为其中最高的正当性标准，而科学思维也渗透到生活的所有方面，并且成为诸多问题的根源。海德格尔指出："特别是从 18 世纪以来，各种各样的世界观都迫切地希望为自己获得某种科学的基础，或者保持与科学的和谐一致。"[1] 自近代开始，"科学在人世间已经发展出一种前所未有的、终将弥漫全球的权力"[2]。然而，与此同时，"现代科学的本质依然笼罩在一片迷雾之中。不过这团迷雾并非由各门科学中个体的研究者和学者所造成。它根本就不是人类行为的结果。它来自那个最发人沉思而我们却尚未思及的领域"[3]。

虽然海德格尔认为人们尚未系统思考科学的本质，但他还是尝试性地对其加以探讨，目的是打破科学在现代社会中的神秘地位。首先他指出：

---

[1] 参见海德格尔：《海德格尔文集·乡间路上的谈话》，孙周兴译，商务印书馆 2018 年版，第 47 页。Martin Heidegger, *Country Path Conversations*, trans. by Bret W. Davis, Indiana University Press, 2010, p. 32.

[2] 参见海德格尔：《科学与沉思》，载《海德格尔文集·演讲与论文集》，孙周兴译，商务印书馆 2018 年版，第 42 页。Martin Heidegger, "Science and Reflection," in *The Question Concerning Technology and Other Essays*, trans. by William Lovitt, Garland Publishing, 1977, p. 156.

[3] 参见海德格尔：《海德格尔文集·什么叫思想？》，孙周兴译，商务印书馆 2017 年版，第 21 页。Martin Heidegger, *What Is Called Thinking?*, trans. by Fred D. Wieck and J. Glenn Gray, Harper & Row, 1968, p. 14.

"一般而言，科学可以被定义为本质上相互融贯的一系列真命题的整体。但是，这个定义既不完整，也没有切中科学含义的核心。作为人类的一种行为方式，科学具有人类这种是者之是的方式。科学研究既非这种是者唯一的，亦非最直接的可能之是。"[1] 就是说，人具有多样性的是其所是或者说成就其本质的方式，在其中科学没有特殊的地位。至于人最直接的可能之是的方式，海德格尔提到的是哲学思考、艺术创作以及建国，这些才是是之真的建基。也就是说，科学并不创造真。

其次，海德格尔认为，科学并不能证明自身的正确性："在本质意义上，每门科学都是可疑的。一门科学永远不能证明自身的真理性。"[2] 同时，"我们并不知道，科学以对象性的方式向我们表象出来的东西是否就是自然"[3]。因此，科学立足于某种非科学的基础。海德格尔强调："以'科学的'方式可以认识的东西，在所有情形之下都是在关于是者的某个已知领域之'真'中被'预先给出'的，而这种'真'从不可能被科学把握。"[4] 任何一门科学都包含了超越其自身的某些方面，即该科学领域的本质及其起源，它所提出的认识方式的本质及其起源，如此等等。因此，所有科学都必然具有单面性。[5]

也就是说，对每一门科学的研究对象的基本范围和性质，以及该科学的基础的规定，即对其"所是"的理解本身是前科学的。科学对此不能再提供任何说明与解释。用海德格尔的表述就是，科学不能为自身提供"根本概念"。所谓"根本概念是这么一些规定，人们据此理解支撑着某一门科学的所有关于专题性对象的知识领域，这种理解先于并指导着一切实证研究"。此类根本概念真正的基础和根据只能来自对某个知识领域的非科学的先行研究，需要根据是者之是的基本结构对其作出解释。"以此方式

---

[1] 参见海德格尔：《海德格尔文集·存在与时间》，陈嘉映、王庆节译，熊伟校，陈嘉映修订，商务印书馆2016年版，第17—18页。Martin Heidegger, *Being and Time*, trans. by Joan Stambaugh, State University of New York Press, 2010, p. 10.

[2] 参见海德格尔：《海德格尔文集·讨论班》，王志宏、石磊译，孙周兴、杨光校译，商务印书馆2018年版，第514页。

[3] 参见同上书，第516页。

[4] 参见海德格尔：《海德格尔文集·哲学论稿（从本有而来）》，孙周兴译，商务印书馆2014年版，第172页。Martin Heidegger, *Contributions to Philosophy (Of the Event)*, trans. by Richard Rojcewicz and Daniela Vallega-Neu, Indiana University Press, 2012, p. 114.

[5] 参见海德格尔：《海德格尔文集·什么叫思想?》，第41页。Martin Heidegger, *What Is Called Thinking?*, p. 33.

为科学奠基原则上不同于跛足随行的'逻辑',后者不过是据其'方法'对一门科学的状况进行的具体考察。奠基属于创造性的逻辑,它先行跃入某一特定的是之领域,首次揭示其是之构成,并为实证科学的研究提供所需的结构,使之作为研究的明确指导。"因此,比如在历史学中,真正具有优先地位的并非关于历史知识的理论,亦非关于历史的理论,而是对历史性之是的解释;康德《纯粹理性批判》的实际成果也并非提供了某种关于知识的理论,而是澄清了本质这一概念的含义。[1]

海德格尔把科学的这一特点称为"科学的实证性"。它包括以下几个方面的内涵:第一,作为科学研究的可能论题而被对象化的特定的是者领域已经以某种方式预先得到揭示;第二,这种揭示先于任何理论性的理解,虽然它可能只是暗含的,并非专题性地得到知晓;第三,对于任何可能的对象领域,包括自然、历史、经济、空间、数目等,这种前科学的理解已被某种非概念性的是之理解所照亮与引导。[2] 海德格尔指出,不仅科学如此,而且人类对事物的所有认识都具有这种特点。因此,"把某物作为某物来加以解释,这在本质上要基于前理解、前视见与前概念。解释从来不是对某种先行给定之物的无前提的理解"[3]。

如果说科学必须基于某些不能由其加以证明的知识,那么科学上的"事实"也就不是纯粹的事实,因为在它们背后总是存在某种根本概念的作用。是否认识到这一点,恰恰是 16、17 世纪和此后的科学家之间的根本区别。海德格尔指出:16、17 世纪的科学家都是哲学家。他们清楚没有纯粹的事实,只有在根本概念观照下的事实,因此事实总是取决于该概念能够延展的程度。相反,实证主义认为自身能够充分地处理事实,而概念只不过是人们在一定程度上需要但不能太过依赖的权宜之计。"现代科学的处境则更进一步,它的喜剧,或者更准确地说是悲剧,在于人们认为

---

[1] 参见海德格尔:《海德格尔文集·存在与时间》,第 16 页。Martin Heidegger, *Being and Time*, pp. 9–10.

[2] 参见海德格尔:《现象学与神学》,载《海德格尔文集·路标》,孙周兴译,商务印书馆 2014 年版,第 56—57 页。Martin Heidegger, "Phenomenology and Theology," in *Pathmarks*, ed. by William McNeill, Cambridge University Press, 1998, p. 42.

[3] 参见海德格尔:《海德格尔文集·存在与时间》,第 215 页。Martin Heidegger, *Being and Time*, p. 146.

可以通过实证主义战胜实证主义。"[1]

海德格尔在此基础上进一步澄清,古代与现代科学之间的区别,并不在于现代科学是关于事实的科学,是实验、计算与测量的科学,而在于它们关于事物的前概念,以及对实验、测量与数字在科学研究中的地位和作用具有不同的理解。[2] 因此,"试图通过把现代科学称为事实科学而将其与中世纪科学区分开来根本上是不充分的。另外,人们通常认为,旧科学与新科学的区别在于后者进行实验并且'通过实验'证明其知识。但是,通过对事物和事件的特定安排来获取关于事物运动的信息的实验或者试验,在古代和中世纪同样早已为人所熟知。这种经验方式是一切通过手工和器具与事物打交道的基础。在此决定性的也不是通过观察进行检验这一广义上的实验,而是进行检验的方式,以及进行检验并且使这种检验得以成立的意图。可想而知,实验的方式与对事实的概念性规定及运用这些概念的方式相关,即与关于事物的前概念相关。"此外,人们还会强调,现代科学本质上是计算性和测量性的研究。"但这对古代科学同样正确,后者也使用测量与数字。因此问题依然是,以何种方式和在何种意义上使用和进行计算与测量,以及它们在对对象的规定方面具有何种重要性。"[3]

海德格尔对现代科学实验的根本特征进行了如下总结:实验始于对规律的根本假设,因此建立某种实验就意味着提出某些条件,据此某种特定的运动的进程得以被追踪,并经由计算而被预先控制。但是,对规律的假设又是通过对对象域的概观建立的。这种概观提供了标准并且约束着对条件的先行表象。实验始于这种表象并在其中进行,它并非任意的虚构。实验方法的基本特征是,关于基本规律的假设支撑并指导着实验的设计与实施,目的是得出能够支持或者拒绝该假设的事实。对于自然概观的投射越严格,实验成功的可能性就越大。[4] 海德格尔在此实际上指出了现代科学

---

[1] 参见海德格尔:《现代科学、形而上学和数学》,载孙周兴选编:《海德格尔选集》下,上海三联书店1996年版,第848页。Martin Heidegger, "Modern Science, Metaphysics, and Mathematics," in *Basic Writings*, ed. by David Farrell Krell, Routledge, 1993, p. 272.

[2] 参见同上书,第847—848页。Ibid., p. 271.

[3] 参见同上书,第848页。Ibid., pp. 272-273.

[4] 参见海德格尔:《世界图像的时代》,载《海德格尔文集·林中路》,孙周兴译,商务印书馆2015年版,第89—90页。Martin Heidegger, "The Age of the World Picture," in *Off the Beaten Track*, trans. by Julian Young and Kenneth Haynes, Cambridge University Press, 2002, pp. 61-62.

的基本特征，即出于某种对自然的前科学的理解并通过实验对这种理解加以确证，也就是对自然概观的投射以及对这种投射的验证。

因此可以说，并非实验本身，而是现代科学实验的本质使之区别于古代科学。"对自然科学而言，解释通过实验进行，而且通常取决于研究领域的本质与对之进行的解释的种类。但是，自然科学并非通过实验才成为研究[1]，正好相反，只有当关于自然的知识已经转变为研究，实验才具有可能。正因为现代物理学在本质上成为数学性知识的物理学，它才有可能成为实验性的科学。也正因为中世纪的教会学说和古希腊的知识（ἐπιστήμη）都不是研究意义上的科学，所以对它们来说就谈不上实验的问题。"[2] 海德格尔在此引出了一个重要概念，即所谓的"数学性知识"。在他看来，只有当科学成为"数学性知识"，实验科学才得以建立。

"数学性知识"

海德格尔曾对现代数学的本质以及数学在近代科学发展中所发挥的作用进行过一番探讨。他认为，数学这种认知方式的一个基本特点，是"它所取得的就是某种它给予自身的东西"[3]。正如休谟针对逻辑与数学的知识所指出的那样，它们并不提供对世界的新认识，它们的所有结果都包含在其前提之中。不过，海德格尔强调，作为一门科学的数学与"数学性知识"或者对物的数学性投射并非同一回事。真正使现代科学区别于古代科学的最重要的因素，并非现代科学对数学的运用，而是其作为数学性知识的特征："新形式的现代科学的出现并非因为数学变成了本质性的决定因素；相反，数学以及某种特殊的数学能够发挥作用而且必须发挥作用，恰恰是数学投射的结果"，各种数学工具的出现，"只有在思想的数学特征的基础上才有可能，才会成为必然"。[4] "因为数学性的投射，现代科学才

---

[1] 海德格尔此处所说的"研究"（Forschung）与一般意义上的研究有所不同，具有对自然的逼迫和摆置的含义。

[2] 参见海德格尔：《世界图像的时代》，载《海德格尔文集·林中路》，第88页。Martin Heidegger, "The Age of the World Picture," in *Off the Beaten Track*, pp. 60–61.

[3] 参见海德格尔：《现代科学、形而上学和数学》，载孙周兴选编：《海德格尔选集》下，第870页。Martin Heidegger, "Modern Science, Metaphysics, and Mathematics," in *Basic Writings*, p. 291.

[4] 参见同上书，第871—872页。Ibid., p. 293.

成为实验科学。"[1]

那么,究竟何谓数学性知识?按照海德格尔自己的解释,"数学性知识""与那种我们已经确实了解的东西'有关'。因此,并非我们事先从事物那里得到它,相反,从某种意义上说,我们原本就拥有它。由此我们现在就能了解,为何比如说数就是某种具有数学性知识特征的东西"[2]。显然,数学性知识类似于某种康德意义上的先天知识,即不需要学习就能获得的知识。海德格尔对数的数学性特征进行了如下说明:"数是人们最为熟知的数学性知识,因为在我们日常与物相接的过程中,当我们计算和数数时,数最接近那种我们从事物之中识别出来而并非从它们中获得的东西。出于这个原因,数是人最熟知的数学性知识的体现,而这一最为人熟知的数学性知识就成为数学。"[3]

就是说,所谓的"数学性知识",是某种我们原本已经具有的,而并非通过对外部世界的经验得到的知识,所以海德格尔才称之为我们可以从事物中识别出来而并非来自事物本身的东西。他在此基础上指出:"我们所采用的'数学性知识'这个表达始终具有两个方面的含义。首先,它指的是能够通过,而且也只能通过我们所指出的方式学到的东西;其次,指的是学习方式与过程本身。数学性知识是事物中一个明显的方面,我们始终已经行动于其中,而且由此出发我们才能把事物经验为事物本身。数学性知识是我们采取的一种对待事物的基本立场,据此我们把事物视为已经给予我们之物,而且视为必须和应该被给予之物。因此,数学性知识是关于事物的知识的根本前提。"[4]

要点其实就是最后两句话,即数学性知识体现了人对物的一种基本立场,同时也规定了人与物相接的方式,因而是一般性知识的基础,是人对物加以规范的手段。"数学性知识基于如下主张,即通过运用并非经验性地来自物,然而又构成对物的一切规定之基础的对物的设定,可以使众物成为可能并且为其提供空间。这样一种关于物的基本概念并非独断,亦非自明。因此,需要长期的争议方能使其获得统治地位。在获得新的思维方

---

[1] 参见海德格尔:《现代科学、形而上学和数学》,载孙周兴选编:《海德格尔选集》下,第871页。Martin Heidegger, "Modern Science, Metaphysics, and Mathematics," in *Basic Writings*, p. 292.

[2] 参见同上书,第854页。Ibid., p. 276.

[3] 参见同上书,第855页。Ibid., p. 277.

[4] 参见同上书,第856页。Ibid., pp. 277-278.

式的同时，还需要与物相接的模式转变。"[1] 简言之，"数学性知识"意味着对物，亦即对世界的某种把握方式，而这种方式的基础却独立于物本身，或者说与物无关。

海德格尔详细列举了数学性知识的一些基本特点。第一，数学性知识体现了一种超越物本身的对物之物性的投射，为人们对物的认识提供了某种特殊的场域。第二，数学性投射规定了物之物性，以及人们对物加以认识的基本方式，即所谓原理式的方式，它体现为一些基本命题。第三，这种原理性命题并不建立在经验基础之上，但规定了"每一物及其与其他所有物的关系结构的基本样态"。第四，自然被投射为运动发生的背景，即统一的时空场域。第五，在自然场域中，"物只根据它们与位置和时间的关系，通过质量与作用力的大小得到显现"。第六，由于数学性投射确立了所有物体在空间、时间和运动关系方面的均一性，它也就有可能提出一套普遍统一的尺度，即数学尺度，作为事物本质性的决定因素。[2]

因此，数学性知识的本质包含了对知识形式的构成与自我建基的特殊意志，它将使知识与曾经作为真之第一源泉的圣经启示以及作为权威知识的传统彻底分离。在数学性知识的投射中，不仅存在着一种解放，而且还有一种对自由本身的新的体验和新的建构，即自我施加的约束，并在其中形成了对这种知识的原则性义务。"根据其内在驱动，数学性知识奋力将其本质确立为它自身以及一切其他知识的基础。"[3]

关于数学性知识的性质，海德格尔还有一段比较深刻同时略带讽刺的分析："柏拉图在其学园入口上方书以'不知数学者不得入内！'的文字。这句话并不意味着人只能受到一个学科即数学的教育，而是说他必须了解，知识可能性的基本条件是关于一切知识的根本前提的知识，以及我们在此知识的基础上所采取的立场。不能让自身基础为人所知，从而也不清楚自身界限的知识其实并非知识，而只是意见。就人们已经了解的学术的本源性含义而言，数学性的知识就是'学院式'研究的根本前提。因此，学园门口的这句话，无非表明了研究的硬性条件和清晰界限。这两者的结果就是，在两千多年后的今天，我们依然未能完成这种学院研究，而且只

---

[1] 参见海德格尔：《现代科学、形而上学和数学》，载孙周兴选编：《海德格尔选集》下，第 868 页。Martin Heidegger, "Modern Science, Metaphysics, and Mathematics," in *Basic Writings*, p. 289.

[2] 参见同上书，第 870—872 页。Ibid., pp. 291-293.

[3] 参见同上书，第 874 页。Ibid., pp. 295-296.

要我们严肃对待我们自己,就永远也无法完成这项工作。"[1] 能够以知识的方式了解自身前提和界限的知识,严格地讲是不可能的知识,所以海德格尔表示我们如果不自欺的话就必须承认,我们永远不可能获得这种知识。

海德格尔指出,数学性知识自有其独特的力量。对于被笛卡尔称为"广延"(extensio)的物质性世界,唯一的通达方式是理智(intellectio),即通过数学和物理学获得的知识,而且这种知识能够带来人们苦苦追求的精确,数学知识因此被视为真正的知识。能够被数学认识,是是者的荣幸,也是是者之真的保证。"任何是者,只要能被数学知识把握,就具有真正的是。这种是者永远是其所是。持久留存者才真正是。数学认识的就是这种是者,它们中能够被数学把握之物构成其所是。因此,被证明具有持存性,能够以不变应万变(remanens capax mutationum)之物,就构成了在世间得以被经验的是者真实的是。"[2]

关于数学对于科学家的魅力,特别是对他们所追求的确定性的保障作用,海德格尔写道:"马克斯·普朗克说'实存者就是可测量者'。此话经常被人引用……一切关于实存者的理论,其方法都具有捕捉性和确证性的特点,也都是一些计算。当然,我们不能在狭义上把这个概念理解为运用数字进行操作。在广泛的、本质性的意义上说,计算意味着对某物进行测算,即考虑某物,期望某物,也就是将其作为期望的对象。由此来看,一切对实存物的对象化都是某种计算,无论它是借由因果关系来解释某个结果的原因,还是通过形态学预先将自身置入关于对象的图像,或者在其基本要求中获得并保证某种序列和秩序的融贯。数学之所以是计算性的,也不是因为它为了获得某种量上的结果而使用数字进行操作;相反,是因为在所有地方,它都通过方程式的运用,把所有有关秩序的关系的和谐作为它所期望的目标,因而通过某个根本性的方程式预先为一切单纯可能的秩序进行'说明'。"[3]

---

[1] 参见海德格尔:《现代科学、形而上学和数学》,载孙周兴选编:《海德格尔选集》下,第 856 页。Martin Heidegger, "Modern Science, Metaphysics, and Mathematics," in *Basic Writings*, p. 278.

[2] 参见海德格尔:《海德格尔文集·存在与时间》,第 140 页。Martin Heidegger, *Being and Time*, pp. 93-94.

[3] 参见海德格尔:《科学与沉思》,载《海德格尔文集·演讲与论文集》,第 57—58 页。Martin Heidegger, "Science and Reflection," in *The Question Concerning Technology and Other Essays*, pp. 169-170.

可见，数学之所以被广泛运用，就在于它能够以方程式的形式，为一切可能的秩序提供可预期的保证。海德格尔不止一次引用普朗克的话，并且认为"所有这一切都导向马克斯·普朗克关于是的论题：'实存者就是可测量者。'因此，是的意义就是可测量性，而且关键还不在于确定量的'多少'，而是最终服务于对作为对象的是者的支配和控制。这种想法甚至先于笛卡尔的《谈谈方法》，在伽利略的思想中就已经出现了"[1]。但需要注意的是，在这里测量并不是一个简单的自然过程，而是对自然的拷问。海德格尔称之为"表象从作为接受的直观（νοεῖν）向作为讯问和审判的感知（perceptio）的转变"[2]。

所以，数学首先在理论物理学，随后又在一系列自然科学中获得了成功。然而，如果海德格尔上一段话所言不虚，那么这种成功就包含了某些耐人寻味的、前科学的东西，即人对自然的数学性投射，它是一切科学研究的前提。"在被视为一切自然研究之典范的近代物理学中，理论物理为一切研究奠定了基础。它创造了对自然的数学投射。只是在这个时候，在这个视界内，实验才有可能被设想、被建构。"[3] 近代物理学之所以典型地具有"数学性知识"的特性，原因在于它首先提供了一套对自然的"概观"，而物理学本身就在其中展开。但实际上，这一概观并非物理学的发现，而是物理学对世界的规定，也是其对自身的约束。

海德格尔具体指出，物理学作为数学性的知识，其基本特性在于通过并为了这种知识，某些因素预先被特殊化为已知物。它们采取人们所追寻的关于自然的知识的形式并被视为自然本身，即由时空上相互关联的物质单元构成的封闭系统。"在这种概观之下，与先行的特殊化相一致，需要建立的是如下规定：运动是位置的变化；没有任何运动和运动方向具有特殊的优先性；任何位置都与其他位置平等；没有一个时间点先于其他时间点；任何一种力都被定义为在均一的时间中的运动，即位置变化的结果。一切自然事件都必须通过这种能够与自然概观相一致的方式得到观察。只有从此概观的视角出发，自然事件才具有可见性。只有这种自然概观牢不

---

[1] 参见海德格尔：《海德格尔文集·讨论班》，第429—430页。Martin Heidegger, *Four Seminars*, trans. by Andrew J. Mitchell and François Raffoul, Indiana University Press, 2003, pp. 53-54.

[2] 参见海德格尔：《海德格尔文集·尼采》下卷，孙周兴译，商务印书馆2015年版，第1011—1012页。Martin Heidegger, *Nietzsche Volume III: The Will to Power as Knowledge and as Metaphysics*, trans. by David Farrell Krell, Harper & Row, 1991, p. 239.

[3] 参见海德格尔：《海德格尔文集·乡间路上的谈话》，第5页。Martin Heidegger, *Country Path Conversations*, p. 3.

可破,才能保证物理学研究在每一个步骤上与之相一致。"[1]

海德格尔在其他地方也对这种自然概观的特征进行了总结:所有物体都彼此类似;没有任何运动具有特殊性;每个位置都与其他位置等同,每一个时点也与其他时点相同;每一种力都只能由它所导致的运动变化即位移决定;对物体的所有规定都有一个共同的基本概观,据此自然过程不过是质点运动的时空规定;这个对自然的基本设计同时要求它的所有领域普遍均一。海德格尔也把这种自然概观称为牛顿力学的"想象"(mente concipere)[2]。

在科学史上,甚至在其是论起源中,经典的例子就是数学物理学的出现。对这一学科而言,具有决定意义的并非对事实的观察,亦非描述自然事件时运用了数学工具,而是它对自然的数学投射。这种投射预先规定了某种持续地、对象性地呈现的东西即物质,并且开启了一片视域,提供了一个视角,以规定自然在数量上可定义的结构环节,包括运动、力、位置和时间等。只有在如此投射的"自然之光"中,某种"事实"方可被发现,并且成为由该投射所定义的实验的出发点。海德格尔强调,恰恰因为研究者已经领悟到原则上并不存在"单纯的事实","事实性的科学"才有可能建基。就此而言,对自然的数学投射中具有决定性的首先就不是数学,而是某些先验的东西被展开。数学物理学的核心就在于这样一个事实,"即在这种科学中,被研究的是者只能以其能够被发现的方式被发现,也就是在预先投射的它们的是之结构中被发现。一旦用以指导我们对是者加以理解的基本概念被提出,相应的方法、概念化的结构、真和确定性的相关可能性、根据和证明的方式、约束的形式和表达的类型等,所有这一切就都得到决定。这些因素的整体构成了科学完整的生存论概念"[3]。

当数学物理学成为所有近代知识的典范,这些知识也就成为"数学性知识"。"所有这一切都发生在一个时期,在一个世纪之内,数学愈益成为思想的基础,并且愈益追求明晰化。……这意味着数学性知识意欲在其自身需要的基础上为自身建基。它明确希望将自己表述为一切思想的标准,

---

[1] 参见海德格尔:《世界图像的时代》,载《海德格尔文集·林中路》,第86—87页。Martin Heidegger, "The Age of the World Picture," in *Off the Beaten Track*, pp. 59-60.

[2] 参见海德格尔:《现代科学、形而上学和数学》,载孙周兴选编:《海德格尔选集》下,第869—870页。Martin Heidegger, "Modern Science, Metaphysics, and Mathematics," in *Basic Writings*, p. 291.

[3] 参见海德格尔:《海德格尔文集·存在与时间》,第491—492页。Martin Heidegger, *Being and Time*, p. 345.

并确立由此而来的规则。笛卡尔实质性地参与了这项反思数学性知识的根本含义的工作。因为这种反思关涉是者整体以及关于这一整体的知识,所以它也就成为对形而上学的反思。"[1]

虽然数学成为精确科学的代表,数学化的知识也成为现代知识的典范,而且数学客观上的确包含了"巨大的财富",但海德格尔认为,数学知识就其内容而言又是人们可以想象的最空洞的知识,因此同时也是对人而言最不具约束力的知识。因此,人们就面临着一个奇怪的事实,即数学家不需要对人世的任何阅历,甚至17岁时就能取得重大发现。"数学知识并不一定需要由人的内涵加以承载,这一情形对哲学来说原则上绝无可能。数学知识这种最为空洞的,同时对人的内涵毫无要求的知识,不可能成为人们能够想象出的最丰富、最具约束力的知识,即哲学知识的尺度。"[2]哲学是对人与世界的根本性理解,如果一个17岁的数学天才就可以对哲学指手画脚的话,人类的命运也就前景堪忧了。

海德格尔强调,从根本上说,人们并没有意识到对数学性知识的偏好中存在着偏见。"把数学作为一切科学领域的典范,这一点得到证明了吗?数学与其他学科之间的基本关系不是本末倒置了吗?数学是最不严格的学科,因为它最容易通达。精神科学需要一种数学家根本无法获得的科学性的实存作为前提。人们不能仅仅把某个科学领域视为一堆命题和对其加以证明的根据的系统加以认识,而是应该将其视为事实性的此间之是在其中批判性地面对和解释自身的领域。把数学视为一切科学的典范不符合现象学原则,因为科学的严格性的意义应该来自研究对象的种类以及对这一对象适当的研究方式。"[3]换言之,数学性科学的精确性是人类追求数学性知识的结果,而非自然如数学一般精准。海德格尔因而指出:"如果一门科学的对象范围预先被规定为只有通过数量手段和计划方可加以处理的领域,并且如此才能保证其结果,那么这门科学就必须是精确的(即维持其

---

[1] 参见海德格尔:《现代科学、形而上学和数学》,载孙周兴选编:《海德格尔选集》下,第877页。Martin Heidegger, "Modern Science, Metaphysics, and Mathematics," in *Basic Writings*, pp. 298-299.

[2] 参见海德格尔:《海德格尔文集·形而上学的基本概念:世界—有限性—孤独性》,赵卫国译,商务印书馆2017年版,第26页。Martin Heidegger, *The Fundamental Concepts of Metaphysics: World, Finitude, Solitude*, trans. by William McNeill and Nicholas Walker, Indiana University Press, 1995, p. 17. 这里所说的17岁的数学天才,指的可能是数学家高斯。

[3] 参见海德格尔:《海德格尔文集·存在论(实际性的解释学)》,何卫平译,商务印书馆2016年版,第88页。Martin Heidegger, *Ontology — The Hermeneutics of Facticity*, trans. by John van Buren, Indiana University Press, 1999, pp. 56-57.

严格性,保持其科学地位)。"这种精确性本身却是自然所不具有的,人与社会更是如此。所以,海德格尔强调:"与之相反,'精神科学'要成为严格的,就必须保持为不准确的。这不是缺陷,而是优点。同时,精神科学之严格性的贯彻,总是要比'精确'科学保证其精确性困难得多。"[1]

海德格尔上述对数学性知识的批判可能包含了某种对数学和自然科学的偏见,但他反对把数学作为一切科学之典范的观点大体上还是成立的。任何学科都有其独特性,因此以某个学科作为标准,这本身有违科学的精神。"所有的发现都与它所属的问题领域密切相关。因此试图把某种发现的可能性,比如说数学的可能性,置入其他认识类型,实乃荒唐之举。"[2]

海德格尔对数学性科学与人文科学进行了如下对比:"数学性科学的严格性在于精确性。任何事件,只要被表象为自然事件,就被预先规定为时空运动的量。这种规定通过数字和计算实现。但是,对自然的数学研究之所以精确,并非因为它进行了准确的计算。它必须精确计算,是因为它与其对象领域的联系具有精确性的特征。与之相反,一切精神科学,实际上一切关于生命的科学,为了保持与事实相符而具有其严格性,就必然不那么精确。虽然人们也的确可以把生命理解为某种时空中的运动量,但如此一来它们就不再是生命。历史性精神科学的非精确性并非缺憾,而是对这种类型的研究的本质要求的履行。"[3] 简单来说,就是人文科学的严格恰恰使其不可能像自然科学那样体现出可以用数字表达的"精确"。当然,从海德格尔的角度来看,自然科学的这种"精确"也还远不能被等同于"真"。海德格尔一生的努力,就是在寻求一种与近现代流行的知识范式不同的、能够真正因应于是者之是的知识。

作为研究的科学

海德格尔专门提出了"作为研究的科学"这一表述,以体现现代科学

---

[1] 参见海德格尔:《海德格尔文集·哲学论稿(从本有而来)》,第177页。Martin Heidegger, *Contributions to Philosophy (Of the Event)*, p. 117.

[2] 参见海德格尔:《海德格尔文集·时间概念史导论》,欧东明译,商务印书馆2014年版,第72页。Martin Heidegger, *History of the Concept of Time: Prolegomena*, trans. by Theodore Kisiel, Indiana University Press, 1985, p. 50.

[3] 参见海德格尔:《世界图像的时代》,载《海德格尔文集·林中路》,第87页。Martin Heidegger, "The Age of the World Picture," in *Off the Beaten Track*, p. 60.

的基本特征，即通过是者的对象化，也就是对是者的摆置、操控与计算，研究其所是。在作为研究的科学中，是被定义为表象的对象性，真则被定义为表象的确定性。"当且仅当真转变为表象的确定性时，作为研究的科学就产生了。"[1] 因此，"研究通过计算，能够或者预见是者的未来，或者回溯是者的过往时，就算把握了是者。在对自然的预见和对历史的回溯中，自然与历史以同样的方式被摆置。它们成为解释性表象的对象。这种表象解释自然，述说历史。只有以这种方式成为对象的东西才是，即被认为有其是。当人们在这样一种对象性中寻找是者之是时，我们就遇上了作为研究的科学"[2]。

这段话里出现了两个关键性的表述，即摆置和对象化，它们具有相互说明的关系。摆置指的是研究者或者观察者对研究或者观察对象的某种特殊处置。通过这些处置，物能够被描述和计算。对象化就是这种处置的方式、过程和结果。建立在对物的摆置和对象化基础上的科学有一个根本性的限制条件，即它"永远只接受被其表象方式预先承认为科学的可能对象之物"[3]。因此，这种"'科学'并非知识，而是在某个解释领域内关于正确发现的设置，随着新目标的确定，各门'科学'也必然以各不相同的形式受到新的推动，借此它们能够让自身免于每一种可能的威胁（即本质性的威胁），同时又以更多的确信推进它们的研究"[4]。

由于作为研究的科学以对物的摆置和对象化为前提，所以尽管它声称自己仅是一种观察意义上的理论，但实际上却表现为对现实之物的粗暴干预。海德格尔称这种干预为"提炼"，其任务是使作为观察对象的现实之物在人为设定的条件下展示出预期的结果。现代科学正是通过对实存物"令人惊异的侵袭"，才让作为自我显现者的实存物适合于自身。换言之，科学为了让实存物在任何时候都能向自身显示为一个可观察、可追踪的因果关系的序列而对其加以摆置，实存物则在其对象性中获得了"科学的"确实性。科学观察能够以自己的方式进行捕捉的对象范围或领域由此产

---

[1] 参见海德格尔：《世界图像的时代》，载《海德格尔文集·林中路》，第 95 页。Martin Heidegger, "The Age of the World Picture," in *Off the Beaten Track*, p. 66.

[2] 参见同上书，第 94—95 页。Ibid., pp. 65-66.

[3] 参见海德格尔：《物》，载《海德格尔文集·演讲与论文集》，第 182 页。Martin Heidegger, "The Thing," in *Poetry, Language, Thought*, trans. by Albert Hofstadter, HarperCollins, 2013, p. 168.

[4] 参见海德格尔：《海德格尔文集·哲学论稿（从本有而来）》，第 176 页。Martin Heidegger, *Contributions to Philosophy (Of the Event)*, pp. 116-117.

生,它保证其中的一切都能够得到确认。[1]

海德格尔以牛顿第一定律即惯性定律为例,对作为研究的科学的本质进行说明。这个定律描述的是某种与常识和经验相反的、实际上并不存在的物,即质点,而质点这个概念的产生,就是作为研究的科学对物加以摆置的结果。牛顿第一定律因此提供了一个科学通过对对象的"提炼"而得到其简洁性、明晰性和确定性的经典例子。这一定律"说的是物体,不能被外在力量强制的物体(corpus quod a viribus impressis non cogitur),即自主的物体。我们是在哪里找到这个物体的?既没有这样的物体,也没有任何实验能够把这样一个物体带向直接的感知。与中世纪经院哲学和科学纯粹辩证的、诗性的概念不同,现代科学被认为是建立在经验的基础之上。然而,它却以这样一条定律作为顶点。它说的是并不存在的物,要求的是与常识相悖的对物的本质性表象"[2]。海德格尔因此认为,作为研究的科学对物的摆置产生了一种与前人完全不同的对物加以认知的模式。包括自然、人、历史、语言在内的呈现者在其对象性中被设置为实存物,以及科学成为一种在对象性中捕捉并确证实存物的理论,这无论对于古希腊还是中世纪的思想来说都是不可思议且令人恐惧的事情。"因此,现代科学作为关于实存物的理论并非不言自明。它也不仅仅是人的建构或者从实存物那里抽取的东西。相反,只有当呈现成为实存物的对象性之时,对呈现者之呈现才使科学的本质成为必需。这一时刻与任何类似的时刻一样,依然神秘莫测。"[3]

摆置与对象化的结果是毁灭了物之为物,即毁灭了活生生的、丰富多彩的具体的物,而只留下如质点一般对物的抽象。海德格尔就科学眼中一把装满葡萄酒的壶的形象指出:"人们说,科学知识具有强制性。的确如此。但其强制在于何处呢?以我们的例子而言,就在于强制性地把一把盛满葡萄酒的壶转变为一个用于装盛液体的空腔。科学取消了壶之为壶的属

---

[1] 参见海德格尔:《科学与沉思》,载《海德格尔文集·演讲与论文集》,第55—56页。Martin Heidegger, "Science and Reflection," in *The Question Concerning Technology and Other Essays*, pp. 167-168.

[2] 参见海德格尔:《现代科学、形而上学和数学》,载孙周兴选编:《海德格尔选集》下,第868页。Martin Heidegger, "Modern Science, Metaphysics, and Mathematics," in *Basic Writings*, pp. 288-289.

[3] 参见海德格尔:《科学与沉思》,载《海德格尔文集·演讲与论文集》,第56页。Martin Heidegger, "Science and Reflection," in *The Question Concerning Technology and Other Essays*, pp. 168-169.

性，使物不再成为其自身真实性的标准。"[1] 因此，科学实际上具有与物格格不入的一面，它的起点就是对物性的否定，是对物的抽象。物之本性在科学中从未达乎显露，从未得到表达。海德格尔表示，早在原子弹爆炸之前，科学就已经把物毁灭殆尽了。原子弹的爆炸，只不过是早已发生的对物之毁灭的所有粗暴确证中的最粗暴者。

海德格尔所说的物之毁灭，指的是物之物性被遮蔽、被遗忘。"这种毁灭如此诡异，因为它带着双重的伪装。首先是认为科学在通达实存者之实存性方面超越了其他所有经验；其次是误以为虽然有对实存者的科学研究，但物仍旧是物，这也就假定它们曾经完全拥有自身的物性。但是，如果物曾经在其物性中显现自身，那么物之物性应该早就大白于天下，并且要求占有思想。然而事实上，物作为物仍然受到禁阻，被视为虚无，并且在此意义上被毁灭。"[2] 实际上，科学毁灭的不仅是物之为物，还包括整个自然。"这种毁灭正不断加剧，或者说向其终点狂奔。自然原本是什么呢？当自然还是涌出（φύσις），栖身于是的本质发生的时候，它曾是众神降临与逗留之地。""此后，自然很快变成了一个是者，进而甚至成为'神恩'的对立面，在这种降格之后，竟完全成为计算性谋制和经济学强制的对象。"[3]

作为研究的科学对物的摆置和对象化的一个特点是研究的程序化。海德格尔指出：在此，程序并不仅仅意味着行事的方法。因为每一种程序都预先要求一个它在其中发挥作用的开放域，而正是这一开放域的开放性构成了研究中的根本事实。科学研究的开放并非是者领域的自身开启，而是通过在是者领域内投射某种关于自然或者历史过程的概观而达成。它预先勾画出约束认识程序使其适合于此开放域的方式。这种约束构成了研究的"严格性"。"通过概观的投射与严格性的规定，程序在是者当中为其自身确保了一个对象区域。"[4]

作为研究的科学对物加以摆置的另一个特点是研究的专业化。专业化意味着任何一门科学都局限于对一个有限的对象领域的投射，因而学科之

---

[1] 参见海德格尔：《物》，载《海德格尔文集·演讲与论文集》，第182页。Martin Heidegger, "The Thing," in *Poetry, Language, Thought*, p. 168.

[2] 参见同上书，第183页。Ibid.

[3] 参见海德格尔：《海德格尔文集·哲学论稿（从本有而来）》，第328—329页。Martin Heidegger, *Contributions to Philosophy（Of the Event）*, p. 218.

[4] 参见海德格尔：《世界图像的时代》，载《海德格尔文集·林中路》，第85页。Martin Heidegger, "The Age of the World Picture," in *Off the Beaten Track*, p. 59.

间必然具有相互区隔的特征。从某种意义上说，专业化即对研究领域的限制，也是对象化的一种特殊形式。限制对象领域，目的是便于对对象的科学表象，并确保表象的确定性。因此，对象区域的划定首先并不取决于对象自身的特点，而是取决于被选定的对象领域是否适合理论所要求的对象间的一致性，亦即理论上提出问题的可能性。当然，对象域的一致性会随时发生变化，但对象域的根本特征却保持不变，因为每一种新现象都会被加以提炼，从而与对象域的特性相符合。"有一种说法，认为现代原子物理并没有使伽利略和牛顿的经典物理学失效，而只是限制了它的有效性范围。但是，这种限制同时证明了对象性对于自然理论的规范性，据此自然将自身作为预先能够以某种方式加以计算的时空运动的一致性呈现给表象。"[1]

专业化的结果是认识失去了对世界整体性的把握，从而也就越来越失去思想的因素，成为某种实用技术。因此，在科学的繁荣外表下隐藏着某种深刻的危机。知识领域一再扩展，认识对象不断增加，而研究者却越来越局限于个别狭小的领域。知识领域之间的关联被打破，每一门学科内部的整体性也越来越被忽视。哲学从科学研究中抽身，或者更确切地说，那些日渐独立的科学主动远离哲学。专业化和独立化似乎已经成为科学化的指标。[2]

海德格尔认为，科学这样一种以专业化实则"碎片化"的方式对是者进行表象的"技艺"，根本不可能把握是者之是及其本质构成。对各门科学来说，"是者之是的概念和构成仍旧是一个谜"[3]。在这种情况下，"各门科学的兴趣就仅限于提出关于各相关研究领域所必需的结构性概念的理论，而当下的'理论'不过意味着对诸范畴的假设，它所具有的只是控制论意义上的功能，从而失去了任何是论的含义。表象性、计算性思维的操

---

[1] 参见海德格尔:《科学与沉思》，载《海德格尔文集·演讲与论文集》，第 56—57 页。Martin Heidegger, "Science and Reflection," in *The Question Concerning Technology and Other Essays*, p. 169.

[2] 参见海德格尔:《论德国的大学》，载《海德格尔文集·讲话与生平证词（1910—1976）》，孙周兴、张柯、王宏健译，商务印书馆 2018 年版，第 360—361 页。

[3] 参见海德格尔:《海德格尔文集·现象学之基本问题》，丁耘译，商务印书馆 2018 年版，第 72 页。Martin Heidegger, *The Basic Problems of Phenomenology*, trans. by Albert Hofstadter, Revised Edition, Indiana University Press, 1982, p. 53.

作性和模式性特征占据了支配地位"[1]。

专业化导致知识本身的碎片化，导致人们无法获得对世界的整全统一的理解，同时也是社会分裂的原因之一。在知识分化的情况下，"缺少的是某种本源统一的整合性的精神力量。世界观成了个体、群体和党派立场的事情。自由的原初意义，亦即维系于民族精神的规律被颠倒了：自由成了随意的个别观点和意见"[2]。但是，专业化并不会导致科学研究的中断和瓦解，因为专业化"并非某种必不可少的恶，而是作为研究的科学本质使然。专业化是一切研究取得进步的基础而非其结果。在其方法论指导之下，研究并不会分解为互不相关的发现，并且在其中迷失自身。因为决定现代科学特性的还有第三个根本要素，即不间断性"[3]。

所谓的"不间断性"（Betrieb[4]）或者"不间断活动"，是海德格尔生造的表述，指的是单纯追求某种实际目标的研究活动，它最根本的特点就是缺乏知识本身所需要的反思与对是者整体的考虑，更谈不上对是的思考。由于研究的本质是不间断性，所以忙忙碌碌的工作也就被视为科学研究的最高体现。当科学研究的推进不再基于常新的投射并保持开放，而只是将其作为单纯给定的、不再需要确认的东西时，它所做的就不过是把一项结果堆积到另一项结果之上，并且对它们加以计算，研究活动成为单纯的忙碌。"正是这种被视为当然的平均化中对本质与非本质的敉平，让作为科学以及现代性一般形态的研究能够持续生存。"[5]

"不间断活动"为了确保其结果的连续性与可靠性而对对象领域进行摆置。在科学研究共同体内部，一切安排都需有利于不同类型的方法论进行计划中的汇集，以便于推动不同结果的相互检验与交流，并且调节劳动

---

[1] 参见海德格尔：《哲学的终结和思想的任务》，载《海德格尔文集·面向思的事情》，陈小文、孙周兴译，商务印书馆 2014 年版，第 84 页。Martin Heidegger, "The End of Philosophy and the Task of Thinking," in *Basic Writings*, p. 435.

[2] 参见海德格尔：《论德国的大学》，载《海德格尔文集·讲话与生平证词（1910—1976）》，第 361 页。

[3] 参见海德格尔：《世界图像的时代》，载《海德格尔文集·林中路》，第 91 页。Martin Heidegger, "The Age of the World Picture," in *Off the Beaten Track*, p. 63.

[4] Betrieb 在德语中也有"企业"的意思，所以中文也有翻译为"企业活动"的。海德格尔显然有意把作为研究的科学的特征类比于企业活动，即为了赚取利润而进行批量生产。

[5] 参见海德格尔：《世界图像的时代》，载《海德格尔文集·林中路》，第 107—108 页。Martin Heidegger, "The Age of the World Picture," in *Off the Beaten Track*, pp. 73-74.

的交换。实际上，整个社会都因科学研究的"不间断性"而被组织成一个环环相扣的庞大网络。海德格尔指出："这些措施绝非研究工作的扩展和多样化的外部结果。相反，它们是现代科学已经开始进入其历史的决定性阶段的从远处而来的、根本没有得到理解的迹象。只是到现在，现代科学才拥有了它的完整本质。"[1]

总之，海德格尔认为，作为研究的科学反映的是人与是者及是本身的一种特殊关系。与前科学和非科学的人与是者的关系不同，科学宣称它能以其自身的方式明确而且唯一地对事情本身作出最终的决定。科学通过它所要求的追问、规定和论证的客观性而实现了某种得到特殊规定的对是者的顺应，但目的却是使后者揭示自身。"人作为是者之一'追求科学'。在这种'追求'中，最激动人心的就是被称为'人'的这一是者向是者整体的突入，并且的确使是者因这种突入而被撕扯开，显现出它们之是以及如何是。这种揭示性的突入第一次使是者达于自身。"[2]

但是，就人与自然的本质关系而言，无论科学对自然进行何种摆置和对象化，都不可能越过始终已经自身呈现的自然，也不可能绕过自然。科学的本质决定它们只能以某种特殊的方式揭示自然，比如物理学根据物质与能量的同一性来表象自然，因此物理学的自然只不过是自然的自身显现中能够被物理学加以提炼的一个侧面。即便作为对象域的物理学具有其统一性，但它远不能全面体现自然的丰富内涵。"因此，自然对物理学来说仍然不可回避。这句话具有两个方面的含义。首先，因为理论从来不可能绕过呈现者，而只能指向它，所以自然'不可回避'。其次，因为对象性使与之相应的表象和确证不可能囊括自然本质的丰富性，所以自然不可回避。"另外，"科学的表象不可能决定，通过自然的对象化，自然是自行引退了，还是将其进入呈现中隐藏的丰富性显现出来。科学甚至连这个问题都无法提出，因为作为理论，它已经把自身固定在由对象性所划定的区域之内了"[3]。

---

[1] 参见海德格尔：《世界图像的时代》，载《海德格尔文集·林中路》，第 92 页。Martin Heidegger, "The Age of the World Picture," in *Off the Beaten Track*, p. 64.

[2] 参见海德格尔：《形而上学是什么？》，载《海德格尔文集·路标》，第 121—122 页。Martin Heidegger, "What Is Metaphysics?," in *Pathmarks*, p. 83.

[3] 参见海德格尔：《科学与沉思》，载《海德格尔文集·演讲与论文集》，第 61—62 页。Martin Heidegger, "Science and Reflection," in *The Question Concerning Technology and Other Essays*, p. 174.

科学的发展与思想的终结

科学的一个基本特点，就是它在任何时候都不能将其理论和方法运用于自身。[1]"自然科学必须使用关于力、运动、空间和时间的某些特定概念，但它不能说明什么是力、运动、空间和时间。只要它们仍然保留在科学的界限内而不进入哲学的领域，就不可能追问这些物之所是。每一门科学，作为它所是的特殊的科学，都无法通达它的基本概念以及这些基本概念所把握的东西；与之相联系的是，也没有一门科学能够凭借它自己的科学手段对自身进行说明。"[2]"于是某种令人不安的情形出现了。在各门科学中任何时候都不可回避的东西，诸如自然、人类、历史、语言，对于各门科学来说却是不可把握、不可接近之物。"[3]

科学的这种无能被海德格尔称为"科学不思想"。事实上，现代科学只因切断了与思想的关系才富有成果；反过来，思想也只有切断与现代科学的全部联系才可能有所创造。海德格尔指出："科学自身并不思想，亦不能思想，这是它的幸运，意思是这保证了它在自身指定的轨道上运行。科学并不思想，这是一个令人震惊的表述。就让这个表述继续令人震惊吧，虽然我们可以马上加上一个补充性的表述，即科学毕竟还是，而且必须以它自身的方式与思想相关。但是，只有当思想与科学之间的鸿沟变得清晰可见，这种方式才会变得真实且富有成效。这里没有桥梁，只有跳跃。今天人们试图建立各色权宜的通道与纽带，以便在思想与科学之间形成某种舒适的联系，这么做完全有害无益。"[4]

海德格尔对作为科学思维典型体现的计算性思维的特点进行了如下概括：计算性思维权衡利弊，选择各种新的、前途更为远大而成本更为低廉

---

[1] 参见海德格尔：《科学与沉思》，载《海德格尔文集·演讲与论文集》，第65—66页。Martin Heidegger, "Science and Reflection," in *The Question Concerning Technology and Other Essays*, p. 177.

[2] 参见海德格尔：《海德格尔文集·尼采》上卷，孙周兴译，商务印书馆2015年版，第390页。Martin Heidegger, *Nietzsche Volume II: The Eternal Recurrence of the Same*, trans. by David Farrell Krell, Harper & Row, pp. 111-112.

[3] 参见海德格尔：《科学与沉思》，载《海德格尔文集·演讲与论文集》，第65—66页。Martin Heidegger, "Science and Reflection," in *The Question Concerning Technology and Other Essays*, p. 177.

[4] 参见海德格尔：《海德格尔文集·什么叫思想?》，第11—12页。Martin Heidegger, "What Calls for Thinking?," in *Basic Writings*, p. 373.

的可能性；它唆使人不停地投机而从不会止于某个终点；它从不停息，但从不思考，尤其不思考在一切是者中发挥作用的支配者。"因此就有两种思想，两者各以它们的方式而自有其根据和必要：计算性思维和沉思之思。"[1] "沉思之思有时要求更高的努力。它需要较长时间的入门训练。与任何其他真正的技艺相比，它更需要精益求精。它还必须耐心等待，像农夫守候种子抽芽和成熟那样。"[2]

从另一个角度来看，在科学时代，精神被矮化为智能，而后者又仅仅被理解为对给定事物及其可能发生的改变的观察、审查和计算，以及经营过程中单纯的机敏。这种机敏不过是单纯的才能、实践与数量分布的结果。它本身可以得到组织，而机敏与组织这两者都与精神格格不入。"尚有点创造性的东西就在于它带着精神的假面并掩盖着精神的匮乏。"[3]

从某种意义上说，科学是哲学终结、"道术为天下裂"[4]的结果，是思想被肢解的产物。海德格尔提出，诸如逻辑学、伦理学、物理学之类都出现于本源性思想终结之际。海德格尔指出，希腊人在他们的伟大时代里不会用这些名目来称谓思想，他们甚至也不把思想称为哲学。思想即关于是的思想。这个陈述包含两个方面的含义：一方面思想被是所拥有，另一方面思想从属于是、听命于是。从根本上说，是支配着思想，支配着人与是的关系，因而支配着人之本质。因此，是乃思想之基质，是思想力量的源泉。当思想从基质即使思想得以扎根之物中脱落的时候，思想便走向终结。[5]

当思想从基质中脱落，不能思想的科学便无法接纳也无法解释那些伟大之物。"独一无二者、罕见者、纯粹者，简言之，历史中的伟大，从来都不是自明的，因而也是不可说明的。历史学研究并不否认历史中的伟大之物，但将其解释为例外之物。在这种解释中，庸常与平均被拿来作为伟大的尺度。只要解释意味着理解，只要历史科学仍然是研究即解释，那么

---

[1] 参见海德格尔：《泰然处之》，载《海德格尔文集·讲话与生平证词（1910—1976）》，第 622 页。
[2] 参见同上书，第 623 页。
[3] 参见海德格尔：《海德格尔文集·形而上学导论》，王庆节译，商务印书馆 2017 年版，第 55 页。Martin Heidegger, *Introduction to Metaphysics*, trans. by Gregory Fried and Richard Polt, Yale University Press, 2000, p. 49.
[4] 《庄子·天下》。
[5] 参见海德格尔：《关于人道主义的书信》，载《海德格尔文集·路标》，第 373—374 页。Martin Heidegger, "Letter on 'Humanism,'" in *Pathmarks*, pp. 241-242.

就不存在另一种历史解释的方式。"[1] 在没有思想的时代和地方，大学作为"科学研究和教学的场所"成为纯粹的商业机构。"在其中，已经没有任何能够体现大学（Universitas）本质之物得以展开。一方面，由于政治—民族服务的要求使这样一种展开变得多余；另一方面，在没有任何'大学属性'的机制，即没有沉思的意愿的情况下，科学得以愈益稳固和便捷地在自身的轨道上运行。特别是被理解为对真的深入思考，即关注是问题的价值的哲学，而非历史性和'体系'构建的博学，在正向商业机构转变的'大学'中毫无位置。"[2]

海德格尔认为，对思想的技术性理解实际上并非近代科学的产物，它的开端可以追溯到柏拉图和亚里士多德。正是他们把思想视为某种技艺，即从实践与创造角度理解的、服务于生产和制作的审思。此后的西方思想中一直有人反抗这种对思想的规定，但始终不能成功。"就思想本身看，它并非'实践性的'。把思想刻画为理论而把认识规定为'理论性'的行为，这恰恰发生在对思想的'技术性'解释中。这种刻画是针对实践与行动，为拯救思想并保持其自主性的一种应对性的尝试。在此之后，'哲学'一直处于持续的困境之中，因为它必须在'诸科学'面前证明自己的存在。它相信，通过把自身提升到科学的等级，就能够最有效地完成这种证明。然而，这一努力本身却是对思想本质的放弃。"[3]

海德格尔之所以认为对思想的技术性理解始于柏拉图，是因为恰恰在后者的学园中，科学产生了，而面向是者整体的思想消失了。与逻辑学和物理学一道，伦理学最早也是在柏拉图学派中产生的。在出现这些学科的时代，思想也变为哲学，即一种特殊的科学，而科学则变成学派和学院式追求的对象。随着科学渐趋繁荣，思想日渐衰退。"在这个时代之前，虽然思想家既不知道'逻辑学'和'伦理学'，也不知道'物理学'，但他们的思想却既不是非逻辑的，亦不是非道德的，而且他们对'物理'即自然的思考达到了后来的任何'物理学'都无法企及的深度和广度。如果可以进行比较的话，那么索福克勒斯悲剧中的示喻比亚里士多德关于'伦理

---

[1] 参见海德格尔：《世界图像的时代》，载《海德格尔文集·林中路》，第 90—91 页。Martin Heidegger, "The Age of the World Picture," in *Off the Beaten Track*, p. 63.

[2] 参见海德格尔：《海德格尔文集·哲学论稿（从本有而来）》，第 183 页。Martin Heidegger, *Contributions to Philosophy (Of the Event)*, pp. 121–122.

[3] 参见海德格尔：《关于人道主义的书信》，载《海德格尔文集·路标》，第 370—371 页。Martin Heidegger, "Letter on 'Humanism'," in *Pathmarks*, p. 240.

学'的课程更为本源性地保存了伦理（ἦθος）即道德风尚。"[1]

当然，一个不思想的时代也是对人的本质产生巨大扭曲的时代，因为思想乃人之本质特性，如果人停止思想，那么人也就不再成其为人。因此，人必须寻求某种改变。"思想乃由是之真施行并为是之真服务的行动。是之历史从未过去，它永远当前，因为它定义并维持了人类的一切环境与条件。为了纯粹地经验上述的思想本质，同时也是贯彻这一本质，我们必须把自己从对思想的技术理解中解放出来。"[2] 海德格尔强调，人不可能通过科学改变科学本身。"作为整体的科学不可能通过科学得到转变，更不可能仅仅通过对科学的教学活动进行某些调整而得到转变，而只能通过另一种形而上学，即另一种对是的根本性经验实现。这种经验包括：首先，真之本质的转变；其次，劳动之本质的转变。这种根本经验将要比希腊人在自然（φύσις）这个语词和概念中所道出的东西更为本源。"[3] 在海德格尔的晚期思想中，他甚至彻底放弃了对"另一种形而上学"的追求，而呼吁思想回归自身，即成为对是的因应。

第二节 技术的本质

技术的对象化与摆置

现代科学的诸多特性与其技术化的可能联系在一起。这就意味着，技术规范并极大地影响了现代科学。海德格尔就此指出："现代性的本质现象之一是它的科学。具有同等地位的是现代机械技术。但是，我们不能把技术误认为现代数学性科学在实践中的简单运用。机械技术本身就是一种独立的实践变换，只有这种变换才要求运用数学性科学。机械技术始终是现代技术之本质最明显的衍生物，而现代技术与现代形而上学具有相同的

---

[1] 参见海德格尔：《关于人道主义的书信》，载《海德格尔文集·路标》，第420页。Martin Heidegger, "Letter on 'Humanism'," in *Pathmarks*, p. 269.

[2] 参见同上书，第370—371页。Ibid., p. 240.

[3] 参见海德格尔：《荷尔德林的颂歌〈日耳曼尼亚〉与〈莱茵河〉》，张振华译，商务印书馆2018年版，第238页。Martin Heidegger, *Hölderlin's Hymns "Germania" and "The Rhine"*, trans. by William McNeill and Julia Ireland, Indiana University Press, 2014, p. 179.

本质。"[1] 因此，"现代技术并非应用性的自然科学，现代自然科学反倒是技术本质的应用"[2]。只有理解技术的本质，才能更深刻地认识现代科学本身。

海德格尔之所以认为现代技术与现代形而上学具有相同的本质，是因为在他看来，两者体现了同样的对是者的去蔽方式，也同样体现了对是的遗忘。"关于技术，人们说得很多但想得很少。技术本质上是是及是之真的历史中的天命，而这种真已被遗忘。因为技术不仅在名称上可以回溯到希腊人的技艺（τέχνη），而且历史性和本质性地脱胎于去蔽（ἀληθεύειν）的一种方式，即作为让是者显现的方式的技艺。作为真的一种形态，技术植根于形而上学的历史，而这一历史又是是之历史中特殊的、迄今唯一可以一目了然的阶段。"[3]

因此，海德格尔认为，现代技术虽然是晚近的现象，但并非完全是现代社会的创造。技术的本质，在某种意义上已经隐藏在希腊人看待和理解世界的方式，亦即他们的去蔽方式中。"就历史年代来说，出现较晚的现代技术，从历史的本质力量的角度来说，却是历史上较早出现的东西。"[4] 比如，亚里士多德就把逻各斯理解为使某物呈现的聚集，因而已经具有摆置的含义。"亚里士多德把逻辑学之逻各斯，即思想的基本特征称为显现的逻各斯（λόγος ἀποφαντικός）。'显现的'这个形容词来自动词显现（ἀποφαίνεσθαι），意为使某物出于自身在此、在当前显现。作为让显现者，逻各斯是聚集、放置，所以能够让某物置于当前。""以希腊方式思考，'放置'意味着将某物置于当前，即某个已经在我们面前、已经呈现着的东西作为被放置于当前之物显现自身。……我们可以用呈示这个词恰切地翻译 λόγος ἀποφαντικός，同时用动词呈现来翻译逻各斯的动词形式

---

[1] 参见海德格尔：《世界图像的时代》，载《海德格尔文集·林中路》，第 83 页。Martin Heidegger, "The Age of the World Picture," in *Off the Beaten Track*, p. 57.

[2] 参见海德格尔：《观入存在之物：1949 年不莱梅演讲》，载《海德格尔文集·不莱梅和弗莱堡演讲》，孙周兴、张灯译，商务印书馆 2018 年版，第 54 页。Martin Heidegger, "Insight Into That Which Is: Bremen Lectures 1949," in *Bremen and Freiburg Lectures*, trans. by Andrew J. Mitchell, Indiana University Press, 2012, p. 40.

[3] 参见海德格尔：《关于人道主义的书信》，载《海德格尔文集·路标》，第 404 页。Martin Heidegger, "Letter on 'Humanism'," in *Pathmarks*, p. 259.

[4] 参见海德格尔：《技术的追问》，载《海德格尔文集·演讲与论文集》，第 24 页。Martin Heidegger, *The Question Concerning Technology and Other Essays*, p. 22.

λέγειν：让显现者呈放于前。"[1]

海德格尔在此强调的是希腊语中的逻各斯所含有的施动之义，即让原本已经在我们面前之物以某种方式呈现。正是这个意义，与作为现代技术基本特征的对物的对象化和摆置相通。海德格尔指出，表示命题的希腊语 θέσις 也有设置的含义："表示陈述的希腊语是 σύνθεσις（复合、组合）和 θέσις（设置）。实际上，一切都取决于确切地以希腊的方式来思考这个 θέσις，即将其理解为在设立、树立意义上的提出、设置，即让呈现者如其所是地站立。在希腊人对 θέσις 的理解中回响着放置于当前的意义。因此提出（θέσις）在希腊语中可以完全出乎我们想象地表示位置，即置于当前。""如果我们注意到，以希腊的方式来思考，提出与命题说的都是放置于当前，那么我们就可以窥见逻各斯为我们开启的原本的命题特征。"[2]

事实上，逻各斯的希腊含义仍然支配着当代人们的思想。"古代思想的逻各斯根本没有过时，它同样在世界历史的古代和现代出现。……逻各斯在技术中无所不在，如果我们将其理解为科学的整体，而狭义的技术就建基于其中的话。不仅在每一门科学中，而且在我们所有的表象、计算、意欲和追求中，在一切感知与渴望中，逻各斯无所不在。……今天作为现代技术而非个别技术装置的隐秘本质的东西带有逻各斯的容貌和印记。我们依然缺乏能够看透逻各斯的本质容貌、承受它的注视，并且恰如其分地向其回视的眼光。"[3]

海德格尔指出，生产这个概念同样不仅可以在词源上，而且在词义上追溯到古希腊语中的 τέχνη。"希腊语中表达'带出或者生产'的词是 τίκτω。技术即 τέχνη 与这个动词具有同样的词根 tec。对希腊人来说，τέχνη 的意思既非艺术，亦非手工，而是以某种方式让物在各种当前者中显现。希腊人是从让显现的角度来思考 τέχνη 即生产的。"[4] 海德格尔由此看到了技术支配在柏拉图思想中的起源："在柏拉图那里确定下来的东西，特别是在技艺（τέχνη）基础上理解的是之本质的优先性，现在得到了极

---

[1] 参见海德格尔：《思想的基本原则：1957 年的弗莱堡演讲》，载《海德格尔文集·不莱梅和弗莱堡演讲》，第 128—129 页。Martin Heidegger, "Basic Principles of Thinking: Freiburg Lectures 1957," in *Bremen and Freiburg Lectures*, pp. 101-102.

[2] 参见同上书，第 131 页。Ibid., p. 103.

[3] 参见同上书，第 126 页。Ibid., p. 100.

[4] 参见海德格尔：《筑·居·思》，载《海德格尔文集·演讲与论文集》，第 173—174 页。Martin Heidegger, "Building Dwelling Thinking," in *Poetry, Language, Thought*, p. 157.

大的强化，并且被提升到独一无二的地位，从而为人类的一个时代创造了基本条件。在这个时代，'技术'（机巧、规制和程序对于受其影响并被置于其力量之下者的优先性）必须获得统治地位。"[1]

因此，自古希腊以来，技术的本质就意味着对自然的对象化与摆置。一方面，"'技术'这个名称严格说来指的是一种表象即认知方式，从而也是一种理论形式。技术的本质与支配在于，通过它自然成为对象这一事实。自然被人摆置和遏止，从而能够对人以及人为其设定的规划予以回应。技术就是自然的对象化"[2]。另一方面，"现代意义上的'技术'是技艺（τέχνη）的一种。现代技术即呈示和摆置，在其中自然作为数学化的对象进入显现"[3]。"数学性的投射预先把自然作为对象置于当前。作为这种前置，数学化的投射就是技术，物理学即作为技术展开自身。"[4] 从海德格尔的以上规定来看，技术体现的也是与现代科学相同的两个基本特征，即对象化和对世界的数学性投射，也就是把自然作为对象摆置在人的对面，并且以数学方式对其加以剪裁和描述。

上文多次出现一个海德格尔自创的表述，即摆置（Her-stellen/Stellen）[5]。摆置是技术对物加以对象化的特有方式，也是技术的基本特征。它意味着把某种此前尚未作为呈现者显现的东西置入可敞开、可通达和可支配的领域。"这种摆置，亦即技术的特性，以独一无二的方式在欧洲—西方历史范围内通过现代数学性自然科学的展开来完成。"海德格尔还表示："如果我们现在从希腊词语中的'技艺'（τέχνη）所意指的实事

---

[1] 参见海德格尔：《海德格尔文集·哲学论稿（从本有而来）》，第401页。Martin Heidegger, *Contributions to Philosophy (Of the Event)*, p. 266.

[2] 参见海德格尔：《海德格尔文集·乡间路上的谈话》，第11—12页。Martin Heidegger, *Country Path Conversations*, p. 7.

[3] 参见同上书，第13页。Ibid., pp. 7-8.

[4] 参见同上书，第15页。Ibid., p. 8.

[5] Herstellen 意为放置到这里，但海德格尔在使用这个词的时候强调的是出于某种特定的目的将某物以特定的方式放置于"此"，即置于人对面而成为人观察和处置的对象。Stellen 的意义是放置，但海德格尔使用这个词的时候也有很强的摆置的意思，所以本书对这两个词不做区分，都译为"摆置"，以免制造理解上不必要的麻烦。实际上，为了揭示技术的本质，海德格尔创造了一批包括 Gestellen（集群性摆置）在内的以 Stellen 为词干的表述方式。他自己表示："当我们试图把现代技术表象为逼迫着的解蔽之际，我们不禁强迫性地堆砌了一批像'摆置'（stellen）、'配置'（bestellen）和'待用状态'（Bestand）这类枯燥而同义重复的词，但在我们的讲述中这些表达也自有其基础。"（参见海德格尔：《技术的追问》，载《海德格尔文集·演讲与论文集》，第18页。Martin Heidegger, *The Question Concerning Technology and Other Essays*, p. 17.）本书尽可能从能够让读者理解其含义的角度加以翻译，而不一定强求体现这些词在德语中的词源。

角度来思考技术，那么技术说的是精通于摆置。……现代数学性自然科学的基本特征就是技术因素，后者首先通过现代物理学在其新的本真形态中显露出来。"[1]

海德格尔强调，摆置意味着一种权力，它伴随着技术的力量无远弗届，支配了整个世界，并且夷平一切。"摆置之权力的无可避免和不可阻挡使它把自己的统治扩散到整个地球。这种权力的特征还包括，它无论在时间上还是在空间上总是要超越每一个当下达到的统治阶段。科学知识和技术发明的进步服从摆置的法则。这绝不只是一个首先由人类设定的目标。作为摆置之权力的后果，地方性、民族性地成长起来的民族文化（暂时或者永远地？）消失了，代之以世界文明的配置和扩展。……即便首先遭受这种摆置之权力并且受此权力摆置的西方—欧洲思想，在其迄今为止的形态中也不再能够根据其特性来追问摆置之权力。"[2]

摆置带来对包括人在内的是者无条件的、彻底的对象化，其根本目的是绝对掌控一切。海德格尔认为，对一切事物无条件的、彻底的对象化的时代始于主体性形而上学的自我实现，后者又与是之真最极端的回退相伴随。在这种对象化中，人与物都变成了等待着被生产过程使用的物品即待用品，特别是人变成了所谓的"人力资源"，并被列于自然资源和原材料之后。[3] "自然变成唯一的巨大加油站，变成现代技术与工业的能源。"[4]

除了摆置之外，在海德格尔对现代技术的分析和批判中，机巧（Machenschaft 及其变化形式）是另一个具有特殊重要性的词。简单讲，机巧指通过工具的运用对对象加以控制和改造的实际过程，同时也指这个过程所反映的一种对待人与自然的方式，因此具有通过某种手段取巧之义，类似庄子所谓的"有机械者必有机事，有机事者必有机心"[5] 中的"机心"。海德格尔曾对机巧的含义有过一番自问自答："机巧意味着什么？即那种把自己解放到它自身的桎梏之中的东西。何种桎梏？彻底的可计算可

---

[1] 参见海德格尔：《致小岛武彦的信》，载《海德格尔文集·同一与差异》，孙周兴、陈小文、余明锋译，商务印书馆 2014 年版，第 162 页。"小岛武彦"应为"小岛威彦"（1903—1996），日本哲学家，明治大学教授。——引者注

[2] 参见同上书，第 163 页。

[3] 参见海德格尔：《海德格尔文集·尼采》下卷，第 1086—1087 页。Martin Heidegger, *Nietzsche Volume IV: Nihilism*, trans. by Frank A. Capuzzi, Harper & Row, 1991, pp. 241-242.

[4] 参见海德格尔：《泰然处之》，载《海德格尔文集·讲话与生平证词（1910—1976）》，第 625—626 页。

[5] 《庄子·天地》。

说明的图式。通过这种图式,所有物被平等地牵引到一起,同时变得完全与自身陌异,即完全与自身背离而不仅仅是陌生。这是一种没有关系的关系。"[1] 就此而言,机巧意味着技术的本质发展到极致。"机巧权力的统一性为人类的权力地位奠定了基础。这一地位本质上具有暴力性。"[2]

海德格尔对西方思想中关于"机巧"的思想产生和演变的历史进行了一段简短的回溯:物可以造就自身,这在希腊思想中反映为自然(φύσις);但也可以通过相关操作加以创造,即希腊人所谓的技艺(τέχνη)。以技艺的方式对待是者,就意味着人的着眼点已经落在其可制造性上面,这就是机巧。在思想的第一个开端,自然已经开始失去力量,但此时机巧的全部本质尚未完全暴露出来,还被裹藏在持续呈现的概念中,这在早期希腊思想的顶峰被规定为完满即隐特莱希(εντελέχεια)。到了中世纪,行动(actus)的概念掩盖了早期希腊思想中对是之本质的理解,而与此相联系的一个事实就是机巧的因素更为清晰地凸显出来。同时,随着犹太教和基督教思想中的创世观念以及相应的上帝的表象的作用,是者(ens)变成了受造者(ens creatum)。尽管人们后来不再对创世观念进行粗暴的解释,但是者来自创造这一点仍具有不可动摇的地位,因此因果关系主宰了一切。这意味着对自然(φύσις)的本质性偏离,同时也是朝着现代思想中作为是之本质的机巧的过渡。[3]

因此,与自然、行动、创造等观念一样,机巧是对一种特殊的是者之是的命名。"我们最初把这一是者之是把握为对象性(作为表象对象的是者),但机巧因其与技艺(τέχνη)的联系,对这一是者之是具有更深刻、更本源的把握。在机巧中同时也包含了基督教—圣经对作为受造物的一切是者的理解,无论今天人们是在宗教还是世俗意义上对这种受造性加以把握。从历史学的角度,人们很难解释是者这种机巧本质的产生,因为这种本质在西方思想的第一个开端(更准确地说,是随着去蔽的坍塌)基本上就已经在发挥作用了。"[4]

---

[1] 参见海德格尔:《海德格尔文集·哲学论稿(从本有而来)》,第158页。Martin Heidegger, *Contributions to Philosophy (Of the Event)*, pp. 104-105.

[2] 参见海德格尔:《海德格尔文集·尼采》下卷,第712页。Martin Heidegger, *Nietzsche Volume Ⅲ: The Will to Power as Knowledge and as Metaphysics*, p. 180.

[3] 参见海德格尔:《海德格尔文集·哲学论稿(从本有而来)》,第150—151页。Martin Heidegger, *Contributions to Philosophy (Of the Event)*, p. 100.

[4] 参见同上书,第157页。Ibid., p. 104.

技术与把控

现代科学在对物加以摆置的基础上，通过数学性的投射得到关于物的确定性知识。"现代自然科学追求一种知识，它保障自然过程的可预期性。唯有可预期之物才被视为真实。在理论物理学中完成的对自然的数学投射以及与之相应的对自然的实验究问从特定角度谈论自然。自然于是受到逼迫，亦即受到摆置，在可计算的对象性中显示出来。"[1] 现代科学对自然的逼迫与摆置发生在其理论建构中。比如现代物理学之所以成为实验物理学，主要并不是因为它把各种设备运用于对自然的研究，而是因为在其纯粹的理论形态中就已经把自然表象为一系列可计算的力的统一体。物理实验的目的，不过是追问被如此摆置的自然是否以及如何呈现自身。[2]

海德格尔指出，现代科学对确定性知识的追求，一个典型的体现就是它对实效性，即"成果"，特别是能够立即运用于实践的"成果"的高度注重。实际上，人们已经把科学实效作为研究的正确性标准，进而又将其视为某种知识性行为之真的依据。这样，对现代科学来说，实效即正确，即真。[3] 注重实效的倾向导致了科学研究的工具化，科学必须通过诉诸实效确证自身的正当性。"科学本质上到底是作为'文化价值'、'公众服务'还是'政治化的科学'而得到证明再没有什么区别。所有的证明和诸如此类的'意义赋予者'相聚，而且越来越表明它们虽然表面上彼此对立，实际上浑然一体。"[4]

对实效，即某种预期发现的强调导致的一个结果，就是科学真正关注的并非其对象领域的本质特性，而是能够导向预期发现的程序与方法。"只有基于程序对实质的优先性以及判断的正确性对是者之真的优先性的现代科学，才会让暂时的需要决定不同目标的选择。"[5] 海德格尔针对现

---

[1] 海德格尔:《致小岛武彦的信》，载《海德格尔文集·同一与差异》，第 162 页。

[2] 参见海德格尔:《技术的追问》，载《海德格尔文集·演讲与论文集》，第 23 页。Martin Heidegger, *The Question Concerning Technology and Other Essays*, p. 21.

[3] 参见海德格尔:《哲学的终结和思想的任务》，载《海德格尔文集·面向思的事情》，第 84 页。Martin Heidegger, "The End of Philosophy and the Task of Thinking," in *Basic Writings*, pp. 434-435.

[4] 参见海德格尔:《海德格尔文集·哲学论稿（从本有而来）》，第 175 页。Martin Heidegger, *Contributions to Philosophy (Of the Event)*, p. 116.

[5] 参见同上书，第 176 页。Ibid.

代科学对方法的强调指出，方法作为获得知识的途径，已经不只是服务于科学的工具，它实际上主宰了科学，并逼迫科学为它服务。"尼采是第一个认清这种局势及其广泛影响的人，并且在以下笔记中加以表达。……第一条说：'19世纪的标志并非科学的胜利，而是科学方法对于科学的胜利。'另一条的开头写道：'最有价值的洞见最迟被发现；而最有价值的洞见就是方法。'"[1]

由程序和方法决定的技术把人对确定性的追求从观念转变为现实，从而成为人确保对物的控制的根本手段。"技术把是者本身改变（改变自然和历史）为可计算的可制造之物，改变为可为生产提供力量的机械。机械作为是之强力又把技术推向前进。"[2] 正是因为有了技术，机械性的力量才变得可控。通过作为一种力量而非单独个体的机械，自然终于成为可把控之物。与此类似，历史也最终成为可把控的"历史"，而现代把控历史的最高形式就是宣传。同样，甚至人本身也第一次成为可控的人，通过教育与培养，他被训练来把一切是者安排为可计算的产品。[3] "长期以来，关于作为把控的真与作为机巧的是之间就有一个决断，技术促进并无条件地把控了这一决断。……技术是西方形而上学最高的、最全面的胜利。全面渗透在'作为整体的是者'中的技术就是西方形而上学本身。"[4]

海德格尔把现代技术的基本手段称为逼迫，逼迫即用强制的方式使对象呈现自身："当大自然蕴藏的能量被开发，被开发的能量被转化，被转化的能量被存储，被存储起来的能量被分派，被分派的能量被再度转化，则这种逼迫就发生了。开发、转化、存储、分派和转化都是去蔽的形式。这种去蔽永无休止，也不会转变为不确定状态。它通过对其多重路径的规制使它们相互啮合，而规制本身又在各个地方得到严格的把控。规制与把控甚至已经成为逼迫性去蔽的主要特征。"[5]

海德格尔认为，现代技术这种对其对象的逼迫，以及在逼迫意义上的

---

[1] 参见海德格尔：《语言的本质》，载《海德格尔文集·在通向语言的途中》，孙周兴译，商务印书馆2015年版，第168—169页。Martin Heidegger, "The Nature of Language," in *On the Way to Language*, trans. by Peter D. Hertz, Harper & Row, 1971, p. 74. 尼采的两句话分别见 KSA 13 (Deutscher Taschenbuch Verlag, 1999), p. 442 和 KSA 6 (Deutscher Taschenbuch Verlag, 1999), p. 179。

[2] Martin Heidegger, *Mindfulness*, trans. by Parvis Emad and Thomas Kalary, Bloomsbury Academic, 2016, p. 145.

[3] Ibid., p. 146.

[4] Ibid., p. 147.

[5] 参见海德格尔：《技术的追问》，载《海德格尔文集·演讲与论文集》，第17页。Martin Heidegger, *The Question Concerning Technology and Other Essays*, p. 16.

摆置，使科学采取一种向是进逼的态势，而且从根本上使科学成为技术的手段。"在这里有一个奠基于技术本质的进程：在其中（如果人们能够这样说的话——在命运的意义上）发生了真正的毁灭。原子弹早就已经爆炸了；这指的是在人们起而反叛是，并从自身出发摆置是者且将其表象为对象的那一瞬间，这就是笛卡尔的瞬间。"从笛卡尔开始，主体有意识地将是者表象为、逼迫为对象。这种逼迫活动刻画出技术的本质，一切现代科学都依据于此。就此而言，现代科学不过是技术实现其本质的形式。"就其本质而言，技术乃是之开启状态的一种极其特殊的样式，而当今的人们必须经受这种是之天命。"[1]

海德格尔特别强调，虽然从总体上看，科学本质上只是技术的手段，但近代物理学还是为技术，特别是现代技术的本质提供了基础、开辟了道路。作为以计算和控制为基本特征的科学，在物理学研究中，发挥着主导作用的正是一种逼迫着人以配置的方式进行去蔽的聚集。[2] 即便是在经典物理学发展为量子力学之后，摆置的特征依旧故我。"现代物理学的表象领域始终不可深究、不可直观，这是一个被它越来越明显地接受了的事实，这种接受并非出于研究者的任何一个委员会的指令。它是集群性摆置的逼迫所致，这种摆置要求自然作为待用物具有可配置性。因此，虽然物理学已经不再坚持至今为止的那种只面向对象的唯一的表象标准，但它绝不会放弃这一点，即自然必须以某种通过计算可以确认的方式呈报自身，而且它作为一个信息系统应保持可配置性。"[3]

实际上，技术不仅逼迫自然，而且逼迫人本身。在人的一切行动领域中，人为技术设备和自动装置所逼迫，自由空间越来越狭窄。以各种形态出现的技术设备每时每地都在对人施加压力，种种强力束缚困扰着人们。这些力量早就超过人的意志和行动能力，所谓人与技术的主客体关系已经变成一种讽刺，因为人不再是技术的主人，而已经成为技术的奴隶。[4]

人与技术的关系的反转，意味着人在通过技术逼迫自然的时候，其自身同时也成为技术逼迫和摆置的对象。海德格尔指出：当人类着魔于对可

---

[1] 海德格尔：《海德格尔文集·讨论班》，第 521 页。
[2] 参见海德格尔：《技术的追问》，载《海德格尔文集·演讲与论文集》，第 23—24 页。Martin Heidegger, *The Question Concerning Technology and Other Essays*, pp. 21-22.
[3] 参见同上书，第 24—25 页。Ibid., p. 23.
[4] 参见海德格尔：《泰然处之》，载《海德格尔文集·讲话与生平证词（1910—1976）》，第 626—627 页。

计算之物及其可制作状态的定置意志，把他所归属的世界无例外地当作持存物加以摆置，同时从定置之可能性来确保自身的时候，已经在不知不觉中受到摆置，亦即受到逼迫。人既已被移交给摆置的权力，就堵塞了自己通往人之本己因素的道路。"无论是从肉体上毁灭人类的世界灾难所造成的外在威胁，还是人转入自身而展开的主体性所导致的内在威胁，都没有涵括对人性的决定性危害。因为这两种威胁都已经是天命的结果，所谓的天命就是：在摆置权力之下的人类，作为由这种权力并且为这种权力而定置者，推动对世界的持存性保障，并因此将其推入虚无。"[1]

由此导致的结果就是，并非人操纵技术，而是技术控制人。"技术已经把人抛到它的身后作为它的工具。无论人是盲目地服从这种牵引，还是徒劳无功地试图将技术用于健康有益的目的，情形都是如此。"[2] "我们整个人性的生存无处不被逼迫进入对一切的规划与计算。"[3] 海德格尔甚至表示："由于人是最重要的原材料，人们可以预期，终究有一天会出现基于现代化学的研究用于人的人工繁殖的工厂。"[4] 这是一种人本身被技术对象化的可怕前景。因此，"首先要搞清楚，现代技术根本不是'工具'，而且不再和工具有什么相干"。"技术在本质上是人根本无法控制之物。"[5]

海德格尔认为，现代技术支配一切的动力来自其自身维持和自身扩张的内在趋势。他借用尼采的语言，称之为技术"追求意志的意志"，并提供了一种对技术的特殊定义："追求意志的意志自我显现的基本形式，就是逼迫一切事物接受计算和安排，以保障自身无条件的扩张。在一个形而上学终结的世界，追求意志的意志在非历史的基质中计算和安排自身的基本表现方式，我们可以简单地称之为'技术'。这个名称包括了是者整体

---

[1] 参见海德格尔：《致小岛武彦的信》，载海德格尔：《海德格尔文集·同一与差异》，第165页。

[2] 参见海德格尔：《观入存在之物：1949年不莱梅演讲》，载《海德格尔文集·不莱梅和弗莱堡演讲》，第75页。Martin Heidegger, "Insight Into That Which Is: Bremen Lectures 1949," in *Bremen and Freiburg Lectures*, pp. 57–58.

[3] 参见海德格尔：《同一律》，载《海德格尔文集·同一与差异》，第44页。Martin Heidegger, *Identity and Difference*, trans. by Joan Stambaugh, Harper & Row, 1969, pp. 34–35.

[4] 参见海德格尔：《形而上学之克服》，载《海德格尔文集·演讲与论文集》，第101页。Martin Heidegger, "Overcoming Metaphysics," in *The Heidegger Controversy: A Critical Reader*, ed. by Richard Wolin, MIT Press, 1993, p. 86.

[5] 参见海德格尔：《〈明镜〉记者与马丁·海德格尔的谈话（1966年9月23日）》，载《海德格尔文集·讲话与生平证词（1910—1976）》，第797页。Martin Heidegger, "Der Spiegel Interview with Martin Heidegger," in *The Heidegger Reader*, ed. by Günter Figal, trans. by Jerome Veith, Indiana University Press, 2009, pp. 324–325.

所囊括的所有领域,即对象化的自然、文化企业、被制作的政治,以及涵盖一切的各种庞杂观念。"[1]

技术对人的支配最终反映的是人与是之间的一种特殊关系:"在技术中,即在技术之本质中,我看到人屈从于某种权力,它向人挑战。面对这种权力,人不再自由。在此昭示了某个东西,就是是与人的关系,而且这种关系在技术之本质中遮蔽自己,也许有朝一日会在其无蔽状态中得到揭示。"[2] 在技术性的世界对象化中,人的一切思想与行动都成为意志行为,人把自己确立为主体,从而失去了自我反思的立足点。也就是说,人对是封闭了自身。"当人以技术手段把世界设置为对象之际,人就蓄意而且彻底地堵死了自己通向开放域的未被阻塞的通道。无论人作为个人是否知道、是否意愿,自我实现的人都是技术的侍从。这种人不仅只能自外于开放域并对立于后者,而且通过对世界的对象化刻意远离了'纯粹牵引'。"[3]

一个十分有趣的情况是,虽然海德格尔在政治上曾经支持纳粹,但他同时又是极权国家的反对者,其理由就是现代科学和极权国家都是技术本质的体现,因而都是对个体性的消灭。"现代科学和极权国家作为技术之本质的必然结果,同时又是技术的侍从。同样的逻辑也适用于全球公共意见以及人们的日常观念的组织形式。……今天,人们通过原子物理学的结论和角度,似乎严肃地发现了一些指明人的自由以及设立一种新的价值理论的可能性,这就是技术表象的统治地位的体现。……在人们依然试图运用传统价值控制技术的地方,在我们的周边,技术的本质力量再次显现出来,因为在这些努力中,人们同样使用了各种技术手段,而且它们并非仅具技术的形式。"[4] 因此,"如果西方历史性的人之本质要得到救赎,那么对我们而言,看透技术的'形而上学'本质就成为历史性的必然"[5]。

---

[1] 参见海德格尔:《形而上学之克服》,载《海德格尔文集·演讲与论文集》,第 84 页。Martin Heidegger, "Overcoming Metaphysics," in *The Heidegger Controversy: A Critical Reader*, p. 74.

[2] 参见海德格尔:《马丁·海德格尔在谈话中(1969 年 9 月 17 日)》,载《海德格尔文集·讲话与生平证词(1910—1976)》,第 843 页。

[3] 参见海德格尔:《诗人何为?》,载《海德格尔文集·林中路》,第 331 页。Martin Heidegger, "Why Poets?," in *Off the Beaten Track*, p. 220.

[4] 参见同上书,第 327 页。Ibid., p. 217.

[5] 参见海德格尔:《海德格尔文集·巴门尼德》,朱清华译,商务印书馆 2018 年版,第 126 页。Martin Heidegger, *Parmenides*, trans. by André Schuwer and Richard Rojcewicz, Indiana University Press, 1992, p. 86.

技术发展的推动力

现代自然科学对确定性的追求,在技术中就体现为对生产对象的绝对掌控,而这最终导致技术性生产将一切物转变为可供随时取用的"待用品"。对现代技术来说,当且仅当某物是可以预先计算的,它才被认为是当前呈现的。自然过程的可预期性,意味着自然物作为一系列待用品的可规制性。至于这种可计算性是单一确定的,还是概率和统计意义上的,都不会改变自然作为待用品的本质,这是技术认可的自然的唯一本质。"在技术时代,自然并非技术的界限。不如说,自然成为技术性待用品整体的基本部件,此外无他。"[1]

海德格尔还指出了技术时代的另一个基本特征,即物不仅作为对象被制造出来,而且它们被制造出来的目的就是被迅速地消费,以便被更新的产品所替代。"它们被消费得越快,就越有必要以更快和更便捷的方式替代它们。对象性呈现的持续性并非它们在世界中的自身持存,作为单纯的消费对象而被生产出来的东西,其持存性就在于被不断替代。"[2] 海德格尔的这个思想后来被汉娜·阿伦特等人所发挥,成为现代消费主义批判的理论基础。

海德格尔从现代社会对是之遗忘的状态出发,认为为了消费而进行的生产,其目的并非满足人们的需求,而是填补由是之遗忘导致的空虚。这种空虚体现为物的相对匮乏,其实质则是是之缺位。人们试图以生产出更多产品即是者的方式对此加以掩饰。但是,"由于是的空虚不可能通过是者的堆积加以填补,特别是在这种空虚根本没有得到经验的时候,唯一的逃避就是在对是者加以持续组织的可能性中对是者进行不间断的安排,并以此作为无目标的行为的保障形式。由此看来,技术恰恰是对匮乏的组织,因为它关联于是的空虚而非对是的了解。任何地方,只要没有足够多的是者,技术就会加入进来,通过消耗原材料创造替代者,问题是这样的地方会越来越多,而相对于不断加速自身的追求意志的意志来说,是者又

---

[1] 参见海德格尔:《观入存在之物:1949年不莱梅演讲》,载《海德格尔文集·不莱梅和弗莱堡演讲》,第54页。Martin Heidegger, "Insight Into That Which Is: Bremen Lectures 1949," in *Bremen and Freiburg Lectures*, pp. 40-41.

[2] 参见海德格尔:《诗人何为?》,载《海德格尔文集·林中路》,第347页。Martin Heidegger, "Why Poets?," in *Off the Beaten Track*, p. 231.

会越来越匮乏"[1]。

技术的全面支配当然不仅是关于是之缺位的心理过程的结果，它实际上得益于市场的助力，是技术与市场的共谋。正是在市场力量的推动下，通过现代技术生产出来的产品作为商品被销售到全世界的每一个角落。可以说，市场发挥了让技术如虎添翼的作用。海德格尔指出："技术统治不仅把所有是者设置为在生产过程中的可制造者，而且通过市场对产品进行置送。在生产的自我贯彻过程中，人之人性与物之物性已经消解为市场价格的可计算性，而这个市场不仅是一个蔓延到整个大地的全球市场，而且作为追求意志的意志，也是是之意义上的市场，因而它把一切是者带入商业性计算，并且恰恰在并不需要数字的地方取得了狂暴的支配地位。"[2]

除市场之外，海德格尔还点出了推动技术无限制发展的另一个重要因素，即国家的军备扩张："今日的'哲学'之所以满足于追随科学的后尘，在于它误认了当今时代两种独一无二的现实：商业发展及它所需要的军备。"[3] 海德格尔并没有详细论述商业发展与军备扩张之间的具体逻辑关系。但是从世界近代的历史可以看出，商业利益需要军事力量为其开辟和争夺市场，需要军事力量为其维持基本的商业秩序，也需要通过军备扩张为商业发展创造需求，还需要通过推动国家间的军备竞赛进一步刺激技术和商业的发展。因此，军备与技术、与商业之间的确存在着相互推动、相互促进的关系。

技术对人的根本威胁

技术发展固然带来了人类生存环境的巨大改善以及人类生活水平的迅速提高，也大大减轻了自然环境中各种偶然因素给人类带来的威胁，亦即大大提高了人类生活中的确定性和可预期性，但另一方面，技术不受控制的发展也给人类带来了各种现实的和潜在的风险。在海德格尔看来，技术对人类最大的威胁就是在技术逻辑下人对自然的替代与僭越。因此，人们

---

[1] 参见海德格尔：《形而上学之克服》，载《海德格尔文集·演讲与论文集》，第102页。Martin Heidegger, "Overcoming Metaphysics," in *The Heidegger Controversy: A Critical Reader*, p. 87.

[2] 参见海德格尔：《诗人何为？》，载《海德格尔文集·林中路》，第330页。Martin Heidegger, "Why Poets?," in *Off the Beaten Track*, p. 219.

[3] 参见海德格尔：《海德格尔文集·讨论班》，第425页。Martin Heidegger, *Four Seminars*, p. 52.

谈论很多的原子弹并非最可怕的致命工具。长期以来，真正置人于死命，特别是致人之本质于死命的，是人的意志本身的绝对性，它刻意在任何事物中贯彻自身。

换言之，真正威胁人类本质的是一种狂妄的执念，以为通过对自然的控制，人类至少在物质上可以获得普遍幸福。然而，这种追求不过是刻意抛回自身的自我贯彻不受干扰的、无休无止的持久狂乱。因此，"威胁着人之本质的是这样一种观点，认为技术化的生产能把世界带向秩序。但恰恰是这种秩序把一切差异即等级抹平为生产的单一性，从而预先就摧毁了那些能够从是中生发出等级与鉴别力的潜在源泉的领域"[1]。技术给人某种能够解决人类一切苦难的幻想，但毫无节制、无所顾忌的技术，很可能是人类从未面临过的最大灾难的来源。除技术本身可能带来的威胁之外，海德格尔在此暗示，等级与秩序是富有生机的人类生活的前提，而技术所具有的敉平一切差异的趋势，终将窒息人类社会的活力。

海德格尔认为，技术不受限制的发展既出于技术和市场本身的逻辑，但也来自人对技术的高度依赖，他称之为技术进步强迫症。"在今天居于统治地位，决定了地球整体性现实的是什么？是进步强迫症。这种强迫症又导致了和不断更新需求的强迫症相结合的生产强迫症。"[2] 两种强迫症使人类越来越远离自然。"技术的力量决定了人与是者的关系。它统治了整个地球。"海德格尔举例说，在不足二十年的时间里，核能这样一种如此巨大的能源就为人类所掌握，以至于在可预见的时间内世界上各种形式的能源需求将一劳永逸地得到满足。可直接获得的新能源不再像煤、石油以及森林木材那样，局限于某些国家和地区。自然对人类的约束将被极大地突破。[3] 但是海德格尔认为，即便如此，人类也不可能真正摆脱自然，不能须臾离开自然。也许他在德国乡间成长的经历，他与自然特别是故乡土地那样一种无法用语言表达的，甚至具有某种神秘性的精神联系，使他固执地认为，人类在自然中的生活、人在大地上的生存才是人本质性的生存。"除非人类预先置身于适于其本质的空间，并安居其中，否则他在今

---

[1] 参见海德格尔：《诗人何为？》，载《海德格尔文集·林中路》，第332页。Martin Heidegger, "Why Poets?," in *Off the Beaten Track*, p. 221.

[2] 参见海德格尔：《海德格尔文集·讨论班》，第467页。Martin Heidegger, *Four Seminars*, p. 73.

[3] 参见海德格尔：《泰然处之》，载《海德格尔文集·讲话与生平证词（1910—1976）》，第626页。

天支配性的天命中绝无可能从事任何本质性的工作。"[1]

人类对技术的依赖通常并不会体现为人面对技术的无能之感,反而会让人产生成为万物之主的错觉。但是,一旦被去蔽者不再作为对象,而仅仅作为待用品与人相关,处在无对象性中的人就成为待用品的定置者,此时他已经来到一个突然断裂的边缘,即到达了他本身也不得不成为待用品的临界点。然而,恰恰是受到如此威胁的人,却进入幻象之中,似乎他所面对的一切,只因其作为人造物而获得存在的资格。这种幻象复又转变为一种最终的幻觉,让人感觉在任何地方、任何时刻面对的都是他自己。"但实际上,今天人类恰恰无论在哪里都不再面对自身,即他的本质。人类如此决定性地侍服于集群性摆置的逼迫,以至于他已经不能把摆置把握为索求,看不到自身作为对象的一面,从而也就不再关心如何从其本质而来在劝诫和叮咛中绽出地生存,因而绝无可能面对自身。"[2]

人在成为万物主宰的幻觉中失去了自身,也就失去了人的本质。因此,海德格尔表示:在发展与消费的逼迫下,人实际上并非技术的主人,而是变成了技术的玩物。[3] "一切都运转起来,而且这种运转又推动我们去面对越来越多的运转,技术把人从大地上连根拔起,这让人如此不安!当看到从月球传送回来的地球照片时,我不知道您是不是受到了惊吓。我们根本不需要什么原子弹。现在人已经被连根拔起。我们唯一剩下的就只有纯粹的技术关系。我们今天生活于其上的已经不再是原来那个地球。"[4]

海德格尔上面这段话的意思是技术消灭了人与自然的直观性联系。在技术表象中,被呈现者只在具有计算本质的表象中得到呈现,后者对直观可见者一无所知。事物中的直观可见者,它们向感官直觉提供的图景消失了。"计算性的生产是一种'没有形象的活动'(《杜伊诺哀歌》,第9首)。面对直观可见之物,刻意的自我贯彻将其置入完全建立在计算性建构基础上的谋划。当世界成为人为建构的对象,它就被置于那些不可感、

---

[1] 参见海德格尔:《转向》,载《海德格尔文集·同一与差异》,第122页。Martin Heidegger, "The Turning," in *The Question Concerning Technology and Other Essays*, pp. 39-40.

[2] 参见海德格尔:《技术的追问》,载《海德格尔文集·演讲与论文集》,第29—30页。Martin Heidegger, *The Question Concerning Technology and Other Essays*, pp. 26-27.

[3] 参见海德格尔:《海德格尔文集·讨论班》,第446—447页。Martin Heidegger, *Four Seminars*, pp. 62-63.

[4] 参见海德格尔:《〈明镜〉记者与马丁·海德格尔的谈话(1966年9月23日)》,载《海德格尔文集·讲话与生平证词(1910—1976)》,第798页。Martin Heidegger, "Der Spiegel Interview with Martin Heidegger," in *The Heidegger Reader*, p. 325.

不可见的东西之间。"[1] 因此，"自哥白尼之后，对科学来说就不再有日出和日落，它已经毫不含混地把此类现象视为感官的幻觉"[2]。现代科学的世界里再也没有诗与艺术，没有想象、希望与情感。

当然，技术给人带来的最大的威胁是消灭了人的思想。虽然海德格尔一直说人们尚不清楚技术将给人们带来什么，人们"还没有能力沉思，去实事求是地辨析在这个时代中真正到来的是什么"[3]。但是，他还是明确表示："与计算性的规划和发明的最高成就相伴而来的是对沉思的漠然，一种总体的无思想状态。然后呢？人想必会否定和抛弃他最特殊的本质，即他是一个沉思的是者。因此，重要的是拯救人的这种本质，是保持活跃的沉思。"[4]

"泰然处之"

如上所述，海德格尔认为，对于技术将给人们带来什么，人们远远缺乏足够的思考；关于技术统治的前景，人们也表现出深刻的无能为力的状态。没有任何个人或者团体，也没有任何举足轻重的政治家、科学家和技术人员，或者商业与工业机构的领袖，能够阻止或者改变原子时代的历史进程。人或许只能软弱无奈地任凭无休止的技术强权。他强调，如果人类放弃以沉思决定性地对抗单纯的计算性思维的话，情况就只能如此持续下去。"因为通往近处的道路对我们人来说往往最遥远、最艰难。这就是沉思的道路。"[5]

有相当多的人出于对技术的迷信，幻想技术的进一步发展能够克服其相对不发达状态给人类和自然带来的困境，像资源枯竭、生态灾难等。但海德格尔认为，这种愿望仍然是技术思维的体现。它"把技术假定为某种中性的东西，首先就意味着仅仅将其视为某种用以影响和安排其他事物的

---

[1] 参见海德格尔：《诗人何为？》，载《海德格尔文集·林中路》，第344页。Martin Heidegger, "Why Poets?," in *Off the Beaten Track*, pp. 228-229.

[2] 参见海德格尔：《海德格尔文集·什么叫思想？》，第44页。Martin Heidegger, *What Is Called Thinking?*, p. 35.

[3] 参见海德格尔：《泰然处之》，载《海德格尔文集·讲话与生平证词（1910—1976）》，第627页。Martin Heidegger, "Memorial Address," in *Discourse on Thinking*, trans. by John M. Anderson and E. Hans Freund, Harper & Row, 1969, p. 52.

[4] 参见同上书，第631页。Ibid., p. 56.

[5] 参见同上书，第627—628页。Ibid., pp. 52-53.

工具；把技术假定为中性的东西，也就意味着仅仅从工具性的角度对其加以理解，而这就意味着从技术的角度对其加以理解"[1]。

海德格尔指出，人们追踪技术，看它如何逼迫世间万物，看它如何摆置它们，通过征用进犯它们，将它们投入使用，或者毁坏和扭曲它们。但这仅是以技术的方式观察技术。这种对技术的技术性理解不可能通达技术的本质，因为它从一开始就堵塞了通往技术本质领域的道路。[2]"技术本身首先就阻止了任何对其本质的经验。因为当技术充分展开的时候，它就通过科学产生一种知识，它始终无法到达技术的本质领域，更不可能追溯技术的本质根源。"[3] 总之，"任何单纯技术性的东西都不能通达技术的本质，甚至不能一窥技术的前庭"[4]。

为何如此？这是因为人们简单地把技术视为可以实现不同目标的手段，幻想一切都取决于人以适当的方式对其加以掌控。这恰恰表明，技术的工具性概念决定了人与技术的关系。"正如我们所说，我们要'在精神上'把技术'控制在手里'。我们要成为它的主人。"[5] 海德格尔表示："有人热切地指出，没有人力，机器就无能为力，从而同样热切地得出结论认为，人对技术的控制已经而且在根本上完成。但一方面，机器并非技术，控制机器亦非掌控技术。另一方面，一个问题不可避免：人类利用机器的力量是什么？这种力量无非就是向组织起来的是者通过工程的方式赋予权力。"[6] 因此，如果不能摆脱技术思维，那么人所做出的任何试图控制技术的努力，最终反过来只会强化技术对人的支配。

海德格尔把当时的苏联和美国都作为技术统治的典型代表，指出："从形而上学的层面来看，俄国与美国毫无区别，它们都体现了对不受限制的技术与没有根基的庸众组织的无望的狂热。当地球上最遥远的角落在技术上被征服和在经济上被掠夺，当任何地方和任何时候的任何事件以你

---

[1] 参见海德格尔：《观入存在之物：1949 年不莱梅演讲》，载《海德格尔文集·不莱梅和弗莱堡演讲》，第 73—74 页。Martin Heidegger, "Insight Into That Which Is: Bremen Lectures 1949," in *Bremen and Freiburg Lectures*, p. 56.

[2] 参见同上书，第 72 页。Ibid., p. 55.

[3] 参见海德格尔：《诗人何为？》，载《海德格尔文集·林中路》，第 361 页。Martin Heidegger, "Why Poets?," in *Off the Beaten Track*, p. 221.

[4] 参见海德格尔：《转向》，载《海德格尔文集·同一与差异》，第 130 页。Martin Heidegger, "The Turning," in *The Question Concerning Technology and Other Essays*, p. 48.

[5] 参见海德格尔：《技术的追问》，载《海德格尔文集·演讲与论文集》，第 7 页。Martin Heidegger, *The Question Concerning Technology and Other Essays*, p. 5.

[6] Martin Heidegger, *Mindfulness*, p. 149.

能够想象的最快速度被你知晓,当你能够同时'经验'一场在法国失败了的针对国王的暗杀和东京的交响音乐会,当时间仅仅成为速度、瞬间性和同时性,而作为历史的时间已经从一切民族的一切此间之是中消逝,当拳击手被奉为民族英雄,当成千上万人的群众集会成为盛典,那么在这一切喧闹之中就会出现这些驱之不去的问题:为了什么?走向哪里?往后如何?"[1]

不过,对于技术在现代社会中的巨大作用,甚至技术统治本身,海德格尔并没有采取断然否定的态度。对此他有如下解释:"我们必须首先回应技术的本质,然后才能考虑人类能否以及如何成为它的主宰。但这个问题也许没有什么意义,因为技术的本质来自呈现者之呈现,即是者之是,而对于后者,人从来就不是主宰,充其量只是仆从。"[2] 这段话至少具有两个方面的含义。首先,作为一种呈现方式的技术,其本质取决于呈现即是之本质。其次,对于是,人只能因应而不可能控制,也不可能出于自己的意愿加以主导。从根本上说,是之本质还关联于人之本质。那么,人又如何对待自身的本质?特别是在海德格尔的晚期思想中,他强调人对是的倾听、等待、因应和泰然处之,因此从反形而上学的立场出发,人不能对技术之是加以断制,否则又将陷入技术思维的陷阱。

海德格尔也不认为,人在技术发展和进步及技术对人的威胁面前,只能听之任之。他提出,人没有必要,也没有可能完全放弃技术,但在利用技术的同时,可以而且应该保持某种对技术的独立性,即不依赖于技术。也就是说,人还是具有选择的可能。"哪里已经决定了,直到永远的未来,自然只能保持为现代物理学的自然,而历史只能呈现为历史学的对象?诚然,我们既不能把现代技术世界当作魔鬼的作品抛弃,也不可消除技术世界,假定它自身对此无动于衷。我们更不应陷于这样一种观念,即认为现代技术世界完全不允许我们离它而去的跳跃。"[3] 人可以另有所为,可以利用技术装置,但同时保留自身相对它们的独立,保留随时可以摆脱它们

---

[1] 参见海德格尔:《海德格尔文集·形而上学导论》,第44—45页。Martin Heidegger, *Introduction to Metaphysics*, p. 40.

[2] 海德格尔:《海德格尔文集·什么叫思想?》,第275—276页。Martin Heidegger, *What Is Called Thinking?*, p. 235.

[3] 参见海德格尔:《思想的基本原则:1957年的弗莱堡演讲》,载《海德格尔文集·不莱梅和弗莱堡演讲》,第155页。Martin Heidegger, "Basic Principles of Thinking: Freiburg Lectures 1957," in *Bremen and Freiburg Lectures*, p. 121.

的可能。"我们可以以适宜的方式利用它们,也可以将它们置于一旁而无碍于我们真实的内心。我们可以在不可避免时肯定对技术的运用,但也可以不认可它们对我们的支配权力,以免它们扭曲、扰乱与荒废我们的本质。"海德格尔表示:"我想用一个古老的词语来命名这种对技术既说'是'也说'不'的态度:对于物的泰然处之。"[1]

海德格尔指出,由于技术总是遮蔽自身的本质,所以在一个技术支配的世界,人们也就置身于一个其本质并未向人开放的领域。对技术的可能性,人们依然并不完全清楚。在这种情况下,海德格尔主张人对技术的神秘保持开放心态。"技术的意义遮蔽自身。但是如果我们明确而持续地注意到这种隐蔽的意义在技术世界中无处不触及我们,那么我们同时也就置身于那个向我们遮蔽自身,并在遮蔽中向我们接近的领域。在显现自身的同时又抽身而去,这正是所谓神秘之物的特性。我把那种使我们能够对技术中遮蔽的意义保持开放的态度称为对神秘的开放。"对技术的泰然处之与对神秘之物的开放可以为人在技术世界提供某种安身立命的基础。"对物的泰然处之与对神秘的开放共属一体。它们让我们以完全不同的方式寓居于世。它们应允我们一个全新的基础和根基,让我们得以在技术世界内持存,同时又不至受到它的威胁。"[2]

对技术的泰然处之不等于思想上的怠惰。海德格尔表示:"对物的泰然处之与对神秘的开放从来不会自动发生。它们不会突然降临。它们只会在坚持不懈的、勇敢的思想中萌发。"[3]《泰然处之》是 1956 年的作品,到 1973 年时,海德格尔转而强调,人类应该"放弃进步本身并且实施对消费和生产的普遍限制"。否则,人们拥有的"只是工业化的产品,而不再有家"。但要做到这一点,即进入一个"新的领域","并非通过思想而实现"。思想只是为进入这个领域准备条件,它"使人首先准备好去因应这种进入的可能"[4]。这是一种更为积极的态度。1972 年罗马俱乐部发表了《增长的极限》一书,并提出了"零增长"的概念,可以推想海德格尔受到了这一思想的影响。

---

[1] 参见海德格尔:《泰然处之》,载《海德格尔文集·讲话与生平证词(1910—1976)》,第 629 页。Martin Heidegger, "Memorial Address," in *Discourse on Thinking*, p. 54.
[2] 参见同上书,第 629—630 页。Ibid., p. 55.
[3] 参见同上书,第 631 页。Ibid., p. 56.
[4] 参见海德格尔:《海德格尔文集·讨论班》,第 469—470 页。

第三节　集置与玄同

"集群性摆置"

"集群性摆置"（可简称"集置"）是海德格尔生造的词，他以之揭示现代技术的本质。[1] "什么是集群性摆置？首先，从严格的语言学视角来看，它具有下述含义：'集'就是聚拢、统一，把一切摆置方式聚拢在一起。……摆置在此的意义是逼迫。正是在这个意义上人们可以说'自然被当作能源而受到摆置'，或者自然在强制之下提供它的能源。要点在于被某物掌控，被掌控者同时被迫采取某种形式，扮演某种角色，而且只能它扮演这个角色。"[2]

海德格尔甚至把集群性摆置这个词与柏拉图的型相一词相提并论，将其视为是的一种体现形式，可见他对这个词的重视。[3] "我们把聚集起来、汇为一处并联为一体的群山称为山脉。我们把我们能够自觉意识到的彼此相待的方式的集合称为性情。现在，我们来命名自我聚集的摆置。当一切可配置者在本质上体现为待用品的时候，就称之为集群性摆置。"[4] 海德格尔在其他地方，在重复了山脉与性情的比喻之后进一步指出："我们现在以集群性摆置一词来命名那种让人聚集起来使自行去蔽者成为待用品的逼迫性的要求。这个词的使用有些冒险，因为我们用的是至今为止人们完全陌生的意义。"[5]

可见，集群性摆置最基本的含义就是人对物的粗暴的、统一的安置。

---

[1] 参见海德格尔：《观入存在之物：1949年不莱梅演讲》，载《海德格尔文集·不莱梅和弗莱堡演讲》，第42页。Martin Heidegger, "Insight Into That Which Is: Bremen Lectures 1949," in *Bremen and Freiburg Lectures*, p. 31.

[2] 参见海德格尔：《海德格尔文集·讨论班》，第470—471页。Martin Heidegger, *Four Seminars*, p. 75.

[3] 参见海德格尔：《技术的追问》，载《海德格尔文集·演讲与论文集》，第21—22页。Martin Heidegger, *The Question Concerning Technology and Other Essays*, p. 20.

[4] 参见海德格尔：《观入存在之物：1949年不莱梅演讲》，载《海德格尔文集·不莱梅和弗莱堡演讲》，第41页。Martin Heidegger, "Insight Into That Which Is: Bremen Lectures 1949," in *Bremen and Freiburg Lectures*, pp. 30–31.

[5] 参见海德格尔：《技术的追问》，载《海德格尔文集·演讲与论文集》，第20—21页。Martin Heidegger, *The Question Concerning Technology and Other Essays*, p. 19.

海德格尔对此还进行过词源意义上的解释：集群性摆置"是带出、使前出至作为边界的勾划（πέρας）裂隙之前的聚集。如此理解的集群性摆置，即可澄清表示形象的希腊词μορφή的含义。实际上，我们后来不是在书架或者安置的意义上，而是把集群性摆置作为一个关键词，特别用以说明现代技术的本质，就是因为考虑到了该词的这一含义。这个渊源更具本质性，因为它切合是之天命。作为现代技术的本质，集群性摆置来自希腊方式中经验到的将某物置于当前，即逻各斯，也来自希腊文的ποίησις（创作）和θέσις（设立）。集群性摆置意味着要求一切都具有得到确保的可获取性"[1]。

海德格尔指出，虽然他使用集群性摆置这个表达来指明现代技术的本质，但是在西方思想传统中，摆置的观念从古希腊开始就一直存在，只不过到近代才以突出的形式显现出来。"如果以希腊方式思考，'摆置、放置'（stellen）一词就对应于希腊语的θέσις（放置、设置）。""这种摆置对应于φύσις（自然、涌出），并根据φύσις，在φύσις的领域内，通过与φύσις的关系得到定义。这就意味着在φύσις自身当中隐藏着某种θέσις的特征。在希腊世界，通过φύσει和θέσει[2]两词道出了一种主要区分，即呈现者在呈现方式上的区别，它涉及呈现者之呈现，即是。相应地，θέσει与θέσις通过与是的关系而得到理解。因此，是与摆置的关系在是之历史的第一个阶段就得到了宣示。如果我们关注到这一点，那么后来的时代是本身在集群性摆置的意义上以摆置的方式发生这一点就不至令人惊奇。"[3]

海德格尔进一步说，φύσις指的是出于自身的自我通透的显现，即让某物以其自身的方式到达与呈现。因此，只有当φύσις发挥支配作用，即只有当某物被带出在此呈现时，θέσις即人对这种呈现的摆置才有可能和必要，也才有可能从这种呈现（比如一块石头）带出某种其他的呈现物（石头台阶），并将其置于此间的已然显现者（岩石和土壤）之间。如此呈现者（石阶）通过人类摆置（θέσις）即制造的方式而呈现。与通过

---

[1] 参见海德格尔：《艺术作品的本源》，载《海德格尔文集·林中路》，第 79—80 页。Martin Heidegger, "The Origin of the Work of Art," in *Off the Beaten Track*, p. 54.

[2] 两者分别为φύσις和θέσις的动词。

[3] 参见海德格尔：《观入存在之物：1949 年不莱梅演讲》，载《海德格尔文集·不莱梅和弗莱堡演讲》，第 76—77 页。Martin Heidegger, "Insight Into That Which Is: Bremen Lectures 1949," in *Bremen and Freiburg Lectures*, pp. 59-60.

φύσις 被带出至此相比，通过 θέσις 而置身于此之物具有不同的本质。Φύσις，即在无蔽中设置自身，是让在无蔽中呈现者呈现。但与此同时，φύσις 在把去蔽带给人类的同时，也把自身呈现之物带给人类的制造与表象，并使之由人支配即摆置。虽然这种摆置尚不具备群集性摆置的特征，但是以追踪、配置的方式本质发生的摆置，仍然在 φύσις 意义上的摆置中拥有其隐蔽的起源，并且与这种摆置具有本质性的关联。[1]

海德格尔因此强调：之所以将技术的本质冠以"集群性摆置"之名，就是因为在此被命名的摆置就是是本身；而在其天命的开端，是就作为 φύσις、作为带出至此的自我显现的置送显现出来。"作为技术本质的集群性摆置，其本质性的谱系学回溯到并显现了其西方—欧洲的本质性起源，以及今天的来自 φύσις 的是的全球性天命。这是一种天命，在其中，呈现的无蔽作为被遮蔽的是之开端性的本质表达着自己。"海德格尔指出，从希腊人的早期时代，这个要求就不曾沉默。在最近的时期，它在尼采所说的追求权力的意志中表现自身，并作为相同者的永恒再现而本质性发生。[2]

在这个意义上，海德格尔认为集群性摆置就是在是之遗忘中带上了伪装的对是的配置，是"是背离它的本质而本质发生，即是在对其本质的遗忘中转向这一本质而发生"[3]。集群性摆置君临万物，让物无所防护、失其本真，并以此遮蔽了在物中临近的世界之切近。它甚至遮蔽了它的这种遮蔽，就如同对某事的遗忘遗忘了自身，并且被拖入遗忘状态的漩涡。[4]"集群性摆置就是在遗忘中配置其本质之真的摆置的聚集。这是一种带上了伪装的配置，因为它在要求一切呈现物成为待用品中展开自身，它就此确立自身并以此获得统治。"[5] 海德格尔指出，如果集群性摆置就是是本身的本质天命，那么我们就可以假定，集群性摆置正是发生了根本变化的

---

[1] 参见海德格尔：《观入存在之物：1949年不莱梅演讲》，载《海德格尔文集·不莱梅和弗莱堡演讲》，第77—80页。Martin Heidegger, "Insight Into That Which Is: Bremen Lectures 1949," in *Bremen and Freiburg Lectures*, pp. 60-63.

[2] 参见同上书，第81—82页。Ibid., pp. 61-63.

[3] 参见同上书，第82页。Ibid., p. 63.

[4] 参见海德格尔：《转向》，载《海德格尔文集·同一与差异》，第128页。Martin Heidegger, "The Turning," in *The Question Concerning Technology and Other Essays*, p. 46.

[5] 参见海德格尔：《观入存在之物：1949年不莱梅演讲》，载《海德格尔文集·不莱梅和弗莱堡演讲》，第83页。Martin Heidegger, "Insight Into That Which Is: Bremen Lectures 1949," in *Bremen and Freiburg Lectures*, p. 64.

是的形式。[1]

作为技术的本质特性，集群性摆置的实质是对一切是者强制性的、统一的配置。在这种配置中，每一个是者都成为整体性储备即待用品的组成部分，而且这些待用品之间具有可替换性。"集群性摆置就是技术的本质。它的摆置无所不包。它专注于一切呈现者整体的统一性。集群性摆置决定了当下一切呈现者的呈现方式。一切是者都以花样繁多的方式与变式，或隐或显地成为集群性摆置所要求的待用品储备的一部分。"[2]

集群性摆置与现代市场经济具有内在一致性。海德格尔指出："集群性摆置就是聚集，就是一切摆置形式的整体，它逼迫着今天的人们绽出地生存。因此，集群性摆置绝对不是人类机巧的产物。相反，它是形而上学历史，即是之天命最极端的形式。在这种天命中，人已经从对象化的时代过渡到可配置性的时代，在这个时代，即我们当下所处的时代，一切物与一切计算手段都持续听命于某种配置。严格地说，不再有对象，而只有供每一位消费者使用的'耗用品'；而消费者本人则已经被定位到生产与消费的市场之中。"[3]

因此，集群性摆置是对物的逼迫，但事实上最终也是对人的逼迫。它把人逼迫到将实存物作为待用品加以安置、加以揭示的位置。被如此逼迫的人，便立足于集群性摆置的本质领域，所以他根本不是事后才接受与集群性摆置的关系。"那么问题是：我们应当如何处理与技术本质的关系？以这种方式提问其实已经晚了。但决不会迟到的问题是：我们是否确实体验到自身无论在公共还是私人领域内都已经成为集群式摆置逼迫的对象？最根本的，决不会迟到的是这样一个问题：我们是否以及如何承认我们事实上已经投入其中的集群性摆置呈现自身的领域？"[4]

集群性摆置以技术即人为的方式提供对世界的总体观念，其对人的威胁在于使后者无法再以本源性的方式揭示真。集群性摆置把人置于"人造的自然"，而且使人忘记了这种人为特征，而当人造物越来越多地替代自

---

[1] 参见海德格尔：《观入存在之物：1949年不莱梅演讲》，载《海德格尔文集·不莱梅和弗莱堡演讲》，第84页。Martin Heidegger, "Insight Into That Which Is: Bremen Lectures 1949," in *Bremen and Freiburg Lectures*, pp. 64-65.

[2] 参见同上书，第50页。Ibid., p. 38.

[3] 参见海德格尔：《海德格尔文集·讨论班》，第467—468页。Martin Heidegger, *Four Seminars*, p. 74.

[4] 参见海德格尔：《技术的追问》，载《海德格尔文集·演讲与论文集》，第26页。Martin Heidegger, *The Question Concerning Technology and Other Essays*, p. 24.

然物,"自然作为自然也就消退了"。"从物论的角度来规定这些事实远远不够。问题在于,现代人发现他们从此之后与是形成了一种根本性全新的关系,而他对此关系却一无所知。"[1]

海德格尔因此认为,集群性摆置对人的威胁首先并不来自可能有致命作用的机械和技术装置,而在于它阻止人进入本源性的去蔽,进而本源性地经验真的呼唤。"在集群性摆置占统治地位之处,便有最高意义上的危险。"[2] "集群性摆置本质上就是危险。……但这种危险,即在其本质之真中威胁着自身的是,却被遮蔽和掩盖起来。这种遮蔽才是危险中最危险之物。与这种由归属于集群性摆置的配置所造成的对危险的遮蔽相一致,技术总是被视为人类手中的一种工具。但事实上,人之本质现在已经被指派去协助技术之本质。"[3] 也就是说,集群性摆置已经形成了自身的内在驱动,它独立于人的意志,甚至违背人的意志,在不断加速中把技术统治推向全球、推向人类生活的各个领域。

逼迫与待用状态

在海德格尔的思想中,逼迫具有与摆置类似的含义,但也有所区别。如果说摆置强调的是对物(包括人)的系统性、强制性的安置和摆布的话,那么逼迫则更强调对物(包括人)的强制性的储备和使用。海德格尔指出,在现代技术中居于统治地位的逼迫意味着向自然提出非分的需求,并强制其交付可供提取和储存的能源。比如作为能量转化的工具,风车的工作方式并非将能量从气流中强迫性地抽取出来,而是在听任其叶片被风吹拂中接受自然赠予的力量。这就与拦河而建的水电站不同。[4] 海德格尔也常常使用"逼迫着的摆置"这样的说法,强调这两者实际上是同一个过程的不同侧面,比如他认为,能源开发"这种对自然能源的逼迫着的摆置

---

[1] 参见海德格尔:《海德格尔文集·讨论班》,第446页。Martin Heidegger, *Four Seminars*, p. 62.

[2] 参见海德格尔:《技术的追问》,载《海德格尔文集·演讲与论文集》,第31页。Martin Heidegger, *The Question Concerning Technology and Other Essays*, p. 28.

[3] 参见海德格尔:《转向》,载《海德格尔文集·同一与差异》,第119页。Martin Heidegger, "The Turning," in *The Question Concerning Technology and Other Essays*, p. 37.

[4] 参见海德格尔:《技术的追问》,载《海德格尔文集·演讲与论文集》,第15页。Martin Heidegger, *The Question Concerning Technology and Other Essays*, p. 14.

是双重意义上的驱迫,即开发与暴露"[1]。

逼迫着的摆置是为了对物进行尽可能有效的开发和利用,使一切物处于可以被随时取用的状态,并且出于某一目的得到进一步的配置。海德格尔称这种状态为"待用状态"。"任何以此种方式被配置的东西都有其自身的地位,我们称之为待用状态。这个词在此表达的含义比单纯的'储备'更多,也更具本质性。'待用状态'这个表述在此是总括性的名称,它表示的是通过逼迫性的去蔽而被带出的一种呈现自身的方式。在待用状态的意义上待命之物就不再作为对象与我们相对立。"[2]

需要指出的是,在这一点上海德格尔的思想有一个发展的过程。在早期的著作《根据律》中,他认为,"自然能源及其被开发和利用的方式决定了地球上人类的历史性生存。自然在这些能源中的显现意味着自然已经成为对象,而且是一种把自然进程显现和确保为可计算物的认知对象"[3]。在此,他强调的是自然的对象化问题,但在随后的思考中,他进一步认识到由于技术逻辑的无限扩展,自然已经从对象进一步变成了待用品。作为待用品,自然失去了与人相对的资格,不再有任何自身的独立性,而只能供人随时摆置和取用。

海德格尔对于物从对象到待用品的转变进行了以下说明和讨论:随着技术的无限扩张,呈现者之呈现状态已经失去了客体性和对象性的意义。它消解于待用品之中,作为无条件的可配置性与人关联。待用品在任何时候对于各自的目的来说都必须是可制作、可提供和可替代的。它们根据各种情况、按照各种规划被生产出来,并且根据其属性得到摆置。它们并不具有持续不变的在场状态意义上的持存性,它们的呈现方式就是可配置性,其突出标志是不断被改善的可能。"但对谁来说,如此形成的呈现者变成可配置的?并不是作为主体与客体面对的个别的人。"虽然工业社会在很大程度上还把自己视为主客模式中的主体一方,但"工业社会既非主体亦非客体。与其自立自足的表象相反,它已经被逼迫性摆置的同一种力量所征服,这种力量已经把先前对象之对象性转变为待用品

---

[1] 参见海德格尔:《技术的追问》,载《海德格尔文集·演讲与论文集》,第16页。Martin Heidegger, *The Question Concerning Technology and Other Essays*, p. 15.

[2] 参见同上书,第17页。Ibid., p. 17.

[3] 参见海德格尔:《根据律》,载《海德格尔文集·根据律》,张柯译,商务印书馆2016年版,第118页。Martin Heidegger, *The Principle of Reason*, trans. by Reginald Lilly, Indiana University Press, 1991, p. 56.

的可定置性"[1]。

待用品的使命就是在制造过程中得到使用。在高度技术化的时代，这种使用已经被预先决定即"定置"（Be-stellen）。"待用品持存。它持存着是为了被定置。以定置为指向，它就得到了使用。使用预先对一切物加以摆置，使被摆置者都能成为某种产品。然而，产品也预先作为半成品而被定置。半成品是这样一种产品，它的存在就是为了得出进一步的成品。待用品通过典型的摆置而持存。我们称之为定置。"[2] 海德格尔所谓的"定置"，也可以被理解为征用。这种关于配置的理论与马克斯·韦伯关于目标合理性的思想类似。在后者看来，现代社会的一个基本特征就是不再有终极目标，一切都可以被转变为达到某种目的的手段。

海德格尔表达了同样的思想。"通过定置，田野成了煤矿，土地成了矿场。配置不同于以前农民对土地的耕作。农民的劳作并不逼迫农地，相反，它任由作物听命于生长的力量，只是守护着它们的繁衍。但现在，连田地的耕作也被交付给同样的定置过程。空气为生产氮肥被摆置，土地为生产煤炭和矿石被摆置，矿石为产生铀被摆置，铀为生产原子能被摆置，原子能为可配置的毁灭被摆置。"[3] "这样一种定置链条的最终结果是什么？它没有结果，因为定置性的生产并不可能有，也不允许有任何外在于这种摆置的自身呈现。被定置者总是已经而且只能在逼迫之下把定置链条中的下一物作为它的结果。定置链条并不导向任何物，它只是进入自身的循环。"[4] 一切都成为工具，而且通过成为工具而获得其存在的价值。

定置把一切变为待用品，人自然也不能幸免。"只有就人本身也已受到逼迫，去开采自然能源而言，这种定置着的去蔽才会发生。如果人已经为此而受逼迫、被定置，那么人岂不就比自然更原始地归属于待用品吗？"海德格尔指出，当下有关人力资源、有关某个诊所的病人供应量的说法都

---

[1] 参见海德格尔：《论思想之实事的规定问题》，载《海德格尔文集·讲话与生平证词（1910—1976）》，第745—746页。Martin Heidegger, "On the Question Concerning the Determination of the Matter for Thinking," trans. by Richard Capobianco and Marie Göbel, in *Epoché: A Journal for the History of Philosophy*, Vol. 14, Issue 2 (Spring 2010), p. 217.

[2] 参见海德格尔：《观入存在之物：1949年不莱梅演讲》，载《海德格尔文集·不莱梅和弗莱堡演讲》，第33—34页。Martin Heidegger, "Insight Into That Which Is: Bremen Lectures 1949," in *Bremen and Freiburg Lectures*, p. 25.

[3] 参见同上书，第35—36页。Ibid., pp. 26-27.

[4] 参见同上书，第37页。Ibid., p. 28.

是人已经成为待用品的证据。在林中丈量被砍伐的木材,并且像其祖辈那样行走在林中路上的护林人,在今天已被商业化的木材工业所定置。他已经被归属于纤维素的可定置性,后者因对纸张的需求而受到逼迫,纸张则被送交给报纸和画报印刷厂。报纸和画报摆置着公众意见,由此产生人们所需要的公共舆论。"恰恰由于人比自然能源更本源性地受到了逼迫,即被逼迫入定置的进程,所以才未被转变为单纯的待用品。由于人驱动着技术向前发展,所以他也参与了作为一种去蔽方式的定置。但是,定置在其中展开的去蔽本身绝非人的作品,也不再是作为主体的人被关联于对象的、他随时可以穿行的领域。"[1]

这样,逼迫性的定置不仅通过开发侵害自然原料和能源,同时也侵害人的本性。人被迫与定置合作,并以人的方式实施这种定置。定置以各种可能的形式涉及自然和历史,涉及一切是者。呈现者为可定置性而受到强制,并被预先表象为待用品。[2]"在技术支配的时代,人之本质被置于技术的本质中,置于集群性摆置中。人以其自身的方式在'零件'与'待用物'这两种说法的严格意义上成为一件待用品。"[3]海德格尔就此认为:"虽然无可阻挡的技术发展的巨大成果总会唤起一种假象,仿佛人是技术的主人。但实际上,人已经成为那种彻底支配一切技术制造的力量的奴仆。这种逼迫着摆置的力量把人铸造为被它所要求、为它所摆置,并且在此意义上为其所使用的终有一死者。在呈现者之呈现中起支配作用的权力需要人。在此需要中,呈现与人的关联显现自身,即要求人对其进行特定的应合。"就此而言,人不仅成为技术的奴仆,而且成为技术的助力,因为逼迫性的摆置权力"首先对人加以摆置,以确保摆置一切呈现者以及人本身的可定置状态"。[4]

---

[1] 参见海德格尔:《技术的追问》,载《海德格尔文集·演讲与论文集》,第18—19页。Martin Heidegger, *The Question Concerning Technology and Other Essays*, p. 19.

[2] 参见海德格尔:《观入存在之物:1949年不莱梅演讲》,载《海德格尔文集·不莱梅和弗莱堡演讲》,第39页。Martin Heidegger, "Insight Into That Which Is: Bremen Lectures 1949," in *Bremen and Freiburg Lectures*, pp. 29-30.

[3] 参见同上书,第47页。Ibid., p. 35.

[4] 参见海德格尔:《论思想之实事的规定问题》,载《海德格尔文集·讲话与生平证词(1910—1976)》,第747页。Martin Heidegger, "On the Question Concerning the Determination of the Matter for Thinking," p. 218.

作为一种解蔽形式的技术

逼迫性的摆置作为趋于极致的呈现,表明技术不仅是对人与物加以控制的手段,同时也是一种特殊的去蔽形式。"表象、制造与定置都是呈现者在其呈现中向我们自行去蔽的方式。"[1] "相应地,一切表象、制造与定置都有一个共同点,即穷根究底,并以不同的方式为呈现者建基。"[2] 因此,"技术是一种去蔽的方式。技术进入呈现的领域,也就是揭示与去蔽状态发生的领域,ἀλήθεια,即真在此发生"[3]。海德格尔曾经直截了当地指出:"什么是现代技术呢?它也是一种去蔽。"[4] "如果我们注意到这一点,那么另外一整个适合于技术本质的领域就向我们敞开自身。这就是去蔽的领域,真的领域。"[5]

把技术视为一种去蔽的形式,意味着从完全不同的角度理解技术的本质。就此而言,技术的特点就在于它是一种具有特定目的的带出。海德格尔指出:从希腊最古老的时代开始直到柏拉图,技艺(τέχνη)一词都与认识(ἐπιστήμη)相关。它们都是用以表示最广泛意义上的知识的名称,意味着对某事谙熟于心,了解它并精通它。这种知识提供了通透,即去蔽。他特别提到,亚里士多德在《尼各马可伦理学》一段特别重要的讨论中,结合ἐπιστήμη和τέχνη的去蔽对象与方式对两者进行了区分。Τέχνη是去蔽的一种形式。它揭示的是那种并不把自身带出,因而尚未被置于我们之前,看上去可能时而这样时而那样的东西。[6]

也就是说,在亚里士多德看来,技术去蔽的对象是那种并非自行涌出,即自然显现,而是需要通过人的工作才能给人以稳定的知识的东西。海德格尔指出,按照亚里士多德的四因说,各种器具的制造揭示的都是那

---

[1] 参见海德格尔:《海德格尔文集·乡间路上的谈话》,第175—176页。Martin Heidegger, *Country Path Conversations*, p. 117.

[2] 参见同上书,第185页。Ibid., p. 124.

[3] 参见海德格尔:《技术的追问》,载《海德格尔文集·演讲与论文集》,第14页。Martin Heidegger, *The Question Concerning Technology and Other Essays*, p. 13.

[4] 参见同上书,第15页。Ibid., p. 14.

[5] 参见同上书,第13页。Ibid., p. 12.

[6] 参见同上书,第13—14页。Ibid., p. 13. 亚里士多德的讨论见《尼各马可伦理学》第六卷第3部分"科学"和第4部分"技艺"(亚里士多德:《尼各马可伦理学》,廖申白译注,商务印书馆2003年版)。

种需要被人为带出之物。这种去蔽依据对完成物即完满者的考虑，把器具的外观与质料聚合在一起，并据此决定其制作方式。因此，在τέχνη中具有决定性的因素不在于制造与操作，也不在于使用工具，而在于去蔽。"Τέχνη作为一种带出，并非制作，而是去蔽。"[1]

但是，作为一种去蔽的形式，技术又与艺术具有根本性的区别，因为集群性摆置是逼迫着的去蔽，也是堵塞了艺术性带出的去蔽。海德格尔指出，艺术与技术"这两种方式并非并列在一起并同属去蔽概念的不同类别。去蔽是一种天命，对一切思想来说，它总是突如其来，不可解释。它把自身分派给带出的去蔽与逼迫的去蔽，同时把自身分派给人。逼迫的去蔽在带出的去蔽中有其天命的起源，但与此同时，集群性摆置以天命所特有的方式，又堵塞了带出（ποίησις）"[2]。

海德格尔进一步解释了上述两种去蔽方式的区别：在集群性摆置这个名称中的摆置一词指的不仅仅是逼迫，同时还暗示着由之而来的定置，即生产与呈现。在带出（ποίησις）的意义上，生产也让呈现者前出到无蔽之中。这种带出的制作，比如在神庙中制作一座雕像，与逼迫着的摆置具有根本性的区别。在集群性摆置中，去蔽发生的方式是通过现代技术把实存者揭示为待用品。因此，它既非单纯的人类行为，亦非单纯的行为手段。任何关于技术的单纯工具性的或者人类学意义的定义在原则上都不充分。同样，通过回溯到对技术的某种形而上学或者宗教性的解释，也不能使这种定义周全。[3]

集群性摆置不仅与带出意义上的去蔽具有根本性的不同，而且在这种摆置发挥支配作用的地方，任何其他形式的去蔽都被排除，特别是带出意义上的去蔽。与后者相比，集群性摆置把人强行推入与任何一种是者直接相对且得到严格安排的关系中。在集群性摆置大行其道之处，对待用品的规制与确保成为一切去蔽的根本特征。这种规制与确保甚至不再让它们自己的基本特征显现出来，也就是说，不让这种解蔽作为解蔽显现出来。[4]

因此，集群性摆置虽然是一种去蔽的形式，但它又是人们未尝经历过的极其特殊的去蔽。海德格尔指出：集群性摆置意味着摆置的聚集，它摆

---

[1] 参见海德格尔：《技术的追问》，载《海德格尔文集·演讲与论文集》，第14页。Martin Heidegger, *The Question Concerning Technology and Other Essays*, p. 13.
[2] 参见同上书，第32—33页。Ibid., pp. 29-30.
[3] 参见同上书，第22—23页。Ibid., p. 21.
[4] 参见同上书，第30页。Ibid., p. 27.

置人，使之以定置的方式对待实存物，并将其去蔽为待用品。集群性摆置这种去蔽方式在现代技术的本质中发生，但它自身与生产装置不同，并非技术性的东西。生产装置属于技术性活动的领域。它们永远只会回应集群性摆置的逼迫而绝不能构成或者导致集群性摆置。[1] 因此，人在技术的去蔽中具有特殊的作用。"但是，它的发生既非完全受控于人，亦非决定性地通过人。"[2] 也就是说，人逼迫着物去蔽自身，而在这个过程中，人本身也成为集群性摆置逼迫的对象，人已经无法掌控自身。

集群性摆置的上述特点决定了它虽然是一种特殊的去蔽形式，但同时又阻碍了真的闪现与发生。"被置送入定置的天命意味着极端的危险。具有危险性的并非技术。技术并没有魔性，但它的本质确实神秘莫测。技术的本质，作为去蔽的天命，才是危险。"[3] 技术遮蔽了人生存中的一切困厄，同时也遮蔽了对这种困厄的遮蔽。所以真正的危险就在于人们已经意识不到危险。"死亡乃是的庇护之所，痛苦乃是之基本轮廓，贫困乃是的本己释放，危险通过这些指示让人们注意到在巨大的困厄中那个最大的困厄，即危险本身并不作为危险存在。危险被遮蔽了，它被集群性摆置所遮蔽。这种遮蔽，复又被集群性摆置本质性的东西即技术所遮蔽。"[4] 正是在这个意义上，集群性摆置作为一种去蔽形式又威胁着去蔽本身。"技术的呈现威胁着去蔽，它可能让一切去蔽都在定置中被消费，让一切物都只能在待用品的无蔽中呈现。人类行为已经不可能直接应对这种危险。单凭人类的成就也不足以驱逐这种危险。"[5]

集群性摆置乃"是"的极端形式，也是玄同的准备形式

技术是一种特殊的去蔽形式，集群性摆置就是是的极端形式，因为它使人与是的关系进入极度紧张的状态，从而在改变一切的过程中迫使人思

---

[1] 参见海德格尔：《技术的追问》，载《海德格尔文集·演讲与论文集》，第22页。Martin Heidegger, *The Question Concerning Technology and Other Essays*, pp. 20–21.
[2] 参见同上书，第25—26页。Ibid., p. 24.
[3] 参见同上书，第30—31页。Ibid., p. 28.
[4] 参见海德格尔：《观入存在之物：1949年不莱梅演讲》，载《海德格尔文集·不莱梅和弗莱堡演讲》，第71页。Martin Heidegger, "Insight Into That Which Is: Bremen Lectures 1949," in *Bremen and Freiburg Lectures*, p. 54.
[5] 参见海德格尔：《技术的追问》，载《海德格尔文集·演讲与论文集》，第37—38页。Martin Heidegger, *The Question Concerning Technology and Other Essays*, pp. 33–34.

考何为是。海德格尔认为,"在摆置之权力中起支配作用的、为着定置(即为了对一个技术世界的开发)而对人的占用,证实了人对是之特性的归属状态。这种归属构成人之人性最本己的因素。因为只有基于对是的归属,人类才能直观是"。技术对人的逼迫让人发生变化,使人从一种十分特殊的角度去感受人的本质。"人乃被摆置之权力——并且为了摆置之权力——所需要者。人类的本己性在于,他并不归属于自身。一种洞见向我们表明什么在此技术化的世界中起支配作用。"人由此发现,人乃"通过是并且为了是而被占用"者。因此,"摆置之权力包含着这样一种应允:如果人准备好在最值得追问的问题中作一番耐心的逗留,那么人就能够通达其使命的本己因素。这个最值得追问的问题就是,要沉思西方—欧洲思想迄今为止必须借'是'之名来表象的东西的特性隐藏于何处"。[1]

海德格尔指出了集群性摆置两个方面的特征。一方面,它在对待用品加以定置之际,使无蔽及其本质坠入彻底的遗忘。"集群性摆置作为是之真又把是外置于其本质之真,使是与其真分离。"[2] 另一方面,集群性摆置又使是者之是在极端的情形下显现出来。"集群性摆置关涉一切呈现者之呈现。因此,它本质上就是在最极端状态下的是者之是,也可以说是完成了的是之天命。"[3] 正是在这个意义上,海德格尔认为集群性摆置作为极端的危险,又为人提供了发现另一种可能性的希望。

把集群性摆置这两个方面的特点综合起来,可以认为"集群性摆置处于是的时代形式与是向玄同的转化之间。也就是说,它是一种居间阶段。它呈现出两个面向,即一副双面神的面孔。它可以被理解为追求意志的意志的后续,即是的极端形式,同时又是玄同本身的最初形式"[4]。因为"玄同使人与是涵有到它们本质性的共属之中。在集群性摆置中,我们看到了玄同第一次逼人的闪光。集群性摆置构成现代技术世界的本质。在其中我们看到了人与是的共属"[5]。海德格尔因此认为,"我们曾把世界着

---

[1] 参见海德格尔:《致小岛武彦的信》,载《海德格尔文集·同一与差异》,第 166—167 页。
[2] 参见海德格尔:《观入存在之物:1949 年不莱梅演讲》,载《海德格尔文集·不莱梅和弗莱堡演讲》,第 65 页。Martin Heidegger, "Insight Into That Which Is: Bremen Lectures 1949," in *Bremen and Freiburg Lectures*, p. 50.
[3] 参见同上书,第 64 页。Ibid., p. 49.
[4] 参见海德格尔:《一次关于演讲"时间与存在"的讨论课的记录》,载《海德格尔文集·面向思的事情》,第 74—75 页。Martin Heidegger, *On Time and Being*, trans. by Joan Stambaugh, Harper & Row, 1972, p. 53.
[5] 参见海德格尔:《同一律》,载《海德格尔文集·同一与差异》,第 49 页。Martin Heidegger, *Identity and Difference*, p. 38.

的世界中的是之真思考为天、地、神、人四象的映射游戏。在遗忘状态发生之际，在世界作为是之本质发生的守护回转而来之际，便发生世界向物之荒芜的闪入。这种荒芜的体现形式就是集群性摆置的统治地位。世界向集群性摆置的闪入，就是是之真向失真之是的闪入。闪入乃是在其自身中的玄同"[1]。

海德格尔把集群性摆置称为一种危险，这个危险就是对是的偏离与遗忘。但如果人真的理解和把握危险，是也就发生了，是的遗忘也就被克服了。"危险何在呢？哪里是它的位置呢？就危险即是本身而言，它无所在，又无所不在。它的位置就是它自身。它本身就是一切呈现无位置的位置。危险乃作为集群性摆置呈现的是之悬缺。"因此，"如果危险作为危险而是，那么是之守护也就由于被遗忘状态的转向而发生了，世界也发生了。世界作为世界而发生，物作为物而发生，此即是之本质的远远到来"[2]。

海德格尔相信，恰恰在集群性摆置给人带来的极端危险中，包含了救赎的可能。他认为，任何一种去蔽的天命都来自而且表现为某种应允。因为正是在应允中，去蔽的发生所需要的共属才被置送给人，而人则被交付给并从属于真之发生。以某种方式向去蔽置送的应允就是救赎的力量，因为它让人看到并进入他的本质最高的尊严，即对无蔽状态的注视，以及对大地上一切呈现的遮蔽状态的注视。"正是在集群性摆置中，在它所带来的被设想为唯一的去蔽形式并把人卷入其中的定置的威胁中，在人被逼进入的放弃其自由本质的危险中，恰恰是在这种极端的危险中，只要我们关切技术的呈现，那么人最内在的、不可摧毁的在应允中的归属终将显现出来。""因此，在技术的显现中就包含了我们毫不怀疑的事情，即救赎力量的升起。"[3]

因此，海德格尔认为，一切取决于人对这一升起的思索，并且在思索中注视这种升起。为此，人首先需要洞察在技术中呈现之物，而不是仅仅固执于技术性之物。只要人还把技术表象为工具，还被控制技术的意志所束缚，就会与技术的本质交臂而过。相反，如果人追问工具性的东西如何呈现为某种因果性，那么就能把这种呈现作为去蔽的天命加以体验。其

---

[1] 参见海德格尔：《转向》，载《海德格尔文集·同一与差异》，第127页。Martin Heidegger, "The Turning," in *The Question Concerning Technology and Other Essays*, p. 45.

[2] 参见同上书，第124—125页。Ibid., p. 43.

[3] 参见海德格尔：《技术的追问》，载《海德格尔文集·演讲与论文集》，第35—36页。Martin Heidegger, *The Question Concerning Technology and Other Essays*, pp. 31-32.

次,如果人们考虑到技术本质的呈现在一种应允中发生,而这个应允需要人对去蔽的参与,那么就会发现,技术的本质具有高度模棱两可的特点,它指向一切去蔽即真的神秘。"一方面,集群性摆置把一切逼迫入疯狂的定置,从而阻挡了对去蔽之发生的所有目光,并且极端地威胁着与真之本质的关系;另一方面,集群性摆置本身又在让人持存的应允中发生,这种应允指示人,他有可能为守护真之呈现而被需用。……救赎的力量就如此升起。"[1]

换言之,技术的逼迫使人与是的关系突显出来,"使人与是相互面对,相互逼迫"[2]。"人与是在相互逼迫中的共属以令人震惊的力量让我们认识到,人被交付给是和如何被交付给是,以及是又被人之本质所涵有。"[3] "假如我们可以看到这样一种可能性,即集群性摆置,也就是人与是在相互逼迫中进入对可计算者的计算,作为玄同君临我们,并且第一次把人与是者交付给它们的本己之是,那么就有可能开启一条新的道路,使人以更本源的方式去经验是者,包括现代技术世界的整体,以及自然与历史,而首先是它们之是。"[4]

人与是在集群性摆置中的相互归属与直接面对,意味着这种摆置就是特殊形式的玄同。"对于一种只能通过猜测追寻玄同的思想来说,也还是可以甚至在今天现代技术的本质中对其加以体验……因为集群性摆置逼迫着人,用强力推动着他把一切呈现者定置和摆置为待用品。集群性摆置带着玄同的伪装,说着玄同的语言,同时又特别地通过对玄同的阻挠,使一切定置都被置入计算性思想。语言被逼迫着在一切方面因应集群性摆置,在其中所有呈现者都可以得到定置。"[5]

集群性摆置这种伪装的玄同让人在对是的极度遗忘中去经验是,去更本源性地经验是者。"是之情势体现为作为物之荒芜的世界的拒绝。拒绝不是一无所有,它是在集群性摆置统治之下是的至高秘密。"[6] 因为"在

---

[1] 参见海德格尔:《技术的追问》,载《海德格尔文集·演讲与论文集》,第36—37页。Martin Heidegger, *The Question Concerning Technology and Other Essays*, pp. 32-33.

[2] 参见海德格尔:《同一律》,载《海德格尔文集·同一与差异》,第45页。Martin Heidegger, *Identity and Difference*, p. 35.

[3] 参见同上书,第46页。Ibid., p. 36.

[4] 参见同上书,第51页。Ibid., p. 40.

[5] 参见海德格尔:《走向语言之途》,载《海德格尔文集·在通向语言的途中》,第264页。Martin Heidegger, "The Way to Language," in *On The Way to Language*, p. 132.

[6] 参见海德格尔:《转向》,载《海德格尔文集·同一与差异》,第130页。Martin Heidegger, "The Turning," in *The Question Concerning Technology and Other Essays*, pp. 48-49.

集群性摆置中发挥统治作用的是涵有和共属。要紧的是质朴地经验这种共属，在其中人与是彼此涵有，即进入我们所说的玄同"[1]。海德格尔相信，如果集群性摆置能够被揭示为玄同事件，即人与是对其本真性自我的拥有，那么就有可能敞开一条道路。在此道路上，人得以更具开端性地去经验是者，即现代技术性世界、自然与历史的整体，而首先是这一切之所是。[2] 海德格尔因此认为，"一条接近玄同的道路或许就是对集群性摆置之本质的凝视。就其作为从形而上学向另一种思想的过渡而言，这是一条别具一格的道路（《时间与存在》中称之为双面神），因为集群性摆置本身具有模棱两可的特征。在《同一律》一文中已经说过：集群性摆置（一切摆置的聚为一体）是形而上学的完成和顶峰，同时也是对玄同的揭示性的期备"。用一个比喻来说就是，"集群性摆置就像是玄同的照相底片"。[3]

海德格尔认为，在技术支配的世界，人只要"洞见是者"，就能够与是玄同。"洞见是者，这个说法现在指的是在是中回转的玄同，从对是之本质的拒绝转向对是之守护的开启的玄同。洞见是者，这就是玄同本身，是之真就作为这种玄同与失真之是相对待。"[4] "洞见是者，我们以此命名是之真射入失真之是的闪光。""当洞见开启性地发生之时，人的本质将被是之闪光击中。在洞见中，人就是被洞见者。""只有当人在洞见之玄同中被洞见，放弃人的自我意志，离开自身向此洞见投射之际，人才在其本质中响应洞见的要求。"[5]

在集群性摆置中，是之真与失真之是对峙，或者说互为镜像。看透此点，即"洞见是者"。正是在这个意义上，海德格尔虽然强调技术统治支配了人与物，但他同时又认为技术并不能统摄一切，集群性摆置亦不可能主宰一切呈现者，因为它们都受到自然的约束并且依赖自然，"技术只不

---

[1] 参见海德格尔：《思想的基本原则：1957 年的弗莱堡演讲》，载《海德格尔文集·不莱梅和弗莱堡演讲》，第 150 页。Martin Heidegger, "Basic Principles of Thinking: Freiburg Lectures 1957," in *Bremen and Freiburg Lectures*, p. 117.

[2] 参见同上书，第 155 页。Ibid., p. 120.

[3] 参见海德格尔：《海德格尔文集·讨论班》，第 442—443 页。Martin Heidegger, *Four Seminars*, p. 60.

[4] 参见海德格尔：《转向》，载海德格尔：《海德格尔文集·同一与差异》，第 127—128 页。Martin Heidegger, "The Turning," in *The Question Concerning Technology and Other Essays*, p. 46.

[5] 参见同上书，第 129 页。Ibid., p. 47.

过是现实性中的一种，远不能构成一切现实物的现实性"[1]。"也许，现代世界文明正在过渡中，即在把是规定为一切是者（包括人之所是在内）无条件的可配置性的意义上，向时代性的是之天命最后阶段的过渡。因此就有必要首先探问这种危险的起源，然后洞察其影响范围。这就要求我们去追问关于是之为是的特质的问题。通过这样一条思想道路，也许今天的人类会被带到更高的人之可能性面前；它并非人自己所能提供，但若没有追问性的思想行动，人也无法从是之恩惠中获得这种可能。"[2]

集群性摆置因此也包含了"转向"，即从是之遗忘向是之守护转变的可能。"还存在着一种可能性：现代技术本质（即集群性摆置）的统治达于极致，反而成为其自身之真（即玄同）通透的契机，这种是之真才能抵达自由之境。这个开端最后才到来。只要它还被保留着，我们就无权期待停止意义上的终结。"[3] 海德格尔指出，之所以说集群性摆置的本质是危险，是因为它带来了是之遗忘。但是，"在危险的本质中，隐藏着转向的可能。在此转向中，是之本质的被遗忘状态将发生转变，从而使是的本质之真随之而明确地投身是之中。"只有当危险以逼人之势到来，是之被遗忘状态才会转向对是之本质的守护。"也许我们已经站在这种转向之到达预先投下的阴影中。转向何时以及如何命运性地发生，这没有人知道，也没有必要知道。"[4]

海德格尔曾借荷尔德林的诗句证明危险与救渡之间的这种关系："哪里有危险，哪里就有救渡。"[5] 因为"在被遗忘状态中回撤的是之真，在拒绝中庇护着尚未被应允的恩惠，即这种拒绝的自行转向。在此转向中被遗忘状态自行转变，成为是之本质的守护者，而不会任由这种本质落入遮蔽。在危险的本质中，一种恩惠本质性地现身并且寓居其中，那就是从是

---

[1] 参见海德格尔：《观入存在之物：1949 年不莱梅演讲》，载《海德格尔文集·不莱梅和弗莱堡演讲》，第 51 页。Martin Heidegger, "Insight Into That Which Is: Bremen Lectures 1949," in *Bremen and Freiburg Lectures*, p. 38.

[2] 海德格尔：《为 1974 年 11 月在贝鲁特举行的研讨会而写的一个祝词》，载《海德格尔文集·讲话与生平证词（1910—1976）》，第 889 页。

[3] 参见海德格尔：《手工作坊札记》，载《海德格尔文集·从思想的经验而来》，孙周兴、杨光、余明锋译，商务印书馆 2018 年版，第 161 页。

[4] 参见海德格尔：《转向》，载《海德格尔文集·同一与差异》，第 123 页。Martin Heidegger, "The Turning," in *The Question Concerning Technology and Other Essays*, p. 41.

[5] 参见同上书，第 124 页。Ibid., p. 42.

之遗忘转向是之真的恩惠。在危险的本质中，在它作为危险而是的地方，有向守护的转向，有这种守护本身，有是之救渡。"[1]

海德格尔把技术的支配作为一种"天命"，即既不由人类控制，也无所谓"必然性"的"是"的发生。如果技术的本质，即集群性摆置，就是是本身，那么技术就决不能通过无论是积极的还是消极的人类行为予以超越。因为是本身不可能通过人类行为加以改变，否则人就成为是的主人。[2] 海德格尔多次指出，对天命人只能因应而不可违逆。"如果集群性摆置乃是之本质的天命，那我们就可以冒险猜测，作为是之本质的一种形式，集群性摆置也会发生变化，因为天命中命运性的东西听命于每一种天命置送。因应天命意味着，准备去顺应被给予的指令，去期待另一个依然被遮蔽着的天命。"[3]

海德格尔表示，因为是作为技术的本质已经听命于集群性摆置，同时又因为人之本质归属于是之本质，所以没有人的助力，技术的本质就无法被引导至其天命的转变之中。但是，技术也不会因这种助力而被人力所克服。[4] "天命本质上乃是之天命，是自行发生，作为天命而本质性地现身，并且以天命的方式发生变化。如果说在是中，现在也就是在集群性摆置之本质中，发生了某种变化，那么这绝不是说以集群性摆置为本质的技术会被废除。技术既不会被消灭，也不该被摧毁。"[5]

如上所述，海德格尔把这样一种对待技术的态度称为泰然处之。采取这种态度，人就迈开了所谓的"返回步伐"。返回步伐不是指思想向过往时代的逃避，也不意味着阻挡技术进步的无望企图。"返回步伐是跳出摆置之进步和退步发生于其中的轨道的步伐。通过这种沉思的步伐，摆置之权力进入一种敞开的反对，同时又没有成为某种对象。"[6] 因此，迈开

---

[1] 参见海德格尔：《转向》，载《海德格尔文集·同一与差异》，第 125—126 页。Martin Heidegger, "The Turning," in *The Question Concerning Technology and Other Essays*, pp. 43–44.

[2] 参见海德格尔：《观入存在之物：1949 年不莱梅演讲》，载《海德格尔文集·不莱梅和弗莱堡演讲》，第 84—85 页。Martin Heidegger, "Insight Into That Which Is: Bremen Lectures 1949," in *Bremen and Freiburg Lectures*, p. 65. 并参见海德格尔：《转向》，载《海德格尔文集·同一与差异》，第 121 页。Martin Heidegger, "The Turning," in *The Question Concerning Technology and Other Essays*, p. 38.

[3] 参见海德格尔：《转向》，载《海德格尔文集·同一与差异》，第 120 页。Martin Heidegger, "The Turning," in *The Question Concerning Technology and Other Essays*, p. 37.

[4] 参见同上书，第 121 页。Ibid., pp. 38–39.

[5] 参见同上书，第 120 页。Ibid., p. 38.

[6] 参见海德格尔：《致小岛武彦的信》，载《海德格尔文集·同一与差异》，第 166 页。

"返回步伐",也就使人摆脱了是成为技术的奴隶还是主人的两难抉择。"只要思想还没有上路,还没有踏上那条由返回步伐指示给它的道路,一个依然到处流传的谬误还会混淆视听。这个谬误要求人必须成为技术的主人,再也不能成为技术的奴隶。然而,人类绝不能成为规定着现代技术之最本己因素的东西的主人,但正因此,人类也不可能仅仅是它的奴隶。"[1]

海德格尔之所以主张人们对技术统治泰然处之,是因为"在技术的本质中,我看到了一种殊为深邃的奥秘,即所谓的玄同的最初显露。从中您可以得知,根本就谈不上对技术的抵抗和判决。相反,关键在于理解技术和技术世界的本质。以我之见,只要人在哲学上还活动于主客关系之中,就不可能理解技术之本质"[2]。因此,泰然处之意味着对主体性的超越,为新的玄同的发生准备条件。"在集群性摆置中,被我们经验为现代技术世界的摆置之本质的东西,正是所谓的玄同的前奏。玄同并不必然,也不会仅仅停留在其前奏阶段,从而让人与是以集群性摆置的方式相互归属。相反,在玄同中会出现一种可能,即集群性摆置的统治会转化为更具开端性的涵有。这样一种来自玄同的集群性摆置的转化(这是仅仅依靠人类不可能完成之事)将导致技术世界从其统治地位回撤而服务于另一个领域,在其中,人更本质性地通达玄同。"[3]

因此,泰然处之并不意味着随波逐流。海德格尔强调:"世界历史的进程,促使人们去决断人对整个地球的绝对统治的未来特征。"[4] 也就是说,人仍然必须对其未来作出决断,是维持和强化技术的统治,还是寻找不同的未来。"决断并非在人的'是'与'非'之间,而是在一切可能的是者的是之真与被是所离弃的'是者整体'的机巧之间。"[5] 这个决断的本质,并非要技术还是不要技术,而是在是与是者之间的决断;并非放弃技术本身,而是面对技术统治思考另一种可能的决心。

海德格尔特别解释了他所说的"天命"的含义。天命并非不可更改的

---

[1] 参见海德格尔:《致小岛武彦的信》,载《海德格尔文集·同一与差异》,第 168 页。

[2] 参见海德格尔:《马丁·海德格尔在谈话中(1969 年 9 月 17 日)》,载《海德格尔文集·讲话与生平证词(1910—1976)》,第 843—844 页。

[3] 参见海德格尔:《思想的基本原则:1957 年的弗莱堡演讲》,载《海德格尔文集·不莱梅和弗莱堡演讲》,第 150—151 页。Martin Heidegger, "Basic Principles of Thinking: Freiburg Lectures 1957," in *Bremen and Freiburg Lectures*, pp. 117—118.

[4] 参见海德格尔:《海德格尔文集·荷尔德林诗的阐释》,孙周兴译,商务印书馆 2014 年版,第 57 页。Martin Heidegger, *Elucidations of Hölderlin's Poetry*, trans. by Keith Hoeller, Humanity Books, 2000. p. 74.

[5] Martin Heidegger, *Mindfulness*, p. 35.

命运，而是一种去蔽的可能。当人们思考技术本质的时候，就把集群性摆置经验为去蔽之天命。以这种方式，人们已经逗留于天命的开放空间之中。它并没有把人禁锢于僵化的强制中，逼迫他们盲目地推进技术的发展，或者无望地反抗技术并诅咒其为恶魔的作品，这两者其实是同一回事情的两个方面。相反，当人们明确地向技术之本质开启自身，就会发现自己已经出乎意料地被自由的索求所占有。因为作为天命的技术之本质已经让人走上一条去蔽之路，途中的人也就总是持续地接近一种可能性的边缘，即追寻和趋近在定置中被揭示之物，并且在此基础上获得人的全部尺度。虽然这种方式的去蔽使人不能更早、更快并且更本源性地被无蔽的本质以及这一本质的无蔽所接纳，从而把所需要的对无蔽的归属经验为他的本质。[1]

海德格尔在其他地方也指出："发挥着支配性作用的集群性摆置意味着人的本质被一种力量所摆置、索求和逼迫，这种力量在技术的本质中显现出来。但是，恰恰在对这种他自己所不是也不能控制的集群性摆置的经验中，显现出某种视见的可能，即人被是所需要。在构成现代技术之最本己特性的东西中，恰恰隐藏着这种可能性，即人被这些新的可能所需要并为之做好准备。"[2] 海德格尔还暗示，人们也许可以通过艺术找到突破技术统治的出路：我们"惊讶于另一种可能，那就是技术之疯狂蔓延到每一个角落，直到有朝一日，透过一切技术因素，技术的本质在真之玄同中现身。由于技术的本质并非任何技术性因素，所以对技术的本质性沉思同与技术的根本对抗必须在某个领域里进行，该领域一方面与技术的本质有亲缘关系，另一方面却又与之有根本的不同。这样一个领域就是艺术"[3]。

---

[1] 参见海德格尔：《技术的追问》，载《海德格尔文集·演讲与论文集》，第 28 页。Martin Heidegger, *The Question Concerning Technology and Other Essays*, pp. 25-26.

[2] 参见海德格尔：《〈明镜〉记者与马丁·海德格尔的谈话（1966 年 9 月 23 日）》，载《海德格尔文集·讲话与生平证词（1910—1976）》，第 800 页。Martin Heidegger, "Der Spiegel Interview with Martin Heidegger," in *The Heidegger Reader*, pp. 326-327.

[3] 参见海德格尔：《技术的追问》，载《海德格尔文集·演讲与论文集》，第 39—40 页。Martin Heidegger, "The Question Concerning Technology," in *The Question Concerning Technology and Other Essays*, p. 35.

第八章 未来的思想

第一节 另一个开端

形而上学的终结

形而上学的终结[1]是海德格尔的一个重要论题。这里的终结，指的是形而上学的发展已达极限，而并非形而上学从此不复存在。它"意指形而上学的本质可能性已被耗尽的历史瞬间。最后的可能性必定是这样一种形式的形而上学，在其中，它的本质被颠倒过来。在黑格尔和尼采的形而上学中，这种颠倒不仅现实地而且有意识地以各不相同的方式得以实现。从主体性的观点来看，有意识施行的颠倒才是唯一真切的，即与主体性相一致的东西。黑格尔本人说过，以他的体系方式思考就意味着尝试头足倒立地行走。尼采也早就把自己的哲学描述为颠倒的'柏拉图主义'"[2]。

海德格尔指出："关于形而上学终结的论断当然是一个历史性的决断。我们对更为本源的意义上的形而上学本质的沉思必定会让我们更切近这一

---

[1] 需要注意的是，海德格尔在不同时期对形而上学特质的理解有明显的不同。在20世纪30年代以前，他还把形而上学视为对是者的超越性认识，不过到30年代中期以后，他就把形而上学理解为对是者的解释，成为必须被超越的对象，甚至把形而上学称为本源意义上的虚无主义。可以认为，后一种对形而上学的理解是海德格尔思想成熟期的基本认识。Cf. Jean-Pierre Faye, "Heidegger and the Thing," in *Martin Heidegger: Critical Assessments*, Vol. Ⅳ, ed. by Christopher Macann, Routledge, 1992, pp. 18, 21.

[2] 参见海德格尔：《海德格尔文集·尼采》下卷，孙周兴译，商务印书馆2015年版，第889—890页。Martin Heidegger, *Nietzsche Volume Ⅳ: Nihilism*, trans. by David Farrell Krell, Harper & Row, 1991, p. 148.

决断的立足点。"[1] 这个说法耐人回味。他把关于形而上学的终结的论断视为一种决断而非历史事实的表述。这就意味着，形而上学终结与否，固然与其本身相关，但更与人对形而上学的态度相关。人只要在"更为本源的意义上"思考形而上学的本质，就可以站到作出这一决断的立足点上。因此，关于形而上学终结的论断，实际上就是对形而上学演变的历史和方向的某种判断。

形而上学的终结是一个漫长过程的结果而非一夜之间发生的事情。"从笛卡尔开始，就已经开启了西方形而上学的完成过程。"[2] 因为从那时起，是者之真就开始了它的衰落，或者说变得越来越失真。"是者之真的衰落必然发生，并确确实实作为形而上学的完成而发生。"[3] 形而上学因此越来越远离其本质，并在走向衰落中耗尽其全部可能。

标志着形而上学终结的，是尼采的力量意志理论。"在力量意志的思想中，尼采预见到了现代之完成的形而上学基础。在这一思想中，形而上学率先得以终结自身。尼采，这位思考力量意志的思想家，是西方最后一位形而上学思想家。"[4] 海德格尔认为，尼采结合了巴门尼德和赫拉克利特两人的思想，把是者恒是与是者恒变两种理论通过力量意志和相同者的永恒轮回两种学说扭合在一起。这样，是者既是永恒者，又是变易者。它们"并非以某种外部并列的方式是这两者；相反，是者根本上就处于不断的创造（变易）中，而且作为创造，它需要被固定。……是者与变易者在这一根本思想中混合在一起，即变易者因其在创造中成为是者而是，并且因其变易而是"[5]。在海德格尔看来，尼采把传统形而上学中两种相互冲

---

[1] 参见海德格尔：《海德格尔文集·尼采》下卷，第 890 页。Martin Heidegger, *Nietzsche Volume IV: Nihilism*, p. 149.

[2] 参见海德格尔：《世界图像的时代》，载《海德格尔文集·林中路》，孙周兴译，商务印书馆 2015 年版，第 109 页。Martin Heidegger, "The Age of the World Picture," in *Off the Beaten Track*, trans. by Julian Young and Kenneth Haynes, Cambridge University Press, 2002, p. 75.

[3] 参见海德格尔：《形而上学之克服》，载《海德格尔文集·演讲与论文集》，孙周兴译，商务印书馆 2018 年版，第 74 页。Martin Heidegger, "Overcoming Metaphysics," in *The Heidegger Controversy: A Critical Reader*, ed. by Richard Wolin, MIT Press, 1993, p. 68.

[4] 参见海德格尔：《海德格尔文集·尼采》上卷，孙周兴译，商务印书馆 2015 年版，第 504 页。Martin Heidegger, *Nietzsche Volume III: The Will to Power as Knowledge and as Metaphysics*, ed. by David Farrell Krell, Harper & Row, 1991, p. 8.

[5] 参见同上书，第 488—489 页。Martin Heidegger, *Nietzsche Volume II: The Eternal Recurrence of the Same*, trans. by David Farrell Krell, Harper & Row, 1991, p. 200.

突的思想硬拼在一起，从而使其再也没有发展和变化的空间。[1]

海德格尔指出，由于尼采把万物的本质归结为追求力量的意志，意志的不断强化就成为永恒不变的事实，这也是他把追求力量的意志进一步归结为追求意志的意志的原因。追求力量的意志意味着"为超越自身本质而赋权。赋权使超越即变易持留并永存。在力量意志的思想中，在最高和最恰切意义上的变易者和运动者，即生命本身，在其永恒性中得到思考。毫无疑问，尼采意欲作为是者整体根本特征的变易与变易者，然而他之所以意欲变易者，恰恰是因为，而且首先是因为他把它们视为不变者，即'是者'本身，希腊思想家意义上的是者"[2]。海德格尔举出尼采的一则笔记作为证据："为变易打上是之特征的烙印，这就是最高的力量意志。"[3] 变易就是是，是就是变易，这个思想已经走出了形而上学能够容纳的可能性范围。但从另一个角度来看，恰恰是对形而上学的超越，是一种新思想的起点。就此而言，海德格尔以尼采批评者的姿势，实际上对尼采作出了最高的评价："作为现代形而上学的完成，尼采的形而上学同时也是西方的一般形而上学的完成，因而在得到正确理解的意义上，就是形而上学本身的终结。"[4] 从更为客观的立场上看，尼采终结了形而上学，但形而上学却没有能够终结尼采，虽然海德格尔因对尼采的偏见而未必同意这一点。

海德格尔认为，形而上学始于是者与是的分离，以及在这一思想中是者对是的僭越；形而上学的完成则始于现代技术对是者的操纵与控制，并且在技术统治下彻底遮蔽了是者之是。因此，他也在更为具体的意义上指出：形而上学的历史"表现了机巧的支配地位，在其绝对权力之下，现代性完成自身，而且在它并不知晓，也不曾意欲的情况下，宣告了另一个开端的来临"[5]。形而上学的完成就是以现代技术为基本特征的现代性的完成，但形而上学本身却不足以应对技术统治的挑战。海德格尔"终结"形而上学的目的之一，就是回应这一挑战。正如他自己所指出的："由

---

[1] 当然，海德格尔的这个判断包含着对尼采的偏见。实际上，关于是和是者的可变性与个体性的思想恰恰是其成熟思考的核心。

[2] 参见海德格尔：《海德格尔文集·尼采》上卷，第684页。Martin Heidegger, *Nietzsche Volume III: The Will to Power as Knowledge and as Metaphysics*, p. 156.

[3] Cf. Friedrich Nietzsche, KSA 12, Deutscher Taschenbuch Verlag, 1999, p. 321.

[4] 参见海德格尔：《海德格尔文集·尼采》下卷，第880页。Martin Heidegger, *Nietzsche Volume IV: Nihilism*, p. 138.

[5] Martin Heidegger, *Mindfulness*, trans. by Parvis Emad and Thomas Kalary, Bloomsbury Academic, 2016, p. 347.

尼采所终结的传统形而上学的思想方式，已经不再能够提供任何可能性，让我们以沉思的方式经验技术时代的根本特征，而这个时代才刚刚开始。"[1]

事实上，无论黑格尔还是尼采，都非常自觉地以形而上学批判者的身份从事思想工作，尼采更是认为他已经从根本上终结了形而上学。但在海德格尔看来，他们不过是把形而上学推向极致，但并没有能够真正摆脱形而上学，原因是他们仍然在后者的基础上思考。"无论是尼采还是尼采之前的任何思想家，甚至特别是那个在尼采之前首次以哲学的方式思考了哲学历史的黑格尔，都未能返回到起始性的开端。相反，他们全体一致地根据一种从开端处脱落即终止了这一开端的哲学的角度，对这种开端加以理解，这种哲学就是柏拉图哲学。"[2] 海德格尔表示，甚至类似他本人的《存在与时间》那样的对形而上学的反思仍然不免落入形而上学的窠臼。"一切试图让形而上学自我超越的尝试最后都适得其反，因为它们都将成为形而上学解释的俘虏，即成为一种最广泛意义上的人类学解释。"[3]

海德格尔认为，形而上学的终结意味着一种新的思想的可能性，它让思想能够最终摆脱相对实践的从属地位，摆脱对是者的关切而专注于是本身。海德格尔强调，思想不应由是者而来并为是者介入行动，而应从是之真而来并为是之真而行动。是之历史从未过去，它永在当前，它维持并规定着人类的一切处境与状况。为了学会纯粹地经验思想之本质并完成这一本质，思想必须从由柏拉图和亚里士多德开启的技术阐释中解放出来，因为他们把思想视为技艺，即一种服务于制作的揣量过程，从而受到实践与制作的规定。"从此以后，'哲学'便一直处于窘境中，不得不在'诸科学'面前为自己的生存辩护。它认为，要实现这种辩护，最可靠的办法是把自身提升到科学的高度。但是，这种努力却是对思想之本质的放弃。"[4]

---

[1] 参见海德格尔：《〈明镜〉记者与马丁·海德格尔的谈话（1966年9月23日）》，载《海德格尔文集·讲话与生平证词（1910—1976）》，孙周兴、张柯、王宏健译，商务印书馆2018年版，第803页。Martin Heidegger, "Der Spiegel Interview with Martin Heidegger," in *The Heidegger Reader*, ed. by Günter Figal, trans. by Jerome Veith, Indiana University Press, 2009, p. 328.

[2] 参见海德格尔：《海德格尔文集·尼采》上卷，第492—493页。Martin Heidegger, *Nietzsche Volume Ⅱ: The Eternal Recurrence of the Same*, p. 205.

[3] Martin Heidegger, *Mindfulness*, p. 181.

[4] 参见海德格尔：《关于人道主义的书信》，载《海德格尔文集·路标》，孙周兴译，商务印书馆2014年版，第370—371页。Martin Heidegger, "Letter on 'Humanism'," in *Pathmarks*, ed. by William McNeill, Cambridge University Press, 1998, p. 240.

哲学的终结与另一种可能

海德格尔不仅认为形而上学已经完成，而且也谈到哲学本身的终结。不过他所谓的哲学终结，包括几个方面不同的含义。第一个方面是指哲学已经分解为各门具体科学，这是最基本意义上的哲学的终结。"早在希腊哲学的时代，哲学的一个关键特征已经出现了，即各门科学在哲学开辟的领域内发展起来。各门科学的发展同时意味着它们与哲学分离，并且确立自身的独立性。这一进程属于哲学的完成，当下已经在是者的所有领域全面展开。它看上去似乎是哲学的分解，实则乃哲学的完成。"[1]

第二个方面是从技术统治的角度来看，哲学的终结意味着技术的操纵与控制弥漫了整个自然和社会领域。当然，技术统治与哲学消解于各门科学之中是同一个过程的两个方面："随着呈现者之可定置性的出现，呈现状态转变中最终的可能性已经达到。由此，呈现者的不同领域对表象来说都具有了可定置性。关于这些领域的思想可以独立地从事自己的探讨。哲学解体为一些可定置的任务，其统一性因控制论的出现而被替换。"[2] 哲学的终结因而体现为一个技术管控之下的世界的到来，也意味着建立在西方思想基础上的世界文明的开端。[3] 欧洲思想的世界化无非是现代技术世界化的结果，是海德格尔不愿与闻之事。

哲学终结第三个方面的含义是形而上学的完成。海德格尔指出，人们很容易在消极意义上把某物的终结理解为单纯的终止、不再发展，甚至是颓败和无能。但他所谓的哲学终结指的却是形而上学的完成。完成并不意味着结果的完满，即已臻于最高的完美境界。"我们不仅没有任何尺度用以判断一个形而上学的时代与其他时代相比是否完美，而且也没有进行这种判断的权利。柏拉图的思想并不比巴门尼德的思想更完满。黑格尔的哲

---

[1] 参见海德格尔：《哲学的终结和思想的任务》，载《海德格尔文集·面向思的事情》，陈小文、孙周兴译，商务印书馆 2014 年版，第 83 页。Martin Heidegger, "The End of Philosophy and the Task of Thinking," trans. by Richard Capobianco and Marie Göbel, in *Basic Writings*, ed. by David Farrell Krell, Routledge, 1993, p. 433.

[2] 参见海德格尔：《论思想之实事的规定问题》，载《海德格尔文集·讲话与生平证词（1910—1976）》，第 746 页。Martin Heidegger, "On the Question Concerning the Determination of the Matter for Thinking," trans. by Richard Capobianco and Marie Göbel, in *Epoché: A Journal for the History of Philosophy*, Vol. 14, Issue 2 (Spring 2010), pp. 217–218.

[3] 参见海德格尔：《哲学的终结和思想的任务》，载《海德格尔文集·面向思的事情》，第 85 页。Martin Heidegger, "The End of Philosophy and the Task of Thinking," in *Basic Writings*, p. 435.

学也不比康德的哲学更丰富。每一个哲学的时代都有其自身的必然性。我们只需要承认一种哲学就是其所是这一事实。我们无权如同在世界观问题上一样，选择一种哲学而拒绝另一种哲学。"[1]

因此，"哲学的终结指的是这样一个位置，在此哲学的整个历史汇入自身最极端的可能性"。海德格尔指出，纵观整个西方哲学的历史，柏拉图的思想始终以不同的变式发挥着决定性的作用。形而上学就是柏拉图主义。不过，随着马克思对形而上学的颠倒，特别是尼采的工作，哲学最极端的可能性被达到了，哲学进入了最后阶段。在我们的时代，"虽然人们依然尝试不同的哲学思想，但充其量只能算是对复兴的模仿，或者这种模仿的变种"[2]。在这个意义上，海德格尔显然认为形而上学的终结也就意味着哲学的终结，只不过作为一种思想方式，还不能说哲学已经完全销声匿迹。所以他说："随着尼采的形而上学，哲学就完成了。这意思是说，哲学已经超越其预示的种种可能性的范围。完成了的形而上学是全球性思想方式的基础，它为一种也许会延续很久的全球性安排提供支撑。这种秩序不再需要哲学，因为哲学已经为其奠基。"[3]

但是，海德格尔又强调指出，哲学的终结并不意味着思想本身的终结。相反，真正的思想也许才刚刚开始。[4] 他具体解释道：哲学终结这一表述其实具有歧义。一方面，它意味着哲学思想的完成，呈现者在其可定置性的特征中显示自身。但另一方面，这种呈现方式又指向逼迫性摆置的权力，而要规定后者，就要求有另一种思想。对它来说，呈现之为呈现将变为可追问之事，这是某种至今尚未得到思考的东西。尽管自古以来哲学对这个未被思考之物并非完全陌生，但它不仅没有被哲学所理解，甚至反倒被误解。也就是说，它被哲学归于"真"之范畴而得到理解。海德格尔表示，这样一种哲学史解释可能冒低估希腊思想之意义和影响的风险。柏拉图的确把呈现者的外观理解为其所是，同时又直接把这种外观与使之得以显现的光联系起来，这表明他的确瞥见了呈现中所发生之事，但他只是

---

[1] 参见海德格尔：《哲学的终结和思想的任务》，载《海德格尔文集·面向思的事情》，第81—82页。Martin Heidegger, "The End of Philosophy and the Task of Thinking," in *Basic Writings*, pp. 432-433.

[2] 参见同上书，第82页。Ibid., p. 433.

[3] 参见海德格尔：《形而上学之克服》，载《海德格尔文集·演讲与论文集》，第87页。Martin Heidegger, "Overcoming Metaphysics," in *The Heidegger Controversy: A Critical Reader*, p. 77.

[4] 参见同上。Ibid.

因应了关于呈现者的希腊经验的某个方面。另外的思想家，比如荷马，就未必从光的角度，而是从通透的角度理解呈现。这就表明思想完全存在另外的可能。[1]

就此而言，只要思想能够找到一个新的起点，比如对希腊思想进行重新解释，那么思想就没有终结。对此海德格尔指出："古代早期的希腊思想和诗歌所咏唱的东西在今天依然存在，它自身尚未知晓的本质无处不向我们迎面而来，尤其是在我们这个在现代技术的统治之下对之念及最少的时代。现代技术对古典世界来说是完全陌异的，但其本质起源却包含在后者之中。"因此，新的思想完全可以从对古希腊思想的反思开始。"今天那些勇敢者，以追问和反思的态度，从而也就是以主动介入的方式回应我们每时每刻都能感受到的世界冲击之深度的人，不仅必须注意到当今世界已经完全被对现代科学的求知欲所支配这一事实，而且他首先必须意识到，对当下之物的任何反思都只有通过与希腊思想家及其语言的对话才能获得生命力，因为只有这样，它才能植根于我们的历史性生存的基础。这种对话有待开始。它几乎完全尚未得到准备，而且对我们来说，它始终是与东亚世界的无可避免的对话的先决条件。"[2] 海德格尔在此呼吁的当然并非对古希腊思想的复活，而是重新唤起被像柏拉图与亚里士多德那样的思想家所"遗忘"的早期希腊思想中包含的另外那些可能。

在另一种可能性的意义上，海德格尔有时候把"沉思"作为与旧哲学相对的思想形式，并强调需时刻意识到两者之间的区别，目的是为"新的哲学"寻找恰当的基础。"沉思应该与哲学保持足够远的距离，以便牺牲（至今为止的）哲学而让沉思获得最初的立足点，由此出发的决定性的一跳才能让哲学开端性地作为是之真建基的起点并'再次'启航。"[3] 海德格尔把这种思想称为"准备阶段的思想"，并且强调它具有一定的局限性。一方面，准备阶段的思想很可能长期被埋没，虽然它的确存在，如同荷尔德林的诗歌一样，被埋没达一个世纪之久；另一方面，准备阶段的思想可

---

[1] 参见海德格尔：《论思想之实事的规定问题》，载《海德格尔文集·讲话与生平证词（1910—1976）》，第748—749页。Martin Heidegger, "On the Question Concerning the Determination of the Matter for Thinking," pp. 219-220.

[2] 参见海德格尔：《科学与沉思》，载《海德格尔文集·演讲与论文集》，第44页。Martin Heidegger, "Science and Reflection," in *The Question Concerning Technology and Other Essays*, trans. by William Lovitt, Garland Publishing, 1977, pp. 157-158.

[3] Martin Heidegger, *Mindfulness*, p. 299.

能仅在某个特定的领域出现，只会以某种方式在诗歌与艺术的领域发生。[1] 因此，人们要学会等待和倾听。

在海德格尔看来，新的思想只能是关于是而非是者的思想。因此，对于准备阶段的思想，"当务之急在于，我们率先把是之本质思考为值得思想之物，如此思考之际，我们率先要经验，在何种程度上我们受到召唤首次为这种经验探寻一条小径，并且把它拓展到至今未能通行之处"。若要做到这一点，必须真正思考那个看上去最直接的、唯一显得迫切的问题，即我们在思考如何行动之前，首先思量人应该如何思想。"因为如果行动意味着去协助是之本质，协助是进入呈现，那么思想就是真正的行动。这意味着在是者当中为是之本质准备一个场所，以便是得以入于其中并将自身及其本质带向语言性的表达。"海德格尔强调寻找一种是之语言的重要性，因为是乃思想的基质。"在此，语言首先绝非思想、情感和意愿的表达，而是那个本源性的维度，只有在其中人才能回应是及其要求，并且在此回应中归属于是。这种得到明确施行的本源性的回应就是沉思。通过沉思，我们才学会栖居于一片领域，对是之天命的恢复性的超越、对集群性摆置的克服在其中才得以发生。"[2]

超越逻辑的沉思

海德格尔对西方思想传统最根本的批判体现在他的一个论断中，那就是理性是思想最大的敌人。正如他所说："只有当我们开始意识到数个世纪以来一直被人颂扬的理性是思想最顽冥不化的敌人时，思想才会启航。"[3]

第一章中已经充分讨论过海德格尔对西方理性主义的分析，这里只集中介绍他对理性主义的一个基本特征即对逻辑的尊崇的批判。海德格尔明确指出，逻辑并非真的保证，亦非严格的思想的保证。逻辑只是一种幻

---

[1] 参见海德格尔：《一次关于演讲"时间与存在"的讨论课的记录》，载《海德格尔文集·面向思的事情》，第75—76页。Martin Heidegger, *On Time and Being*, trans. by Joan Stambaugh, Harper & Row, 1972, pp. 53-54.

[2] 参见海德格尔：《转向》，载《海德格尔文集·同一与差异》，孙周兴、陈小文、余明锋译，商务印书馆2014年版，第122—123页。Martin Heidegger, "The Turning," in *The Question Concerning Technology and Other Essays*, pp. 40-41.

[3] 参见海德格尔：《尼采的话"上帝死了"》，载《海德格尔文集·林中路》，第301页。Martin Heidegger, "Nietzsche's Word:'God is Dead'," in *Off the Beaten Track*, p. 199.

象，而且是西方思想史上最大的幻象。"西方哲学的最大偏见之一，就是相信思想作为陈述必须由逻辑决定。……有谁说过，又有谁证明过由逻辑规定的思想是唯一严格的思想？只有假定对是的逻辑解释乃唯一可能的解释，这一要求才能成立。但这种假定更属偏见。就是之本质而言，很可能'逻辑'恰恰是最不严格的、最不严肃的本质性规定形式，与幻象无异。"[1]

海德格尔认为，从某种意义上说，逻辑不过是一种低层次的辩论工具，通过它根本不可能产生真正的思想。在思想交锋中，人们往往把逻辑作为打倒对手的致命武器，而常常把自己置于逻辑的要求之外。"人们诉诸作为最高思维法庭的逻辑，要求它仅对对方有效。此类反驳恰恰是把思想从真正的、追问性的反思中排挤出去的最阴险的手段。"[2] 反过来，"如果真应该支配所有思想，那么本质就不可能由通常的思想及其游戏规则所把控"[3]。

因此，无原则地运用逻辑规则可能会把争论变成诡辩，从而使人失去建设性地思考的机会，但这还并非逻辑最大的危害所在。最根本的是，在一个实际上并不按照逻辑运行的世界，墨守逻辑规则只能阉割人类的思想，使之最终失去与物相接的勃勃生机。海德格尔针对根据律指出，这一规则的要求实际上抽去了人类生存的基质与根本，而人类一切伟大的时代、一切开启世界的精神、一切对人类精神的塑造都由此根本生发而来。"在提供理由与拔除根本之间存在着谜一般的相互联系。"[4]

海德格尔集中批判了形式逻辑的核心规则即矛盾律。他引用尼采的话——"我们不能同时肯定和否定同一件事，这是一个主观的经验定理，它没有表达任何'必然性'，而只是一种无能"[5]，并在此基础上进一步指出："矛盾律所表达的东西，它所设定的东西，并不以经验为基础，正如 $2×2=4$ 这个陈述并不以经验为基础一样，它甚至比这个陈述更少以经

---

[1] 参见海德格尔：《海德格尔文集·哲学论稿（从本有而来）》，孙周兴译，商务印书馆2014年版，第544—545页。Martin Heidegger, *Contributions to Philosophy (Of the Event)*, trans. by Richard Rojcewicz and Daniela Vallega-Neu, Indiana University Press, 2012, p. 363.

[2] 参见海德格尔：《海德格尔文集·尼采》上卷，第527页。Martin Heidegger, *Nietzsche Volume III: The Will to Power as Knowledge and as Metaphysics*, p. 27.

[3] 参见同上书，第528页。Ibid., pp. 27–28.

[4] 参见海德格尔：《根据律》，载《海德格尔文集·根据律》，张柯译，商务印书馆2016年版，第66页。Martin Heidegger, *The Principle of Reason*, trans. by Reginald Lilly, Indiana University Press, 1991, pp. 30–31.

[5] Nietzsche, KSA 12, p. 389.

验为基础。"人们之所以不能违背矛盾律进行思考,绝不是因为来自所思考之物本身的要求。这种"不可能"是人的思想的无能,因而是主观上的欠缺,而不是来自思考对象的客观上的禁止,即尼采所说的"必然"。"因此,矛盾律只具有'主观的'有效性,它取决于我们的思想能力的结构。只要我们的思维能力发生某种生物性的变化,矛盾律就可能失去其有效性。它不是已经失去这种有效性了吗?"[1]

这一观点有其深刻的一面,即矛盾律并不基于经验,因为经验恰恰告诉人们,现实世界充满各种矛盾。当然,类似尼采那样把矛盾律的基础归于人的"思维能力的结构",并非一个恰当的判断。矛盾律的规定,可以被视为思维的需要,而非思维的缺陷。因为人们在认识中需要这样一项规定,否则就无法保证思维的清晰与连贯。但中国传统的思维方式表明,人们的确可以不按矛盾律进行思考,因为这种思维讲的是"道理"而不是逻辑。排斥矛盾的思考和接纳矛盾的思考各自的优缺点是另外一个问题,但可以肯定的是,西方思想对逻辑规则的遵循并非出于经验,亦非由人的"思维能力的结构"所决定,而是对事实的规范。正如海德格尔本人所引述的,尼采指出:"逻辑学或许只是一种律令,并非为了认识真实之物,而是为了设定和安排一个对我们来说应当称之为真的世界。"[2] 亚里士多德也表示,有一种只从肯定的方面研究事物的知识,即"存在着一种研究是者之是,以及就其自身而言依存于它们的科学"[3]。这就是出于某些实际的考虑,只讨论是者之是而不论其所不是的知识。

海德格尔指出,矛盾律体现了西方人对本质的理解。比如在亚里士多德看来,是者的本质是呈现,每一种缺场因其使物陷入非本质而与本质不相容。由此决定呈现必定是无论从任何时间、任何角度来看都能有所保证的呈现,否则就意味着是者中同一因素既被肯定又被否定。因此,人当然"可以自相矛盾。但如果人陷入矛盾之中,肯定与否定倒是可以相互交织,但人就无法如实表象是者,并且忘记他真正想用肯定与否定把握之物。在人对同一物能够自由作出的自相矛盾的表述中,他就离开了自己的

---

[1] 参见海德格尔:《海德格尔文集·尼采》上卷,第623—625页。Martin Heidegger, *Nietzsche Volume III: The Will to Power as Knowledge and as Metaphysics*, pp. 106-107.
[2] Nietzsche, KSA 12, p. 389.
[3] 参见亚里士多德:《形而上学》,苗力田译,苗力田主编:《亚里士多德全集》第七卷,中国人民大学出版社2016年版,第84页。

本质而进入非本质，并且解除了他与是者本身的关系"[1]。由此可以看出，矛盾律体现的其实是西方传统中的某种生存策略和思想策略。它是西方思想对是者的基本规定，既是者必须永远是，永远一成不变地是。海德格尔指出，这种对矛盾律的"浮光掠影"式的解说，已经触及了"某个微不足道而又无可回避的东西，那就是这个矛盾律对是者之为是者作出了某种断言，而且这个断言无非是：是者的本质就在于矛盾的持续缺场"[2]。

海德格尔引用尼采的话，强调矛盾律"并不包含真的标准，而只是对何者应被视为真的一道律令"[3]。随后他通过对这句话的解释指出："矛盾律并非对实存的、在某种程度上可理解之物的适应，其本身就是对尺度的设定。它表明何种是者是，以及只有什么东西可以被视为是者，那就是不自相矛盾的东西。它给出的是一条关于什么可以被视为是者的指令。它表达的是一种应当、一种律令。"[4] 正是在这个意义上，尼采认为，"不允许矛盾，这只能证明无能，而不能证明'真'"[5]。因此，在海德格尔看来，用矛盾律来拒绝无就只不过是一种极为肤浅的想法。[6]

海德格尔认为，从根本上说，矛盾律作为对思想的规定，其自身是思想的结果。根据矛盾律的要求，一旦某个表述自相矛盾，它便失去了存在（是）的资格，而不自相矛盾者至少有存在（是）的可能。[7] "矛盾的东西不可能是（存在）。这种东西本质上不可能（这是传统形而上学一个由来已久的命题），就如同圆形的方不可能一样。我们将看到，我们不仅必须对这条令人尊敬的形而上学原理（它基于一种非常特别的是之概念）提

---

[1] 参见海德格尔：《海德格尔文集·尼采》上卷，第629页。Martin Heidegger, *Nietzsche Volume III: The Will to Power as Knowledge and as Metaphysics*, pp. 111-112.

[2] 参见同上书，第630页。Ibid., p. 112.

[3] Nietzsche, KSA 12, p. 389.

[4] 参见海德格尔：《海德格尔文集·尼采》上卷，第633—634页。Martin Heidegger, *Nietzsche Volume III: The Will to Power as Knowledge and as Metaphysics*, p. 116.

[5] Nietzsche, KSA 13, Deutscher Taschenbuch Verlag, 1999, p. 334.

[6] 参见海德格尔：《海德格尔文集·哲学论稿（从本有而来）》，第92页。Martin Heidegger, *Contributions to Philosophy (Of the Event)*, pp. 59-60.

[7] 参见海德格尔：《海德格尔文集·形而上学导论》，王庆节译，商务印书馆2017年版，第225页。Martin Heidegger, *Introduction to Metaphysics*, trans. by Gregory Fried and Richard Polt, Yale University Press, 2000, p. 200.

出质疑,而且必须从根本上打碎它。"[1]

海德格尔对真的理解决定了在他看来,逻辑并非真的前提,在某些情况下甚至可能成为人们通达真的障碍。也可以说,在对事物本质的观察中,并没有逻辑的位置。他曾针对逻各斯这个比逻辑的含义更为广阔的希腊概念指出:在洞察本源之物的智性直观中没有逻各斯。"以本源(ἀρχαί)为对象并对此加以揭示的,是真正意义上的智性直观(νοῦς)。智慧(σοφία)并非纯粹的观看(νοεῖν)。在智慧中发挥作用的观看是由人在言谈中实施的。智慧来自逻各斯(μετὰ λόγου)……同时,智慧也不是纯粹的对话(διαλέγεσθαι),在某种意义上,它是观看。直观中的观看没有逻各斯(ἄνευ λόγου)。"[2]

上述引文中的"没有逻各斯"即"无需语言或理性"之意。正是在这个意义上,海德格尔指出:"思想能够说出的独特的东西,既不能由逻辑,也不能由经验证明或者推翻。"[3] 实际上,1929 年他与卡西尔在达沃斯的争论中,就已经明确提出了理性的界限问题:在理性的法庭上,理性是否能够既作为原告,又担当法官?[4] 在他看来,一切所谓的理性证明"都不过是对前提的续貂之事。能被证明的,不过是在前提中被设定的东西"[5]。海德格尔在此并非宣扬某种怀疑论甚至不可知论,而是强调理性和人的认识的局限:"是者中有太多东西是人所不能掌握的,能了解的东西微不足道。人所知道的并不准确,他们所把握的亦不牢靠。人们很容易

---

[1] 参见海德格尔:《海德格尔文集·形而上学的基本概念:世界—有限性—孤独性》,赵卫国译,商务印书馆 2017 年版,第 91 页。Martin Heidegger, *The Fundamental Concepts of Metaphysics: World, Finitude, Solitude*, trans. by William McNeill and Nicholas Walker, Indiana University Press, 1995, p. 61.

[2] 参见海德格尔:《海德格尔文集·柏拉图的〈智者〉》,熊林译,商务印书馆 2015 年版,第 197 页。Martin Heidegger, *Plato's Sophist*, trans. by Richard Rojcewicz and André Schuwer, Indiana University Press, 2003, p. 98.

[3] 参见海德格尔:《谁是尼采的查拉图斯特拉?》,载《海德格尔文集·演讲与论文集》,第 127 页。Martin Heidegger, "Who Is Nietzsche's Zarathustra?," in *Nietzsche Volume II: The Eternal Recurrence of the Same*, p. 227.

[4] Cf. Pierre Aubenque, "The 1929 Debate between Cassirer and Heidegger," in *Martin Heidegger: Critical Assessments*, Vol. II, ed. by Christopher Macann, Routledge, 1992, p. 219.

[5] 参见海德格尔:《"……人诗意地栖居……"》,载《海德格尔文集·演讲与论文集》,第 213 页。Martin Heidegger, "'Poetically Man Dwells…'," in *Poetry, Language, Thought*, trans. by Albert Hofstadter, HarperCollins, 2013, p. 220.

认为,是者不过是我们的创造,甚至不过是我们的表象,但实际并非如此。当我们从整体上思考世界的时候,我们也许就领会了所有这一切,尽管把捉非常粗浅。"[1] 因此,思想必须超越逻辑规则的束缚:"是之示喻的恰切,作为真之天命,乃思想的第一法则。它并非逻辑规则,后者只有在是之法则的基础上方可成为规则。"[2] 总之,海德格尔的立场是人既不应为了追求所谓的确定性而强迫理性为其所不能,也不应拒绝超越理性之物,而应该在承认有限性的同时在有限性中坚守自身。[3]

海德格尔用以替代通常所谓的理性的是"沉思"。"沉思是对'理性'的超越,无论后者体现为仅仅对预先给定之物的直观(νοῦς),还是计算与解释(ratio),或者计划与保障。""'理性'对真的发生保持封闭,它追求的仅是朝向是者的思想,从而始终是表面化的思想。"[4] 海德格尔指出,与对象性的理性思考不同,沉思活动于其中的基质是区域。他对"区域"这个表述进行过多种解释:"区域在似乎什么都没有发生之际让每一物聚拢自身,让一切聚拢其他的一切,让物自行安居。"因此,区域并非某个对象领域,而是物的自然聚集。"区域中显现之物也不再具有对象的特征",它们"不仅不再与我们相对而立,它们根本就不再站立",而是"安静地栖息"。[5] 区域"这个词更古老的形式是'汇聚者',它命名的是自由的展开。通过这种展开,敞开域得以保持,并让一切物得以涌现而入于其在自身中的居留,因而也就是持存、使物入于其相互归属的聚集"[6]。在海德格尔看来,"作为呈现的是可以以不同的方式显示自身。呈

---

[1] 参见海德格尔:《艺术作品的本源》,载《海德格尔文集·林中路》,第42页。Martin Heidegger, "The Origin of the Work of Art," in *Off the Beaten Track*, p. 29.

[2] 参见海德格尔:《关于人道主义的书信》,载《海德格尔文集·路标》,第431页。Martin Heidegger, "Letter on 'Humanism'," *in Pathmarks*, p. 276.

[3] 参见海德格尔:《海德格尔文集·康德与形而上学疑难》,王庆节译,商务印书馆2018年版,第234页。Martin Heidegger, *Kant and the Problem of Metaphysics*, trans. by Richard Taft, Indiana University Press, 1991, p. 152.

[4] Martin Heidegger, *Mindfulness*, p. 38.

[5] 参见海德格尔:《海德格尔文集·乡间路上的谈话》,孙周兴译,商务印书馆2018年版,第107—108页。Martin Heidegger, *Country Path Conversations*, trans. by Bret W. Davis, Indiana University Press, 2010, p. 74.

[6] 参见海德格尔:《艺术与空间》,载《海德格尔文集·从思想的经验而来》,孙周兴、杨光、余明锋译,商务印书馆2018年版,第214—215页。Martin Heidegger, "Art and Space," in *The Heidegger Reader*, p. 308.

现者不必置身于我们对面,而与我们相对之物也不必作为对象得到经验上的感知"[1]。因此,"沉思与科学表象不同。沉思既没有方法也没有论题,只有区域。之所以称之为区域,是因为它让思想思考之物在其中自由驰骋。思想安居于这一区域,在乡间路上徜徉。此间的道路是乡间的一部分且归属于它。从科学的观点来看,这种情形不仅困难,而且根本不可能"[2]。简言之,沉思能够让思想在因应物的同时解放自身。

第一个开端与另一个开端

海德格尔相信,尽管现代人处于一个技术支配、思想贫乏的时代,但另一个开端,即思想的另一种可能依然存在。"开端依然存在。它不像某种年代久远的东西那样留在我们身后,而是立于我们之前。作为最伟大者,开端已经预先逾越了所有未来之物,也逾越了我们。开端已经进入我们的未来。它在彼处,作为要求我们与其伟大相称的命令等待着我们。"[3]

何谓开端?海德格尔指出:"开端即作为玄同的是本身,是者之真本源性的隐蔽宰治。"[4] 开端并非任何意义上的开始。海德格尔如此阐明两者的区别:"开始马上就成为过去,作为经历过的事件而消失。相反,开端即起源只有在某一事件的过程中方才显现出来,而且只有在事件的终点才完全在此。开始了很多事情的人往往从未达到开端。显然,我们人类无法从开端处开端,只有神能做到这一点。但是,我们总是必须从某种导向或者指向起源的东西开始。"[5]

---

[1] 参见海德格尔:《现象学与神学》,载《海德格尔文集·路标》,第 86—87 页。Martin Heidegger, "Phenomenology and Theology," in *Pathmarks*, p. 62.

[2] 参见海德格尔:《语言的本质》,载《海德格尔文集·在通向语言的途中》,孙周兴译,商务印书馆 2015 年版,第 169 页。Martin Heidegger, "The Nature of Language," in *On the Way to Language*, trans. by Peter D. Hertz, Harper & Row, 1971, pp. 74-75.

[3] 参见海德格尔:《德国大学的自身主张》,载《海德格尔文集·讲话与生平证词(1910—1976)》,第 142 页。Martin Heidegger, "The Self-Assertion of the German University," in *Martin Heidegger: Philosophical and Political Writings*, ed. by Manfred Stassen, Continuum, 2003, p. 5.

[4] 参见海德格尔:《海德格尔文集·哲学论稿(从本有而来)》,第 72 页。Martin Heidegger, *Contributions to Philosophy (Of the Event)*, p. 47.

[5] 参见海德格尔:《荷尔德林的颂歌〈日耳曼尼亚〉与〈莱茵河〉》,张振华译,商务印书馆 2018 年版,第 2—3 页。Martin Heidegger, *Hölderlin's Hymns "Germania" and "The Rhine"*, trans. by William McNeill and Julia Ireland, Indiana University Press, 2014, p. 3.

海德格尔所谓的开端，特指希腊思想的启航。"在此，西方人第一次通过其语言，将自身提升为一个民族，与是者整体相对，并将后者作为它所是的是者加以追问和构想。"[1] 开端意味着对是者真正的追问。"在开端时希腊人面对是者的充满敬畏的坚持，后来转变为面对隐藏者和不确定者即值得追问者的毫无防护的坦露。如此，追问就不再是终将让位于回答和认识的预备性的步骤，相反，追问成为认识的最高形式。追问展开其最本己的力量，去探究一切事物的本质。追问逼迫我们把目光投向不可躲避者的最单纯的核心。"[2]

因此，开端性的思想即本源性的思想，它决定并推动着此后整个思想的历史。"开端以何种方式存在呢？只要开端保持在到来中，开端就在场。因为那种把四象聚集入它们的亲密性之中心的沉思，就是最初的到来。开端始终保持为到达。……与伟大开端之到来相应的，必定有某种伟大之物，它能够伟大地把握开端，亦即能够预先伟大地期待开端。"[3] 开端就是本源，是源头活水。"开端是在本质性的历史中最后到达的东西。……实际上，在开始的时候，开端以特殊的形式被遮蔽。由此才出现了一个重要的事实，即开端往往被视为不完善的、未完成的、粗糙的东西。人们也称之为'原始的东西'，因此柏拉图与亚里士多德之前的思想家也被称为'原始的思想者'。"[4]

开端性的思想具有超越时间的特征。但这种对时间的超越并非对开端性思想一成不变的坚持。相反，开端性的思想恰恰是历史性的，它先于并且预见了一切后续的历史。"我们把这种先于并且决定了一切历史的东西称为开端。由于它并非安居于往昔，而是领先于未来，所以开端总是一再使自身成为一个时代的馈赠。"[5] "源初的东西先于一切发生。虽然隐而

---

[1] 参见海德格尔：《德国大学的自身主张》，载《海德格尔文集·讲话与生平证词（1910—1976）》，第139页。Martin Heidegger, "The Self-Assertion of the German University," in *Martin Heidegger: Philosophical and Political Writings*, p. 3.

[2] 参见同上书，第142—143页。Ibid., p. 6.

[3] 参见海德格尔：《海德格尔文集·荷尔德林诗的阐释》，孙周兴译，商务印书馆2014年版，第207—208页。Martin Heidegger, *Elucidations of Hölderlin's Poetry*, trans. by Keith Hoeller, Humanity Books, 2000. p. 195.

[4] 参见海德格尔：《海德格尔文集·巴门尼德》，朱清华译，商务印书馆2018年版，第2页。Martin Heidegger, *Parmenides*, trans. by André Schuwer and Richard Rojcewicz, Indiana University Press, 1992, pp. 1-2.

[5] 参见同上书，第1—2页。Ibid., p. 1.

不显，它却总是作为纯粹的未来走向历史性的人类。它永不消失，永远不会成为过去。因此，我们从来不是在对过往的历史性回顾中，而是在同时沉思着呈现之是（已经在是中之物）以及对天命的是之真的思念中发现本源性的东西。"[1]

之所以柏拉图和亚里士多德之前的希腊思想被海德格尔确认为开端性的思想，是因为这些"思想家的思想是对是的思想。他们的思想是面对是的凝神静思。我们把思想家的思想所思考之物称为开端。这就意味着：是就是开端"。不过，开端并非思想家有意识选择的结果，而是他们被是所玄同的产物。"开端并不出于这些思想家之所愿，并非他们选择在此以某种方式活动。相反，开端通过这些思想家而启动，它向他们提出要求，让他们面对是凝神静思。这些思想家被开端所启动，被它捕获，被它吸引，向它聚集。"[2]

海德格尔对开端的讨论并不意味着他希望通过复活希腊世界并将其转化到此时此地来重复第一个开端。这是一项不可能的任务。相反，他期待的是通过本源性的思考，进入与开端的对峙和对话，以发现思想的另一种可能。这种可能的开启被他称为"另一个开端"。[3] "赢回第一个开端"，就是为了进入另一个开端。为何需要另一个开端？海德格尔的回答是："人类的任何一种谋划和行动，凭借自身都不可能改变当下世界的情形，其中一个原因就在于这一事实，即人类行为的整体已经被这个世界的状态

---

[1] 参见海德格尔：《海德格尔文集·尼采》下卷，第 1205 页。Martin Heidegger, *The End of Philosophy*, trans. by Joan Stambaugh, University of Chicago Press, 2003, p. 75.

[2] 参见海德格尔：《海德格尔文集·巴门尼德》，第 10 页。Martin Heidegger, *Parmenides*, pp. 7–8.

[3] 对于海德格尔来说，"另一个开端"实际上也指他自己的思想的另一个开端，即与《存在与时间》不同的另一种思想开端。1932 年 9 月 18 日，海德格尔在给伊丽莎白·布洛赫曼的信中写道：《存在与时间》早已被他远远置于身后。他当时开辟的道路早已被闲置荒芜，几乎不可通行。（参见约阿希姆·W. 斯托克：《海德格尔与布洛赫曼通信集》，李乾坤等译，南京大学出版社 2017 年版，第 103 页。Martin Heidegger and Elisabeth Blochmann, *Briefwechsel, 1918–1969*, ed. by Joachim W. Storck, Deutsche Schillergesellschaft, 1989, p. 54.）从 1930 年开始，海德格尔在给布洛赫曼和雅斯贝尔斯的信中就经常谈到"新开端"的必要性，但也提及他自己对开辟新路能否成功有所怀疑。1931 年 12 月 20 日，给雅斯贝尔斯的信中，海德格尔公开承认，他自己"太敢于冒进了，超越了自我生存的力量，而没有清楚地认识到可以客观地通过自我而获知的困境"。（参见瓦尔特·比默尔、汉斯·萨纳尔编：《海德格尔与雅斯贝尔斯往复书简》，李雪涛译，上海人民出版社 2012 年版，第 228 页。）

所影响,并且在其支配之下。人怎么可能成为它的主人呢?"[1] 因此,开端并非对旧有思想的整理,甚至亦非对旧有思想的超越,而是世界秩序的重构,是思想的重启。

标示着"另一个开端"来临的,是人对是的思考的一大转变。"是在玄同之真中完整的本质发生让我们认识到,是是,而是者不是。通过这样一种对是的理解,思想第一次在形而上学的转变中捕捉到了另一个开端的踪迹。形而上学的立场是:是者是,非是者亦'是',而是是最具是之特性的是者。"[2] 这个开端以对是(Seyn)的思考作为根本任务,实际上也是海德格尔思想的"另一个开端"。对于另一个开端的基本特点,海德格尔进行了如下简单的说明:"关于是的问题,其起点并非是者,即某个具体的是者,亦非是者的整体,相反,需要做的是向着是之真(通透与去蔽)跳跃。在此同时被经验和追问的是率先(同时已经隐藏在主导问题之中)本质发生者,即本质性发生的开放性,也就是真。在此被一同追问的是关于真的主导问题。就是被经验为是者的基础而言,以这种方式提出的关于是之本质发生的问题,就是基本问题。从主导问题到基本问题,并不存在无中介的、直接的进展,一种简单地把主导问题重新运用(于是)的进展。相反,这里存在着跳跃,即另一种开端的必然性。"[3] 因此,另一个开端并非任何妥协或者调和的结果,而是一种决断。[4]

海德格尔指出:"另一个开端并非第一个开端的反方向,相反,作为某种完全不同的东西,它在'反'之外,也在一切直接的比较之外。"[5] 尽管如此,他还是对第一个开端与另一个开端进行了各方面的对比,说明两者的根本性区别:"第一个开端经验并且设定是者之真,而没有问及真本身,因为在是者之真中被揭示之物即是者君临一切,甚至把无作为'非'与'反'加以吞噬,或者是者就干脆取消了无。另一个开端经验是之真,并且追问真之是,从而首先为是之本质发生建基,并且让是者作为这一本源之真的真实者而上升。"[6] 海德格尔进一步指出,另一个开端将

---

[1] 参见海德格尔:《海德格尔文集·荷尔德林诗的阐释》,第 241 页。Martin Heidegger, *Elucidations of Hölderlin's Poetry*, p. 224.

[2] 参见海德格尔:《海德格尔文集·哲学论稿(从本有而来)》,第 558 页。Martin Heidegger, *Contributions to Philosophy (Of the Event)*, p. 372.

[3] 参见同上书,第 93—94 页。Ibid., pp. 60-61.

[4] 参见同上书,第 207 页。Ibid., p. 139.

[5] 参见同上书,第 218 页。Ibid., p. 147.

[6] 参见同上书,第 209 页。Ibid., p. 141.

带来变化:"关于是者的问题必须被置于其真正的基础上,即转变为是之真的问题。以往构成对一切是者之解释的指导路线和视域结构的思想(表象),应服务于为是之真即此间之是建基的工作。'逻辑学'即关于正确思想的理论应该成为对语言本质的沉思,语言的命名为是之真建基。至于迄今为止一直以是者的形式被理解为最普遍者和最熟悉者的是,现在则应该成为最独特和最陌异的玄同。"[1]

在第一个开端,一物由某种根据所决定;在另一个开端的历史中,是本身决定了根据的作用,同时因其不充分而排除了"为何"的问题。换言之,另一个开端的"是"在人的决断中发生。决断并非人的意志的单纯施行,而是他向着是的冲撞有所探问的冒险性的自我开放。[2] 人栖居于其中的此间之是维持着对是的切近,它牢牢抓住无极之基。但是,这种维持对人来说永远不可能成为习惯性的永久自我延续的状态,它需要人的决断,因而比任何事业与成就所提供的支撑更为本源,但也更为困难。

特别是在神即终极根据的问题上,第一个开端和另一个开端之间存在根本性的区别。形而上学思想需要作为创造者的神和这位神的全能、神恩作为保障,即为自身提供确定性的依据。另一个开端的思想在关于神的逃逸与来临的难以预期的决定中,冒险把自我拒绝的遥远作为无极之基。前者在"为何"的问题及其超乎理性的回答中自我救赎,后者则向着是之支配开放自身,既不需要最终的根据,也不指望任何来自是者的基础性的支撑。[3]

另一个开端确立的是与第一个开端不同之物,即"是者的单纯与伟大,以及源初性的、强制的必然。它让是之真在是者中得到确保,从而再次为历史性的人类赋予目标,即成为是之真的建基者与守护者,成为是之本质所要求的基础之'此',或者换言之,去牵挂。牵挂并非为任何事情操劳不已,亦非对快乐与权力的弃绝,而是比这一切都更本源的某种东西,因为牵挂乃独有的'为是之故'——并非人之所是,而是作为整体的一切是者之是"[4]。

开端被真正开启之前,还有一个准备性的阶段,海德格尔也将之称为

---

[1] 参见海德格尔:《海德格尔文集·哲学论稿(从本有而来)》,第206页。Martin Heidegger, *Contributions to Philosophy (Of the Event)*, p. 139.

[2] Martin Heidegger, *Mindfulness*, p. 235.

[3] Ibid., pp. 235-236.

[4] 参见海德格尔:《海德格尔文集·哲学论稿(从本有而来)》,第21页。Martin Heidegger, *Contributions to Philosophy (Of the Event)*, p. 15.

"源初性的思想"（das anfängliche Denken），或者源初性的开端（der anfängliche Anfang）。因为开端不会一开始就让自己显现为开端，而是把开端的特性隐藏在其内向性之中。开端首先在被开启者中显现自身，但甚至也不会直接在此表现出来。即使被开启者已经作为被开启者显现，它的开端也可以隐而不显。"开端第一次显露自身总是在由之而来的东西之中。开端把由之开启的对开端性本质的接近抛诸身后，并以此方式遮蔽自身。因此，对开端性东西的经验并不能保证有可能思考开端自身的本质。第一个开端显然对一切都是决定性的，但它并非源初的开端，即同时照亮其本身和它的本质领域，并以此开端的开端。源初性的开端在最后的时刻才会发生。然而，我们既不知道历史终点的特性，也不知道它来临的时间，当然更不知道它的源初本质。"[1]

所以，源初性的开端并不在第一个开端之中，而是在它的终结。虽然海德格尔说我们并不知道这个终结的时刻，但他确信它已经到来。然而，在此还是必须有所决断，以达成向另一个开端的跳跃。"在此决断状态中，过渡性的开放领域得到维持和建基。这个开放领域是第一个开端及其历史的'不再'与另一个开端的实施之'尚未'之间的无底深渊。"[2] 源初性的开端中的思想就是源初性的思想。"源初性的思想必然表现为仍需赢回的第一个开端与尚待展开的另一个开端之间的对峙。"[3] 在这一思想中，一个根本性的问题是人与神的关系。

海德格尔充满神秘地写道："只有当我们充分理解是如何具有特殊的必然性，以及它如何又并不作为神本身而本质发生，只有当我们已经将我们的本质进行调谐，使之朝向人与是以及是与诸神之间的深渊，只有这个时候，某种'历史'的前提才会开始重新成为现实。因此，对思想来说最重要的就是对'玄同'的沉思。""只有当是被理解为最后之神的掠过与此间之是的'之间'时，'玄同'才能得到创造性的思考。""玄同把神涵有于人，把人指派给神。这种涵有性的指派就是玄同本身。在玄同中，是之真被建基为此间之是（人被转化而进入在此或离开的决断），而历史则从是得到另一个开端。"[4] 这三段看上去晦涩难懂的话其实并不是真的很

---

[1] 参见海德格尔：《海德格尔文集·巴门尼德》，第 199 页。Martin Heidegger, *Parmenides*, pp. 135–136.

[2] 参见海德格尔：《海德格尔文集·哲学论稿（从本有而来）》，第 29 页。Martin Heidegger, *Contributions to Philosophy（Of the Event）*, p. 20.

[3] 参见同上书，第 71 页。Ibid., p. 47.

[4] 参见同上书，第 34 页。Ibid., p. 23.

难。在海德格尔的思想中，神具有三个方面的含义：宗教意义上的神、最终的原因，以及人的一种可能。在第一个引语中，说是不作为神本身而本质性地发生，指的恰恰是是并不以宗教意义上的神和终极原因意义上的神的形式发生；而后两个引语中的神，指的则是人的可能性意义上的"神"。在最后一个引语中，玄同使人重新获得一种可能性，并且具体地对其加以确认，在这个时候，准备性的或者初始性的思想即告结束，另一个开端正式启航。

海德格尔以名词是（Sein）与动词是（Seyn）的关系，再次强调了另一个开端与第一个开端之间这种过渡性或者准备性思想的特征。为此，他提出了"是（Sein）就是是着（Seyn）"[1]这样一个命题。海德格尔指出，这个命题首先表达了是在其自身运动中回响的玄同。这是一个空洞的陈述，但如果进行顽强的探究，又意味着不可穷尽的充盈，是无极之基的自身建基。"是就是是着"，这是开端而非起源，但它第一次开始跨越。因为这个命题阻止人们在是者中寻求庇护，也阻止人们通过在一切是者中寻找某个超越所有是者的是者作为终极原因而获得某种解释性的保障。[2] 因此，另一个开端将超越是论差异。"另一个开端中的思想并不通过是者说明是，亦不由是决定是者。这种决定总把是置于为是者服务的地位，虽然它以'型相'或者'价值'（开始是'善'，即ἀγαθόν）的形式为是赋予优先地位。"[3] 简言之，另一个开端将超越是与是者之间的区分，而直接本源性地进入是与真。[4]

作为可能性的思想

海德格尔指出，对确定性的追求使人类进入了一个全新的时代。但这个时代却充满了不确定性，因为人在追求确定性的过程中不断地发现、不断地征服，从而在获得某些确定结果的同时又不得不面对更多的不确定性，人类因此进入惶惑不安的状态。"这个时代推崇人道的真理，而这种真理要求不断扩展对绝对控制的确信，因此它把人及其活动带入不可避免

---

[1] Martin Heidegger, *Mindfulness*, p. 216.

[2] Ibid., pp. 216-217.

[3] 参见海德格尔：《海德格尔文集·哲学论稿（从本有而来）》，第567—568页。Martin Heidegger, *Contributions to Philosophy (Of the Event)*, p. 377.

[4] 参见同上书，第295页。Ibid., p. 197.

和永无止息的焦虑,以求在新出现的危险面前增加安全的可能并重获自信。"[1]

在另一个开端,思想不再是追求确定性的工具,而成为对可能性的探寻。"我们被一种数百年来形成的偏见所攫取,认为思想是理性的事情,即广义的计算的事情。思想与诗的近邻关系完全被忽视。"但是,"认为只有作为某个对象、能够被科学计算和以科学技术的方式加以证明的东西才能是,这是错误的"。"这种错误观念忘记了亚里士多德很久以前写下的一句话:'看不到什么时候需要和什么时候不需要寻找证据,这是没有太好教养的标志。'"[2]实际上,"思想的目标并非获得知识,思想在是之大地上犁出沟垄"[3]。海德格尔这么说当然不是宣扬某种反智主义,而是强调思想创造的一面,这是知识的前提。

海德格尔指出,也许有一种思想,它比理性主义不可遏止的疯狂进程和控制论令人沉迷的魔力更为中庸。它能够超越理性与非理性的区分,比科学技术更清醒,因而更超脱。它虽然没有实效,但有其必然。如果人们问及这种思想的任务,则这个提问本身就成为问题;而人们会提出这个问题,也就意味着所有人都还需要在思想方面接受教育,而且首先就必须了解在思想方面受到教育意味着什么。海德格尔正是在这个意义上再次引用亚里士多德的话指出:"未受教育的意思就是,不能分辨什么时候需要寻找证明,而什么时候并不需要。"他强调说:"这话发人深省。因为尚未确定的是,人们如何体验那些无须证明就能被思想接受之物。是通过辩证法的中介,还是原始的直觉,抑或两者皆非?有一种要求我们先于一切予以接纳的东西,只有它有资格决定这一点。但在我们尚未接纳它的时候,我们又如何做决定呢?我们在此进入的是一个什么样的不可避免的循环?"[4]亚里士多德的话不仅耐人深思,而且高深莫测,但确实反映了思想中的事实。有些事情并不需要,也无法提供证明。问题在于,无法提供

---

[1] 参见海德格尔:《海德格尔文集·尼采》下卷,第1129页。Martin Heidegger, *The End of Philosophy*, p. 22.

[2] 参见海德格尔:《现象学与神学》,载《海德格尔文集·路标》,第84—85页。Martin Heidegger, "Phenomenology and Theology," in *Pathmarks*, pp. 60-61. 关于亚里士多德的引文,参见亚里士多德:《形而上学》,苗力田译,载苗力田主编:《亚里士多德全集》第七卷,中国人民大学出版社2016年版,第91页。

[3] 参见海德格尔:《语言的本质》,载《海德格尔文集·在通向语言的途中》,第163页。Martin Heidegger, "The Nature of Language," in *On the Way to Language*, p. 70.

[4] 参见海德格尔:《哲学的终结和思想的任务》,载《海德格尔文集·面向思的事情》,第103—104页。Martin Heidegger, "The End of Philosophy and the Task of Thinking," in *Basic Writings*, p. 449.

证明的事情是大量的,其中哪些可以拥有免于提供证明的权利呢?

对此,海德格尔表示:"思想的任务就应该是放弃以往的思想,而去决定需要思考的事情。"[1] 这意味着为哲学规定不同的任务,即在不同的方向上思考不同的问题,尤其是不再把思想作为服务现实目的的工具。"哲学不可能给当前世界局势带来即刻的变化。不仅哲学如此,人类的一切思考与努力也是如此。只有某位神灵能够拯救我们。我们所剩下的唯一可能,就是通过思与诗的创作,为神的显现或者沉落时神的缺场做好准备,因为如果神缺场,我们只有沉落。"[2]

海德格尔曾针对开端性的思想提出以下问题:"在一个技术经济导向的、现代集群性存在的世界的边缘,这是一种梦幻般的浪漫主义吗?还是其所知所感与报道最新消息的记者们不同的'狂人'的清楚的知识?这些记者日复一日地把生命消磨于报道那些当下发生的事件,他们的未来不过就是今日之事的延续,这种未来永远不会有关涉人之所是的本源的天命降临。"[3] 海德格尔可能的回答可想而知。正是在这个意义上,海德格尔提醒青年人:"如果将来你们共同的工作献身于某个区域,在那里给出尺度的是数字和重量,那么要紧的就是不要测量,而是关注另一个更高的但不可把握的尺度,即无法量度者和不可测量者的尺度。"[4]

对无法量度者和不可测量者的思考,也就是对可能性的思考,或者说对思考的可能性的思考,而这种思考正是一种决断。海德格尔表示:"那种必须加以透彻研究的可能性作为可能性而言,比任何现实或者实存的东西更强大。""真正透彻地思考可能性,即考虑到一切可能的结果,意味着为我们自己作出某种决断,哪怕此一决断要求放弃和拒绝这种可能。"当然,海德格尔也指出:"从迄今为止整个西方人文主义的历史来看,从支撑着这个历史的对是者的解释来看,我们都过分习惯于从单纯的现实性的

---

[1] 参见海德格尔:《哲学的终结和思想的任务》,载《海德格尔文集·面向思的事情》,第104—105页。Martin Heidegger, "The End of Philosophy and the Task of Thinking," in *Basic Writings*, p. 449.

[2] 参见海德格尔:《〈明镜〉记者与马丁·海德格尔的谈话(1966年9月23日)》,载《海德格尔文集·讲话与生平证词(1910—1976)》,第799—800页。Martin Heidegger, "Der Spiegel Interview with Martin Heidegger," in *The Heidegger Reader*, p. 326.

[3] 参见海德格尔:《诗歌中的语言——对特拉克尔诗歌的一个探讨》,载《海德格尔文集·在通向语言的途中》,第83页。Martin Heidegger, "Language in the Poem: A Discussion on Georg Trakl's Poetic Work," in *On the Way to Language*, pp. 196-197.

[4] 参见海德格尔:《为米凯拉和弗里德里希·雷勃霍茨而作》,载《海德格尔文集·讲话与生平证词(1910—1976)》,第734页。

角度来思考，并且从实存（作为呈现，即 οὐσία）的角度作出解释。出于这个原因，当需要我们去思考可能性，即进行一种始终具有创造性的思考的时候，我们尚未准备好，感到笨拙和力不从心。"[1]

思想的跳跃与决断

思想的跳跃是对逻辑和理性的中断与超越。海德格尔指出："跳跃（被抛的投射）是对是之真的投射的施行，其含义是进入一片开放领域，从而投射者能够体验到自身的被抛，即被是所涵有。由投射完成的开放，只有当其作为被抛的经验发生并因此从属于是的时候才是一种开放。"[2]

海德格尔特别强调，跳跃是向着开放的此间之是的自我投射，从而是人对自身可能性的开启。"此间之是就在此一跃中建基。""在跳跃中自我才成为真正的'自我'。但这并非绝对的创造，相反，自我投射与投射者的被抛性质以无极之基的形式开放，从而与造物主所谓客观呈现的创造与制造所具有的确定性完全不同。"[3] 这种自身投射的一个根本特点就是它并没有客观的基础，这个基础本身需要通过跳跃产生，因而是基础又非基础，是如深渊一般没有基础的基础，所以海德格尔称之为无极之基（Abgrund）。

跳跃就是从某个基础离开并跃入作为无极之基的无底深渊。"如果这种跳离是从基础中跃出，那么它跳向何方呢？是跳入无底深渊吗？倘若我们仍然在形而上学的视域内来理解它，那么回答就是肯定的。但如果我们跳跃并释放自己，那么回答就是否定的。跳往何处呢？跳到我们已经被应允之处，即对是的归属之中。这种是归属于我们，因为只有通过我们它才会本质发生，即作为是呈现。""因此，为了真正体验人与是的'共属'，就必须有此一跃。它是在没有桥梁的情况下对归属的突然跃入，而只有这种归属能够定位人与是的相互性以及两者之间的情势。跳跃就是突然跃入是与人得以第一次在其本质中相互触碰的领域。"[4]

---

[1] 参见海德格尔：《海德格尔文集·尼采》上卷，第 412 页。Martin Heidegger, *Nietzsche Volume Ⅱ: The Eternal Recurrence of the Same*, p. 130.

[2] 参见海德格尔：《海德格尔文集·哲学论稿（从本有而来）》，第 280 页。Martin Heidegger, *Contributions to Philosophy (Of the Event)*, p. 188.

[3] 参见同上书，第 359 页。Ibid., p. 240.

[4] 参见海德格尔：《思想的基本原则：1957 年的弗莱堡演讲》，载《海德格尔文集·不莱梅和弗莱堡演讲》，孙周兴、张灯译，商务印书馆 2018 年版，第 147 页。Martin Heidegger, "Basic Principles of Thinking: Freiburg Lectures 1957," in *Bremen and Freiburg Lectures*, trans. by Andrew J. Mitchell, Indiana University Press, 2012, pp. 114–115.

人与是的相互归属意味着人不能离开是,是也不能离开人。因此,跳跃是向着玄同的跳跃。海德格尔指出:"跳跃,是在本源性的思想进程中最勇敢的冒险,放弃并抛开一切惯常熟知之物,不指望直接来自是者的任何东西。相反,它率先一跃而进入对是的归属,即作为是完整的本质发生的玄同。"[1] 海德格尔也把这种对惯常事物的颠覆,以及与开端的真正关联称为革命。"革命,对习惯性事物的颠覆,就是与开端的真正关联。"[2]

跳跃当然是人的跳跃,是人与是得以相互归属的行动,同时也是人为此间之是建基。"几乎没有人知道,神等待着是之真的建基,因而也就等待着人向此间之是的跳跃!人们的感觉反而是人应该,而且只能等待神的到来。也许这才是无神状态最具欺骗性的形式。"[3] 跳跃因而是人重获其本质,与神再度合二为一的唯一形式。"从人的角度来看,建基而非创造就是让基础产生。人因此重返自身,赢回其自我性。"[4]

跳跃中的建基是另一个开端的基本任务。"在另一个开端,关键是向着玄同回转的裂隙中心的跳跃,以便有所了解地、有所追问地,并且通过形成某种风格,为'此'之建基做好准备。"[5] 海德格尔强调:"尤其是在另一个开端,为了追问是之真的问题,必须立即实施向着'之间'的跳跃。此间之是的'之间'克服这种分离(χωρισμός),但并非通过在是(是者性)与是者之间架起一道桥梁,似乎它们都是客观呈现的两岸,而是通过对是与是者双方的转化,将它们转入其同时性。这一向着'之间'的跳跃第一次抵达并开启此间之是,同时又没有占据一个预先提供的立足点。"[6]

跳跃和投射为赢获是之本质与人之本质所必需,因为人不可能从是者中得出是。"从任何特定的是者或者所有已知是者之总和中都不可能读出是之本质。这种读出实际上根本不可能。关键在于一种本源性的投射和跳跃,而其必然性只能来自人类最深层的历史。人在其中被经验和保持为那个向是(首先是向是之真)坦露的是者,从而使这种坦露构成人(作为

---

[1] 参见海德格尔:《海德格尔文集·哲学论稿(从本有而来)》,第266页。Martin Heidegger, *Contributions to Philosophy (Of the Event)*, p. 179.

[2] Martin Heidegger, *Grundfragen der Philosophie. Ausgewählte "Probleme" der "Logik"*, GA 45, Vittorio Klostermann, 1984, pp. 40-41.

[3] 参见海德格尔:《海德格尔文集·哲学论稿(从本有而来)》,第496页。Martin Heidegger, *Contributions to Philosophy (Of the Event)*, p. 330.

[4] 参见同上书,第40页。Ibid., p. 27.

[5] 参见同上书,第271页。Ibid., p. 182.

[6] 参见同上书,第18页。Ibid., pp. 13-14.

保护者、看护者和追寻者）之本质的基础。"[1] 因此，"另一个开端试图完成而且必须完成的任务就是跃入是之真，使是为人之所是建基"[2]。这里的是，就是"无须证明就能被思想接受之物"。海德格尔指出："是如果展示自身，总是'突然之间'进行的，用希腊文表达就是εξαίφνης，或者εξαφανής，即某物从隐蔽中跃入显现。因为是这样一种本质上无中介的、直接向是者的跃入，后者才显现为是者。与之相应，人则不再留意是者而直接思考是。对是的思考始终是一种跳跃，从我们习惯的是者立足的基础向无极之基的跳跃。"[3]

跳跃即决断。海德格尔强调："是最初的跳跃就是是之真的玄同，以及与此一同开启的为这种真建基的尚未决断的决断。"[4] "是即关于自身的决断，也是关于无极之基和一切建基之必要性的无可建基的困厄的决断。因此，是乃此间之是隐藏的丰富性，也是人类一种可能的历史发生的场所。"[5]

在另一个开端，人们需要进行的跳跃或者说决断包括："人是要保持作为'主体'，还是为此间之是建基；'是'是要与'主体'一同持久地保持为'实质'，同时'理性'保持为'文化'，还是是之真在此间之是中找到一个未来的居所；是者是把是作为它们'最普遍的'特性并把是转交给'是论'从而将其埋葬，还是是在其独特性中进入语词，并在其非重复性中调谐一切是者；作为正确性的真是蜕变为表象的正确性和计算与生活体验的可靠性，还是尚未建基的真之本质被建基为自我遮蔽的通透；是者作为不证自明者是把所有中间的、微小的和平均的东西都僵化为理性之物，还是让最值得追问的东西构成是的本真性；艺术是一种生活体验的安排，还是作为真的发生；历史是被降格为确证和先导的武库，还是上升为奇异的、难以攀登的群山的系列；自然是被贬抑为被计算和组织的可掠夺的领域，以及'生活体验'的环节，还是作为自行锁闭的大地，承载着非图像化的世界的开放领域；在是者中缺场的神性是在文化的基督教化中庆

---

[1] 参见海德格尔：《海德格尔文集·哲学论稿（从本有而来）》，第361页。Martin Heidegger, *Contributions to Philosophy (Of the Event)*, p. 241.

[2] 参见同上书，第214—215页。Ibid., pp. 144-145.

[3] 参见海德格尔：《海德格尔文集·巴门尼德》，第219页。Martin Heidegger, *Parmenides*, pp. 149-150.

[4] Martin Heidegger, *Mindfulness*, p. 52.

[5] Ibid., p. 36.

祝它的胜利,还是诸神之切近和遥远的不可决断的困厄为决断准备空间;人们是满足于是者,还是由人来冒是之危险,并冒险沉落;人是把自己交付给我们这个时代所推荐的作为'最高'活动的无决断状态,还是最终冒险决断。所有这些决断,表面上看杂多而异样,实际上全部集中于唯一的决断:'是'是最终抽身而去,还是这种离去作为拒绝而成为最初的真和历史的另一个开端。"[1]

第二节 "有""无"相生

无的问题

在西方思想传统中,始终存在着对无、对否定、对未知与黑暗的拒斥。海德格尔一方面承认,无论在什么情况下,人们总是已经具有某种对是与非(有与无)的直觉性把握:"如果我们不能预先清楚区分是与非,我们如何断定在某时某地被认为是的东西其实不是呢?……如果我们没有事先领会'是'与'非',是者如何才能对我们而言始终保持为是者呢?"[2]但另一方面他也表示,对无(非)的任何思考和讨论显然又具有自相矛盾的一面。他曾经从逻辑的角度指出对无的思考必然面临的困难:只要人们提出无是什么的问题,就已经预先把无设定为某种东西,即将其设定为某个是者。因此追问无,追问它是什么以及如何是,必然会把追问导向其反面。也就是说,"这个问题剥夺了它自身的对象"[3]。

与此同时,任何对该问题的回答也从一开始就陷入困境,因为它必定采取无"是"什么这样的形式。海德格尔指出,无并非对某个是者的特殊否定,而是对一切是者,即是者整体的完全的、绝对的否定。这样一种彻底空无一物的状态显然具有不可思考的特性。由此,"对无的谈论以及在思想中追寻无就成为'没有目标'的任务、空洞的文字游戏","因为无论

---

[1] 参见海德格尔:《海德格尔文集·哲学论稿(从本有而来)》,第112—113页。Martin Heidegger, *Contributions to Philosophy (Of the Event)*, pp. 72-73.

[2] 参见海德格尔:《海德格尔文集·形而上学导论》,第92页。Martin Heidegger, *Introduction to Metaphysics*, pp. 81-82.

[3] 参见海德格尔:《形而上学是什么?》,载《海德格尔文集·路标》,第124—125页。Martin Heidegger, "What Is Metaphysics?," in *Pathmarks*, pp. 85-86.

我们关于无怎么说，永远都只能说它是什么。即便我们只是简单地说无'是'无，我们显然也表述了它之所'是'，从而把它变成了一种是者。我们把本应从它那里剥夺的东西又赋予它了"。[1] 另外，由于思考本质上总是对某物的思考，所以当人们思考无的时候，显然是在以违背思想本质的方式行事。"因为我们根本不可能把无对象化，所以如果我们在这个问题上把逻辑作为最高法则、智识作为手段、思考作为路径，来本源性地把握无，并且决定了解它的可能性的话"，那么我们对无的思考就达到了思想的终点。[2]

对无的思考的矛盾性以及逻辑规避矛盾的要求使西方思想传统对无采取了视而不见，甚至掩耳盗铃的态度。普遍的看法是，认为无并不存在，而只是思想的虚构。从这种观点来看，无作为否定的形式起源于逻辑。规范人们思想的东西并不必然是实体性的存在，也并不必定在现实中作为真实事件发生，因此作为否定的无不过是一种思想现象，是抽象中的最抽象者。简单地说，无就是"什么都没有"，是最空洞的东西，不值得任何进一步的留意和思考。同时，如果无是虚无，是什么都没有，那么是者就既不可能转变为无，也不可能消解于无，因此就不可能出现有变为无的过程。虚无主义因此不过是一种幻象。[3] 海德格尔认为，这样一种态度使人对任何事物采取"全有"或者"全无"的立场，但无法解释现实中大量存在的似是而非的现象，而关于无的问题恰恰"把是者在是与非之间的摇摆公开出来。就是者对立于无的极端可能性而言，它们自身持立于是之中，但它们从未因此战胜和克服无的可能性"。[4]

海德格尔并不否认逻辑规则在一定意义上的有效性，但他对上述回避矛盾的思想倾向还是持有某种抵制和反抗的态度。在1929年9月12日致布洛赫曼的信中，他就写道："我们误以为是在建构本质性的东西，但忘记了只有当我们完全地，也就是说，面对着黑夜和魔鬼按照我们的心灵生活时，本质的东西才会成长。起决定性作用的是这种原始力量的否定性成

---

[1] 参见海德格尔：《海德格尔文集·尼采》下卷，第737页。Martin Heidegger, *Nietzsche Volume IV: Nihilism*, p. 19.

[2] 参见海德格尔：《形而上学是什么?》，载《海德格尔文集·路标》，第125页。Martin Heidegger, "What Is Metaphysics?," in *Pathmarks*, pp. 85-86.

[3] 参见海德格尔：《海德格尔文集·尼采》下卷，第738—739页。Martin Heidegger, *Nietzsche Volume IV: Nihilism*, pp. 20-21.

[4] 参见海德格尔：《海德格尔文集·形而上学导论》，第36页。Martin Heidegger, *Introduction to Metaphysics*, pp. 32-33.

分：虚无阻碍着此间之是的深度。"[1] 至于形而上学排斥无的原因，海德格尔也有过一种解释："为何'形而上学'拒绝关于'无'的知识，为何形而上学趋于贬低否定？因为在它对'是'的探问中，形而上学总是从是者出发，并且把是理解为是者的特性。在此，'无'马上被理解为'是者及其整体'之'无'，成为纯粹的否定，事实上就是对是者的'否定'。"[2]

海德格尔表示，这种对无的回避才是虚无主义的本质根源。"如果无事实上不是某种是者，但也并非完全空洞之物，那么情况会怎样呢？另外，如果这个关于无之本质的问题借助非此即彼的原则并未得到充分的表达，那情况又会如何呢？最后，如果未能提出一个关于无之本质的完备问题恰恰是西方形而上学陷入虚无主义这一事实的基础，那么我们又该怎么做呢？那样的话，我们就能以更本源和更本质的方式来理解和经验虚无主义，将其理解为正在走向一种根本性的形而上学立场的形而上学的历史。在这个立场上，既不能够，也不可能理解无。虚无主义因此可能就是对无之本质的本质性的无思想状态。"[3] 所以，即便是出于克服虚无主义的需要，也必须正视无的问题。海德格尔指出："在追问是的过程中，明确地径直迫近到无的边界处，并把无置入关于是的问题，这才是真正克服虚无主义的第一步，也是唯一有效的步骤。"[4] 换言之，认识到是中的拒绝，才是克服虚无主义的根本途径。[5]

海德格尔对无的问题的重要性进行了如下概括："哲学持续不停地追问是者的根据。它以这个问题开端，并以这个问题终结，只要这是一个伟大的终结而非无力的衰败。从一开始，关于非和无的问题一直与关于是的问题相伴相随。这并非表面，并非附带现象。相反，关于无的问题在任何时候都具有与关于是的问题同等的广度、深度和源初性质，只是方向相

---

[1] 约阿希姆·W. 斯托克编：《海德格尔与布洛赫曼通信集》，第57页。Martin Heidegger and Elisabeth Blochmann, *Briefwechsel, 1918-1969*, p. 32.

[2] Martin Heidegger, *Mindfulness*, pp. 253-254.

[3] 参见海德格尔：《海德格尔文集·尼采》下卷，第740页。Martin Heidegger, *Nietzsche Volume IV: Nihilism*, p. 22.

[4] 参见海德格尔：《海德格尔文集·形而上学导论》，第243页。Martin Heidegger, *Introduction to Metaphysics*, pp. 217-218.

[5] 参见海德格尔：《海德格尔文集·哲学论稿（从本有而来）》，第205页。Martin Heidegger, *Contributions to Philosophy (Of the Event)*, p. 138.

反。关于无的追问方式，能够给关于是的追问提供某种尺度与标准。"[1]他借巴门尼德的一则残篇指出："当然，你不可能走上通往无的道路，但正因为如此，我们必须承认这是一条不可通行之路，因为它导向无。残篇同时向我们提供了哲学中最古老的文献，它表明与通往是之路一道，通往无之路也必须得到明确的思考，如果人们置无于不顾，并假定无显然是一无所有，那么就完全误解了关于是的问题（无并非是者这一点并不能阻止它以自己的方式归属于是）。"[2] 在这个意义上，海德格尔表示："只要不是无，任何物都是；而且对我们来说，甚至无也'属于''是'。"[3] "无并非是者未被规定的对立面，它归属于是者之是。"[4]

当然，这只是海德格尔思想早期对无的认识，即把无理解为是的特殊体现。在他后来的思想发展中，对无的认识不断深化。但即便这种早期的思考，也使他的立场与传统形而上学明确区分开来。在后者看来，是即是者之是，而无（非）则是一无所有："在整个形而上学的历史中，亦即在以往的所有思想中，'是'始终被把握为是者所是的状态，从而也就是这些是者本身。""相应地，无始终被把握为不是者，因而被把握为否定性。如果人们竟把这个意义上的'无'设为目标，那么，'悲观主义的虚无主义'就达到了顶点，对一切颓废的'虚无哲学'的蔑视就被合法化，而且首要地，人们就可以不必再提出任何疑问，而'英勇的思想家们'之所以脱颖而出，就是因为他们推动了这种对疑问的消除。"[5]

海德格尔具体阐释了无在形而上学思想中存在的必然性。他指出，科学的表象活动关注的只是，也只能是是者，因此对它们而言，那种并非是者的东西只能把自身呈现为无。人们试图假定，诸科学关于有与无的这种观念同样适合于形而上学。但是，任何深思熟虑的人都清楚，对形而上学本质的把握只能着眼于那种把形而上学区别出来的、超越性的东西，这就是是者之是。这恰恰是形而上学与科学表象，即着眼于是者的认识的根本区别所在。那么，是与无，即这个并非任何是者之物的关系又是怎样的

---

[1] 参见海德格尔：《海德格尔文集·形而上学导论》，第 29 页。Martin Heidegger, *Introduction to Metaphysics*, p. 26.

[2] 参见同上书，第 134 页。Ibid., p. 117.

[3] 参见同上书，第 101 页。Ibid., p. 89.

[4] 参见海德格尔：《形而上学是什么？》，载《海德格尔文集·路标》，第 139—140 页。Martin Heidegger, "What Is Metaphysics?," in *Pathmarks*, p. 94.

[5] 参见海德格尔：《海德格尔文集·哲学论稿（从本有而来）》，第 314 页。Martin Heidegger, *Contributions to Philosophy (Of the Event)*, p. 209.

呢？这是人们自然会提出的问题。"人的此间之是向着'这个'无、这个与任何是者不同的东西'延展'。换言之，这就意味着并且只能意味着：'人是无的占位者'。这指的是人为这个与是者完全不同之物保留位置，以便在开放域中某种进入呈现者能够被给出。这个无，这个并非是者但的确又被给出的东西，并非负面的东西。它属于呈现。是与无并非同时被给出。其中一方在某种亲缘关系中为另一方使用自身，而对于这种亲缘关系本质性的丰富内涵，我们至今几乎尚未思考。"[1]

大致来说，海德格尔从三个方面对无进行思考：一是逻辑，二是生存体验，三是对"有无相生"的基本认识。

首先是逻辑方面。海德格尔指出，很长时间里，形而上学一直用一个显然具有歧义的判断对无加以表达：无中只能生无（ex nihilo nihil fit）。尽管在对这个判断的讨论中无本身从来没有成为问题，但它表达的却是关于是者的根本观念。古代形而上学在"非"即"不是"的意义上理解无，用无来指称无法获得形式从而不能成为一个具有确定外观（型相）的有形是者的物。反过来，成为是者就意味着某物能够以确定的形式将自身呈现出来。这一关于是者的概念的起源、合法性和局限与无一样，几乎没有得到任何讨论。另一方面，基督教的教义则不承认"无中只能生无"，并给无赋予了不同的意义，用来指除上帝之外是者完全不存在的状态，因而上帝从无中产生一切受造的是者（ex nihilo fit ens creatum）。这样，无就成为与真正的、最高的是者即创造者上帝相对的概念。但即便在这里，无仍然指向某种关于是者的概念。从总体上看，无论古希腊还是基督教时期，关于是者与无的形而上学讨论仍然停留在同一层面即是者层面上，人们并未针对是本身提出问题，所以也就没有人去操心这样一个困难：是否上帝从无中进行创造，恰恰因为他只能够与无打交道；但如果上帝是上帝，他就不可能知道无，因为对"绝对者"而言不存在"无"。[2]

海德格尔在此指出了三个方面值得注意的事实。第一，西方思想史上对无的理解发生过一次重大转变。在基督教出现之前，无被理解为不是任何物之物，即"混沌"；在此之后，无被理解为不存在任何物的状态。第二，无论哪一种对无的理解，都指向某种关于是者的概念。第三，无的问

---

[1] 参见海德格尔：《面向存在问题》，载《海德格尔文集·路标》，第 496—497 页。Martin Heidegger, "On the Question of Being," in *Pathmarks*, pp. 316-317.

[2] 参见海德格尔：《形而上学是什么？》，载《海德格尔文集·路标》，第 139 页。Martin Heidegger, "What Is Metaphysics?," in *Pathmarks*, p. 93.

题在西方形而上学的历史上从来没有被真正提出过；而基督教教义中上帝从无中创造万物的观念本身包含矛盾，因为作为"绝对者"的上帝无所不知、无所不在，所以对他来说不可能有无存在。海德格尔正是在此基础上明确提出了关于无的问题："'为何是者是而非者非（为何有是而非无）？'这显然是一切问题中最首要的问题。"[1] 也就是说，逻辑上人们只能表述是者是什么，而不能谈论无（非者）是什么，因为只要对无有所陈述，无就不再是无，因而只能说无不是什么。但为何只能如此？海德格尔提出这个问题当然不是逻辑上的游戏，而是有其更深的含义，即探问人应该如何把握无。

海德格尔进一步把这个问题转变为关于是者是的根据问题。他指出，在"为何是者是而非者非"这个提问中，后半部分即"非者非（无）"从一开始就阻止人们像对是者的思考那样，直接从某个无可置疑的给定的基础出发，或者直接在人们仍需寻找的基础上行进。这样，此处的"为何"就获得了完全不同的力量和迫切性，它对问句的前半部分即是者的根据提出疑问：是者为何能够摆脱无（非）的可能？它们为何不至向无（非）中滑落？在这样的疑问中，是者不再碰巧是当前呈现者，它们开始摇摆。也就是说，关于无的问题使是者之是失去了人们原先以为的天然"正当性"而变得可疑。由此开始，只要人们对是者提问，它们就摇摆不定，这种摇摆的幅度将达到最极端的程度，即是者的不可能性，即非是者和无。

如此一来，这个"为何"的追问也就失去了自身的基础，因为人们发现其实并不能找到可以让是者绝对克制无（非）并建立其统治地位的根据。人们能够找到的，其实是作为是者之摇摆的根据。"它们支撑我们，又释放我们；一半是，一半不是。这也就是我们为何不能完全地归属于任何一物，甚至不能完全归属于我们的原因，虽然此间之是在任何情况下都属于我自己。"[2] 海德格尔的发现是，是者并没有充足的根据。我们支持是者而拒绝无（非）仅是出于一种决断、一种意愿。即便我们自己也不可能恒久地是什么，而只能是每个人当下的自己。海德格尔这一思想上的延

---

[1] 参见海德格尔：《海德格尔文集·形而上学导论》，第1页。Martin Heidegger, *Introduction to Metaphysics*, p. 1. 海德格尔是第三个提出"为何是者是而非者非？"这个问题的哲学家。第一个是莱布尼茨，第二个是谢林。参见海德格尔：《海德格尔文集·讨论班》，王志宏、石磊译，孙周兴、杨光校译，商务印书馆2018年版，第422页。Martin Heidegger, *Four Seminars*, trans. by Andrew J. Mitchell and François Raffoul, Indiana University Press, 2003, pp. 48–49.

[2] 参见海德格尔：《海德格尔文集·形而上学导论》，第33—34页。Martin Heidegger, *Introduction to Metaphysics*, pp. 30–31.

展，表明否定性因素即无或者非的无所不在。

海德格尔因而指出："我对无的追问始于是之真的问题。无既非否定，亦非某个'目标'。相反，它就是是本身本质性的颤动，因而比任何是者更是。"[1] 这意味着无乃是的一种方式。"沉思性的追问首先必须获得本源性的力量来说'是'，这本质上超越了一切勇敢的乐观主义和实用的英雄主义，目的是变得足够有力，以把是本身中的否定经验为最隐蔽的馈赠，因为只有这种否定才真正地把我们释放到是及其真之中。"[2] 这段话表露出某种倾向，即把是扩展为一个包含无的范畴。

从逻辑上讲，一个只有是者的世界如同只有光明的世界一样不可能，因为如黑格尔如言，绝对的光明就是绝对的黑暗。[3] 正是在这个意义上，海德格尔指出："在某个仅有物存在的地方会有物存在吗？那里根本不会有任何物，甚至连无都没有，因为在物的领域的绝对统治下，甚至不会有任何的'有'。"[4]"我们正处于一个方法论上决定着哲学之生死的十字路口，一个无底深渊：要不进入虚无，即绝对的具体化和纯粹的事实性；要不跃入另一个世界，或者更准确地说，我们准备好第一次进入这个真实的世界。"[5] 所谓的真实世界，就是一个承认无的"生存权"的世界，我们真正生活于其中的世界。

海德格尔认为，否定的普遍存在就是无发挥作用的明证，因为否定作为一种智识活动，必须以作为消除者的无为前提。"还有比否定更为强有力的证明，表明无在我们的生存中持续而广泛的，虽然也被扭曲了的存在吗？""只有'非'的本源，即无一般的消除特征，以及无本身从遮蔽中被抽取出来，'非'才能真正为人所了解。'非'并不来自否定，相反，否定建立在来自无的消除特征的基础之上。"海德格尔认为，无作为消除者的地位的确立，意味着对传统逻辑的超越。他明确指出："无乃否定的本源，

---

[1] 参见海德格尔：《海德格尔文集·哲学论稿（从本有而来）》，第314页。Martin Heidegger, *Contributions to Philosophy (Of the Event)*, p. 209.

[2] 参见同上书，第315页。Ibid., p. 210.

[3] 参见黑格尔：《精神现象学》上卷，贺麟、王玖兴译，商务印书馆1979年版，第98页。黑格尔的原话是："如果你把一个有视觉的人放进绝对黑暗之中，或者，听你的便，把他放进纯粹光明之中，并假定超感官世界就是这种纯粹光明或绝对黑暗。这个有视觉的人在纯粹光明中与在绝对黑暗中，皆同样什么也看不见。"

[4] 参见海德格尔：《哲学观念与世界观问题》，载《海德格尔文集·论哲学的规定》，孙周兴、高松译，商务印书馆2015年版，第67页。Martin Heidegger, "The Idea of Philosophy and the Problem of Worldview," in *Toward the Definition of Philosophy*, trans. by Ted Sadler, Continuum, 2002, p. 52.

[5] 参见同上书，第71页。Ibid., p. 53.

而不是相反。如果智识的力量在探问无与是的领域中因此坍塌,那么'逻辑'在哲学中的统治的命运也就被决定了。在更为本源性的追问的漩流中,'逻辑'的观念解体了。"[1]

海德格尔的另外一个逻辑推断是:"从是者的角度来看,是并不'是'是者,它'是'非是者,因而按惯常的概念来讲就是无。"[2] 或者简单地说,"只有是者'是','是'本身则不'是',它'是'无"[3]。"这里所说的无,指的是这样一个东西,着眼于是者来看它绝非某种是者,因此'是'无,但它却规定了是者之为一个是者,并因此被称为是。"[4] "区别于一切'是者','是'并非任何'是者',在此意义上,'是'就是'无'。"[5] 海德格尔反复强调:是并非是者,因而是就是无。[6] 他还借此进一步澄清"为何是者是而非者非"的问题:"我追问的是:到底为什么是者是而无只能不是?为什么是者具有优先地位?为什么无没有被思考为与是相同一的东西?也就是说,为什么是之被遗忘状态获得统治地位,以及这种情形从何而来?"[7]

与这种认识相关,在海德格尔思想的早期阶段,他倾向于把无理解为一种特殊形式的是:"甚至是的界限,即单纯的不是,即无,也属于整体的是,因为如果没有作为整体的是,也就绝不会有无。"[8] 他还表示:"从任何方面来看,无都绝不是某种单纯的是者,但它仍然作为是本身而本质性地发生。"[9] 可以看出,海德格尔在此对"无"的理解更多仍然是出于

---

[1] 参见海德格尔:《形而上学是什么?》,载《海德格尔文集·路标》,第136页。Martin Heidegger, "What Is Metaphysics?," in *Pathmarks*, p. 92.

[2] 参见海德格尔:《海德格尔文集·哲学论稿(从本有而来)》,第289页。Martin Heidegger, *Contributions to Philosophy (Of the Event)*, p. 193.

[3] 参见海德格尔:《根据律》,载《海德格尔文集·根据律》,第109页。Martin Heidegger, *The Principle of Reason*, p. 51.

[4] 参见海德格尔:《致小岛武彦的信》,载《海德格尔文集·同一与差异》,第167页。

[5] 参见海德格尔:《1969年9月26日在梅斯基尔希的答谢词》,载《海德格尔文集·讲话与生平证词(1910—1976)》,第849页。

[6] 参见海德格尔:《海德格尔文集·讨论班》,第419页。Martin Heidegger, *Four Seminars*, p. 48.

[7] 参见海德格尔:《马丁·海德格尔在谈话中(1969年9月17日)》,载《海德格尔文集·讲话与生平证词(1910—1976)》,第845页。

[8] 参见海德格尔:《海德格尔文集·尼采》上卷,第287页。Martin Heidegger, *Nietzsche Volume II: The Eternal Recurrence of the Same*, p. 26.

[9] 参见海德格尔:《观入存在之物:1949年不莱梅演讲》,载《海德格尔文集·不莱梅和弗莱堡演讲》,第21页。Martin Heidegger, "Insight Into That Which Is: Bremen Lectures 1949," in *Bremen and Freiburg Lectures*, p. 17.

逻辑和概念的推演，而且是在承认"是"的主导地位的情况下的推演。在这里，是仍然具有笼罩一切的力量："是不仅不可计算（更不可表象和制造），作为不可计算者的它也不可沉思，因为它不可能被置于某种由是者对是者加以衡量的刻度之上。是的'他者'甚至不是是者，是没有'他者'，甚至'无（非）'也完全处于是的掌控之下。"[1]

虽然海德格尔从逻辑出发得出了无不可动摇的地位，从而否定了形式逻辑本身，但他还是意识到，仅仅依据逻辑不可能让人真正感知无的存在，而很可能只会有如上述，把无理解为思维幻象。因此，"如果我们不想让我们被关于无的问题形式上的不可能性所误导，如果我们仍然坚持提出这个问题，那么我们至少还必须满足能够提出任何一个问题的基本要求。如果无本身必须得到追问，就如我们一直在追问的那样，那么它首先必须被给出。我们必须与之照面"。[2] 人如何与无直接照面呢？海德格尔转向了人的生存体验。

对无的体验

海德格尔认识到，所有只能以是者作为对象的科学都无法通达无。因此，对无的把握必须超越科学并着眼于人的生存体验，以从中真切地感知无的存在："任何真正想谈论无的人都必然变得非科学。当然，这一点只对那些相信科学思想是唯一本真的、严格的思想，只有它能够而且必须成为哲学思想的尺度的人来说才是巨大的不幸。其实事实正好相反。所有的科学思想都仅仅是哲学思想的衍生的、僵化的形式。哲学既不来自科学，也不经过科学。哲学与科学从不属于同一个序列。它属于更高的位阶，而且不仅仅在'逻辑'上或者某种科学体系的列表上如此。"[3]

海德格尔强调科学在认识无方面的无能为力，以及科学与哲学的根本性区别，目的是为他对无的生存论分析正名。他表示："凡真正地谈论无，总是不同凡响的，这里毫无通俗可言。如果有人试图将其置入某种尖刻逻辑的廉价酸液中，它就会立刻消解。也正因此，我们就绝不可能像描摹一

---

[1] Martin Heidegger, *Mindfulness*, p. 43.

[2] 参见海德格尔：《形而上学是什么？》，载《海德格尔文集·路标》，第 126 页。Martin Heidegger, "What Is Metaphysics?," in *Pathmarks*, pp. 85–86.

[3] 参见海德格尔：《海德格尔文集·形而上学导论》，第 30 页。Martin Heidegger, *Introduction to Metaphysics*, pp. 27–28.

幅画那般，直截了当地开始谈论无。但是，这种言谈的可能性仍然可以被指示出来。"[1]

海德格尔指出，无固然是否定的本源，但否定并非无唯一的体现。在人的日常生活中，比否定更能够显现无之存在的生存体验还有很多，包括对抗、指责、弃绝、剥夺等。因此，"无论明确或者暗含的否定多么经常和多么频繁地贯穿一切思想，从根本上说它都不是本质上归属于人的无之显现的唯一权威的见证。因为无的消除特征总是震撼着人，而否定绝非唯一的，亦非主导性的具有消除特征的行止。与思想中自有其分寸的否定相比，决不妥协的对抗和尖锐的指责具有更为深不可测的根源。此外，放弃之痛苦与禁绝之无情也需要更深层次的回答。被剥夺的痛苦亦让人难以承受。"[2]

那么，人如何经验无呢？海德格尔从人对是者整体的体验到这种体验的坍塌，即从无聊到惶恐的过程中揭示人对无的认知。他指出，人永远都不可能把握作为整体的是者，但肯定能够以某种方式发现自己置身于在某种程度上被揭示为整体的是者之中。当然，在日常事务中，人们总是依赖于某些具体的是者，似乎完全被它们包围。但是，无论人们的日常生活看上去如何支离破碎，它总还是以某种哪怕模糊的方式指向整体本身。甚至在人们并未真正忙于事务和他们自身的时候，而且恰恰在这个时候，比如说在真正无聊的时候，这个"作为整体"的东西就向人们袭来。"深刻的无聊像包裹一切的雾，在我们生存的无底深渊中来去飘荡，把一切人和事，连带无聊者自己一起卷入一种可怕的无差别状态。就是这种无聊显现了作为整体的是者。"[3] 此时，人以极度陌生、极度疏远的方式感知到整体的存在。在深刻的无聊中，"我们发现作为此间之是的自己陷入绝对的困境，无所事事，手足无措，整体上无所适从。人悬浮于是者之间，被它们从整体上完全拒绝。这种空虚状态并非可以被填满的物之间的缝隙，而是关涉是者整体，但还不是无"[4]。

---

[1] 参见海德格尔：《海德格尔文集·形而上学导论》，第 31 页。Martin Heidegger, *Introduction to Metaphysics*, p. 28.

[2] 参见海德格尔：《形而上学是什么？》，载《海德格尔文集·路标》，第 136—137 页。Martin Heidegger, "What Is Metaphysics?," in *Pathmarks*, pp. 92-93.

[3] 参见同上书，第 127—128 页。Ibid., p. 87. 当然，海德格尔也指出，能够显现是者整体的不仅是真正的无聊，还有真正的快乐。"这种显现也被包裹在我们所热爱的人的此间之是（不仅仅是这个人）呈现时所带来的欢乐之中。"

[4] 参见海德格尔：《海德格尔文集·形而上学的基本概念：世界—有限性—孤独性》，第 209—210 页。Martin Heidegger, *The Fundamental Concepts of Metaphysics: World, Finitude, Solitude*, pp. 139-140.

人对无的真切感受，来自人的惶恐，即对是者整体消退的经验。惶恐并非一般意义上可以归结为恐惧的焦虑。焦虑常常发生，针对的是某个具体的事物，但惶恐却没有明确的对象，而且本质上人们无法明确说出是什么使人惶惶。在惶恐中，"所有的事和我们本身都陷入无差异之中。这并非万物的消失，而是物在消退中朝向我们。是者作为整体在消退。这种消退包裹着、压迫着我们。我们抓不住任何物。在是者的滑落中，只有这个'什么都抓不住'向我们逼迫而来，并且停留在此。"人"飘浮"在惶恐中。更准确地讲，是惶恐使人飘浮不定，因为它已经让是者整体滑落，同时人本身也在是者中滑落。海德格尔写道："惶恐使我们无言。因为是者整体滑落，所以无涌逼而来。在无的面前，所有关于'是'的道说都归于沉默。在惶惶不安中，我们往往试图通过大声呼喊来打碎空洞的静寂，而这恰恰证明了无的呈现。当惶恐离去，惶恐揭示了无这一点马上得到了人本身的证明。在鲜活的记忆中维持的景象，让我们不得不说我们因之惶恐、为之惶恐的就是'真正的'无。的确，无本身曾在此。""借助惶恐的根本心境，我们抵达了此间之是中的这样一种发生，在其中无显现自身，也必须在其中对无加以追问。"[1]

海德格尔对人在惶恐中经验到的无的性质进行了如下说明："在惶恐中，是者整体变得可疑。这种情况在何种意义上发生呢？并非是者被惶恐消灭，于是只剩下无。那么，当惶恐发现自身对是者整体完全无能为力之际，是者如何是呢？无恰恰与是者一同，在是者之中，作为是者整体的滑落而显现出来。"[2] 海德格尔在此讲得很清楚，无并非是者的缺场，而是是者的某种特征，即是者整体的"滑落"。也就是说，无并非通过某个具体的是者的消失，而是通过是者整体的消退向人袭来。

是者整体的滑落也可以被理解为无对是者整体的排斥。"无自身并不牵引，它本质上是排斥。但这种排斥作为离去的姿态，却是朝向整体下沉的是者。这一整体性的排斥作为无的行动把惶恐中的人包裹其中，这就是无的本质，即湮灭。它既非对是者的消除，亦非否定的结果。湮灭不能归结于消除和否定。无本身湮灭。"但无在生存论上的作用，恰恰在于把人带向是者。"湮灭并非偶然的随机事件。相反，作为朝向回退中的是者整体的排斥姿态，它在一种完全的、至今被隐藏的陌异性中，从而也是极端

---

[1] 参见海德格尔：《形而上学是什么？》，载《海德格尔文集·路标》，第 128—131 页。Martin Heidegger, "What Is Metaphysics?," in *Pathmarks*, pp. 87-89.

[2] 参见同上书，第 132 页。Ibid., p. 90.

的他者性中，通过无把这些是者揭示出来。在惶恐之无的明亮暗夜中，是者本身的开放性升起：它们是是者，而非无。这里加上的'而非无'并非附加的澄清。相反，它预先使对是者的一般性揭示成为可能。本源性的、湮灭着的无的本质就在于此，即它第一次把人带到是者面前。"[1]

海德格尔强调，这种对是者整体以及对无的体验并非罕见之物，其实在每个人身上都会发生。我们每个人都曾经，甚至时常为这种隐蔽的力量所触及。比如在完全绝望之际，当万物的重量渐渐消失，是者的意义被黑暗笼罩，这种体验便浮现出来。也许它只有一次撞击人的心灵，犹如沉闷的钟鸣，轰然入耳，缓缓消退。在心花怒放之际，这种体验也会来临，因为此时一切都焕然一新，仿佛第一次出现在人们周围，仿佛人们更容易把握的是它们的不在，而不是它们的在此，并以这种方式在此。在无聊之际，这种体验也会来临。此时，人们既非绝望也非狂喜。当是者一成不变的庸常属性在一片荒野中弥漫，是者之是与不是对人来说变得根本无所谓，此时这种体验以特殊的形式再度升起：为何是者是而非者非？[2] 总之，"惶恐是这样一种基本心境，它将我们置于无之前"[3]。

对于惶恐及其与无的关系，海德格尔在《存在与时间》中已经有所触及。他指出："惶恐并'不知道'所惶恐之物，……威胁着人的东西并非从近处，从某个确定的方向来到更近之处，它已经在'此'，但又无处寻觅。它如此逼迫，让人无法呼吸，但仍然无可寻觅。"[4] 显然，这里对惶恐的分析与世界整体消退的体验还是有所不同的。最根本的区别在于，在《存在与时间》中，惶恐的对象"无所在又无所不在"，是"无与无定所"，而这就意味着惶恐的对象是世界的整体。"在无与无定所中显示出来的完全无意义并不意味着世界的缺场，而是世内之物本身完全的无关紧要，但恰恰在这种世内之物毫无意义的基础上，世界在其世界性中突显自身。"[5] 在这里，惶恐所面对的是整个世界的无意义和不相关，是世界的

---

[1] 参见海德格尔：《形而上学是什么?》，载《海德格尔文集·路标》，第 133—134 页。Martin Heidegger, "What Is Metaphysics?," in *Pathmarks*, p. 90.

[2] 参见海德格尔：《海德格尔文集·形而上学导论》，第 1—2 页。Martin Heidegger, *Introduction to Metaphysics*, pp. 1-2.

[3] 参见海德格尔：《海德格尔文集·康德与形而上学疑难》，第 258 页。Martin Heidegger, *Kant and the Problem of Metaphysics*, pp. 166-167.

[4] 参见海德格尔：《海德格尔文集·存在与时间》，陈嘉映、王庆节译，熊伟校，陈嘉映修订，商务印书馆 2016 年版，第 261—262 页。Martin Heidegger, *Being and Time*, trans. by Joan Stambaugh, State University of New York Press, 2010, p. 180.

[5] 参见同上书，第 262 页。Ibid., p. 181.

陌异性，但这并不意味着世内之物感觉上的缺场。它们必须前来照面，但显得毫无慈悲怜悯之心。因此，人们所惶恐之物早已在此，它就是此间之是即人自身。[1] 换言之，《存在与时间》中的惶恐就是在一个原本极为熟悉的世界中突然袭来的无家可归之感，一种极度的陌异感，由此人们感到虚无。[2] 这是典型的存在主义的"惶恐观"。

海德格尔在 20 世纪 20—30 年代对惶恐的分析是为了让人能够感知无，并由此通达是（有）。关于无作为人认识是的中介的作用，他进行了以下说明：这样一种尝试希望探究的是，从本质上引发了惶恐的无，究竟是对一切是者的空洞的否定，还是那个在任何地方任何时候都并非是者的，我们称之为是的东西。海德格尔在这里实际上还是从纯逻辑的角度，把无直接等同于是。他强调，一切研究，无论在哪里、在多大程度上探究是者，都无法找到是，因为是并非某种可以在是者身上发现的存在特性，也不能以对象化的方式得到表象和思考。这个与一切是者完全不同的是就是无（非）。无本质上作为是而发生。如果人们浮于表面，把无视为单纯的虚空，并且将其等同于非真实者，那么就过于仓促地放弃了思想。反过来，如果不想屈从于这种仓促空洞的判断，放弃无神秘的两义性，人们就必须做好准备，在无中经验那给予一切是者是之保证者的强力呈现。这就是是本身。正是是这种深不可测而又尚待展开的本质让无在本质性的惶恐中呈现给我们。[3] 在这个意义上，海德格尔说："作为与是者不同的东西，无乃是之面纱。"[4]

海德格尔也把人在惶恐中向无敞开自身的状态称为人对是者整体的超越。[5] "在出离世界的瞬间，即当世界对我们不再有意义，其他任何人对

---

[1] 参见海德格尔：《海德格尔文集·存在与时间》，第 467 页。Martin Heidegger, *Being and Time*, pp. 327—328.

[2] 参见海德格尔：《海德格尔文集·时间概念史导论》，欧东明译，商务印书馆 2014 年版，第 452—453 页。Martin Heidegger, *History of the Concept of Time: Prolegomena*, trans. by Theodore Kisiel, Indiana University Press, 1985, pp. 289—290.

[3] 参见海德格尔：《〈形而上学是什么?〉后记》，载《海德格尔文集·路标》，第 359—360 页。Martin Heidegger, "Postscript to 'What Is Metaphysics?'," in *Pathmarks*, p. 233.

[4] 参见同上书，第 367 页。Ibid., p. 238.

[5] 参见海德格尔：《形而上学是什么?》，载《海德格尔文集·路标》，第 138 页。Martin Heidegger, "What Is Metaphysics?," in *Pathmarks*, p. 93.

我们也不再有意义的时候,世界与我们在其中之是才纯粹而简单地显现出来。"[1] 这意味着只有在对无的体验中,人才会感觉到是(有)的神奇,才会去探索是者,并为之建基。"只有当无在此间之是的根基处显现,是者的全部奇异才会向我们袭来。只有当是者的奇异状态逼迫着我们,才会唤起和激发惊奇。只有在惊奇(面对无之显现)的基础上,'为何'的问题才会向我们迫近。只有'为何'的问题是可能的,我们才能以确定的方式追问基础并为是者建基。"[2]

"有无相生"与辩证法

与形而上学思想相反,海德格尔认为,是去蔽复又遮蔽的特点包含了一种重要的可能:"是的悬缺乃是之回撤,它与其无蔽状态一同回归自身,而这种无蔽正是它在是的拒绝和自我遮蔽中允许的。因此,是作为回撤中的允许而本质发生。"[3] 海德格尔思想中的一个重要方面,即是与遮蔽和无之间的关系,由此露出端倪。他表示,是之遮蔽的问题就在于遮蔽复又遮蔽自身。是并非把自己隔离于某处并且持续缺场,相反,是的缺场就是是本身。在其缺场中,是遮蔽自身。"这种自行消散的遮蔽,即缺场中的是之本质发生,就是作为是本身的无。"[4]

海德格尔实际上认为,是与非,有与无,是一种相伴相生的关系。"因为'非'属于是的本质发生……所以是也属于'非'。换言之,真正具有'非'的特性的是否定者,而绝非在对某物的表象性否定中把握的单纯的'空无',在这种否定的基础上人们会说:无'是'非即否定。但是,非本质性地发生,是也本质性地发生:非在扭曲的本质中本质性地发生,是因被否定渗透而发生。是只有以此方式本质发生,才拥有作为它的他者的非,因为这个他者是它的另一个自己。"[5]

---

[1] 参见海德格尔:《海德格尔文集·时间概念史导论》,第456页。Martin Heidegger, *History of the Concept of Time: Prolegomena*, p. 291.

[2] 参见海德格尔:《形而上学是什么?》,载《海德格尔文集·路标》,第141页。Martin Heidegger, "What Is Metaphysics?," in *Pathmarks*, pp. 95—96.

[3] 参见海德格尔:《海德格尔文集·尼采》下卷,第1089—1090页。Martin Heidegger, *Nietzsche Volume IV: Nihilism*, p. 244.

[4] 参见同上书,第1048页。Ibid., p. 214.

[5] 参见海德格尔:《海德格尔文集·哲学论稿(从本有而来)》,第315—316页。Martin Heidegger, *Contributions to Philosophy (Of the Event)*, p. 210.

从上面的文字看，海德格尔把是视为一个更高的范畴，无与非则被理解为某种特别的、"扭曲的"是。但有的时候，海德格尔又的确认为，在有与无、是与非的关系中，无与非具有更为根本的地位。他曾以提问的方式道出这一点："如果是本身就是自身回退者并且作为拒绝而本质发生的话，情况又会如何？拒绝仅是虚无，还是更高的馈赠？是否首先正是因为这种对是的否定，'无'才充满了指派的力量，而这一力量的持续才是一切'创造'（是者变得更为丰满）的起源？"[1] 在这些提问中，无与是不再同时发生，否定和无比是更为根本，海德格尔视之为是发生的本源性形式。"是的本质发生必须包含反转，而其基础则是表现为指派的拒绝，即玄同。这样，'非'与'无'就成为比是更为本源之物。"[2]

虽然海德格尔在 20 世纪 30—40 年代已经把捉到是与非、有与无之间不可分割的关系，但从根本上说，这种把捉仍是逻辑推演的结果。他自己非常清晰地指出："是即非（有即无），但我们不能将其等同于虚无。另一方面，如果'虚无'指的是非是者的话，那么我们又必须下决心把是当作无。除这种'无'之外，是不可能再'是'我们确信能够加以表象并与之面对的'某物'。"[3] 这里体现出海德格尔面临的一个根本性难题，即如果是并非是者，那么一种并非是者的东西是什么，一切实际存在的东西之外的东西是什么。从逻辑上讲，它只能是"无"。"是在自我遮蔽中本质发生。玄同绝不可能像是者即某种呈现者那样开启和显现。"[4] 在这个意义上，海德格尔对是的本质有一个十分简单的表述："与是者相比，是乃让某物显现而自身并不显现之物。"[5]

进入 40 年代之后，海德格尔渐渐超越了对无的逻辑推演，也不再执着于类似惶恐那样的极端心境，而是在人们生活的日常中捕捉是与非、有与无。在一个非常有名的例子中，海德格尔借助葡萄酒注入酒壶的过程，十分生动地说明了有与无之间的相互成就，这也可以看作对老子所说的"埏埴以为器，当其无，有器之用"[6] 的经典注释。"当我们往壶里注入

---

[1] 参见海德格尔：《海德格尔文集·哲学论稿（从本有而来）》，第 289 页。Martin Heidegger, *Contributions to Philosophy（Of the Event）*, p. 194.

[2] 参见同上书，第 290 页。Ibid.

[3] 参见同上书，第 340 页。Ibid., p. 225.

[4] 参见同上书，第 408 页。Ibid., p. 271.

[5] 参见海德格尔：《一次关于演讲"时间与存在"的讨论课的记录》，载《海德格尔文集·面向思的事情》，第 52 页。Martin Heidegger, *On Time and Being*, p. 36.

[6] 《老子》第十一章。

液体时，液体流入空着的壶。容器包裹的就是这种空与无。壶的空间，它的无，才是壶作为容器之所是（有）。"所以无并非对有的否定，而是有的前提。海德格尔继续讨论说：构成壶并且使壶得以站立的壁和底，并不是真正起容纳作用的东西。真正容纳的是虚空，因而容器的物性也不在于它由以制成的材料，而在于它所包裹的虚空。[1] "壶的虚空，壶的这种无，正是壶作为装盛的器皿之所是。"[2] 他用一段充满思辨的话讲述了有无之间的关系："无既非对象，亦非任何一种是者。无既不会自行显现，也不会与它似乎应该依附的是者一同呈现。对人的此间之是而言，无使是者的显现成为可能。无并不仅仅是是者的对立概念，相反，它本质性地归属于是者的本质性展开。无的消除作用就发生在是者之是中。"[3]

海德格尔表示："是中的非，就是我所说的无的本质。因为思想思考是，它也就思考无。"[4] 因此，他把无视为对是的最高的、最强烈的揭示形式。"如果拒绝本身必定成为最高的、最强烈的对是的揭示形式，那么情况又会怎样呢？从形而上学的角度（即体现为'何为是者'的是问题出发）来理解是的隐蔽本质，即拒绝，是首先就把自身揭示为绝对的非，即无。但是，无作为与是者毫不相关者，乃纯粹否定的最激烈的对立面。无绝非一无所有，但它也并非对象意义上的某种物。无就是是本身。当人超越自身的主体性，即不再把是者表象为对象时，是之真就将向人呈现。"[5]

海德格尔下面这段话非常典型地体现出有无相生的关系。"因为'是'在此并不意味着对象性的自身呈现，而无也并不意味着完全的消失。相反，无作为是的一种形式，它是又不是。是也一样，充斥着'无'，但仍

---

[1] 参见海德格尔：《物》，载《海德格尔文集·演讲与论文集》，第181—182页。Martin Heidegger, "The Thing," in *Poetry, Language, Thought*, pp. 166-167.

[2] 参见同上书，第181页。Ibid. 海德格尔在另一个地方完全重复了这句话，参见海德格尔：《观入存在之物：1949年不莱梅演讲》，载《海德格尔文集·不莱梅和弗莱堡演讲》，第8页。Martin Heidegger, "Insight Into That Which Is: Bremen Lectures 1949," in *Bremen and Freiburg Lectures*, p. 7.

[3] 参见海德格尔：《形而上学是什么?》，载《海德格尔文集·路标》，第134—135页。Martin Heidegger, "What Is Metaphysics?," in *Pathmarks*, p. 91.

[4] 参见海德格尔：《关于人道主义的书信》，载《海德格尔文集·路标》，第427页。Martin Heidegger, "Letter on 'Humanism'," in *Pathmarks*, p. 273.

[5] 参见海德格尔：《世界图像的时代》，载《海德格尔文集·林中路》，第124—125页。Martin Heidegger, "The Age of the World Picture," in *Off the Beaten Track*, p. 85.

然是。"[1] 在"有无相生"及相关问题上，不少学者指出了老子对海德格尔可能的影响，并举出各方面的例证。比如梅提到，海德格尔《关于人道主义的书信》中的一句话很可能就来自《老子》第四十一章中的"道隐无名"。[2] 海德格尔是这么说的："如若人类希望再度找到一条接近是的道路，他首先必须学会生存于无名之中。"[3] 另外，他的其他一些说法，比如，"遮蔽本质上属于无蔽"[4]，"非真属于真之本质"[5] 等，都体现出有无相生的思想方式。

在西方思想传统中，与中国"有无相生"的思想高度相似的就是辩证法。海德格尔认为，辩证思维源自赫拉克利特，是比形式逻辑更高层次的思维，而近代德国思想家的一个共同点，就是都受到了赫拉克利特辩证思想的影响，包括艾克哈特、荷尔德林、尼采等。"赫拉克利特这个名字并不代表希腊人早已走入正轨的一种哲学，也不是对某种自在的普遍人性加以思考的公式。也许，它代表了西方—日耳曼的历史性此间之是的一种本源力量，并且第一次与亚洲思想对峙。"[6] 在海德格尔看来，辩证思维是德国思想对西方思想的一项重大贡献，它使西方思想得以真正与亚洲思想对话。"在经过康德的准备之后，通过思想家费希特、谢林、黑格尔的努力，思想被带入另一个可能的维度，在某些方面达到了它的最高峰。"[7]

海德格尔高度评价黑格尔的辩证法，一方面是因为通过辩证法，思想得以思考自身，从而与思考对象获得了同一性。"通过辩证法，思想才达到一个可以彻底思考自身的区域。思想第一次通达自身。"[8] 另一方面是

---

[1] 参见海德格尔：《海德格尔文集·哲学论稿（从本有而来）》，第 124 页。Martin Heidegger, *Contributions to Philosophy (Of the Event)*, p. 80.

[2] Cf. Reinhard May, *Heidegger's Hidden Sources — East Asian Influences on His Work*, trans. by Graham Parkes, Routledge, 1996, p. 20.

[3] 参见海德格尔：《关于人道主义的书信》，载《海德格尔文集·路标》，第 376 页。Martin Heidegger, "Letter on 'Humanism'," in *Pathmarks*, p. 243.

[4] 参见海德格尔：《论真理的本质——柏拉图的洞喻和〈泰阿泰德〉讲疏》，赵卫国译，华夏出版社 2008 年版，第 87 页。Martin Heidegger, *On the Essence of Truth*, trans. by Ted Sadler, Continuum, 2002, pp. 65-66.

[5] 参见同上书，第 88 页。Ibid., p. 67.

[6] 参见海德格尔：《荷尔德林的颂歌〈日耳曼尼亚〉与〈莱茵河〉》，第 159 页。Martin Heidegger, *Hölderlin's Hymns "Germania" and "The Rhine"*, p. 118.

[7] 参见海德格尔：《思想的基本原则：1957 年的弗莱堡演讲》，载《海德格尔文集·不莱梅和弗莱堡演讲》，第 100—101 页。Martin Heidegger, "Basic Principles of Thinking: Freiburg Lectures 1957," in *Bremen and Freiburg Lectures*, p. 72.

[8] 比如同上书，第 103 页。Ibid., p. 80.

因为辩证法使思想和现实中的矛盾第一次在西方思想传统中获得了"合法性"。"黑格尔在他的《逻辑学》中不仅揭示了思想规律更丰富的、被带回其基础之上的真,而且同时也以无可反驳的方式阐明,我们通常的思想,恰恰在它自以为正确的地方,根本就没有遵循,而是不断地违背这些规律。这无非是以下事实的结果,即一切都以矛盾为基础。黑格尔经常以各种方式道出这一点。"[1]

辩证法开启的一个重要的思想维度就是对立者的相互归属。海德格尔通过举例指出:"并不存在'单独的'白昼',也不存在'离开白昼的'夜晚,相反,昼与夜相互共属,这就是它们之所是。如果我们只说白昼,我们就仍然不了解何谓白昼。为了思考白昼,人们必须想到夜晚并且返回过来。夜晚就是白昼,是太阳西沉之后的白昼。让昼与夜相互归属,其中就有是,也有逻各斯。"[2] 简单地讲,辩证思维的核心,就是认为"真正是(存在)的东西,既非此亦非彼,而是作为彼此之间被遮蔽的中心,它体现了这两者的相互共属"[3]。

辩证思维因此提供了一种处理矛盾,特别是是(有)与无的关系的道路。"对辩证法而言,正如马克思所说,矛盾构成真的'源泉'。辩证法的特点在于让关系中的双方彼此相对,目的是使原先由这两者规定的处境发生倒转。所以,比如说对黑格尔而言,白昼是正题,黑夜是反题,由此就可以发现一个使白昼和黑夜综合的跳板。因为是(有)与无的对立通过因两者之间的冲突而辩证出现的变易得到和解,在这个意义上,它就是合题。"[4]

海德格尔认为,辩证思维的出现具有其必然性。在西方思想的历史进展中人们已经发现,那种基于逻各斯并且由其规定的思想并不能涵盖一切,更不能如实表象所有的是者及其相互关系。人们的确碰到一些具体对象和整个对象区域,它们需要不同的思想进程。但是,由于思想从一开始就作为逻各斯而展开,因此思想的变化也就只能通过逻各斯的变化实现。陈述(λέγειν)的逻各斯因而最终发展为对话(διαλέγεσθαι)的逻各斯,

---

[1] 参见海德格尔:《思想的原则》,载海德格尔:《海德格尔文集·同一与差异》,第 138 页。Martin Heidegger, "Basic Principles of Thinking: Freiburg Lectures 1957," in *Bremen and Freiburg Lectures*, p. 82.

[2] 参见海德格尔:《海德格尔文集·讨论班》,第 333—334 页。Martin Heidegger, *Four Seminars*, p. 4.

[3] 参见同上书,第 334 页。Ibid.

[4] 参见同上书,第 336—337 页。Ibid., pp. 5-6.

即辩证法。[1]

不过，从海德格尔的角度来看，首先，黑格尔辩证法的全部内涵尚未得到思想家们充分的理解。"通过参照黑格尔对思想原则的辩证解释可以发现，一方面它的内涵要多于其形式表达，另一方面它的要求也从未得到辩证思想的遵循。这就产生了一种令人激动的事态，充分理解、决定性地体验这一事态，尚未达于当下思想之耳。"[2] 其次，黑格尔对无的认识和理解还具有明显的缺陷。"黑格尔提得很高的'无'，甚至'否定'和'否定性'，实际上并没有得到他的严肃对待。"[3] "在黑格尔的思想中，否定事先已经被完全克服了，变得无害，这样，也正因为如此，它才充分地发挥作用。"[4]

在海德格尔看来，与黑格尔辩证法相比，赫拉克利特的思想更适于表达有与无的关系。后者并不是让对立双方在综合中和解，而是让对立在统一中持续。"如果统一是绝对者的使命，那么对立在统一中就不会消失。对立者作为对立者具有其统一性。何谓统一？那就是对立各方为了彼此而聚合在一起的力量：在这种聚合中不再有对立各方为自身而自足和分离的空间（这正是分裂的特点）。"[5] 因此，从赫拉克利特的角度来看，就"必须放弃一切压制'撕裂状态'的尝试。原因何在？答曰：……只有在撕裂状态中，统一性才能够作为缺场的统一性显现。……在撕裂状态中，统一性或者必然的一致性总是发挥支配作用，这就是活生生的统一"[6]。可以从上文引用过的海德格尔对"示喻"的描述中看出他对赫拉克利特的偏好："本源性的示喻既不直接揭示是者，也不会简单地将其完全遮蔽。相反，它合二者为一身，因此就是一种暗示。在其中，说出的指向未说出的，未说出的又指出已经说出和有待说出的。在示喻中，冲突暗示着它所

---

[1] 参见海德格尔：《海德格尔文集·什么叫思想?》，孙周兴译，商务印书馆2017年版，第178页。Martin Heidegger, *What Is Called Thinking?*, trans. by Fred D. Wieck and J. Glenn Gray, Harper & Row, 1968, pp. 155-156.

[2] 参见海德格尔：《思想的基本原则：1957年的弗莱堡演讲》，载《海德格尔文集·不莱梅和弗莱堡演讲》，第106页。Martin Heidegger, "Basic Principles of Thinking: Freiburg Lectures 1957," in *Bremen and Freiburg Lectures*, p. 83.

[3] Martin Heidegger, *Mindfulness*, p. 242.

[4] Ibid., p. 253.

[5] 参见海德格尔：《海德格尔文集·讨论班》，第350—351页。Martin Heidegger, *Four Seminars*, p. 12.

[6] 参见同上书，第349—350页。Ibid., p. 11.

是的和谐，和谐则暗示着冲突，只有在冲突中和谐才会发生。"[1]

海德格尔在晚年的一次讲座中正是从这种有无相生的角度谈论无："无是消除着的无。无之本质在于从是者那里掉头离去，在于与是者保持距离。只有在此距离中，是者才能呈现出来。无并非对是者的单纯否定；相反，无在其消除作用中指向呈现中的是者。无的消除就'是'是。"[2] 这里表达了某种类似有从无而来、无离有而去的含义。在海德格尔看来，"是的本质包含着无之性质，后者并非空洞的虚无，而是赋予力量的'不'"[3]。正是在这个意义上，他后来承认"为什么有有而无无"这个问题其实问得不知所云，因为无要发生，有就必须发生。[4] 由此，海德格尔对是之本质的认识也发生了变化，他发现是的本质就是拒绝。"在此间之是中，并且作为此间之是，是涵有真，而真自身则把是揭示为拒绝，作为暗示和回退的领域，亦即寂静之领域。在其中，最后之神的到达和离去才首先得到决定。"[5]

对无的吸纳

海德格尔曾经总结过三种对无的理解。"第一，形而上学的'无'的概念（黑格尔：未被决定的非中介性）；第二，在是之历史性思考中的'无'的概念（消除）；第三，是之历史性的'无'的概念（是之作用的无极之基）。在此，'无'不再与那种仅具'非'之本质的东西有任何相似的表面性。因为无极之基正是作为馈赠的玄同而发生的发生着的拒绝。"[6] 这大概也能反映出海德格尔本人对无的认识的三个层面。另外，他也把西方思想史上对无的理解划分为两个不同的阶段："第一，从形而上学的角度，探讨的是是者由以产生的原因，而'无'作为无就被消灭和压制。在此，是者被认为是可以表象和制造的，而'无'则是对'是者

---

[1] 参见海德格尔：《荷尔德林的颂歌〈日耳曼尼亚〉与〈莱茵河〉》，第151页。Martin Heidegger, *Hölderlin's Hymns "Germania" and "The Rhine"*, p. 114.

[2] 参见海德格尔：《海德格尔文集·讨论班》，第436页。Martin Heidegger, *Four Seminars*, p. 57.

[3] 参见海德格尔：《海德格尔文集·尼采》上卷，第69页。Martin Heidegger, *Nietzsche Volume I: The Will to Power as Art*, trans. by David Farrell Krell, Harper & Row, 1991, p. 61.

[4] Martin Heidegger, *Mindfulness*, p. 229.

[5] 参见海德格尔：《海德格尔文集·哲学论稿（从本有而来）》，第26页。Martin Heidegger, *Contributions to Philosophy (Of the Event)*, p. 18.

[6] Martin Heidegger, *Mindfulness*, pp. 269-270.

整体'的否定。第二，从历史之是的角度来探讨，'为何有有而无无'这个问题的含义是：是者是在何种基础上获得优先性，从而使是仅仅成为一个附属物？在何种基础上'无'的力量被压制？'无'在此从其对是的归属并作为是的无极之基得到理解。"[1] 无论如何，如果说海德格尔在其思想的早期阶段主要是从逻辑与生存体验等方面认可无的话，那么在其思想的成熟阶段，并且作为这种成熟的重要标志之一，他把无纳入了自己的思想体系，并使之成为一个具有核心地位的范畴。

事实上，海德格尔在接受黑格尔关于纯粹的是即纯粹的无这个命题的同时，就已经超越了这种简单的辩证逻辑，并把无视为是的条件和前提。"是与无的确相互归属，但并非因为它们从黑格尔思想的角度来看都具有无规定性与直接性，而是因为是本质上是有限的，因而只能通过向无延展的人的超越性才能显现自身。"[2] 海德格尔进一步指出："只有基于对无的本源性揭示，人的生存才能接近并穿透是者。因为人的生存本质上与他所不是和他所是的是者相关，所以他作为这样一种生存者在任何情况下都来自已经被揭示的无。人（此间之是）的意义就是：向无延展之是。""人在向无延展中，在任何情况下都已经超越了作为整体的是者。……如果人在本质基础上不具超越性，也就是说如果他事先并未向无延展，那他就不可能与是者相关，甚至不能与其自身相关。""如果没有无本源性的显现，就没有自我，也没有自由。"[3] 这里无主要被理解为非限定性，是对人自身可能性的延展，因而是对是的超越。海德格尔曾经通过一位日本学者之口表达了这样一种对无的理解："在西方，本源是以某种方式存在之物，是某种形象化的东西。禅宗中的本源则是无定形的，是非—是者。但这种'非'并不是单纯的否定。这个无不受一切形式约束，因此作为完全无定形之物，它能够完全自由地运动，总是而且处处完全自由地运动。"[4]

无作为无约束和无限定的状态就是自由。当然，这个意义上的无作为是的条件与前提，需要通过人这样一种向无敞开的特殊的是者，通过人对自身的超越而实现。海德格尔指出，要回答人之本质的问题，既不能在经

---

[1] Martin Heidegger, *Mindfulness*, pp. 323-324.

[2] 参见海德格尔：《形而上学是什么？》，载《海德格尔文集·路标》，第 140 页。Martin Heidegger, "What Is Metaphysics?," in *Pathmarks*, pp. 94-95.

[3] 参见同上书，第 134 页。Ibid., p. 91.

[4] 参见海德格尔：《艺术与思想》，载《海德格尔文集·讲话与生平证词（1910—1976）》，第 662 页。

验上把人作为给定的对象加以研究，也不能基于他自己提出的一套关于人的人类学。人具有超越性，就在于他能够成为他尚且不是的自己。因此，关于人的问题之所以有意义、之所以具有合法性，原因就在于它来自哲学的核心问题本身。"这个问题让人超越自身而进入是者整体，目的是让他呈现他在此拥有的全部自由与他的此间之是的无。这种无并非悲观和消沉的理由，而是让我们理解，哪里有对抗，哪里才有真正的活力。"[1]

在这个意义上，是与无不可分离、互为条件的关系就显现出一种新的含义。当然，海德格尔认为，从根本上说，是仍然是无的基础："我们在思想中探索前行，走得比黑格尔所思更远，但不可能比是更远，因为是就'是'无。其结果就是，对是的沉思必然揭示摆在前台的那个'为什么'的问题其实是一个假问题，并且证明无的起源是如何关涉是的发生，以及基础的基础（即那个用'为何'的形式加以探问的东西）就在是的无极之基的维度中回响。"[2] 是就是无。正因为是就是无，所以"'无中只能生无'（ex nihilo nihil fit）这个古老的命题在此获得了另外一层含义，适合于是问题的含义，即从无中一切是者成其所是（ex nihilo omne ens qua ens fit）。只有在此间之是的无中，是者作为整体，才根据它们最恰切的可能性，即以确定的方式，成为它们自己"[3]。"此间之是的无"，指的仍然是不确定性和无约束性。也可以说，无是特殊的是，未被规定的是。

海德格尔就此认为，无乃是之最高馈赠："'无'并非对是者的否定，或者对是者性质的否定，亦非是的'贫乏'；它也不是体现为消除的褫夺。相反，'无'乃是最重要的、最高的馈赠。这一馈赠特立独行，把向着第一次跳跃的通透涵有的是作为无极之基呈送出来。这里的无极之基不应在形而上学意义上被理解为基础之不存在，而是建基之困厄的发生，这种困厄既非过量，亦非不及，而是是之'此'的困厄，即先于不足与过量的'此'的困厄。"[4] 无乃是之最高馈赠，这一馈赠把是呈现为无极之基；而所谓的无极之基，并非没有基础，而是基础之"此"的困厄，即在漂浮中有待确认的基础。无即是的不确定。

海德格尔正是在这个意义上指出："科学的存在具有简明性，这是由

---

[1] 参见海德格尔：《海德格尔文集·康德与形而上学疑难》，第 316 页。Martin Heidegger, *Kant and the Problem of Metaphysics*, p. 204.

[2] Martin Heidegger, *Mindfulness*, p. 229.

[3] 参见海德格尔：《形而上学是什么？》，载《海德格尔文集·路标》，第 140 页。Martin Heidegger, "What Is Metaphysics?," in *Pathmarks*, p. 95.

[4] Martin Heidegger, *Mindfulness*, p. 254.

于它以特定的方式与而且只与是者关联。科学意欲以优越的姿态将无抛弃。但通过我们对无的探讨，现在已经很清楚，只有预先向无敞开，科学化的存在方有可能。只有不放弃无，它才能理解自身之所是。当科学不能严肃对待无的时候，它所谓的思想清明和优越性就成为可笑之事。就因为无之显现，科学才能把是者作为其研究对象。"[1] 因此，是借无之力而成其为是。海德格尔相信："形而上学已经在是者的不可怀疑性中达到了它的终点，这种不可怀疑性把一切让渡给了是者（'实存者'、'有效者'和'有生命者'）的全能。在这样一个时代，沉思的第一个词，第一个呼唤是之力量的词，必须以'示喻'的方式说出来，而这个示喻的确在它的终点处已经说出了，那就是是即'无'。"[2]

无极之基

在前面的讨论中，已经有很多次不经说明地提及和引用"无极之基"这一海德格尔创造的表述。这个表述，以及它所表达的思想，是海德格尔关于无的思考的核心，也可以说是他后期思想的枢纽。

无极之基（Ab-grund）来自深渊（Abgrund）一词。海德格尔从 20 世纪 30 年代以后开始大量使用这个说法，比如，"由于神的缺场，世界失去了赖以立足的基础。深渊的原意指土壤和基础，是某物顺势而下落入其中的最低处。但在下文中，我们将把这个'Ab-'视为基础的完全缺失。基础是供植物扎根与站立的土壤。丧失基础的时代悬于深渊之上。假如这个荒芜的时代在某种意义上还有某个转折点，那么也只有当世界发生激进的变化，即明确转离深渊时，它才会到来。在世界暗夜的时代，人们必须经验和忍受世界的深渊。为此就必须有探入深渊的人们"[3]。"我们说到深渊，指的是对我们来说基础的消失或者缺失。"[4]

海德格尔指出了思想中无极之基这个意象的不可避免性，即作为基础的是自身的本源性，或者说是与思想相互发生的关系："我们着眼于基础

---

[1] 参见海德格尔：《形而上学是什么？》，载《海德格尔文集·路标》，第 141 页。Martin Heidegger, "What Is Metaphysics?," in *Pathmarks*, p. 95.

[2] Martin Heidegger, *Mindfulness*, p. 45.

[3] 参见海德格尔：《诗人何为？》，载《海德格尔文集·林中路》，第 303 页。Martin Heidegger, "Why Poets？," in *Off the Beaten Track*, pp. 200-201.

[4] 参见海德格尔：《语言》，载《海德格尔文集·在通向语言的途中》，第 3 页。Martin Heidegger, "Language," in *Poetry, Language, Thought*, p. 189.

（根据）思考是，通过基础的崩裂思考是。然而，如果不在一切思想之前率先思考是，这种思想如何能够发生呢？但'我们'思考是吗？还是说是'是'并且涵有了思想（不是任意表象的思想，而是对是的沉思），从而涵有了人的最本己之物？""沉思是被涵有的向着拒绝之通透的探寻，此通透既没有支撑之处，亦没有躲避之所，它只将自身作为对拒绝的通透加以扩展，直至无极之基，后者就是真的发生本身，就是是之真。""并非我们'带来'是之崩裂，亦非我们将其'作为'基础。相反，在作为拒绝的是的发生中，才第一次与无极之基一道，开启了被称为基础之物，以及通行于一切否定中的'无'，还有最初的跳跃。""我们永远不可能为是寻找某个'处所'，即某种高于人、超越人之物。是永远不能接受某种'秩序'。"[1] 很清楚，并非人思考是，而是是涵有人的思想；并非人开启通透，而是通透自身扩展到无极之基，这种通透就是真的发生。

海德格尔从几个不同的方面接近关于无极之基的思想。首先是解释学的研究。解释学是海德格尔早期思想的一个重要组成部分，他对解释学的贡献是扩展了解释学的循环的思想。解释学的循环指的是部分的知识与整体的知识、含混的知识与清晰的知识之间的循环。这是海德格尔在关于无极之基的思想尚未成熟之前，试图解决知识基础问题的一种尝试。解释学认为，人在对某一事物进行理解之前，总是拥有某种对其意义的预期，即意义的投射或者前概念，人根据这种预期对事物进行理解，在部分确证预期的同时又会有新的发现，于是人们又在此基础上再次投射，并据以对事物重新加以理解，如此循环往复，可能永无终止。[2]

解释学的循环不仅涉及解释者与被解释者之间关系的反复调整，也涉及解释者与自身关系的调整，因为解释既是对解释对象的理解，也是对解释者的一种再认识即自我理解，而这种自我理解又成为下一次解释学循环的前提。"当解释者意识到前概念的不可避免性，意识到哪一种前概念会得到澄清，以及以什么样的方式得到澄清，意识到在这样一种理解的过程中解释者也获得了对其自身的理解，那么，对文本的本真性的理解就发生了。"[3]

海德格尔大大深化了解释学的循环的思想，并将其上升为关于一般理

---

[1] Martin Heidegger, *Mindfulness*, pp. 110-111.
[2] Christopher Macann, "Hermeneutics in Theory and in Practice," in *Martin Heidegger: Critical Assessments*, Vol. II, ed. by Christopher Macann, Routledge, 1992, p. 226.
[3] Ibid., p. 227.

解的理论。他认为，理解的循环并非人在知识上无能的体现，相反是人的生存性先行结构的表达，是人的一种可能。理解的循环"表达的实际上是人本身生存性的前结构。这个循环不能被贬抑为哪怕是某种尚可接受的恶性循环。在此循环中隐藏了认识最本源的积极可能性，但它只有通过某种真正的形式才能加以把握，这就是理解已经认识到，它最初的、持续的以及最终的任务并非通过随机的想法和大众的观念使前占有、前视见和前概念让位于它，而是确保根据事物本身来发展这些观念以保证论题的科学性。因为就其生存论意义而言，理解就是人本身的能是，关于历史性知识的是论前提原则上超越了最精确的科学的严格性观念"[1]。

海德格尔以类似解释学循环的方式理解知识的终极基础的问题，即人是否有可能为作为理论的知识提供理论性基础的问题。"关于理论认识的问题能够通过某种关于认识的理论来解决吗？可以通过理论解释理论吗？实际上，人们也把逻辑学视为理论之理论。有这种东西吗？倘若这是一种欺骗呢？但这必定是可能的，因为不然的话，就不会有关于认识及其公理的科学，就不会有哲学基本科学，也根本不会有基础科学。但只要基础科学是理论性的，则循环就不可消除。认识摆脱不了自身。"[2]

海德格尔的方案并非寻找某种终结这种循环的终极因素。实际上，他要求思想坦然接受这一循环，并在接受中寻求新的突破。"一个人如何能够命名他尚在寻找之物？命名的过程就是寻找的过程。"[3] 他以对艺术的研究为例说明这种循环的不可避免："什么是艺术？这应当从作品那里获得答案。什么是作品？我们只能从艺术的本质那里去发现。显而易见，我们这是在绕圈子。通常的理智要求我们避免这种循环，因为它违背了逻辑。"但海德格尔认为，没有必要把思想的循环视为思想的缺陷。"我们不得不绕圈子。这并非权宜之计，也不是什么缺憾。踏上这条道路，乃思想的力量；保持在这条道路上，乃思想的盛宴——假若思想是某种技能的话。不仅从作品到艺术和从艺术到作品的主要步骤是一种循环，而且我们

---

[1] 参见海德格尔：《海德格尔文集·存在与时间》，第218—219页。Martin Heidegger, *Being and Time*, p. 148.

[2] 参见海德格尔：《哲学观念与世界观问题》，载《海德格尔文集·论哲学的规定》，第108页。Martin Heidegger, "The Idea of Philosophy and the Problem of Worldview," in *Toward the Definition of Philosophy*, p. 81.

[3] 参见海德格尔：《从一次关于语言的对话而来》，载《海德格尔文集·在通向语言的途中》，第107页。Martin Heidegger, "A Dialogue on Language," in *On the Way to Language*, p. 20.

所尝试的每一个具体步骤也都在这种循环中兜圈子。"[1]

海德格尔的解释学研究虽然没有直接涉及无和无极之基,但所谓"理解的循环"也表明了他超越某种"终极原因"的努力。至于他有关根据律的讨论,则是对无极之基这一思想的直接准备。海德格尔指出:"根据律说的是 hihil est sine ratione。人们将其翻译为:万物皆有根据。……我们的思想并没有为理解根据律付出特别的努力。为何如此?因为人类的思想,无论何时何地,只要处于活跃状态,都致力于为它所遭遇之物之所是与何所是寻找根据。思想寻找根据,指的是它需要一些特别的理由。思想需要为它的陈述和命题提供依据。"[2]

在西方哲学传统中,是者之是就是自其开端以来人们为万物找到的根据(ἀρχή, αἴτιον, principle)。海德格尔指出:"根据是这样一种东西,有了它,是者在变易、消亡或者持存中才得以是其所是,才成为可知晓、可处置和可制作之物。作为根据,是把是者带入呈现。根据显示自身为呈现。……依据实际呈现的方式不同,根据体现为物论意义上真实事物的原因、绝对精神辩证运动的中介、生产的内在历史进程,以及设立价值的力量意志。"[3]

海德格尔之所以强调人没有为理解根据律付出特别的努力,是因为人们接受根据律,并非认识到这一规律已经而且仍将得到证明,而是相信思想必须有这么一项原则。[4]"根据律既非一项判定,亦非一项规则。它只是把它所设定之物设定为必然。""人们可以保证说,这项原则所断言的东西是自明的,它既不需要检验,也不需要证明。"[5] 也就是说,根据律本身并没有根据,亦非理性的要求。这是一个人们几乎不敢也不愿多想的事实。"根据律在通往理性之路上投下了一道奇特的光亮,也向我们表明,如果我们试图插手这些基本原则与原理,那么我们就会进入一片晦暗不明,且不说充满危险的地带。""这一地带为很多思想家所知晓,尽管他们

---

[1] 参见海德格尔:《艺术作品的本源》,载《海德格尔文集·林中路》,第 2—3 页。Martin Heidegger, "The Origin of the Work of Art," in *Off the Beaten Track*, p. 2.

[2] 参见海德格尔:《根据律》,载《海德格尔文集·根据律》,第 5 页。Martin Heidegger, *The Principle of Reason*, p. 3.

[3] 参见海德格尔:《哲学的终结和思想的任务》,载《海德格尔文集·面向思的事情》,第 81 页。Martin Heidegger, "The End of Philosophy and the Task of Thinking," in *Basic Writings*, p. 432.

[4] 参见海德格尔:《根据律》,载《海德格尔文集·根据律》,第 21 页。Martin Heidegger, *The Principle of Reason*, p. 11.

[5] 参见同上书,第 11 页。Ibid., p. 6.

都合乎时宜地对其保持缄默。"[1]"我们到达了遭遇的深谷，但很多时候仅仅达于表面；有时我们也冒险深入，但几乎不敢走到思想深渊的边缘。"[2]

作为所谓的"健全理智"的体现，根据律总是要求"被揭示的事物具有无可置疑的特性，并且把一切沉思中的追问视为对健全理智的攻击，或者对后者的一种不幸的烦扰"[3]。因此，根据律阻断了人类思想的发展，封闭了人类思想的前景。"它就像是一道山脉，一道不可穿越的山脉，阻挡了人类的视野。作为最高的根本原则，根据律是某种不可溯源的东西，而正是这种东西制止了思想。"[4]

能否思考一种没有根据的根据？类似这样的东西，人们在观念中的确很难想象。但是海德格尔认为，思想也许可以思考有像无形[5]之物、相互矛盾之物，因为思想不限于表象。"我们的表象活动无处不在寻找根据。根据律没有根据，这对我们来说是不可想象的事情。但不可想象不等于不可思议，如果思想并不限于想象的话。"[6]而且从逻辑上说，根据律要有根据，它就必须没有根据，因为根据律不可能遵循根据律，否则就会导致一个令人难堪的矛盾：按照根据律，"所有的结果都需要某个原因。但最初的原因是上帝。因此，只有上帝存在，根据律才有效；但反过来，只有根据律有效，上帝才会存在"[7]。

海德格尔认为，哲学最基本的范畴"是"就没有根据，因而不可能服从根据律的指令。"如果没有是，我们就不能在任何方面质疑是者，因此是为我们提供了某种根据，在任何情况下其可靠性都不可置疑。但是，是并不像是者那样，能够成为我们可以依靠、可以栖身和可以抓住的根据和

---

［1］ 参见海德格尔：《根据律》，载《海德格尔文集·根据律》，第 23 页。Martin Heidegger, *The Principle of Reason*, p. 12.

［2］ 参见同上书，第 20 页。Ibid., p. 11.

［3］ 参见海德格尔：《论真理的本质》，载《海德格尔文集·路标》，第 232 页。Martin Heidegger, "On the Essence of Truth," in *Pathmarks*, p. 152.

［4］ 参见海德格尔：《根据律》，载《海德格尔文集·根据律》，第 95 页。Martin Heidegger, *The Principle of Reason*, p. 45.

［5］ 《淮南子·精神训》中说："古未有天地之时，惟像无形，窈窈冥冥，芒芠漠闵，澒濛鸿洞，莫知其门。"

［6］ 参见海德格尔：《根据律》，载《海德格尔文集·根据律》，第 37 页。Martin Heidegger, *The Principle of Reason*, p. 18.

［7］ 参见同上书，第 59 页。Ibid., p. 28.

基础。是拒绝这种角色,它拒绝一切根据,它没有根据。"[1] 这段话是理解海德格尔所谓无极之基的基础。当然,是没有根据,指的是它就是自身的根据。"是与根据共属一体。是从它与根据的共属关系中获得其本质。反过来说,是的支配作用来自根据的本质。根据与是'是'同一者而非等同者,'是'与'根据'以不同的名称表达了这种差异。是本质上就'是'根据。因此,根本不可能预先有某种根据为是建基,是没有根据。根据与是保持距离。正是在根据与是保持距离的意义上,是'是'无极之基。就是作为这种根据而言,它的确没有根据。'是'没有坠入根据律的轨道,只有是者才遵循这一原则。"[2]

海德格尔提出的关于是与根据的公式就是:"是与根据:同一者。是:无极之基。"[3] 他对此解释道:"从天命的角度来说,是'是'与根据同一者,正如是更本源的名称逻各斯所言。正因为是本质性地作为根据而成其为是,所以它没有根据。不过这并非因为它为自身建基,而是因为任何一种基础,甚至那个特别的自身建立的基础,都不适合作为是的根据。任何建基,甚至任何根据的表现,都不可避免地把是贬抑为某种是者。是作为是始终是无根据的。根据与是分离,也就是说,原本应该为是建基的根据,必须与是保持距离。是即无极之基。"[4] 无极之基就是没有根据的根据。

那么,如何统一"是与根据乃同一者"和"是即无极之基"这两个命题?海德格尔指出:"就是与根据乃同一者而言,是就'是'无极之基。就是乃建基者,而且仅就此而言,是没有根据。"是即某物之所是的根据。如果人们如此理解是与根据,那么就已经跳离以往思想的领域。但这一跃是否会落入无底深渊?是又不是。是,是因为现在不再能够从是者的角度解释是;否,是因为是现在才最终被思考为是。"作为有待思考之物,是自其真而来,乃尺度的给出者。思想必须根据这一尺度进行思考。当然,我们不可能通过某种计算和测量把握这一尺度及其给出的东西。对我们而言,它始终不可测度。但这种跳跃并没有让思想掉入彻底空虚意义上的无

---

[1] 参见海德格尔:《海德格尔文集·尼采》下卷,第 943 页。Martin Heidegger, *Nietzsche Volume IV: Nihilism*, p. 193.

[2] 参见海德格尔:《根据律》,载《海德格尔文集·根据律》,第 108—109 页。Martin Heidegger, *The Principle of Reason*, p. 51.

[3] 参见同上书,第 109 页。Ibid.

[4] 参见同上书,第 237—238 页。Ibid., p. 111.

底深渊，因为事实上它第一次让思想回应作为是的是，即是之真。"[1]

海德格尔也把无极之基比喻为一种游戏。"游戏没有'为何'，因游戏而游戏。游戏就是游戏，它是最高最深之物。""一切皆有根据。是与根据：同一者。是作为建基者没有根据。作为无极之基，它游戏着作为天命把是与根据传递给我们的游戏。"因此，"问题始终在于，倾听着这种游戏的律动，我们是否以及如何让自己合辙于这种游戏"。[2] 海德格尔借诺瓦利斯提出的问题，让人们体会这一似有还无、似无还有的最高原则："有没有一项原则，它不允许绝对的和平，它总是既吸引又排斥，一旦人们理解了它，它总又重新变得不可理解？它不停地刺激我们的思想，虽不会耗尽思想，却总是使其不得安宁？根据古老而神秘的示喻，上帝对于灵魂而言就是这种东西。"[3] 这个最高原则就是是，即根据。"是既是最空洞又是最丰富的东西，既是最普遍又是最独一无二的东西，既是最明白易解又是抗拒一切概念的东西，既是最常用又是尚未到达的东西，既是最可靠又是最深不可测的东西，既是被人遗忘最深又是最令人追忆的东西，既是被言说最多又是最难以言表的东西。"[4] 根据亦是如此。

因此，思想的基本原则必定有其晦暗不明之处。人必须心平气和地承认，这些原则的起源、设定各种命题的思想、被命名为此的位置之本质，"所有这一切对我们来说都还笼罩在一片幽暗之中。也许，这种幽暗遍在于所有时代的所有思想。人不可能消除它。相反，人必须学会承认这种幽暗之不可避免，而且使之免受那些试图破除一切幽暗的偏见的影响。幽暗区别于纯然无光的昏冥。幽暗是光明的奥秘，它在自身中保存光明。光明属于幽暗。幽暗具有自身的通透"[5]。老子对道的描述是："其上不皦，其下不昧，绳绳不可名，复归于无物。是谓无状之状，无物之象，是谓惚恍。"[6] 这与海德格尔此处关于幽暗的说法实有异曲同工之妙。

海德格尔用这么一句话终结了根据律："我们假定，通过只关注那些

---

[1] 参见海德格尔：《根据律》，载《海德格尔文集·根据律》，第 238—239 页。Martin Heidegger, *The Principle of Reason*, p. 111.

[2] 参见同上书，第 243—244 页。Ibid., p. 113.

[3] 参见同上书，第 25 页。Ibid., p. 13.

[4] 参见海德格尔：《海德格尔文集·尼采》下卷，第 944 页。Martin Heidegger, *Nietzsche Volume IV: Nihilism*, p. 193.

[5] 参见海德格尔：《思想的原则》，载《海德格尔文集·同一与差异》，第 144 页。Martin Heidegger, "Basic Principles of Thinking: Freiburg Lectures 1957," in *Bremen and Freiburg Lectures*, p. 88.

[6] 《老子》第十四章。

具有可证明性的东西原则上可以最终克服模糊性,但这又会导致一个基础性的假定,即甚至对哲学而言,本质性的东西一般来说也就是可以得到证明的东西。然而,这也许是一种错误。可以证明的东西可能仅仅是本质上无关紧要的东西,可能所有那些要求得到证明的东西并没有什么内在价值。"[1] 因此他提出,必须抛弃关于根据的"无理要求"。[2] 真正有价值的恰恰是那些无法证明的,可能也是无须证明的东西。

除根据律之外,海德格尔关于公理的基础问题的讨论也使他向无极之基的思想接近。他通过对公理的本质分析表明,公理作为一切知识的基础,其本身具有内在的不确定性。公理应该如何得到证明?显然不可能通过演绎,因为公理本身已经是第一位的或者说最根本的原则。公理也不可能通过归纳从事实中得出,因为它们是相关概念的基础,是某一事实能够概念化的前提,也是其能够得到辨识的前提。[3] 这实际上是亚里士多德关于一与多的关系中所存在的矛盾的重新表述,只不过他虽然指出了,但未能解决这个矛盾。

海德格尔对公理的基础提出了明确的质疑:"公理之先验有效性的证明本身不能通过经验进行。然而,哲学方法如何能够排除一切个体性的、条件性的、历史性的和偶然性的东西呢?这种建立在公理有效性基础之上的清晰的公理意识又是如何获得的呢?哲学方法真的可以如此建构,从而为超个体性的东西建基吗?"[4] 他借助亚里士多德的分析指出,知识的开端处是某种非知识的东西,即归纳,也是对本源的揭示,它的确通往普遍物,但并非知识。知识和演绎是从普遍物出发获得的东西。"任何知识都是某种教导（διδασκαλία）,即它总是要以某种知识自身不能解释的东西为前提。它是证明（ἀπόδειξις）,基于某种熟悉的和已知的东西说明某物。它总是已经使用了某种严格说来并非由它自身所进行的归纳得出的结果（ἐπαγωγή）,从一开始它就对'出发点'足够熟悉。因此,作为证明的知识总是假定了某种东西,而它所假定的恰恰就是本源。后者却是知识自身

---

[1] 参见海德格尔:《海德格尔文集·形而上学的基本概念:世界—有限性—孤独性》,第23页。Martin Heidegger, *The Fundamental Concepts of Metaphysics: World, Finitude, Solitude*, pp. 12-13.

[2] 参见海德格尔:《海德格尔文集·乡间路上的谈话》,第170页。Martin Heidegger, *Country Path Conversations*, p. 114.

[3] 参见海德格尔:《哲学观念与世界观问题》,载《海德格尔文集·论哲学的规定》,第35页。Martin Heidegger, "The Idea of Philosophy and the Problem of Worldview," in *Toward the Definition of Philosophy*, p. 26.

[4] 参见同上书,第40页。Ibid., p. 30.

所不能揭示的。"[1] 海德格尔因此认为，"既然知识不能证明它以之为前提的东西，那么知识这种去蔽形式就是有缺欠的。它既不能充分展示是者本身，亦不能揭示本源"[2]。

实际上，海德格尔早年的思考中就已经意识到知识基础本身存在的问题。他表示，关于是者的知识必须以某种独立于经验的、关于是者之是的结构的先验知识为基础。换言之，关于是者的有限性知识基于某种并不直接感知是者的知识，而这显然就是非有限的知识，比如某种直觉。当然，这种直觉又与关于是者的直接知识相关。[3] 海德格尔的感觉是："要超越这种循环，就必须有一门前理论的或者超理论的科学，在某种意义上也是非理论的、理论由之而来的真正本源性的科学。这门关乎本源的科学不仅不需要任何前提，而且因为它并非理论，所以它甚至不能够预设任何前提：它先于或者超越那个使关于前提的谈论显得有意义的领域。"[4] 因此，"形而上学的奠基就是对先天综合之内在可能性的投射"[5]。

需要指出的是，在知识的基础问题上，海德格尔一直拒绝"自明性"这样的说法，认为这是对哲学根本问题的逃避。"'自明的东西'，而且只有这种东西，即'通常理性的隐秘判断'（康德语）应当成为我们的分析的明确课题（作为'哲学家的事业'）。如果确实如此，那么在哲学基础概念的范围内，尤其是涉及'是'这个概念时，诉诸自明性就实在是一套可疑的程序。"[6]

海德格尔认为，从传统思想的角度来看，如果放弃自明性概念，那么只有上帝或者具有完全独立的实体性的实体能够作为终极原因。"实体性

---

[1] 参见海德格尔：《海德格尔文集·柏拉图的〈智者〉》，第 45 页。Martin Heidegger, *Plato's Sophist*, pp. 25-26. 亚里士多德的这段讨论，参见亚里士多德：《尼各马科伦理学》第六卷，苗力田译，载苗力田主编：《亚里士多德全集》第八卷，中国人民大学出版社 2016 年版，第 123 页。

[2] 参见海德格尔：《海德格尔文集·柏拉图的〈智者〉》，第 45—46 页。Martin Heidegger, *Plato's Sophist*, p. 26.

[3] 参见海德格尔：《海德格尔文集·康德与形而上学疑难》，第 47—48 页。Martin Heidegger, *Kant and the Problem of Metaphysics*, pp. 26-27.

[4] 参见海德格尔：《哲学观念与世界观问题》，载《海德格尔文集·论哲学的规定》，第 109 页。Martin Heidegger, "The Idea of Philosophy and the Problem of Worldview," in *Toward the Definition of Philosophy*, p. 81.

[5] 参见海德格尔：《海德格尔文集·康德与形而上学疑难》，第 47 页。Martin Heidegger, *Kant and the Problem of Metaphysics*, p. 26.

[6] 参见海德格尔：《海德格尔文集·存在与时间》，第 8 页。Martin Heidegger, *Being and Time*, p. 3. 康德的引文出自康德：《对人类学的反思》（Kant, *Reflexionen zur Anthropologie*, AA, Bd. XV, Walter de Gruyter & Co., 1928, p. 180）。

指的是实在性,即现成可见性,它本身不再需要一个其他的实体。严格地讲,一物的实在性,实体的实体性,实体之所是,指的就是在无须他求意义上的现成可见状态。它不需要任何制作者或者任何具有这种被造性质的实体。……就人的理解而言,只有一个实体能够对一切无所需求,这就是上帝。上帝是唯一能够满足这种意义上的实体性要求的实体。"[1]

除诉诸上帝之外,海德格尔指出,历史上的目的论哲学,特别是费希特的哲学,针对这个关于公理的难题提出的解决方案是把"应当"作为导出一切科学结论的基础。在费希特看来,"理性能够而且必须仅仅从自身得到把握;它的法则和规范不能从外在于它的环境导出。自我就是自我性的行动,它必须积极有为,其目的是应当。在行动中,它为自身设定边界,但只是为了能够对其加以扬弃。应当实乃是之基础"[2]。这种思想就导向了所谓的"价值哲学"。

海德格尔对两位具有代表性的价值论哲学家文德尔班和李凯尔特的思想进行了批判性分析。文德尔班认为,目的论哲学或价值哲学可以提供对绝对有效性的把握,从而超越相对主义和历史主义。"理性价值的构成内容首先由历史显现出来,那是批判哲学的真正机制。文化生活在历史中的形成是批判性的、目的论反思的真正经验性的时机。历史不仅揭示了形式的多样性,而且由此预防了相对主义……历史进程中这些形式的持续变化保护哲学免受历史主义之害,使之不至停滞于某些由历史决定的特定形式而放弃对绝对有效性的追求。这一追求是哲学坚定不移的目标,与之相应的方则是目的论方法,即反思作为对一切事物进行批判性价值判断的理想原则中的应当。"[3] 李凯尔特则把认识的目标设定为"价值",并且指出:如果"认识的目的,也就是真,是一种价值,那么这种价值根本不需要宣称自身为某种应当。价值是自在自为之物而非应当,但它同样也并非某种是。价值不'是',价值在不及物的意义上'评价',即赋予价值。它对我有价值,对价值体验的主体有价值"[4]。

可以看出,目的论哲学和价值哲学是在看清不可能通过理性证明基本

---

[1] 参见海德格尔:《海德格尔文集·时间概念史导论》,第265页。Martin Heidegger, *History of the Concept of Time: Prolegomena*, pp. 172-173.

[2] 参见海德格尔:《哲学观念与世界观问题》,载《海德格尔文集·论哲学的规定》,第41页。Martin Heidegger, "The Idea of Philosophy and the Problem of Worldview," in *Toward the Definition of Philosophy*, pp. 30-31.

[3] 参见同上书,第42—43页。Ibid., p. 32.

[4] 参见同上书,第51页。Ibid., pp. 38-39.

公理即某种最终依据的情况下,试图通过目的、应当和价值这些范畴予以替代。虽然相关思想家各执一词,海德格尔对他们也多有批判,但显然也受到他们的影响。只不过,海德格尔放弃了他们那种把知识基础诉诸某种意志因素的尝试,仍然试图通过思想解决思想基础的问题,因为他始终相信"哲学是某种立足于自身的、终极的东西"[1]。"一切都取决于从模糊不确定而又以某种方式可理解的指示内容出发,将理解带入正确的视野。"[2] 海德格尔因此转向直觉。他引用康德的话指出:"'一种认识,无论以何种方式和通过何种手段与对象相关,都是通过直觉与它们直接关联,而作为手段的一切思考也都导向直觉。'""要理解《纯粹理性批判》,我们必须牢牢记住这一点,即认识首先就是直觉……一切思想都为直觉服务。"[3]

以上所有这些思考汇聚到一起,最终成为海德格尔关于无极之基的思想。无极之基就是没有根据的根据,没有基础的基础。是根据又非根据,是基础又非基础,从而以非逻辑的方式为基础和根据的问题提供了一种可能的回答。海德格尔写道:"在无极之基中,思想不再有根据。它陷入无底深渊,没有任何承载物。然而思想必须被承载吗?显然需要,因为思想并非自我包裹、自我支配的行动,也不是某种自我驱动的玩具。思想从一开始就指向有待思想之物,它被后者召唤而来。""那么,是否在任何情况下发挥承载作用的东西都必须具有承载者的特性,即某种被形而上学表象为实体或者主体的东西呢?绝非如此。像思想这样的东西也可以在悬浮中被承载。诚然,要决定思想究竟如何能够悬浮,又是从何处得到这种悬浮,需要恰切的经验和沉思。两者如此独特,也许它们只能从玄同中成长起来。"[4]

也就是说,海德格尔认为思想的基本原则产生于思想的跳跃而非逻辑的推演或者经验的总结。"那些在特别的意义上被称为思想的基本原则的

---

[1] 参见海德格尔:《海德格尔文集·形而上学的基本概念:世界—有限性—孤独性》,第 5 页。Martin Heidegger, *The Fundamental Concepts of Metaphysics: World, Finitude, Solitude*, p. 2.

[2] 参见海德格尔:《海德格尔文集·存在论(实际性的解释学)》,何卫平译,商务印书馆 2016 年版,第 95 页。Martin Heidegger, *Ontology—The Hermeneutics of Facticity*, trans. by John van Buren, Indiana University Press, 1999, p. 62.

[3] 参见海德格尔:《海德格尔文集·康德与形而上学疑难》,第 30 页。Martin Heidegger, *Kant and the Problem of Metaphysics*, p. 15.

[4] 参见海德格尔:《思想的基本原则:1957 年的弗莱堡演讲》,载《海德格尔文集·不莱梅和弗莱堡演讲》,第 184—185 页。Martin Heidegger, "Basic Principles of Thinking: Freiburg Lectures 1957," in *Bremen and Freiburg Lectures*, p. 145.

命题,当我们充分思考它们的时候,它们把我们引向了无极之基。但是,无极之基不可说明,如果说明,就意味着把作为根据的东西置于当前和作为基底的东西带入显现。那么,我们还能如何思考那些把我们的思想带入无极之基的命题呢?只有当思想放弃自己的一切基础之时,方能抵达它的无极之基。在这种放弃中,假设与命题都已经发生改变。此时,原则不再意味着设置(θέσις),而是意味着跨越(saltus)。原则变成跳跃。建基的原则就是放弃自己的一切根据,跃入思想的无极之基中的跳跃。"[1]"因此,我们应该以无有(无极之基)和无无有(无无极之基)的方式来思考起源。当然,对于长期以来为思想提供权威和尺度的习惯性表象来说,这是一种大胆的要求。"[2]

海德格尔针对技术时代思想的跳跃指出:"跳跃指的是从世界——历史的意义上决定着我们的时代的思想转变。如果这种转变能够发生,那么它需要的就是离开已经成为算计的思想的跳跃。跳跃固然始于跳离,但如何跳跃以及跃往何处已经预先由跳跃所决定,而且只能由它决定。人在这一思想的跳跃中能否成功,以及能跃出多远,这并不取决于人自身。相反,我们的任务就是为跳跃做好准备,即指导我们的思想到达起跳处。"[3]

总的来说,可以认为海德格尔关于无极之基的思想包含四个方面的内容。首先,无极之基意味着有与无得以区分之前本源性的统一,而这种统一的属性趋向于无,因为人们对之无法规定、无从限定。海德格尔提出可以从时空源初统一的角度来理解无极之基。"无极之基是基础的本源性发生。基础是真之本质。如果因此把时空把握为无极之基,并且反过来,以时空的方式对无极之基进行更确切的把握,那么回转关系以及时空对真之本质的归属就被开启了。""无极之基乃时空的原始统一,这个统一作用的统一体首先让它们分而自立。"[4]这种理解类似中国传统思想中先于阴阳有无之分的太一,或者如老子所说,有与无"此两者同出而异名,同谓之

---

[1] 参见海德格尔:《思想的基本原则:1957年的弗莱堡演讲》,载《海德格尔文集·不莱梅和弗莱堡演讲》,第134页。Martin Heidegger, "Basic Principles of Thinking: Freiburg Lectures 1957," in *Bremen and Freiburg Lectures*, p. 105.

[2] 参见海德格尔:《海德格尔文集·乡间路上的谈话》,第194—195页。Martin Heidegger, *Country Path Conversations*, p. 130.

[3] 参见海德格尔:《思想的基本原则:1957年的弗莱堡演讲》,载《海德格尔文集·不莱梅和弗莱堡演讲》,第135—136页。Martin Heidegger, "Basic Principles of Thinking: Freiburg Lectures 1957," in *Bremen and Freiburg Lectures*, p. 106.

[4] 参见海德格尔:《海德格尔文集·哲学论稿(从本有而来)》,第453—454页。Martin Heidegger, *Contributions to Philosophy (Of the Event)*, p. 299.

玄。玄之又玄，众妙之门"[1]。玄之又玄，即无极。

海德格尔曾经引用艾克哈特关于上帝是纯粹的无的一段话，表达了这样一种被理解为无的万物之源。"'上帝在其自身的意义上是无，并且相对于一切被造物的概念来说也是无。'所以上帝对他自身而言是他的无，也就是说，他是最普遍的是者，是一切可能性中最纯粹的未决定的可能性，从而是纯粹的无。与一切被造物的概念、与一切被决定的可能的和现实的是者相对，因此上帝是无。"[2]

其次，无极之基就是是，但这是本源性的是。海德格尔指出："是与'无'的同一性确证了是绝不可能是先于一切是者的'某种被消除的东西'，因为是乃任何是者建基于其中之物发挥作用的无极之基。然而，无极之基并非某种'绝对的'、超然的、自身持续的是者，而是到来者的玄同。"[3] 也就是说，这里并不存在某种发生学意义上的顺序，并非无先于有（是），是先于是者，并且前者被后者所取代。这段话中出现了五个词：无、是、是者、是者建基于其中之物，以及玄同。这五个词指的都是同一者，但表达的角度有所不同。

无极之基这个本源性的是，其通透的发生即真就是玄同。"作为承载着、允让着的前出，真乃是之基础。这个'基础'并不比是更原始，它作为基础的意义即让是，即玄同，通过某种跳跃得以抵达。""但真依然是作为无极之基而源初建基的基础。"[4] 无极之基的跳跃意味着逻辑的断裂，它需要从时间与空间的统一性中得到理解，这种统一的产生就是玄同。因此，"真作为无极之基的基础。并非来源意义上，而是归属意义上的基础"[5]。

再次，是从肯定的角度，强调无极之基意味着一种可能性。"'空虚'实际上是尚未被决定者和将被决定者的充盈，是指向基础的无极之基，是是之真。"[6] 因此，无极之基即无与自由，是踌躇中的建基，从而是一种

---

[1]《老子》第一章。
[2] 参见海德格尔：《海德格尔文集·现象学之基本问题》，丁耘译，商务印书馆2018年版，第127页。Martin Heidegger, *The Basic Problems of Phenomenology*, trans. by Albert Hofstadter, Revised Edition, Indiana University Press, 1982, p. 91.
[3] Martin Heidegger, *Mindfulness*, p. 338.
[4] 参见海德格尔：《海德格尔文集·哲学论稿（从本有而来）》，第459页。Martin Heidegger, *Contributions to Philosophy (Of the Event)*, p. 303.
[5] 参见同上书，第412页。Ibid., p. 273.
[6] 参见同上书，第457页。Ibid., p. 302.

可能，也是真的发生。"无极之基乃基础的缺场，即自我遮蔽的基础，以拒绝给出的方式体现的自我遮蔽。但拒绝并非无；相反，它是典型的、源初形态的未充盈和空虚，从而是典型的开放。""无极之基是源初本质性的通透中的遮蔽，是真的本质发生。"[1] "'缺场'作为基础的（踌躇中的）拒绝，就是作为无极之基的基础的本质发生。基础需要无极之基；而且，在拒绝中发生的通透也并非单纯的空洞和裂隙（混沌与自然的对立），而是被调谐的此一通透之是的本质性离去的姿态，这种被通透之是才让自我遮蔽在其中发生。"[2]

海德格尔强调，真正的思想没有根据，而是提供一种自由。"真正的思想由'跳跃'而发生，因为它忽略了解释的桥梁、扶手和阶梯，后者只能从是者到是者，因为它执着于'事实'的'土壤'。然而这片土地充满裂隙，承载不了任何重荷。我们不顾一切所抓住的是者不过是是之遗忘的结果，虽然是仍然在其中呈现。是并非根据，而是根据的缺场。之所以这么说，是因为它从一开始就摆脱了'土壤'和'根据'，而且并不需要它们。是，即是者的'它是'，并非是者自产之物，并非能够从是者中抽取出来，并站立于是者之上，如同立于自身的基础。是者只会产生是者。是不产生于任何物，所以没有基础（根据）。……是本身是那片开放域，在其中每个是者都被解放而获得自由。一切被去蔽之物都在是的开放中，即在无极之基中得到保护。"[3] "在无极之基中，一切基础的坚固性和可区分性都消失不见，一切趋向开始破晓的、崭新的持续的生成。"[4]

人因此完全可以对物采取开放的、无所持守的态度，"故常无欲以观其妙"[5]。"只有将我们的生存置入作为整体的此间之是的根本可能性，哲学才得以展开。为实现这种置入，至关重要的是：第一，赋予是者整体以空间；第二，让我们自己置身于无之中，摆脱人人皆有并且往往暗中皈依的偶像；第三，扫除一切飘摇不定，让思想回落到无向形而上学提出的根本

---

[1] 参见海德格尔：《海德格尔文集·哲学论稿（从本有而来）》，第 454 页。Martin Heidegger, *Contributions to Philosophy (Of the Event)*, p. 300.

[2] 参见同上书，第 456 页。Ibid., p. 301.

[3] 参见海德格尔：《海德格尔文集·巴门尼德》，第 219—220 页。Martin Heidegger, *Parmenides*, p. 150.

[4] 参见海德格尔：《荷尔德林的颂歌〈日耳曼尼亚〉与〈莱茵河〉》，第 125 页。Martin Heidegger, *Hölderlin's Hymns "Germania" and "The Rhine"*, p. 96.

[5] 《老子》第一章。

问题：为何有有而无无？""只有向无开放，人之生存方可与是关联。"[1]

最后，"无极之基即基础的缺场"[2]。但又并非基础真正的缺场，即一切基础或者根据的缺乏。相反，无极之基指的是没有根据的根据，或者说根据悬置中的根据，即跳跃。海德格尔指出："作为无极之基，是特别地'是'无与基础。""无区别于是（有），这种区别向无极之基敞开：无是一切基础（一切支撑、一切保护、一切尺度、一切目标）的消除，因而它就是向着拒绝开放的玄同，因而属于是的发生，但又与是绝非'同一回事'，因为它并非根本性的充盈。首先，无并非充盈，因为它是非基础。"[3]

无极之基是一切基础消除，因而是彻底的开放与自由，但并非对基础的绝对否定；相反，"它是从被遮蔽的广度和基础的遥远性对基础的肯定"。"无极之基并非'否定'，而是踌躇中的拒绝。的确，如果直接（'从逻辑上'）理解，这两者都包含某种'不'，但这种踌躇中的拒绝恰恰是因应的最初和最高的闪现。"[4] 所谓"踌躇中的拒绝"，类似有中之无与无中之有，既有还无与既无还有，所以海德格尔称之为一种"之间"。

通过无极之基这个表述，海德格尔试图表达的是某种自由，即对逻辑或者必然的超越。"对于生长而来之物的必然性，以及创造者的无极之基的特性，人们同样缺乏意识。"[5] 主宰着生长而来之物的是必然，但对于创造者来说，就必定存在某种超越必然的因素，这就是"无极之基"。海德格尔也把这种在无极之基中的思想称为"诗性的示喻"："就是者的本质并非某种我们可以碰巧在路边拾起之物而言，本质之思是一种创造性的投射。这种本质的投射固然有其限制和根据，即不会出于无限制的想象和无根据的念头。这种思考始终是诗人的思考。投射并非概念性的思考，因为不可通过概念对是加以把握。投射是一种建基的思想，在诗性

---

[1] 参见海德格尔：《形而上学是什么？》，载《海德格尔文集·路标》，第 142—143 页。Martin Heidegger, "What Is Metaphysics?," in *Pathmarks*, p. 96.

[2] 参见海德格尔：《海德格尔文集·哲学论稿（从本有而来）》，第 453—454 页。Martin Heidegger, *Contributions to Philosophy (Of the Event)*, p. 299.

[3] Martin Heidegger, *Mindfulness*, p. 78.

[4] 参见海德格尔：《海德格尔文集·哲学论稿（从本有而来）》，第 464—465 页。Martin Heidegger, *Contributions to Philosophy (Of the Event)*, p. 306.

[5] 参见同上书，第 50 页。Ibid., p. 33.

示喻中的思想。"[1] 因此,"所有的智慧可能就只在于更高程度的沉思中的猜测"[2]。当然,海德格尔也以比较温和的方式指出:"是之思想在是者中找不到任何根据。本质性的思想留意的是不可计算之物有节律的迹象,并且在其中识别出不可回避之物不可预见的到达。这种思想专注是之真,并帮助真之是在历史性的人类中寻找居所。"[3]

第三节　思想的因应

一种新的思想——对可能性的探求

为克服当代西方思想的危机,海德格尔呼吁一种真正的思想,一种在西方历史上尚未出现过的自由的思想。他表示:"不涉及是者思考是就意味着不考虑形而上学思考是。但是,甚至在超越形而上学的意图中,形而上学的影响依然存在。所以,我们的任务就是终止一切超越,让形而上学自生自灭。"[4]

正如海德格尔所说:"就眼下情形而言,重要的是一如既往地去操心这样一件事情,即通过不懈的努力为自古以来有待思想又尚未被思想的东西准备一片领域。从这片领域的运作空间而来,尚未被思想的东西才要求思想。"[5] 海德格尔把这种思想称为"沉思"(Besinnung/Reflection)。"沉思的本质不同于科学意识和科学知识,也不同于智识的教化与培养。"它"是平静的,是放任思想追随值得追问之物"。"通过如此理解的沉思,我们事实上抵达了我们不曾经验也不曾看透,但长期逗留之处。在沉思中我们得以接近一个场所,由此出发,方才开启一片空间,在一切时代我们所

---

[1] 参见海德格尔:《荷尔德林的颂歌〈日耳曼尼亚〉与〈莱茵河〉》,第 197—198 页。Martin Heidegger, *Hölderlin's Hymns "Germania" and "The Rhine"*, p. 149.

[2] 参见海德格尔:《海德格尔文集·乡间路上的谈话》,第 79 页。Martin Heidegger, *Country Path Conversations*, p. 53.

[3] 参见海德格尔:《〈形而上学是什么?〉后记》,载《海德格尔文集·路标》,第 366 页。Martin Heidegger, "Postscript to 'What Is Metaphysics?'," in *Pathmarks*, p. 237.

[4] 参见海德格尔:《时间与存在》,载《海德格尔文集·面向思的事情》,第 36 页。Martin Heidegger, *On Time and Being*, p. 24.

[5] 海德格尔:《前言》,载《海德格尔文集·演讲与论文集》,第 1 页。

做和未做之事都包含于其中。"[1]

晚年的海德格尔不止一次强调，沉思甚至不能被称为思想，而只是对思想的准备："我们所讨论的思想之所以微不足道，是因为它的任务只是做准备，因而并不具有建基的特点。它满足于唤起人们对某种可能性的期待，而后者的轮廓依然模糊不清，它的到来尚不确定。""我们所说的准备性的思想并不希望，也不可能预见未来。它只是尝试对当下述说，述说很久以前，在哲学开端之时，并为了这种开端而被述说，但并没有得到明确思考之物。"[2] 也就是说，沉思思考的是从源头上看另一种思想的可能。

新的思想应该超越概念与体系的思想方式。海德格尔指出："包括亚里士多德在内的伟大的希腊思想家从来不使用概念。""它实事求是地思想。这就意味着思想保持在自己的道路上。这是通往值得追问之物的道路。"[3] 对这种追问态度的坚持把思想家亚里士多德与所有的亚里士多德主义者截然区分开来，后者伪造了问题，并提供一些看上去清楚明白的虚假答案。在不能提供此类答案的地方，可追问之物被视为成问题之物，而成问题之物又被贬抑为不确定之物。人们因此需要某种可以把一切包裹在内的全面保护，而能够发挥这种作用的就是体系（σύστημα）。"通过概念进行体系化和体系建构而形成观念，成为支配性的思想方式。"[4] 然而，"对希腊思想来说，概念和体系同样是陌异之物。因此，希腊思想与更具现代特征的克尔凯郭尔和尼采的思想方式具有根本区别，后者的确以反体系的方式思考，但正因为如此，其仍然成为体系的俘虏"[5]。海德格尔呼吁："关键在于大胆一试，把我们惯常的表象方式转变为一种因为简单而让人们感到陌生的思想经验。"[6]

海德格尔之所以反对概念与体系的思想方式，是因为他相信这种方式并不能提供真正的思想。海德格尔指出，由于科学技术的统治地位，人们

---

[1] 参见海德格尔：《科学与沉思》，载《海德格尔文集·演讲与论文集》，第 69 页。Martin Heidegger, "Science and Reflection," in *The Question Concerning Technology and Other Essays*, p. 180.

[2] 参见海德格尔：《哲学的终结和思想的任务》，载《海德格尔文集·面向思的事情》，第 86—87 页。Martin Heidegger, *On Time and Being*, pp. 60-61.

[3] 参见海德格尔：《海德格尔文集·什么叫思想？》，第 247 页。Martin Heidegger, *What Is Called Thinking?*, p. 212.

[4] 参见同上书，第 248 页。Ibid., pp. 212-213.

[5] 参见同上书，第 249 页。Ibid., p. 213.

[6] 参见海德格尔：《海德格尔文集·荷尔德林诗的阐释》，第 183 页。Martin Heidegger, *Elucidations of Hölderlin's Poetry*, p. 177.

陷入一种错误观念，认为通过科学可以获得知识，而且思想必须服从科学的管辖。"但是，一位思想家能够述说的独到之物，既不能被逻辑和经验证明，也不能被其反驳，它也并非关乎信仰的事情。我们只有在追问中、沉思中瞥见它。我们由此瞥见的东西，才是值得追问的东西。"[1] 就此而言，要了解思想，首先就必须远离思想。"如果说思想是人之本性的标志，那么，只有当我们远离思想时，才有可能洞察这种本性，即思想之本性的本质。"[2]

新的思想也反对由好奇心和求知欲驱动的认识。海德格尔指出，好奇心和求知欲是思想的敌人，因为它们使人无法在思想上停留下来进行真正的沉思。"对知识的渴求和对说明的贪欲永远都不会导向沉思中的探求。好奇心始终是一种自我意识被遮蔽起来的傲慢，它指望的是某种自我虚构的理性及其合理性。追求知识的意志并不欲求驻足于对值得思想之物的期望之中。"[3] 海德格尔提醒说："对我们而言，真之本质是什么？我们并不知道，因为我们既不了解真之本质，也不了解我们自己，不知道我们是谁。也许对真和对我们自己的这种双重无知是同一回事。但知道这种无知已是一件幸事，特别是对是而言，对思想的敬畏从属于它。思想不是知识，但也许比知识更具本质性，它在远处的遮盖中离是更近。"[4]

海德格尔表示，哲学是思想的尝试，也是思想的冒险，它与最高的不确定性为邻，同时也与最危险和最不可靠之物为邻，因此人们不应该指望从哲学中得到如何行动的答案，最多只能从中得到一些思想的启示。"如果哲学真的名副其实，是爱，是思乡，必须让自身保持在无中、保持在有限性中的话，那么上帝并不从事哲学思考。哲学是一切舒适与确信的对立面，它是人必得卷入其中的漩涡，因为只有如此才能如实把握此间之是。……没有人像哲学家那样每时每刻都如此接近错误的边缘。不明白这

---

[1] 参见海德格尔：《谁是尼采的查拉图斯特拉？》，载《海德格尔文集·演讲与论文集》，第127—128页。Martin Heidegger, "Who Is Nietzsche's Zarathustra?," in *Nietzsche Volume* Ⅱ: *The Eternal Recurrence of the Same*, p. 227.

[2] 参见海德格尔：《对泰然处之的探讨——从一次关于思想的乡间路上的谈话而来》，载《海德格尔文集·从思想的经验而来》，第37页。Martin Heidegger, "Conversation on a Country Path about Thinking," in *Discourse on Thinking*, trans. by John M. Anderson and E. Hans Freund, Harper & Row, 1969, p. 58.

[3] 参见海德格尔：《从一次关于语言的对话而来》，载《海德格尔文集·在通向语言的途中》，第99页。Martin Heidegger, "A Dialogue on Language," in *On the Way to Language*, p. 13.

[4] 参见海德格尔：《海德格尔文集·巴门尼德》，第237页。Martin Heidegger, *Parmenides*, p. 162.

一点的人，根本就对哲学意味着什么一无所知。"[1]

换言之，哲学只能给人提供一种漂浮于确定性与不确定性之间的知识，因此海德格尔甚至拒绝在哲学意义上使用可能性这样的概念。"我们对于哲学并不确定。难道哲学就不能拥有属于它自身的内在的、绝对的确定性吗？不能。因为我们对哲学的不确定并非哲学与我们的关系中的某种偶然属性，而是属于哲学本身，只要它的确是人的一种行为。哲学只有作为人的行为才有意义，哲学之真本质上是人的此间之是之真。哲学之真部分植根于此间之是的命运，而这一此间之是又在自由中发生。可能性、变化和困境都模糊不清。此间之是面临它不能预见的可能，经历它所不了解的变化，总是活动于它无力控制的困境之中。属于人之生存的一切，都同样本质地属于哲学之真。我们如此理解物，但我们的理解并不具有绝对的确定性，我们也不将其视为某种可能。可能性只是与假定中的确定性相伴的概念。我们对这一切的认识属于一个特殊种类的知识，它的特点就是漂浮于确定性与不确定性之间，我们只有通过哲学方可进入这种知识。"[2]人的此间之是即人在世界上的生存本身是自由而不确定的，作为对这种生存的真实反映，思想不可能具有确定性，否则只能窒息人的生存。

不将不迎，应物而不伤

与技术对物的逼迫及其在思想上的体现即对物的"研究"相比，海德格尔主张思想对物，特别是对是的因应。思想者不应该以主体的姿态去思想，而必须被是带入沉思。"简单地说，'理论'这个词意味着人与是的一种直观的关系，这种关系并非由人引发，相反，是首先把人置入这种关系。"[3]海德格尔在这个意义上指出："人们是否已经本源性地把握了思想的本质，我愿意让这个问题保持开放。毕竟，虽然把思想理解为表象活动的一般观念的确有可能是正确的，但却阻碍了我们去经验思想的本质起源。"[4]

---

[1] 参见海德格尔：《海德格尔文集·形而上学的基本概念：世界—有限性—孤独性》，第29—30页。Martin Heidegger, *The Fundamental Concepts of Metaphysics: World, Finitude, Solitude*, p. 19.

[2] 参见同上书，第28—29页。Ibid., pp. 18-19.

[3] 参见海德格尔：《海德格尔文集·巴门尼德》，第215—216页。Martin Heidegger, *Parmenides*, p. 147. 希腊语中理论（θεωρια）一词原本就具有"观看"的意思。

[4] 参见海德格尔：《海德格尔文集·乡间路上的谈话》，第60—61页。Martin Heidegger, *Country Path Conversations*, p. 41.

在 1942 年关于巴门尼德的讲座中，海德格尔就已经指出了他所倡导的思想方式与技术思想或者形而上学思想的不同。它只是对本质之物的"留意"，是对其有所期盼。知识就存在于这种留意和期盼中，海德格尔称之为"本质的知识"。所有的科学都以对象化的方式发生，是对事物的逼迫，是"拷问自然"，因而都是某种在认知上对是者的掌控与超越。"本质的知识则相反，作为留意，它面对是的回退。在这种回退之中，我们看到并觉察到的本质上更多，也就是说，我们看到和觉察到某种与现代科学严格程序的产物不同的东西。因为后者始终是有目的的，以行动、'制造'、运营和交易为'指向'的对是者的进击和干预。"[1]

留意则意味着思想对是的因应。海德格尔指出："哲学（φιλοσοφία）是真正实现的因应（Entsprechen），这种因应因其关注是者之是的示喻而述说。因应倾听着示喻的声音。作为是之声音而向我们示喻之物激发我们的因应。因此，'因应'就意味着从是者之是而来得到规定，即被安排（être disposé）。Dis-posé 的字面意思是被分解、被澄清，并由此而被置入与是者的关联。是之为是以某种方式规定着述说，让示喻协调于是者之是。因应必然而且始终是，而非偶然地和间或地是协调的因应。"[2]

正是在这个意义上，海德格尔表示，赫拉克利特与巴门尼德还不是哲学家，因为他们对智慧的爱是一种因应与协调，尚未被厄洛斯（Ἔρος）所规定，因而并非对智慧特别的欲求。"他们是更伟大的思想者。这里所谓的'更伟大'并不是对某种成就的评价，而是指示出思想的另一个维度。赫拉克利特和巴门尼德之所以'更伟大'，是因为他们依然与逻各斯相契合，也就是与一即一切（Ἕν Πάντα）相契合。"[3]

思想之所以是一种因应，是因为思想并不将其所思之物作为"研究"对象，相反，后者将思想包裹于其中。海德格尔在还没有放弃使用哲学这个概念的时候就表示："哲学根本没有对象。哲学是一种发生。哲学必须永不停息地更新它对是的理解（即属于是的是之开放中的是）。只有在这

---

[1] 参见海德格尔：《海德格尔文集·巴门尼德》，第 4—5 页。Martin Heidegger, *Parmenides*, pp. 3-4.

[2] 参见海德格尔：《这是什么——哲学?》，载《海德格尔文集·同一与差异》，第 19—20 页。Martin Heidegger, *What Is Philosophy?*, trans. by Jean T. Wilde and William Kluback, Rowan & Littlefield, 2003, pp. 76-77.

[3] 参见同上书，第 13 页。Ibid., p. 53.

种发生中,哲学之真才会展开出来。"[1] 他曾就关于语言的研究指出,人要探究语言的本质,其前提是已经对语言本身有所知晓。如果人们深思这一点,那么就会发现,思想并非提出问题,而是倾听被提问者的馈赠。当然,追问自古以来被视为思想的典型程序,这固然有其理由。思想越激进,越深入根本,深入一切是者的根源,则所思越深刻。思想的目标是寻求第一性的和终极性的根据,即物之所是及何所是,也就是其本质。被如此规定的思想本质上就是一种追问。海德格尔则提出了另一种思想的原则,即"追问乃思想之虔诚"。他自己表示:"这里所谓的'虔诚'取其古老意义,就是因应与顺从,在此就是因应思之所思。……思想的本真态度不可能是追问,而必须是对一切所问及之物的应允的倾听。"[2]

作为因应的思想首先意味着思想本身的"伟大的颠倒"。海德格尔指出:"它超越一切'价值重估'。通过这种颠倒,是者不再以人为基础,而是人以是为基础。"[3] 从另一个角度来看,这种新的思想"不再'关于'某物和表象客体,而是由玄同所涵有"。"这意味着人从'理性的动物'向此间之是的本质转变。"[4] 为此,思想中的人对物的态度需要发生根本性的变化。"一切探问可能都是倾听,甚至多半是倾听的意愿。"[5] 为了倾听,人必须放弃一切意欲即主体性的目标。"在我们关于思想的沉思中,我真正意欲的是无意欲。"[6] "无意欲即弃绝意欲,以此我们才能放下自我,或者至少准备放下自我,为发现一种并非意欲的思想之本质做好准备。"[7] 为反对意欲,海德格尔甚至认为,"一切革命都会陷于对抗,而

---

[1] 参见海德格尔:《海德格尔文集·形而上学导论》,第101—102页。Martin Heidegger, *Introduction to Metaphysics*, p. 90.
[2] 参见海德格尔:《语言的本质》,载《海德格尔文集·在通向语言的途中》,第165—166页。Martin Heidegger, "The Nature of Language," in *On the Way to Language*, pp. 71-72.
[3] 参见海德格尔:《海德格尔文集·哲学论稿(从本有而来)》,第215页。Martin Heidegger, *Contributions to Philosophy (Of the Event)*, p. 145.
[4] 参见同上书,第2页。Ibid., p. 5.
[5] 参见海德格尔:《海德格尔文集·乡间路上的谈话》,第25页。Martin Heidegger, *Country Path Conversations*, p. 16.
[6] 参见同上书,第48—49页。Ibid., p. 33.
[7] 参见海德格尔:《对泰然处之的探讨——从一次关于思想的乡间路上的谈话而来》,载《海德格尔文集·从思想的经验而来》,第39页。Martin Heidegger, "Conversation on a Country Path about Thinking," in *Discourse on Thinking*, pp. 59-60.

对抗就是奴役"[1]。这与他早年关于决断与行动的思想产生了巨大的差别。

为了说明无意欲的思想才能真正有所感悟，海德格尔引用艾克哈特的话指出："我们的主说'精神上贫乏的人有福了'，而这指的是那些清心寡欲之人。""你离开万物有多远，上帝及他的一切离你就有多近，一步不多，一步不少。"[2] 这正如庄子所提倡的"无为名尸，无为谋府，无为事任，无为知主"[3] 的思想境界。

海德格尔强调，真正的思想与科学之间具有根本性的区别。"科学研究是一种本质性的劳作形式，其日益增长的不间断性证明了这一点。与之相反，亚里士多德据说曾经表示，理论行为乃最高的闲暇形态。"[4] 因此，在科学与思想之间"没有桥梁，只有跳跃。今天人们试图建立各色权宜的通道与纽带，以便在思想与科学之间形成某种舒适的联系，这么做完全有害无益。就此而言，我们这些出身各门科学的人，如果已经准备好学习思想的话，就必须忍受思想中那些令人震惊与陌异之处。学习意味着让我们所做的一切回应本质性的东西向我们应允之物。……尤其是对我们这些现代人来说，我们只有停止学习，才能学习。就当下的任务而言，只有当我们彻底弃绝传统思想，才能学习思想"[5]。

海德格尔甚至呼吁："人们必须破除这样一种习惯，即高估哲学并对哲学要求过多。在当今世界的困境中，需要的是少一些哲学，多一些思想的专注；少一些文学，多一些文学的教养。"海德格尔在此基础上希望："未来的思想将不再是哲学，因为它会比形而上学思考得更具本源性，而形而上学指的就是哲学。但是，未来的思想也不可能像黑格尔要求的那样，放弃'爱智慧'这个名称而以绝对知识的形式变成智慧本身。思想正沉落入它暂时的本质之贫乏。思想把语言汇聚为简单的示喻。以这种方式，语言成为是之语言，正如云是天上的云。通过示喻，思想在语言上留下让人难以觉察的勾划，它们比农夫迈着缓慢的脚步，在田间犁出的沟垄

---

[1] 参见海德格尔：《海德格尔文集·乡间路上的谈话》，第48页。Martin Heidegger, *Country Path Conversations*, p. 33.

[2] 参见同上书，第152页。Ibid., p. 103.

[3]《庄子·应帝王》。

[4] 参见海德格尔：《海德格尔文集·乡间路上的谈话》，第52页。Martin Heidegger, *Country Path Conversations*, p. 35.

[5] 参见海德格尔：《海德格尔文集·什么叫思想?》，第11—12页。Martin Heidegger, "What Calls for Thinking?," in *Basic Writings*, pp. 373-374.

更不显眼。"[1]

当然,海德格尔认为未来的思想将不再是哲学这一点,并不影响他对哲学本身的反思。或者也可以说,在这个问题上他并不是太严格,有些时候也接受一种经过改造的、非传统意义上的哲学。这种新哲学的根本特点在于它具有决然的开放性,同时又不拒绝遮蔽,是温和的泰然处之。哲学乃无知之知,是对知识局限的洞察。海德格尔表示:"常识在其范围内对哲学完全正当的判断,其实并未切中哲学的本质,因为后者只有在其与作为整体的是者本源之真的联系中才得到决定。但是,由于真的完整本质包含着非本质,而且这一本质首先作为遮蔽而发生,所以哲学作为对这种真的探究就具有内在的矛盾。哲学思想是温和的泰然处之,它并不拒绝是者整体的遮蔽。哲学思想尤其是一种执着、决然的开放,但它并不打破遮蔽,而是把后者的完整本质邀约到理解的开放域,即进入其本身之真。"[2]

思想上的"泰然处之"与对技术世界的"泰然处之"有所不同,它表明了思想的态度与方式,类似于孔子所说的"毋意,毋必,毋固,毋我"[3],在对真的探求中因应而为,顺其自然,从而彻底超越西方传统的主体性思维。海德格尔指出:"泰然处之并非某种夸张的做作,而始终是内敛与任让。"[4] 他借一位学者之口表示:"虽然我还不知道'泰然处之'一词的意思;但我能约略猜测,当我们的本质被任让与某种并非意欲之物相交时,泰然处之就觉醒了。"并且认为:"也许在泰然处之中隐藏着更高的行动,比世上一切行动和人类的机巧都更高的行动……"[5] 海德格尔在这个意义上把人称为是之讯息的传递者。他指出,在物之显现中,某种包含着呈现者与呈现两重性的东西来到人的面前。只要人们倾听它的讯息,这种两重性就已经允让给人,虽然其本质尚不为人所知。也就是说,

---

[1] 参见海德格尔:《关于人道主义的书信》,载《海德格尔文集·路标》,第432页。Martin Heidegger, "Letter on 'Humanism'," in *Pathmarks*, p. 276.

[2] 参见海德格尔:《论真理的本质》,载《海德格尔文集·路标》,第232页。Martin Heidegger, "On the Essence of Truth," in *Pathmarks*, p. 152.

[3]《论语·子罕》。

[4] 参见海德格尔:《对泰然处之的探讨——从一次关于思想的乡间路上的谈话而来》,载《海德格尔文集·从思想的经验而来》,第71页。Martin Heidegger, "Conversation on a Country Path about Thinking," in *Discourse on Thinking*, p. 81.

[5] 参见同上书,第41页。Ibid., p. 61.

人被这种讯息所用,或者说人被其所要求。[1]

当思想者的姿态发生上述变化之际,"哲学就在柔和的严格与严格的柔和中,让是者整体是其所是,而其自身则成为一种探寻"[2]。海德格尔指出,形而上学思想与泰然处之的思想之间的根本区别在于:"一者一味利用大地,另一者则领受大地的恩赐,并且去熟悉这种领受的法则,为的是保护是之神秘并且保证可能之物的不可侵犯。"[3] 泰然处之意味着思想停止原本意义上的追问,只有如此,它才能真正了解思想。"如果说思想是人之本质的根本标志,那么我们只有在思想之外,才能真正恰切地看到这一本质之本质,即思想之本质。"[4] 海德格尔指出,泰然处之本身就不可能是某种刻意采取的态度,"只要我们至少能够弃绝意欲,我们就能促成泰然处之的觉醒"[5]。

这种对思想的因应的实例之一,就是海德格尔本人的《哲学论稿》。该书的英文翻译者之一瓦莱加-诺伊指出:《哲学论稿》提出的"开端性的思想"中的"开端性的"一词,在德文中是 anfänglich,它来自动词 fangen,含义是捕获。所以"开端性的思想就如其所是的那样,是一种'捕获'向其抛来之物的思想。它'捕获',或者抓取是的'抛掷',同时开端性地展开这种抛掷。因此,开端性的思想是在思想沉思是之真的时候,由是之真赋予的。换言之,当开端性的思想发生的时候,它发现自身被是之真所涵有。因此,是之真被思考为玄同。……这就暗示着玄同并不在与思想的分离中发生,而是在思想中,并且作为思想而发生"[6]。海德格尔自己也表示:"《哲学论稿》本质性的副标题'来自玄同'告诉我们的

---

[1] 参见海德格尔:《从一次关于语言的对话而来》,载《海德格尔文集·在通向语言的途中》,第128—129页。Martin Heidegger, "A Dialogue on Language," in *On The Way to Language*, p. 40.

[2] 参见海德格尔:《论真理的本质》,载《海德格尔文集·路标》,第233页。Martin Heidegger, "On the Essence of Truth," in *Pathmark*, p. 152.

[3] 参见海德格尔:《形而上学之克服》,载《海德格尔文集·演讲与论文集》,第105页。Martin Heidegger, "Overcoming Metaphysics," in *The Heidegger Controversy: A Critical Reader*, p. 89.

[4] 参见海德格尔:《海德格尔文集·乡间路上的谈话》,第99页。Martin Heidegger, *Country Path Conversations*, p. 68.

[5] 参见海德格尔:《对泰然处之的探讨——从一次关于思想的乡间路上的谈话而来》,载《海德格尔文集·从思想的经验而来》,第39页。Martin Heidegger, "Conversation on a Country Path about Thinking," in *Discourse on Thinking*, p. 60.

[6] Daniela Vallega-Neu, *Heidegger's Contributions to Philosophy: An Introduction*, Indiana University Press, 2003, p. 33.

就是，论稿并不是要谈论关于是之真的事，而是说它触发了思想中的示喻，它被玄同所涵有，并归属于是、归属于是的语词。"[1]

思想对是的因应，就是让思想从是那里获得其本质与起源。海德格尔指出："只有这种对是的思想才是真正无条件的"，因为它"只由自身所思之物，即是所规定"。"当思想（在创造性思想的意义上）从是那里得到其本质时，甚至当人（他唯一的坚守就是创造性的思想）第一次且只被是所涵有，则这种思想即哲学就达到了由它本身而来、由它自身中被思及者而来的最恰切的、最高的本源。"[2] 这正如《庄子》所言："至人之用心若镜，不将不迎，应而不藏，故能胜物而不伤，此乃圣人无常心也。"[3] 也就是庄子所述关尹、老聃之道："在己无居，形物自著，其动若水，其静若镜，其应若响。"[4]

思想中的因应就是对是的泰然处之，它需要人对开放域的开放，并与之玄同。"思想的本质，即对开放域的泰然处之，或许就是对真之本质的现出的决心。"[5]"泰然处之来自开放域，因为真正说来，泰然处之就是人经由开放域而向开放域保持任让。人本质性地任让于此，因为他本源性地归属于开放域。他属于此地，因为他开端性地被开放域所涵有，而且的确被开放域所涵有。"[6]"在开放域中泰然处之地驻留意味着高贵的宽宏。"[7] 真正的思想就是向着开放域的泰然处之。当然，这里所谓的开放域并非一个原本已经存在，只是等待人们进入的领域，而是人自身思想开放，向物任让，即泰然处之的结果，因此对物的泰然处之与开放域之开放，原本就是同一件事情的两个方面。

泰然处之意味着倾听，"因为可能在我们逗留其中的地带中，任何事

---

[1] Daniela Vallega-Neu, *Heidegger's Contributions to Philosophy: An Introduction*, p. 34. 并参见海德格尔：《海德格尔文集·哲学论稿（从本有而来）》，第2—3页。Martin Heidegger, *Contributions to Philosophy (Of the Event)*, p. 5.

[2] 参见海德格尔：《海德格尔文集·哲学论稿（从本有而来）》，第545—546页。Martin Heidegger, *Contributions to Philosophy (Of the Event)*, pp. 363-364.

[3] 《庄子·应帝王》。

[4] 《庄子·天下》。

[5] 参见海德格尔：《对泰然处之的探讨——从一次关于思想的乡间路上的谈话而来》，载《海德格尔文集·从思想的经验而来》，第71页。Martin Heidegger, "Conversation on a Country Path about Thinking," in *Discourse on Thinking*, p. 81.

[6] 参见海德格尔：《海德格尔文集·乡间路上的谈话》，第116页。Martin Heidegger, *Country Path Conversations*, p. 79.

[7] 参见同上书，第139页。Ibid., p. 94.

物只有在不被人干预之时方处于最佳状态"。"这是语词的地带,只有语词回答自身。""对我们来说,只需倾听适合词语的回答。……这就足够,哪怕我们的述说只是对我们所听到的回答的模仿。"[1] 海德格尔在此强调的是对物的倾听,因为只有在开放域中,物方始摆脱人的干预而成其为物。[2] 需要指出的是,在海德格尔的思想中始终存在着某种形式的语言中心主义,在这里也是如此。他在其他地方曾明确指出:"任何表达都是述说,但并非任何述说都必然是逻辑命题意义上的表达,因此作为表达的逻各斯就决不能被视为探求述说之本质的沉思的引线。但是,作为我们所刻画的'带出',述说也绝非思想上附加的语言表达。相反,思想从一开始就是述说,也许是一种开端性的述说,贯穿并且支配一切述说的方式。"[3] 海德格尔可以打破逻各斯对语言的支配,但仍然不能想象没有语言的思想,因为在他看来,最本源的思想就是"诗"。所以,他一方面强调在无人干预的情况下物处于最佳状态,另一方面又认为物所处的这个领域属于语言的领域,从而也就是人任让或者赋予的领域。这一点与中国的传统思想表现出明显的区别。因为在后者看来,真正的因应自然是一种"离形去知,同于大通"[4],"中欲言而忘其所欲言"[5] 的状态。

泰然处之不仅放弃一切认知的意欲,而且放弃对泰然处之本身的意欲。"这种放弃不再来自意欲,除非需要某种意欲的残余,让人归属于开放域;而这种残余也会在归属中消失殆尽,并且在真正的泰然处之之中变得无影无踪。"[6] 特别地,泰然处之就是把自身从先验表象中释放出来,因而是对视域要求的弃绝。[7] 这里的先验表象就是概念思考,因此泰然处之也意味着对概念思考的放弃。所谓的视域则是尼采哲学的一个重要概念,

---

[1] 参见海德格尔:《海德格尔文集·乡间路上的谈话》,第 113—114 页。Martin Heidegger, *Country Path Conversations*, p. 78.

[2] 参见同上书,第 133 页。Ibid., p. 91.

[3] 参见海德格尔:《思想的基本原则:1957 年的弗莱堡演讲》,载《海德格尔文集·不莱梅和弗莱堡演讲》,第 194 页。Martin Heidegger, "Basic Principles of Thinking: Freiburg Lectures 1957," in *Bremen and Freiburg Lectures*, pp. 152-153.

[4] 《庄子·大宗师》。

[5] 《庄子·知北游》。

[6] 参见海德格尔:《海德格尔文集·乡间路上的谈话》,第 136 页。Martin Heidegger, *Country Path Conversations*, p. 92.

[7] 参见海德格尔:《对泰然处之的探讨——从一次关于思想的乡间路上的谈话而来》,载《海德格尔文集·从思想的经验而来》,第 70 页。Martin Heidegger, "Conversation on a Country Path about Thinking," in *Discourse on Thinking*, pp. 79-80.

指任何思想都无法避免的观察世界的角度、深度与广度。海德格尔所说的泰然处之希望同时摆脱这种视域，意味着企求对物有一种本源性的、不带任何先验立场的，因而真实全面的了解。

在对物的因应和泰然处之中，人必须接受某种改变，即学会等待。"我们唯一能做的最谦卑的事就是沉静地把我们自身任让于等待。"[1] "我们应该学会单纯地等待，直到我们自己的本质变得足够高贵和自由，方能得体地因应此一命运的神秘。"[2] 海德格尔特别描述了这种等待的特征："等待者首先要学会谦恭与知足。……在等待中，人之本质聚于留意，留意他所从属之物，又不被其俘获和消解。"[3] 等待意味着放下自身。"作为等待者，我们是未来的入口。我们如此等待，仿佛我们在未来的到达中方始成为我们自己，只有通过放弃自己方始成为自己，这一切在对未来的等待中实现。"[4] "当我们成为等待者，我们就并非主体，也不再是主体。相反，在等待中，我们让自己与物各自回归自身。……让物复归其根……归于自身。"[5] 这样一种等待就是真正意义上的泰然处之，即思想者把自身完全托付给等待本身。"因为等待进入开放域，不表象任何事物，所以我尝试让自己放弃一切表象。又因为开启开放域的是开放域本身，所以我得以放弃表象，尝试完全把自身托付给开放域。"[6] "'等待'意味着让自身沉浸到开放领域的开放之中。"[7]

因应的思想如何与物相接？这是一种"虚己应物"的状态。在开放域中，"我们并不把物经验为对象，但也不把它们经验为'自在之物'，而是自为之物"[8]。海德格尔为此重新解释了古希腊语中的技艺一词："对物之所是的通透理解，希腊人称之为技艺（τέχνη）。" "在技艺中，个别事物由以显现的外观被带入视野，并且在这个意义上被带出即被制作出来。" "通过技艺，一个可见物的可见外观的环绕地带被打开。"[9] 因此，技艺是一种接近事物的方式，与技术的逼迫完全不同。海德格尔借树木生长的

---

[1] 参见海德格尔：《海德格尔文集·乡间路上的谈话》，第 236 页。Martin Heidegger, *Country Path Conversations*, p. 154.

[2] 参见同上书，第 213 页。Ibid., p. 140.

[3] 参见同上书，第 224 页。Ibid., p. 147.

[4] 参见同上书，第 225 页。Ibid.

[5] 参见同上书，第 227 页。Ibid., p. 149.

[6] 参见同上书，第 111 页。Ibid., p. 76.

[7] 参见同上书，第 114 页。Ibid., p. 78.

[8] 参见同上书，第 132 页。Ibid., p. 90.

[9] 参见同上书，第 81 页。Ibid., p. 55.

过程指出:"树木的本性在技艺中被带出。但这并不意味着它被制作出来。某物被带入我们所接受的视界,至于从哪里、如何被带出,我并不知晓。树木的性质,甚至我们逗留于其中的整个视界,都不是我们的作品。视界超出了我们和我们的能力。由于我们向外观入视界之中,我们在观看中超出自身。"[1]

人与开放域之间因而存在相互成就的关系:开放域涵有人之本质,同时又因人之本质而发生。"显然,人之本质之所以任让于开放域,是因为这一本质本质性地属于开放域。如果没有人,开放域便无法在本质意义上发生。"海德格尔指出:人之本质任让于开放域,并在被开放域需要中成其本质;开放域需要对其泰然处之的人之本质成其自身,并使物成其为物,这就是真的发生。"如果情形如此,那么对开放域的泰然处之的驻留者,将栖居于他的本质起源,这种本质我们可以重新表述如下:人乃真之本质发生所需要者。"[2]

海德格尔把思想比喻为"一条道路"。人只有始终在路上,才能因应这条道路。"只有当我们起步,即只有当我们开始沉思中的追问,我们方才在这条路上行进。"[3] 这种思想就是海德格尔所说的"沉思"。"沉思希望表达的是预先被是即有待思想者所玄同的思想,并且只有在历史中并作为是之历史方才有效的思想。"[4] 从计算和解释的角度来看,这种沉思显得像某种独断的要求,像某种个人性的东西。如果要承认它有些意义的话,那么也可以将其视为"诗",但这种承认包含着某种对沉思的怜悯,因为它几乎不能提供普遍有效的可理解性。"那么,对是之真的沉思从哪里获得其约束性呢?从被分派给这一简单决断的无极之基。因为在此约束并不意味着遵从解释顺序的重要性,而是意味着让人解放并使之持守在另一种本己即此间之是中。在此,对'理性'的基础和目标,以及解释和有用性的要求,都会扭曲对是的有所认识的感觉之敏锐性。"[5] 海德格尔强调:"只有那些一次又一次穿越这种沉寂而漫长的道路的人,才适合成为未来的思想者。那些从未走上这一道路,在人转变为此间之是的瞬

---

[1] 参见海德格尔:《海德格尔文集·乡间路上的谈话》,第82页。Martin Heidegger, *Country Path Conversations*, pp. 55-56.

[2] 参见同上书,第139—141页。Ibid., pp. 95-96.

[3] 参见海德格尔:《海德格尔文集·什么叫思想?》,第194—195页。Martin Heidegger, *What Is Called Thinking?*, p. 169.

[4] Martin Heidegger, *Mindfulness*, p. 307.

[5] Ibid., p. 309.

间从未短暂经历过任何根本性的'时空'强烈震颤的人，根本就不知道思想为何物。"[1]

把思想理解为道路至少有两个方面的含义。一是强调思想的进程本身而非思想的目标或者结果，同时也就认可了思想中的各种尝试与可能的错误；二是强调思想的直接性和简单性，拒绝各种体系、方法与工具。但是海德格尔也清楚，在当下的时代，要实现思想的这种道路特征具有相当的难度。"因为我们对思想的道路特征一直缺乏洞察和担保，而只有这种特征才能确保一种对是之遗忘的经验，这也就是对'缺失'之起源的经验。""当下占据支配地位的表象习惯是难以瞥见思想的道路特征的。因为思想的道路特征太过简单，对于支配性的、为无数方法所困的'思想'而言，这种特征正因其简单而难以通达。"[2]

同一性反复的思想

泰然处之是一种思想态度，同时也是人自处和与物相接的态度，其核心就是放弃形而上学传统中主客对立的思想方式，使人以开放的态度倾听是的述说。"只要人们仍旧受制于作为主体或人格的人的概念，思想就会把向我们应允的天命的到达拒之门外。……为了让显现与接受的关系真正发生，我们必须放弃人的主体性立场，进而放弃主—客体关系，重获人类本质更本源的维度。"[3]

海德格尔认为，从思想方式来说，能够摆脱主客体关系即对象化思维的是"同一性反复的思想"（das tautologische Denken）。[4] 他指出，同一性反复的思想乃"现象学的本源意义，而且先于理论与实践之间一切可能的区分。为了理解它，我们必须学会道路与方法之间的区别。在哲学中只存在不同的道路；相反，在各种科学中只有方法，也就是不同的程序"。"如此理解的话，现象学就是一条延伸到它将要理解的东西之前，并且让

---

[1] Martin Heidegger, *Mindfulness*, p. 31.
[2] 参见海德格尔：《圣名的缺失》，载《海德格尔文集·从思想的经验而来》，第244—245页。Martin Heidegger, "The Want of Holy Names," in *Man and World*, 18 (1985), p. 266.
[3] 参见海德格尔：《思想的基本原则：1957年的弗莱堡演讲》，载《海德格尔文集·不莱梅和弗莱堡演讲》，第120—121页。Martin Heidegger, "Basic Principles of Thinking: Freiburg Lectures 1957," in *Bremen and Freiburg Lectures*, pp. 95-96.
[4] 在字面上，这个表述通常也称为"同义反复"或者"套套逻辑"，被认为是没有意义的思想和语言表达，但海德格尔为其赋予了不同的含义。

其自行显现的道路。这种现象学是隐而不显者的现象学。只有在这种现象学中,我们才能明白,对希腊人来说并不存在概念。在概念感知中事实上存在着一种占有的姿态。与之相反,希腊式的界限(ὁρισμός)有力而又细致地环绕着视见所得到之物;它并不进行概念感知。"[1]

海德格尔的这一发现基于对巴门尼德一句诗的重新解释,即"ἔστι γὰρ εἶναι"(呈现自身呈现)。[2] 海德格尔将其解读为"呈现者的呈现方式是:呈现彻底调谐恰切的、环绕着它的揭示着的去蔽"[3]。换言之,就是呈现者自身呈现。海德格尔指出:"同一性的反复是去思考那些被辩证法遮蔽之物的唯一可能。"[4] 当然,不能把这里所说的同一性反复理解为简单地进行 A 是 A 这样一种没有意义的陈述。同一性反复的关键,是不再用某个概念来说明一物,比如"人是政治的动物"一类。概念式陈述的根本问题是会不可避免地陷入亚里士多德已经指出的一与多的关系中的矛盾。同一性反复的思想则让物作为物自行显现。

类似同一性的反复在中国传统思想中占有重要地位,是中国人最基本的认识方式,比如"仁者爱人",这就是用人某个方面的特征来对仁者进行描述,也可以说是让仁者"自行显现"。海德格尔强调同一性反复的思想方式,意在避免概念和表象思维在去蔽的同时所带来的双重遮蔽。这意味着他最终认识到,对是的理解,既不能用传统的定义方法(属加种差),也不能通过不断的区分(如柏拉图在《政治家篇》中提到的分类)的方式进行。海德格尔表示:"同一性流经每一个地方,因为这种流淌并非昏暗混沌的涌出,而是基于同一者的单纯,所以当思想发现自己被特许进入同一者时,一切都立刻因此变得明亮而开阔。"[5]

海德格尔从语词含义的角度对同一性反复的思想进行了原理上的说明。"人们关注语言的符号特性,但并没有考虑这些符号的指示方式。也

---

[1] 参见海德格尔:《海德格尔文集·讨论班》,第 481 页。Martin Heidegger, *Four Seminars*, pp. 80-81.

[2] 原诗见《巴门尼德著作残篇》,大卫·盖洛普英译,李静滢汉译,广西师范大学出版社 2011 年版,第 78 页。

[3] 参见海德格尔:《海德格尔文集·讨论班》,第 488—492 页。Martin Heidegger, *Four Seminars*, pp. 95-97. 在《关于人道主义的书信》中,海德格尔只是简单地将这个短语翻译为"因为有是"。

[4] 参见海德格尔:《海德格尔文集·讨论班》,第 482 页。Martin Heidegger, *Four Seminars*, p. 81.

[5] 参见海德格尔:《海德格尔文集·乡间路上的谈话》,第 163 页。Martin Heidegger, *Country Path Conversations*, p. 109.

许示喻中的指示才是唯一的。这种唯一性本身只能属于唯一者。"海德格尔在此之所以强调"唯一者",是因为"语词及其含义,示喻及其指示,都不可能在他物的基础上得到解释,比如对符号和表达的形式的、普遍的定义。""它们不仅不能从他物出发得到说明,而且它们根本就不能被解释。相反,它们只能被洞见。""这就要求我们抓住事物的唯一性。"[1] 换言之,一物只能由其自身,而不可能从任何他物出发得到理解。这也是海德格尔强调是的具体性和特殊性在思想方式上的必然体现。

海德格尔借一位日本学者之口,以禅宗艺术作品为例表达了同一性反复的思想的特征,即让本源之物自行显现。"不是要赢得本源,而是让本源自身显现出来,这是禅宗艺术的本质。禅宗之本质的肯定性方面就在于这种本源的跃出,在于本源自身的显露。"[2] "对禅宗来说,一件艺术作品的美就在于,在某个形象因素中,无形的东西得到呈现。没有这种无定形的自身在有形物中的在场,禅宗艺术作品是不可能的。所以在禅宗中,美始终只有在与原始自身的自由联系中才能得到思考。"总之,"禅宗艺术作品的美在于本源性的自身的自由运动。如果这种运动在某个有形之物那里显露出来,那么这个有形物就是一件艺术作品"[3]。简言之,在禅宗的艺术作品中,物表达自身,无形之物借有形之物显现自身。"实际上,一根画下来的线条的本质不在于其符号特征,而在于运动。……艺术作品不是背后藏着某种含义或意义的对象;它是直接的作用、运动。只要人们去谈论如何通达本源之运动,人们就不再或者尚未置身于本源之中。但如果人们在本源中,那么就是运动本身在运动。"[4] "运动本身在运动",在运动中表达自身,这就是海德格尔所谓同一性反复的含义。

同一性反复的思想主张让物如其所是地显现自身,就有可能摆脱科学思维对根据的要求,因而揭示了思想的另一种可能。海德格尔如此说:"我们问:在当今时代什么是思想之实事,以及如何规定思想之实事?实事指的是思想被其所要求、由其所决定的那样一种东西。"为何提出这样的问题,原因在于海德格尔认为,"在思想之实事的规定方面,思想尚处于未定的状态"。什么东西尚未被决定?在哲学终结之处,思想的命运如

---

[1] 参见海德格尔:《海德格尔文集·乡间路上的谈话》,第168—169页。Martin Heidegger, *Country Path Conversations*, p. 113.

[2] 参见海德格尔:《艺术与思想》,载《海德格尔文集·讲话与生平证词(1910—1976)》,第661页。

[3] 参见同上书,第665页。

[4] 参见同上书,第662页。

何？海德格尔相信:"有可能在哲学的终结中隐藏着思想的另一个开端。"在此,一个核心的问题就是:"在思想领域里,作为科学典型特征的对证明的要求是否有自己的位置。不能被证明的东西仍然可能有其根据。而且,如果思想之实事不再具有根据的特征,因此不再可能成为哲学之实事,那么,甚至根据也毫无必要。"[1] 为了尝试这种新的可能,"成为必要的就是从哲学返回的步伐。所谓返回步伐,就是达致原先以通透之名指示的领域。我们人早就持续逗留于其中,而物也以自身的方式栖留于其中"[2]。

让物显现自身以及无须证明的思想,对西方思想传统来说,不仅难以接受,而且难以想象。海德格尔承认,这里存在着某些思想上的困难,特别是显露出思想的有限性。"思想的有限性不仅不在于,而且首先不在于人类能力的限制,而在于思想之实事的有限。经验这种有限性,比对一个绝对者的仓促设定要困难得多。困难源自思想之实事所决定的思想之未受教育的状态,这并非偶然,而且亚里士多德早就以他的方式有所提及……他写道:'未受教育的意思,就是不能分辨什么时候需要寻找证明,而什么时候并不需要。'这种未受教育状态在今天的思想中相当严重。""因此,有必要深入思考亚里士多德的话。因为依然未决定的是,应该如何经验和表达那些无须证明之物,并使之成为值得思想之实事。"[3]

亚里士多德这一句关于受教育状态的话被海德格尔多次引用,它指的是人与人交流中的一种普遍现象。《周易》中所言"同声相应,同气相求。水流湿,火就燥。云从龙,风从虎。圣人作而万物睹"[4],也就是所谓的默契、心有灵犀,中国人对此讲得很多。在思想中,这种无须证明的东西从某种意义上说也就是海德格尔所谓的"无极之基"。但是海德格尔对这种现象的态度不同于传统思想对"不证自明"之物的态度,不是对其停止思想,而是对其加以沉思,因为那些无须证明之物才是真正值得思考的东西。在这个意义上,海德格尔指出,"可理解性"不能作为对思想的要求。"过渡性的思想家最终必须知道,所有对可理解性的要求错在何处,那就是没有一种关于是的思想,没有一种哲学是可以被'事实'即被是者

---

[1] 参见海德格尔:《论思想之实事的规定问题》,载《海德格尔文集·讲话与生平证词(1910—1976)》,第740—741页。Martin Heidegger, "On the Question Concerning the Determination of the Matter for Thinking," p. 214.

[2] 参见同上书,第753页。Ibid., p. 222.

[3] 参见同上书,第753—754页。Ibid.

[4] 《周易·乾卦》。

所证实的。向哲学要求可理解性无异于让哲学自杀。"[1]

总的来说，对于同一性反复的思想，海德格尔的基本态度是："按实事本身来看，与形而上学的思想相比，这种思想要简单得多，但恰恰由于它简单，所以在实行中也要困难得多。它要求一种全新的语言上的细心和谨慎，不要一味地发明新术语（就像我曾经想过的那样），而是要努力返回我们本己的但持续处于枯萎之中的语言的原始内涵。一位将来的思想者也许会面临一项任务，即真正地去承担这样一种思想，就是我尝试为之做准备的这种思想。"[2]

同一性反复的思想也要求人们放弃体系化或者理论化的思想方式。海德格尔认为，思想家们已经制造了越来越多、越来越复杂的理论，已经使人们远离事物本身，其结果是多歧亡羊，道术为天下裂。因此，他呼吁人们回归那些开端性的思想家对事情简单清晰的经验。"我们可以想想康德的《纯粹理性批判》和黑格尔的《精神现象学》。这些标志性的著作让我们认识到，很长时间以来世界已经分崩离析，人类早已误入歧途。……很长时间以来，我们一直被迫通过某种选择程序从过多的言辞和描述中获取知识，我们已经丧失了倾听开端性的思想家们所说的寥寥数语中极少数简单事物的能力。"[3] 因此，海德格尔强调人们需要远离现代思想给予人们的各种强烈刺激，摆脱对各种认识工具的依赖，重新恢复对物本身敏锐的感受力。"我们知道得太多，太容易轻信，从而难以真正深入某些被我们强烈感受到的问题。为此就需要有一种能力，能够惊异于质朴之物，并且习惯于在这种惊异中栖居。"[4] 海德格尔本人也积极尝试放弃体系，这正是他晚期的著作在形式和风格上与早期著作出现重大差别的原因。

思想的力量与思想的艰难

海德格尔曾经写道："在是的'时空自由游戏'中，哲学为是之真而

---

[1] 参见海德格尔：《海德格尔文集·哲学论稿（从本有而来）》，第 515 页。Martin Heidegger, *Contributions to Philosophy (Of the Event)*, pp. 343—344.

[2] 参见海德格尔：《马丁·海德格尔在谈话中（1969 年 9 月 17 日）》，载《海德格尔文集·讲演与生平证词（1910—1976）》，第 846—847 页。

[3] 参见海德格尔：《海德格尔文集·巴门尼德》，第 11 页。Martin Heidegger, *Parmenides*, p. 8.

[4] 参见海德格尔：《无蔽》，载《海德格尔文集·演讲与论文集》，第 292 页。Martin Heidegger, "Aletheia," in *Martin Heidegger: Early Greek Thinking*, trans. by David Farrell Krell and Frank A. Capuzzi, Harper & Row, 1984, p. 104.

冒险。因此，哲学既不属于神亦不属于人；它既不出自大地，亦非产自世界。这是一切是者交互作用的中点，是来自无极之基的保存着一切单纯追问的涌流。"[1] 这段具有典型的海德格尔风格的话说的是什么？

海德格尔早年实际上认为，思想是真正的行动。"我们最先而且唯一要考虑的问题是我们应该如何思想，因为如果行动意味着去协助是之本质，协助是进入呈现，那么思想就是真正的行动。这意味着在是者当中为是之本质准备一个场所，以便是得以入于其中并将自身及其本质带向语言性的表达。没有语言，一切沉思的意欲都将失去道路。没有语言，一切行动都将失去施展与作用的空间。因此，语言绝不仅仅是思想、情感和意志的表达，语言是那个开端性的维度，在其中，人类的本质才能回应于是及其要求，才能通过这种回应归属于是。"[2] 在海德格尔看来，思想就是语言，思想的展开即语言的展开，思想的语言就是语言的创造，而只有在语言的创造中，人的行动方才具有可能与方向。

正因为思想是真正的行动，所以对世界的解释也是对世界的改变。海德格尔问道："在对世界的解释和改变之间存在着真正的对立吗？如果对世界的解释是真正意义上的思想作品的话，每一种解释不就已经是对世界的改变了吗？而且从另一方面来看，每一种对世界的改变不都以一种理论前见作为工具吗？"[3]

但海德格尔的思想对人们究竟产生了多大的影响？德国思想家雅斯贝尔斯曾经是海德格尔的朋友，他对海德格尔的思想有如下评价："海德格尔是在同代人当中最令人激动的思想家，精彩，有说服力，深奥莫测。但是，最后空无结果。"[4] 一位知名的海德格尔研究者也认为："海德格尔在讲课当中所描述的周围世界中的体验事实，的确隐藏着一种空洞的秘密。海德格尔指出了我们平时并没有打开的直接体验的财富。但是如果真的要对这财富加以描述、加以规定，我们就会发现，除了一些陈词滥调之外，什么也没有。"[5] 这两段评价十分类似，即一方面承认海德格尔的思想精

---

[1] Martin Heidegger, *Mindfulness*, p. 31.
[2] 参见海德格尔：《观入存在之物：1949年不莱梅演讲》，载《海德格尔文集·不莱梅和弗莱堡演讲》，第86—87页。Martin Heidegger, "Insight Into That Which Is: Bremen Lectures 1949," in *Bremen and Freiburg Lectures*, pp. 66-67.
[3] 参见海德格尔：《海德格尔文集·讨论班》，第425页。Martin Heidegger, *Four Seminars*, p. 52.
[4] 转引自吕迪格尔·萨弗兰斯基：《来自德国的大师——海德格尔和他的时代》，靳希平译，商务印书馆2008年版，第133页。
[5] 同上。

彩、生动，引人入胜，但另一方面又认为这一思想神秘、空洞，无非是些语言堆砌。换言之，就是表面上高深莫测，实际上空无一物。实际情况当然并非如此，关于思想，海德格尔希望说出而且也的确说出了一些别人没有讲过的东西，只不过他的述说，离他同时代的人，甚至以后时代的人所思所想太过遥远，以至于人们常常在被他雄辩的言辞所吸引的同时，又觉得不知所云，更不用说产生共鸣。

海德格尔本人当然非常清楚他的这种处境，特别是在他的晚年。一方面，他已经赢得了世界性的影响；另一方面，他也深知自己的所思所想其实很难被世人理解和接受，从而感到深刻的孤独与无奈。在其思想的后期，海德格尔事实上不再认为观念能够对现实发挥直接的作用，但仍然没有放弃对其独有力量的信心，变得相对温和的立场背后是更具韧性的坚持。他一方面承认思想并非必需之物，另一方面又认为"并非必需之物在任何时候都是最必然之物"，而且"只有已经知道非必需之物的必要性的人，才能真正理解人因不能思想而产生的痛苦"。"因此，思想的确并非必需之物"，但"它在人类本质中"具有"更高的"，"甚至最高等级的尊荣"。[1] 相反，所谓的必需之物和有用之物，即工作与绩效，完全不可能为人类提供精神上的支撑。"工作与绩效是不是人类本质的一般尺度？如果不是，那么有朝一日，整个现代人类，连同其备受赞扬的'创造性的'成就，终究会在其反叛性的自我遗忘的空虚中彻底坍塌。"[2]

海德格尔因此认为，"有人说单纯的思想做不成，也影响不了任何事情。的确，单纯的思想从不会直接产生或者影响某个是者。但是，对是的沉思却是比任何对神的直接崇拜更深刻的事，因为这种沉思从最遥远的敬畏中提出要求，而这种要求既不能由神，也不能由算计性的人提出。沉思从最切近的光亮中带来通透的闪光，在此通透单纯的沉静中相反者玄同于自身，而是则获得它最本己的力量"[3]。思想能够让是获得其最本己的力量，也就是说，它可以为人们提供一种不同的世界联系与世界图景，从而也就为人提供了不同的可能性。

正是在这个意义上，海德格尔提出，大众化的虚无主义的出现并非因为人失去了宗教信仰，从根本上说恰恰是人放弃，甚至恐惧思想的结果。

---

[1] 参见海德格尔：《海德格尔文集·乡间路上的谈话》，第218页。Martin Heidegger, *Country Path Conversations*, p. 143.

[2] 参见同上书，第66页。Ibid., p. 45.

[3] Martin Heidegger, *Mindfulness*, pp. 210–211.

也可以说，人不再拥有信仰，是因为他们"不再能够思想。公众放弃了思想而代之以各种教条。当这些教条感到它们受到威胁时，便从中嗅到了虚无主义的气息。与真正的虚无主义相比总是占上风的自我欺骗，就是以这种方式试图驱赶它对思想的恐惧。这种恐惧，恰恰是对畏惧的畏惧"[1]。因此，要克服技术统治和虚无主义，人们唯一可以依靠的只有真正的思想。"我并不把人类在全球性技术时代的处境视为不可逃避或者不可改变的命运。相反，我认为思想的任务就是在其被允许的限度之内，从总体上帮助人们建立一种与技术本质的恰切关系。"[2]

当然，对海德格尔来说，思想并非大众的事情。思想的力量最终还是要由真正的思想家，即所谓的建基者来体现，因为"思想乃思想者们历史性的对话中对是之真的诗意表达"[3]。"但谁是建基者呢？我们几乎不能捕捉到他们的踪迹，因为每一个人都还在形而上学解释的昏暗领域内思考，没有人能够听到那些最古老的语词从未止息过的回声。"[4] 海德格尔表示："就我所能看到的而言，思想最大的不幸在于当今这一事实，即没有一位思想家'伟大'到能够以一种构成性的方式，把思想直接带到它的主题面前，并使之开动起来。对我们的同代人而言，有待思考的东西太过伟大，我们所能做的不过是铺就一段狭窄而又延伸不了多远的小径，作为预备性的通道。"[5] 但这是一条没有人走过的路。"对这条道路我事先一无所知，事实证明它并不稳固，而且到处是倒退和误导的辙迹。"[6] 海德格尔把这种道路称为"林中路"[7]，并以此作为自己一部文集的标题。他的解释是："'林'乃森林的古名，其中有路。它们几乎长满草木，断绝在人迹

---

[1] 参见海德格尔：《尼采的话"上帝死了"》，载《海德格尔文集·林中路》，第 301 页。Martin Heidegger, "Nietzsche's Word：'God is Dead'," in *Off the Beaten Track*, p. 199.

[2] 参见海德格尔：《〈明镜〉记者与马丁·海德格尔的谈话（1966 年 9 月 23 日）》，载《海德格尔文集·讲话与生平证词（1910—1976）》，第 805 页。Martin Heidegger, "Der Spiegel Interview with Martin Heidegger," in *The Heidegger Reader*, p. 330.

[3] 参见海德格尔：《阿那克西曼德之箴言》，载《海德格尔文集·林中路》，第 425 页。Martin Heidegger, "Anaximander's Saying," in *Off the Beaten Track*, p. 280.

[4] Martin Heidegger, *Mindfulness*, pp. 210-211.

[5] 参见海德格尔：《〈明镜〉记者与马丁·海德格尔的谈话（1966 年 9 月 23 日）》，载《海德格尔文集·讲话与生平证词（1910—1976）》，第 811 页。Martin Heidegger, "Der Spiegel Interview with Martin Heidegger," in *The Heidegger Reader*, p. 333.

[6] Martin Heidegger, *Mindfulness*, p. 352.

[7] 德语是 Holzweg，从海德格尔的解释可知，更恰当的翻译可能是"断头路"，所以英译为 *Off the Beaten Track*，即"离开被踏平的路"，也就是无路可走的意思。不过因为"林中路"这个译法在中文世界流传甚广，而且取其意象，所以也不妨保留。

未至之处。它们被称为林中路。……伐木者和护林人了解这些路。他们知道走在林中路上的含义。"[1] "这些弯道确实让人误入歧途，它们突然中断，导向黑暗深渊。"[2]

海德格尔在批判尼采的价值理论时，从其关于价值设定的历史的讨论中看到了真之建基者即新哲学家的特性和可能的任务："按照尼采的说法，那些设定最高价值的人，那些创造者，那些冲锋在前的新哲学家必定是试验者，因为他们认识到自身并不拥有真，所以必须蹚出一条路来，必须打破常规。但这种认识的结果决不是他们只能把自己的观念视为可以在任何时间兑换任何货币的筹码。真正的结果正好相反，思想的坚定性和约束性必须以以往的哲学所不了解的方式，在诸物之中建基。只有如此，一种基本立场才有可能战胜其他的立场，由此产生的争执才有可能成为真正的争执，并且成为真之实际本源。新思想家必须尝试和试验。这意味着他们必须让是者接受检验，用关于它们之是的问题淬炼它们。"[3]

有时候，海德格尔甚至把未来的思想家称为"半神"：他们不是从事物的惯常过程，也不是从那种浮于表面、可以被任何人把握的东西，而是从它们的原始本源那里获得他们的目标、意志与担当。"他们的行动和苦痛根本无法被现成事物确证，因为后者恰恰是他们反对的目标。他们的所是之真根本不可能得到适当的认可，因为用以认可他们之物一旦出现，它的优越性即已被剥夺，被他们贬抑为通常的渺小琐碎之物。"[4]

也就是说，真正的思想家注定不会被凡俗之人了解和接受。海德格尔表示，过渡性的思想家们必须明确意识到，他们的追问和述说在当下的时代几乎不可理解，而这个时代将持续多久还难以估量。这并不是因为我们的同时代人太愚笨，或者所知甚少，而是因为理解了新的思想，就意味着对旧有思想的摧毁，就意味着人们失去久已习惯的生活。就此而言，过渡时期的思想家的任务甚至需要反其道而行之，"把那些如此'热望''可理解性'的人变成'无知者'，即尚不知道或者已经不再知道

---

[1] 参见海德格尔：《世界图像的时代》，载《海德格尔文集·林中路》，扉页。Martin Heidegger, *Off the Beaten Track*, Epigraph.

[2] 参见海德格尔：《海德格尔文集·形而上学的基本概念：世界—有限性—孤独性》，第13页。Martin Heidegger, *The Fundamental Concepts of Metaphysics: World, Finitude, Solitude*, p. 8.

[3] 参见海德格尔：《海德格尔文集·尼采》上卷，第30—31页。Martin Heidegger, *Nietzsche Volume Ⅰ: The Will to Power as Art*, p. 28.

[4] 参见海德格尔：《荷尔德林的颂歌〈日耳曼尼亚〉与〈莱茵河〉》，第253页。Martin Heidegger, *Hölderlin's Hymns "Germania" and "The Rhine"*, p. 190.

'向何处去'的人,因为他们已经完成了必须迈出的第一步,即在不指望从是者那里获得真的同时又不至于陷入怀疑和绝望。那些尚不知道的人,那些尚未在他们之间就一切问题达成一致,但确已做好准备追问最初者和唯一者,即是的人,是开端性的漫游者,他们来自至远,因而自身承载着最高的未来"[1]。

海德格尔的看法是,真正思想的时代尚未到来。所以在他的时代,人们所做的一切,包括他自己的工作,只是为未来的那一刻准备条件。正如他本人所说:"'体系'时代已经过去,而根据是之真来阐释是者本质形态的时代尚未到来。"[2] 当下人们所能够做的就是追问。"追问是在最高层次上让我们的此间之是保持其力量的真正的、正当的,而且唯一有价值的方式。"[3] 但是,这种追问最好的准备形式却是沉思中的静默。他结合自己的思想历程,表示自己的使命就是在是及其神秘的最极端的困厄即是之遗忘中,"召唤大地之上的人们,迫使他们进入沉思。但即便是仅仅为了让一个人在某种程度上适应对这一问题的沉思,也许就需要长达二十年乃至更长时间的沉默"[4]。他还更具体地指出:"我的思想沉默不是从 1927 年发表《存在与时间》才开始的,应该说,在《存在与时间》中乃至更早就开始了。这一沉默是对有待思想者之述说的准备,准备就是经验,经验又是行动和作为。"[5]

当然,沉默本身也是表达,而且海德格尔在沉默中也的确有所表达,但他苦于没有适当的形式。他把自己晚年的思考称为"历史之是"的思考。"思考历史之是的道路外在于任何'形而上学',无论是古代的、基督教的,还是现代的。"[6] 这种思考在对是的因应中让是本身自行表达。"从对'形而上学'的超越出发,沉思必然触及迄今为止之物,但又不能僵化为某种体现为'学说'或者'体系',抑或作为'劝谕'或者'教诲'的可供运用的已经完成的产品。与漂浮否定的意见和随意的漫谈不同,思

---

[1] 参见海德格尔:《海德格尔文集·哲学论稿(从本有而来)》,第 514—515 页。Martin Heidegger, *Contributions to Philosophy (Of the Event)*, p. 343.

[2] 参见同上书,第 5 页。Ibid., p. 6.

[3] 参见海德格尔:《海德格尔文集·形而上学导论》,第 99 页。Martin Heidegger, *Introduction to Metaphysics*, p. 87.

[4] 参见海德格尔:《什么是存在本身?》,载《海德格尔文集·讲话与生平证词(1910—1976)》,第 491 页。

[5] 参见海德格尔:《对我的清除》,载《海德格尔文集·讲话与生平证词(1910—1976)》,第 488 页。

[6] Martin Heidegger, *Mindfulness*, p. 73.

想的恰切与严格来自是之真的发生。是之真免除了一切有效者的强力,也不为单纯的被表象者的无力所逼迫,必须将自身建基于是者的'无何有之地'与'无何有之时',建基于涵有之斗争的无处之处和无时之时。在其中,那些被涵有者呼唤彼此的发生,这一是的建基性的呼唤将自身调谐为语词,并把'关于'是的思想规定为示喻。"[1]

但无论如何因应和示喻,只要形诸语言就不可能脱开语词已经具有的意义历史和在历史中获得的意义。因此,海德格尔表示:"历史之是的思想可以尝试用一种'居间的表达':'是者是,是发生。'但是,就这种'居间的表达'把是归诸是者,并且把发生思考为'发生性'的持续,而不顾这是一种柏拉图主义的、基督教神学的、还是超验的、主体性的发生而言,它马上就表达了形而上学的意图。因此,这种'居间的表达'不可能上升到它实际上思考的而且必须思考的决定性的有所知晓的意识。因此,它必须被放弃。"[2]

如果任何一种语言方式都不足以表达"决定性的有所知晓的意识",那么就只能选择沉默,或者通过对古代文本的阐释间接地表达自己的思想,甚至干脆沉浸于对古典的阅读。对此海德格尔自己也作过说明:"我不敢直接说出那些也许还能说出的话。因为在我们的时代,这些话马上就会变得流俗并且被歪曲,所以我不敢说。某种程度上,这是采取防护措施。在我30—35年的教学活动中,我只有一到两次谈论自己的事情。我从未举行过任何所谓的系统性的讲课,因为我不会去冒险,因为我相信,我们(这是另外一个动机,更加积极并且不那么个人化的动机)首先要再次学会去阅读。这是一件质朴至极的事情,即学会去阅读思想者与诗人的话语。正是这种质朴的预备性训练能够在全然开阔的视野中为我想要说的东西做好准备。所以第一,对文本进行阐释,目的是以绵薄之力去维护那件我相信的事情,而这能在某个角落为某种(即将到来的)东西做好准备。第二是积极的方面,学会阅读,这并不只针对那些做哲学思考的人。若不能历史性地思想,人们就不能够思想。在十分深入的意义上说,学会阅读,意味着再次将词语和语言带回人类近旁。"[3] 这当然不仅仅出于政治上的小心谨慎,而是思想上的踌躇迟疑。

不管怎么说,晚年的海德格尔拒绝提出任何具有现实针对性的方案,

---

[1] Martin Heidegger, *Mindfulness*, p. 17.
[2] Ibid., pp. 72–73.
[3] 参见海德格尔:《海德格尔文集·讨论班》,第513页。

而把这个任务交给了未来的思想者。"即便是人力可及,我也完全不清楚有什么办法可以立即改变世界的当下处境。"[1] 在这种情况下,等待也许是最好的选择。因为从根本上说,"哲学是先行跃入的知识,就事物永远重新自行遮蔽的本质开启新的问题领域和观点。正因为如此,这种知识永远没有直接的用处。哲学知识只能间接地发生影响,即只有当哲学沉思为一切行为和决断备好新的视轨与尺度,才能发生影响"[2]。但无论如何,海德格尔还是鼓励人们勇敢地思想。"并不是说人们只需等待,直到在下一个三百年内出现某种东西,而是要预先思考(并非预言式的宣称)未来,从当下时代的根本特征出发进行思考,这种思考实际非常缺乏。思考并非无所作为,它本身就是行动,是与世界历史的对话。在我看来,植根于形而上学的理论与实践的区分,以及关于两者之间某种相互转化的表象,都阻碍了通往我所理解的思想的道路。也许在此可以提一下我讲授的一门课程,它在1954年以《什么叫思想?》为题出版。在我所有已经出版的著作中,这本书是人们读得最少的。也许这就是时代的某种标志。"[3]

---

[1] 参见海德格尔:《〈明镜〉记者与马丁·海德格尔的谈话(1966年9月23日)》,载《海德格尔文集·讲话与生平证词(1910—1976)》,第804页。Martin Heidegger, "Der Spiegel Interview with Martin Heidegger," in *The Heidegger Reader*, p. 329.

[2] 参见海德格尔:《通向交谈之路》,载《海德格尔文集·从思想的经验而来》,第15—16页。

[3] 海德格尔:《〈明镜〉记者与马丁·海德格尔的谈话(1966年9月23日)》,载《海德格尔文集·讲话与生平证词(1910—1976)》,第804—805页。Martin Heidegger, "Der Spiegel Interview with Martin Heidegger," in *The Heidegger Reader*, p. 329.

余 论

世界的真实性问题

在世界的真实性问题上,海德格尔采取了一种积极的态度。他曾经指出:"世界不可能通过人,但也不可能没有人而成为如此模样,或者以这种方式成为如此模样。从我的观点来看,这一切与我用'是'这个词加以命名的事实有关。这个词源远流长,意义多变,破败不堪,需要人来启示它、维护它、定义它。"[1] 这里有一个强烈的暗示,即是不由人决定,但与人高度相关,而这一点正是海德格尔思想的核心。

海德格尔并没有采取某种"科学的"方式去证明外部世界的存在或者不存在,而只是从逻辑上表明,只有人存在,一切认识上的问题才有可能存在。他认为,类似到底有没有一个世界、这个世界之存在能不能得到证明这样的问题,是由作为世间之是的人提出的,那么它就是毫无意义的问题。而且,这个问题含混不清,因为它无法区分物存在于其中的世界与世内之是者所构成的、被人所牵挂的世界。从根本上说,世界因人之所是,即人的感知和思想而被揭示,所以只有在被揭示的世界之中,物才可被揭示,或者被遮蔽。就此而言,所谓的"外部世界"的实存性问题,就成为一个在逻辑上自相矛盾的问题。[2] 因此,海德格尔认为,"只有当人是,也就是说,只有存在着物论意义上对是的理解的可能性,才会'有'是。

---

[1] 参见海德格尔:《〈明镜〉记者与马丁·海德格尔的谈话(1966年9月23日)》,载《海德格尔文集·讲话与生平证词(1910—1976)》,孙周兴、张柯、王宏健译,商务印书馆2018年版,第800页。Martin Heidegger, "Der Spiegel Interview with Martin Heidegger," in *The Heidegger Reader*, ed. by Günter Figal, trans. by Jerome Veith, Indiana University Press, 2009, p. 326.

[2] 参见海德格尔:《海德格尔文集·存在与时间》,陈嘉映、王庆节译,熊伟校,陈嘉映修订,商务印书馆2016年版,第283页。Martin Heidegger, *Being and Time*, trans. by Joan Stambaugh, State University of New York Press, 2010, p. 195.

如果人不存在，那么就既没有'独立性'存在，也没有'自为者'存在。这类状态既不能说可以理解，也并非不可理解。如果人不存在，那么世内的是者就不会被发现，当然也谈不上被遮蔽。在这种情况下就既不能说是者是，也不能说它们不是"[1]。

海德格尔也从另一个角度指出外部世界真实性问题的悖谬之处，因为这样一种提问方式已经暗示世界的真实性必须而且能够得到证明，或者至少像狄尔泰所思考的那样，人们关于外部世界实在性的信念应当得到合理的说明。但这两种观点都是荒谬的。此类问题之所以一再被提出，原因就在于作为提问者的此间之是与其所处的世界之间的关系被持续误解。[2] 事实是，"世界并非作为某种被信仰的东西而得到经验，亦非通过某种知识而得到保证。内在于世界之所是的，就是它的存在不需要关于某个主体的保证。如果非要提这个问题的话，那么所需要的，就是此间之是作为世间之是，去体验它最基本的是之结构"[3]。

在思想与是者的关系，实际上也就是思想与外部世界的关系问题上，海德格尔多次引用尼门尼德的一句话，"思想与是乃同一者"[4]。海德格尔对这个句子的解释是："思想与是归属于同一者，并且由于这个同一者而共属一体。"他进一步把"同一性解释为共属性"[5]。从海德格尔的习惯用法来看，所谓的"共属性"，指的就是两者的相互归属或者相互包含的关系。海德格尔指出："如果我们把思想理解成人的基本特征，我们就发现了有关人与是的共属。"[6] 也就是说，人与是也呈现相互归属的关系。这再次意味着不能离开人谈论是，因为离开人谈论世界的真实性是一件没有意义的事情。

因此，严格地说，海德格尔的思想既不属于唯物主义，也不属于唯心主义。正如一位研究者所言："海德格尔寻求的是第三条道路。他原初的，

---

[1] 参见海德格尔：《海德格尔文集·存在与时间》，第294—295页。Martin Heidegger, *Being and Time*, pp. 203-204.

[2] 参见海德格尔：《海德格尔文集·时间概念史导论》，欧东明译，商务印书馆2014年版，第334—335页。Martin Heidegger, *History of the Concept of Time: Prolegomena*, trans. by Theodore Kisiel, Indiana University Press, 1985, pp. 214-215.

[3] 参见同上书，第336页。Ibid., p. 216.

[4] 参见海德格尔：《同一律》，载《海德格尔文集·同一与差异》，孙周兴、陈小文、余明锋译，商务印书馆2014年版，第35页。Martin Heidegger, *Identity and Difference*, trans. by Joan Stambaugh, Harper & Row, 1969, p. 27.

[5] 参见同上书，第36页。Ibid., p. 28.

[6] 参见同上书，第38页。Ibid., p. 30.

而且也是不得不采取的立场是，必须从'在—是—中'开始。因为，在'现象上'，我既不是先经验我自己，然后再经验世界，也不是相反，先经验世界，再经验我自己，而是在经验中，二者不可分割地联系在一起，它们同时给出。"[1]"这个'在—是—中'不仅意味着人总是处于某处，而且意味着人总是已经与某物有牵连，与某物有瓜葛，总是与某物打交道。"[2] 海德格尔强调，人在世界中是，这是一切思想基本的、无可置疑的前提。哲学没有办法把人与他所处的世界分开，再分别对它们进行认识。这是海德格尔哲学最重要的观点——人没有绝对的前提和立足点。真也罢，意义也罢，只能在环境中产生。海德格尔关于玄同、关于无极之基的思想都是这一体认的表现。

海德格尔后来也正是从超越唯物论与唯心论的角度来说明他在《存在与时间》中所从事的工作："《存在与时间》里关于笛卡尔的段落显现了走出意识囚笼的第一次尝试，或者说不再回到其中的尝试。这绝不是为了恢复实在论与观念论的对立，因为实在论在为主体确保一个世界的存在而限制自身的同时，仍然依赖于笛卡尔主义。"[3] 相应地，理解海德格尔思想的一个重要维度，可能就在于认识到他所说的是者、物都并非物自体意义上的感知对象，而是指向人的感知，即现象学中所说的意向状态。这也就是巴门尼德的箴言即"思想与是乃同一者"对他而言具有如此重要的意义的原因。

从这一基本立场出发，海德格尔对真提出了一种十分独到的理解。它既非传统的符合论或者融贯论，亦非后来哈贝马斯提倡的共识论，而是某种"信念"。"信念即信以为真。"当然，这里的"信以为真"并非通常意义上的心理行为，而是"寓居于真之中"："如果真之本质是自我遮蔽的是之通透，那么知识就寓居于这种遮蔽之通透，就是与是之自行遮蔽及与是本身的基本关系。""因而，这种信以为真的知识就不只是某种偶尔为真之物，或者甚至明显为真之物，相反，它本源上寓居于真之本质。""本质性的知识就是在本质中的寓居。……是在突破性的投射中的坚持，这种投射

---

[1] 吕迪格尔·萨弗兰斯基：《来自德国的大师——海德格尔和他的时代》，靳希平译，商务印书馆2008年版，第198页。

[2] 同上书，第200页。

[3] 参见海德格尔：《海德格尔文集·讨论班》，王志宏、石磊译，孙周兴、杨光校译，商务印书馆2018年版，第354—355页。Martin Heidegger, *Four Seminars*, trans. by Andrew J. Mitchell and François Raffoul, Indiana University Press, 2003, p. 14.

在开启中认识承载着它的无极之基。"[1]

海德格尔指出，根据这种对真的理解，以往被把握为表象和拥有表象的知识就并非真正的知识。当然，"信念"的知识"作为投射，始终是追问，而且是本源性的追问本身，人通过这种追问把自身置于真之中，由此进行关乎本质的决断"。"这样一种追问者正是原初的恰切的信奉者，也就是那种人，他们以激进的方式严肃对待真本身而不仅是真实者，而且他们对真之本质是否本质地发生，以及这种本质发生是否承载和引导我们这些认识者、信奉者、行动者、创造者，简言之就是历史性的人，作出决断。"海德格尔强调，这种信念并非对根据的替代，而是在极端的决断中的坚守。只有它能够让历史再一次得到真正的建基。"这种本源性的信念并非某种对自制的确定性任性的攫取。它并非这种攫取，是因为它把自身作为追问置入是的本质发生之中，并且去经验无极之基的必然性。"[2]

海德格尔因此强调关于包括人在内的整个世界的知识的局限性和不确定性。他曾经引用柏拉图《理想国》中的洞穴比喻指出，这一比喻指的其实就是人的真实处境，因为我们根本上不可能走出我们的世界这个洞穴，从旁观者的角度看待我们的知识。"柏拉图随后（517B 及以下）自己给出了对整个比喻的解释。他说：洞穴就是天穹下我们的大地。"[3] 对于这种困境，所谓的"自明性的知识"并不是有意义的解决之道，因为对于洞穴中的囚徒来说，他们所看到的一切就是"自明的"。"我们这些囚徒，被自明性以及仅仅由自明性所指导的人所束缚。"[4] 正是在个意义上，海德格尔表示要创造一种了解知识本身的前提和界限的知识是一项永远不可能完成的任务。[5] 但与虚无主义不同，海德格尔在指出知识的局限性和有限性的同时，并不主张消极放弃，而是强调人需要对自身的知识有所保留，对

---

[1] 参见海德格尔：《海德格尔文集·哲学论稿（从本有而来）》，孙周兴译，商务印书馆2014年版，第440页。Martin Heidegger, *Contributions to Philosophy (Of the Event)*, trans. by Richard Rojcewicz and Daniela Vallega-Neu, Indiana University Press, 2012, p. 291.

[2] 参见同上书，第441—442页。Ibid., pp. 291-292.

[3] 参见海德格尔：《论真理的本质——柏拉图的洞喻和〈泰阿泰德〉讲疏》，赵卫国译，华夏出版社2008年版，第43页。Martin Heidegger, *On the Essence of Truth*, trans. by Ted Sadler, Continuum, 2002, p. 33.

[4] 参见同上书，第44页。Ibid.

[5] 参见海德格尔：《现代科学、形而上学和数学》，载孙周兴选编：《海德格尔选集》下，上海三联书店1996年版，第856页。Martin Heidegger, "Modern Science, Metaphysics, and Mathematics," in *Basic Writings*, ed. by David Farrell Krell, Routledge, 1993, p. 278.

其他的可能性保持开放。

因此,"对海德格尔来说,形而上学与科学两千五百年来的目标需要受到严格的检验。这并不是为了证明某些粗糙含混的'后现代'概念,即一切知识都'不过是相对的',而是希望唤醒对人类知识的条件、根源和局限的根本性追问"[1]。当然,在海德格尔看来,上述问题其实不可能有确切的答案,但人们保持对这些问题的开放就足以让他们回到苏格拉底的明智。另一方面,"海德格尔的批评针对的是西方生活中'理论'的支配地位及其优先性。这指的并不仅仅是理论的创造,其针对的根本目标是理论建基于其上的那种态度,即希腊本源意义上的'理论'概念,它指的是中立的、超然的、公正的观察,即所谓的'没有立足点的视角'"[2]。海德格尔证明,并不存在这种视角。

有研究者认为,海德格尔摧毁了传统上关于确定性和可证实性的标准,然而并没有为人们提供新的标准,因此他虽然"开启了一种普遍性的世界理解,但它却不可证实"[3]。这个评价部分正确。不过,海德格尔根本就没有试图提供某种"可证实",特别是在传统形而上学意义上"可证实"的新的世界理解。他认识到,确定性和可证实性的标准看似可靠,但实际上根本无法满足,因此人们必须学会在放弃这个标准的情况下去接纳真,当然也包括是。就此而言,海德格尔提出的的确是一种真和是的相对的替代标准。但真正重要的是,作为去蔽的真以及作为玄同的是,其着眼点已经不再是形而上学意义上被对象化的客体,而是行动中的人,是人对物,当然也包括对人的态度与行止本身。这是海德格尔的绝大多数批评者所忽视了的,然而非常重要的一个方面。当然,人应该如何做方可为真、方可玄同,对这些问题海德格尔的确没有十分清晰的论述,但他毕竟指出了一个基本的方向。

东西方对话的可能性

与很多具有代表性的西方思想家相比,海德格尔有一个鲜明的特点,就是他始终把西方思想传统视为一种地方性的现象。他认为,任何

---

[1] Timothy Clark, *Martin Heidegger*, Routledge, 2002, p. 11.
[2] Ibid., p. 16.
[3] Ernst Tugendhat, "Heidegger's Idea of Truth," in *Martin Heidegger: Critical Assessments*, Vol. III, ed. by Christopher Macann, Routledge, 1992, p. 90.

思想都是特定环境的产物，都具有局限性，而不承认这种局限恰恰是虚无主义出现的原因之一。"我们无论在哪里都找不到'思想本身'。每一种思想都带有其天命的印记。因此，'思想的基本原则'指的只能是那种很久以前我们就已经被置送入其中的思想。需要顺便指出的是，因其表面的普遍性而相信存在着某种普世思想，并且能够纵贯古今而不变，此乃虚无主义的出现及其不为人所觉察的在世界各领域的坚韧穿透力的原因之一。"[1] 海德格尔在不同的情况下多次表达过这样一种观点：一方面，任何一种文化本身都无法应对全球问题可能带来的挑战；另一方面，要克服西方思想的内在危机，只有通过吸取其他文化（比如东亚文化）的某些因素。

海德格尔反复强调，西方文化只是一种地域性文化。这首先体现为他对哲学的希腊属性的确认。海德格尔指出："Φιλοσοφία 这个词告诉我们，哲学是某种最初决定了希腊世界的实存的东西。不止于此，哲学也决定着我们西方—欧洲历史最内在的基本特征。常常听到的'西方—欧洲哲学'的说法事实上是同义反复。为什么？因为'哲学'本质上就是希腊的；'希腊的'在此意味着，哲学在其本质起源中首先占有了而且只是占有了希腊世界，并由此展开自己。"[2] 起源于希腊的思想虽然在中世纪受到基督教观念的引导和支配，而且至今未能摆脱其影响，但哲学的希腊本质并未因此发生变化。说哲学本质上是希腊的，这无非意味着西方，而且只有西方，在其最内在的历史进程中本源性地是"哲学的"。这一点为各门科学的兴起所证实，因为它们就来自最内在的西方历史进程，即哲学的历史进程。[3]

海德格尔因此强调，西方思想并不具有普遍性，而只是一种可能的思想方式。"那种今天我们对其基本原则加以探讨的思想，看上去就是思想本身，具有绝对性和普遍性。但实际上，这种思想仅限于西方—欧洲历史

---

[1] 参见海德格尔：《思想的基本原则：1957年的弗莱堡演讲》，载《海德格尔文集·不莱梅和弗莱堡演讲》，孙周兴、张灯译，商务印书馆2018年版，第169—170页。Martin Heidegger, "Basic Principles of Thinking: Freiburg Lectures 1957," in *Bremen and Freiburg Lectures*, trans. by Andrew J. Mitchell, Indiana University Press, 2012, p. 133.

[2] 参见海德格尔：《这是什么——哲学？》，载《海德格尔文集·同一与差异》，第6页。Martin Heidegger, *What Is Philosophy?*, trans. by Jean T. Wilde and William Kluback, Rowman & Littlefield, 2003, pp. 29—31.

[3] 参见同上书，第6—7页。Ibid., pp. 31—33.

的历史性。虽然受此限制，它同时又决定了我们这个全球化时代的现代技术的根本特征。"[1] 比如，西方思想的一个根本特征，就是自其产生之日起，就把论证与计算置于优先地位，而这种决定了西方思想整个后继发展轨迹的特点，在其他思想传统中并不一定存在。"思想的反思特征与思想向辩证法的展开是关联的。这两者及其关联都植根于自西方思想产生之日就已经出现的这样一个事实，即最广泛意义上的论证与计算具有优先地位。"[2]

海德格尔从上述这样一种文明观出发，甚至也否认存在某个统一的"西方"。也就是说，他同样强调西方文明内部的差异性与多样性，提醒人们意识到这种差异的存在并且加以重视："没有思想的'历史学研究'将西方历史上具有本质差异的时代和文明，即希腊、罗马、中世纪以及现代和当代的文明全部简单化地混为一谈，这种做法得到的恰恰是与它的期望完全相反的东西。"[3]

海德格尔提出："思想史不同于哲学家们的观念与学说在时代中的变化。思想史乃是之天命对人之本质的置送。""只要人由其天命获得思考是者的手段，我们就可以认为，天命中所置送之物就是思想的历史。"[4] 这意味着思想的历史有整体性，并非单个思想家思想的集合。就此而言，一个民族的历史，其思想与文化，以及这个民族本身，构成了三位一体的关系，这三个因素中的任何一个都不可能被单独抽取出来。从这种观点出发，海德格尔对于其他文化有必要甚至有可能全盘接受西方思想持怀疑态度。他在一场与一位日本学者的对话中，针对后者谈到的日本在接受西方概念和思想体系方面遇到的困难，提出了这样一个问题："对东

---

[1] 参见海德格尔：《思想的基本原则：1957年的弗莱堡演讲》，载《海德格尔文集·不莱梅和弗莱堡讲演》，第117页。Martin Heidegger, "Basic Principles of Thinking: Freiburg Lectures 1957," in *Bremen and Freiburg Lectures*, p. 93.

[2] 参见同上书，第169页。Ibid., p. 133.

[3] 参见海德格尔：《海德格尔文集·巴门尼德》，朱清华译，商务印书馆2018年版，第141页。Martin Heidegger, *Parmenides*, trans. by André Schuwer and Richard Rojcewicz, Indiana University Press, 1992, p. 96.

[4] 参见海德格尔：《根据律》，载《海德格尔文集·根据律》，张柯译，商务印书馆2016年版，第184页。Martin Heidegger, *The Principle of Reason*, trans. by Reginald Lilly, Indiana University Press, 1991, pp. 86–87.

亚人来说，去追求欧洲的概念系统，是否有必要，并且是否恰当？"[1] 实际上，通过整个对话的展开，海德格尔对这个问题实际上是给出了否定的回答。

当然，海德格尔也不认为不同思想与文化之间，即不同的地域文明之间就不能相互理解，但是他反复强调，了解其他思想传统的前提，是对自己的思想文化进行深入透彻的认识和了解。"只有当我们已经对我们的思想、对其本质的广度拥有足够的经验，我们才能把另一种思想指认为异己的思想，并且在其创造性的陌异中予以倾听。"[2]

在当今世界，思想的普遍性与特殊性之间的关系问题因西方思想的全球化而变得更为尖锐。海德格尔指出，在西方思想影响下，非西方世界正试图用西方式的概念与体系表达它们自身的经验，也就是说，它们正在失去自身的传统，实际上也就是自身的思想财富。这种情况表面上看似乎促成了西方与非西方思想之间的交流，实则把不同的思想经验混为一谈而难以区分彼此。因此，要让西方和非西方思想真正对人类的未来有所贡献，一个重要的任务就是让它们各自重新回归自身的本源。海德格尔表示："指出西方思想的逻各斯特征，就包含了对我们自己的一道指令，即在接触那些与我们不同的世界之前，如果我们真的愿意冒险一试，首先需要自问，我们是否拥有倾听彼此思想的耳力。随着欧洲思想的全球化，今天的印度人、中国人和日本人在很多时候都仅仅以我们欧洲的思想方式向我们表达他们的经验，这个问题就显得愈益迫切了。在这种情况下，来自他们的与来自我们的一切全都搅在一起，成了一锅杂烩，以至再也无法分辨出，古印度人是不是英国经验论者，或者老子是不是一个康德主义者。如果双方都处在本体缺失状态，从何以及如何假定双方能够有一种觉醒性的对话，使它们各自回归自身的本质呢？"[3]

因此，民族间真正相互理解的前提，是每一个民族首先透彻理解本己

---

[1] 参见海德格尔：《从一次关于语言的对话而来》，载《海德格尔文集·在通向语言的途中》，孙周兴译，商务印书馆 2015 年版，第 88 页。Martin Heidegger, "A Dialogue on Language," in *On the Way to Language*, trans. by Peter D. Hertz, Harper & Row, 1971, p. 3.

[2] 参见海德格尔：《思想的原则》，载《海德格尔文集·同一与差异》，第 147 页。Martin Heidegger, "Basic Principles of Thinking: Freiburg Lectures 1957," in *Bremen and Freiburg Lectures*, p. 91.

[3] 参见海德格尔：《思想的基本原则：1957 年的弗莱堡演讲》，载《海德格尔文集·不莱梅和弗莱堡演讲》，第 174 页。Ibid., pp. 136-137.

之物。在这种意识之下,通过与其他文化的交流进一步丰富自身,并因而超越自身。"民族间真正的相互理解只产生和实现于一点,即在创造性的交互对话中沉思那被历史性地给予和交付给它们的东西。在这样一种沉思中,各民族回归各自的本己之物,更加明确和决断地将自己带入并站立其中。一个民族最为本己之物就是那种被指派给它的创造,一个民族借此超出自身,成长进入其历史使命。也只有如此,它才能回到自身。"[1]

海德格尔强调,本真意义上的相互理解首先在于有勇气承认他者的本己之物,同时骄傲地坚持自身的本己之物。"本真意义上的相互理解是一种超然的勇气,即敢于从具有支配性的必然性出发,承认他者向来的本己之物。历史上有创造性的相互理解从来不是怯懦的困窘,而是预设了各民族真正的骄傲。骄傲根本不同于虚荣,骄傲是一种生长出来的坚决,即坚决持守在自身本质性的品级当中,这种品级源于攫住它的那种使命。"与此相反,非本真的交流则是妥协和交易,是一种安慰。令人遗憾的是,人们常常看到的只是非本真意义上的所谓相互理解。人们对之抱持怀疑,在诸种尝试中皆感失望。这并非偶然。因为非本真的理解只会带来某种暂时的约定,只是通过平衡眼前的诸要求而达到暂时的一致。这种理解始终是肤浅的,充满了隐藏和公开的保留。它在某些情形下不可缺少,有其特定的意义,但缺少真正的理解所具有的历史性和创造性的力量。"真正的理解会让理解者相互转变,会让他们更加靠近其最为本己之物,这种最为本己之物总是最为确实的,同时又是隐藏最深的。"[2]

海德格尔认为,无论如何,西方科学与技术在全球范围内的扩展,已经在事实上把全人类裹挟进入一个全球化的时代。但与此同时,西方思想文化本身的问题也就成为全球性的问题。当然,同时还会在非西方地域引发大量的次生性问题,这些问题不可能依靠西方思想自身加以解决。他同时也认为,不能完全放弃西方哲学内含的可能性。因此,对于似乎正在塑造着人类历史的西方思想来说,当下最重要的使命并非拯救世界,而是拯救其自身。"拯救在此所意谓的并非对正好现存者的单纯保存,而是在根本上意味着对其过往和将来历史的正当性加以证明。因此,相邻民族在其至为本己之物当中的自我理解意味着将这种拯救的必然性理解为各自的本己使命。对这种必然性的理解首先源于困厄的经验,它随着西方最内

---

[1] 参见海德格尔:《通向交谈之路》,载《海德格尔文集·从思想的经验而来》,孙周兴、杨光、余明锋译,商务印书馆2018年版,第13页。

[2] 参见同上书,第14页。

在的威胁而产生，也源于朝向西方此间之是的最高可能性而进行投射的力量，这是一种具有神化之功的投射。"[1] 这也意味着，解决人类面临的问题所需要的沉思"不再能够由迄今为止的西方—欧洲哲学来完成，但也不能没有这种哲学，即不能不把这种哲学经过重新涵有的传统带向一条合适的道路"[2]。

因此，真正的出路在于西方思想文化与其他思想文化的对话与交流。但海德格尔同时也强调，这种对话与交流并不是一件自然的、轻而易举的事情。一个必需的前提就是语词上的创新，而这本身又是一项极其艰巨的任务。海德格尔指出："不需要有先知的天赋和胸怀就可以知道：全球性的筑造活动将面临一些问题，而且卷入这些问题的人在今天还远不能对其加以应对。对欧洲和亚洲的语言，以及首先对它们之间可能的对话领域而言，也存在同样的问题。它们中的任何一方都不可能独自开启或创建这样一个领域。"[3]

不过，对于非西方世界的思想能够贡献于西方思想的未来这一点，海德格尔还是充满信心的。除了在自己的思想发展中有意识地吸取了大量的非西方思想元素，特别是禅宗和老子的思想之外，他对自己的思想在日本获得接受也感到由衷的高兴。在提到日本思想界对《什么是形而上学？》这篇文章的反应时，他不无欣慰地表示："欧洲人对此篇文章的反应是虚无主义和对'逻辑学'的敌意。在遥远的东方，人们因对'无'的恰切理解而在其中发现了那个表示是的词。"[4] 一位日本学者也对海德格尔的这一感受作出以下回应："我们现在还感到奇怪，欧洲人竟然会把您在这个演讲中探讨的'无'解释为虚无主义。对我们来讲，空就是您想用'是'这个词来表达的东西的最高名称……"[5] 所以海德格尔曾经表示：欧洲人"只有通过与最为陌生和困难之物——亚洲因素的最为尖锐但也富有创造性的争辩，才能在短时间内成长、上升至其历史性的独特和伟

---

[1] 参见海德格尔：《通向交谈之路》，载《海德格尔文集·从思想的经验而来》，第13—14页。

[2] 参见海德格尔：《致小岛武彦的信》，载《海德格尔文集·同一与差异》，第168页。

[3] 参见海德格尔：《面向存在问题》，载《海德格尔文集·路标》，孙周兴译，商务印书馆2014年版，第503页。Martin Heidegger, "On the Question of Being," in *Pathmarks*, ed. by William McNeill, Cambridge University Press, 1998, p. 321.

[4] 参见海德格尔致穆尼耶的信，载《海德格尔文集·讨论班》，第499页。Martin Heidegger, *Four Seminars*, p. 88.

[5] 参见海德格尔：《从一次关于语言的对话而来》，载《海德格尔文集·在通向语言的途中》，第106页。Martin Heidegger, "A Dialogue on Language," in *On the Way to Language*, p. 19.

大"[1]。他甚至说:"我们在此一直都在寻求的东西,也许在日本早就存在了,日本人有这种东西。"[2]

海德格尔因此对于西方文明与非西方文明在未来的相互沟通与交流持乐观和开放的态度。针对一位日本学者"有朝一日,东方能包含西方,反过来,西方能包含东方,以此方式达到东西方思想的展开"的愿望,他表示了肯定与感谢:"为您这个话我要感谢您。我以为,这样一种东方与西方的相遇和交流比经济和政治的合作更重要。"[3]

当然,海德格尔一方面对西方文明与非西方文明的交流和新思想的创造抱有期待,另一方面也坚持认为西方人不可能把解决问题的希望寄托在其他文明身上。也就是说,西方思想固然可以通过吸收其他文明的思想以丰富和创新自身,但要真正克服西方思想的危机,还必须依靠自身的努力。海德格尔曾经表示:"我相信,现代技术是在世界上什么地方出现的,对它的反转也只能在同一个地方进行,而且这种反转不可能由禅宗佛教或东方的其他经验接手。需要重新思考,它需要借助欧洲传统和对这种传统的新的涵有来进行。思想的转变只能通过具有同样起源和使命的思想完成。思想的转变需要求助于欧洲传统及其革新。思想只有通过具有同一渊源和使命的思想来改变。"[4]

关于神

海德格尔曾经明确表示,他对哲学的追求使之不可能保持基督教信仰:"哲学是,而且始终是无神论的,因此它可以容忍'思想的傲慢'。它不仅可以容忍这种傲慢,而且这是哲学的内在必然和力量所在。正是在这样一种无神论中,哲学如一位伟人所说,成为'快乐的科学'。"[5] 这位伟人即宣布了上帝之死的尼采。从海德格尔自己的学术道路来看,他正是

---

[1] 参见海德格尔:《通向交谈之路》,载《海德格尔文集·从思想的经验而来》,第18页。

[2] 参见海德格尔:《艺术与思想》,载《海德格尔文集·讲话与生平证词(1910—1976)》,第663页。

[3] 参见海德格尔:《相互映射的镜像——1958年5月19日久松真一与马丁·海德格尔的对话》,载《海德格尔文集·讲话与生平证词(1910—1976)》,第930页。

[4] 参见海德格尔:《〈明镜〉记者与马丁·海德格尔的谈话(1966年9月23日)》,载《海德格尔文集·讲话与生平证词(1910—1976)》,第807页。Martin Heidegger, "Der Spiegel Interview with Martin Heidegger," in *The Heidegger Reader*, p. 331.

[5] 参见海德格尔:《海德格尔文集·时间概念史导论》,第119页。Martin Heidegger, *History of the Concept of Time: Prolegomena*, p. 80.

从宗教出发，但最终选择了哲学。海德格尔自己写道："在学院式教学活动的开端处我就已经看清，在对天主教信仰立场的实际持守中，不可能有真正的、科学的、不带任何保留条件和隐蔽义务的研究。对我自身而言，通过对现代宗教史学派意义上的原始基督教的持续研究，这种信仰立场已经站不住脚。我的讲座课是不允许神学家参加的。"[1] 在这里，海德格尔强调了科学研究几个必须的条件——真正的、科学的、不带任何保留条件和隐蔽义务的研究，也就是说，科学需要研究者毫无保留的投入，因此不可能为宗教信仰留出任何空间。

但是，海德格尔对宗教的放弃并不意味着他真正做到了"敬鬼神而远之"，相反，他一生都以其特殊的方式回应着来自宗教的要求或者说挑战，而"神"也是一个在海德格尔作品中频繁出现的词。如他自己所说："谁会不承认，一种与基督教的不情愿的对峙伴随着我迄今为止的整个学术生涯呢？这种对峙过去不是、现在也不是由人'挑选'出来加以解决的'问题'，而是在持守人最本己的本源的同时与之痛苦的分离：父辈的家庭、故乡、青春。只有一个扎根于这一活生生的天主教世界中的人，才能多多少少体会到那种在我迄今为止的学术道路上存在的地底的震颤。谈及这些最内在的冲突并不很合适，因为它们并不涉及关乎基督教教条和信仰原则的争论，而只是关系到唯一的一个问题：神是否已经逃离我们，以及我们，作为受造物，是否还能够真正地经验这种逃离。"[2]

当然，海德格尔所说的神已经不是基督教意义上作为创世者的上帝，而是某种对人施以宰治而人却不能对之加以把控的力量。可以说，在神的问题上，海德格尔的基本立场与他对物的态度是完全一致的。他不会去追问没有人的情况下物是何种状态，因为在他看来物的任何状态都与人对物的感知有关。神的情形也是如此，因为神总是人所信奉的神，所以讨论没有人的神也是一件毫无意义的事情。因此，对海德格尔来说，神是否存在的问题，就是人的精神世界与其终极根据的关系的问题。

严格地讲，这种人之精神世界的终极根据并不必然具有宗教意义。海德格尔曾就亚里士多德哲学中的最终决定者指出："亚里士多德把自然物中的这个最终决定者称为 θεῖον，即神，但并没有将其与任何特定的宗教

---

[1] 参见海德格尔：《简历》，载《海德格尔文集·讲话与生平证词（1910—1976）》，第52—53页。

[2] Martin Heidegger, *Mindfulness*, trans. by Parvis Emad and Thomas Kalary, Bloomsbury Academic, 2016, p. 368.

观念关联起来。因此，问题涉及的是作为整体的是者，以及最终的神性。进行这种追问的是物理学（ἐπιστήμη φυσική）。亚里士多德本人流传下来一门关于这种物理学的课程 φυσικὴ ἀκρόασις，用今天不太准确的表述，就是自然哲学。"[1] 自然哲学涉及是者的本质和本源时就被称为第一哲学。海德格尔指出："第一哲学提出的是是者的本质与自然的问题。同时，在追问最高者或者终极者的时候，它也提出关于是者整体的问题，亚里士多德称之为最高的种，即最本源的是者，他也称之为神（θεῖον）。因为这种神性的是者，他又把第一哲学称为 θεολογική，即关于神的知识，或者说关于 θεός（神）的逻各斯。这里的神指的并非作为创造者的上帝，亦非具有人格的神，而只是神性。"[2]

因此，海德格尔强调，把亚里士多德作为 θεῖον 存而不论的东西实体化为最高的是者，是对其思想的误解，因为这带来了对形而上之物的肤浅化和表面化。[3] 但海德格尔与亚里士多德也有明显的区别。前者强调的是在当下这种"神性"的不确定性，当然也可以说是未知性，他称之为因开启复又遮蔽的遥远而未决定之物。"为遮蔽而自行开启者本源上就是遥远的不可决断性，它涉及神是离我们而去还是向我们而来这个问题。这就意味着在这种遥远及其不可决断性中，显示出因其开启复又遮蔽的那个东西，我们称之为神。"[4]

海德格尔曾对他自己采用的"诸神"这个说法的含义进行过一番解释：之所以采用这样的说法，并不意味着已经作出了存在着多位而非一位神的决断。相反，其用意在于指出神之所是的不确定性。这种不确定状态本身包含着一个问题，即像是这样的东西能否在不毁损神性的同时加之于神。另外，"诸神"这个说法同时还意在指出以下的不确定性，即"是否会有一位神，以及哪一位神，为了人的何种本质，以何种方式在极度的困

---

[1] 参见海德格尔：《海德格尔文集·形而上学的基本概念：世界—有限性—孤独性》，赵卫国译，商务印书馆 2017 年版，第 49—50 页。Martin Heidegger, *The Fundamental Concepts of Metaphysics: World, Finitude, Solitude*, trans. by William McNeill and Nicholas Walker, Indiana University Press, 1995, p. 33.

[2] 参见同上书，第 64 页。Ibid., p. 43.

[3] 参见同上书，第 66 页。Ibid., p. 44.

[4] 参见海德格尔：《海德格尔文集·哲学论稿（从本有而来）》，第 458 页。Martin Heidegger, *Contributions to Philosophy (Of the Event)*, p. 302.

厄中再度出现"[1]。但是，这种不确定状态并不意味着可以进行单纯空洞的决断，它应该预先被把握为对决断或者完全不作决断加以决定的根本性决断。关乎这种不确定状态的决断的先行思想并不以任何神的存在为前提，相反，它冒险进入一个问题领域，其答案只能来自值得追问者本身而并非提问者。就此而言，"诸神"与不确定性相伴随，而这种不确定性需要人作出决断，这种决断无需神助。

因此，海德格尔强调："这种先行性的思想拒绝预先把是赋予'诸神'这一事实，意味着任何一种关于诸神之所'是'与'本质'的断定对他们，即须被决断者毫无意义，而且还掩盖了某种对象性的因素，关于它的一切思想都因误入歧途终将破灭。"[2] 也就是说，人对不确定状态加以决断，但并不对"神性"加以决断。神之为神就意味着不确定性，神性不能由人赋予而只能由神自身显现。"阴阳不测之谓神"，神之所是、神的行止不可能被规定。但是，海德格尔在此也强烈暗示，一旦人在某个领域作出决断，诸神在此就不再有存在的位置。当然，如果考虑到人不可能在一切问题上决断，神也总是有其存在的空间。

正是从这样一种思考出发，海德格尔指出："此间之是的内在颤动这种毫不妥协的严格性使之并不把诸神考虑在内，并不指望他们，当然也不指望某一个体的神。""这种不作指望已然是某种更本源的此间之是的结果，它汇聚到一种包裹性的拒绝，即是的本质发生之中。"[3] 海德格尔在此非常明确地表达了一位哲学家在神的问题上的基本立场，即在考虑是的时候"不指望神"，同时也强调，这种"不指望"本身已经是某种是的本质发生，即玄同的结果。正是在此意义上，他说："上帝是活着还是死了，这不能通过人的虔诚来决定，更不能通过哲学和自然科学的神学抱负来决定。上帝是不是上帝，这要根据是之情势并且在这种情势中发生。"[4] 换言之，神的来与去，取决于一个时代基本的精神构造。海德格尔因此表示："受来自柏拉图主义的现代偏见的影响，历史学家与语文学家以为逻各斯摧毁了神话。然而，任何一种宗教性的东西都不可能被逻各斯击败，

---

[1] 参见海德格尔：《海德格尔文集·哲学论稿〈从本有而来〉》，第 517 页。Martin Heidegger, *Contributions to Philosophy (Of the Event)*, p. 345.

[2] 参见同上书，第 517—518 页。Ibid.

[3] 参见同上书，第 346 页。Ibid., pp. 231-232.

[4] 参见海德格尔：《转向》，载《海德格尔文集·同一与差异》，第 130 页。Martin Heidegger, "The Turning," in *The Question Concerning Technology and Other Essays*, trans. by William Lovitt, Garland Publishing, 1977, p. 49.

它只能被诸神的离去所摧毁。"[1]

那么，是与神会是一种什么样的关系呢？海德格尔曾经指出："是乃神性之颤动（诸神宣布他们之神性的决断之回响的颤动）。"[2] 据此，也许我们可以做一个大胆的猜测：神之所是就是神性，而神性即未经确定的是，尚在悬置中的是。因此，海德格尔才说："是乃神的困厄，在这种困厄中神才第一次发现自身。……为何有是？因为诸神吗？为何有诸神，因为有是吗？"[3] 是与神之间似乎存在相互需要的关系。按照《哲学论稿》的英文译者的说法，就是"神性来自在是者中为是建基的需要，目的是为是的开端性发生准备某种历史性的场域"[4]。

更进一步说，神意味着人的可能。所以人与神的关系，就是人与其可能性的关系。"由于无论是人还是神，凭他们自身都不能达成与神性的直接关系，所以人才需要神，神才需要终有一死之人。"[5] 没有人就没有人之可能，没有人之可能也就无所谓人。因此，"既非神创造了人，亦非人发明了神。是之真决定他们双方，但并不是通过对他们的强制，而是让自身在他们之间玄同，从而第一次让他们玄同于他们的相遇"。海德格尔表示，对神的认识和命名取决于是发现真的方式，取决于这种真被建基为回退中这一相遇的玄同之通透的方式，取决于人推动这一建基的姿态，取决于人对是的归属，也取决于人在表象和计算中的失落，以及他们对是者特性的解释。"神绝非人时而以此种方式、时而以彼种方式有所知晓的是者，神绝非人以不同的距离加以接近的是者。相反，神及其神性来自是之真，比如对神的物化表象和对神作为创世者的说明，就基于对作为生产物和可生产的呈现的是者特性的解释。"[6]

海德格尔强调，他对神的思考并非要引入新神，或者创建某种新的宗教，也并非宣扬某种无教会、无教义的泛神论意义上的"无神论"的虔

---

[1] 参见海德格尔：《海德格尔文集·什么叫思想？》，孙周兴译，商务印书馆2017年版，第16页。Martin Heidegger, "What Calls for Thinking?," in *Basic Writings*, p. 376.

[2] 参见海德格尔：《海德格尔文集·哲学论稿（从本有而来）》，第281页。Martin Heidegger, *Contributions to Philosophy (Of the Event)*, p. 189.

[3] 参见同上书，第602页。Ibid., p. 400.

[4] Daniela Vallega-Neu, *Heidegger's Contributions to Philosophy: An Introduction*, Indiana University Press, 2003, p. 8.

[5] 参见海德格尔：《海德格尔文集·荷尔德林诗的阐释》，孙周兴译，商务印书馆2014年版，第79页。Martin Heidegger, *Elucidations of Hölderlin's Poetry*, trans. by Keith Hoeller, Humanity Books, 2000, p. 90.

[6] Martin Heidegger, *Mindfulness*, p. 202.

诚。"因为这一切都属于形而上学的范畴。这里重要的是对在一切准备中最迫切之事的沉思,即人向着为是之真建基的跳跃的沉思。"[1] 另外,他也强调:"是与上帝不是一回事,并且我从未尝试通过是来思考上帝的本质。""对信仰来说,对于是的思考并不必要。当信仰需要这种思考时,它就已经不再是信仰了。路德很清楚这一点。"[2] 海德格尔自身的经历也证明了这一点。对他来说,神代表着深刻的不确定,从而也代表着突破和新的可能。他就尼采关于重估一切价值和上帝已死的思想指出:"对于沉思的思考来说,作为价值的上帝,即使是最高的,也不再是上帝。但神并没有死。因为他的神性还活着。只要神性作为呈现者能从是之真那里获得其本源,而是作为玄同着的开端乃不同于是者的根据和原因,那么与信仰相比,神性更趋近于思想。"[3]

2021 年 2 月 5 日第一稿
2021 年 4 月 27 日第二稿
2021 年 7 月 4 日第三稿
2021 年 10 月 7 日第四稿

---

[1] Martin Heidegger, *Mindfulness*, p. 213.
[2] 参见海德格尔:《海德格尔文集·讨论班》,第 525 页。
[3] 参见海德格尔:《手工作坊札记》,载《海德格尔文集·从思想的经验而来》,第 161 页。

术语对照表

(本表只列出本书翻译与旧译不同的术语)

德语	英语	旧译	本书翻译
Ab-grund	abyss, abground	深渊	无极之基、深渊
Angst	anxiety	畏	惶恐
Anwesenheit	presence	在场	当下呈现、呈现
Artikulation	articulation	分环勾连、解说勾连	表达
Aufriss	design	剖面	勾划
Befindlichkeit	disposition	现身情态	生存表达
Bestand	standing-reserve	持存	待用状态
Be-stellen	requisitioning	订—置	定置
Betrieb	constant activity	企业活动	不间断性、不间断活动
Dasein	being-there	此在	此间之是、人
Eignung	owning	本有	涵有
Entsprechen	correspondence	应合	因应
Entwurf	project	筹划	投射
Ereignis	event, enowning, appropriation	居有、本有、道、大道	玄同
Geviert	fourfold	四方、四重整体	四象

(续表)

德语	英语	旧译	本书翻译
Gestell	enframing	集置	集群性摆置
Heilige	the holy	神圣者	至尊者
Herausforderung	challenging-forth	促逼	逼迫
Idee	idea	理念	型相
Intentionalität	intentionality	意向性	意向状态
Kehr	turn	转向	回转
Lichtung	clearing	澄明、明敞	通透
Machenschaft	machination	谋制	机巧
Mitsein	being-with	共在	共同是
Nichts	nothings	虚无	无
Not	Distress, Need, Indigence	急需	困厄
Nous	Nous	理性、努斯	直观
Offene	the open	敞开状态	开放域
Ontisch	ontic	存在者状态上的、存在者的	物论的
Ontologie	ontology	本体论、存在论、存在学	是论
Sage/Spruch	saying	言说，道说	示喻
Schein	seeming	显象，假象	似象
Schuld	guilt	罪、罪责、债责	罪欠
Seiende	entity	存在者	是者
Sein	being	存在、有、存有	是
Sorge	care	操心、烦	牵挂
Stimmung	mood, Attunement	情绪	心境、调适
Unheimlich	uncanny	茫然失所、无家可归	陌异
Wahrheit	Truth	真理	真

后　记

我对海德格尔的学术兴趣始自二十多年前对美国政治哲学家列奥·施特劳斯（Leo Strauss）的研究。当时一个十分清晰的印象，就是在施特劳斯的所有思考和写作中，无处不见海德格尔的影子。换言之，似乎前者在很多方面，都是以某些特殊的方式在对后者加以回应。这中间还有一个实质性的问题，即海德格尔与虚无主义的关系。施特劳斯的基本判断是，海德格尔这位以超越虚无主义为己任的思想家，最后成了虚无主义最主要的旗手。要理解和评价施特劳斯这个判断，自然就必须了解海德格尔的思想本身，特别是后者对虚无主义的立场。

但是，要真正把握海德格尔的思想并不容易。在二十来年的时间里，我断断续续阅读和研究了能够找到的海德格尔的著作，中间还一度进一步回溯到尼采，但对海德格尔总是有一种雾里看花、似是而非、不得其门而入的感觉。一方面在一些具体问题上能够体会到海德格尔的独到、深刻和犀利，但另一方面却总是很难把他的思想联成一个整体。尽管海德格尔本人在完成《存在与时间》之后对体系化的理论越来越反感，但我认为总不能把一个人的思想进行碎片化的、相互孤立的，甚至相互矛盾的理解，因为思想作为思想，还是应该"一以贯之"。另外，关于虚无主义的问题，我同样一方面总是难以接受施特劳斯的结论，但另一方面又觉得要断言海德格尔并非虚无主义者，除去列举他本人对虚无主义的批判和拒绝之外，难以提出明确的根据。

这种情况在六年前一次出差的旅途中发生了变化。当时我随身带了一本海德格尔的《论真理的本质——柏拉图的洞喻和〈泰阿泰德〉讲疏》，原本是打算在飞机上阅读助眠，没想到打开书之后越读越清醒，直到航班降落，依然意犹未尽。神奇的是在这个过程中，我对海德格尔思想的理解似乎也一下子豁然贯通。我发现我似乎得到了一把解开海德格尔思想之谜的钥匙，那就是他从具体性、可变性和可能性出发对"是"（即西方哲学传统中的根本概念"存在"）的理解。从这样一种"是"之理解出发反思传统、审视当下、展望未来，海德格尔的思想脉络清晰可辨。我意识到，我对海德格尔思想的认识也经历了一次他自己所说的"玄同"。

此后，我重新系统阅读和研究海德格尔的著作、整理过往的笔记，实际上并没有花费太多的时间写成了呈现在各位读者面前的这部著作。在写作的过程中，也真切体会到了海德格尔所说的"拆除脚手架"[1]的过程——这本书的初稿基于 2000 多页的笔记，包括阅读大量研究文献积累的资料，而写作的过程，有相当一部分就是删除这些文献的过程，因为我最终发现由海德格尔自己来说明他的思想似乎更清楚明白。写到后来，我甚至有意识地只要有可能，就尽量避免引用其他研究者的观点和结论，而是让海德格尔自己的观点相互印证。当然，最终拆除了脚手架，不等于它没有发挥过作用，因此在这里也需要特意对那些本书中没有提及但在我的研究过程中曾经给予我各种启发和帮助的海德格尔研究者表示真挚的谢意。

总的来说，这部著作不是对已有海德格尔研究成果的一般性总结和梳理，而是从他的"是论"出发，对其思想加以重构的尝试。当然，有了确定的视角，在能够清晰展示出海德格尔思想中某些侧面的同时，必定也会隐去另外一些也许同样重要的侧面，但这是理论工作本身不得不付出的代价。我认为"是"的具体性、可变性与可能性是海德格尔"是论"的核心，而他呼唤的"另一个开端"，就意味着从这一立场出发，重新把握人与物及历史、当下与未来，以创造一种全新的思想。由此反观西方传统形而上学，就可以看出后者的根本特点则是试图从普遍性、不变性和确定性的角度对人与物的本质加以认识和规定。从这个视角出发，海德格尔思想中很多原本让人感到晦涩难解甚至矛盾扞格之处都可以得到合理克服，虚无主义的问题自然也获得了全新的意义。当然，如此理解的海德格尔思想，还体现出与中国传统哲学显而易见的遥相呼应，中西两大思想传统未来可能的交汇与激荡已呼之欲出。

本书没有"结论"部分，因为在我看来，对于一种"开端性的思想"，并不适合做出过于仓促的结论。不过，由于本书篇幅较大，对于不是太熟悉海德格尔的读者来说内容也比较陌生，而且虽然我已经在对海德格尔著作语句的翻译以及一些术语的表述方面尽可能"中国化"，但这么

---

[1] 参见海德格尔：《荷尔德林的颂歌〈日耳曼尼亚〉与〈莱茵河〉》，张振华译，商务印书馆 2018 年版，第 29 页。Martin Heidegger, *Hölderlin's Hymns "Germania" and "The Rhine"*, trans. by William McNeill and Julia Ireland, Indiana University Press, 2014, p. 24.

做毕竟有一个限度，即不能把海德格尔写得连他也认不出自己，所以我还是愿意在这个"后记"中，对本书各部分的主要观点进行一个比较简单的概括和梳理，希望有助于读者在比较短的时间内了解本书大致的内容，同时也算是为本书描绘一幅简单的"路线图"。

了解海德格尔的思想可以从一个最基本的表达式即"A 是 B"出发。其中，A 是"是者"，B 是"所是"。海德格尔认为，西方传统哲学把自身的根本任务规定为对物之本质即物之"所是"（B）的把握，同时又把本质理解为某种永恒不变的抽象物，使之与变动不居的具体物（A）相对。海德格尔则第一次明确地对什么是 A 与 B 之间的那个连接项即物之"是"、物何以能够即在何种条件下"是"其"所是"，以及最后如何理解"所是"之"是"（海德格尔称之为"是之真"和"真之是"）等提出质问。这些质问涉及"是"的条件性、具体性、可变性和可能性，从而在根基上颠覆了传统的形而上学。

本书除"前言"和"余论"之外共八章。"前言"从海德格尔所处的时代出发，勾画了海德格尔思想得以展开的历史背景，揭示了那个时代给思想提出的根本任务，并初步提示了"是"问题的含义。另外，"前言"也对本书解读海德格尔的思想和语言的方式进行了简要说明，强调本书是对海德格尔思想的"倾听"与"因应"，是用海德格尔自己的方式对其思想加以阐明的一种尝试。

第一章"'是'的问题"是对海德格尔"是论"的初步阐发，通过展开"是者之所是"与"是"本身之间的"是论差异"呈现了"是"的独特性，并且讨论了海德格尔在此基础上对西方思想和精神危机之根源的分析。海德格尔认为，从柏拉图开始，西方形而上学追求的基本目标即物之本质就是"是者之所是"，比如柏拉图的"型相"、黑格尔的"理念"，以及尼采的"力量意志"等。这个"所是"实际上也是一种"是者"，它对"是"本身的替代最终导致了人对"是"的遗忘与"是"对"是者"的离弃。从终极意义上说，西方传统形而上学追求的是万事万物之后某种作为其"是"之根据的至高至上的"是者"，但思想的展开却不断证明这一具有最高确定性的"是者"并不存在，这个发现最终导致了体现为虚无主义的西方思想的危机。虚无主义的本质，就是否定物具有任何确定的根据。它的出现，毫无疑问意味着形而上学即西方传统思想的终结。这不仅是西方思想的危机，而且也意味着西方人的精神和伦理危机。要摆脱这种危机，出路显然不在于再一次去寻找什么不同的方法以确认那个最高的"是者"，而是从根本上超越传统的形而上学，思想因此呼唤"另一个开端"。这一章还介绍了海德格尔对西方哲学传统中两个核心概念即理性和逻各斯含义流变的考证和梳理,即前者从"直觉"转变为"算计",后者从"采集"转变为语言性陈述及其规则。这两个转变都是西方思想演化过程中的标志性环节,其结果则是古希腊思想原本包含的创造性可能丧失殆尽。

第二章"人之所是"通过介绍海德格尔对人之"是"的研究进一步展开其"是论"的基本内容。海德格尔从一种特殊的、能够对"是"进行提问并加以体验的"是者"即人出发,原本希望通过对人之"是"以及如何"是"的考察,为对"是"之一般的研究奠定基础。因此,他对人之所"是"的基本特征即所谓的"生存表达",比如牵挂、惶恐、罪欠等,进行了比较全面深入的描述和分析,而这些所谓的"生存论分析"全部指向人之"是"的条件性、具体性、可变性和可能性。这样,"人是什么"这一抽象问题实际上就转变为"人是谁"这一具体问题。至于造成这种条件性、具体性、可变性和可能性的根源,则是人之"是"所具有的时间性。在海德格尔看来,时间性就是"是"的可变性,因此时间并非如牛顿所理解的那种类似空间的、事物变化得以在其中展开的均质的维度。对海德格尔本人的思想来说,"生存表达"研究的意义在于使他明确了"是"之一般的基本特性。正是这一发现导致他放弃了《存在与时间》之后原来的写作计划,转向深入探究"是之真"与"真之是"、"是"的发生,以及"是之家"即语言等方面的问题。实际上,他不仅放弃了这一计划,而且在此之后不再写作任何系统性的专著。

第三章"重新定义'真'"阐发了海德格尔关于"所是"之"是"和"是"之"所是"的思想。传统上,这一章的内容可以被归结为"真理的本质"(essence of truth)。本书之所以放弃了"真理"这样的表述,是因为在海德格尔的思想中,"真"是物的一种状态,而并非两物彼此相符的关系(传统上对"真"的理解);另外,"真"作为遮蔽的去除即"去蔽",显然与"理"即物之逻各斯拉开了距离(当然也并非全无关系,在海德格尔看来,逻各斯的原意即"采集""聚集""呈现"本身就是一种"真",但这种"真"并非语言性陈述之"真")。"真"意味着物以其自身面目示人。但是,要让物以自身面目示人,就需要某个开放的领域让光通过,这就是所谓的"通透"。当人获得这种"通透",当物在"通透"中以自身面目示人,人就得到物之"真"。在海德格尔看来,物之"真"的呈现也就是物之"是"的发生。"是"在通透中发生,因此,"真"就是"是"之通透的发生。海德格尔在此还阐发了一个非常重要的思想,即

"真"也就是"是"之通透永远不可能以完全、纯粹、一劳永逸的方式发生，因为通透与遮蔽相生相伴，如同一枚硬币的两面。海德格尔称之为"天空"与"大地"，它们分别代表了遮蔽与通透、收纳与拓展的力量。因此，"去蔽"就成为一场斗争，意味着把物从遮蔽中争取出来。这也意味着物永远不会以其全貌示人，人对物的了解在任何情况下都不可避免地具有局限性、不完整性。

第四章"玄同——'是'的发生"是全书的核心，也是对海德格尔"是论"的全面阐释。在海德格尔看来，"是"是一种发生，是天地神人"四象"，即通透与遮蔽、人与人之可能性某种特定组合的结果。它们聚于某一物，比如装葡萄酒的壶。因此，"是"的发生一定是物性的某种自然"涌出"（即古希腊语中"自然"一词的本义），从而具有具体性、可变性，并且充满了可能性。这一发生就是"玄同"。"玄同"这一译名取自《老子》，意为人与物完全的合二为一。玄同的发生如同一道掠过黑暗的电光，使世界以某种特定的面貌显现在人的眼前。具体说，玄同又有两个方面的含义：一方面是"是"的整体性发生，意味着玄同为某个时代、某种特定条件下人对世界的整体性理解提供基础，这种意义上的玄同类似于库恩的"范式"或者尼采的"视域"；另一方面则是某一具体物之"是"的发生，在此意义上的玄同即人的思想与某物之"是"的共振，所以海德格尔强调是与思想的同一性。需要注意的是，海德格尔关于玄同的思想已经强烈地暗示，玄同本身并没有任何先定的基础，因此从玄同的角度理解的"是"，就是没有先定基础的"是"。

第五章"语言与思想"阐释和梳理海德格尔关于语言的思考。海德格尔关于语言的讨论在其晚年的著作中占有较大比重，而且对人文社会科学的诸多学科产生了重要影响，即促成了这些学科所谓的"语言学转向"。海德格尔之所以强调语言的重要性，不仅因为西方传统上把人视为"会说话的动物"，更因为在他看来，"是"或者"玄同"只能在语言中发生，所以"语言乃'是'之家"。当然，这里的语言不仅指通常意义上书写或者语音表达的语言，更指人的表达本身，所以是"广义"的语言。海德格尔关于语言的思想有两个方面值得注意。一方面，他认为语言固然是思想的表达手段，但要真正懂得语言的表达，还需要理解语言性表达所没有、所不能传达的意蕴，这就是所谓的"示喻"。从某种意义上说，"示喻"比声音和形象的表达更具根本性，因而是本源意义上的语言。另一方面，海德格尔强调真正意义上的语言即"示喻"并非对已经存在的思想的事后表达，相反，思想是对示喻的因应，而本源性的语言就是"是"的发生，因为奠基性的语言，比如诗人的语言，就是玄同本身。思想本质上是对语言的倾听，真正的思想是静默中的思想。"大音希声，大象无形，道隐无名。"

第六章"民族、历史、国家与政治"集中分析海德格尔的政治和社会思想。作为海德格尔"是论"的体现，他的政治和社会思想自然强调民族、历史和国家的具体性、可变性和可能性，强调政治在一个民族独有的历史中对其命运的把控与创造。作为一切创造性中最具创造性的行动，特别是建国和奠基，政治具有开创或者改变一个民族的历史和命运的可能。因为"是"是一种玄同，而玄同并没有特别的基础，所以海德格尔强调政治中的决断。在他看来，真正的决断，恰恰是对决断的理由本身的决断。这种决断体现在他本人身上，就是对纳粹主义运动的断然参与。需要特别指出的是，海德格尔的政治思想是他思想中最晦暗和最浅薄的部分。这并非因为他对纳粹主义运动参与的失败，而是因为他的政治思想从整体上看恰恰背离了他的哲学中那些最令人着迷的内容，即对"是"的具体性、可变性和可能性的关切，反而主张国家对社会进行整体性改造和全面控制。从某种意义上也可以说，海德格尔政治上和政治思想上的失败以某种特殊的方式证明了他的哲学思想的价值。

第七章"对技术时代的批判"总结和分析海德格尔对科学技术的反思。在海德格尔看来，科学固然是一种特殊形式的去蔽即对物之"真"的揭示，但并非物自身的呈现，而是根据人对物的某种先定的理解即所谓的"数学性知识"对物的对象化和操纵。技术对物的摆置（可以简单理解为出于某种目的对物的刻意摆放和安置）恰恰表明了现代科学的本质。技术带来了物质财富的丰裕与人类生活的便利，但与此同时也带来了人对自然的支配和破坏，以及技术社会对人本身的全面奴役。在技术的发展中，人失去了自身的根本，即与自然、与大地的血肉联系。当然，这种技术观包含了海德格尔自身的偏见，即他对乡土、对大地的执念和对工业社会的陌异，但也体现出他对世人的警醒。它让人反思人之为人的根本以及科学技术与人性的关系。海德格尔并不是一位反智主义者，他也清楚无法单纯地阻止科学技术的进步，但他呼吁人们在可能的条件下保持对技术的独立性，即一种"泰然任之"的态度。同时，海德格尔依据遮蔽与去蔽、天空与大地相伴相依的关系也认为，或许技术发展的极致，可以为人们带来一次新的玄同。

第八章"未来的思想"是对全书内容的收束，也是对海德格尔一些隐而未发的思想的引申。海德格尔认为，形而上学已经终结于尼采的虚无主义,所以他致力于探索一种非形而上学的思想即"另一种开端"的可能。这种思想具有两个方面的基本特征。首先,它超越了简单的形式逻辑即西方传统的理性主义,因而是一种体现"有无相生"的基本原则的思想。它主张"有"的根据就是"无",是"无极之基"。其次,它的具体进程体现为"同一性的反复",因而是一种可以摆脱传统思想的轨道,不再需要通过本质概念对物加以规定,并且通过反复归因,最后终结于某个神秘的"第一因"的思想。总体而言,这种新思想全面超越了西方传统的形而上学,并且终于在西方思想的延长线上承认并接纳了自其开端处就避犹不及的"无"。海德格尔对"无极之基"的反复阐释表明,这是非基础的基础、无根据的根据,是动态的、有条件的、天地神人"四象"相互依赖的基础和根据,是玄同。在此,海德格尔走向了他在早年就一直期盼的与东方思想的交融。

"余论"探讨了海德格尔思想中的三个具体问题。首先是世界的真实性。海德格尔实际上取消了这个问题,他认为离开人追问世界的真实性毫无意义。不能简单地把这种态度归结为唯心主义,因为这是海德格尔"是论"的体现。其次是东西方的对话。海德格尔一方面认为只有东西方思想的对话才能提供一条解决西方思想危机的出路,但另一方面他又强调在此之前,西方首先必须解决自身存在的问题,而东方也需要摆脱业已受到的西方思想的影响并回归自身的本源。最后是关于神的问题。虽然在海德格尔的著作中"神"是一个出现频率很高的词,但实际上他基本没有在传统宗教的意义上理解他所说的"神"。对海德格尔来说,"神"意味着人未知的可能。

绝不能说本书已经解决了海德格尔思想中所有的难点和疑点。如上文所说,采用任何一个视角,当我们能够清晰观察某物一些方面的时候,另一些方面就会遗落在我们的视线之外。另外,海德格尔后期的写作风格与早年相比发生了很大变化,他的那些晚期作品更像诗或者他本人所说的"示喻"。我们需要做的,更多是倾听、感悟和沉思,而不是语言性的阐释和辨析。"多言数穷,不如守中。"[1] 在时代困境下"玄同"如何发生,新的思想如何创造,关于这些问题虽然人们很可能非常迫切地希望获得某种答案,或者哪怕是些许暗示,但我们也只能保持谨慎的沉默。如果说海德格尔提供了某种指引,那也只能是"因应":因应时代,因应大众,因应思想本身。

---

[1]《老子》第五章。

无论如何，我想除了海德格尔具体的思想成就即对"是"之本性的发现以外，他最根本的贡献是把西方思想传统本身相对化了。他通过使用西方思想的资源，找到了某种超越这种思想并对其加以观察和审视的视角。就此而言，他完成了给自己提出的思想任务。这一贡献本身又证明了思想超越自身的可能性。当然，我们需要运用海德格尔的立场反观他的思想本身。也就是说，我们在了解海德格尔思想的同时，并不需要也不应该无条件地全盘接受这种思想。另一方面，我们也有可能在他所提供的新思想的基础上重新评估西方传统思想的价值与意义，这种评估显然会更真实、更富有建设性。

海德格尔之后，思想中理应不再有绝对主义的生存空间。在这里，我们也找到了超越虚无主义的立场。相对化不等于相对主义，更不等于虚无主义，而是提醒人们去认识自身思想的前提、条件和局限性。最早提出"视域论"（perspectivism）的尼采已经指出，人不可能具有上帝的视域（God's eye view），因此都会受自身视域限制而无法获得完整的知识。但人也并非对此处境无能为力，我们毕竟可以采取尽可能多的视域，这样至少可以使我们的认识相对完整一些。[1] 重要的是，我们能够以更成熟、更具反思性的态度，对待我们自己和其他文明的知识和思想，在不同的视域之间更多地相互沟通、相互包容、相互理解、相互借鉴。"人的每一次提升都会使之克服比较狭隘的解释，力量的每一次增强都会打开新的视域，以及对新方向的信心。"[2] 人类在征服、控制和改造自然方面已经取得了巨大的进步，但在人与人相互共存的问题上，今天与两千年之前相比仍然没有太大的改善，这的确是一种令人悲哀的状态。也许从视域论的角度理解自身和他人，是一个能够帮助人类走出困境的方向。

最后一点想说的是，我把海德格尔的思想总结为对"是"的具体性、可变性和可能性的强调，相比之下，西方思想传统的特点则是对事物的普遍性、不变性和确定性的根本关注。这是我的表述，并非海德格尔本人的提法。实际上，我认为中国传统思想的特点，也恰恰在于对人与物的个体

---

[1] Friedrich Nietzsche, *On the Genealogy of Morality*, ed. by Keith Ansell-Pearson, trans. by Carol Diethe, Cambridge University Press, 2001, p. 87.

[2] Friedrich Nietzsche, *The Will to Power*, trans. by Walter Kaufmann and R. J. Hollingdale, Random House, 1968, p. 330.

性、可变性与可能性的高度重视。[1] 到底是海德格尔的思想启发了我对中国传统的再认识，还是我对中国思想传统的体悟启发了我对海德格尔思想的思考，这个问题很难回答，两者似乎相互启发，是同一个过程的不同方面。当然从某种意义上说，过程已经不重要。关键是这样一种对中西方传统思想特征的认识，可能有助于我们取对方之长，补自身之短，从而让我们对人对事的理解更全面、更深入。

本书的写作过程中，在资料搜集和文字核对方面得到我以前和现在的学生梁健、郭小雨、董筱曼和孟碧的帮助。北京大学出版社的徐少燕编辑一直支持和鼓励本书的写作和出版，并提出一些非常中肯的建议。本书责任编辑陈相宜的专业精神和认真态度让我深受感动，她细致的工作让本书避免了很多文字和引用上的错误，我想只有我知道她为这部著作付出了多少努力。对于他们的贡献，在此一并表示衷心的感谢！书中仍然可能出现的疏漏，自然完全由我自己承担责任。

唐士其
2023 年 2 月 11 日于燕园

---

[1] 参见唐士其：《理性主义的政治学：流变、困境与超越（精装插图版）》，北京大学出版社 2022 年版。